Helfen Sie uns, die Arbeit des Moodle-Projekts zu unterstützen

Wie bei fast allen Open Source-Projekten hängt auch die erfolgreiche Weiterentwicklung des Lern-Managementsystems Moodle von der finanziellen Unterstützung durch Dritte ab. Daher führen wir vom Erlös des *Moodle 1.8 Praxisbuches* € 1,- an das Moodle-Projekt ab. Indem Sie als Käufer dieses Buches diese Spende online bestätigen, leisten Sie einen wichtigen Beitrag zu Bestand und Weiterentwicklung der Software.

Um die Spende zu bestätigen, wählen Sie unter http://www.addison-wesley.de/oslib aus der Liste der angezeigten Bücher per Mausklick Das *Moodle 1.8 Praxisbuch* aus. Im dann erscheinenden Formularfeld geben Sie bitte den nachfolgenden Code ein und klicken dann auf den »Spenden«-Button, um die Spende abzuschließen. Am erhöhten Zählerstand können Sie ablesen, dass die Spende registriert worden ist.

9XXD-HL2Z-5Q4U

Ab einem bestimmten Spendenstand werden wir den Gesamtbetrag an das betreffende Projekt überweisen und dies unter http://www.addison-wesley.de/oslib mit einer kurzen Meldung dokumentieren. Schauen Sie einfach öfter herein, um zu sehen, was sich tut!

Ihr Addison-Wesley-Team

Anmeldedaten für www.moodlepraxisbuch.info/ (siehe S. 26):

Benutzername:	C1873
Passwort:	96non_bwbo

Das Moodle 1.8 Praxisbuch

open source library

Fredi Gertsch

Das Moodle 1.8 Praxisbuch

Online-Lernumgebungen einrichten, anbieten und verwalten

 **ADDISON-WESLEY**

An imprint of Pearson Education

München • Boston • San Francisco • Harlow, England
Don Mills, Ontario • Sydney • Mexico City
Madrid • Amsterdam

Die Deutsche Bibliothek – CIP-Einheitsaufnahme

Die Deutsche Bibliothek verzeichnet diese Publikation in der Deutschen
Nationalbibliografie; detaillierte bibliografische Daten sind im Internet
über http://dnb.ddb.de abrufbar.

10 9 8 7 6 5 4 3 2 1

09 08 07

ISBN 978-3-8273-2514-3

© 2007 by Addison-Wesley Verlag,
ein Imprint der Pearson Education Deutschland GmbH
Martin-Kollar-Straße 10–12, D-81829 München/Germany
Alle Rechte vorbehalten
Einbandgestaltung: Marco Lindenbeck, webwo GmbH (mlindenbeck@webwo.de)
Lektorat: Boris Karnikowski, bkarnikowski@pearson.de
Fachlektorat: Christoph Wegener, Gevelsberg
Korrektorat: Friederike Daenecke, Zülpich
Herstellung: Monika Weiher, mweiher@pearson.de
Satz: reemers publishing services gmbh, Krefeld (www.reemers.de)
Druck: Kösel, Krugzell (www.koeselbuch.de)
Printed in Germany

Inhaltsübersicht

open source library

Inhaltsverzeichnis

open source library

Einführung

Wer soll dieses Buch lesen?

Sie interessieren sich für E-Learning und Blended Learning und möchten nicht länger darüber philosophieren – Sie wollen handeln, eigene Erfahrungen sammeln und mitreden! Moodle ist eine kostenlose E-Learning-Plattform (Open-Source), die auf dem Konzept des konstruktivistischen Lernens basiert.

Das Buch beschreibt das Lernmanagement-System Moodle von Grund auf. Mit detaillierten Beschreibungen und anhand von Praxisbeispielen lernen Sie die vielfältigen Möglichkeiten der Aktivitäten kennen. Und Sie erfahren, wie Sie Blended Learning-Kurse mit Moodle entwickeln und in Ihrer Lehrveranstaltung umsetzen. Die vielen, gut verständlichen Übungen werden Sie anregen, das Gelesene umgehend zu erproben.

Für alle, die sich in einer der folgenden Situationen befinden und wiedererkennen, habe ich das Buch geschrieben – SIE sollten dieses Buch unbedingt lesen!

- Sie arbeiten als Lehrperson, als Ausbilder oder als Bildungsverantwortlicher, in einer öffentlichen oder privaten Bildungsinstitution oder in einem Unternehmen.

- Sie kennen Moodle bereits und wollen das Buch als Nachschlagewerk verwenden, das Ihnen neue Ideen liefert und Sie bei der täglichen Arbeit als Trainer unterstützt.

- Sie unterrichten als Lehrperson an einer Schule, die bereits eine Moodle-Lernplattform zur Verfügung stellt, und wollen sich im Selbststudium auf die Arbeit mit Moodle vorbereiten. Oder Sie besuchen einen Ausbildungskurs für Moodle-Trainer und verwenden dieses Buch zum Nachschlagen. Möglicherweise wollen Sie in nächster Zukunft Moodle zusammen mit Ihren Lernenden ausprobieren – sei es mit bereits vorhandenen Kursen oder mit Kursen, die Sie erst noch erstellen werden. Sie erwarten von diesem Buch Beispiele aus der Praxis und methodische Anleitungen für das Erstellen eines Kurses.

- Sie sind als Verantwortlicher für E-Learning damit beauftragt, Moodle als Lernplattform zu evaluieren. Sie wollen Moodle selbst installieren, lokal oder auf einem Webserver, und die Möglichkeiten aller Aktivitäten kennenlernen.

- Sie planen als Administrator einer Moodle-Installation die Ausbildung von Lehrpersonen und suchen ein passendes Lehrmittel, das Sie in Ihrer Arbeit unterstützt.

▪ Sicher sind Sie an Moodle interessiert, zumindest aber an E-Learning im weitesten Sinn.

Ich lade Sie ein, dieses Buch zu lesen und die Übungen aktiv mitzumachen. Lassen Sie sich von Moodle begeistern! Und seien Sie gewiss: Auch wenn ich der besseren Lesbarkeit wegen die männliche Form benutze, dachte ich beim Schreiben auch an Frauen... – denn erfahrungsgemäß sind sie mindestens so begabt wie männliche Moodler ☺.

Was benötigen Sie für die erfolgreiche Lektüre?

Als durchschnittlicher Computer-Benutzer können Sie in einem Textverarbeitungsprogramm Texte erfassen, korrigieren und formatieren. Sie surfen regelmäßig im Internet und verkehren mit Freunden und Bekannten per E-Mail. Sie verfügen also über einen Computer-Arbeitsplatz mit Internet-Zugang. Sie sind motiviert, Neues zu erarbeiten, und verfügen über Sitzleder, einen langen Atem und BISS. Denn, machen wir uns nichts vor: Sie werden einige Stunden vor dem Bildschirm sitzen, bevor Sie das Werkzeug Moodle beherrschen... Ein Moodler aber sind Sie von Anfang an – willkommen!

Für den optimalen Lernerfolg ist es wichtig, dass Sie das Gelesene auf einem Moodle-Lernportal nachvollziehen und die angebotenen Übungen durchführen können. Diese beginnen bereits in Kapitel 2, Login. Besorgen Sie sich bitte vorher Ihren Zugang zu einer Moodle-Lernplattform als Kursverwalter!

Moodle-Lernportal steht zur Verfügung

Es steht Ihnen bereits ein Moodle-Lernportal zur Verfügung. Das ist der Idealfall. Bekleiden Sie die Rolle des Kursverwalters? Wenn nicht, sprechen Sie bitte mit dem Administrator Ihres Moodle-Lernportals. Nur Administratoren können die Kursverwalter-Rolle vergeben.

Moodle-Lernportal steht nicht zur Verfügung

Es steht Ihnen noch kein Moodle-Lernportal zur Verfügung. Keine Angst – das macht nichts. Ich stelle Ihnen hier vier Möglichkeiten vor, wie Sie innerhalb kurzer Zeit zu einem entsprechenden Zugang kommen.

Moodle-Lernportal zum Buch

Das Moodle-Lernportal zum Buch auf *www.moodlepraxisbuch.info* steht als Übungsfeld zur Verfügung. Sie sind auf dieser Moodle-Seite schon jetzt als Kursverwalter registriert – und ab sofort sind Sie berechtigt, eigene Kurse zu erstellen, die Sie auch bereits mit Ihren Lernenden ausprobieren können. Benutzername und Passwort für die Anmeldung finden Sie ganz vorn im Buch, auf der ersten freien Seite des Buchblocks unten.

Das ist die einfachste Art, zu einer ersten eigenen Übungsgelegenheit zu kommen, wenn Ihnen kein Moodle-Lernportal zur Verfügung steht. Und es ist die beste Art, Moodle kennenzulernen, denn Sie arbeiten von Anfang an online, so wie es sich für ein Lernportal gehört.

Moodle für unterwegs

Für Windows-PCs steht auf der beigelegten CD ein vorinstalliertes Moodle bereit, das den XAMPP-Server (Apache-Server, MySQL-Datenbank und PHP) gleich mitbringt. Sie brauchen die gepackten Dateien lediglich zu entpacken und können loslegen. Lesen Sie dazu mehr in Kapitel 30, Moodle-Installation.

Moodle Demo Site

Auf der Moodle-Seite *http://demo.moodle.com/* werden Sie mit dem Benutzernamen **admin** und dem Passwort **demo** zum Administrator. Wollen Sie einmal den Kick erleben, als Administrator alle Hebel in den Händen zu halten? Leider können Sie auf dieser Seite nichts Bleibendes schaffen. Die Einträge werden stündlich gelöscht. Ich empfehle diese Seite für jene, die mal kurz die Luft des Administrators schnuppern oder schnell gefahrlos etwas ausprobieren möchten. Um Moodle als Administrator wirklich kennenzulernen, benötigen Sie unbedingt eine eigene Installation mit vollem Zugriff auf den PHP-Server und die Datenbank MySQL.

Moodle installieren

Sie können die Software Moodle auf Ihrem lokalen Computer oder auf einem Webserver installieren. Alles, was Sie dazu benötigen, finden Sie auf der beigelegten CD. Lesen Sie dazu mehr in Kapitel 30, Moodle-Installation.

Wie ist das Buch aufgebaut?

Das Buch ist als Lehrbuch konzipiert und eignet sich sehr gut zum Selbststudium oder als Ergänzung eines Ausbildungskurses für Moodle-Kursverwalter oder -Trainer. Dank der übersichtlichen Gliederung und des Stichwortverzeichnisses, dient das Buch auch als Nachschlagewerk für die Arbeit mit Moodle.

Wer Moodle selbst installieren oder administrieren will, findet in den zwei letzten Kapiteln, Moodle-Installation und Moodle-Administration, entsprechende Anleitungen.

Zusammenfassung der 31 Kapitel:

1. **Grundlagen**: In diesem Kapitel erhalten Sie einige grundlegende Informationen über das Werkzeug *Moodle*, seine Geschichte und Philosophie und über die überaus aktive Community. In einer Übersicht lernen Sie zudem drei mögliche Szenarien des Blended Learning kennen.

2. **Login**: Nachdem Sie mit den Grundlagen einen Einstiegspunkt gefunden haben, geht es hier weiter mit dem *Registrieren* und *Anmelden* bei einem Moodle-Lernportal. Sie erfahren auch, was zu tun ist, sollten Sie einmal das Passwort vergessen.

3. **Kurs**: Am Anfang steht der *Kurs*. Der Kurs ist der Grundbaustein aller Lehr- und Lerntätigkeiten in Moodle. Es ist deshalb richtig, wenn Sie sich eingehend mit den über zwanzig Einstellungen befassen, über die Sie das Verhalten des Kurses steuern werden. Layout und Navigation sind weitere Themen in diesem Kapitel.

4. **Editor**: Texte, die gut dargestellt sind, erleichtern das Lernen. Sie erfahren, wie Sie mit dem *Editor* Zeichen und Absätze formatieren, Bilder einfügen, Texte aus einem Word-Dokument oder von einer Internetseite übernehmen, im Text integrierte Links einfügen, Bilder und Texte mit blinden Tabellen gestalten und Daten in Tabellen übersichtlich darstellen.

5. **Arbeitsmaterial**: Mit diesen Werkzeugen allein lässt sich bereits ein Kurs gestalten. Sie lernen, wie Sie eine *Webseite erstellen*, einen *Link auf eine Datei oder Webseite* einrichten. Weiter erfahren Sie, wie man Dateien in ein Verzeichnis hochladen und dieses mit dem Link auf *ein Verzeichnis anzeigen* kann.

6. **Teilnehmer**: In diesem Kapitel erfahren Sie, wie Moodle aus der Sicht des Teilnehmers aussieht. Wie gelangt der Teilnehmer ins Lernportal, und wie findet er den richtigen Kurs? Weiter wird beschrieben, wie der Teilnehmer sein *Profil* bearbeiten kann und wie Sie als Kursverwalter bei der Kursentwicklung die Sicht des Teilnehmers einnehmen oder sogar Teilnehmerbeiträge simulieren können. Einige Gedanken zum Datenschutz schließen das Kapitel ab.

7. **Blöcke**: Hier lernen Sie alle *Blöcke* kennen und erfahren, wozu sie nützlich sind. Blöcke sind vordefinierte Kursteile, die als Navigations- oder Informationselemente vom Kursverwalter (und in *mymoodle* auch vom Teilnehmer) frei definiert werden können.

8. **Organisation**: Kurse gestalten, heißt Kurse organisieren. Alles, was weitestgehend mit der Organisation zu tun hat, erfahren Sie in diesem Kapitel. Sie lernen den *Kalender* kennen, mit dessen Hilfe die Teilnehmenden die Übersicht über die zu erledigenden *Aufgaben* und Termine behalten. Oder Sie erfahren, wie Sie Aktivitäten im Kursraum verschieben, löschen, bearbeiten, verstecken oder aus anderen Kursen importieren. Weiter wird beschrieben, wie Sie ganze Kurse *sichern* und *wiederherstellen* und damit kopieren können.

9. **Gruppen**: Moodle bevorzugt Lehrpersonen, die eine konstruktivistische Unterrichtsgestaltung anstreben. Aus der Sicht dieser Pädagogik ist die Gruppenarbeit eine wichtige Methode zur Gestaltung der Lern- und Arbeitssituationen. Sie erfahren in diesem Kapitel, dass ein Kurs zuerst für den *Gruppenmodus* aktiviert werden muss. Sie lernen, wie Sie *Gruppen* definieren und die Aktivitäten im Kursraum für die Gruppen aktivieren können.

10. **Bewertungen**: In diesem Kapitel erfahren Sie, wie das Bewerten in Moodle funktioniert. In vielen Aktivitäten können Sie die Bewertungsfunktion aktivieren und an Ihre Bedürfnisse anpassen. Es wird beschrieben, wie Sie eigene *Bewertungsskalen* erstellen und die *Punkte* einzelner Aktivitäten über die Kategorien verschieden gewichten können.

11. **Rollen**: In diesem Kapitel erfahren Sie mehr über die Basisrollen, die Moodle bei der Installation einrichtet, was diese Rollen in den verschiedenen Kontexten bewirken und wie man sie zuweisen, überschreiben oder wie man neue Rollen

erstellen kann. Das Rollensystem ist mit der Version 1.7 neu dazugekommen und funktioniert ab Version 1.8 wie erwartet. Entdecken Sie hier die neuen Möglichkeiten, die das Rollensystem eröffnet.

12. **Glossar**: In diesem Kapitel erfahren Sie, wie Sie ein *Glossar* hinzufügen und bearbeiten, wie Sie mit Glossaren arbeiten, und wie Sie Glossare *importieren* und *exportieren* können. Glossare sind Wörterbücher und können ein wichtiger Kursteil sein, vor allem, wenn sie von den Teilnehmenden selbst erstellt werden.

13. **Forum**: In Moodle ist das *Forum* oft ein zentraler Teil der Kursgestaltung, wo Teilnehmer sich austauschen, Projekte vorbereiten und sich unterstützen. Sie erfahren in diesem Kapitel, wie Sie ein Forum hinzufügen und so einrichten, dass es Ihrer Aufgabe entspricht. Foren können in den verschiedensten Varianten eingesetzt werden. Es wird beschrieben, wie die Lernenden mit den Foren arbeiten können.

14. **Mitteilungen**: Es gibt Dinge, die sollte man vertraulich behandeln, die will man nicht in der Gruppe besprechen, sondern zu zweit. In Moodle verwenden Sie dazu die *Mitteilungen*, die nur Absender und Empfänger lesen können. Sie erfahren in diesem Kapitel, wie Sie Mitteilungen senden und lesen können. Weiter lernen Sie, Ihre Kontakte über die *Kontaktliste* gezielt zu pflegen.

15. **Chat**: Der *Chat* in Moodle ist ein einfaches synchrones Kommunikationswerkzeug, das es Ihnen möglich macht, mit Ihren Teilnehmern in Echtzeit zu diskutieren. Damit grenzt es sich von *Forum* und *Mitteilungen* eindeutig ab, und entsprechend anders wird es eingesetzt. Sie erfahren in diesem Kapitel, wie Sie einen Chat einrichten und wie Sie Sitzungen einsehen und löschen können.

16. **Abstimmung**: Die *Abstimmung* besteht aus einer Fragestellung und zwei bis fünf vorgegebenen Antworten, die zur Auswahl stehen. Sobald alle Teilnehmenden ihre Stimme abgegeben haben, ist das Resultat für Sie und gegebenenfalls auch für die Teilnehmenden ersichtlich. Sie erfahren in diesem Kapitel, wie Sie eine Abstimmung einrichten, und Sie lernen die verschiedenen Auswertungsvarianten kennen.

17. **Umfrage**: Zukünftige Versionen *von Moodle werden selbst erstellte Befragungen erlauben. Momentan stellt die Umfrage* drei standardisierte Instrumente zur Befragung der Teilnehmenden bereit, die Sie in diesem Kapitel kennenlernen.

18. **Aufgaben**: Mit der Aktivität *Aufgabe* erhält der Teilnehmer einen verbindlichen Auftrag. Sie bestimmen, in welchem Zeitrahmen und auf welche Art er die Lösung abliefern muss. Sie erfahren, wie Sie die Aufgabe einrichten, und Sie lernen die drei Varianten und ihre Einsatzmöglichkeiten kennen.

19. **Lektion**: Nicht alles in Moodle ist einfach und auf Anhieb zu begreifen – die Aktivität *Lektion* gehört dazu. Sie erfahren in diesem Kapitel, wie Sie eine Lektion einrichten und mittels *Frageseiten*, *Verzweigungsseiten* und *Clustern* von der einfachen Lernkartei bis zum programmierten Unterricht einfach alles erstellen können.

20. **Test**: Die Aktivität *Test* ermöglicht es, Fragen in einem *Fragenpool* einmal zu erfassen und in beliebig vielen Tests zu verwenden. Sie erfahren in diesem Kapitel, wie Sie Fragen erfassen und wie Sie einen an Ihre Unterrichtssituation angepassten Test durchführen. Dazu lernen Sie die verschiedenen *Fragetypen* anhand von Beispielen kennen.

21. **Hot Potatoes Test**: Die Aktivität *Hot Potatoes Test* gehört nicht zur Moodle-Standard-Installation, wird aber von vielen Moodlern als willkommene Ergänzung eingesetzt.

22. **Wiki**: Die Aktivität *Wiki* erlaubt die gemeinsame Bearbeitung und Erstellung von Webseiten innerhalb eines Moodle-Kurses. Sie erfahren in diesem Kapitel, wie Sie ein Wiki einrichten, welcher Typ für Ihre Übung passt, und wie Sie ein Wiki mit sehr vielen Seiten verwalten können.

23. **Workshop**: Sie erfahren in diesem Kapitel alles, um einen einfachen *Workshop* in Ihrer Unterrichtssituation durchzuführen. Nebst dem Einrichten des Workshops lernen Sie die fünf Beurteilungsstrategien kennen, und Sie erfahren, was Teilnehmer und Trainer in den verschiedenen Phasen des Workshops zu tun haben.

24. **SCORM/AICC**: Viele Lernplattformen und Autorenprogramme können ihre Aktivitäten in SCORM- oder AICC-Paketen exportieren. Sie lernen in diesem Kapitel, wie Sie solche Pakete mit der Aktivität SCORM in Moodle integrieren können.

25. **LAMS**: Das *Learning Activity Management System* ist ein eigenständiges Werkzeug zur Erstellung und Nutzung von kollaborativen Aktivitäten, das seit der Moodle-Version 1.6 in Moodle integriert ist. Sie erfahren in diesem Kapitel, wie Sie Moodle und LAMS zusammenbringen.

26. **Datenbank**: Sie erfahren in diesem Kapitel, wie Sie eine eigene *Datenbank* einrichten, die von den Teilnehmenden als Datensammelstelle verwendet werden kann. Sie lernen die verschiedenen *Datentypen* kennen, die für die Tabellendefinition verfügbar sind.

27. **Praxisbeispiele**: Über ein Dutzend erfahrene Moodler geben uns Einblick in ihre Projekte. Sie lernen in diesem Kapitel Moodle-Anwendungen von der Volksschulstufe bis zur Universität kennen und können davon sicher einige Ideen und Anregungen für Ihre eigene Unterrichtssituation übernehmen.

28. **Kurs-Entwicklung**: In diesem Kapitel erhalten Sie Informationen zu verschiedenen Aspekten der Kurs-Entwicklung: Planung von Blended Learning-Kursen, Entwicklungs- und Betreuungszeit, Methoden für aktives Lernen mit Aufgaben und Kurskonzepte.

29. **Ausblick**: Moodle ist in ständiger Bewegung. Noch bevor die aktuelle Version 1.8 fertiggestellt war, wurde die weitere Entwicklung des Lernportals in der ROADMAP festgelegt. Sie lernen in diesem Kapitel die ROADMAP kennen.

30. **Moodle-Installation**: In diesem Kapitel erfahren Sie, wie Moodle auf einem lokalen PC und auf einem gehosteten Server zu installieren ist.

31. **Moodle-Administration**: Als Administrator verwalten Sie das Lernportal über eine Vielzahl von Funktionen und Einstellungen, die im Block Website-Administration mit den Bereichen MITTEILUNGEN, NUTZER/INNEN, KURSE, LOKALES, SPRACHE, MODULE, SICHERHEIT, AUSSEHEN, STARTSEITE, SERVER, NETZWERK, BERICHTE und VERSCHIEDENES vorliegen. Sie erfahren in diesem Kapitel alles, was Sie als Hausmeister Ihres Lernportals wissen müssen.

Wo erhalten Sie Unterstützung?

Obwohl ich darauf achte, Sie Schritt für Schritt in die Welt von Moodle einzuführen, werden Sie wahrscheinlich in Situationen kommen, in denen Sie gern die eine oder andere Frage beantwortet hätten. Vielleicht reagiert Ihr Moodle-Lernportal nicht genau so, wie in diesem Buch beschrieben, weil Sie mit einer anderen Version arbeiten, oder Sie benötigen Ratschläge bei der Entwicklung Ihrer eigenen Kurse.

Offizielle Moodle-Seite

Für allgemeine Fragen, die Moodle betreffen, erhalten Sie erfahrungsgemäß Hilfe auf der offiziellen Moodle-Seite *www.moodle.org* – entweder im deutschsprachigen Bereich DEUTSCHSPRACHIGES MOODLE oder aber im englischsprachigen, internationalen Bereich USING MOODLE.

Die Moodle-Seite zum Buch

Auf alle Fragen, die mit dem Inhalt dieses Buches zusammenhängen, erhalten Sie Antwort auf dem Moodle-Lernportal *www.moodlepraxisbuch.info*. Im Begleitkurs zu diesem Lehrbuch haben Sie Gelegenheit, mit den übrigen Lesern und dem Autor in Kontakt zu treten. Benutzername und Passwort für die Anmeldung finden Sie ganz vorn im Buch, auf der ersten Seite des Buchblocks unten.

Der Kurs **Das Moodle-Praxisbuch** ist für Sie frei zugänglich und bietet Ihnen:

- Foren zur Kommunikation mit anderen Lesern und dem Autor
- Zusätzliches Lernmaterial, Demos und Links

Die Seite zum Buch: www.moodlepraxisbuch.info

1 Grundlagen

Bevor wir mit der praktischen Arbeit in Moodle beginnen, finden Sie in diesem Kapitel grundlegende Informationen über das *Werkzeug Moodle* und über *Blended Learning*.

1.1 Was ist Moodle?

Moodle war ursprünglich die Abkürzung für **M**odular **O**bject **O**riented **D**ynamic **L**earning **E**nvironment (modulare, objektorientierte und dynamische Lernumgebung).

Heute steht Moodle als

- **Name** für ein sich immer weiterentwickelndes Lernportal, das weltweit bei lehrenden und lernenden Personen und Institutionen immer beliebter wird
- **Begriff** für eine einfache Lerntechnik und das Kennenlernen neuer Lernmethoden, die die Kreativität und Aufnahmefähigkeit der Lernenden fördern
- **Tätigkeit**, sich mit einem Thema intuitiv zu beschäftigen, sich Dinge herauszupicken und in der Gemeinschaft mit anderen Lernenden zu neuen Einsichten zu kommen und neue Gedanken zu entwickeln.

Moodle ist also auf dem besten Weg, ein Markenzeichen zu werden. Als Benutzerin sind Sie eine Moodlerin, als Benutzer ein Moodler. Wie ist es so weit gekommen? Wie hat das alles angefangen?

In den 90er-Jahren betreute *Martin Dougiamas* als Systemadministrator an der Curtin University of Technology in Australien deren WebCT-Installation. Die frustrierenden Erlebnisse mit diesen Web-Course-Tools und sein Glaube an die Möglichkeiten von internetbasiertem Unterricht bewogen ihn, seine bisherige Informatikerlaufbahn mit einem Masterabschluss in Erziehungswissenschaften zu ergänzen. 1999 begann Martin Dougiamas mit der Entwicklung von Moodle. Seither durchlief Moodle etliche Prototypstadien – bis zur Freigabe der Version 1.0 am 20. August 2002. Von da an erfuhr Moodle eine stetige Serie verbesserter Versionen. Das vorliegende Buch bezieht sich auf die Version 1.8.

Moodle ist heute ein weltweit anerkanntes Lernmanagement-System (Course Management System) und wird als freie Software (unter GNU Public License) zur Verfügung gestellt. Moodle eignet sich für alle lehrenden und lernenden Institutionen für den Bereich *E-Learning* und *Blended Learning*.

- **Hochschulen, Fachhochschulen**: Begleitung von Vorlesungen, Übungen und Seminaren, Gruppenarbeit, Prüfungsvorbereitungen, Prüfungen, Kommunikationsförderung, Begleitung von Praktika

- **Schulen**: Unterrichtsbegleitung, Erarbeitung von Themen, Gruppenarbeit, Projektarbeit, Tests, Prüfungen, Kommunikation zwischen Lehrpersonen und Lernenden

- **Unternehmen**: Interne Schulung, Vor- und Nachbereitung von Präsenzseminaren, Gruppenarbeit, Nachbereitung und Transfer von Lerninhalten, Arbeitsplattform für Projektgruppen, Unterstützung der Logistik und Kommunikation bei umfassenden Projekten, Kommunikation zwischen Mitarbeitergruppen.

1.1.1 Community

Mit der Entwicklung von Moodle ist auch die Community ständig gewachsen. Diese Gemeinschaft trägt viel dazu bei, dass Moodle immer beliebter wird. Auf der offiziellen Moodle-Seite *www.moodle.org* treffen sich Menschen, die in ganz unterschiedlichen Lernfeldern arbeiten (Universitäten, Fachhochschulen, Berufsschulen, Volksschulen aller Stufen, Non-Profit-Organisationen, private Unternehmen, selbstständige Trainer). Aber alle sind sie irgendwie mit Lernen und Lehren beschäftigt. Sie finden auf dieser Seite zu jedem Gebiet ein entsprechendes Forum und zu jeder Frage eine kompetente Fachperson, die Ihnen weiterhilft. Und kaum eine Frage bleibt länger als 24 Stunden unbeantwortet. Nebst dem internationalen Kurs USING MOODLE werden auch anderssprachige Kurse geführt, so zum Beispiel auch der Kurs DEUTSCHSPRACHIGES MOODLE. Wie Moodle wird diese Seite ständig weiterentwickelt und ist frei zugänglich.

1.1.2 Philosophie

Die Gestaltung und Entwicklung von Moodle ist geprägt von einer Lernphilosophie, einem Weg des Denkens, den man vereinfacht als »soziale, fördernde Pädagogik« bezeichnen kann.

Moodle unterstützt einen Lernprozess, bei dem sich die Lernenden aktiv mit dem Lerninhalt auseinander setzen. Über die Interaktion in der Gruppe wird der Lerninhalt für alle erschlossen. Theoretisch wird dieses Gedankengebäude durch Konzepte der systemischen Kommunikationstheorie und einer konstruktivistisch aktivierenden Pädagogik untermauert. Diese gehen davon aus, dass das Lernen in einem aktiven Aneignungsprozess – mit wiederholtem Abgleich zwischen vorhandenen Erfahrungen und neuen Informationen – erfolgt.

Wirkungsvolle Lernprozesse müssen daher Anreize bieten, neue Erfahrungen zu machen und Informationen aktiv anzuwenden. In der Vermittlung neuer Informationen an andere liegen besonders gute Lernpotenziale.

Gegenwärtig erfährt die Methode *Lernen durch Lehren* gerade in Deutschland, nämlich im Zuge der Schulreform, besondere Aufmerksamkeit. Dabei bildet die Gruppe der Lernenden ein neuronales Netz, das die Aufgabe übernimmt, Wissen zu konstruieren.

Moodle versucht, eine Lernumgebung zu schaffen, in der die Interaktion der Lerngruppe einen hohen Stellenwert besitzt. Die Diskussion miteinander, die Auseinandersetzung mit Aufgaben und die gegenseitige Bewertung sind zentrale Anliegen. Aber auch die Möglichkeit, aus Einschätzungen und Kommentaren dazu zu lernen und eine Aufgabe in einer verbesserten Version wieder einzureichen, sind wichtige Bausteine des Lernprozesses. Moodle könnte – fälschlicherweise – als klassische »Pauk-Maschine« oder als »Online-Frontalunterricht« genutzt werden. Sein besonderes Augenmerk aber gilt der fortgeschrittenen und zielgerichteten Interaktion als Lernprozess. Zentral dabei ist, dass die Lehrperson eine veränderte Aufgabe wahrnehmen muss und nicht mehr Wissensvermittler ist, sondern neu die Rolle des Lernbegleiters übernimmt.

1.1.3 Rollen

Jedem registrierten Benutzer einer Moodle-Plattform wird vom *Administrator* mindestens eine Rolle zugeordnet, die die Berechtigungen für etwa 200 Moodle-Eigenschaften festlegt. Bis zur Version 1.6 stellte Moodle nur die hier aufgeführten Rollen bereit, und es war dem *Administrator* nicht möglich, eigene Rollen zu definieren. Ab Version 1.7 werden diese Basisrollen bei der Installation vorgegeben, können aber vom Administrator auch verändert werden. Seien Sie also vorsichtig, wenn Sie mit einem Kollegen diskutieren, der mit einer anderen Moodle-Installation arbeitet. Es kann sein, dass Sie beide die Rolle *Kursverwalter* innehaben, aber über andere Rechte verfügen. In diesem Buch aber sind mit den nachfolgenden Rollenbezeichnungen immer die Standardrollen der Installation gemeint.

- **Administrator (Administrator)**: Der Administrator ist für alle technischen Belange der Lernplattform zuständig, er verfügt dazu über alle Rechte. In seinen Aufgabenbereich gehören: neueste Moodle-Version installieren, Lernaktivitäten verwalten, zusätzliche Lernaktivitäten bereitstellen, Rollen zuteilen, Benutzer verwalten, Kurse löschen, Kursstruktur verwalten, Metakurse verwalten.

- **Kursverwalter (Course creator)**: Der Kursverwalter kann Kurse neu erstellen und diesen Trainer zuweisen. Er hat innerhalb seiner Kurse alle Rechte, ausgenommen: Kurs löschen.

- **Trainer (Teacher)**: Der Trainer kann Kurse betreuen und hat auch das Recht, diese zu verändern.

- **Trainer ohne Editierrecht (Non-editing teacher)**: Dieser Trainer kann Kurse betreuen, aber nicht verändern.

- **Teilnehmer (Student)**: Der Teilnehmer ist die wichtigste Person. Für ihn werden die Kurse entwickelt, er soll sich aktiv an den Lernprozessen beteiligen.

■ **Gast (Guest)**: Gäste sind Teilnehmer ohne Registrierung und haben nur beschränkt Zugang. Sie können an Lernaktivitäten nicht teilnehmen.

1.1.4 Gruppen

Bei der aktiven Auseinandersetzung mit dem Lernstoff in der Gruppe teilen die Lernenden ihre Erfahrungen mit anderen Gruppenmitgliedern, diskutieren diese und reflektieren sie. In Gruppen mit unterschiedlicher Vorbildung gibt es einen regen Wissensaustausch, die Lernenden lernen voneinander, üben sich in der Auseinandersetzung und erwerben soziale Kompetenzen. Die Arbeit in Gruppen wird von Moodle unterstützt und ist für den Trainer einfach zu steuern.

1.1.5 Bewertungen

In vielen Kursen lösen die Lernenden eine Aufgabe online in einer Lernaktivität oder offline in einer Datei, die sie zur Korrektur hochladen. Noch viel mehr als im Präsenzunterricht erwarten die Lernenden im Online-Unterricht ein Feedback, das ihnen die Fehler aufzeigt und sie für die weitere Lernarbeit motiviert. Viele Lernaktivitäten in Moodle ermöglichen diese Rückmeldung über eine Bewertungsfunktion, die mit selbst definierbaren Bewertungstabellen arbeitet. Über den Link PUNKTE sind alle in einem Kurs abgegebenen Bewertungen abrufbar.

1.2 Was ist Blended Learning?

Blended Learning bedeutet so viel wie *vermischtes, integriertes Lernen* und meint eine Form von E-Learning, in der Präsenzunterricht mit internetbasiertem Lernen kombiniert werden. Noch vor wenigen Jahren erwartete man, E-Learning werde das Lernen und Lehren revolutionieren – Bildung und Weiterbildung würden einen innovativen Schub erfahren. Heute ist bezüglich des reinen E-Learning Ernüchterung eingekehrt, und man versucht, mit der Verknüfung von E-Learning mit Präsenzunterricht den maximalen Lernerfolg zu erreichen, etwa nach dem Muster Kick-Off-Veranstaltung – Selbstlernphase – Präsenzphase – Selbstlernphase – Schlussveranstaltung (Abbildung 1.1). Blended Learning versucht also die Stärken der Vermittlungsformen Präsenzunterricht und E-Learning zu nutzen und mit ihren Nachteilen auszubalancieren:

Präsenzunterricht

☺ Die Teilnehmenden nehmen sozialen Kontakt auf, bilden eine Gruppe.

☺ Dozent und Teilnehmende lernen sich persönlich kennen.

☺ Die Kommunikation ist ganzheitlich.

☺ Die Teilnehmenden unterstützen sich beim Lernen gegenseitig.

☺ Es können jederzeit weiterbringende Diskussionen entstehen.

☹ Alle Personen müssen zur gleichen Zeit am gleichen Ort sein.

☹ Alle Teilnehmenden müssen gleiches Vorwissen haben, damit der allgemeine Lernfortschritt gewährleistet bleibt.

E-Learning

☺ Die Teilnehmenden lernen wie und wo es ihnen passt.

☺ Die Teilnehmenden bestimmen ihr Lerntempo selbst.

☺ Der Lernstoff ist gut aufbereitet, Methodik/Didaktik sind sehr flexibel.

☺ Der Einsatz unterschiedlicher Medien (Bild, Video, Ton, Animation, Schrift) spricht unterschiedliche Lerntypen an.

☺ Je nach Plattform ist eine einfache, individuelle und motivierende Betreuung der Teilnehmenden möglich, so können auch Missdeutungen ausgeschlossen werden.

☹ Es entsteht keine soziale Bindung zu weiteren Teilnehmenden.

☹ Missdeutungen von Inhalten bleiben unbemerkt.

☹ Hohe Selbstlernkompetenz ist erforderlich.

Blended Learning – diese Form von E-Learning hat sich bisher als die wirkungsvollste erwiesen. Kein Wunder also, wenn von Bildungsträgern zunehmend erwartet wird, dass sie in der Lage sind, Blended Learning anzubieten.

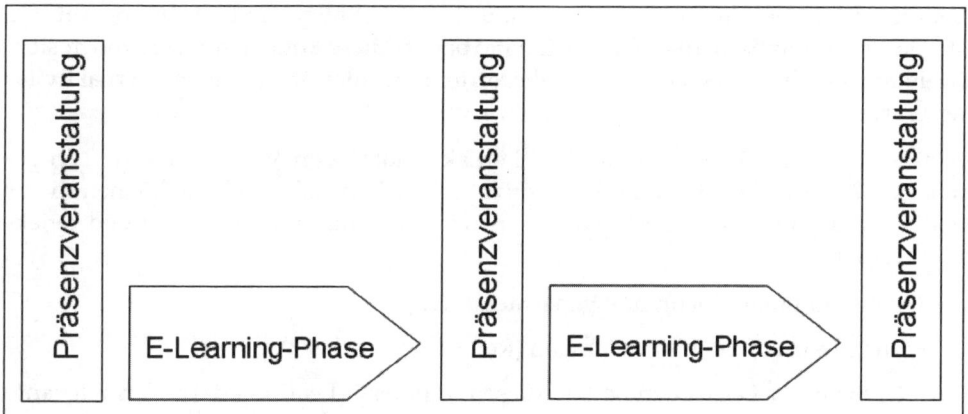

Abbildung 1.1:   Die Blended Learning-Phasen

Bei der Entwicklung von Blended Learning stehen die Lernprozesse einer bestimmten Lehrveranstaltung oder einer innerbetrieblichen Ausbildung im Mittelpunkt. Diese hat bislang als reine Präsenzveranstaltung stattgefunden, Materialien oder Medien sind also vorhanden und können in den Moodle-Kurs eingebunden werden.

Wenn Sie E-Learning in Ihre bestehende Lehrveranstaltung integrieren oder in neu entwickelte umsetzen, stehen Ihnen drei Szenarien zur Verfügung.

1.2.1 Distribution – E-Learning by distributing

Auf dieser Ebene nutzen Sie Moodle vor allem zur Bereitstellung von Informationen. Kommunikative oder kooperative Elemente werden hier weniger oder überhaupt nicht eingesetzt.

Sie stellen meist einfachere Informationen bereit, die die Lernenden zeit- und ortsunabhängig abrufen können:

- Moodle-Webseiten
- Semesterplan, Kursplan, Lernzielkatalog
- Interessante, weiterführende Links
- Dateien zum Download (Word, PDF, Powerpoint, Excel)

Aus der Sicht der Lernenden besteht diese Form des E-Learning darin, Informationen aufzunehmen, selbstgesteuert zu verarbeiten und umzusetzen. Ein Lehrender im klassischen Sinn ist für das E-Learning by distributing (oder Learning from information) nicht erforderlich.

1.2.2 Kommunikation – E-Learning by interacting

Bei dieser erweiterten Form bauen Sie auf den Elementen der Distribution auf. Sie stellen aber didaktisch ausgefeiltere Inhalte bereit. Diese können die Lernenden sich, (weitgehend) ohne personelle Hilfe, allein durch die Interaktion mit den Lernaktivitäten erarbeiten.

Zusätzlich nutzen Sie kommunikative Lernaktivitäten von Moodle, die die Lerngemeinschaft der Lernenden und ihre Motivation fördern sollen. Inhalte können so vor oder nach der Präsenzveranstaltung vorbereitet, diskutiert, nachbereitet und reflektiert werden:

- Tests, Lektionen, Abstimmungen (Interaktion)
- Forum, Journal, Chat, Mitteilungen (Reflexion, Feedback)

Aus der Sicht der Lernenden besteht diese Form des E-Learning darin, lernrelevante Informationen technisch angeleitet zu verarbeiten und angebotene Übungen selbstorganisiert durchzuführen. Ein Lehrender im klassischen Sinne ist für das E-Learning by interacting (oder Learning from feedback) nicht erforderlich; möglich, aber nicht zwingend, ist ein Lernberater oder Tele-Tutor.

1.2.3 Kooperation – E-Learning by collaborating

Bei dieser Form sollen die Lernenden vor allem im Sinne der kooperativen Wissens-generierung aktiv werden.

Sie stellen als Kursleiter Materialien und Aufgabenstellungen bereit, die auf koopera-tive Wissenskonstruktion abzielen, während die Instruktion in den Hintergrund tritt. Die Lernenden nutzen Moodle, um miteinander zu kommunizieren, Inhalte zu disku-tieren sowie um in Gruppen Wissen zu entwickeln und dieses anderen Teilnehmen-den zugänglich zu machen.

Für den Lernenden besteht diese Form des E-Learning darin, eigenständig neues Wis-sen in der Lernumgebung zu konstruieren und dies vor allem im Prozess des sozialen Problemlösens zu tun. Beim E-Learning by collaborating (oder Learning from diffe-rent perspectives) ist ein Lehrender als Initiator und Moderator von Lernprozessen oder als Coach beim virtuellen Problemlösen unabdingbar.

Als Kursverwalter sind Sie frei, diese E-Learning-Formen (Abbildung 1.2) abzuän-dern, zu vermischen oder in parallel laufenden Kursen nebeneinander zu verwenden.

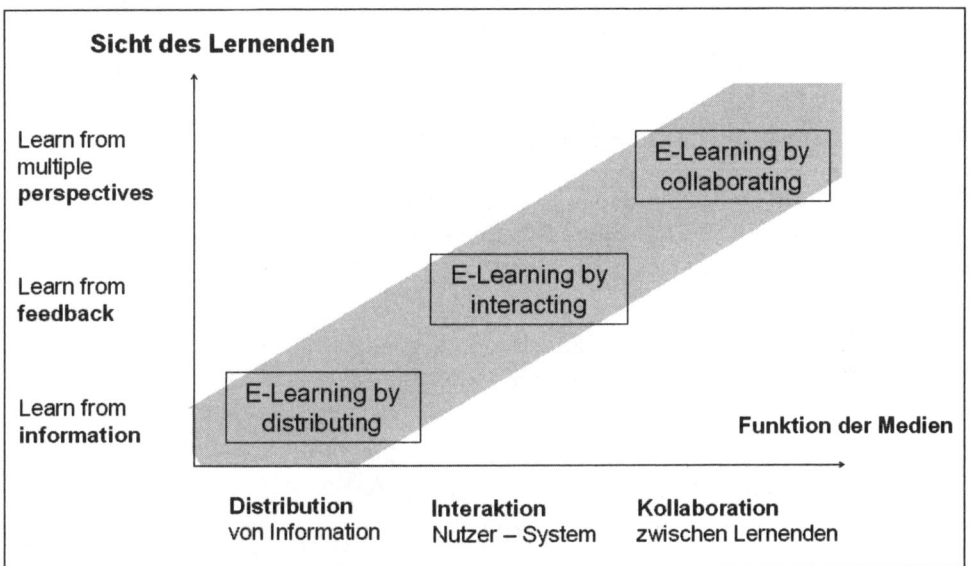

Abbildung 1.2:   Verschiedene E-Learning-Varianten

Übung 1

Erste Szenarien entwickeln

Nehmen Sie ein Blatt Papier, und teilen Sie die Fläche in drei gleich große Bereiche auf, die Sie je einem Szenario zuteilen (**Distribution**, **Kommunikation** und **Kooperation**). Notieren Sie spontan für jeden Bereich Anwendungsideen aus Ihrem Fachbereich. Wo fällt es Ihnen leicht? Wo haben Sie Bedenken, sehen Sie Schwierigkeiten?

Sicher sind Sie – nach dem Lesen dieser einführenden Informationen – so richtig hungrig auf die Praxis mit Moodle. Es ist jetzt besonders wichtig, dass Sie über einen Zugang zu einem Moodle-Lernportal als Kursverwalter verfügen, wie ich es in der Einführung im Abschnitt *Was benötigen Sie für die erfolgreiche Lektüre?* beschrieben habe. Sind Sie so weit? Dann lesen Sie bitte weiter in Kapitel 2, *Login – Am Eingang müssen Sie sich ausweisen.*

2 Login – Am Eingang müssen Sie sich ausweisen

Und schon beginnen wir die praktische Arbeit in unserem Moodle-Lernportal. Wir gehen in diesem Kapitel die ersten Schritte gemeinsam. Ich führe Sie, bildlich gesprochen, durch die Eingangshalle Ihres Moodle-Lernportals. Sind Sie einmal drin, steht der Eroberung nichts mehr im Wege.

Obschon Moodle die Möglichkeit bietet, Gäste ohne vorheriges Registrieren in bestimmten Kursen zuzulassen, ist es doch die Ausnahme. Moodle-Lernportale sind meist so eingestellt, dass sich ein jeder am Eingang mit dem LOGIN ausweisen muss – einerseits, weil viele Betreiber daran interessiert sind, die Daten der Teilnehmenden zu erhalten; andererseits, weil das Moodle-Lernportal erst mit dieser Identifikation bestimmen kann, für welche Kurse der Teilnehmer berechtigt ist.

2.1 Startseite

Starten Sie den Browser, und tippen Sie die URL Ihrer Moodle-Seite in die Adresszeile. Drücken Sie ⌐Enter¬, und das Moodle-Lernportal erscheint mit der Startseite. Moodle macht es dem Administrator möglich, die Startseite individuell zu gestalten. Die Mehrheit der Moodle-Lernportale sieht auf der Startseite jedoch ähnlich aus wie Abbildung 2.1. Die Seite ist dreigeteilt: In der Mitte sehen Sie die SITE NEWS, links die Blöcke HAUPTMENÜ und LOGIN, rechts den Block BESCHREIBUNG. Möglicherweise erkennen Sie in Ihrem Moodle-Lernportal zusätzliche Blöcke wie z.B. NEUESTE AKTIVITÄTEN, BALD AKTUELL, KALENDER usw. Auf internationalen Moodle-Seiten finden Sie im Kopfbereich meist das Listenfeld SPRACHE, mit dem Sie die Sprache für die Bezeichnungen auswählen können.

2.2 Registrieren

Bevor Sie sich anmelden können, müssen Sie sich registrieren. Bitten Sie den Administrator nach dem Registrieren, Ihnen die Rolle des Kursverwalters zuzuweisen. Im Moodle-Lernportal zum Buch auf *www.moodlepraxisbuch.info* sind Sie bereits als Kursverwalter registriert.

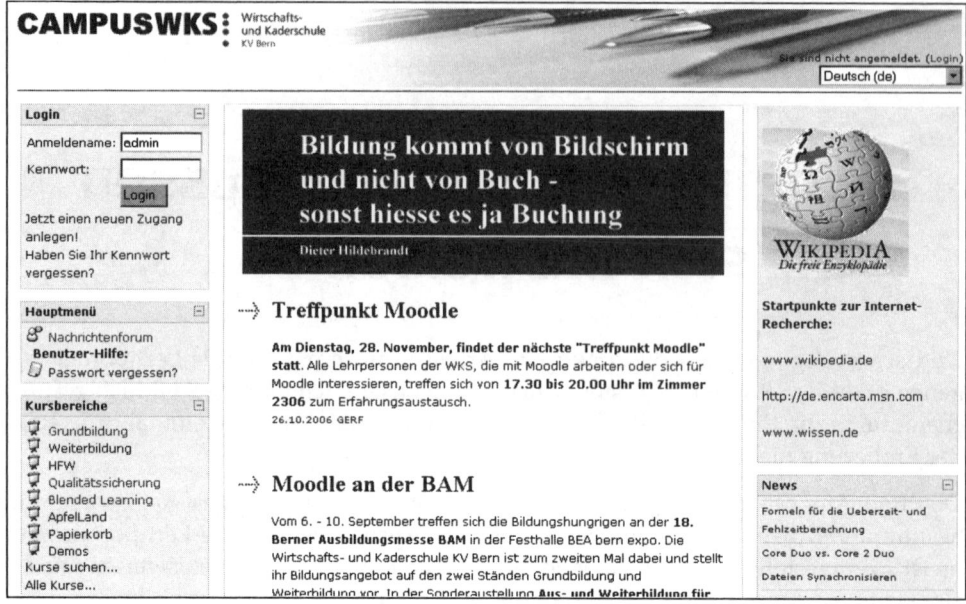

Abbildung 2.1: *Startseite des Moodle-Lernportals www.campuswks.info an der Wirtschafts- und Kaderschule Bern. Der Link Login befindet sich oben rechts, der Block Login in der Spalte links.*

Sie müssen diesen Vorgang genau verstehen, damit Sie die Teilnehmenden später entsprechend instruieren können.

Achtung

Falls Sie sich ein zweites Mal im gleichen Moodle-Lernportal registrieren wollen, dürfen Sie nicht die gleiche E-Mail-Adresse und/oder den gleichen Benutzernamen verwenden! E-Mail-Adresse und Benutzername dürfen im gleichen Moodle-Lernportal nur einmal verwendet werden.

2.2.1 Registrationsformular ausfüllen

Über den Link LOGIN gelangen Sie zum Formular LOGIN (Abbildung 2.2). Hier interessiert uns die rechte Seite: SIND SIE DAS ERSTE MAL AUF DIESER WEBSITE? BITTE REGISTRIEREN SIE SICH: Bitte lesen Sie den erklärenden Text aufmerksam. Vielleicht werden Ihre Kursteilnehmer Sie zum hier beschriebenen Ablauf befragen. Unterhalb des Textes finden Sie die Schaltfläche NEUEN ZUGANG ANLEGEN?

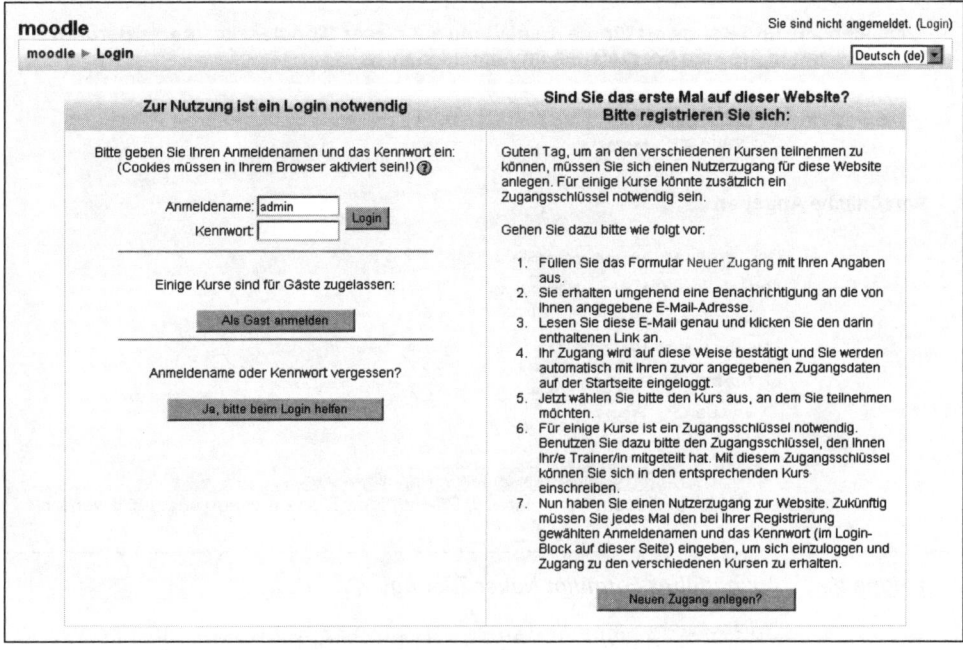

Abbildung 2.2:   Formular Login

Bei vielen Moodle-Lernportalen gibt es eine zweite, direktere Möglichkeit. Auf der Startseite wird der LOGIN-Block angezeigt (Abbildung 2.3).

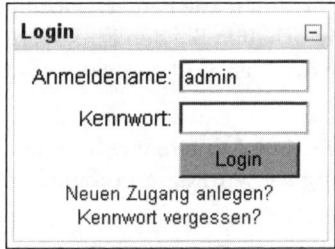

Abbildung 2.3:   Der Block Login auf der Startseite

Über die Schaltfläche NEUEN ZUGANG ANLEGEN? im Formular LOGIN oder über den entsprechenden Link im Block LOGIN gelangen Sie zum Formular NEUER ZUGANG (Abbildung 2.4).

■ ANMELDENAME: Darf nur Buchstaben und Ziffern, aber keine Leerzeichen enthalten. Der Benutzername muss in diesem Moodle-Lernportal einmalig sein. Wird er bereits verwendet, erhalten Sie beim Abschicken des Formulars die Fehlermeldung *»Der Anmeldename ist bereits vergeben«*.

```
Anmeldename und Kennwort für die Anmeldung auf dieser Moodleseite. (Registrierung)
Bitte verwenden Sie kein Leerzeichen im Anmeldenamen.

              Anmeldename*   fredigertsch
                 Kennwort*   ••••••••

Persönliche Angaben

            E-Mail-Adresse*   fredi.gertsch@moodle.net
       E-Mail (wiederholen)*   fredi.gertsch@moodle.net
                 Vorname*    Fredi
                Nachname*    Gertsch
                Stadt/Ort*   Burgdorf
                    Land*    Schweiz                     ▼

              Meinen neuen Zugang anlegen (Registrierung)      Abbrechen
    Die markierten Felder in diesem Formular sind Pflichtfelder. Diese müssen ausgefüllt werden.
```

Abbildung 2.4: Ausgefülltes Formular Neuer Zugang

▓ KENNWORT: Achten Sie darauf, das Passwort ohne Tippfehler einzugeben. Es wäre peinlich, wenn Sie bereits vor dem ersten Anmelden ein neues Passwort anfordern müssten.

▓ E-MAIL-ADRESSE: Weil E-Mail-Adressen weltweit einmalig sind, kann das Moodle-Lernportal Sie darüber identifizieren. Ist für diese E-Mail-Adresse bereits ein Zugang eingerichtet, erhalten Sie beim Abschicken des Formulars die Fehlermeldung *»Diese E-Mail-Adresse ist bereits registriert«.* Gleichzeitig erhalten Sie den Link NEUES KENNWORT? angeboten, in der Annahme, Sie hätten das Passwort vergessen und wollten deshalb einen neuen Zugang anlegen.

▓ E-MAIL (WIEDERHOLEN): Hier müssen Sie die gleiche E-Mail-Adresse wiederholen. Weil die E-Mail-Adresse für die Registration so wichtig ist, wird damit möglichen Eingabefehlern vorgebeugt.

▓ VORNAME: Ihr Vorname.

▓ NACHNAME: Ihr Nachname.

▓ STADT/ORT: Ihr Wohnort.

▓ LAND: Ihr Herkunftsland.

2.2.2 Registrierung bestätigen

Mit einem Klick auf die Schaltfläche MEINEN NEUEN ZUGANG ANLEGEN (REGISTRIERUNG) erhalten Sie die Bestätigung, dass die Benachrichtigung an Ihre E-Mail-Adresse abgesendet wurde (Abbildung 2.5).

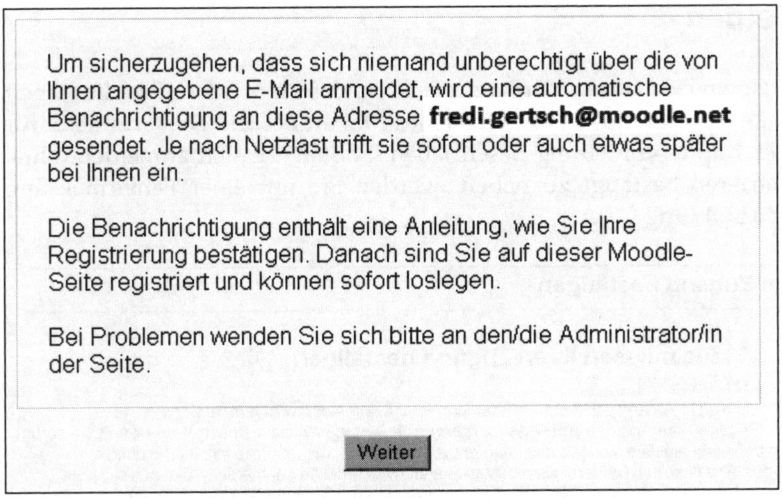

Um sicherzugehen, dass sich niemand unberechtigt über die von
Ihnen angegebene E-Mail anmeldet, wird eine automatische
Benachrichtigung an diese Adresse **fredi.gertsch@moodle.net**
gesendet. Je nach Netzlast trifft sie sofort oder auch etwas später
bei Ihnen ein.

Die Benachrichtigung enthält eine Anleitung, wie Sie Ihre
Registrierung bestätigen. Danach sind Sie auf dieser Moodle-
Seite registriert und können sofort loslegen.

Bei Problemen wenden Sie sich bitte an den/die Administrator/in
der Seite.

Weiter

Abbildung 2.5: Registrationsbestätigung

Im Posteingang finden Sie jetzt die angekündigte Mail »*Zugangsbestätigung*«
(Abbildung 2.6). Wenn Sie die Registrierung nicht innerhalb einer Woche bestätigen,
wird der vorbereitete Eintrag wieder gelöscht. Mit einem Klick auf den angebotenen
Link öffnet sich der Internet-Browser und das Moodle-Lernportal meldet: »*Danke,
Peter Gerber, Ihre Registrierung wurde bestätigt*«. Sie sind jetzt angemeldet und gelangen
mit einem Klick auf den Link KURSE auf die Seite KURS-BEREICHE.

Bitte schließen Sie den Browser, wir wollen das Anmelden besprechen.

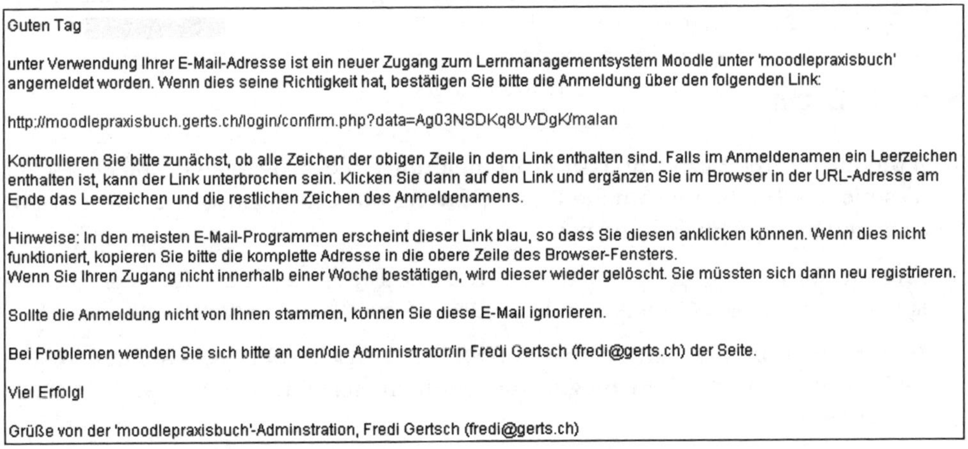

Guten Tag

unter Verwendung Ihrer E-Mail-Adresse ist ein neuer Zugang zum Lernmanagementsystem Moodle unter 'moodlepraxisbuch'
angemeldet worden. Wenn dies seine Richtigkeit hat, bestätigen Sie bitte die Anmeldung über den folgenden Link:

http://moodlepraxisbuch.gerts.ch/login/confirm.php?data=Ag03NSDKq8UVDgK/malan

Kontrollieren Sie bitte zunächst, ob alle Zeichen der obigen Zeile in dem Link enthalten sind. Falls im Anmeldenamen ein Leerzeichen
enthalten ist, kann der Link unterbrochen sein. Klicken Sie dann auf den Link und ergänzen Sie im Browser in der URL-Adresse am
Ende das Leerzeichen und die restlichen Zeichen des Anmeldenamens.

Hinweise: In den meisten E-Mail-Programmen erscheint dieser Link blau, so dass Sie diesen anklicken können. Wenn dies nicht
funktioniert, kopieren Sie bitte die komplette Adresse in die obere Zeile des Browser-Fensters.
Wenn Sie Ihren Zugang nicht innerhalb einer Woche bestätigen, wird dieser wieder gelöscht. Sie müssten sich dann neu registrieren.

Sollte die Anmeldung nicht von Ihnen stammen, können Sie diese E-Mail ignorieren.

Bei Problemen wenden Sie sich bitte an den/die Administrator/in Fredi Gertsch (fredi@gerts.ch) der Seite.

Viel Erfolg!

Grüße von der 'moodlepraxisbuch'-Adminstration, Fredi Gertsch (fredi@gerts.ch)

Abbildung 2.6: Bestätigungs-E-Mail

2.3 Anmelden

Das Registrieren ist ein einmaliger Vorgang. Nicht so das Anmelden. Für die Arbeit mit dem Moodle-Lernportal müssen Sie sich jedes Mal anmelden. Die Gründe dafür sind bereits in der Kapitel-Einleitung beschrieben. Sollten Sie sich anmelden, ohne vorher das Registrieren bestätigt zu haben, werden Sie mit einer Fehlermeldung zurückgewiesen (Abbildung 2.7).

Sie müssen Ihren Zugang bestätigen

Sie müssen Ihren Zugang bestätigen

Um sicherzugehen, dass sich nicht jemand unberechtigt über Ihre E-Mail anmeldet, wird eine automatische Benachrichtigung an die angegebene Adresse **peter.gerber@moodle.net** geschickt. Je nach Netzlast trifft sie sofort oder auch etwas später bei Ihnen ein. Die Benachrichtigung enthält einen Link, mit dem Sie Ihre Anmeldung innerhalb einer Woche bestätigen sollten (andernfalls müssten Sie sich nochmal neu anmelden). Danach sind Sie registriert und können sofort loslegen. Bei eventuellen Problemen kontaktieren Sie bitte den Verwalter dieser Seite.

Abbildung 2.7:   Das Anmelden ohne Bestätigung ist nicht möglich.

Tipp

Bleiben Sie immer schön aktiv! Sonst kann es sein, dass Sie sich erneut anmelden müssen. Nach einer gewissen Zeit ohne Aktivität (Laden einer Seite) meldet Moodle Sie automatisch ab. Dieses Session-Timeout wird vom Administrator eingestellt und kann zwischen 5 Minuten und 4 Stunden liegen, die Standardeinstellung ist 2 Stunden ;-).

2.3.1 Login

Weil Moodle für die Verwaltung Ihrer Anmeldung ein Cookie (eine kleine Datei) auf die Festplatte schreibt, müssen Sie Ihrem Browser das Schreiben von Cookies erlauben. Sie finden diese Einstellung bei

- **FireFox:** Öffnen Sie im Menü EXTRAS-EINSTELLUNGEN auf dem Register DATENSCHUTZ den Bereich COOKIES, und markieren Sie COOKIES AKZEPTIEREN.

- **Internet Explorer:** Ziehen Sie im Menü EXTRAS-INTERNETOPTIONEN auf dem Register DATENSCHUTZ den Schiebregler ganz nach unten auf die Position ALLE COOKIES ANNEHMEN.

Klicken Sie auf der Startseite auf den Link LOGIN, und geben Sie im nachfolgenden Login-Formular (Abbildung 2.8) ANMELDENAME und KENNWORT ein. Zeigt Ihre Moodle-Seite den LOGIN-Block auf der Startseite an, melden Sie sich darüber ohne Umweg an.

```
        Hier kommen Sie zu Ihrer Kursseite

  Bitte beachten Sie, dass es notwendig ist, sich vor dem ersten
            Login einmalig zu registrieren:
                (Wichtiger Hinweis:
  Cookies müssen in Ihrem Browser aktiviert sein. Ansonsten
        gelangen Sie immer wieder auf diese Seite.) ?

      Anmeldename: petergerber
         Kennwort: •••••••        Login


    Einige Kurse ermöglichen Gästen den Zugang:

                  Gast-Login


    Anmeldename und Kennwort vergessen?

            Ja, bitte beim Login helfen
```

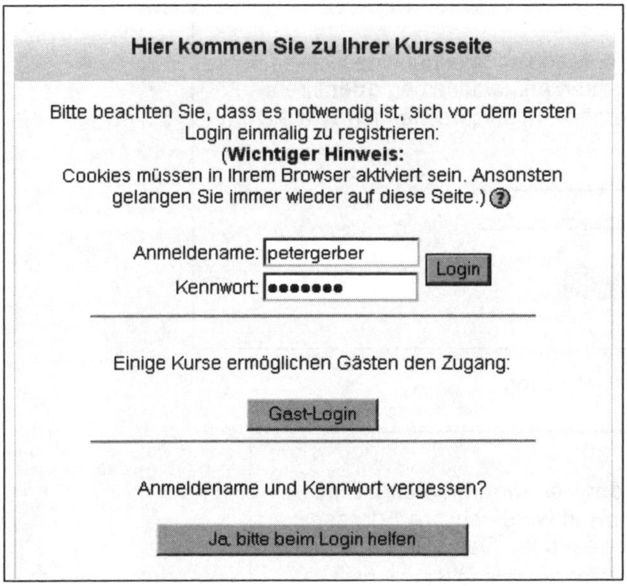

Abbildung 2.8:   Login

2.3.2   Kennwort vergessen

Die häufigste Fehlerursache beim Anmelden ist ein falsches Passwort. Wir verwenden heute in vielen Bereichen ein Passwort, da kann es schon vorkommen, dass man einmal eines vergisst. Ärgern Sie sich nicht – Moodle hilft Ihnen aus der Patsche. Es sendet Ihnen auf Verlangen ein neues Passwort an die für diesen Nutzer eingetragene E-Mail-Adresse. Klicken Sie dazu im Formular LOGIN auf die Schaltfläche JA, BITTE BEIM LOGIN HELFEN oder im LOGIN-Block auf den Link KENNWORT VERGESSEN? Daraufhin öffnet sich das Formular KENNWORT VERGESSEN (Abbildung 2.9). Sollten Sie hier einen falschen Anmeldenamen oder eine falsche E-Mail-Adresse verwenden, quittiert Moodle dies mit einer Fehlermeldung. Für den Fall, dass Sie die Angaben eines anderen in diesem Lernportal registrierten Teilnehmers verwenden, geht die erste Mail an ihn.

Sie erhalten Ihre Zugangsdaten nämlich schrittweise per E-Mails. Die erste Mail enthält einen Link, mit dem Sie die Anforderung nach den Zugangsdaten bestätigen. Mit einem Klick darauf öffnet Moodle das Formular KENNWORT VERGESSEN (Abbildung 2.10), und Sie erhalten die zweite Mail mit Benutzernamen und neuem Passwort.

Nach dem Klick auf WEITER oder KENNWORT ÄNDERN gelangen Sie zur Anmeldung. Melden Sie sich mit dem neuen Passwort an, und ändern Sie es in Ihrem PROFIL. Klicken Sie dazu auf Ihren Namen, der oben rechts als Link erscheint. Im Formular PROFIL klicken Sie auf die Schaltfläche KENNWORT ÄNDERN, und das gleichnamige Formular öffnet sich (Abbildung 2.11). Mit einem Klick auf die Schaltfläche KENNWORT ÄNDERN ist das neue Passwort aktiv. Lesen Sie mehr über das Profil in Kapitel 6, Teilnehmer.

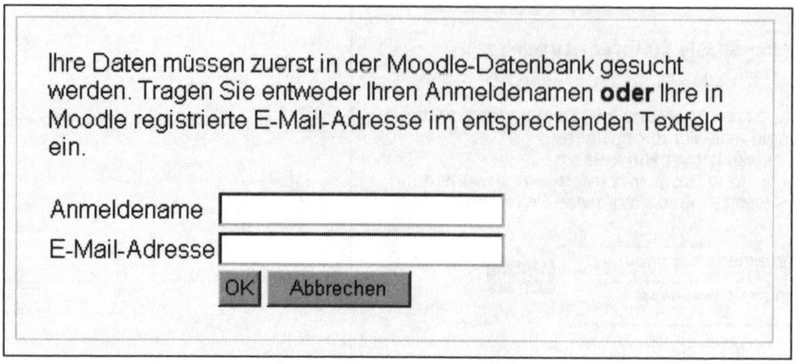

Ihre Daten müssen zuerst in der Moodle-Datenbank gesucht werden. Tragen Sie entweder Ihren Anmeldenamen **oder** Ihre in Moodle registrierte E-Mail-Adresse im entsprechenden Textfeld ein.

Anmeldename [   ]
E-Mail-Adresse [   ]

[OK] [Abbrechen]

Abbildung 2.9:   Neues Kennwort anfordern

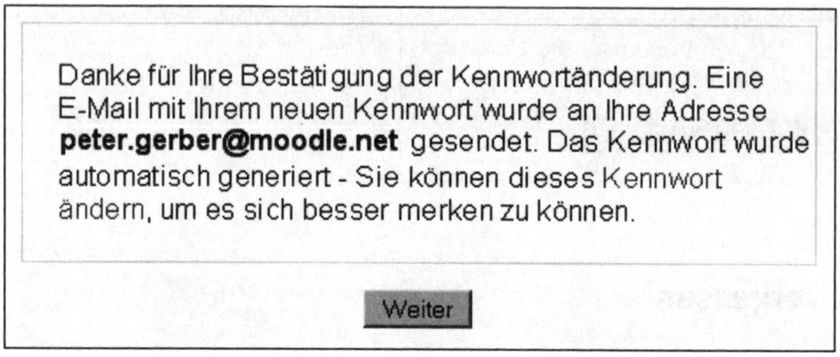

Danke für Ihre Bestätigung der Kennwortänderung. Eine E-Mail mit Ihrem neuen Kennwort wurde an Ihre Adresse **peter.gerber@moodle.net** gesendet. Das Kennwort wurde automatisch generiert - Sie können dieses Kennwort ändern, um es sich besser merken zu können.

[Weiter]

Abbildung 2.10: Das Formular Kennwort vergessen

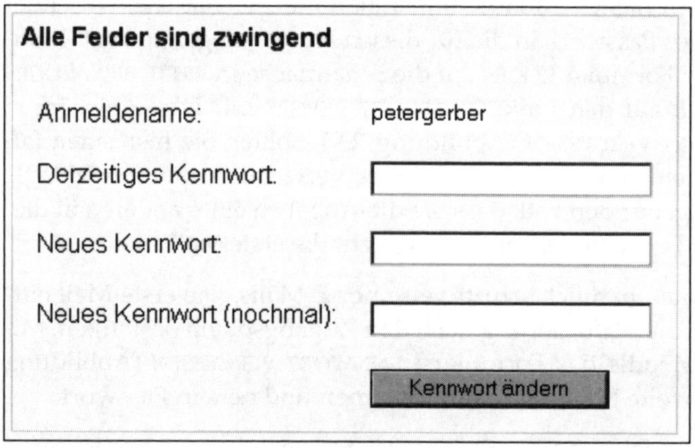

Alle Felder sind zwingend

Anmeldename: petergerber

Derzeitiges Kennwort: [   ]

Neues Kennwort: [   ]

Neues Kennwort (nochmal): [   ]

[Kennwort ändern]

Abbildung 2.11: Kennwort ändern

Übung 2

Willkommen in der Community!

Wenden Sie Ihre Kenntnisse gleich an, und registrieren Sie sich

- auf der Moodle-Seite zum Buch *www.moodlepraxisbuch.info*. Tragen Sie sich dort im Kurs **Moodle Praxisbuch** ein, und ändern Sie Ihr Passwort im PROFIL.

- auf der offiziellen Moodle-Seite *www.moodle.org*. Stöbern Sie dort im Kurs DEUTSCHSPRACHIGES MOODLE oder im internationalen Kurs USING MOODLE. Lassen Sie sich anschließend ein neues Passwort zusenden, und ändern Sie dieses im PROFIL.

Sie können sich jetzt auf einem Moodle-Lernportal registrieren und anmelden. Und Sie wissen sich zu helfen, falls Sie einmal das Passwort vergessen haben. Höchste Zeit also, sich anzumelden und mit der Arbeit als Kursverwalter zu beginnen. Sind Sie so weit? Dann lesen Sie bitte weiter in Kapitel 3, *Kurs – Alles beginnt mit einem Kurs*.

3 Kurs – Alles beginnt mit einem Kurs

Und weiter geht es mit dem Bau des Moodle-Lernportals. In diesem Kapitel lernen Sie den wichtigsten Baustein – den KURS – kennen.

Der KURS in Moodle wird häufig auch als Kursraum bezeichnet, weil in ihm, ähnlich wie in einem Unterrichtszimmer, das Lernen stattfindet. Sie bestimmen über den ZUGANGSSCHLÜSSEL, wer zu diesem Raum Zugang erhält und teilnehmen darf.

Mit ARBEITSUNTERLAGEN und LERNAKTIVITÄTEN, die Sie beliebig in den Kurs einfügen können, stellen Sie die Lerninhalte bereit. Arbeitsunterlagen und Lernaktivitäten kombiniert mit verschiedenen Online-Methoden – das sind Ihre Werkzeuge! Damit verwirklichen Sie alle Ihre Kursideen zwischen *Distribution* und *Kooperation*.

Jeder Kurs führt auf dem Server ein eigenes Verzeichnis, das über DATEIEN im Block ADMINISTRATION zugänglich ist. Alle Dateien, die Sie in den Kurs hochladen, sind hier gespeichert.

Mit SICHERUNG und WIEDERHERSTELLUNG im Block ADMINISTRATION können Sie den Kurs in eine ZIP-Datei sichern und von dort auch wiederherstellen. Nebst dem Sichern vor Datenverlust ist es auch möglich, damit ganze Kurse zu duplizieren. Die ZIP-Datei enthält sämtliche im Kurs erstellten Inhalte, alle hochgeladenen Dateien und alle von Teilnehmern eingebrachten Beiträge.

Moodle hat den ersten KURS bereits bei der Installation erstellt – den Hauptkurs. Dieser enthält alle Blöcke, Lernaktivitäten, Texte und Bilder, die auf der Startseite angezeigt werden. Die Startseite wird vom Administrator verwaltet und kann nicht gelöscht werden.

3.1 Kurs neu erstellen

Sie befinden sich auf der Startseite Ihres Moodle-Lernportals und sind bereits angemeldet. Klicken Sie im Block KURSBEREICHE auf den Link ALLE KURSE, und das Formular KURSBEREICHE öffnet sich (Abbildung 3.1).

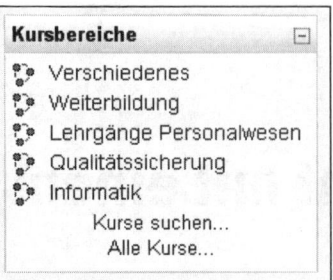

Abbildung 3.1:   Der Block Kursbereiche

Das Formular KURSBEREICHE zeigt die Struktur des Moodle-Lernportals, ähnlich wie der Datei-Explorer die Ordner auf der Festplatte (Abbildung 3.2). Auf dieser Moodle-Seite erkennen Sie den Bereich WEITERBILDUNG mit der Unterkategorie LEHRGÄNGE PERSONALWESEN und die Bereiche VERSCHIEDENES, QUALITÄTSSICHERUNG und INFORMATIK. Im Bereich INFORMATIK ist der Kurs GRUNDLAGEN abgelegt.

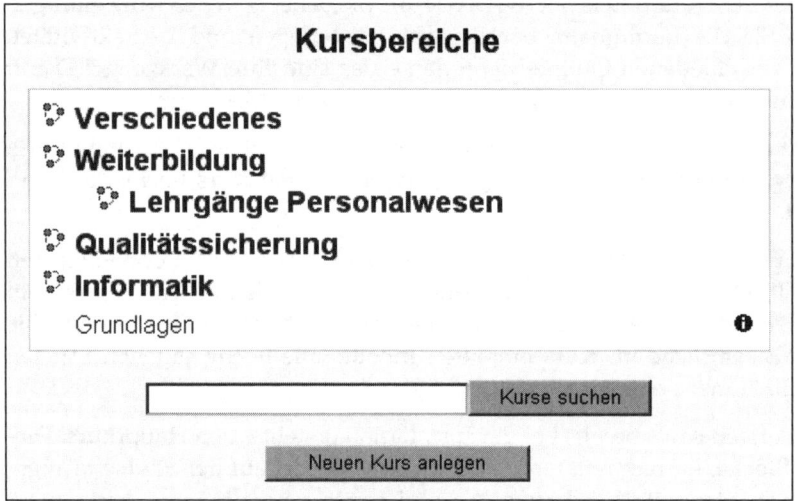

Abbildung 3.2:   Ausschnitt aus dem Formular Kursbereich

KURSE SUCHEN: Diese Schaltfläche listet alle Kurse auf, die den Suchbegriff im Titel oder in der Beschreibung enthalten. Bei mehreren Suchbegriffen zeigt Moodle den Kurs nur an, wenn er alle Suchwörter enthält.

NEUEN KURS ANLEGEN: Diese Schaltfläche öffnet das Formular KURSEINSTELLUNGEN BEARBEITEN, mit dem Sie die Einstellungen für den neu zu erstellenden Kurs festlegen. Der Kurs selbst wird erst beim Speichern erstellt. Diese Schaltfläche wird nur in jenen Kursbereichen angezeigt, in denen Sie der Rolle KURSVERWALTER zugewiesen sind! Lesen Sie mehr dazu in Kapitel 11, *Rollen*.

open source library

Achtung

Einmal Kursverwalter ist nicht überall Kursverwalter!

Sie können Kurse nur in Kursbereichen erstellen, in denen Sie der Rolle KURSVERWALTER zugewiesen sind! Die Schaltfläche NEUEN KURS ANLEGEN finden Sie nur in diesen Kursbereichen. Erkundigen Sie sich bitte bei Ihrem Administrator.

Übung 3

Welche Kurse sind schon vorhanden?

Durchsuchen Sie mit KURSE SUCHEN ein Moodle-Lernportal. Das ist erst interessant, wenn es sich um eine Moodle-Seite handelt, die bereits einige Kurse enthält. Sollte dies bei Ihrem Moodle-Lernportal nicht zutreffen, machen Sie die Übung mit der Moodle-Seite *www.moodle.org*! Verwenden Sie einen Suchbegriff, von dem Sie annehmen, dass er in Titeln oder Beschreibungen der Kurse vorkommt.

3.2 Kurseinstellungen bearbeiten

Wir erstellen jetzt einen neuen Kurs. Ein Klick auf die Schaltfläche NEUEN KURS ANLEGEN bringt Sie auf das Formular KURSEINSTELLUNGEN BEARBEITEN (Abbildung 3.3). Bleiben Sie gelassen, auch wenn es für Sie der erste Kurs ist – Sie können später sämtliche Einstellungen über EINSTELLUNGEN im Kursblock ADMINISTRATION wieder ändern. In den Moodle-Formularen steht neben vielen Eingabefeldern ein gelbes HILFE-FRAGEZEICHEN bereit. Ein Klick darauf öffnet die Kontext-Hilfeseite mit Erklärungen. Leider sind diese nicht in allen Formularen vorhanden und noch nicht überall auf Deutsch übesetzt.

3.2.1 Grundeinträge

- KURSBEREICH: Das Listenfeld zeigt alle Bereiche und Rubriken Ihres Moodle-Lernportals auf. Bestimmen Sie hier, wo Ihr Kurs platziert sein soll.

- VOLLSTÄNDIGER NAME: Er wird im oberen Teil des Kurs-Bildschirms und in der Auflistung der Kurse angezeigt. Tragen Sie eine aussagekräftige Bezeichnung für Ihren Kurs ein, die nicht länger als 40 Zeichen ist. Andernfalls braucht diese bei der Anzeige möglicherweise zwei Zeilen.

open source library

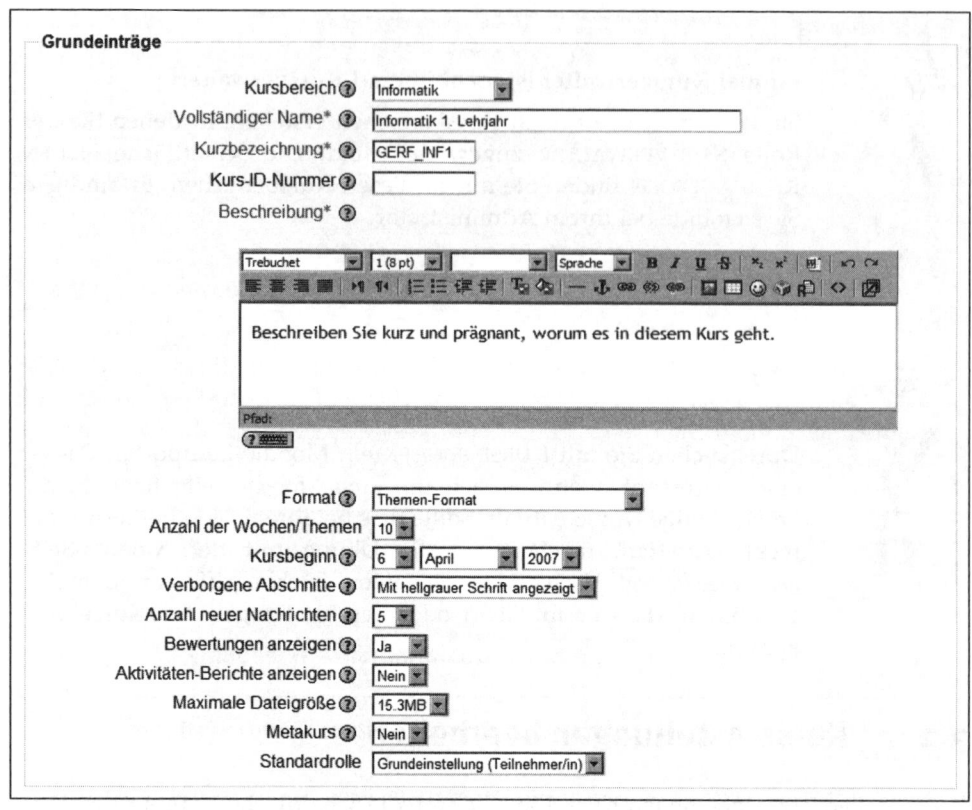

Abbildung 3.3: *Formular Kurseinstellungen bearbeiten, Abschnitt Grundeinträge*

■ KURZBEZEICHNUNG: Sie wird verwendet, wo der VOLLSTÄNDIGE NAME zu lang wäre, zum Beispiel in der Navigationsleiste und in E-Mails aus diesem Kurs. Die Kurzbezeichnung muss im Moodle-Lernportal einmalig sein. Es ist sinnvoll, wenn Sie in Ihrer Institution für die Kurzbezeichnung Regeln entwerfen. Wird Ihre Eingabe mit einer Fehlermeldung zurückgewiesen, versuchen Sie es mit einer anderen Kurzbezeichnung erneut.

■ KURS-ID-NUMMER: Sie wird lediglich zum Abgleich von Kursdaten durch externe Datenbanken verwendet. Wenn Sie eine offizielle Kursnummer haben, tragen Sie diese hier ein. Andernfalls lassen Sie das Feld leer.

■ BESCHREIBUNG: Die ausführliche Kursausschreibung wird in der Auflistung der Kurse angezeigt, zum Beispiel bei KURSE SUCHEN. Mit Klick auf das gelbe Tastatursymbol unterhalb des Editorfeldes öffnet sich ein Pop-Up-Fenster mit das die HTML-EDITOR TASTENKOMBINATIONEN anzeigt.

■ FORMAT: Moodle kennt sechs Kursformate: LAMS-FORMAT, SCORM-FORMAT, SOZIALES FORMAT, THEMEN-FORMAT, WOCHEN-FORMAT und WOCHEN-FORMAT – CSS/KEINE TABELLEN.

Das LAMS-FORMAT macht einen Kurs zum Container für Lernprozesse, die mit Hilfe von LAMS (Learning Activity Management System) entwickelt und auf einem LAMS-System bereitgestellt wurden. LAMS ist ein eigenständiges Werkzeug zur Erstellung und Nutzung von kollaborativen Lernaktivitäten. Lesen Sie mehr dazu in Kapitel 25, LAMS.

Beim SCORM-FORMAT übernimmt der Kurs ein Lernmodul, das in einem eigenständigen SCORM-Autorenprogramm entwickelt wurde. SCORM (Sharable Content Object Reference Model) ist eine vom ADL-Konsortium entwickelte Spezifikation zur Standardisierung modularer, webbasierter Lerninhalte. Lesen Sie mehr dazu in Kapitel 24, SCORM.

Das Format SOZIALES FORMAT stellt ein soziales Forum in den Mittelpunkt des Kurses. (Abbildung 3.4). Dies ist hilfreich für jene Themen, die mehr Freiräume für die Teilnehmer ermöglichen sollen. Es ist beispielsweise geeignet für eine Ankündigungsseite einer Abteilung oder eines Fachbereiches, wo Fragen diskutiert werden.

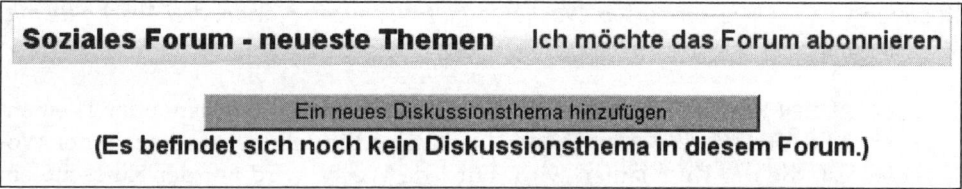

Abbildung 3.4: Ein leerer Kurs im sozialen Format; Soziales Forum in Zentrum

Beim THEMEN-FORMAT teilt Moodle den Kurs in 1 bis 52 nummerierte Abschnitte ein, die Sie mit Arbeitsunterlagen und Lernaktivitäten gestalten können. Abbildung 3.5 zeigt einen leeren Kurs mit ANZAHL DER THEMEN 3. Es erscheinen drei leere Abschnitte ohne Titelvorgabe.

Themen dieses Kurses	
🕮 Nachrichtenforum	
1	☐
2	☐
3	☐

Abbildung 3.5: Ein leerer Kurs im Themen-Format; Nachrichtenforum; drei Abschnitte nummeriert

Beim WOCHEN-FORMAT teilt Moodle den Kurs, abhängig von KURSBEGINN und AN-
ZAHL DER WOCHEN/THEMEN, in Wochen auf. Abbildung 3.6 zeigt einen leeren Kurs
mit DATUM DES KURSBEGINNS 25. *Juli 2005* und ANZAHL DER WOCHEN 3. Für jede
Woche erscheint ein leerer ABSCHNITT mit den Wochendaten im Titel.

*Abbildung 3.6:   Ein leerer Kurs im Wochenformat; Nachrichtenforum; drei Abschnitte mit
Wochendaten.*

- ANZAHL DER WOCHEN/THEMEN: Wird nur bei Kursen im Wochen- oder Themen-
  Format benutzt. Im WOCHEN-FORMAT legt diese Einstellung die Anzahl der Wochen fest, die der Kurs laufen wird. Für jede Woche wird auf der Kursseite ein
  Block mit Datumsangabe erzeugt. Der erste Tag des ersten Wochenblocks wird
  durch KURSBEGINN bestimmt. Im THEMEN-FORMAT wird die Anzahl der Themen
  festgelegt. Für jedes Thema wird auf der Kursseite ein Block erzeugt.

- KURSBEGINN: Wenn Sie das WOCHEN-FORMAT benutzen, wirkt sich dies auf die
  Einteilung der Wochen aus. Die erste Woche beginnt mit jenem Tag, den Sie in diesem Feld angeben. Zudem werden die Berichte über Aktivitäten im Kurs erst ab
  diesem Datum angezeigt.

- VERBORGENE ABSCHNITTE: Hier legen Sie fest, wie verborgene Abschnitte für die
  Teilnehmer abgebildet werden. MIT HELLGRAUER SCHRIFT ANGEZEIGT: Es wird nur
  ein schmaler (meist grauer) Abschnitt angezeigt, und die Texte sind nicht erkennbar. Verwenden Sie diese Einstellung, um in einem Semester-Planungskurs (Wochenformat) die Ferienwochen zu kennzeichnen. VOLLSTÄNDIG UNSICHTBAR: Die
  Teilnehmer erkennen nicht, dass diese Abschnitte vorhanden sind. Wie Sie die
  Abschnitte verbergen, erfahren Sie in Abschnitt 3.6.1, *Abschnitte*.

- ANZAHL NEUER NACHRICHTEN: Bei Kursen im Wochen- oder Themen-Format er-
  scheint im obersten Abschnitt ein Nachrichtenforum. Dieses eignet sich gut, um
  Nachrichten des Trainers an die Teilnehmer zu veröffentlichen. In der Standard-
  Einstellung erhält jeder Teilnehmer alle Mitteilungen aus diesem Forum per
  E-Mail. Diese Einstellung legt fest, wie viele der neuesten Mitteilungen im Block
  NEUESTE AKTIVITÄTEN erscheinen.

▪ BEWERTUNGEN ANZEIGEN: Viele Lernaktivitäten können bewertet werden. Bei JA kann der Teilnehmer über den Link PUNKTE im Block ADMINISTRATION die erteilten Noten einsehen. Bei NEIN sind die Noten für den Teilnehmer nicht einsehbar. Die Möglichkeit des Trainers, Noten zu erteilen, wird dadurch aber nicht eingeschränkt.

▪ AKTIVITÄTEN-BERICHTE ANZEIGEN: Aktivitäten-Berichte zeigen dem Teilnehmer die eigenen Aktivitäten im Kurs, beispielsweise Forenbeiträge und Zugriffe auf die Kursseite. Mit JA können die Teilnehmer ihren Aktivitäten-Bericht über den Link AKTIVITÄTEN-BERICHT im Block ADMINISTRATION aufrufen. Aktivieren Sie diese Möglichkeit nur, wenn es für den Kurserfolg wichtig ist, dass die Teilnehmer ihre eigene Mitarbeit und Anwesenheit im Kursraum analysieren können. Die Ladezeit für die Kursseite kann dadurch nämlich stark verlängert werden. Trainer haben über den Link BERICHTE im Block ADMINISTRATION immer Zugriff auf den Aktivitäten-Bericht. Lesen Sie dazu mehr in Kapitel 7, *Blöcke*.

▪ MAXIMALE DATEIGRÖSSE: Hier legen Sie die maximale Größe einer Datei fest, die von den Teilnehmern in den Kurs hochgeladen werden kann. Sie wird durch die Einstellung des Administrators nach oben begrenzt. Es ist möglich, diesen Wert bei den einzelnen Lernaktivitäten weiter einzuschränken.

▪ FESTGELEGTES DESIGN: Hier bestimmen Sie die grafische Gestaltung der Kursoberfläche. Eventuell vorhandene Einstellungen des Teilnehmers werden damit überschrieben. Der Administrator kann diese Möglichkeit ausschalten; die Eigenschaft steht dann nicht zur Verfügung.

▪ METAKURS: Teilnehmer in einem Metakurs (Eltern-Kurs) sind andere Kurse (Kind-Kurs) und damit sämtliche Teilnehmer dieser Kurse. Ist ein Kurs in einem Metakurs eingetragen, werden seine Teilnehmer automatisch auch Teilnehmer des Metakurses. Es können sich keine Teilnehmer direkt in den Metakurs eintragen. Ein Kurs kann nur zum Metakurs gemacht werden, solange er noch keine Teilnehmer hat. Mit JA erhält der Block ADMINISTRATION zusätzlich den Link KURSZUORDNUNG. Dieser öffnet das Formular KURSE MIT METAKURS VERBINDEN (Abbildung 3.7). Hier werden die Kurse in den Metakurs ein- oder ausgetragen.

Beispiel: Die Lernenden der Abteilung »Informatik« tragen sich autonom in die angebotenen Kurse ein. Weil diese im Metakurs »Informatik« eingetragen sind, ist der aktuelle Anmeldestand im Metakurs unter TEILNEHMER/INNEN abrufbar. Über das Nachrichtenforum des Metakurses kann der Abteilungsleiter die Teilnehmer aller Informatikkurse leicht erreichen.

▪ STANDARDROLLE: Benutzer, die sich selbst in den Kurs eintragen, erhalten diese Rolle zugewiesen. In der Regel ist es richtig, die vom Administrator vorgegebene Grundeinstellung beizubehalten. Die Rollen-Vorgabe kommt auch zum Zuge, wenn Benutzer durch ein Anmeldeverfahren eingetragen werden, das die Benutzer-Daten aus einem anderen System bezieht.

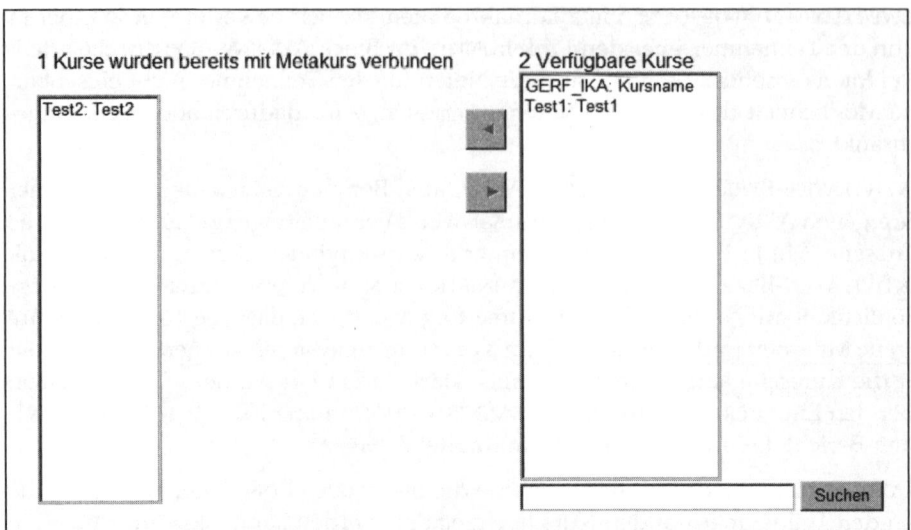

Abbildung 3.7:   Formular Kurse mit Metakurs verbinden

3.2.2   Einschreibung

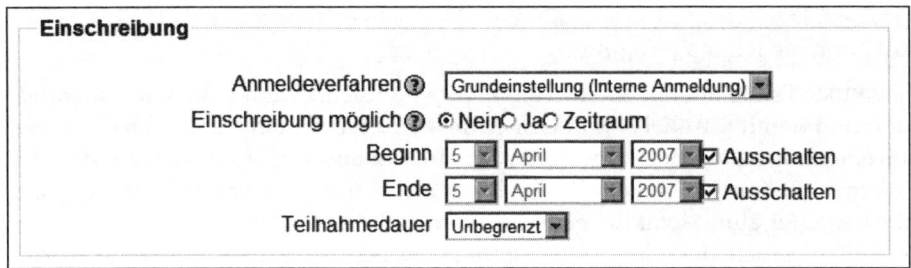

Abbildung 3.8:   Formular Kurseinstellungen bearbeiten, Abschnitt Einschreibung

- ANMELDEVERFAHREN: Wählen Sie in diesem Listenfeld das Anmeldeverfahren aus, normalerweise GRUNDEINSTELLUNG (INTERNE ANMELDUNG).

- EINSCHREIBUNG MÖGLICH: Mit JA können sich die Teilnehmenden in den Kurs eintragen, mit NEIN nicht. Mit der dritten Option ZEITRAUM wird als Anmeldezeitraum der darunter definierte ZEITRAUM wirksam.

- ZEITRAUM: Bestimmen Sie über die Listenfelder BEGINN und ENDE den Einschreibezeitraum. Dieser hat einen offenen BEGINN oder ein offenes ENDE, wenn Sie das dazugehörende Auswahlkästchen AUSSCHALTEN markieren.

- TEILNAHMEDAUER: Hier legen Sie fest, wie lange die Teilnehmenden nach der Anmeldung im Kurs verbleiben. Die Frist beginnt mit der Anmeldung. Nach Ablauf der Frist werden die Teilnehmenden automatisch abgemeldet. Das Listenfeld bietet die Auswahl von 1 TAG bis 365 TAGE und UNBEGRENZT. Bei UNBEGRENZT bleiben die Teilnehmenden im Kurs, bis sie manuell gelöscht oder wegen Nichtnutzung von Moodle automatisch ausgetragen werden. Die Nichtnutzungsfrist wird vom Administrator eingestellt und gilt für das ganze Moodle-Lernportal. Die Begrenzung der Teilnahmedauer ist bei kostenpflichtigen Kursen sinnvoll, wenn die Teilnehmenden jederzeit eintreten können und die Gebühren für eine bestimmte Nutzungsdauer zu entrichten haben. Lesen Sie mehr dazu in Kapitel 31, *Moodle-Administration*, Abschnitt 31.10.9 *Aufräumarbeiten*.

3.2.3 Nachricht zum Teilnahmeende

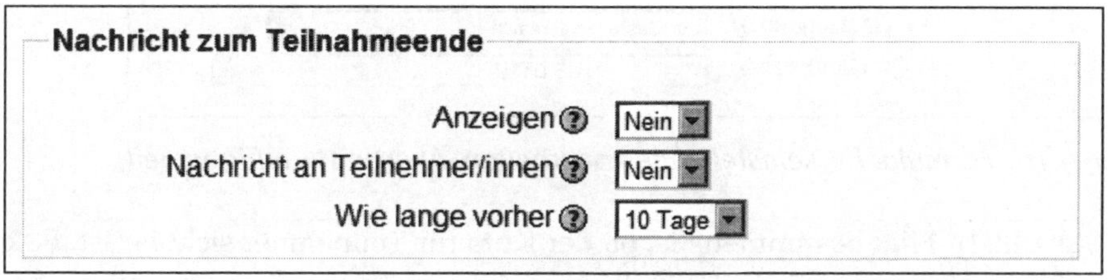

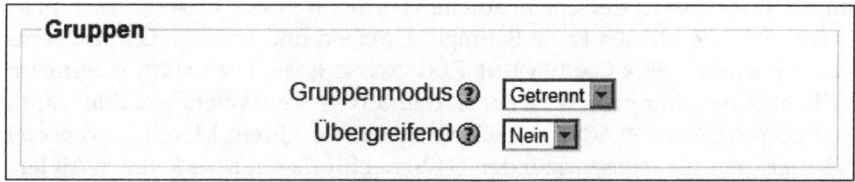

Abbildung 3.9: Formular Kurseinstellungen bearbeiten, Abschnitt Nachricht zum Teilnahmeende

▪ NACHRICHT ZUM TEILNAHMEENDE: Wenn Sie eine Teilnahmedauer festlegen, verschickt Moodle einige Tage vor Ablauf eine entsprechende Mitteilung. Mit JA im Listenfeld ANZEIGEN erhält der Trainer eine Nachricht und mit JA im Listenfeld NACHRICHT AN TEILNEHMER/INNEN der Teilnehmer. Im Listenfeld WIE LANGE VORHER bestimmen Sie, wann die Nachricht verschickt wird.

3.2.4 Gruppen

[Formular: Gruppen — Gruppenmodus: Getrennt — Übergreifend: Nein]

Abbildung 3.10: Formular Kurseinstellungen bearbeiten, Abschnitt Gruppen

▪ GRUPPENMODUS: Hier bestimmen Sie, wie die Gruppenfunktion arbeiten soll. NEIN: Es gibt keine Gruppen. GETRENNT: Jedes Gruppenmitglied kann nur die Mitglieder der eigenen Gruppe sehen, andere sind unsichtbar. SICHTBAR: Jede Gruppe arbeitet in einer eigenen Gruppenumgebung, kann aber die anderen Gruppen sehen. Die Funktionsweise der Gruppen wird in Kapitel 9, *Gruppen*, eingehend beschrieben.

- ÜBERGREIFEND: Bei JA wird die Einstellung in GRUPPENMODUS auf alle Aktivitäten in diesem Kurs übertragen, und die individuellen Einstellungen der Lernaktivitäten werden ignoriert. Dies ist in einem Kurs sinnvoll, an dem völlig getrennte Gruppen teilnehmen.

3.2.5 Verfügbarkeit

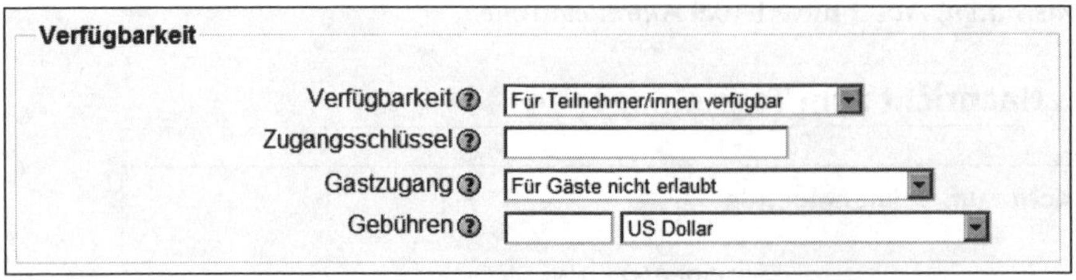

Abbildung 3.11: Formular Kurseinstellungen bearbeiten, Abschnitt Verfügbarkeit

- VERFÜGBARKEIT: Hier bestimmen Sie, ob der Kurs für Teilnehmer sichtbar ist. FÜR TEILNEHMER/INNEN NICHT VERFÜGBAR: Nur Administrator, Kursverwalter und Trainer können auf den Kurs zugreifen. Auch der Zugriff über die URL direkt auf den Kurs bleibt verwehrt! Dieser Kurs ist für Teilnehmer nicht sichtbar. FÜR TEILNEHMER/INNEN VERFÜGBAR: Dieser Kurs ist für Teilnehmer sichtbar.

- ZUGANGSSCHLÜSSEL: Damit sperren Sie den Kurs für Teilnehmer ohne Zugangsschlüssel. Bei leerem Zugangsschlüssel können sich alle Teilnehmer einschreiben, die in Ihrem Moodle-Lernportal registriert sind. Bei gesetztem Zugangsschlüssel müssen alle Teilnehmer beim ersten Zugriff auf diesen Kurs (Einschreiben) den Schlüssel eingeben. Mehr dazu lesen Sie in Kapitel 6, *Teilnehmer*.

- GASTZUGANG: legt fest, inwieweit Gäste Zugang zu diesem Kurs haben. Gäste können sich in Ihrem Moodle-Lernportal über die Schaltfläche ANMELDEN ALS GAST einschreiben. Diese Schaltfläche erscheint auf dem Formular LOGIN. Gäste haben immer nur »Lesezugriff«, sie können keine Beiträge schreiben und können nicht an Lernaktivitäten teilnehmen. FÜR GÄSTE OHNE ZUGANGSSCHLÜSSEL ERLAUBT: Jedermann kann in diesen Kurs eintreten, der Kurs ist damit (weltweit) öffentlich. FÜR GÄSTE MIT ZUGANGSSCHLÜSSEL ERLAUBT: Die Gäste müssen in Ihrem Moodle-Lernportal nicht registriert sein, sie müssen aber den Schlüssel für diesen Kurs kennen. Anders als normale Teilnehmer müssen Gäste den Zugangsschlüssel bei jedem Eintreten in den Kurs angeben. Damit können Sie den Gastzugriff einschränken, indem Sie das Passwort ändern. Der Gastzugriff kann nützlich sein für Kollegen, die Ihre Kurse anschauen wollen. Oder er dient den Teilnehmern von kostenpflichtigen Kursen, die den Kurs vor der Anmeldung sehen möchten. FÜR GÄSTE NICHT ERLAUBT: sperrt den Zugang für Gäste ohne Wenn und Aber. Schaltet der Administrator den Zugang für Gäste aus, wird die Schaltfläche ANMELDEN ALS GAST nicht angezeigt.

- GEBÜHREN: Wenn Sie bei ANMELDEVERFAHREN ein kostenpflichtiges Verfahren wählen (beispielsweise Paypal), können Sie hier die Kursgebühren und die Währung eintragen. Die Teilnehmenden, die sich in den Kurs eintragen wollen, werden aufgefordert, diese Kursgebühren über Paypal zu bezahlen. Bleibt das Gebühren-feld leer, wird die Bezahloption nicht angezeigt und eine andere Anmeldemethode genutzt (beispielsweise mit Schlüssel oder manuell). Wenn Sie zusätzlich einen Schlüssel für die Teilnahme in den Kurseinstellungen definiert haben, ist es mög-lich, sich über den Schlüssel in den Kurs einzutragen. Das ist sinnvoll, wenn es un-terschiedliche Wege zur Teilnahme gibt.

3.2.6 Sprache

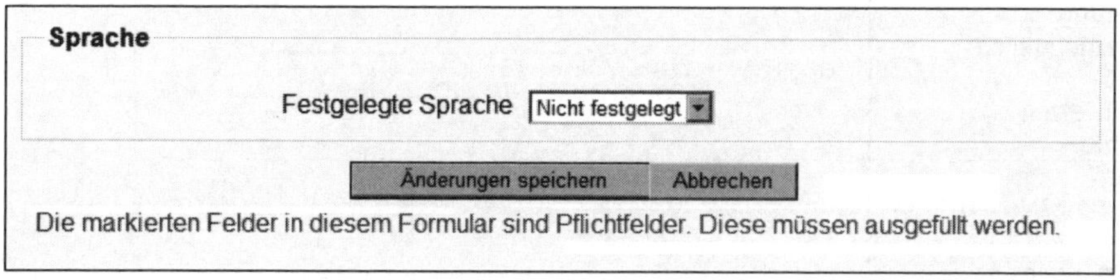

Abbildung 3.12: Formular Kurseinstellungen bearbeiten, Abschnitt Sprache

■ FESTGELEGTE SPRACHE: Bei Auswahl einer Sprache werden alle Bezeichnungen und Menüs in diesem Kurs in der gewählten Sprache angezeigt. Andere Einstellungen im PROFIL der Teilnehmer werden ignoriert. Dieses Vorgehen eignet sich z.B. für Sprachkurse oder bei internationalen Kursen. Bei NICHT FESTGELEGT ist die Sprach-wahl des Teilnehmers wirksam. Der Administrator kann diese Möglichkeit aus-schalten, die Eigenschaft steht dann nicht zur Verfügung.

Mit den Schaltflächen können Sie die erfassten ÄNDERUNGEN SPEICHERN oder mit ABBRECHEN verwerfen. Nach dem erstmaligen Speichern eines neuen Kurses gelan-gen Sie auf das Register ROLLEN ZUWEISEN (Abbildung 3.13). Sie erkennen in der Spalte NUTZER/INNEN, dass Moodle Sie bereits als Trainer eingetragen hat. Mit einem Klick auf TRAINER/IN können Sie das überprüfen.

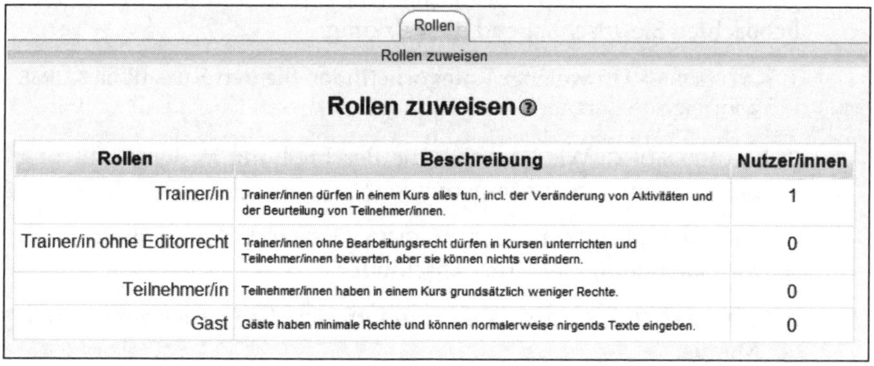

Abbildung 3.13: Register Rollen, Rollen zuweisen

3.3 Kurseinstellungen ändern

Jeder Kurs enthält den Block ADMINISTRATION. Über den Link EINSTELLUNGEN in diesem Block können Sie die Kurseinstellungen ändern (Abbildung 3.14).

Abbildung 3.14: Der Block Administration

Übung 4

Erstellen Sie den ersten Kurs!

Alles beginnt mit einem Kurs – deshalb ist es besonders wichtig, dass Sie das Erstellen eines Kurses beherrschen! Sie haben über zwanzig Kurs-Einstellungen kennengelernt. Für den ersten Kurs können Sie fast alle Standardeinstellungen beibehalten. Zwingend ändern müssen Sie nur VOLLSTÄNDIGER NAME und KURZBEZEICHNUNG. Erstellen Sie einen ersten Kurs, und machen Sie sich mit den Kurs-Einstellungen vertraut. Ändern Sie nacheinander die Einstellungen, und beobachten Sie anschließend die Wirkung:

1. KATEGORIEN: In welcher Kategorie finden Sie den Kurs über KURSE SUCHEN?

2. BESCHREIBUNG: Wie liest sich die Beschreibung in der Auflistung der Kurse in den Suchergebnissen?

3. FORMAT und ANZAHL DER WOCHEN/THEMEN: Wie verändert sich die Darstellung der Kurs-Abschnitte?

4. FESTGELEGTE SPRACHE: Wie verändern sich die Bezeichnungen und Menüs?

3.4   Kurs löschen

Als Kursverwalter können Sie Kurse nicht löschen. Stellen Sie die VERFÜGBARKEIT auf FÜR TEILNEHMER/INNEN NICHT VERFÜGBAR, und bitten Sie den Administrator, den Kurs zu löschen.

In einigen Moodle-Seiten stellt der Administrator dazu die Kategorie PAPIERKORB zur Verfügung. Als Kursverwalter verschieben Sie den zu löschenden Kurs in den PAPIERKORB und schreiben ins Feld VOLLSTÄNDIGER NAME *Bitte löschen*. Damit stellen Sie sicher, dass der Administrator versehentlich in die Kategorie PAPIERKORB verschobene Kurse nicht löscht. Der Administrator kann ohne weiteren Auftrag die so gekennzeichneten Kurse im PAPIERKORB endgültig löschen.

Vermutlich werden viele Administratoren das neue Rollenmodell nutzen und den Kursverwaltern das Löschen von Kursen in ihrem Kontext erlauben.

3.5   Bearbeitungsmodus

Erst im Bearbeitungsmodus können Sie den Kursraum gestalten. Das Umschalten in diesen Modus wird uns während der ganzen Arbeit mit Moodle begleiten. Es bedeutet: Jetzt wird der Kursraum eingerichtet, geändert, erneuert! Als Kursverwalter sehen Sie in Ihren Kursen oben rechts die Schaltfläche JETZT BEARBEITEN. Mit einem Klick auf diese Schaltfläche wechselt der Kurs in den Bearbeitungsmodus, in dem zusätzliche Bedienteile zur Kurs-Gestaltung angezeigt werden, so beispielsweise die Listenfelder ARBEITSMATERIAL ANLEGEN und AKTIVITÄT ANLEGEN. Rechts neben dem Nachrichtenforum erkennen Sie sechs Bearbeitungssymbole. Sie stehen für (von links nach rechts): EINRÜCKEN, VERSCHIEBEN, AKTUALISIEREN, LÖSCHEN, VERBERGEN, KEINE GRUPPEN (Abbildung 3.15). Es ist möglich, dass diese Symbole in Ihrem Lernportal leicht abweichen, dann nämlich, wenn Ihr Administrator die Drag&Drop-Funktion aktiviert hat. Lesen Sie mehr dazu in Kapitel 8, Organisation. Die Beschriftung der Schaltfläche hat sich in BEARBEITEN AUSSCHALTEN geändert.

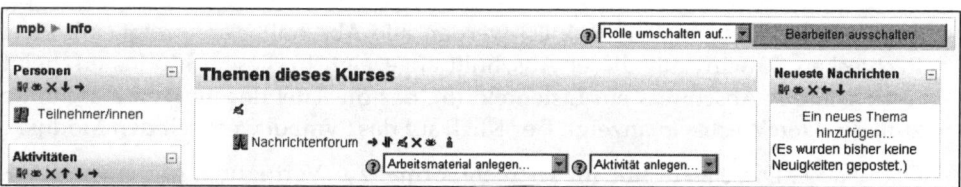

Abbildung 3.15: Im Bearbeitungsmodus gibt es zusätzliche Bedienelemente.

3.6 Layout

Als Kursverwalter bestimmen Sie weitgehend den Aufbau der Kursseite. Dazu stellt Ihnen Moodle diese Werkzeuge bereit: das FORMAT, die Auswahl und die Anordnung der BLÖCKE und die THEMEN. Das FORMAT habe ich Ihnen bereits in Abschnitt 3.2, *Kurseinstellungen bearbeiten*, erläutert.

3.6.1 Abschnitte

In Kursen mit dem Wochen- oder dem Themen-Format wird je Woche/Thema ein ABSCHNITT angezeigt. Im Wochenformat werden in jedem Abschnitt die Wochendaten angezeigt, im Themen-Format sind die Abschnitte vorerst leer (Abbildung 3.16) – das wollen wir jetzt ändern. Falls nötig, ändern Sie Ihren Kurs über EINSTELLUNGEN im Block ADMINISTRATION auf das Themen-Format. Wechseln Sie mit JETZT BEARBEITEN in den Bearbeitungsmodus. Klicken Sie auf EDITIEREN (das Händchen-Symbol oben links im Abschnitt, neben der Eins), und das Formular BESCHREIBUNG VON THEMA1 öffnet sich. Hier erfassen Sie den Titel im Editor, den ich in Kapitel 4, *Editor*, genauer vorstellen werde. Speichern Sie anschließend mit der Schaltfläche ÄNDERUNGEN SPEICHERN. Moodle verwendet diese Abschnittstitel für die Navigation. Deshalb ist es vorteilhaft, wenn Sie kurze Begriffe wie *Vorbereitung*, *Einführung*, *Seminar* oder *Nachbereitung* verwenden.

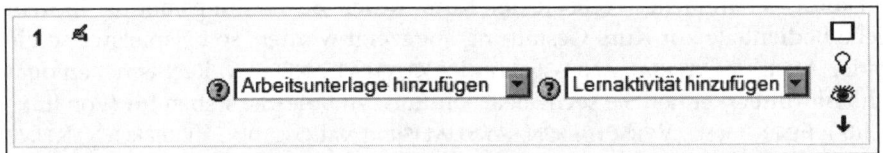

Abbildung 3.16: Leerer Abschnitt im Bearbeitungsmodus

Den ABSCHNITT verwalten Sie über die Bedienelemente rechts. Abbildung 3.17 zeigt die verschiedenen Varianten dieser Symbole.

- RECHTECK: Mit einem Rechteck (1) werden alle Abschnitte angezeigt, mit zwei Rechtecken (2) wird nur dieser Abschnitt angezeigt. In diesem Modus erscheint unterhalb des Abschnitts ein Listenfeld (5), das die Titel der übrigen Abschnitte zum direkten Wechseln anzeigt. Der Klick auf das Symbol wechselt den Modus.

- GLÜHBIRNE: Diese steht nur im Themen-Format zur Verfügung. Mit einem Klick auf die Glühbirne wird der aktuelle Abschnitt hervorgehoben (3). Es kann nur ein Abschnitt je Kurs hervorgehoben werden. Im Wochenformat ist automatisch die aktuelle Kalenderwoche hervorgehoben.

- AUGE: Ein offenes Auge bedeutet *sichtbar* (1) und ein geschlossenes Auge *unsichtbar* (4). Entsprechend den Kurs-EINSTELLUNGEN in VERBORGENE ABSCHNITTE sehen die Teilnehmer die verborgenen Abschnitte entweder überhaupt nicht oder dann nur als schmale Platzhalter.

■ PFEILE: Mit den Pfeilen können Sie die Abschnitte nach oben und unten verschieben. Wenn der Administrator Drag&Drop erlaubt, fallen diese Pfeile weg. Für das Verschieben der Abschnitte wird unterhalb der Abschnitt-Nummer ein entsprechendes Symbol angezeigt (6).

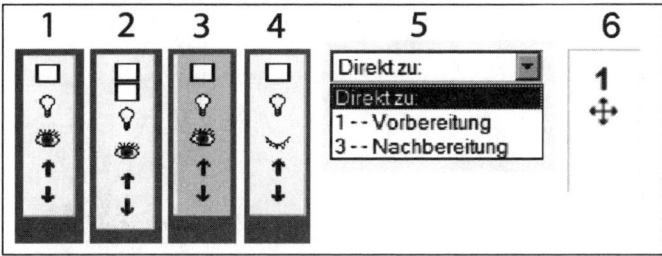

Abbildung 3.17: Mit diesen Bedienelementen lassen sich die Abschnitte verwalten.

3.6.2 Blöcke

Blöcke sind *auch* ein Layout-Element (Abbildung 3.18: PERSONEN, FORENSUCHE, ADMINISTRATION, MEINE KURSE, BALD AKTUELL, NEUESTE AKTIVIÄTEN und KALENDER). Möglicherweise werden Sie sich bei der Auswahl der Blöcke aber eher vom Kurs-Szenario (*Distribution*, *Kommunikation* oder *Kooperation*) leiten lassen. In einem Distributionskurs werden nicht die gleichen Blöcke sinnvoll sein wie in einem Kooperationskurs. Haben Sie sich einmal entschieden, welche Blöcke zu Ihrem Kurs-Szenario passen, bleibt als Layout-Element immer noch deren Positionierung: linke Spalte oder rechte Spalte und Position innerhalb der Spalte.

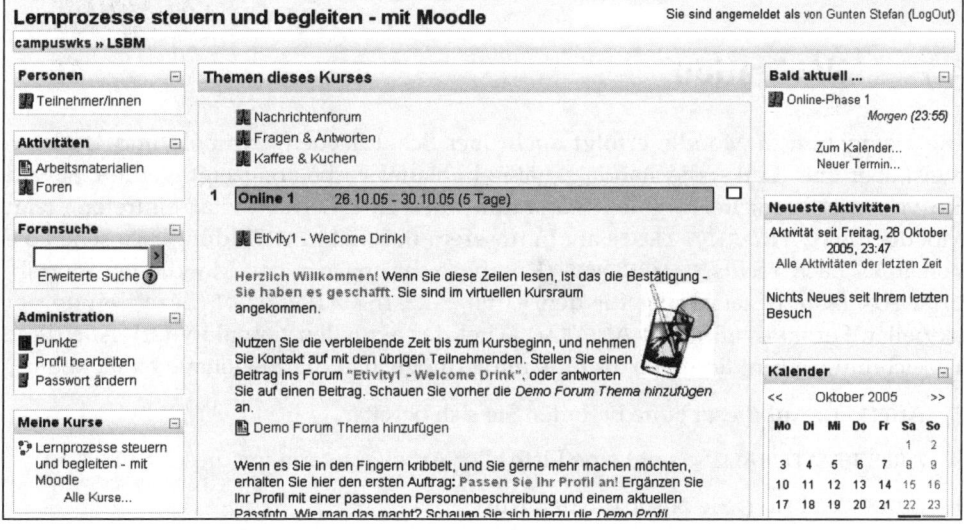

Abbildung 3.18: Die Blöcke links und rechts sind auch ein Layout-Element.

Grundsätzlich ist es möglich, alle Blöcke zu löschen. Im Bearbeitungsmodus erscheint der Block BLÖCKE aber immer – zum Glück! Er enthält ein Listenfeld, das alle verfügbaren Blöcke anzeigt. Mit ihm können Sie Block für Block neu in den Kurs aufnehmen (Abbildung 3.19). Lesen Sie mehr dazu in Kapitel 7, *Blöcke*.

Abbildung 3.19: Blöcke verwalten über den Block Blöcke

3.6.3 Design

Für die visuelle Gestaltung gebraucht Moodle den Begriff DESIGN (Thema), andere Programme verwenden dafür die Begriffe Skin oder Template. Die DESIGN-Vorgabe für das Moodle-Lernportal gibt der Administrator. Er bestimmt auch, ob Kurse oder Teilnehmer eigene DESIGN-Einstellungen wählen können. Teilnehmer, die eigene DESIGNS einstellen können, überschreiben damit die Lernportal-Vorgabe, nicht aber die bei Kursen eingestellten DESIGNS.

3.7 Navigation

Die Navigation in Moodle erfolgt auch über Schaltflächen, Symbole und Register, meist aber über Links, die standardmäßig in blauer Farbe angezeigt werden. Sobald Sie von der Startseite in einen Kursraum oder eine Lernaktivität eintreten, zeigt Moodle die NAVIGATIONSLEISTE an. In unserem Beispiel in Abbildung 3.20 sehen Sie von links nach rechts CAMPUSWKS (Kurzbezeichnung für das Moodle-Lernportal), CHANSON (Kurzbezeichnung für den Kurs), ARBEITSMATERIALIEN (Bezeichnung der aktuellen Lernaktivität) und AUFTRAG (Titel der aktuellen Lernaktivität). Alle diese Bezeichnungen funktionieren als Link und ermöglichen die zielgenaue Navigation:

- AUFTRAG: Auf dieser Seite befinden Sie sich bereits.

- ARBEITSMATERIALIEN: zeigt eine Liste aller Arbeitsmaterialien dieses Kurses an.

- CHANSON: bringt Sie zurück in den Kursraum.

- CAMPUSWKS: bringt Sie zurück auf die Startseite Ihrer Moodle-Seite.

Chansons-Plausch

campuswks » chanson » Arbeitsmaterialien » Auftrag

Abbildung 3.20: Navigationsleiste

Auf der Stufe Lernaktivität steht eine weitere Navigationshilfe bereit: das Navigationslistenfeld (Abbildung 3.21). Es zeigt alle Lernaktivitäten dieses Kurses an. Mit den Pfeil-Schaltflächen LINKS (zurück) und RECHTS (vorwärts) hangeln Sie sich durch alle Lernaktivitäten.

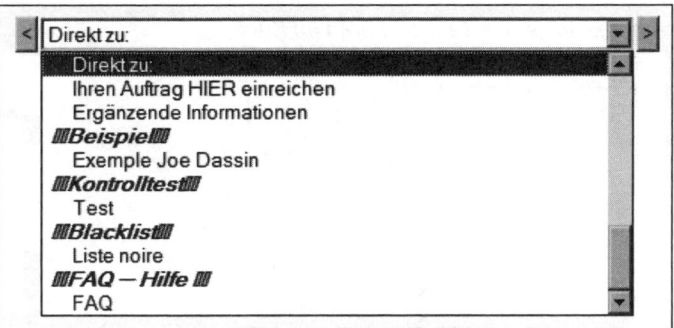

Abbildung 3.21: Das Navigationslistenfeld Direkt zu

3.8 Rollen

Im Block ADMINISTRATION finden Sie die Links ROLLEN ZUWEISEN und ROLLEN ÜBERSCHREIBEN, die zu den entsprechenden Formularen führen. Mit einem Klick auf das Register ROLLEN wird standardmäßig das Formular ROLLEN ZUWEISEN angezeigt, mit dem wir die Teilnehmer in den Kurs holen werden. Lesen Sie dazu mehr in Kapitel 6, *Teilnehmer*.

3.8.1 Rollen überschreiben

Mit einem Klick auf den Link ROLLEN ÜBERSCHREIBEN wird das entsprechende Formular angezeigt (Abbildung 3.22). Für Sie als Kursverwalter oder Trainer dienen nachfolgende Tabellen nur zur Information ;-). Der ADMINISTRATOR darf als einzige Basisrolle ROLLEN ÜBERSCHREIBEN. Lesen Sie mehr dazu in Kapitel 11, *Rollen*.

Nachstehende Tabelle zeigt, welche Fähigkeiten den BASISROLLEN im KONTEXT KURS erlaubt sind (Abbildung 3.23).

Fähigkeit	Vererben	Erlauben	Unterbinden	Untersagen	Risiken
Kurs					
Nutzerbewertungen sehen moodle/user:viewusergrades	◉	○	○	○	
Login als anderer Nutzer moodle/user:loginas	◉	○	○	○	▲▲⚠▲
Kurse löschen moodle/course:delete	◉	○	○	○	
Kurseinstellungen aktualisieren moodle/course:update	◉	○	○	○	▲
Kurse betrachten moodle/course:view	◉	○	○	○	
Nachrichten an viele Empfänger senden moodle/course:bulkmessaging	◉	○	○	○	⚠
Verborgene Nutzerfelder sehen moodle/course:viewhiddenuserfields	◉	○	○	○	⚠

Abbildung 3.22: Zugriffsrechte der Basisrolle Teilnehmer/in im Kurs

Kurs
Fähigkeiten

	Administrator	Kursverwalter	Trainer	Trainer ohne Editorrecht	Teilnehmer	Authentifizierter Benutzer	Gast
Nutzerbewertung sehen	✗	✗	✗	✗	✗		
Login als anderer Nutzer	✗						
Kurse löschen	✗						
Kurseinstellungen aktualisieren	✗		✗				
Kurse betrachten	✗		✗	✗	✗		✗
Nachrichten an viele Empfänger senden	✗		✗	✗			
Verborgene Nutzerfelder sehen	✗		✗	✗			
Verborgene Kurse sehen	✗						
Kurse verbergen/zeigen	✗						
Dateien verwalten	✗		✗				
Aktivitäten verwalten	✗		✗				
Metakurse verwalten	✗		✗				
Aktivitäten verbergen/anzeigen	✗		✗				
Verborgene Aktivitäten sehen	✗		✗	✗			
Teilnehmer/innen sehen	✗		✗	✗	✗		
Bewertungsskalen sehen	✗		✗	✗	✗		
Bewertungsskalen verwalten	✗		✗				
Gruppen verwalten	✗		✗				
Kurs zurücksetzen	✗		✗				
Fragen importieren	✗	✗	✗				
Fragen exportieren	✗	✗	✗				
Fragenkategorien verwalten	✗		✗				
Fragen verwalten	✗	✗	✗				
Sichtbarkeit von Bereichen setzen	✗		✗				
Darf E-Mail-Adresse ein-/ausschalten	✗		✗				
Verborgene Abschnitte sehen	✗		✗				
Aktuellen Bereich setzen	✗		✗				
Bewertungen sehen	✗		✗	✗			
Bewertungen verwalten	✗		✗				

Abbildung 3.23: Die Rechte der Basisrollen im Kontext Kurs

Übung 5

Navigieren Sie durch vorhandene Kurse!

Üben Sie die Navigation entweder in einem vorhandenen Kurs auf Ihrem Moodle-Lernportal oder auf *www.moodle.org*. Das Ändern des Kurs-Design können Sie lediglich in einem eigenen Kurs beobachten, und zwar nur, falls diese Funktion vom Administrator erlaubt wird. Auf *www.moodlepraxisbuch.info* haben Sie die Erlaubnis ;-).

- Machen Sie sich mit der Navigationsleiste und dem Navigations-Listenfeld vertraut – arbeiten Sie nach der Methode Versuch und Irrtum, und beobachten Sie die Wirkung.

- Ändern Sie das Design des Kurses, und beobachten Sie die Wirkung.

Sie haben jetzt das wichtigste Moodle-Element – den Kurs – einigermaßen im Griff. Sie können Kurse neu erstellen, die Einstellungen ändern, und Sie kennen die Möglichkeiten des Kurs-Layouts. Sie dürfen sich mit einem Schokoriegel belohnen, dann geht's zügig weiter im Text ;-). Bevor wir erste Lernaktivitäten im Kursraum einrichten, will ich Ihnen die in Moodle eingebaute Textverarbeitung vorstellen. Lesen Sie dazu Kapitel 4, *Editor*.

4 Editor – Gute Darstellung erleichtert das Lernen

Ein Text kommuniziert durch seine Gestaltung ebenso wie durch seinen Inhalt. Gut gestaltete Texte lassen sich besser lesen – und erleichtern so das Lernen.

In vielen Lernaktivitäten erfassen Sie die Texte im EDITOR. Sie sind ihm beim Erfassen der BESCHREIBUNG in den Kurseinstellungen und des Titels im ABSCHNITT bereits begegnet. In diesem Kapitel zeige ich Ihnen, was der EDITOR alles kann, und wie Sie mit ihm effizient arbeiten.

Wenn Sie in einem leeren ABSCHNITT auf das Händchen klicken, öffnet sich das Formular BESCHREIBUNG VON THEMA/WOCHE 1 mit dem Editor (Abbildung 4.1). Er wandelt die in der WYSIWYG-Oberfläche eingegebenen Texte und Formatierungen im Hintergrund in HTML-Code um.

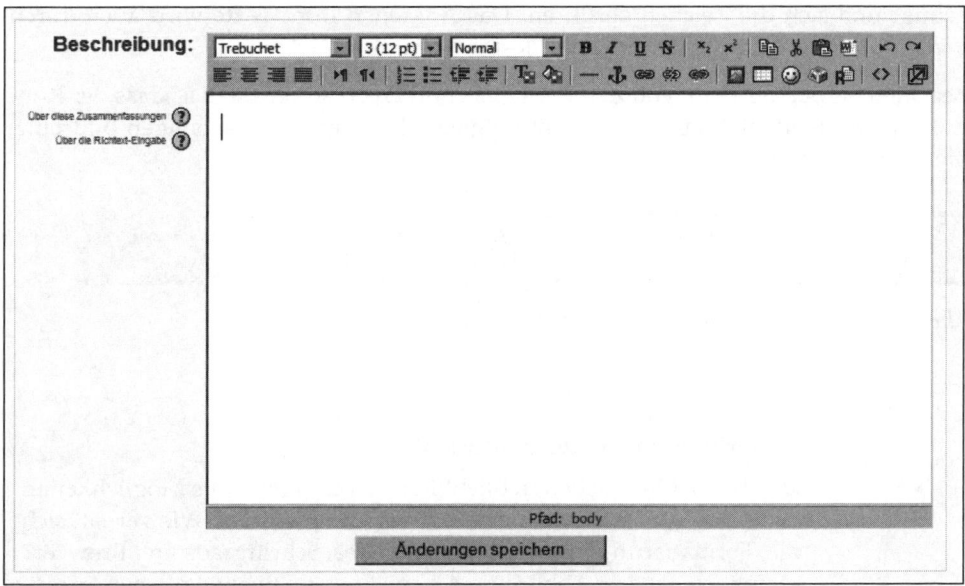

Abbildung 4.1:   Der Editor mit vielen, von der Textverarbeitung schon bekannten Funktionen

Der EDITOR funktioniert wie die bekannten Textverarbeitungsprogramme – beachten Sie deren Grundregeln auch im EDITOR:

- **Erst erfassen, dann formatieren**: Erfassen Sie zuerst ganze Textabschnitte, bevor Sie diese formatieren. So arbeiten Sie am effizientesten.

- **Erst markieren, dann agieren**: Markieren Sie den zu formatierenden Text, und klicken Sie anschließend auf das entsprechende Formatierungssymbol.

4.1 Zeichenformate

In Abbildung 4.2 sehen Sie die Symbole für die Zeichenformatierung. In der oberen Zeile stehen von links nach rechts die drei Listenfelder SCHRIFTART, SCHRIFTGRÖSSE und FORMAT, anschließend die Symbole für FETT, KURSIV, UNTERSTRICHEN, DURCHGE-STRICHEN, TIEFGESTELLT und HOCHGESTELLT. In der unteren Reihe folgen die ZEICHEN-FARBE und die HINTERGRUNDFARBE.

Ist die von Ihnen ausgewählte SCHRIFTART auf dem Client-Computer nicht vorhanden, kann sie nicht angezeigt werden. Der Text wird dann einfach durch eine vorhandene Schriftart ersetzt. Verwenden Sie die Schriftart WINGDINGS nicht – sie ist auf vielen Computern nicht vorhanden.

Seien Sie vorsichtig bei der Wahl der SCHRIFTGRÖSSE. Bei mehrzeiligen Texten ab Schriftgröße 6 (24 pt) kann es Probleme geben, weil der Zeilendurchschuss nicht mehr genügt und sich die Zeichen berühren. Das Aussehen Ihrer Texte wird auch durch den im Browser eingestellten SCHRIFTGRAD bestimmt.

Beachten Sie bei der Wahl von ZEICHENFARBE und HINTERGRUNDFARBE, dass der Kontrast ausreichend ist. Sonst ist es leicht möglich, dass der Text auf einigen Bildschirmen kaum mehr lesbar ist.

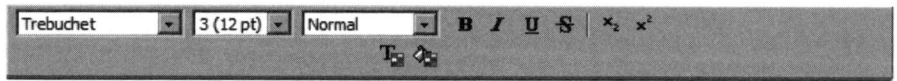

Abbildung 4.2:   Werkzeuge für die Zeichenformatierung

Übung 6

Fingerübung zum Zeichenformat

Der Text ist hier nebensächlich! Reizen Sie einmal alle Möglichkeiten der Zeichenformatierung aus. Was ist alles möglich? Wie verhält sich die Formatierung bei Veränderung des Schriftgrads im Browser? Meine Vorgabe in Abbildung 4.3 soll Sie zu Ungewöhnlichem ermutigen, ist aber lediglich eine Fingerübung zur besseren Beherrschung des Werkzeugs – keinesfalls ein Musterbeispiel für gute Gestaltung!

Und noch etwas: Bewegen Sie nicht nur die Finger, und starren Sie nicht ständig auf den Bildschirm, sondern gehen Sie zwischendurch beschwingten Schrittes vors Haus, atmen Sie tief durch, und schauen Sie himmelwärts … diese Übung hilft Ihnen, den Überblick zu behalten! Beim Lernen und ganz allgemein ☺.

Abbildung 4.3: Fingerübung zum Zeichenformat

4.2 Absatzformate

In Abbildung 4.4 sehen Sie die Symbole für die Absatzformatierung. Es sind (von links nach rechts): LINKSBÜNDIG, ZENTRIERT, RECHTSBÜNDIG, BLOCKSATZ, SCHREIBRICHTUNG VON LINKS NACH RECHTS, SCHREIBRICHTUNG VON RECHTS NACH LINKS, NUMMERIERUNG, AUFZÄHLUNG, EINZUG VERKLEINERN, EINZUG VERGRÖSSERN, HORIZONTALE LINIE.

Verwenden Sie ABSÄTZE, EINZÜGE, AUFZÄHLUNGEN und NUMMERIERUNGEN, um Textblöcke aufzulockern. Diese verleiten eher zum Lesen als lange, durchgehende Textbereiche. Wer hat schon Lust, am Bildschirm ellenlange Texte zu lesen – zu viel Geschreibsel wird allenfalls überflogen! Deshalb: Fassen Sie sich kurz, und prüfen Sie immer, ob Sie erste Textentwürfe kürzen können. Meistens ist das möglich.

Abbildung 4.4: Die Werkzeuge für die Absatzformatierung

Übung 7

Verleiten Sie zum Lesen!

Gestalten Sie einige Kurztexte, die Sie auch am Bildschirm gern lesen würden. Setzen Sie dazu nur die Möglichkeiten der Zeichen- und Absatzformatierung ein. Formatieren Sie den gleichen Text in drei Varianten, und vergleichen Sie die Ergebnisse. Welcher Text verleitet am ehesten zum Lesen? Welche Werkzeuge habe ich in Abbildung 4.5 verwendet?

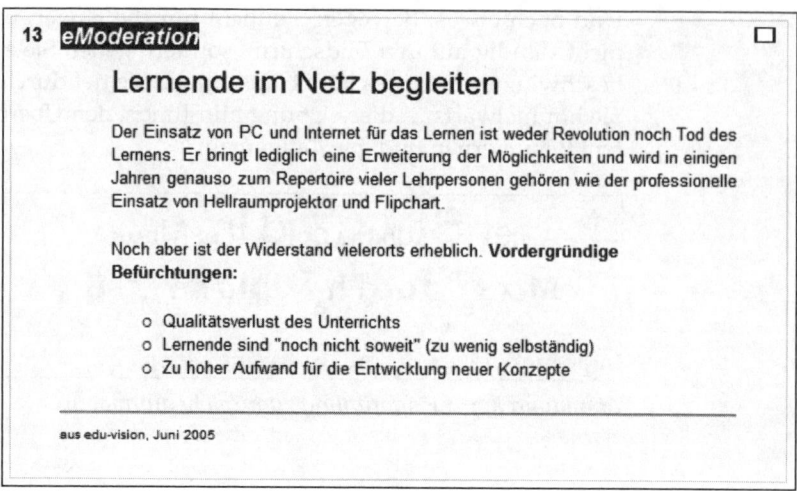

Abbildung 4.5: Textblöcke auflockern

4.3 Editieren

In Abbildung 4.6 sehen Sie die Werkzeuge für das Editieren (von links nach rechts): KOPIEREN, AUSSCHNEIDEN, EINFÜGEN, WORDFORMATIERUNG UMWANDELN IN HTML, RÜCKGÄNGIG, WIEDERHERSTELLEN.

In FireFox funktionieren die Symbole KOPIEREN, AUSSCHNEIDEN und EINFÜGEN nicht ohne Weiteres. Verwenden Sie die entsprechenden Befehle des Browsers.

Mit WORDFORMATIERUNG UMWANDELN IN HTML können Sie den von Word generierten HTML-Code in reinen HTML-Code umwandeln. Dieser wird wesentlich kleiner sein, aber auch einige Formatierungen verlieren. Falls dieser Text auch Grafiken enthält, müssen Sie diese nachträglich hochladen und manuell einfügen. Lesen Sie dazu mehr in Abschnitt 4.6, Bilder.

Abbildung 4.6: Die Werkzeuge für das Editieren

open source library

Hinweis

Wollen Sie einen Text aus Word genauso importieren, wie er in Word dargestellt wird, sollten Sie das EINFÜGEN des Browsers verwenden und nicht dasjenige des EDITORS. Denn beim EINFÜGEN des EDITORS wird der Code in reinen HTML-Code umgewandelt.

Übung 8

Importieren ist einfacher als produzieren

Öffnen Sie ein vorhandenes Word-Dokument, und kopieren Sie einen etwas anspruchsvolleren Absatz in den Editor. Bearbeiten Sie diesen Text mit der Funktion WORDFORMATIERUNG UMWANDELN IN HTML, und beobachten Sie die Wirkung.

4.4 Links

In Abbildung 4.7 sehen Sie die Symbole für die Bearbeitung von LINKS (von links nach rechts): SETZE ANKER, LINK EINFÜGEN, LINK ENTFERNEN und KEINE AUTOMATISCHE VERLINKUNG.

Abbildung 4.7: Die Werkzeuge zur Bearbeitung von Links

Allgemein ist ein LINK (Hyperlink) ein Verweis auf eine über das Internet zugängliche Datei oder Webseite. Von einem internen Verweis sprechen wir in Moodle dann, wenn auf ein Wort innerhalb des gleichen EDITOR-TEXTFELDES gesprungen wird. Dabei muss vorgängig an der gewünschten Ziel-Position ein ANKER gesetzt werden. Dazu markieren Sie das Ziel-Wort und klicken auf SETZE ANKER. Der Dialog ANKER ERSTELLEN öffnet sich (Abbildung 4.8).

■ NAME DES ANKERS: Er muss in diesem Text einmalig sein. Die Anker werden im Dialog LINK EINFÜGEN zur Auswahl angezeigt.

Um einen neuen Link zu erstellen, markieren Sie das Wort, das den Link tragen soll. Mit einem Klick auf LINK EINFÜGEN öffnet sich der Dialog LINK EINFÜGEN (Abbildung 4.9).

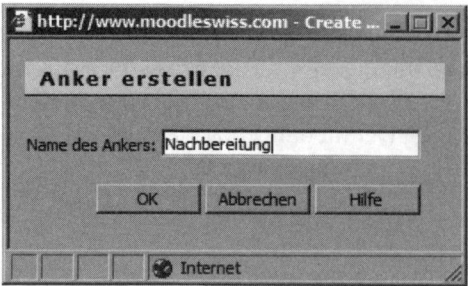

Abbildung 4.8:   Der Dialog Anker erstellen

- URL: Internet-Adresse.

- TITEL: Er erscheint als Kurzinfo, sobald der Mauszeiger über dem Link ruht.

- ZIEL: Hier legen Sie fest, wie das Dokument angezeigt wird: NEUES FENSTER, GLEICHES FRAME, GLEICHES FENSTER oder ANDERE. Bei ANDERE steht ein zusätzliches Textfeld für die manuelle Eingabe von HTML-Befehlen zur Verfügung (z.B. _top, _parent). Ich empfehle Ihnen, GLEICHES FENSTER nicht zu verwenden, weil die Lernenden damit Ihre Moodle-Seite verlassen würden.

Um einen bestehenden Link zu überprüfen oder zu ändern, markieren Sie den Link und klicken auf LINK EINFÜGEN. Der gleichnamige Dialog öffnet sich danach mit den vorher erfassten Werten.

LINK ENTFERNEN und KEINE AUTOMATISCHE VERLINKUNG sind nahezu identisch, beide Funktionen entfernen die Links.

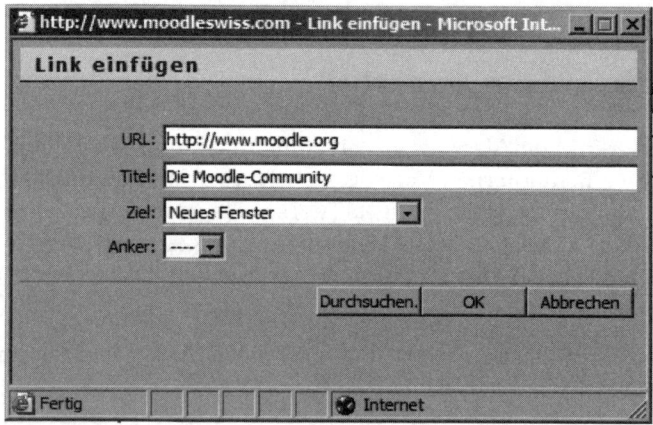

Abbildung 4.9:   Der Dialog Link einfügen

Übung 9

Sie bestimmen das Ziel – mit Links

In dieser Übung löschen Sie bestehende Links und erstellen neue Links mit externen und internen Zielen (Abbildung 4.10).

1. Öffnen Sie die Seite *http://de.wikipedia.org/wiki*, und suchen Sie den Artikel **Lerntheorie**.

2. Kopieren Sie den Text von *Lerntheorien* bis *Muster zu erlangen* in den EDITOR.

3. Entfernen Sie alle Links, und setzen Sie auf *Maschinelles Lernen* (zweitletzter Satz) den Anker #MASCHINELLES LERNEN.

4. Fügen Sie oberhalb des Textes den Link MASCHINELLES LERNEN ein, der den gleichnamigen Anker als Ziel hat.

5. Fügen Sie auf dem Wort *Lernen* (erster Satz) einen Link ein, der als Ziel dieselbe Seite anzeigt wie der gleiche Link auf der Wikipedia-Seite. Klicken Sie dazu auf *Lernen* auf der Wikipedia-Seite, und kopieren Sie die URL der Zielseite. Diese fügen Sie anschließend im Dialog LINK EINFÜGEN als Ziel auch für unseren Link ein.

6. Ändern Sie den Link LERNEN so, dass die Wikipedia-Seite *Lernen* in einem neuen Fenster erscheint.

7. Testen Sie die Links – funktionieren sie wie erwartet? Dann haben Sie diese Lektion »mit Links« begriffen ☺.

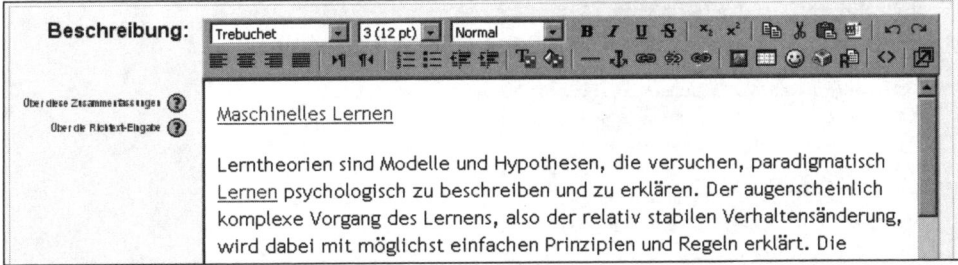

Abbildung 4.10: Sie bestimmen das Ziel – mit Links

4.5 Spezielle Funktionen

In Abbildung 4.11 sehen Sie die speziellen Funktionen (meine Gruppenbezeichnung für Symbole, die nichts gemeinsam haben ;-)) von links nach rechts: SMILEYS, SPEZIALZEICHEN, SUCHEN UND ERSETZEN, HTML-CODE, EDITOR VERGRÖSSERN.

Abbildung 4.11: Die »speziellen Funktionen«

Mit einem Klick auf SMILEYS öffnet sich der Dialog SMILEY EINFÜGEN (Abbildung 4.12), der leider in meinen Moodle-Portalen nur mit zu kleinem Fenster dargestellt wird. Mit einem Klick fügen Sie eines der Smileys in Ihren Text ein. Emoticons sind wichtig für persönliche Beiträge in den Lernaktivitäten MITTEILUNGEN, MAIL, FORUM und FEEDBACK.

4.5.1   Funktion von Emoticons

Emoticons sind für die Teilnehmer der Internetkommunikation eine wichtige Methode, um Emotionen deutlich zu machen. Die Kommunikation im Netz läuft ohne sichtbares Gegenüber, es werden dabei vor allem Wortinhalte vermittelt. So fehlen wichtige Informationen über die momentane Gefühlslage, wie sie bei einem direkten Gespräch über die Kommunikationsmittel Gestik, Mimik, Körperhaltung und Stimmlage vermittelt werden. Der emotionale Zustand gibt Anhaltspunkte über die Wahrhaftigkeit einer Aussage. Ebenso vermitteln Geschlecht, Alter, soziale Rolle, Hautfarbe, Kleidung, Frisur und andere, im Netz nicht sichtbare Gegebenheiten, einen Eindruck vom Gegenüber.

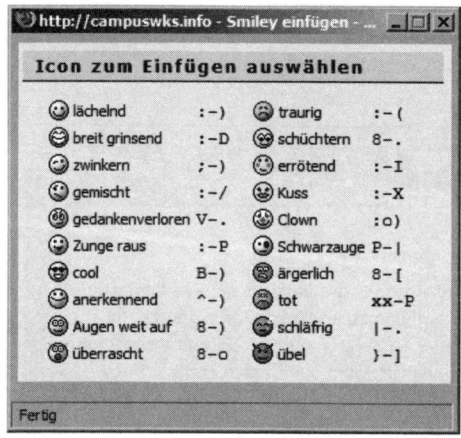

Abbildung 4.12: Der Dialog Smiley einfügen

Wenn wir im Internet etwas von unserer Individualität preisgeben, weil wir persönliche und berufliche Kontakte pflegen, wenn wir unseren Freunden, der Chefin, dem Bürgermeister oder dem Wunschkonzertonkel eine E-Mail schreiben, sind unsere Texte nicht tote Materie – sie sind lebendig gestaltet, beinhalten Witz oder Wutausbruch, Humor oder Sarkasmus. Oft sind es die sprachlichen Feinheiten, die einen trockenen Text auflockern. Leider führen gerade die ironisch verfassten Texte, die nicht allein vom Wortinhalt leben, häufig zu Missverständnissen. Bevor Sie sich also falsch verstanden fühlen, völlig frustriert die Internetkommunikation abbrechen und bis zum Nimmerleinstag aus dem Netz aussteigen – üben Sie! Üben Sie, Ihre Gefühlslage dank Emoticons unmissverständlich in die Kommunikation einzubeziehen. Aber ein bisschen dalli, denn wir haben noch viel zusammen vor ☺!

Mit einem Klick auf SPEZIALZEICHEN öffnet sich der Dialog ZEICHEN AUSWÄHLEN (Abbildung 4.13). Hier stehen Ihnen auch Zeichen zur Verfügung, die Sie mit der aktuellen Einstellung über die Tastatur nicht erfassen können.

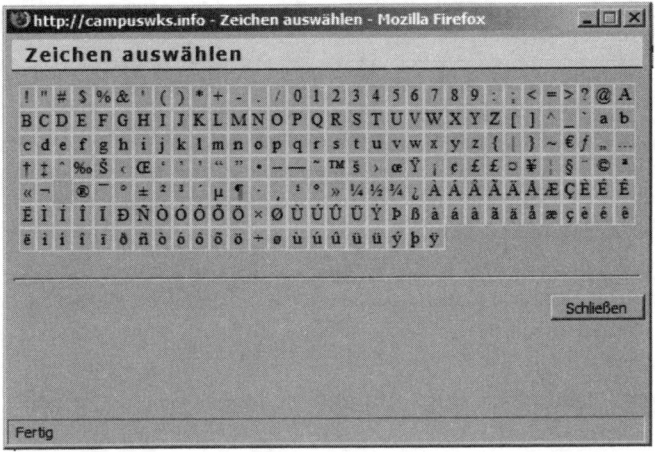

Abbildung 4.13: Der Dialog Zeichen auswählen

Mit einem Klick auf SUCHEN UND ERSETZEN öffnet sich der Dialog SUCHEN UND ERSETZEN (Abbildung 4.14), der wie erwartet funktioniert. Es werden immer alle Treffer ersetzt.

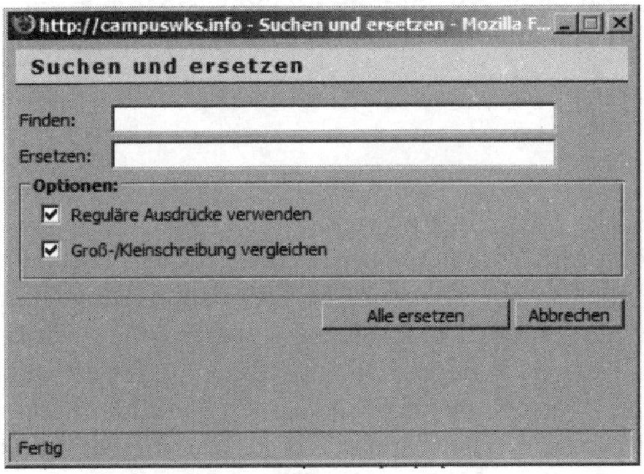

Abbildung 4.14: Der Dialog Suchen und ersetzen

Mit einem Klick auf HTML-CODE wechselt das EDITOR-Textfeld von der WYSIWYG-Anzeige auf die HTML-Anzeige oder zurück. In Abbildung 4.15 sehen Sie den Text »Morgenstund hat **Gold** im *Mund*« im HTML-Modus. Eine ultrakurze Einführung in HTML:

- `<p>` leitet einen Textabsatz ein, und `</p>` beendet ihn.

- `<span>` leitet einen Bereich ein, und `</span>` beendet ihn.

Auch mit wenigen HTML-Kenntnissen lassen sich so Korrekturen realisieren, die manchmal über die WYSIWYG-Oberfläche nicht angenommen werden. Durch das Löschen der `<p></p>`-Tags verschwindet eine überflüssige Leerzeile, und durch das Einfügen eines `<br>`-Tags entsteht eine zusätzliche Leerzeile.

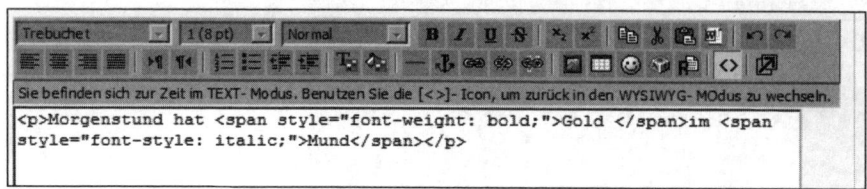

Abbildung 4.15: Das Editor-Textfeld im Modus HTML-Code

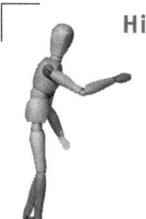

Hinweis

Auf der Seite *http://de.selfhtml.org/* erfahren Sie mehr über die Sprache HTML.

Mit einem Klick auf EDITOR VERGRÖSSERN öffnen Sie ein neues Browser-Fenster mit einem größeren EDITOR-Textfeld und einer erweiterten Symbolleiste, die zusätzliche Symbole für die Bearbeitung von Tabellen bereitstellt. Lesen Sie mehr dazu in Abschnitt 4.7, *Tabellen*.

4.6 Bilder

In Abbildung 4.16 sehen Sie das Symbol BILD EINFÜGEN. Alle Bilder, die in Moodle angezeigt werden, müssen über das Internet abrufbar sein. Sie können also auch ein Bild anzeigen, das auf einem anderen Server als Moodle selbst gespeichert ist. Häufiger aber werden Sie das Bild in Ihren Kurs hochladen. Beachten Sie, dass große Bilddateien den Seitenaufbau erheblich verzögern. Speichern Sie deshalb die Bilder in den Formaten JPG oder GIF, und kontrollieren Sie die Dateigröße. In Moodle-Seiten ist der Datei-Upload standardmäßig auf 2 Mbyte beschränkt. Dieser Wert kann vom

Administrator [WEBSITE-ADMINISTRATION ▶ SICHERHEIT ▶ WEBSITE-RECHTE ▶ MAXI-MALE DATEIGRÖSSE] geändert werden. Als Kursverwalter bestimmen Sie diesen Wert in den Kurs-Einstellungen unter MAXIMALE DATEIGRÖSSE.

Abbildung 4.16: Das Symbol Grafik einfügen

Mit einem Klick auf BILD EINFÜGEN öffnet sich der Dialog BILD EINFÜGEN (Abbildung 4.17).

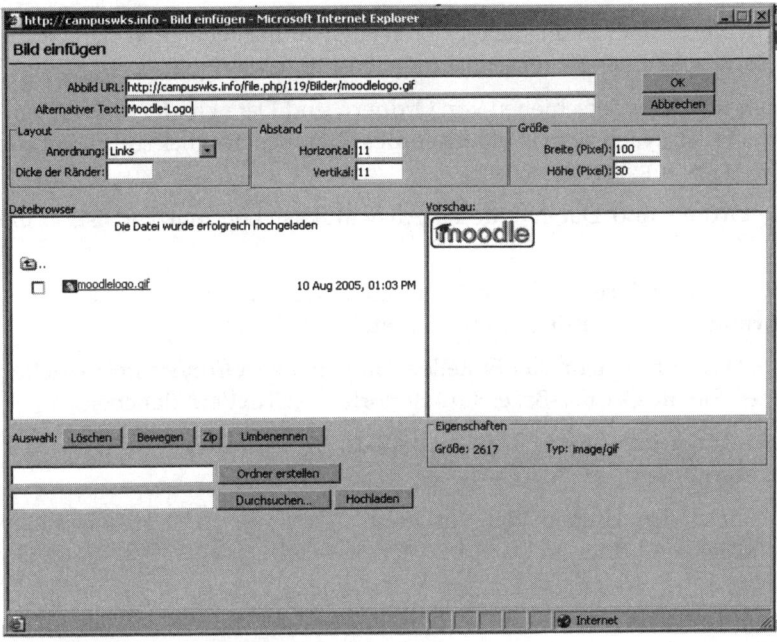

Abbildung 4.17: Der Dialog Bild einfügen

▣ ABBILD URL: Die Internet-Adresse des Bildes.

▣ ALTERNATIVER TEXT: wird verwendet, falls das Bild nicht angezeigt werden kann. Sehbehinderte und Blinde verwenden eine spezielle Software (Screenreader), die Bildschirminhalte ausliest und über Sprachausgabe, Braillezeile oder Schriftver-größerung ausgibt. Deshalb ist es wichtig, dass Sie hier einen kurzen, den Bild-inhalt gut beschreibenden Text erfassen.

▣ ANORDNUNG: bestimmt, wie der Text zur Grafik ausgerichtet werden soll. Folgen-de Einstellungen sind möglich: NICHT GESETZT, LINKS, RECHTS, EINLEITUNGSTEXT, MITTE, GRUNDLINIE, UNTEN AUSRICHTEN, ENDE, MITTE, ANFANG. Am besten finden Sie das gewünschte Ergebnis mit Versuch und Irrtum.

- DICKE DER RÄNDER: bestimmt, wie breit der Bildrahmen gezeichnet wird.

- HORIZONTAL: Abstand zum Text links und rechts des Bildes.

- VERTIKAL: Abstand zum Text oberhalb und unterhalb des Bildes.

- BREITE: des Bildes in Pixel. Beim Einfügen erscheint hier die Originalgröße. Sie können das Bild im EDITOR mit Drag & Drop verkleinern. Ich empfehle Ihnen aber, das Bild über die Eigenschaften BREITE und HÖHE zu verkleinern. Berechnen Sie die neuen Werte mit einem Verkleinerungsfaktor als Divisor. Damit bewahren Sie das Seitenverhältnis und das Bild wird nicht verzerrt.

- HÖHE: des Bildes in Pixel.

- DATEIBROWSER: zeigt die Ordnerstruktur in Ihrem Kurs.

- LÖSCHEN: löscht alle Ordner und Dateien, deren Auswahlkästchen markiert ist. Sie müssen das Löschen in einer Sicherheitsabfrage bestätigen.

- BEWEGEN: ermöglicht das Verschieben von Ordnern und Dateien, deren Auswahlkästchen markiert ist. Nach dem Aufsuchen des Zielordners klicken Sie auf die Schaltfläche DATEIEN HIERHIN VERSCHIEBEN.

- ZIP: packt alle Ordner und Dateien, deren Auswahlkästchen markiert ist, in ein ZIP-Archiv.

- UMBENENNEN: Damit ändern Sie die Bezeichnung eines Ordners oder einer Datei. Mit dem Auswahlkästchen bestimmen Sie das zu bearbeitende Objekt.

- ORDNER ERSTELLEN: ermöglicht das Erstellen eines neuen Ordners im aktuellen Ordner. Erfassen Sie die Ordner-Bezeichnung vorher im Textfeld daneben.

- DURCHSUCHEN: öffnet den Dialog DATEI AUSWÄHLEN, mit dem Sie die hochzuladende Datei bestimmen.

- HOCHLADEN: startet den Upload, der vorher mit DURCHSUCHEN ausgewählten Datei, in den aktuellen Ordner im Dateibrowser.

4.6.1 Bilder hochladen

Hier zeige ich Ihnen, wie Sie Bilder vom lokalen Arbeitsplatz in Ihren Moodle-Kurs hochladen. Zuerst erstellen wir einen Ordner, in den wir alle Bilder speichern werden. Schreiben Sie ins TEXTFELD neben der Schaltfläche ORDNER ERSTELLEN *Bilder*. Nach dem Klick auf die Schaltfläche erscheint der Ordner im DATEIBROWSER. Moodle lädt die Bilder standardmäßig in den im DATEIBROWSER ausgewählten Ordner. Wechseln Sie in den Ordner BILDER, indem Sie darauf klicken. Achten Sie darauf, die Orientierung nicht zu verlieren. Sie müssen immer wissen, wo Sie sich derzeit befinden, der Dateibrowser zeigt den Namen des aktuellen Ordners leider nirgends an. Über das Symbol ORDNER MIT AUFWÄRTSPFEIL gelangen Sie eine Ordner-Ebene zurück.

Mit einem Klick auf die Schaltfläche DURCHSUCHEN öffnet sich der Dialog DATEI AUSWÄHLEN, in dem Sie die hochzuladende Datei bestimmen. Im Textfeld neben der

Schaltfläche DURCHSUCHEN erscheint der Pfad der ausgewählten Datei. Starten Sie jetzt den Datei-Upload mit Klick auf die Schaltfläche HOCHLADEN. Kurz danach erscheint im Dateibrowser die Meldung DIE DATEI WURDE ERFOLGREICH HOCHGELA-DEN und das Bild steht diesem Kurs zur Verfügung (Abbildung 4.18).

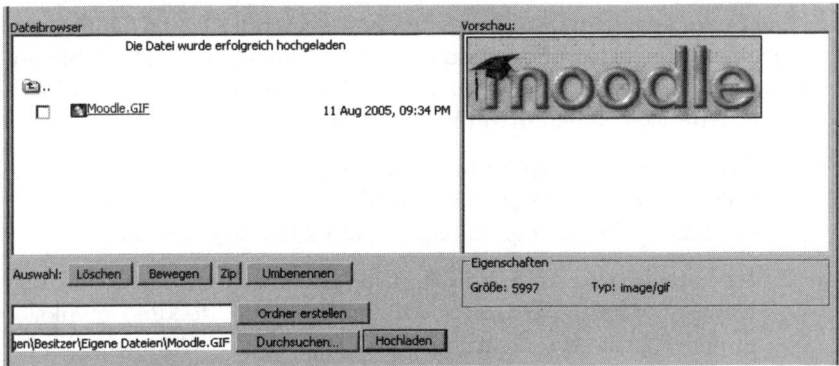

Abbildung 4.18: Der Ordner Bilder im Dateibrowser nach dem Upload von Moodle.GIF

4.6.2 Bilder einfügen

Wählen Sie das Bild im DATEIBROWSER aus, und Moodle setzt die für den Zugriff gültige Internet-Adresse automatisch in ABBILD URL (Abbildung 4.19). Liegt das Bild auf einem anderen Server, erfassen Sie die URL dazu manuell. In ALTERNATIVER TEXT erfassen Sie eine Kurzbeschreibung, die einem Anwender ohne Bildanzeige einen hilfreichen Hinweis auf den Bildinhalt gibt. Für die zwei bisherigen Textfelder ABBILD URL und ALTERNATIVER TEXT ist die Eingabe obligatorisch. Die Einstellungen LAYOUT, ABSTAND und GRÖSSE sind freiwillig. Per Default erscheint das Bild auf einer eigenen Zeile in Originalgröße. Ändern Sie diese Einstellungen nach Ihren Bedürfnissen, und klicken Sie abschließend auf die Schaltfläche OK. Sind Sie mit dem Ergebnis zufrieden? Andernfalls markieren Sie das Bild im EDITOR und klicken auf BILD EINFÜGEN. Der gleichnamige Dialog öffnet sich mit den bereits erfassten Werten, und Sie können diese abändern.

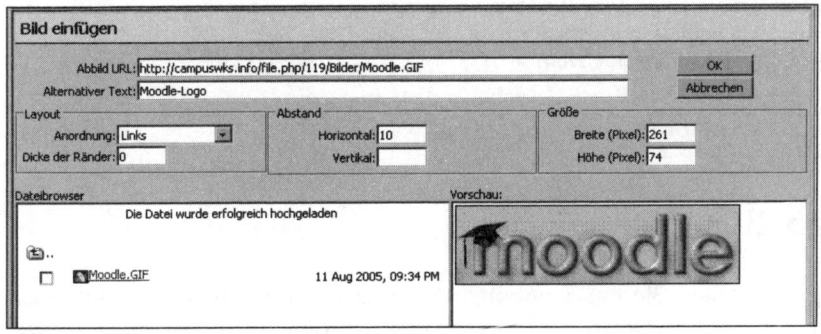

Abbildung 4.19: Der Dialog Bild einfügen nach der Bildauswahl

Übung 10

Ein Bild sagt oft mehr als tausend Worte

Bilden Sie die zwei nachfolgend gezeigten Abschnitte nach. Bilder und Text dazu holen Sie sich auf der Startseite von *www.moodle.org*. Die Bilder speichern Sie zuvor auf der Festplatte: Klicken Sie mit der rechten Maustaste auf das Bild auf der Webseite, und wählen Sie im Kontextmenü BILD SPEICHERN UNTER. Nun markieren Sie den Text einfach und kopieren ihn mit KOPIEREN und EINFÜGEN in den EDITOR.

1. Das Vorgehen zu Abbildung 4.20 in Stichworten: Moodle-Logo links anordnen und um 50 % verkleinern, Abstand oben (50) und horizontal (15), Text einfügen, Blocksatz, Links entfernen.

2. Das Vorgehen zu Abbildung 4.21 in Stichworten: Moodle-Packung rechts anordnen, Abstand horizontal (10), Titel Moodle-Download große Schrift (5), Schriftfarbe Orange, Text einfügen, Links entfernen, den Link DOWNLOAD PACKAGES neu erstellen (er soll die Download-Seite *www.moodle.org* in einem neuen Fenster anzeigen).

---

1   Moodle is a course management system (CMS) - a free, Open Source software package designed using sound pedagogical principles, to help educators create  effective online learning communities. You can download and use it on any computer you have handy (including webhosts), yet it can scale from a single-teacher site to a 40,000-student University. This site itself is created using Moodle, so check out the Moodle Features demos, the Demonstration Courses or read the latest Moodle Buzz.

Abbildung 4.20: Übung 10.1

---

2 **Moodle-Download**

Moodle is available in a variety of download packages with different levels of stability, as well as via CVS from Sourceforge.net. A number of additional modules and add-ons and language packs are also available.

Abbildung 4.21: Übung 10.2

4.7   Tabellen

In Abbildung 4.22 sehen Sie das Symbol TABELLE EINFÜGEN. Obwohl Tabellen zur Darstellung tabellarischer Daten geschaffen sind, werden sie im Web-Design vor allem als Grundgestaltungsmittel für Seiten-Layouts verwendet. Wenn Sie auf sauber ausgerichtete, aber relativ frei verteilte Elemente mit meist farbigen Flächen stoßen, wurde meist mit der Technik der »blinden Tabellen« gearbeitet. Blinde Tabellen haben keine sichtbaren Gitternetzlinien; und der Betrachter merkt nicht, dass es sich in Wirklichkeit um eine Tabelle handelt.

Abbildung 4.22: Das Symbol Tabelle einfügen

Mit einem Klick auf TABELLE EINFÜGEN öffnet sich der Dialog TABELLE EINFÜGEN (Abbildung 4.23).

- ZEILEN: Die Tabelle enthält die entsprechende Menge an Zeilen.

- REIHEN: Die Tabelle enthält die entsprechende Menge an Spalten.

- BREITE: Breite der Tabelle in Prozent oder Pixel.

- ANORDNUNG: bestimmt wie der Text innerhalb der Zelle ausgerichtet wird; diese Einstellungen sind möglich: NICHT GESETZT, LINKS, RECHTS, EINLEITUNGSTEXT, MITTE, GRUNDLINIE, UNTEN AUSRICHTEN, ENDE, MITTE, ANFANG. Am besten finden Sie das gewünschte Ergebnis mit Versuch und Irrtum.

- DICKE DER RÄNDER: Hier ist der Rand um die ganze Tabelle gemeint, nicht die Gitternetzlinien (HTML=border).

- ZELLABSTAND: Abstand zwischen den Zellen (HTML=cellspacing).

- ZELLE AUFFÜLLEN: Abstand zwischen Text und Zellenrand (HTML=cellpadding).

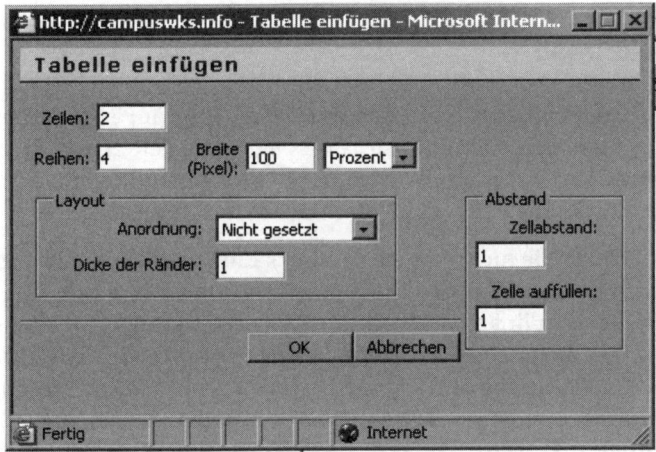

Abbildung 4.23: Der Dialog Tabelle einfügen

Übung 11

Bild und Text in blinder Tabelle

Bilden Sie den in Abbildung 4.24 gezeigten Abschnitt nach. Holen Sie sich Bild und Text auf *http://de.wikipedia.org/wiki* aus dem Artikel »Niagarafälle«, den Sie mit dem Suchwort **Niagara** finden. Das Vorgehen in Stichworten: Tabelle mit Zeilen *1* und Spalten *2*, Rand *0*, Bild einfügen und mit Drag & Drop in der Größe anpassen, Text einfügen und Links entfernen.

Abbildung 4.24: Bild und Text in blinder Tabelle

4.7.1 Erweiterte Funktionen

Ich empfehle Ihnen, die Seiten möglichst einfach aufzubauen und auf schwierige Tabellenstrukturen zu verzichten. Ausnahmsweise lassen sich mit den erweiterten Funktionen aber auch ausgefeiltere Tabellen realisieren. Sie benötigen dazu manchmal etwas Geduld, denn die Funktionsweise ist nicht immer sofort durchschaubar.

Mit EDITOR VERGRÖSSERN haben Sie nicht nur ein größeres Eingabefeld vor sich, es stehen Ihnen auch zusätzliche Symbole für die Tabellenbearbeitung zur Verfügung. In Abbildung 4.25 erkennen Sie (von links nach rechts): TABLE PROPERTIES (Tabelleneigenschaften), ROW PROPERTIES (Zeileneigenschaften), INSERT ROW BEFORE (Zeile einfügen davor), INSERT ROW AFTER (Zeile einfügen danach), DELETE ROW (Zeile löschen), SPLIT ROW (Zeile teilen), INSERT COLUMN BEFORE (Spalte einfügen davor), INSERT COLUMN AFTER (Spalte einfügen danach), DELETE COLUMN (Spalte löschen), SPLIT COLUMN (Spalte teilen), CELL PROPERTIES (Zelleneigenschaften), INSERT CELL BEFORE (Zelle einfügen davor), INSERT CELL AFTER (Zelle einfügen danach), DELETE CELL (Zelle löschen), MERGE CELLS (Zellen verbinden), SPLIT CELL (Zellen teilen).

Abbildung 4.25: Die erweiterten Tabellenfunktionen

Es würde den Rahmen dieses Buches sprengen, Ihnen sämtliche Möglichkeiten der Tabelleneinstellungen und deren Auswirkungen ausführlich zu schildern. Vieles werden Sie mit Versuch und Irrtum selbst erkunden. Ich beschränke mich darauf, Ihnen mit einigen Hinweisen den Einstieg zu erleichtern. Dazu verwende ich die Dialoge TABLE PROPERTIES (Abbildung 4.26), ROW PROPERTIES (Abbildung 4.27) und CELL PROPERTIES (Abbildung 4.28) und zeige Ihnen in zwei Übungen, wie Sie damit arbeiten können.

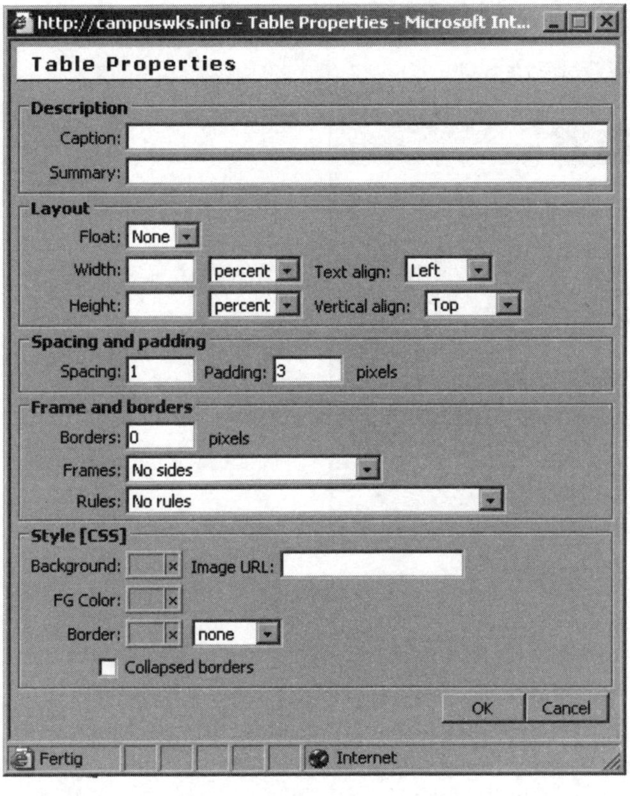

Abbildung 4.26: Der Dialog Table Properties

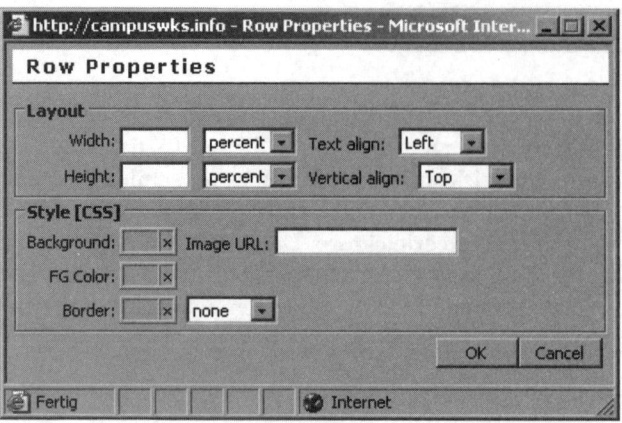

Abbildung 4.27: Der Dialog Row Properties

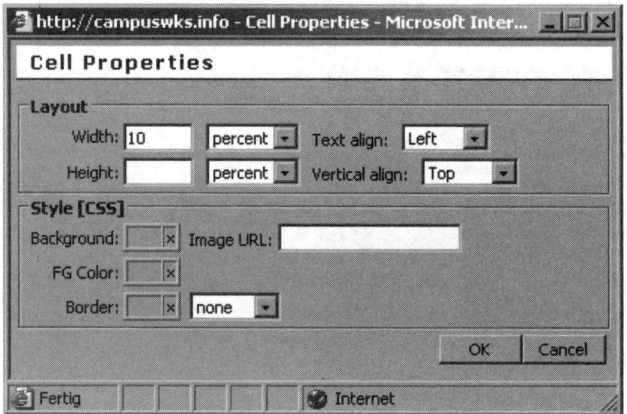

Abbildung 4.28: Der Dialog Cell Properties

Übung 12

Tabelle mit Adressdaten

Bilden Sie die in Abbildung 4.29 gezeigte Tabelle nach, indem Sie die Schritt-für-Schritt-Anleitung befolgen:

1. Erstellen Sie eine Tabelle mit einer Zeile und fünf Spalten. Weshalb nur eine Zeile? Es ist einfacher, die Zellen einer Zeile zu formatieren und sie anschließend mit INSERT ROW AFTER zu duplizieren. Andernfalls müssten Sie alle Zellen einer Spalte einzeln bearbeiten.

2. Wechseln Sie in das größere Fenster mit EDITOR VERGRÖSSERN, und erfassen Sie die Titelzeile *Name, Vorname, Adresse, Plz* und *Ort*.

3. Klicken Sie in eine beliebige Zelle, und öffnen Sie den Dialog TABLE PROPERTIES (Abbildung 4.26). Stellen Sie in BORDERS *0* ein, damit die Tabelle keinen Rand hat.

4. Klicken Sie auf die Zelle *Vorname*, und öffnen Sie den Dialog CELL PROPERTIES (Abbildung 4.28). In WIDTH stellen Sie die Breite *10 %* ein.

5. Klicken Sie auf die Zelle *Plz*, und öffnen Sie den Dialog CELL PROPERTIES. In WIDTH stellen Sie die Breite *5 %* ein.

6. Fügen Sie mit INSERT ROW AFTER fünf Zeilen ein.

7. Klicken Sie in eine beliebige Zelle in der zweiten Zeile, und öffnen Sie den Dialog ROW PROPERTIES (Abbildung 4.27). Mit einem Klick auf das Feld BACKGROUND öffnet sich ein Dialog, in dem Sie die gewünschte Hintergrundfarbe auswählen. Dieses Prozedere wiederholen Sie für jede Zeile mit farbigem Hintergrund.

Name	**Vorname**	**Adresse**	**Plz**	**Ort**
Anken	Elisabeth	Bahnhofstrasse	3000	Bern
Baumgartner	Josef	Schulhausweg 7	3400	Burgdorf
Christinat	Andreas	Elfenweg 12	3400	Burgdorf
Dummermuth	Anna	Kirchweg 6	3000	Bern
Flury	Walter	Schlehdornweg 5	3001	Bern

Abbildung 4.29: Tabelle mit Zebrastreifen

Übung 13

Tabelle mit statistischen Daten

Bilden Sie die in Abbildung 4.30 gezeigte Tabelle nach, indem Sie die Schritt-für-Schritt-Anleitung befolgen:

1. Erstellen Sie eine Tabelle mit drei Zeilen und acht Spalten, und wechseln Sie mit EDITOR VERGRÖSSERN zu den erweiterten Tabellenfunktionen.

2. Klicken Sie in eine beliebige Zelle, und öffnen Sie den Dialog TABLE PROPERTIES (Abbildung 4.26). Mit BORDERS 0 bestimmen Sie, dass die Tabelle keinen Rand hat. Den Titel *Bestand und Dichte der Ärzte…* erfassen Sie in CAPTION. Die Schriftart und die Ausrichtung des Titels formatieren Sie anschließend im EDITOR.

3. Jetzt verbinden Sie die Zellen für den Text *Bestand auf 100'000 Einwohner*. Klicken Sie in der ersten Zeile in die sechste Zelle. Mit einem Klick auf MERGE CELLS erscheint die Eingabeaufforderung HOW MANY COLUMNS WOULD YOU LIKE TO MERGE?, in der Sie festlegen, wie viele Spalten zu verbinden sind. Die Funktion verbindet die Spalten rechts von der aktuellen Position, geben Sie hier also bitte *3* ein. Nach dem OK bestimmen Sie im Dialog HOW MANY ROWS WOULD YOU LIKE TO MERGE?, wie viele Zeilen zu verbinden sind. Geben Sie hier *1* ein.

4. Verbinden Sie entsprechend diesem Vorgehen jeweils die zwei Zellen der ersten zwei Zeilen in den Spalten 1 bis 5.

5. Klicken Sie in die dritte Zeile, und fügen Sie mit INSERT ROW AFTER acht weitere Zeilen an.

6. Erfassen Sie alle Daten, formatieren Sie die Titeltexte fett, und wählen Sie als Schriftfarbe Weiß.

7. Klicken Sie in die Zelle *Bestand auf 100'000 Einwohner*, und öffnen Sie den Dialog ROW PROPERTIES (Abbildung 4.27). Setzen Sie mit BACKGROUND die Hintergrundfarbe auf Schwarz. Verfahren Sie ebenso mit der darunter liegenden Zelle *Ärzte*.

8. Setzen Sie entsprechend diesem Verfahren bei den Zeilen *Genferseeregion* und *Espace Mittelland* die Hintergrundfarbe auf Grau.

9. Klicken Sie in die Zelle oberhalb *Genferseeregion*, und öffnen Sie den Dialog ROW PROPERTIES (Abbildung 4.27). Mit HEIGHT *10 pixels* bestimmen Sie die fixe Zeilenhöhe.

In diesem Kapitel haben Sie eines der wichtigsten Werkzeuge kennengelernt – den EDITOR. Sie können jetzt eigene Texte formatieren, Texte aus Word oder dem Internet durch Kopieren und Einfügen übernehmen, Bilder einfügen, Bilder und Texte mit blinden Tabellen gestalten und Daten in Tabellenform übersichtlich darstellen. Den EDITOR werden Sie in fast allen Lernaktivitäten antreffen, so beispielsweise auch beim ERSTELLEN EINER TEXTSEITE (MIT EDITOR). Lesen Sie dazu Kapitel 5, *Arbeitsmaterial*.

7 Bestand und Dichte der Ärzte, Zahnärzte und Apotheken nach Kanton 2001						
	Arzte	Zahnarzte	Apotheken	Mittlere Wohnbevolkerung	Bestand auf 100'000 Einwohner		
					Arzte	Zahnärzte	Apotheken
Genferseeregion	3'334	554	506	1'323'962	252	42	38
Genf	1'356	175	165	415'505	326	42	40
Wallis	465	95	104	274'476	169	35	38
Waadt	1'513	284	237	633'981	239	45	3
Espace Mittelland	3'063	756	305	1'670'064	183	45	18
Bern	1'902	482	138	953'310	200	51	14
Freiburg	340	80	68	239'886	142	33	28
Jura	100	18	17	67'313	149	27	25

Abbildung 4.30: Statistik-Tabelle

5 Arbeitsmaterial – neues erstellen, vorhandenes weiterverwenden

Mit dem Login, dem Kurs und dem Editor haben Sie die Grundsteine gesetzt. Jetzt gehen wir den ersten Schritt Richtung Kursaufbau. Wir werden ARBEITSMATERIAL im Kurs anlegen und können damit bereits einfache Kurse für den Bereich **Distribution** erstellen. Oft sind solche Kurse der Anfang für die Anwendung einer Lernplattform. Lehrpersonen und Institutionen stellen vorhandene Dokumente für den Download oder hilfreiche Links in einem Kurs bereit. Das ist eine wichtige Erkenntnis: Sie können viele der bereits vorhandenen Unterrichtsunterlagen auch im Lernportal weiterverwenden! Wollen Sie sicher sein, dass alle Teilnehmer die Unterlagen lesen können, wandeln Sie die Dateien ins PDF-Format um oder übernehmen die Dokumente mit Kopieren und Einfügen in eine WEBSEITE. Weil sich die Gestaltung von Inhalten auf Papier und Bildschirm grundsätzlich unterscheidet, sollten Sie diese Inhalte für den Bildschirm neu aufbereiten.

Bei Kursen in den Formaten THEMEN-FORMAT und WOCHEN-FORMAT erscheinen auf jedem Abschnitt die zwei Listenfelder ARBEITSMATERIAL ANLEGEN und AKTIVITÄT ANLEGEN (Abbildung 5.1). Wir arbeiten in diesem Kapitel mit dem ersten Listenfeld und folgenden Arbeitsunterlagen: TEXTSEITE (OHNE EDITOR), TEXTSEITE (MIT EDITOR), LINK AUF DATEI ODER WEBSEITE, LINK AUF VERZEICHNIS, IMS CONTENT-PAKET, TEXT ODER ÜBERSCHRIFT. Wenn Sie ein ARBEITSMATERIAL wählen, öffnet sich das dazugehörige Formular zum Erfassen der Einstellungen. Nach dem Klick auf die Schaltfläche ÄNDERUNGEN SPEICHERN ist das Arbeitsmaterial im aktuellen Kurs-ABSCHNITT eingefügt.

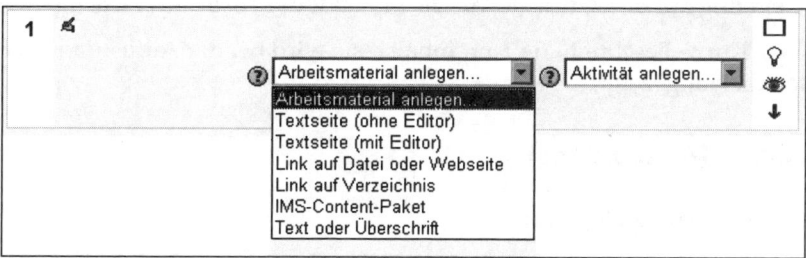

Abbildung 5.1:   Das Listenfeld Arbeitsmaterial anlegen

open source library

5.1 Textseite (ohne Editor)

Mit der Arbeitsunterlage TEXTSEITE (OHNE EDITOR) erfassen Sie eine Webseite ohne WYSIWYG-Editor (nicht ganz – denn bei der Beschreibung steht Ihnen der bekannte Editor zur Verfügung ;-)). Die drei Formatierungen MOODLE-TEXT-FORMAT, REINES TEXTFORMAT und MARKDOWN-FORMAT konvertieren Ihre Texteingabe, und entsprechend wird Ihre Eingabe angezeigt. Die Textseite eignet sich, wenn der Text als HTML-Code vorliegt oder wenn Sie Texte mit einfachen Formatierungen sehr schnell erfassen wollen (Abbildung 5.2).

5.1.1 Grundeinträge

Abbildung 5.2: Textseite (ohne Editor), Abschnitt Grundeinträge

■ NAME: Bezeichnung auf der Kursseite, die als Link auf die Textseite erscheint.

■ BESCHREIBUNG: Kurze Beschreibung zum Inhalt – sie wird bei der Auflistung aller Arbeitsmaterialien angezeigt.

5.1.2 Textseite (ohne Editor)

■ TEXT-/WEBSEITE: Inhalt der Textseite.

■ FORMAT: Der Formatierung entsprechend wird der eingegebene Text beim Speichern konvertiert. MOODLE-TEXT-FORMAT: Erfassen Sie den Text wie in einer gewöhnlichen E-Mail. Web-Adressen (URL) werden in Links und Tastatur-Smileys in Symbole umgewandelt; eingefügter HTML-Code wird erkannt und entsprechend umgesetzt. REINES TEXTFORMAT: Es findet keine Umwandlung statt, der Text bleibt, wie er ist. MARKDOWN-FORMAT: Dies ist ein Konzept, um auf einfache Art Web-Texte zu schreiben. Auf *http://daringfireball.net/projects/markdown* finden Sie mehr Informationen. Markdown-Formatierungsbeispiele und ihre Wirkungen sind: *Wort* wird kursiv: *Wort*, **Wort** wird fett: **Wort**. Neben der Markdown-Syntax werden auch HTML-Tags erkannt.

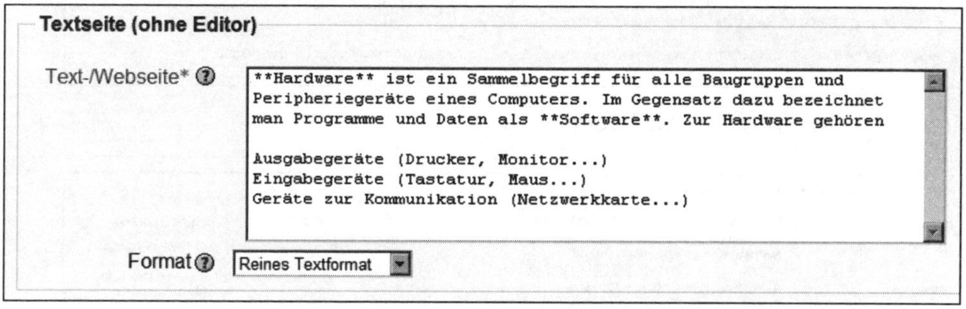

Textseite (ohne Editor)

Text-/Webseite* ⑦

```
**Hardware** ist ein Sammelbegriff für alle Baugruppen und
Peripheriegeräte eines Computers. Im Gegensatz dazu bezeichnet
man Programme und Daten als **Software**. Zur Hardware gehören

Ausgabegeräte (Drucker, Monitor...)
Eingabegeräte (Tastatur, Maus...)
Geräte zur Kommunikation (Netzwerkkarte...)
```

Format ⑦ `Reines Textformat ▾`

Abbildung 5.3:   Textseite (ohne Editor), Abschnitt Textseite (ohne Editor)

5.1.3   Fenster

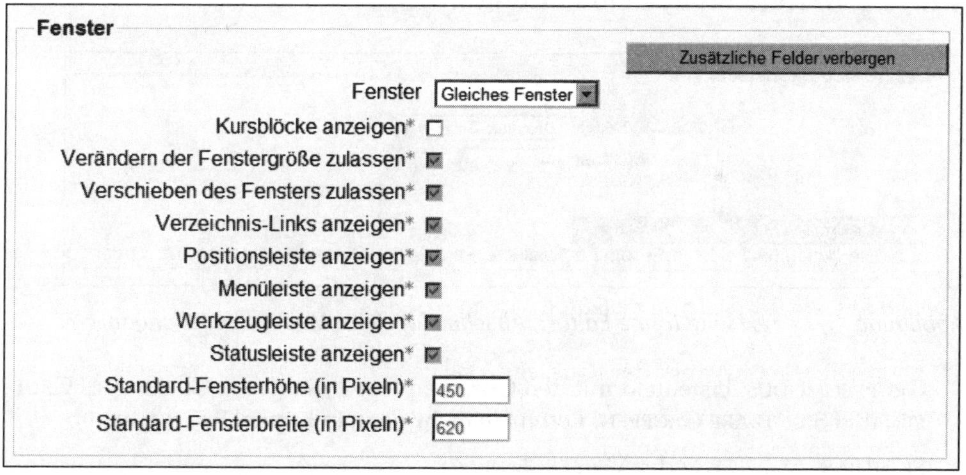

Fenster

`Zusätzliche Felder verbergen`

Fenster `Gleiches Fenster ▾`

Kursblöcke anzeigen* ☐
Verändern der Fenstergröße zulassen* ☑
Verschieben des Fensters zulassen* ☑
Verzeichnis-Links anzeigen* ☑
Positionsleiste anzeigen* ☑
Menüleiste anzeigen* ☑
Werkzeugleiste anzeigen* ☑
Statusleiste anzeigen* ☑
Standard-Fensterhöhe (in Pixeln)* `450`
Standard-Fensterbreite (in Pixeln)* `620`

Abbildung 5.4:   Textseite (ohne Editor), Abschnitt Fenster

▪ FENSTER: Unter der Schaltfläche ZUSÄTZLICHE FELDER ANZEIGEN verbergen sich die Einstellungen für die Anzeige des Arbeitsmaterials: GLEICHES FENSTER oder NEUES FENSTER (Abbildung 5.4). Normalerweise verwenden Sie GLEICHES FENSTER, und das Arbeitsmaterial erscheint mit der gewohnten Moodle-Navigation (Abbildung 5.5). Wenn Sie das Auswahlkästchen KURSBLÖCKE ANZEIGEN aktivieren, werden die vertrauten Kursblöcke ebenfalls angezeigt (Abbildung 5.6). Bei NEUES FENSTER erscheint das Arbeitsmaterial in einem Popup-Fenster. Das ist möglicherweise ein Nachteil, weil viele Teilnehmer einen Popup-Blocker verwenden, um störende Werbeeinblendungen zu verhindern. Über die vielen Einstellungen können Sie das Aussehen und Verhalten des Fensters weitgehend vorgeben.

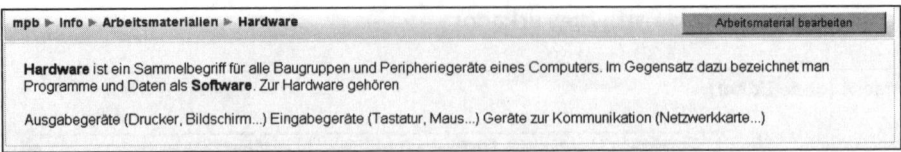

Abbildung 5.5:   Textseite mit Moodle-Navigation

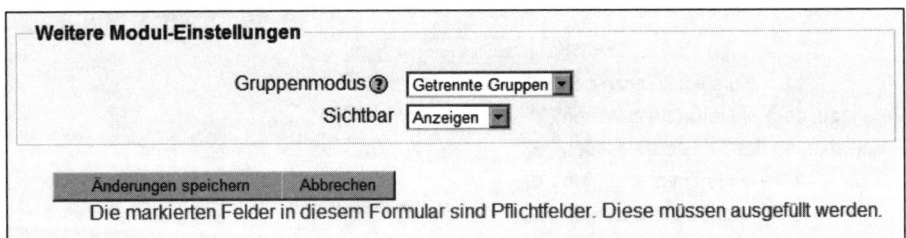

Abbildung 5.6:   Textseite mit Kursblöcken

5.1.4   Weitere Modul-Einstellungen

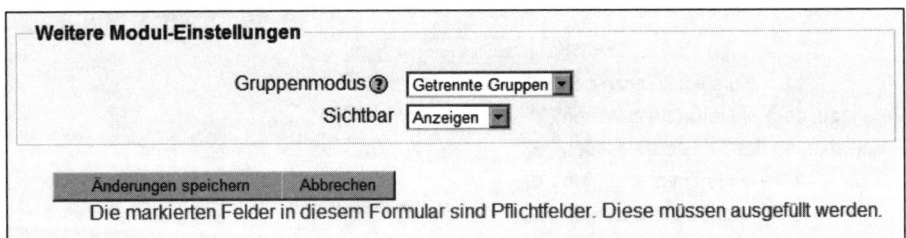

Abbildung 5.7:   Textseite (ohne Editor), Abschnitt Weitere Modul-Einstellungen

- GRUPPENMODUS: Listenfeld mit den Optionen KEINE GRUPPEN, GETRENNTE GRUPPEN und SICHTBARE GRUPPEN. Lesen Sie mehr dazu in Kapitel 9, *Gruppen*.

- SICHTBAR: ANZEIGEN oder VERBERGEN.

5.2   Textseite (mit Editor)

Beim Arbeitsmaterial TEXTSEITE (MIT EDITOR) (Abbildung 5.8) tippen Sie den Text mit dem WYSIWYG-EDITOR. Auf einfachste Weise erfassen Sie damit formatierte Texte, eingebettete Links und Bilder. Ich empfehle Ihnen, Informationen mit der TEXTSEITE (MIT EDITOR) zu erfassen und die reine TEXTSEITE links liegen zu lassen.

5.2.1 Grundeinträge

Der Abschnitt Grundeinträge entspricht jenem der TEXTSEITE (MIT EDITOR), lesen Sie dazu 5.1.1, *Grundeinträge*.

5.2.2 Textseite (mit Editor)

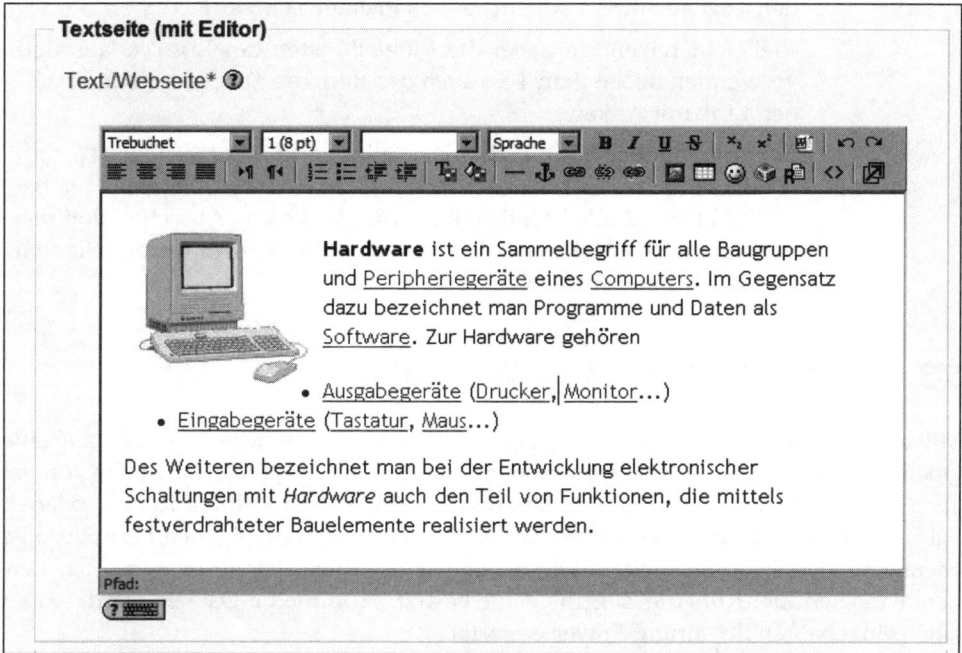

Abbildung 5.8: Textseite (mit Editor), Abschnitt Textseite (mit Editor)

▪ TEXT-/WEBSEITE: Der Inhalt der Webseite.

5.2.3 Fenster

Der Abschnitt FENSTER entspricht jenem der TEXTSEITE (OHNE EDITOR). Lesen Sie dazu Abschnitt 5.1.3, *Fenster*.

5.2.4 Weitere Modul-Einstellungen

Der Abschnitt WEITERE MODUL-EINSTELLUNGEN entspricht jenem der TEXTSEITE (OHNE EDITOR). Lesen Sie dazu Abschnitt 5.1.4, *Weitere Modul-Einstellungen*.

Übung 14

Ihr erster Inhalt

Die Zeit ist reif: Erstellen Sie jetzt den ersten eigenen Inhalt in Moodle! Das Arbeitsmaterial TEXTSEITE (MIT EDITOR) eignet sich beispielsweise für die Beschreibung von Übungen und Aufgaben oder für die Vermittlung von Lernstoff. Realisieren Sie einen entsprechenden Text aus Ihrem Arbeitsbereich in einer TEXTSEITE.

Vielleicht reizen Sie dabei die Möglichkeiten des EDITORS aus und verwenden neben dem Text auch das Bild, die Tabelle und den internen Link mit Anker.

Experimentieren Sie mit den Einstellungen GLEICHES FENSTER und NEUES FENSTER, und beobachten Sie deren Wirkung. Spielen Sie bei NEUES FENSTER alle Möglichkeiten durch, die das Aussehen und das Verhalten des Fensters bestimmen. Für welche Form werden Sie sich in Ihren Kursen entscheiden?

5.3 Link auf Datei oder Webseite

Mit dem Arbeitsmaterial LINK AUF DATEI ODER WEBSEITE verweisen Sie auf eine Quelle (Webseite oder Datei), die auf einem Internet-Server verfügbar ist. Sie können auch auf eine Datei verlinken, die Sie zuvor in einen Ordner Ihres Kurses geladen haben. Der Verweis auf einen Kurs oder eine Lernaktivität im eigenen Lernportal ist ebenfalls möglich. Allerdings funktionieren solche Umleitungen nur, wenn der Lernende für den Ziel-Kurs die Zugriffsrechte besitzt. Multimedia-Dateien werden über einen eingebauten Streaming-Player gestartet.

5.3.1 Grundeinträge

■ NAME: Bezeichnung auf der Kursseite, die als Link auf die Textseite erscheint.

■ BESCHREIBUNG: Kurze Beschreibung zum Inhalt. Sie wird bei der Auflistung aller Arbeitsmaterialien angezeigt.

5.3.2 Link auf Datei oder Webseite

■ ORT: Hier geben Sie an, wo sich die Quelle befindet (Web-Adresse, URL). Über die Schaltfläche DATEI WÄHLEN ODER NEU HOCHLADEN öffnen Sie das Formular DATEIEN (Abbildung 5.11). Hier bestimmen Sie mit AUSWAHL die zu verlinkende Datei. Es ist auch möglich, eine neue Datei hochzuladen oder ein Verzeichnis zu erstellen. Lesen Sie mehr dazu in Abschnitt 5.7, *Dateien verwalten*. Die Schaltfläche WEBSEITE SUCHEN (Abbildung 5.10) öffnet ein neues Browserfenster, damit Sie die einzutragende URL ermitteln können.

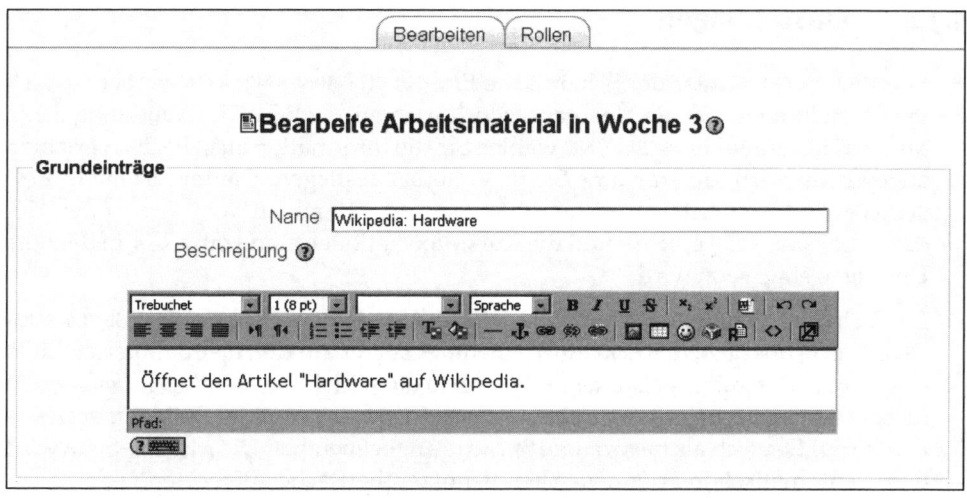

Abbildung 5.9: Link auf Datei oder Webseite, Abschnitt Grundeinträge

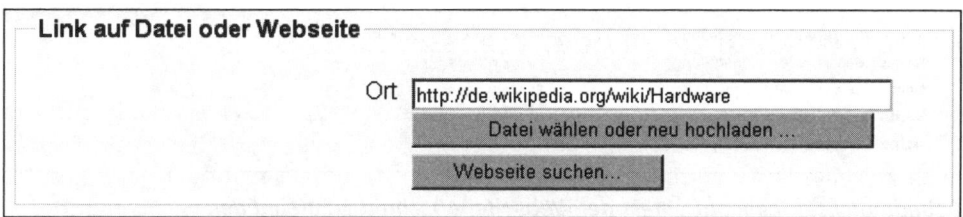

Abbildung 5.10: Link auf Datei oder Webseite, Abschnitt Link auf Datei oder Webseite

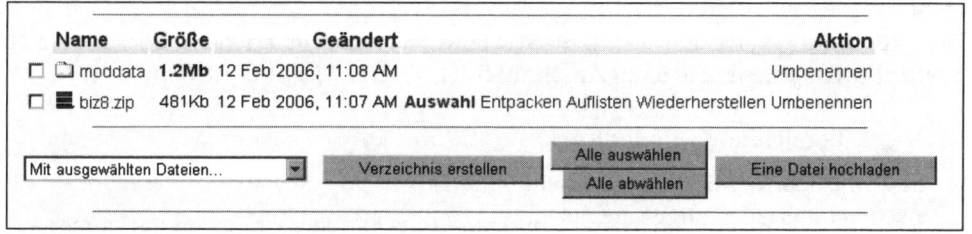

Abbildung 5.11: Dateiverzeichnis im Kurs

5.3.3 Fenster

Der Abschnitt FENSTER entspricht jenem der TEXTSEITE (OHNE EDITOR). Lesen Sie dazu bitte Abschnittt 5.1.3, *Fenster*.

5.3.4   Einstellungen

▪ EINSTELLUNGEN: Unter der Schaltfläche EINSTELLUNGEN ANZEIGEN verbergen sich die Einstellungen für die Übergabe von Variablen an die URL (Abbildung 5.12). Mit dem Listenfeld EINSTELLUNG wählen Sie die Information aus, die der Variablen zugewiesen wird, deren Name Sie in VARIABLE festlegen. Die im Listenfeld EIN-STELLUNG aufgeführten Anwenderinformationen stammen vom Anwender, der das Arbeitsmaterial aufruft; und die Kursinformationen sind vom Kurs, in dem die Unterlage eingesetzt wird.

▪ Dazu ein Beispiel: In Abbildung 5.12 wird der Variablen lang der Wert BEVORZUG-TE SPRACHE übergeben. Klickt ein Teilnehmer später auf den hier definierten Link, erscheint in der Adressleiste seines Browsers die URL *http://moodle.org/?lang=de*. In diesem Beispiel erhält die Variable lang das Kürzel de, weil der Teilnehmer in sei-nem Profil Deutsch als bevorzugte Sprache angegeben hat. Die Moodle-Seite wird damit automatisch mit der deutschen Benutzeroberfläche aufgerufen.

Einstellungen

			Zusätzliche Felder anzeigen
Name der Variablen=Einstellung*	lang	Verschiedenes - Bevorzugte Sprache ▼	
Name der Variablen=Einstellung*		Parameter auswählen... ▼	
Name der Variablen=Einstellung*		Parameter auswählen... ▼	
Name der Variablen=Einstellung*		Parameter auswählen... ▼	
Name der Variablen=Einstellung*		Parameter auswählen... ▼	

Abbildung 5.12:   Link auf Datei oder Webseite, Abschnitt Einstellungen

5.3.5   Weitere Modul-Einstellungen

Der Abschnitt WEITERE MODUL-EINSTELLUNGEN entspricht jenem der TEXTSEITE (OHNE EDITOR). Lesen Sie dazu Abschnitt 5.1.4, *Weitere Modul-Einstellungen*.

Übung 15

Bitte seien Sie linkisch!

Wir erstellen in drei Übungen Links in den wichtigsten Varianten:

1. Erstellen Sie einen Link, mit dem der Teilnehmer in *www.wikipe-dia.org* direkt auf die Seite mit dem Artikel über Moodle gelangt.

2. Suchen Sie auf *www.wikipedia.org* mit dem Suchbegriff **Moodle** den Artikel über Moodle.

3. Kopieren Sie die URL in der Adresszeile, und fügen Sie diese im Formular LINK AUF DATEI ODER WEBSEITE ein.

4. Wählen Sie NEUES FENSTER.

5. Erstellen Sie einen Link, der eine PDF-Datei in einem neuen Fenster öffnet.

6. Öffnen Sie mit der Schaltfläche DATEI WÄHLEN ODER NEU HOCHLADEN das Formular DATEIEN. Nach dem Klick auf die Schaltfläche EINE DATEI HOCHLADEN öffnen Sie mit der Schaltfläche DURCHSUCHEN den Dialog, in dem Sie die hochzuladende Datei bestimmen. Mit einem Klick AUF DIESE DATEI HOCHLADEN wird die Datei hochgeladen. Lesen Sie mehr dazu in Abschnitt 5.7, *Dateien verwalten*.

7. Sie können jetzt die PDF-Datei über den Link AUSWAHL auswählen.

8. Wählen Sie GLEICHES FENSTER.

9. Erstellen Sie einen Link, der auf eine TEXTSEITE eines anderen Kurses führt.

10. Öffnen Sie einen Kurs, und erstellen Sie ein Arbeitsmaterial TEXTSEITE (MIT EDITOR).

11. Klicken Sie auf den Link dieser TEXTSEITE, sodass sie angezeigt wird. Kopieren Sie die URL in die Adresszeile.

12. Öffnen Sie den zweiten Kurs, und erstellen Sie einen Link, in dem Sie als ORT die vorher kopierte URL der TEXTSEITE einfügen.

13. Wählen Sie GLEICHES FENSTER.

5.4 Link auf Verzeichnis

Mit dem Arbeitsmaterial LINK AUF VERZEICHNIS stellen Sie den Teilnehmern ein komplettes Verzeichnis mit Dateien zur Verfügung (Abbildung 5.13). Sie könnten Kurse im Bereich **Distribution** allein mit diesem Arbeitsmaterial bewältigen und beispielsweise den Teilnehmern Übungs- und Lösungsdateien zur Verfügung stellen.

5.4.1 Grundeinträge

- NAME: Bezeichnung auf der Kursseite, die als Link auf das Verzeichnis erscheint.

- BESCHREIBUNG: Sie wird oberhalb der Dateien angezeigt. Erklären Sie hier den Teilnehmern, wie diese zu verwenden sind.

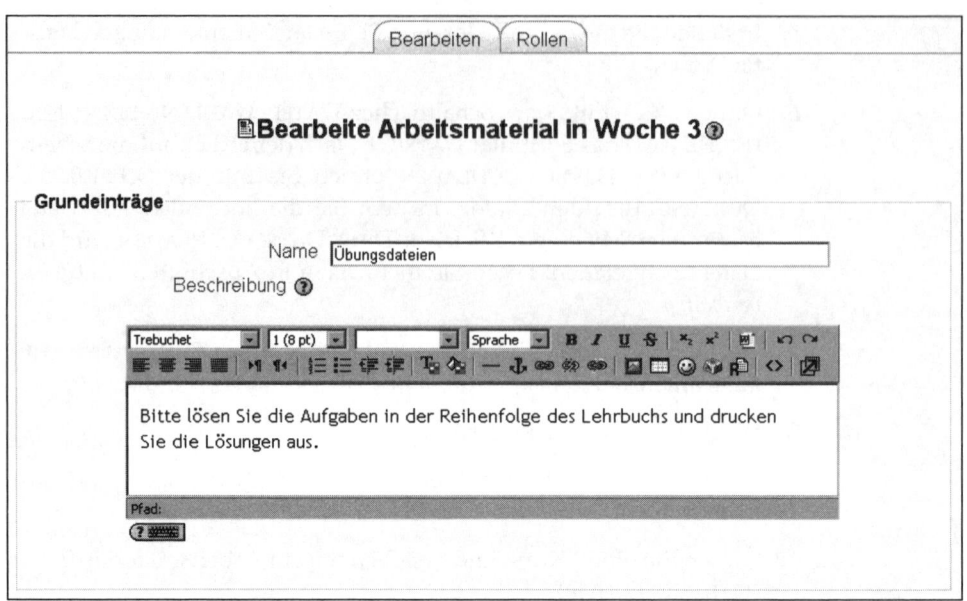

Abbildung 5.13: Link auf Verzeichnis, Abschnitt Grundeinträge

5.4.2 Link auf Verzeichnis

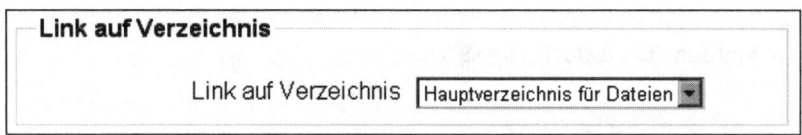

Abbildung 5.14: Link auf Verzeichnis, Abschnitt Link auf Verzeichnis

- LINK AUF VERZEICHNIS: Hier bestimmen Sie das Verzeichnis, das angezeigt wird. Erstellen Sie dieses vorher, und laden Sie die Dateien hoch. Beachten Sie, dass die Teilnehmer alle Dateien und alle Unterverzeichnisse im angegebenen Verzeichnis sehen können. Legen Sie also Lösungsdateien, die Sie erst nachträglich zur Verfügung stellen wollen, in ein separates Verzeichnis.

5.4.3 Weitere Modul-Einstellungen

Der Abschnitt WEITERE MODUL-EINSTELLUNGEN entspricht jenem der TEXTSEITE (OHNE EDITOR). Lesen Sie dazu Abschnitt 5.1.4, *Weitere Modul-Einstellungen*.

Hier finden Sie die Übungsdateien zum ersten Kapitel. Lösen Sie bitte die Übungen in der Reihenfolge des Lehrbuchs und drucken Sie die Lösungen aus.

Name	Größe	Geändert
Aufgabe_01.xls	13.5Kb	30 August 2005, 11:27
Aufgabe_04.xls	13.5Kb	30 August 2005, 11:27
Aufgabe_08.xls	13.5Kb	30 August 2005, 11:28
Aufgabe_09.xls	13.5Kb	30 August 2005, 11:28
Aufgabe_10.xls	13.5Kb	30 August 2005, 11:28

Abbildung 5.15: Den Teilnehmern steht ein komplettes Verzeichnis zur Verfügung.

Übung 16

Ein Verzeichnis – und alle Probleme sind gelöst!

Für die Lernenden stimmt diese Aussage weitgehend – falls das Verzeichnis die Lösungsdateien enthält. Diesen Gefallen tun wir ihnen doch gern ☺:

1. Klicken Sie im Block ADMINISTRATION auf DATEIEN. Sie befinden sich jetzt im Formular DATEIEN, das Sie aus der Übung 15 bereits kennen.

2. Erstellen Sie mit einem Klick auf die Schaltfläche VERZEICHNIS ERSTELLEN ein neues Verzeichnis *Loesungen*. Klicken Sie anschließend auf den Ordner LOESUNGEN, sodass die Anzeige in diesen Ordner wechselt.

3. Laden Sie einige Word- oder Excel-Dateien hoch, wie Sie das bereits in Übung 15 gemacht haben.

4. Mit einem Klick auf das Kurs-Kürzel in der Navigationsleiste kehren Sie in den Kursraum zurück. Erstellen Sie das Arbeitsmittel LINK AUF VERZEICHNIS, und wählen Sie bei LINK AUF VERZEICHNIS das Verzeichnis LOESUNGEN.

5.5 IMS-Content-Paket

Mit der Arbeitsunterlage IMS-CONTENT-PAKET können Sie Lernmaterial in Moodle integrieren, das nach der IMS-Spezifikation zur Verfügung steht. Die Spezifikation **IMS Content Packaging** definiert ein Datenformat für den Austausch von Lernmaterialien und wurde von der Organisation *Instructional Management System* (IMS) entwickelt. Es vereinheitlicht die Beschreibung von Online-Lernmaterialien sowie deren Struktur und deren Ablageort.

5.5.1 Grundeinträge

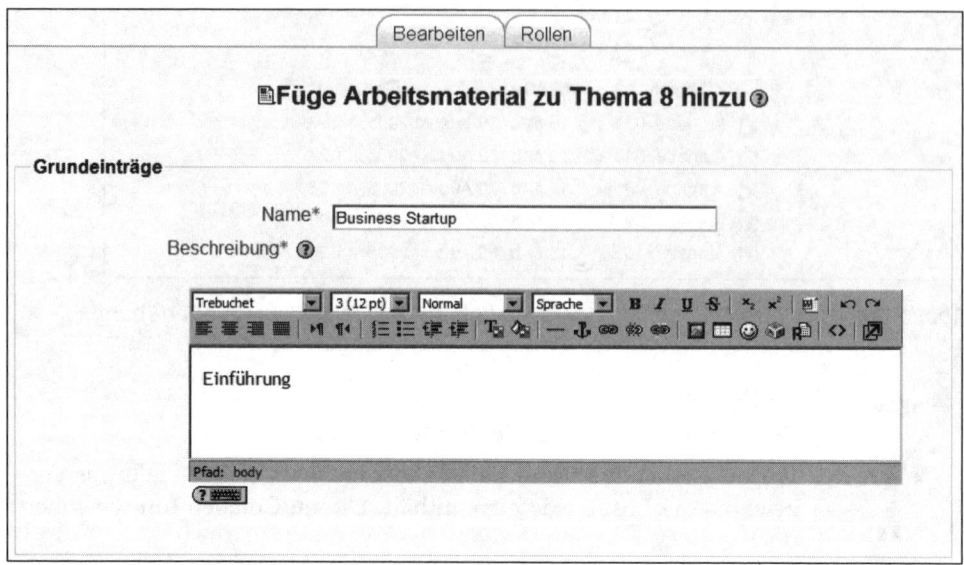

Abbildung 5.16: IMS-Content-Paket, Abschnitt Grundeinträge

- NAME: Bezeichnung auf der Kursseite, die als Link auf die Textseite erscheint.

- BESCHREIBUNG: Kurze Beschreibung zum Inhalt. Sie wird bei der Auflistung aller Arbeitsmaterialien angezeigt.

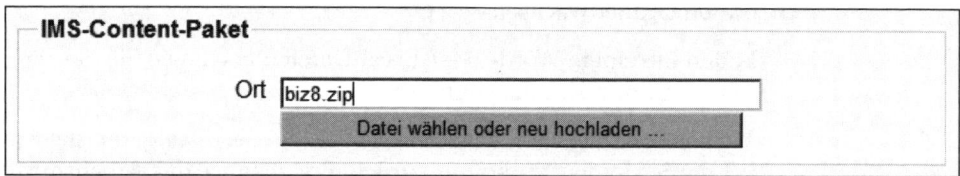

Abbildung 5.17: IMS-Content-Paket, Abschnitt IMS-Content-Paket

- ORT: Mit einem Klick auf die Schaltfläche DATEI WÄHLEN ODER NEU HOCHLADEN öffnet sich in einem Popup-Fenster das Formular DATEIEN (Abbildung 5.11) zur Auswahl oder zum Hochladen der ZIP-Datei, die das Lernmaterial enthält.

5.5.2 Fenster

Der Abschnitt FENSTER entspricht jenem der TEXTSEITE (OHNE EDITOR). Lesen Sie dazu Abschnitt 5.1.3, *Fenster*.

5.5.3 Einstellungen

Einstellungen

Navigationsmenü an der Seite	Ja
Inhaltsverzeichnis	Nein
Navigationsbuttons	Nein
Untermenü-Seiten überspringen	Ja
Aufwärtsbutton	Ja

Abbildung 5.18: IMS-Content-Paket, Abschnitt Einstellungen

- NAVIGATIONSMENÜ AN DER SEITE: Auf der linken Seite werden Links angezeigt.

- INHALTSVERZEICHNIS: Auf der ersten Seite des Lernmaterials wird anstelle des Navigationsmenüs ein Inhaltsverzeichnis angezeigt.

- NAVIGATIONSBUTTONS: Navigationsschaltflächen zur vorherigen und nächsten Seite werden angezeigt.

- UNTERMENÜ-SEITEN ÜBERSPRINGEN: Die Untermenü-Seiten werden nicht angezeigt.

- AUFWÄRTSBUTTON: Eine Schaltfläche für die Rückkehr zur Abschnittsnavigation wird angezeigt.

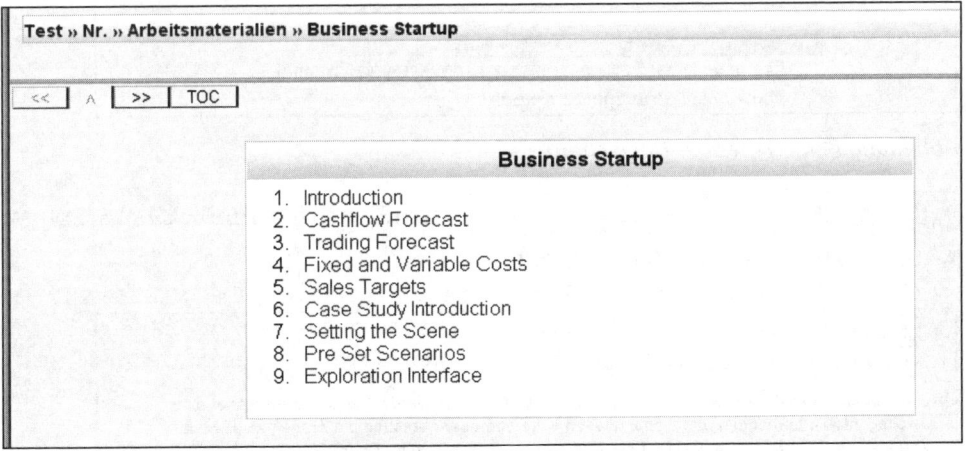

Abbildung 5.19: IMS-Content-Paket mit Inhaltsverzeichnis und Navigationsschaltflächen

5.6 Text oder Überschrift

Das Arbeitsmittel TEXT ODER ÜBERSCHRIFT ist eine Ausnahme. Alle anderen Arbeitsmittel und Aktivitäten sind im Kursraum als Link sichtbar. Der Inhalt von TEXT ODER ÜBERSCHRIFT wird direkt auf der Kursseite angezeigt. Sie können so beispielsweise erklärenden Text zwischen den oder unterhalb der eingefügten Links der Aktivitäten platzieren (Abbildung 5.21).

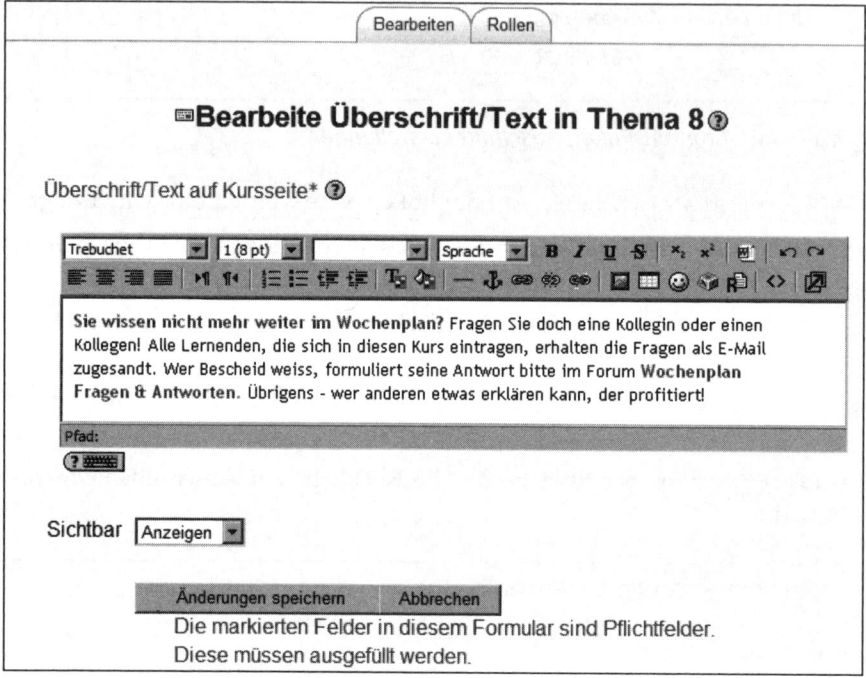

Abbildung 5.20: Text oder Überschrift

- ÜBERSCHRIFT/TEXT AUF KURSSEITE: Hier erfassen Sie den Inhalt im bekannten EDITOR.

- SICHTBAR: ANZEIGEN oder VERBERGEN.

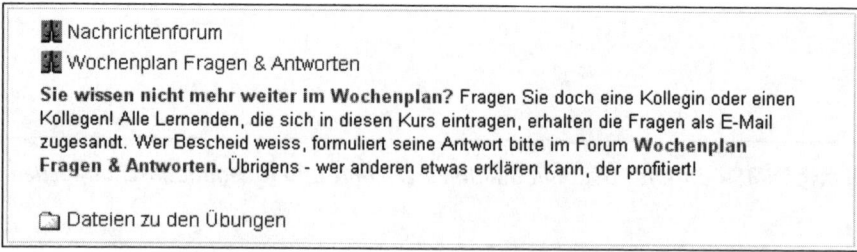

Abbildung 5.21: Bezeichnung, eingefügt zwischen zwei Links

Übung 17

Gestalten Sie den Kursraum mit Texten

Texte sind wichtige Elemente im Kursraum. Als Titel oder Einleitungstexte zwischen die Links der Aktivitäten gesetzt, vermitteln sie den Teilnehmenden Übersicht und Sicherheit. Bezeichnungen mit farbigen Texten, Rahmen und Bildern ersetzen im virtuellen Kursraum die Bilder und Pflanzen des realen Schulzimmers. Die so geschaffene Kursraum-Atmosphäre kann wesentlich zur Motivation beitragen. Betätigen Sie sich als virtueller Gärtner, bluffen Sie mit Ihrem grünen Daumen, dem roten Zeigefinger und dem himmelblauen Blick fürs Phantastische ☺!

In meinem Moodle-Ausbildungskurs habe ich je Präsenztag einen Kurs-Abschnitt gestaltet (Abbildung 5.22). Mit Hilfe des Blumenbildes lassen sich die Präsenztage auf einen Blick unterscheiden. Die Grundfarben dieses Bildes wurden in die strukturierenden Titel STUDIUM, ÜBUNGEN und LERNKONTROLLEN übernommen. Das Zitat neben dem Bild gibt einen themenbezogenen Denkanstoß.

Erstellen Sie ein Set inhaltlich und grafisch ansprechender Bezeichnungen, die Sie in Ihren Kursen einsetzen wollen, als *Organisationshilfe, Motivationselement, Bild, Pflanze…*

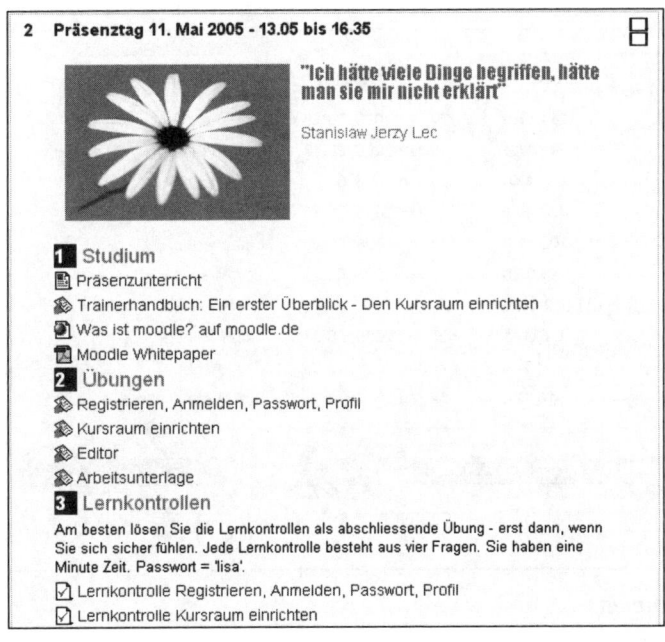

Abbildung 5.22: Den Kursraum mit Bezeichnungen gestalten

5.7 Dateien verwalten

Sie haben bei der Anwendung der Arbeitsmittel LINK AUF DATEI ODER WEBSEITE und LINK AUF VERZEICHNIS bereits einige Dateien hochgeladen und dabei mit der Moodle-Dateiverwaltung gearbeitet, die für jeden Kurs zur Verfügung steht. Ich rate Ihnen, die Dateien geordnet und in entsprechend bezeichneten Ordnern abzulegen, so wie Sie es von der Festplatte her kennen.

Sie gelangen ohne Umweg über eine Aktivität zu dieser Dateiablage. Klicken Sie dazu im Kursraum im Block ADMINISTRATION auf den Link DATEIEN, und das gleichnamige Formular öffnet sich (Abbildung 5.23).

Ordner und Dateinamen funktionieren als Link. Mit einem Klick auf einen Ordner wechselt Moodle in das Unterverzeichnis und dessen Dateien und Ordner werden angezeigt. In Unterverzeichnissen steht zusätzlich der Link ÜBERGEORDNETER ORDNER zur Verfügung, der Sie in das übergeordnete Verzeichnis zurück bringt.

Mit einem Klick auf eine Datei wird diese geöffnet oder es wird ein Dialog angezeigt, in dem Sie zwischen ÖFFNEN und SPEICHERN wählen können. Ich empfehle Ihnen die Option SPEICHERN zu wählen und die Datei so auf Ihren PC herunterzuladen. Sie können diese dann wie gewohnt im entsprechenden Programm bearbeiten, lokal speichern und anschließend neu hochladen. Bei Wahl der Option ÖFFNEN wird die Datei im Browser angezeigt, allerdings stehen Ihnen dann nicht alle Bearbeitungsfunktionen zur Verfügung. Diese Option eignet sich also nur zum Lesen.

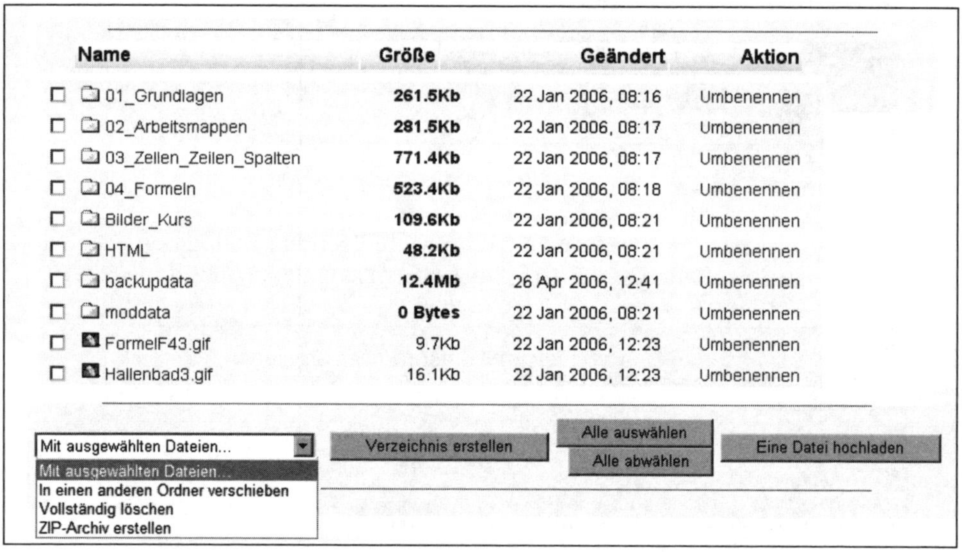

Name	Größe	Geändert	Aktion
☐ 🗀 01_Grundlagen	**261.5Kb**	22 Jan 2006, 08:16	Umbenennen
☐ 🗀 02_Arbeitsmappen	**281.5Kb**	22 Jan 2006, 08:17	Umbenennen
☐ 🗀 03_Zellen_Zeilen_Spalten	**771.4Kb**	22 Jan 2006, 08:17	Umbenennen
☐ 🗀 04_Formeln	**523.4Kb**	22 Jan 2006, 08:18	Umbenennen
☐ 🗀 Bilder_Kurs	**109.6Kb**	22 Jan 2006, 08:21	Umbenennen
☐ 🗀 HTML	**48.2Kb**	22 Jan 2006, 08:21	Umbenennen
☐ 🗀 backupdata	**12.4Mb**	26 Apr 2006, 12:41	Umbenennen
☐ 🗀 moddata	**0 Bytes**	22 Jan 2006, 08:21	Umbenennen
☐ 🖼 FormelF43.gif	9.7Kb	22 Jan 2006, 12:23	Umbenennen
☐ 🖼 Hallenbad3.gif	16.1Kb	22 Jan 2006, 12:23	Umbenennen

Mit ausgewählten Dateien... ▾   Verzeichnis erstellen   Alle auswählen   Eine Datei hochladen
                                                          Alle abwählen

Mit ausgewählten Dateien...
In einen anderen Ordner verschieben
Vollständig löschen
ZIP-Archiv erstellen

Abbildung 5.23: Formular Dateien

Wenn Sie Ordner und Dateien mit einem Klick auf nebenstehende Auswahlkästchen markieren, können Sie die Funktionen im Listenfeld MIT AUSGEWÄHLTEN DATEIEN gleichzeitig auf mehrere Objekte anwenden. Entweder wählen Sie die Objekte manuell oder über die Schaltflächen ALLE AUSWÄHLEN oder ALLE ABWÄHLEN.

Im Listenfeld MIT AUSGEWÄHLTEN DATEIEN stehen drei Funktionen bereit. Wählen Sie zuerst die zu bearbeitenden Objekte aus, indem Sie die Auswahlkästchen markieren, und wählen Sie anschließend im Listenfeld die gewünschte Funktion.

- IN EINEN ANDEREN ORDNER VERSCHIEBEN: Wechseln Sie jetzt in den Zielordner und klicken Sie dort auf die Schaltfläche DATEIEN HIERHIN VERSCHIEBEN.

- VOLLSTÄNDIG LÖSCHEN: Wenn Sie die Sicherheitsabfrage SIND SIE SICH WIRKLICH SICHER, DASS SIE DIESE DATEIEN LÖSCHEN MÖCHTEN? bestätigen, werden die Objekte gelöscht (Abbildung 5.24).

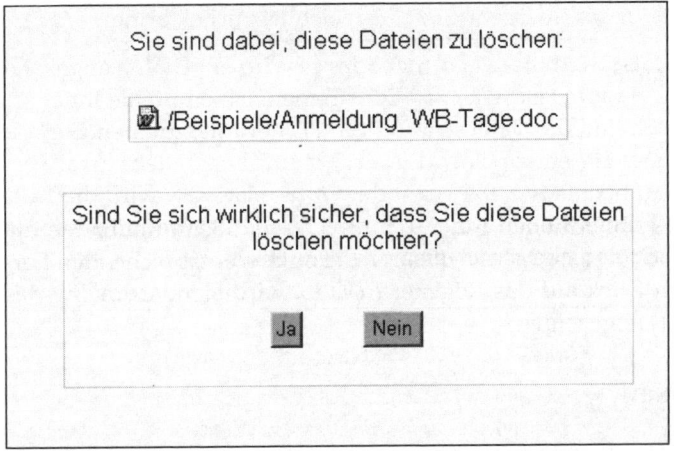

Abbildung 5.24: Sicherheitsabfrage Dateien Vollständig löschen

- ZIP-ARCHIV ERSTELLEN: Bestimmen Sie im nachfolgenden Dialog den Dateinamen und klicken Sie auf die Schaltfläche ZIP-ARCHIV ERSTELLEN (Abbildung 5.25).

> Sie sind dabei, eine zip-Datei mit diesem Inhalt anzulegen:
>
> 📄 /Beispiele/Anmeldung_WB-Tage.doc
>
> Wie möchten Sie die zip-Datei nennen?
>
> `new.zip`   [zip-Archiv erstellen] [Abbrechen]

Abbildung 5.25: ZIP-Archiv erstellen

Mit einem Klick auf die entsprechende Schaltfläche (Abbildung 5.23) können Sie im aktuellen Ordner ein VERZEICHNIS ERSTELLEN. Mit einem Klick auf die Schaltfläche EINE DATEI HOCHLADEN öffnet sich der entsprechende Dialog (Abbildung 5.26). Klicken Sie auf die Schaltfläche DURCHSUCHEN, und bestimmen Sie im anschließenden Dialog DATEI AUSWÄHLEN die hochzuladende Datei. Mit einem Klick auf die Schaltfläche DIESE DATEI HOCHLADEN wird die Datei ins aktuelle Verzeichnis hochgeladen. Beachten Sie dabei, dass Sie die angezeigte MAXIMALE GRÖSSE nicht überschreiten. Dieser Wert kann vom Administrator [WEBSITE-ADMINISTRATION ▶ SICHERHEIT ▶ WEBSITE-RECHTE ▶ MAXIMALE DATEIGRÖSSE] geändert werden. Als Kursverwalter bestimmen Sie diesen Wert in den Kurs-Einstellungen unter MAXIMALE DATEIGRÖSSE.

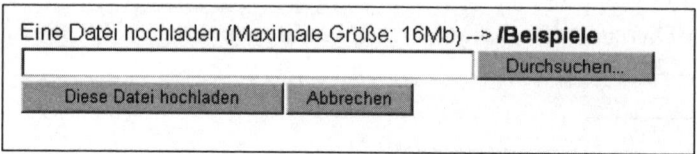

Abbildung 5.26: Formular Dateien

5.8 Rollen

Auf dem Register ROLLEN (Abbildungen 5.2, 5.9, 5.13, 5.16 und 5.20) finden Sie die Links ROLLEN ZUWEISEN und ROLLEN ÜBERSCHREIBEN, die zu den entsprechenden Formularen führen. Mit einem Klick auf das Register ROLLEN wird standardmäßig das Formular ROLLEN ZUWEISEN angezeigt.

5.8.1 Rollen zuweisen

Bearbeiten	Rollen	
Rollen zuweisen	Rollen überschreiben	

Rollen zuweisen②

Rollen	Beschreibung	Nutzer/innen
Administrator/in	Administrator/innen haben normalerweise alle Rechte auf der Website und in allen Kursen.	0
Kursverwalter/innen	Kurssteller/innen dürfen neue Kurse anlegen und in ihnen unterrichten.	0
Trainer/in	Trainer/innen dürfen in einem Kurs alles tun, incl. der Veränderung von Aktivitäten und der Beurteilung von Teilnehmer/innen.	0
Trainer/in ohne Editorrecht	Trainer/innen ohne Bearbeitungsrecht dürfen in Kursen unterrichten und Teilnehmer/innen bewerten, aber sie können nichts verändern.	0
Teilnehmer/in	Teilnehmer/innen haben in einem Kurs grundsätzlich weniger Rechte.	0
Gast	Gäste haben minimale Rechte und können normalerweise nirgends Texte eingeben.	0

Abbildung 5.27: Formular Rollen zuweisen

Auf dem Formular ROLLEN ZUWEISEN werden alle zur Verfügung stehenden Rollen mit einer Beschreibung angezeigt – hier die Basisrollen (Abbildung 5.27). Als KURS-VERWALTER oder TRAINER sind Sie berechtigt, dem Kontext FORUM Rollen zuzuweisen. Lesen Sie mehr dazu in Kapitel 11, *Rollen*.

5.8.2 Rollen überschreiben

Mit einem Klick auf den Link ROLLEN ÜBERSCHREIBEN wird das entsprechende Formular angezeigt (Abbildung 5.28). Der ADMINISTRATOR darf als einzige Basisrolle ROLLEN ÜBERSCHREIBEN. Lesen Sie mehr dazu in Kapitel 11, *Rollen*.

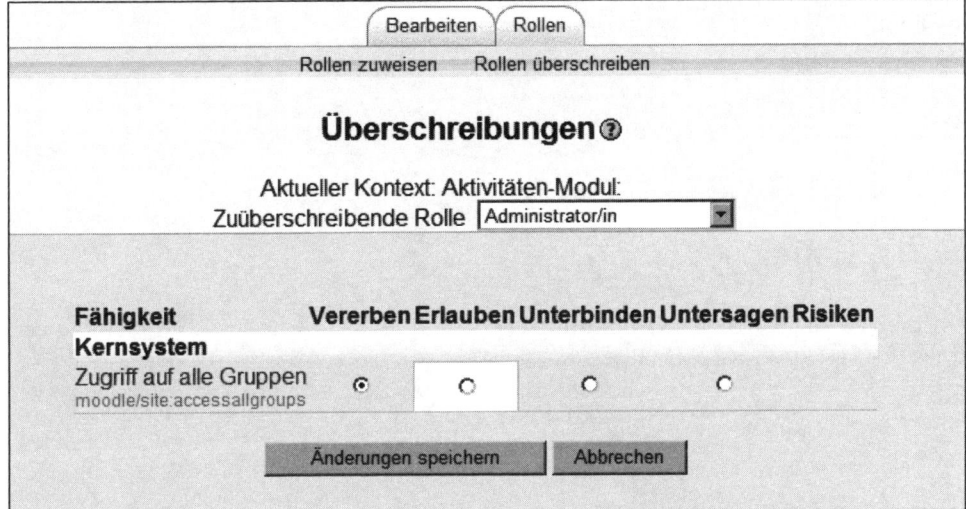

Abbildung 5.28: Zugriffsrechte der Basisrolle Teilnehmer/in im Arbeitsmaterial

Nachstehende Tabelle zeigt, welche Fähigkeiten den BASISROLLEN im KONTEXT ARBEITSMATERIAL erlaubt sind (Abbildung 5.29). ADMINISTRATOR, TRAINER und TRAINER OHNE EDITORRECHT haben ist der ZUGRIFF AUF ALLE GRUPPEN erlaubt. Diese Fähigkeit macht (momentan) beim Arbeitsmaterial keinen Sinn, denn unabhängig der Gruppenzugehörigkeit, sehen die Teilnehmenden immer das gleiche Arbeitsmaterial.

Stellen Sie sich vor, es gibt einen tollen Kurs – und keiner geht hin. In dieser Situation befinden wir uns in diesem Augenblick: Sie kennen alle Elemente, die für einen reinen Distributionskurs nötig sind, Sie könnten diesen tollen Kurs also realisieren – einzig die Teilnehmer fehlen noch. Dumm, nicht wahr?

Bevor wir die Teilnehmer im nächsten Kapitel ins Boot holen, spannen Sie kurz aus, und überlegen Sie sich, wie Sie Kolleginnen und Kollegen an Ihrem Wissen über Moodle teilhaben lassen wollen, wie Sie Ihre Vorgesetzten ins Moodle-Boot holen! Ich stelle es mir lieber nicht vor: Sie werden zur geübten Moodlerin, zum flinken Moodler... – und keiner merkt es. Dumm, nicht wahr?

Arbeitsmaterial Fähigkeiten	Administrator	Kursverwalter	Trainer	Trainer ohne Editorrecht	Teilnehmer	Gast
Zugriff auf alle Gruppen	✖		✖	✖		

Abbildung 5.29: Die Rechte der Basisrollen im Kontext Arbeitsmaterial

Lesen Sie bitte weiter in Kapitel 6, *Teilnehmer*, und holen Sie sich die richtigen Leute ins Boot.

6 Teilnehmer – Ohne sie macht alles keinen Sinn

Die Moodle-Seite der Humboldt-Universität zu Berlin führt über 800 Kurse! Auch wenn Ihr Lernportal kleiner ist – diese Frage wird auch Sie beschäftigen: Wie kommt ein Teilnehmer in den richtigen Kurs? In diesem Kapitel lernen Sie alle Möglichkeiten kennen, um einem Teilnehmer den Zugang zum Lernportal zu erschließen und ihn in die richtigen Kurse zu lotsen. Ist ein Teilnehmer einmal aufgenommen, soll er sich bitte vorstellen – dazu muss er sein Profil bearbeiten. Sie erfahren auch hier, welche Teile Ihres Lernportals öffentlich sind und wie der Teilnehmer Ihre Kurse sieht.

6.1 Zugang zur Lernplattform

Bevor ein Teilnehmer Zugang zu einer Moodle-Seite erhält, muss er sich authentifizieren – dabei wird die Identität einer Person anhand eines bestimmten Merkmals überprüft. Moodle kennt grundsätzlich zwei Arten der Authentifizierung: die interne und die externe.

Bei der externen Authentifizierung ist der Teilnehmer bereits in einer externen Datenbank erfasst und allein dadurch für das Lernportal registriert. Der Teilnehmer benötigt für das Anmelden einen Benutzernamen und ein Passwort, so wie sie in der externen Datenbank gespeichert sind. Es ist möglich, dass der Teilnehmer beim erstmaligen Anmelden in Moodle ein neues Passwort angeben muss.

Bei der internen Authentifizierung – sie kommt sicher häufiger vor – wird der Teilnehmer in der internen Datenbank erfasst. Dies geschieht entweder dadurch, dass sich der Teilnehmer registriert, oder dadurch, dass der Administrator ihn manuell erfasst.

Lesen Sie mehr dazu in Kapitel 31, *Moodle-Administration*.

6.2 Registrieren

Das Registrieren habe ich Ihnen bereits in Kapitel 2, *Login*, ausführlich erklärt, und Sie haben sich seither hoffentlich wenigstens auf *www.moodlepraxisbuch.info* registriert. Hoffentlich!

Es gibt sie wirklich, die Sympathie auf den ersten Blick. Ob im Job oder beim Date, in der Schule oder im Bus: Wenn ich einen anderen Menschen das erste Mal sehe, mache ich mir innerhalb von Sekunden ein Bild – und es entscheidet sich sofort, ob ich ihn leiden kann. Für den ersten Eindruck gibt es keine zweite Chance!

Beim Registrieren erhält der Teilnehmer den ersten Eindruck von Ihrer Lernplattform. Unterstützen Sie ihn mit einer leicht verständlichen, schriftlichen Anleitung, und bieten Sie ihm bei Problemen eine rasch reagierende Anlaufstelle per E-Mail oder Telefon. Bei Blended Learning-Kursen, die mit einer Online-Phase beginnen, sollten Sie für die Registrierung genügend Zeit einrechnen, sodass auch Teilnehmer mit Schwierigkeiten (die sogenannten schwierigen Teilnehmer ;-)) noch rechtzeitig im Kurs ankommen. Bei hartnäckigen Fällen oder wenn Sie auf Nummer sicher gehen wollen, wählen Sie das manuelle Erfassen.

6.3 Manuelles Erfassen

Das manuelle Erfassen von Teilnehmern ist dem Administrator vorbehalten. Er kann über das Formular NEUES NUTZERPROFIL Teilnehmer manuell eintragen oder über NUTZER/INNEN HOCHLADEN Teilnehmer, die in einer Datei gespeichert sind, automatisch eintragen. In beiden Fällen benötigt er dazu mindestens die folgenden Angaben: *Benutzername, Passwort, Vorname, Nachname* und *E-Mail-Adresse*.

Der Administrator wird Ihnen dankbar sein, wenn er über NUTZER/INNEN HOCHLADEN die Teilnehmer automatisch in die Datenbank eintragen kann. Übergeben Sie ihm dazu die Benutzerdaten in einer csv-Datei (Abbildung 6.1). Diese enthält in der ersten Zeile die Feldnamen und in den folgenden Zeilen die entsprechenden Werte Ihrer Kursteilnehmer. Als Trennzeichen zwischen den Werten verwenden Sie das Komma. Erstellen Sie diese Datei mit einem einfachen Texteditor, mit einem Textverarbeitungs- oder Tabellenkalkulationsprogramm. Wenn Sie die Datei mit Word erstellen, dann wählen Sie beim Speichern den Dateityp NUR-TEXT (*.TXT). Liegen die Benutzerdaten in einer Excel-Datei vor, dann wählen Sie beim Speichern den Dateityp CSV. Weil Excel als Trennzeichen das Semikolon verwendet, müssen Sie in der csv-Datei nachbessern und die Semikolons mit SUCHEN UND ERSETZEN in Kommas umwandeln. Über die Funktion NUTZER/INNEN HOCHLADEN ist es auch möglich, die neuen Teilnehmer gleichzeitig in bestehende Kurse einzutragen. Lesen Sie mehr dazu in Kapitel 31, *Moodle-Administration*.

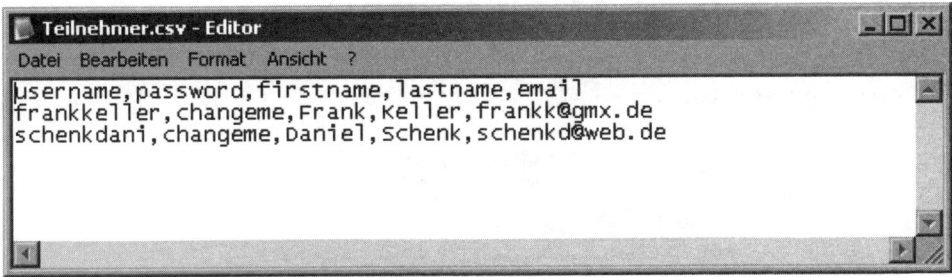

Abbildung 6.1:   csv-Datei mit Teilnehmerdaten

6.4   Zugang zu den Kursen

Wie gelangt ein registrierter Teilnehmer in Ihren Kurs? Grundsätzlich gibt es zwei Szenarien: Der Teilnehmer trägt sich selbst ein, oder Sie als Kursverwalter/Trainer tragen ihn ein.

6.5   Eintrag durch Teilnehmer

Geben Sie dem Teilnehmer den Pfad, die Kursbezeichnung und den Zugangsschlüssel bekannt: *Grundbildung/GERF Gertsch Fredi/Wochenplan 1. Lehrjahr* und *homer55*. Mit zwei verschiedenen Möglichkeiten kann der Teilnehmer nun in den Kurs gelangen:

6.5.1   Den Kurs finden

Erste Methode: Mit einem Klick auf KURSE SUCHEN oder ALLE KURSE gelangt er auf das Formular KURS-BEREICHE (Abbildung 6.2). Hier tippt er die genaue Kursbezeichnung ins Textfeld neben der Schaltfläche KURSE SUCHEN. Nach dem Suchlauf wird er den Kurs in der Liste SUCHERGEBNISSE finden.

Über die Schaltfläche BEANTRAGUNG können Teilnehmer, die nicht über das Recht verfügen, einen neuen Kurs zu erstellen, einen Kurs beantragen. Von den Basisrollen verfügen nur ADMINISTRATOR und KURSVERWALTER über das Recht, Kurse zu erstellen. Die Schaltfläche wird auch dann angezeigt, wenn der ADMINISTRATOR diese Funktion deaktiviert hat. In diesem Fall folgt eine entsprechende Fehlermeldung.

Zweite Methode: Mit einem Klick auf KURSE SUCHEN oder ALLE KURSE gelangt er auf das Formular KURS-BEREICHE (Abbildung 6.2). Hier klickt er sich über den angegebenen Pfad zum gesuchten Kurs.

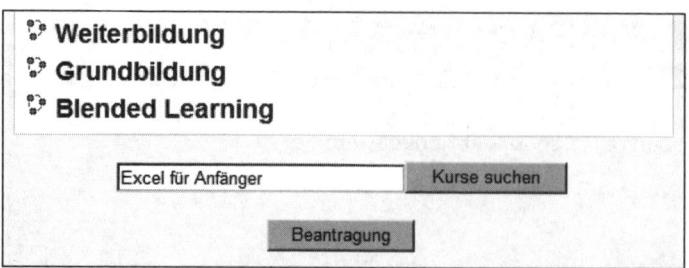

Abbildung 6.2:   Kurse suchen im Formular Kurs-Bereiche

6.5.2   In den Kurs eintragen

Nach dem Klick auf den Kurslink EXCEL FÜR ANFÄNGER wird der Teilnehmer aufgefordert, den ZUGANGSSCHLÜSSEL einzugeben (Abbildung 6.3). Mit einem Klick auf die
Schaltfläche MICH IN DIESEM KURS EINSCHREIBEN ist er eingetragener Kursteilnehmer.
Dieser Kurs erscheint beim Teilnehmer fortan im Block MEINE KURSE. Bei Kursen
ohne Zugangs-Schlüssel, kann sich jeder im Lernportal Angemeldete mit einem Klick
auf den Kurslink eintragen. Deshalb erhalten Kurse in der Regel einen Zugangsschlüssel.

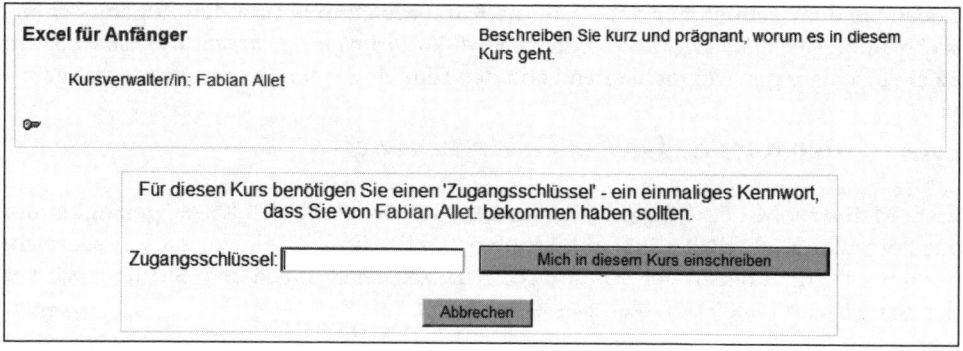

Abbildung 6.3:   Ohne Schlüssel kein Zugang

Übung 18

Wir treffen uns im Kurs!

Angenommen, Sie schreiben einen Blended Learning-Kurs aus. Vor
dem ersten Präsenzunterricht sollen die Teilnehmenden in Ihrem
Kurs die Grundlagen erarbeiten und einen Einstufungstest absolvieren. Dazu muss sich jeder Teilnehmer auf Ihrer Moodle-Lernplattform registrieren und in Ihrem Kurs eintragen. Skizieren Sie auf
einem A4-Blatt die dazu nötige Anleitung – Schritt für Schritt!

6.6 Eintrag durch Kursverwalter/Trainer

Als Kursverwalter oder Trainer können Sie die Teilnehmer manuell im Kurs ein- oder austragen oder aus einem bestehenden Kurs übernehmen.

6.6.1 Manuell ein- oder austragen

Mit einem Klick auf ROLLEN ZUWEISEN im Block ADMINISTRATION gelangen Sie auf das Formular ROLLEN ZUWEISEN (Abbildung 6.4). Als Trainer können Sie hier die Rollen TRAINER/IN OHNE EDITIERRECHTE, TEILNEHMER/IN und GAST, als Kursverwalter zusätzlich die Rolle TRAINER/IN zuweisen. Lesen Sie mehr dazu in Kapitel 8, *Organisation*.

Mit einem Klick auf die Rolle TEILNEHMER/IN wechselt das Formular und zeigt zwei Listenfelder (Abbildung 6.5). Im Listenfeld links werden die im Kurs eingetragenen Teilnehmer aufgelistet. Das Listenfeld rechts zeigt die potenziellen Teilnehmer, also alle im Lernportal registrierten Benutzer, die noch nicht in diesen Kurs eingetragen sind. Über die Suchfunktion schränken Sie die Anzeige ein. Mit den PFEIL-Schaltflächen tragen Sie die markierten Benutzer ein oder aus. Damit ist es also auch möglich, bestimmte Teilnehmer aus dem Kurs zu entfernen! In den Listenfeldern ist das Mehrfach-Markieren mit den Tasten ⟨⇧⟩ oder ⟨Strg⟩ möglich.

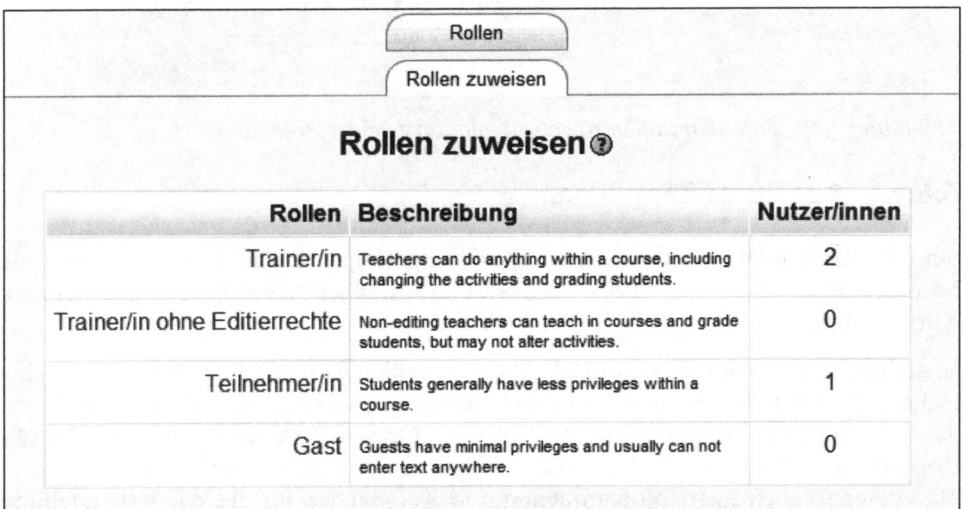

Abbildung 6.4: Das Formular Teilnehmer/in eintragen

In der Zeile AKTUELLER KONTEXT erkennen Sie, dass die hier zugewiesenen Rollenvergaben für den Kontext KURS: EXCEL FÜR ANFÄNGER gelten. Im Listenfeld ZUZUWEISENDE ROLLE können Sie zur Anzeige der übrigen Rollen wechseln.

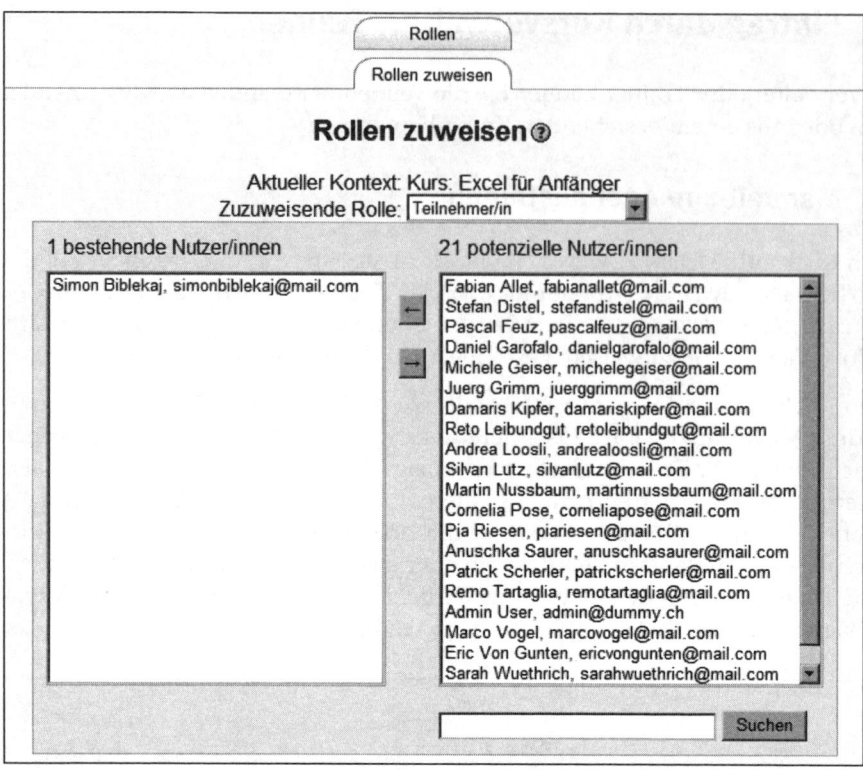

Abbildung 6.5:   Formular Rollen zuweisen mit den zwei Listenfeldern

6.6.2   Aus Kurs übernehmen

Sind die Lernenden bereits in einem Kurs eingetragen, können Sie diese über die Funktionen SICHERUNG und WIEDERHERSTELLEN im Block ADMINISTRATION in weitere Kurse eintragen.

Erstellen Sie dazu im Kurs, in dem die Lernenden bereits eingetragen sind, eine Sicherung. Beim Wiederherstellen dieser Sicherung wählen Sie im Formular KURS-RÜCKSETZUNG bei WIEDERHERSTELLEN AUF die Option VORHANDENER KURS, DATEN HINZUFÜGEN. Damit nur die Lernenden eingetragen werden, ist es wichtig, alle Lern-aktivitäten, Nutzerdaten, Nutzerdateien und Kursdateien für die Wiederherstellung zu deaktivieren, wie in Abbildung 6.6 zu sehen ist. Im nächsten Schritt des Wieder-herstellungsprozesses KURS AUSWÄHLEN geben Sie jenen Kurs an, bei dem Sie die Ler-nenden eintragen möchten. Beim Wiederherstellen werden damit aus der Sicherungs-datei nur die BENUTZER/INNEN wiederhergestellt und damit haben Sie Ihr Ziel elegant erreicht: Die Teilnehmenden aus dem ersten Kurs sind in einem zweiten Kurs eingetragen.

Lesen Sie mehr dazu in Kapitel 8, *Organisation*.

Kurs-Rücksetzung: sicherung-gerftypo-20050925-2318.zip

Wiederherstellen auf: | Vorhandener Kurs, Daten hinzufügen ▾ |

Einbeziehen: Alle/Nichts   Alle/Nichts

☐ Aufgaben   ☐ Nutzerdaten

☐ Chats   ☐ Nutzerdaten

☐ Workshops   ☐ Nutzerdaten

☐ Hot Potatoe Tests   ☐ Nutzerdaten

Metakurs: | Nein ▾ |

Benutzer/innen: | Kurs ▾ |

Statistiken: Nein

Nutzer-Dateien: | Nein ▾ |

Kursdateien: | Nein ▾ |

[Weiter] [Abbrechen]

Abbildung 6.6: Nur die Benutzer wiederherstellen

Übung 19

Erschaffen Sie Ihr Publikum selbst – mit Dummys

Bei der Kursentwicklung oder beim Austesten der verschiedenen Lernaktivitäten ist es hilfreich, wenn Sie über Dummys verfügen. In dieser Übung generieren Sie fiktive Teilnehmer, die Sie anschließend in Varianten in Ihre Kurse eintragen.

1. Besorgen Sie sich sechs E-Mail-Adressen, z.B. *dummy_1* bis *dummy_6*.

2. Erstellen Sie zwei neue Kurse: *Kurs_1* und *Kurs_2*.

3. Erstellen Sie die Datei *NURREG.CSV* für *dummy_1* und *dummy_2* so, dass die zwei fiktiven Teilnehmer nur registriert werden.

4. Erstellen Sie die Datei *REGKURS.CSV* für *dummy_3* und *dummy_4* so, dass die zwei fiktiven Teilnehmer registriert und in *Kurs_1* eingetragen werden.

5. Geben Sie die zwei CSV-Dateien dem Administrator, und bitten Sie ihn, diese der Funktion NUTZER HOCHLADEN zu übergeben.

6. Registrieren Sie *dummy_5* und *dummy_6* manuell. Melden Sie sich als diese zwei fiktiven Teilnehmer im Lernportal an, und tragen Sie sich manuell im *Kurs_1* ein.

7. Tragen Sie als Kursverwalter *dummy_1* und *dummy_2* manuell in *Kurs_1* ein.

8. Erstellen Sie eine SICHERUNG von *Kurs_1*, und übertragen Sie alle Teilnehmer dieses Kurses über die Funktion WIEDERHERSTELLEN im *Kurs_2* ein.

6.7 Profil

Moodle speichert persönliche Daten und Einstellungen für jeden Benutzer in dessen Profil, das alle seine Einträge in Lernaktivitäten begleitet. So erscheint beispielsweise bei einem Forenbeitrag das im Profil hochgeladene Foto mit Vorname und Name des Autors. Bild und Namen funktionieren als Link auf das Profil. Ein Teilnehmer sieht das Profil eines anderen Kursteilnehmers, wie in Abbildung 6.7 dargestellt.

Für die Teilnehmer ist es interessant zu wissen, wer mit ihnen zusammen den Kurs besucht. Sie sollten alle ermuntern, sich wie in einer Vorstellungsrunde zu beschreiben und ein Passfoto hochzuladen. Es bringt nicht viel, in der Beschreibung ulkige Texte zu formulieren und als Bild den Frosch Kermit bereitzustellen – ein witziges Hobby, die private Kinderschar oder ein ausgefallener Wunsch aber dürfen selbstverständlich ins Kurzporträt.

Gehen Sie als Kursverwalter mit gutem Beispiel voran. Formulieren Sie eine aussagekräftige Beschreibung zur eigenen Person, und laden Sie ein aktuelles Passfoto hoch. In allen Ihren Kursen wird das gleiche Profil verwendet. Achten Sie also darauf, dass die Beschreibung für alle Kursthemen passt. Kursspezifische Angaben gehören im entsprechenden Kurs in die Kursbeschreibung oder in eine Arbeitsunterlage.

Klicken Sie nach dem Anmelden auf Ihren Namen, der oben rechts als Link erscheint, und Ihr Profil als Kursverwalter öffnet sich mit den Registern PROFIL, PROFIL BEARBEITEN, FORUMSBEITRÄGE, BLOG, AKTIVITÄTEN und ROLLEN (Abbildung 6.8). Die Register AKTIVITÄTEN und ROLLEN sind für den Teilnehmer nicht sichtbar. Der KURSVERWALTER sieht das Register AKTIVITÄTEN bei den Teilnehmenden, bei sich selbst aber nicht, und das Register ROLLEN sieht nur der Administrator. Mit einem Klick auf die Schaltfläche KENNWORT ÄNDERN öffnet sich das gleichnamige Formular, in dem Sie ein neues Passwort definieren können. Nach dem Klick auf die Schaltfläche MITTEILUN-

GEN steht in einem Popup-Fenster die Funktion MITTEILUNGEN zum Dialog mit anderen Teilnehmern bereit. Lesen Sie mehr dazu in Kapitel 14, *Mitteilungen*.

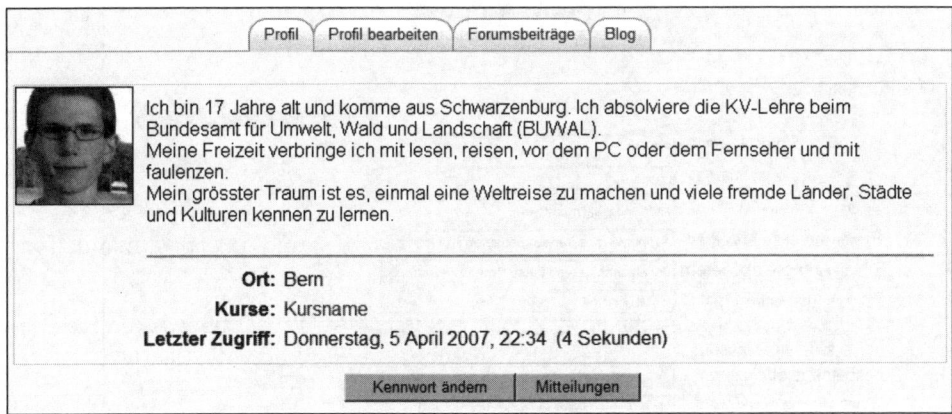

Abbildung 6.7: Das persönliche Profil eines Teilnehmers

Abbildung 6.8: Das persönliche Profil eines Administrators

6.8 Profil bearbeiten

Auf dem Register PROFIL BEARBEITEN erfassen oder ändern Sie die Daten und Einstellungen Ihres persönlichen Profils (Abbildung 6.9). Der Administrator kann einige der nachfolgend beschriebenen Felder für die Bearbeitung sperren. Lesen Sie mehr dazu in Kapitel 31, *Moodle-Administration*.

6.8.1   Erforderlich(e Felder)

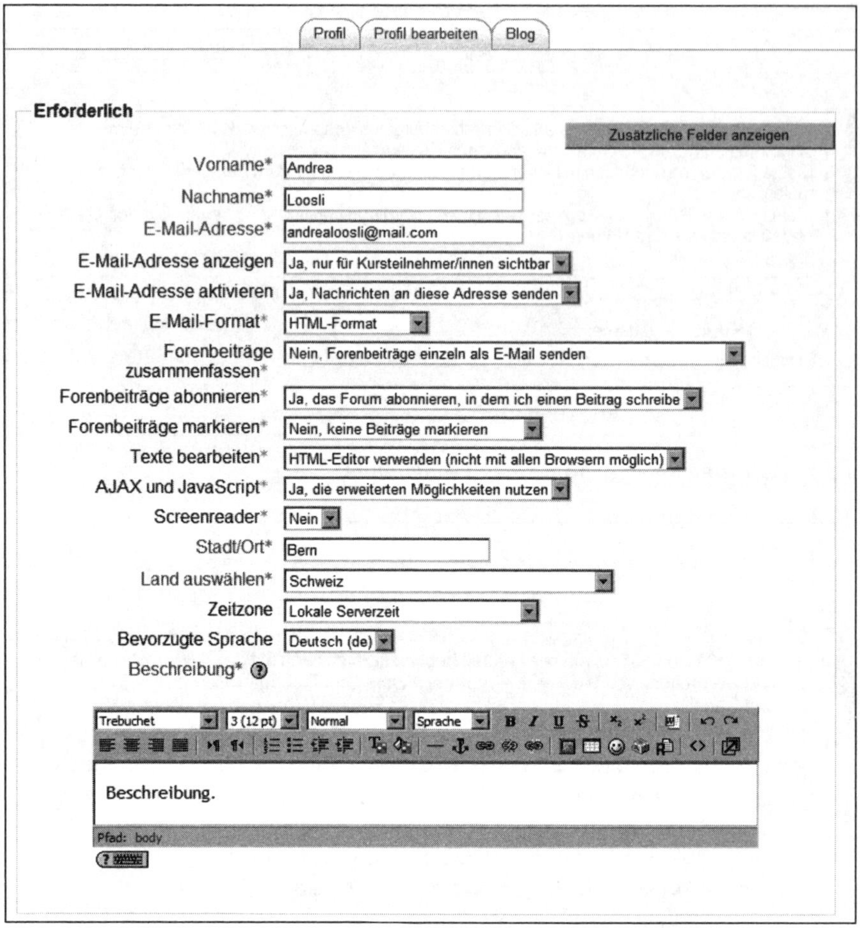

Profil   Profil bearbeiten   Blog

Erforderlich

Zusätzliche Felder anzeigen

Vorname*	Andrea
Nachname*	Loosli
E-Mail-Adresse*	andrealoosli@mail.com
E-Mail-Adresse anzeigen	Ja, nur für Kursteilnehmer/innen sichtbar
E-Mail-Adresse aktivieren	Ja, Nachrichten an diese Adresse senden
E-Mail-Format*	HTML-Format
Forenbeiträge zusammenfassen*	Nein, Forenbeiträge einzeln als E-Mail senden
Forenbeiträge abonnieren*	Ja, das Forum abonnieren, in dem ich einen Beitrag schreibe
Forenbeiträge markieren*	Nein, keine Beiträge markieren
Texte bearbeiten*	HTML-Editor verwenden (nicht mit allen Browsern möglich)
AJAX und JavaScript*	Ja, die erweiterten Möglichkeiten nutzen
Screenreader*	Nein
Stadt/Ort*	Bern
Land auswählen*	Schweiz
Zeitzone	Lokale Serverzeit
Bevorzugte Sprache	Deutsch (de)
Beschreibung*	

Trebuchet 3 (12 pt) Normal Sprache B I U S

Beschreibung.

Pfad: body

Abbildung 6.9:   Das Register Profil bearbeiten, Abschnitt Erforderlich

▦ VORNAME, NACHNAME: wie bei der Registrierung angegeben.

▦ E-MAIL-ADRESSE: wie bei der Registrierung angegeben; kann bei Bedarf geändert werden. Die neue E-Mail-Adresse darf aber in diesem Lernportal noch nicht eingetragen sein.

▦ E-MAIL-ADRESSE ANZEIGEN: Wer darf Ihre E-Mail-Adresse sehen? Wählen Sie hier aus den Optionen: NEIN, FÜR NIEMANDEN SICHTBAR, JA, FÜR ALLE SICHTBAR und JA, NUR FÜR KURSTEILNEHMER/INNEN SICHTBAR. Diese Einstellung ist auch von den Einstellungen des Administrators abhängig. Lesen Sie mehr dazu in Abschnitt 6.13, *Aus der Sicht des Teilnehmers*.

▓ E-MAIL-ADRESSE AKTIVIEREN: Damit können Sie die E-Mail-Funktion steuern: JA, NACHRICHTEN AN DIESE ADRESSE SENDEN oder NEIN, DIESE ADRESSE IST AUSGESCHALTET. Teilnehmer mit deaktivierter E-Mail erhalten keine Nachrichten, was für viele Lernaktivitäten eine wesentliche Einschränkung bedeutet.

▓ E-MAIL-FORMAT: Hier legen Sie das Format der Nachrichten aus Ihren Kursen fest. Moodle kann Ihnen beispielsweise die neuen Einträge in Foren als E-Mail zustellen. Hier bestimmen Sie, in welchem Format diese erstellt werden: SAUBERES HTML-FORMAT oder REINES TEXTFORMAT.

▓ FORENBEITRÄGE ZUSAMMENFASSEN: Hier bestimmen Sie, wie Moodle die in Ihren Kursen generierten E-Mails zusendet (Abbildung 6.9): NEIN, FORENBEITRÄGE EINZELN ALS E-MAIL SENDEN: Sie erhalten die E-Mail unmittelbar nach Abschluss der auslösenden Aktivität. Sie sind online und möchten auf gewisse Aktivitäten rasch reagieren. JA, TÄGLICH EINE E-MAIL MIT DEN VOLLSTÄNDIGEN FORENBEITRÄGEN SENDEN: Sie erhalten täglich eine E-Mail, die alle Beiträge der letzten 24 Stunden enthält. Es genügt Ihnen, auf die Aktivitäten einmal täglich zu reagieren. JA, TÄGLICH EINE E-MAIL MIT DEN BETREFFS ALLER FORENBEITRÄGE SENDEN: Diese Option entspricht der vorherigen, Sie sehen aber nur die Überschriften. Sie gelangen mit einem Klick auf den entsprechenden Beitrag im Lernportal.

Machen Sie Ihre Teilnehmer unbedingt auf diese Einstellung aufmerksam! In Kursen mit vielen Aktivitäten kann es schon sein, dass Moodle täglich mehrere Dutzend E-Mails versendet. Das empfinden viele Teilnehmer zu Recht als lästig. Ich empfehle diesen Teilnehmern, die Option JA, TÄGLICH EINE E-MAIL MIT DEN VOLLSTÄNDIGEN FORENBEITRÄGEN SENDEN auszuwählen.

▓ FORENBEITRÄGE ABONNIEREN: Wie soll sich Moodle verhalten, wenn Sie in einem Forum einen Beitrag posten? JA, DAS FORUM ABONNIEREN, IN DEM ICH EINEN BEITRAG SCHREIBE oder NEIN, KEINE FOREN AUTOMATISCH ABONNIEREN. Sind Sie in einem Forum angemeldet, erhalten Sie von jedem neuen Beitrag eine E-Mail. Lesen Sie mehr dazu in Kapitel 13, *Forum*.

▓ FORENBEITRÄGE MARKIEREN: Wenn es vom Administrator entsprechend eingestellt wird, kann Moodle in den Foren die ungelesenen Beiträge farbig markieren. JA: NEUE BEITRÄGE FARBLICH MARKIEREN: Die neuen Beiträge sind farbig markiert, die Markierung wird nach dem Lesen automatisch entfernt; oder NEIN, KEINE BEITRÄGE MARKIEREN: Die neuen Beiträge sind nicht markiert, die Markierung (sie ist im Hintergrund vorhanden) wird beim Lesen nicht entfernt. Beim Wechseln auf die Einstellung JA erscheinen die im NEIN-Modus gelesenen Beiträge immer noch als ungelesen.

▓ TEXTE BEARBEITEN: Beim Bearbeiten von Texten können Sie einen WYSIWYG TEXTEDITOR (NICHT MIT ALLEN BROWSERN KOMPATIBEL) verwenden oder STANDARDWEBFORMULARE benutzen. Mit neueren Browsern arbeiten Sie ohnehin mit dem WYSIWYG-Editor.

▓ AJAX UND JAVASCRIPT: Mit JA, DIE ERWEITERTEN MÖGLICHKEITEN NUTZEN stehen die in Moodle implementierten Web-2.0-Möglichkeiten zur Verfügung, beispielsweise das Verschieben von Kurs-Abschnitten und Aktivitäten im Kursraum über

Drag & Drop. Mit NEIN, NUR STANDARDMÖGLICHKEITEN NUTZEN können Sie diese ausschalten. Das kann bei auftretenden Performance-Problemen hilfreich sein.

■ SCREENREADER: Mit JA werden Screenreader unterstützt.

■ STADT/ORT: Ihr Wohn- oder Arbeitsort.

■ LAND AUSWÄHLEN: Bestimmen Sie in diesem Listenfeld Ihr Herkunftsland.

■ ZEITZONE: Diese Angabe beeinflusst die Anzeige der Uhrzeit in Ihren Kursen.

■ BEVORZUGTE SPRACHE: Hier wählen Sie die Sprache, in der die Menüs und Hilfe-dateien angezeigt werden. Die in den Kurseinstellungen eingestellte Sprache über-schreibt diese persönliche Einstellung.

■ BESCHREIBUNG: Formulieren Sie hier Ihren Vorstellungstext. Dieses Feld darf nicht leer bleiben, sonst wird eine Fehlermeldung angezeigt.

Die nachfolgenden Felder enthalten freiwillige Angaben. Im angezeigten Profil erscheinen nur die ausgefüllten Felder.

6.8.2 Bild von

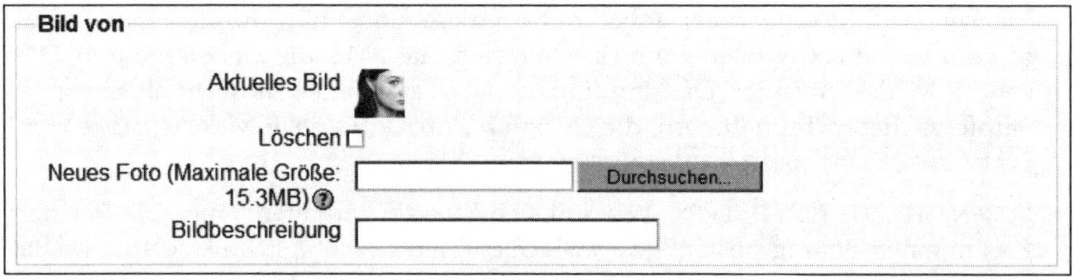

Abbildung 6.10: Das Register Profil bearbeiten, Abschnitt Bild von

■ AKTUELLES BILD/LÖSCHEN: Hier wird Ihr aktuelles Passfoto angezeigt. Falls Sie noch kein eigenes Bild hochgeladen haben, zeigt Moodle ein Smiley. Wenn Sie das Auswahlkästchen markieren, wird das aktuelle Bild beim PROFIL AKTUALISIEREN gelöscht. Die MAXIMALE GRÖSSE 15.3 MB ist abhängig von den Website-Einstellun-gen. Der hier angezeigte Wert hat der Administrator so eingetragen [WEBSITE-AD-MINISTRATION ▶ SICHERHEIT ▶ WEBSITE-RECHTE ▶ MAXIMALE DATEIGRÖSSE].

■ NEUES FOTO (MAXIMALE GRÖSSE 15.3 MB): Mit einem Klick auf die Schaltfläche DURCHSUCHEN öffnet sich der Dialog DATEI AUSWÄHLEN, in dem Sie das hochzula-dende Bild auswählen. Mit einem Klick auf die Schaltfläche PROFIL AKTUALISIEREN wird das Bild hochgeladen; das alte Bild wird dabei überschrieben (auch wenn Sie LÖSCHEN nicht markiert haben). Moodle akzeptiert hier nur Bilder im Dateiformat JPG oder PNG. Beachten Sie auch die angegebene Maximalgröße.

■ BILDBESCHREIBUNG: wird als Tooltip angezeigt, wenn der Mauszeiger über dem Bild liegt.

6.8.3 Optional

Optional
	Zusätzliche Felder verbergen
Webseite*	
ICQ*	
Skype*	
AIM*	
Yahoo!*	
MSN*	
ID-Nummer*	
Institution*	
Abteilung*	
Telefon*	
Telefon*	
Adresse*	

Abbildung 6.11: Das Register Profil bearbeiten, Abschnitt Optional

▦ WEBSEITE: Ihre Homepage.

▦ ICQ-NUMMER, AIM ID, YAHOO ID, MSN ID: dienen der schnellen Kommunikation (Instant Messaging, Chat) über das Internet; tragen Sie hier Ihre Kontaktinformationen der Dienste ein, für die Sie registriert sind.

▦ SKYPE ID: *With Skype you can talk to anyone, anywhere for free.* Moodle unterstützt Skype, das kostenlose Telefonieren übers Internet. Tragen Sie hier Ihre Kontaktinformation ein.

Die folgenden Informationsfelder sind nur für den Kursverwalter/Trainer sichtbar. Die andern Kursteilnehmer sehen diese nie.

▦ ID-NUMMER: für Ihre Teilnehmernummer, Kundennummer, Personalnummer, Matrikelnummer.

▦ TELEFON 1, TELEFON 2, ADRESSE: Festnetz- und Mobil-Telefonnummer, Postanschrift.

Übung 20

Profilieren Sie sich

Welche Informationen gehören in Ihr Profil? Wie wollen Sie sich gegenüber Ihren Teilnehmern vorstellen? Formulieren Sie JETZT in Ihrem Profil die ultimative Beschreibung, die Ihrer Lehrsituation entspricht. Laden Sie dazu ein aktuelles Passbild hoch (schummeln Sie sich nicht jünger, als Sie sind), sodass Ihr eigenes Profil für Ihre Teilnehmer als Beispiel dient.

Welche Informationen erwarten Sie von Ihren Teilnehmern? Wie wünschen Sie sich deren Profile? Erstellen Sie ein fiktives Teilnehmer-Profil. Nur wenn Sie genau wissen, was Sie möchten, werden Sie die Teilnehmer richtig instruieren können – und die gewünschten Ergebnisse erhalten.

6.9 Forumsbeiträge

Auf dem Register FORUMSBEITRÄGE finden Sie alle Beiträge eines Teilnehmers auf einen Blick. Das Register BEITRÄGE zeigt sämtliche Postings in chronologischer Reihenfolge. Das Register THEMEN zeigt ausschließlich Beiträge, die ein neues Diskussionsthema anfangen. Lesen Sie mehr dazu in Kapitel 13, *Forum*.

Auf den zwei folgenden Abbildungen erkennen Sie eine unterschiedliche Anzahl Register, weil die Screenshots mit unterschiedlichen Rollen erstellt wurden. Ein Teilnehmer sieht nur die Register PROFIL, PROFIL BEARBEITEN, FORUMSBEITRÄGE und BLOG (Abbildung 6.12) während dem ADMINISTRATOR zusätzlich die Register AKTIVITÄTEN und ROLLEN angezeigt (Abbildung 6.13) werden.

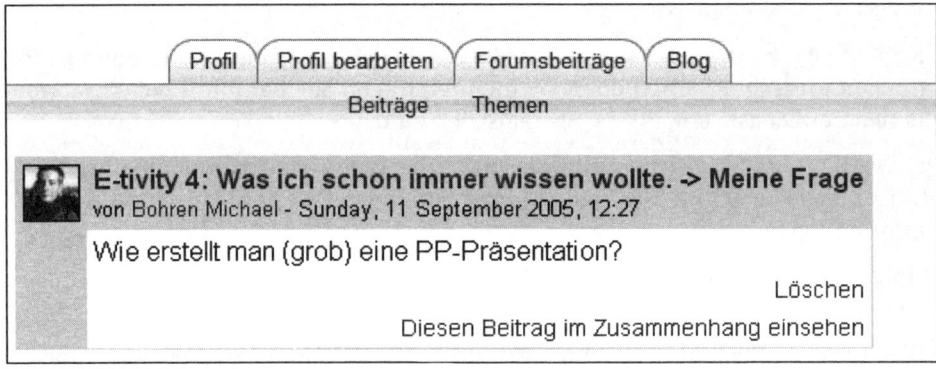

Abbildung 6.12: Alle Beiträge eines Teilnehmers auf einen Blick

6.10 Blog

Auf dem Register BLOG können Sie Ihre Blog-Einträge einsehen und über den Block BLOG-MENÜ verwalten (Abbildung 6.13).

Abbildung 6.13: Register Blog

6.11 Aktivitäten-Berichte

Auf dem Register AKTIVITÄTEN lassen sich die Aktivitäten eines Teilnehmers genau analysieren. Das Register ZUSAMMENFASSUNG listet alle Aktivitäten mit der Anzahl der Zugriffe auf. Das Register VOLLSTÄNDIGER BERICHT informiert zusätzlich bei einigen Lernaktivitäten detaillierter. So werden beispielsweise beim FORUM alle Beiträge dieses Teilnehmers angezeigt, und beim TEST sind alle Versuche mit Ergebnis sichtbar (Abbildung 6.14). Die Register HEUTIGE LOGDATEN und ALLE LOGDATEN geben ausführlich Auskunft über das Zugriffsverhalten dieses Teilnehmers. Das Register BEWERTUNG zeigt alle Bewertungen dieses Teilnehmers.

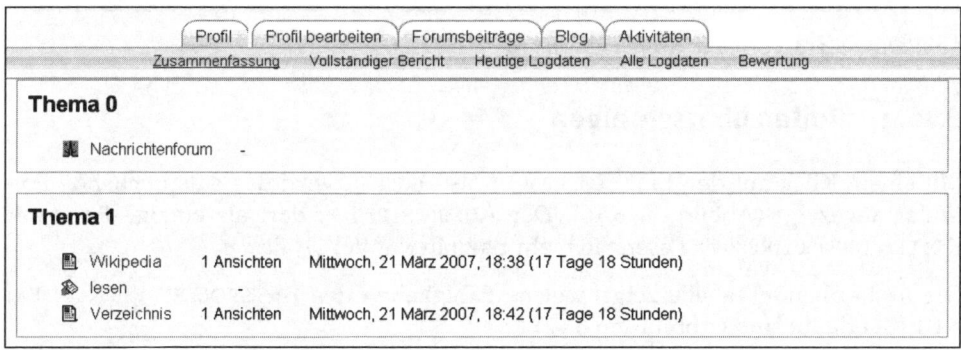

Abbildung 6.14: Alle Aktivitäten eines Teilnehmers

6.12 Rollen

Auf dem Register ROLLEN (Abbildung 6.15), das nur für den Administrator angezeigt wird, finden Sie die Links ROLLEN ZUWEISEN und ROLLEN ÜBERSCHREIBEN, die zu den entsprechenden Formularen führen. Mit einem Klick auf das Register ROLLEN wird standardmäßig das Formular ROLLEN ZUWEISEN angezeigt.

6.12.1 Rollen zuweisen

Auf dem Formular ROLLEN ZUWEISEN werden alle zur Verfügung stehenden Rollen mit einer Beschreibung angezeigt – hier die Basisrollen (Abbildung 6.15). Nur der Administrator ist berechtigt, im Kontext NUTZER Rollen zuzuweisen. Lesen Sie mehr dazu in Kapitel 11, *Rollen*.

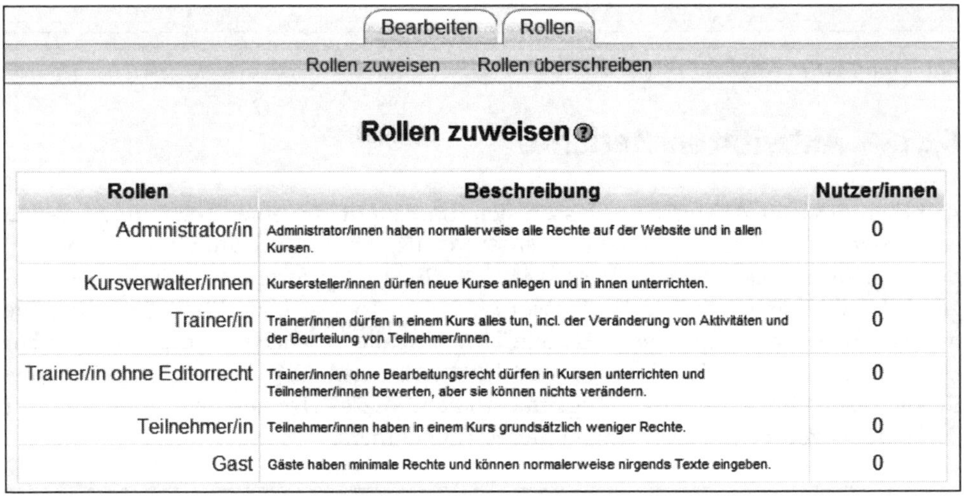

Rollen	Beschreibung	Nutzer/innen
Administrator/in	Administrator/innen haben normalerweise alle Rechte auf der Website und in allen Kursen.	0
Kursverwalter/innen	Kursersteller/innen dürfen neue Kurse anlegen und in ihnen unterrichten.	0
Trainer/in	Trainer/innen dürfen in einem Kurs alles tun, incl. der Veränderung von Aktivitäten und der Beurteilung von Teilnehmer/innen.	0
Trainer/in ohne Editorrecht	Trainer/innen ohne Bearbeitungsrecht dürfen in Kursen unterrichten und Teilnehmer/innen bewerten, aber sie können nichts verändern.	0
Teilnehmer/in	Teilnehmer/innen haben in einem Kurs grundsätzlich weniger Rechte.	0
Gast	Gäste haben minimale Rechte und können normalerweise nirgends Texte eingeben.	0

Abbildung 6.15: Formular Rollen zuweisen

6.12.2 Rollen überschreiben

Mit einem Klick auf den Link ROLLEN ÜBERSCHREIBEN wird das entsprechende Formular angezeigt (Abbildung 6.16). Der ADMINISTRATOR darf als einzige Basisrolle ROLLEN ÜBERSCHREIBEN. Lesen Sie mehr dazu in Kapitel 11, *Rollen*.

Die nachstehende Tabelle zeigt, welche Fähigkeiten den BASISROLLEN im KONTEXT NUTZER erlaubt sind (Abbildung 6.17).

| Profil | Profil bearbeiten | Forumsbeiträge | Blog | Aktivitäten | Rollen |

Rollen zuweisen   Rollen überschreiben

Überschreibungen ⑦

Aktueller Kontext: Nutzer: Andrea Loosli
Zuüberschreibende Rolle [Teilnehmer/in ▼]

Fähigkeit	Vererben	Erlauben	Unterbinden	Untersagen	Risiken
Kernsystem					
Zugriff auf alle Gruppen moodle/site:accessallgroups	◉	○	○	○	
Nutzer/innen					
CSV-Datei hochladen enrol/authorize:uploadcsv	◉	○	○	○	⚠
Nutzer/innen					
Alle Nutzerbeiträge sehen moodle/user:readuserposts	◉	○	○	○	
Alle Nutzerblogs sehen moodle/user:readuserblogs	◉	○	○	○	
Nutzerberichte sehen moodle/user:viewuseractivitiesreport	◉	○	○	○	
Nutzerprofile bearbeiten moodle/user:editprofile	◉	○	○	○	⚠

[Änderungen speichern]   [Abbrechen]

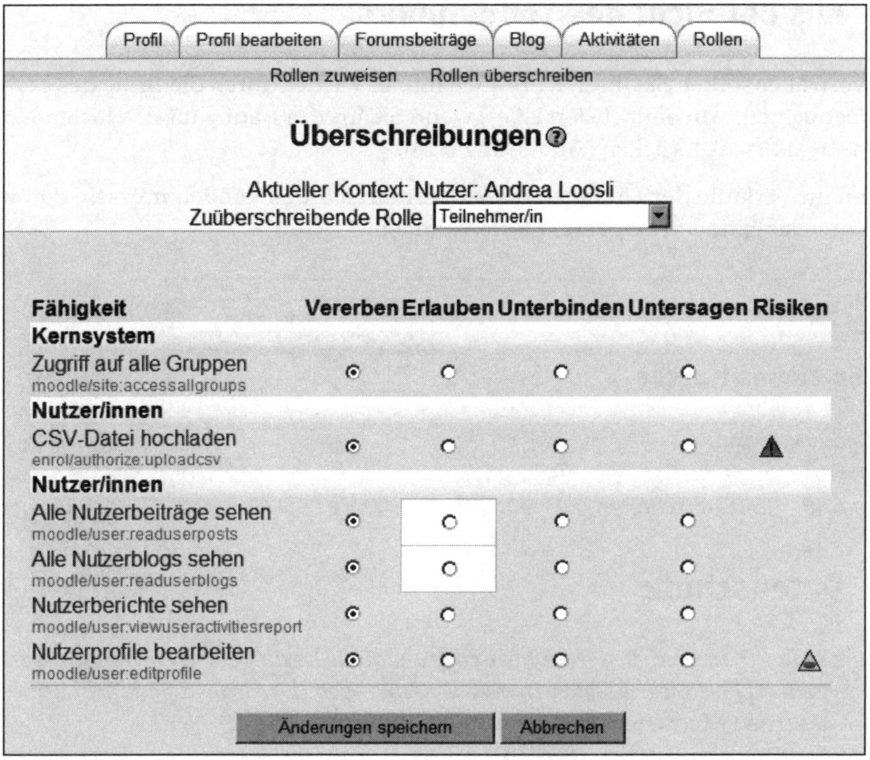

Abbildung 6.16: Zugriffsrechte der Basisrolle Teilnehmer/in im Kontext Nutzer

Nutzer Fähigkeiten	Administrator	Kursverwalter	Trainer	Trainer ohne Editorrecht	Teilnehmer	Authentifizierte Nutzer/in	Gast
Zugriff auf alle Gruppen	✘		✘	✘			
CSV-Datei hochladen	✘						
Alle Nutzerbeiträge sehen	✘	✘	✘	✘	✘		
Alle Nutzerblogs sehen	✘	✘	✘	✘	✘		
Nutzerberichte sehen	✘		✘	✘			
Nutzerprofile bearbeiten	✘						

Abbildung 6.17: Die Rechte der Basisrollen im Kontext Nutzer

6.13   Aus der Sicht des Teilnehmers

Als Kursverwalter sollten Sie Ihren Kurs auch immer wieder durch die Brille des Teilnehmers betrachten. Am einfachsten ist es, wenn Sie im Kursraum auf das Listenfeld ROLLE UMSCHALTEN AUF klicken (Abbildung 6.18).

Sie werden im Verlaufe der Übungen dieses Verfahren oft anwenden müssen, damit Sie Ihre Kursinstallationen eingehend testen können.

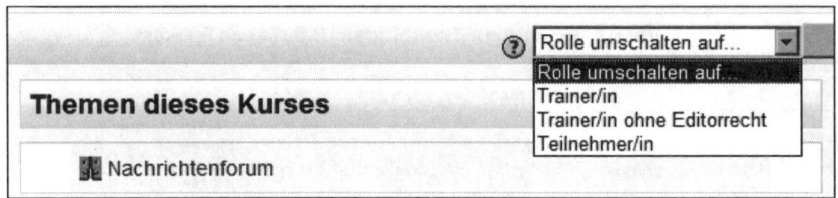

Abbildung 6.18: Rolle umschalten auf

6.14   Datenschutz

Datenschutz steht für die Idee, dass jeder Mensch grundsätzlich selbst entscheiden kann, wem wann welche seiner persönlichen Daten zugänglich sein sollen. Der Datenschutz will den so genannten Gläsernen Menschen *verhindern. (aus www.wikipedia.org)*

Sorgen Sie dafür, dass der Teilnehmer weiß, wie seine persönlichen Daten zugänglich sind. Es ist am einfachsten, wenn der Teilnehmer diese Informationen in einer Zustimmungserklärung erfährt und dort sein Einverständnis bestätigt. In Moodle kann der Administrator eine solche Seite einrichten.

Teilnehmer wollen oft wissen:

- **Wer hat Zugang zum Kurs? Wer kann die Beiträge lesen?** Kurse mit Gastzugang sind öffentliche Kurse. Jeder kann Diskussionsbeiträge und Profile lesen! Sie sollten Gäste nur in besonderen Kursen zulassen. Setzen Sie einen Zugangsschlüssel, und lassen Sie keine Gäste zu. So haben nur die in der Liste TEILNEHMER/INNEN aufgeführten Personen Zugang zum Kurs. Der Teilnehmer kann sich dort informieren.

- **Was geschieht mit meinen Daten am Ende des Kurses?** Informieren Sie Ihre Teilnehmer darüber, was mit den Diskussionsbeiträgen und den eingereichten Arbeiten geschieht. Oft wollen die Teilnehmer nach Kursende noch während einer gewissen Zeit auf die Beiträge zugreifen. Geben Sie den Termin bekannt, wann Sie die Kursdaten endgültig löschen – und halten Sie sich daran.

- **Wozu dient der Bericht über die Aktivitäten?** Alle Aktionen der Teilnehmer werden in einem Protokoll festgehalten, das dem Kursverwalter, dem Trainer und dem Administrator zugänglich ist. Informieren Sie die Teilnehmer darüber, wozu Sie diese Daten verwenden und wann sie jeweils gelöscht werden.

LuSt

LuSt-Start » Arbeitsmaterialien » Datenschutz

Hinweise zum Datenschutz und Einwilligung zur Verarbeitung personenbezogener Daten

In LuSt werden ab der Registrierung als Nutzer/in personenbezogene Daten verarbeitet, soweit die Angaben zur Person auf die wirkliche Person verweisen.

Über die in der Anmeldung selbst angeforderten Informationen hinaus protokolliert die zugrundeliegende Software Moodle, zu welcher Zeit Nutzer/innen auf welche Bestandteile der Lehrangebote zugreifen und ob sie dazu gestellte Aufgaben erledigt haben.

Diese Informationen sind der Administration von LuSt und der Leitung der jeweiligen Lehrveranstaltung zugänglich, keinesfalls jedoch anderen Nutzern/innen. Sie dienen ausschließlich der Durchführung der jeweiligen Lehrveranstaltung und werden nach deren Abschluss und auf Wunsch auch nach vorheriger Abmeldung gelöscht und weder vorher noch nachher an andere Personen oder Stellen weitergegeben, auch nicht in anonymisierter Form.

Mit der Registrierung und Nutzung von LuSt geben Sie in Kenntnis dieser Erläuterungen **Ihre Einwilligung zu der bezeichneten Datenerhebung und -verwendung.**

Abbildung 6.19: Muster für eine Einwilligungserklärung, gefunden auf der Seite der Fachhochschule Fulda (http://www.fh-fulda.de/fb/sw/lust/)

Die Teilnehmer sind glücklich im Kurs angekommen, formulieren den eigenen Vorstellungstext im Profil, informieren sich in Ihrer Profil-Beschreibung über die Kompetenzen des Trainers und lesen die ersten im Kurs verfügbaren Informationen. Sie dürfen jetzt ein klitzekleines bisschen stolz auf sich sein: Der Anfang ist geschafft! Es wird noch viel Arbeit auf Sie zukommen – Zeit also, erst einmal Pause zu machen. Wie wär's mit Joggen im Wald oder Schwimmen im Hallenbad? Vielleicht begegnen wir uns …

Sie haben die Blöcke in Kapitel 3, *Kurs*, als Layout-Element kennen gelernt. Das ist natürlich nur ein Nebeneffekt; die Blöcke enthalten vielfältige Funktionen. Lesen Sie bitte weiter in Kapitel 7, *Blöcke*.

7 Blöcke – Vordefinierte Kurselemente von der Stange

Moodle ohne Blöcke – undenkbar. Deshalb sind wir diesen vordefinierten Kurselementen auch schon hier und dort begegnet und haben sie intuitiv eingesetzt. In diesem Kapitel stelle ich Ihnen alle Blöcke vor, und Sie erfahren, wozu sie nützlich sind. Die drei Blöcke GLOBAL SEARCH, MENTOREN und NETZWERKSERVER kann ich leider noch nicht beschreiben, die Zeitspanne zwischen der Freigabe der Version 1.8 und dem Druck dieses Buches war einfach zu kurz ;-). Ich danke Ihnen für Ihr Verständnis.

Grundsätzlich ist es möglich, alle Blöcke zu löschen. Im **Bearbeitungsmodus** wird der Block BLÖCKE aber immer erscheinen – zum Glück! Er enthält ein Listenfeld, das alle verfügbaren Blöcke enthält. Mit ihm können Sie Block für Block neu in den Kurs aufnehmen (Abbildung 7.1).

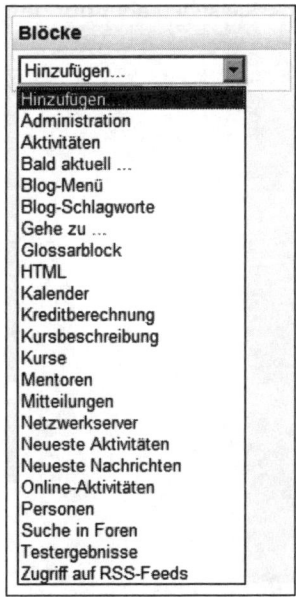

Abbildung 7.1:   Mit dem Block Blöcke neue Blöcke hinzufügen

Im **Bearbeitungsmodus** lassen sich die Blöcke über die zusätzlichen Steuerelemente im Kopfbereich verwalten (Abbildung 7.2). Wenn der Administrator die Möglichkeiten von AJAX erlaubt, können Sie die Blöcke auch mit Drag & Drop verschieben. Die Pfeile werden dann durch einen entsprechenden Mauszeiger ersetzt. Dieser wird angezeigt, sobald sich der Mauszeiger im Kopfbereich des Blocks befindet.

Abbildung 7.2:   Jeder Block hat eigene Steuerelemente.

✍	Konfigurieren (nicht bei allen Blöcken vorhanden)
✕	Löschen
← ↑ ↓ →	Verschieben in die Spalte links, nach oben/unten, in die Spalte rechts. Wenn der Administrator die Möglichkeiten von AJAX erlaubt, können Sie die Blöcke auch mit Drag & Drop verschieben.

7.1   Administration

Den Block ADMINISTRATION (Abbildung 7.3) werden Sie als Kursverwalter häufig brauchen. Auch die Teilnehmer profitieren von diesem Block, sie sehen aber nur den Link BEWERTUNGEN.

Abbildung 7.3:   Block Administration

▪ BEARBEITEN EINSCHALTEN: setzt den Kurs in den Bearbeitungsmodus.

▪ EINSTELLUNGEN: öffnet das Formular KURSEINSTELLUNGEN BEARBEITEN – lesen Sie mehr dazu in Kapitel 3, *Kurs*.

- ROLLEN ZUWEISEN: öffnet das Formular ROLLEN ZUWEISEN, mit dem Sie die Rollen in Ihrem Kurs verwalten – lesen Sie mehr dazu im Kapitel 11, *Rollen*.

- GRUPPEN: öffnet das gleichnamige Formular, mit dem Sie die Teilnehmer in Gruppen einteilen können – lesen Sie mehr dazu in Kapitel 9, *Gruppen*.

- SICHERUNG: öffnet das Formular KURSSICHERUNG, mit dem Sie Ihre Kurse in eine ZIP-Datei sichern können – lesen Sie mehr dazu in Kapitel 8, *Organisation*.

- WIEDERHERSTELLEN: öffnet das Formular BACKUPDATA, wo Sie die Kurssicherungen für die Wiederherstellung finden – lesen Sie mehr dazu in Kapitel 8, *Organisation*.

- IMPORT: öffnet das gleichnamige Formular, mit dem Sie Daten aus anderen Kursen importieren können – lesen Sie mehr dazu in Kapitel 8, *Organisation*.

- ZURÜCKSETZEN: öffnet das Formular KURS ZURÜCKSETZEN, mit dem Sie die im Kurs enthaltenen Daten gezielt löschen können – lesen Sie mehr dazu in Kapitel 8, *Organisation*.

- BERICHTE: öffnet das gleichnamige Formular, auf dem Sie BERICHTE ÜBER DIE BETEILIGUNG generieren können – lesen Sie mehr dazu in Abschnitt 7.1.1, *Berichte*.

- FRAGEN: öffnet den FRAGENPOOL für Testfragen – lesen Sie mehr dazu in Kapitel 20, *Test*.

- BEWERTUNGSSKALEN: öffnet das gleichnamige Formular, mit dem Sie eigene Bewertungen für die Notengebung in den Lernaktivitäten definieren können – lesen Sie mehr dazu in Kapitel 10, *Bewertungen*.

- DATEIEN: öffnet das gleichnamige Formular, mit dem Sie hochgeladene Dateien für diesen Kurs verwalten können – lesen Sie mehr dazu in Kapitel 5, *Arbeitsmaterial*.

- BEWERTUNGEN: öffnet das Formular BEWERTUNG, das über die in diesem Kurs vergebenen Noten Auskunft gibt – lesen Sie mehr dazu in Kapitel 10, *Bewertungen*.

7.1.1 Berichte

Moodle zeichnet die Zugriffe der Teilnehmer akribisch auf. Jeder Mausklick wird mit ZEIT, IP-ADRESSE, VOLLSTÄNDIGER NAME, AKTION und INFORMATION festgehalten. Durch die entsprechende Auswahl in den Listenfeldern und mit der richtigen Kombination können Sie hier das Verhalten aller Teilnehmer, von Gruppen und von einzelnen Teilnehmern analysieren. Zusammen mit dem BERICHT ÜBER AKTIVITÄTEN im Profil der Teilnehmer steht Ihnen damit ein umfassendes Auswertungswerkzeug zur Verfügung. Nutzen Sie es, um Ihre Kursteilnehmer zu unterstützen oder um Ihre Kurse zu verbessern. Weshalb schaut sich dieser Teilnehmer die Demos nie an? Weshalb greifen die Teilnehmer auf meine Einführungstexte ab der dritten Kurswoche nicht mehr zu? Geben Sie aber bitte keine Einzelheiten aus der Statistik bekannt, Sie arbeiten hier mit vertraulichen Daten! Es wird kein Kursteilnehmer Freude haben, wenn die ganze Klasse erfährt, dass er sich regelmäßig um 4 Uhr morgens für lediglich 3 Minuten im Lernportal aufhält.

Das Formular BERICHTE zeigt im oberen Bereich die Bedienelemente für den Zugriff auf die Statistik und im unteren Bereich jene für die Generierung der BERICHTE ÜBER DIE BETEILIGUNG (Abbildung 7.4). Im Listenfeld AKTIVITÄTEN MODUL, das alle im aktuellen Kurs vorhandenen Module anzeigt, wählen Sie das gewünschte Modul aus. Im Listenfeld RÜCKSCHAU bestimmen Sie die Periode, über die Sie Auskunft wünschen. Im Listenfeld NUR ANZEIGEN bestimmen Sie, ob die Zugriffe der SCHÜLER/INNEN oder jene der LEHRER/INNEN angezeigt werden. Im Listenfeld AKTIVITÄTEN ANZEIGEN bestimmen Sie, welche Aktivitäten Sie auswerten wollen: ANSICHT zeigt alle Lesezugriffe, während BEITRÄGE nur jene anzeigt, in denen der Teilnehmer, der einen Beitrag formuliert, etwas gespeichert hat. ALLE AKTIONEN zeigt alle Zugriffe an. Mit einem Klick auf die Schaltfläche START wird der BERICHT ÜBER DIE BETEILIGUNG generiert und angezeigt.

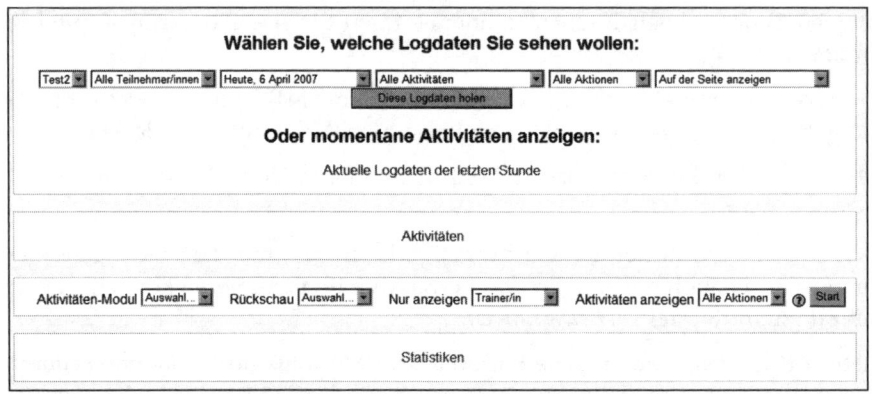

Abbildung 7.4:   Das Formular Berichte

7.2   Aktivitäten

Der Block AKTIVITÄTEN fasst die im Kurs vorhandenen Lernaktivitäten zusammen. In meinem Kurs (Abbildung 7.5) gibt es bisher vier verschiedene Lernaktivitätstypen. Ist mindestens ein Test im Kurs, wird der Link TESTS in die Liste aufgenommen. Mit einem Klick auf den Link AUFGABEN zeigt Moodle beispielsweise eine Liste aller Aufgaben dieses Kurses. So behalten die Teilnehmer auch in großen Kursen stets den Überblick.

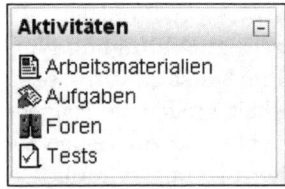

Abbildung 7.5:   Der Block Aktivitäten

7.3 Bald aktuell

Dieser Block zeigt Termine auf einen Blick. Im Beispiel aus Abbildung 7.6 sind die folgenden Links zu erkennen:

- LERNKONTROLLE FORMELN: führt in den gleichnamigen Test (Lernaktivität); MITTWOCH, 12. OKTOBER: führt in den KALENDER, zum Blatt für den 12. Oktober.

- ZUM KALENDER: führt in den KALENDER.

- NEUER TERMIN: führt in den KALENDER zum Formular NEUER TERMIN.

Lesen Sie mehr dazu in Kapitel 8, *Organisation*.

Abbildung 7.6: Der Block Bald aktuell

7.4 Blog-Menü

Damit die Blöcke BLOG-MENÜ und BLOG-SCHLAGWORTE angezeigt werden und damit Blogs verfügbar sind, muss der Administrator die Blogs erlauben und den Zugriffs-Level entsprechend einstellen. Der Teilnehmer kann beim Erfassen des Blogs die Sichtbarkeit weiter einschränken. Wenn der Administrator WELTWEITE BLOGS erlaubt, steht es dem Teilnehmer frei, seine Blogs auf PERSÖNLICHE BLOGS einzuschränken.

- WELTWEITE BLOGS: Die Blogs sind weltweit sichtbar.

- SITE-BLOGS: Die Blogs sind für alle Teilnehmenden des Lernportals sichtbar.

- KURSBLOGS: Die Blogs sind für alle Teilnehmenden des gleichen Kurses sichtbar.

- GRUPPENBLOGS: Die Blogs sind für alle Teilnehmenden derselben Gruppe sichtbar.

- PERSÖNLICHE BLOGS: Die Blogs sind persönlich und von niemandem sonst einsehbar.

Der Block BLOG-MENÜ zeigt die Menüeinträge, die für die Verwaltung der Blogs nötig sind (Abbildung 7.7).

Mit einem Klick auf NEUEN EINTRAG HINZUFÜGEN öffnet sich das entsprechende Formular (Abbildung 7.8).

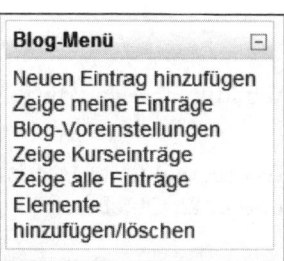

Abbildung 7.7:   Der Block Blog-Menü

7.4.1   Grundeinträge

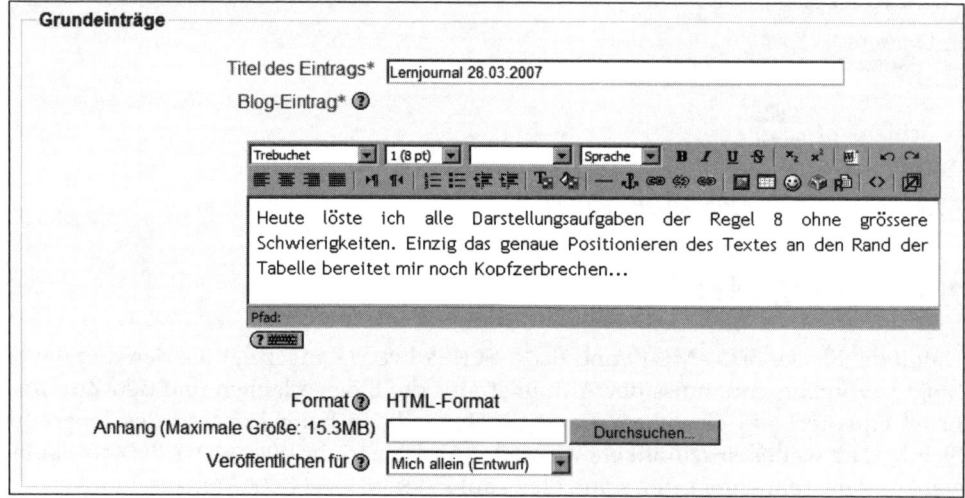

Abbildung 7.8:   Neuen Eintrag hinzufügen, Abschnitt Grundeinträge

■ TITEL DES EINTRAGS: Geben Sie hier einen aussagekräftigen Titel ein.

■ BLOGEINTRAG: Hier formulieren Sie den Text.

■ ANHANG (MAXIMALE GRÖSSE 15.3 MB): Nach dem Klick auf die Schaltfläche DURCHSUCHEN können Sie im Dialog die DATEI AUSWÄHLEN, die Sie zu diesem Blog-Eintrag hochladen wollen.

■ VERÖFFENTLICHEN BIS: Hier können Sie die vom Administrator vorgegebene Sichtbarkeit des Blogs einschränken, aber nicht erweitern.

7.4.2   Schlagworte

■ OFFIZIELLES SCHLAGWORT: In der Liste erscheinen die vom Administrator oder Kursverwalter vorgegebenen allgemeinen Schlagworte.

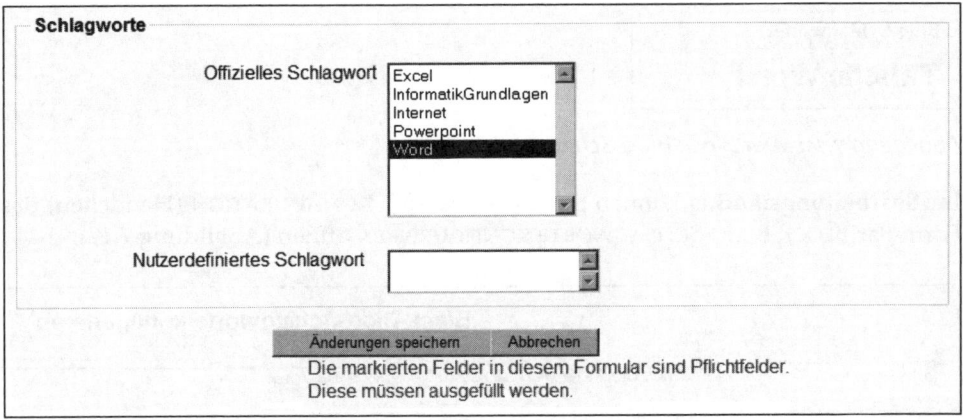

Abbildung 7.9: Neuen Eintrag hinzufügen, Abschnitt Schlagworte

■ NUTZERDEFINIERTES SCHLAGWORT: Hier werden die vom Teilnehmer erfassten Schlagworte angezeigt.

Die einem Blog-Eintrag zugeordneten Schlagworte erscheinen im Block BLOG-SCHLAGWORTE. Über den Link ELEMENTE HINZUFÜGEN/LÖSCHEN können Sie die Liste der eigenen Schlagworte verwalten.

Mit einem Klick auf ZEIGE MEINE EINTRÄGE, ZEIGE ALLE EINTRÄGE werden die entsprechenden Blog-Einträge angezeigt (Abbildung 7.10). Mit einem Klick auf BLOG VOR-EINSTELLUNGEN (Abbildung 7.7) können Sie angeben, wie viele Einträge auf einer Seite erscheinen sollen.

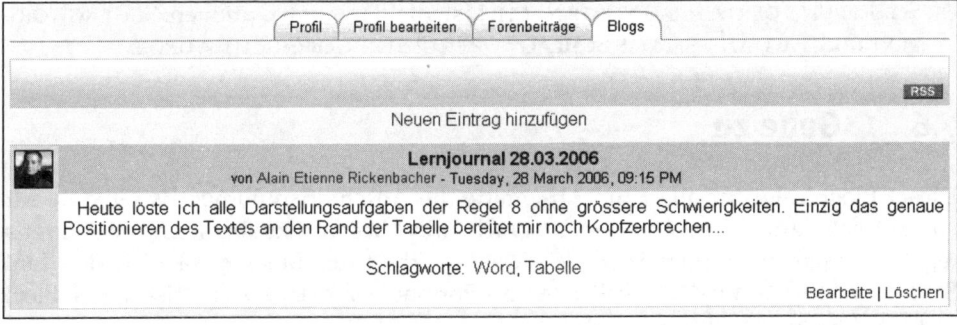

Abbildung 7.10: Eigene Blog-Beiträge

7.5 Blog-Schlagworte

Dieser Block zeigt die Schlagwörter der Blog-Einträge, die im Zugriffsbereich des Teilnehmers sind (Abbildung 7.11). Mit einem Klick auf ein Schlagwort werden die betroffenen Einträge angezeigt.

Abbildung 7.11: Der Block Blog-Schlagwörter

Im **Bearbeitungsmodus** können Sie mit Klick auf KONFIGURATION (Händchen) das Formular BLOCK BLOG-SCHLAGWORTE KONFIGURIEREN öffnen (Abbildung 7.12).

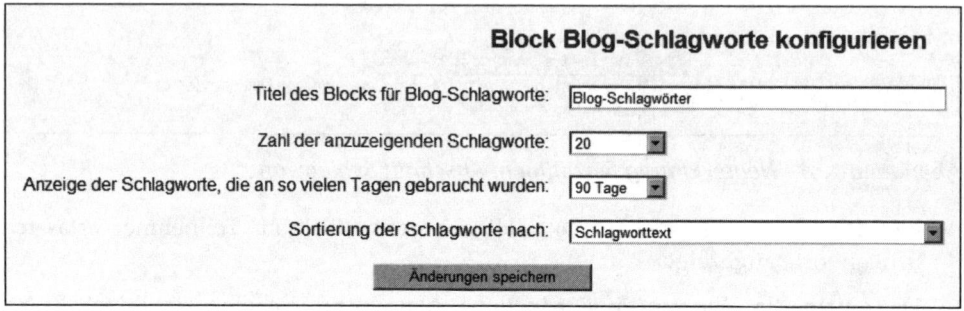

Abbildung 7.12: Formular Konfiguration des Blocks Blog-Schlagwörter

- TITEL DES BLOCKS FÜR BLOG-SCHLAGWORTE: Frei wählbarer Titel.

- ZAHL DER ANZUZEIGENDEN SCHLAGWORTE: Listenfeld mit den Optionen 1–50.

- ANZEIGE DER SCHLAGWORTE, DIE AN SO VIELEN TAGEN GEBRAUCHT WURDEN: Listenfeld mit den Optionen 10, 30, 60, 90, 120, 240 und 365 TAGE.

- SORTIERUNG DER SCHLAGWORTE NACH: Listenfeld mit den Optionen: SCHLAGWORTTEXT und TAG, AN DEM DAS SCHLAGWORT ZULETZT GEBRAUCHT WURDE.

7.6   Gehe zu

Dieser Block zeigt für alle Kurs-Abschnitte die Abschnittsnummer als Link an. Mit einem Klick darauf erscheint der entsprechende Abschnitt zuoberst im Browserfenster. In Kursen im Format WOCHEN-FORMAT erhält der Block zusätzlich den Link SPRUNG ZU DIESER WOCHE. In Kursen im Format SOZIALES FORMAT ist dieser Block nicht verfügbar (Abbildung 7.13).

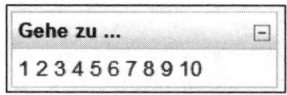

Abbildung 7.13: Block Gehe zu

7.7   Glossarblock

Dieser Block zeigt ausgewählte Beiträge aus einem Glossar an. Damit ist beispielsweise ohne viel Aufwand eine Rubrik TIPPS UND TRICKS zu realisieren (Abbildung 7.14). Der Glossarbegriff *Speed Reading* wird im Text grau hinterlegt angezeigt und mit dem Glossareintrag verlinkt.

Abbildung 7.14: Der Block Glossarblock

Im **Bearbeitungsmodus** können Sie den Block mit einem Klick auf das Händchen konfigurieren (Abbildung 7.15).

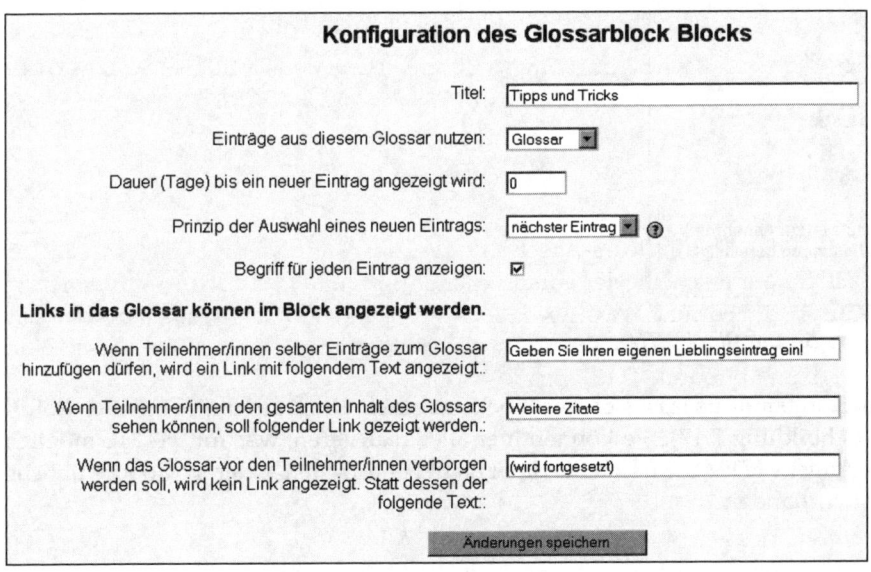

Abbildung 7.15: Das Formular Konfiguration des Glossarblocks

▪ Titel: des Blocks

▪ Einträge aus diesem Glossar nutzen: Das Listenfeld zeigt die in diesem Kurs verfügbaren Glossare an. Wählen Sie jenes, aus dem die Einträge stammen sollen.

▪ Dauer (Tage) bis ein neuer Eintrag angezeigt wird: Neueinträge werden erst nach Ablauf dieser Frist ins Anzeige-Repertoire aufgenommen. Mit dem Eintrag 0 erscheinen neue Beiträge sofort.

▪ Prinzip der Auswahl eines Neuen Eintrags: Es stehen folgende Optionen zur Auswahl: Zufall: Bei jedem Seitenaufruf wird ein Beitrag nach dem Zufallsprinzip ausgewählt; Zuletzt geändert: Es wird immer der zuletzt geänderte Beitrag angezeigt; Nächster Eintrag: Bei jedem Seitenaufruf wird in alphabetischer Reihenfolge der nächste Beitrag angezeigt.

▪ Begriff für jeden Eintrag anzeigen: Ist dieses Ausfüllkästchen markiert, wird über dem Glossareintrag der dazugehörende Begriff als Titel angezeigt.

Lesen Sie mehr dazu in Kapitel 12, *Glossar*.

7.8 HTML

Dieser Block stellt einen frei zu gestaltenden Textbereich zur Verfügung. Und er unterscheidet sich von allen anderen Blöcken in einer Hinsicht: Sie können beliebig viele HTML-Blöcke hinzufügen (Abbildung 7.16).

Abbildung 7.16: Der Block HTML

Im **Bearbeitungsmodus** lässt sich der Block mit einem Klick auf das Händchen konfigurieren (Abbildung 7.17). Sie können hier alles realisieren, was mit HTML möglich ist. Keine Angst – HTML müssen Sie dazu nicht beherrschen –, der in Moodle übliche Editor ist vorhanden.

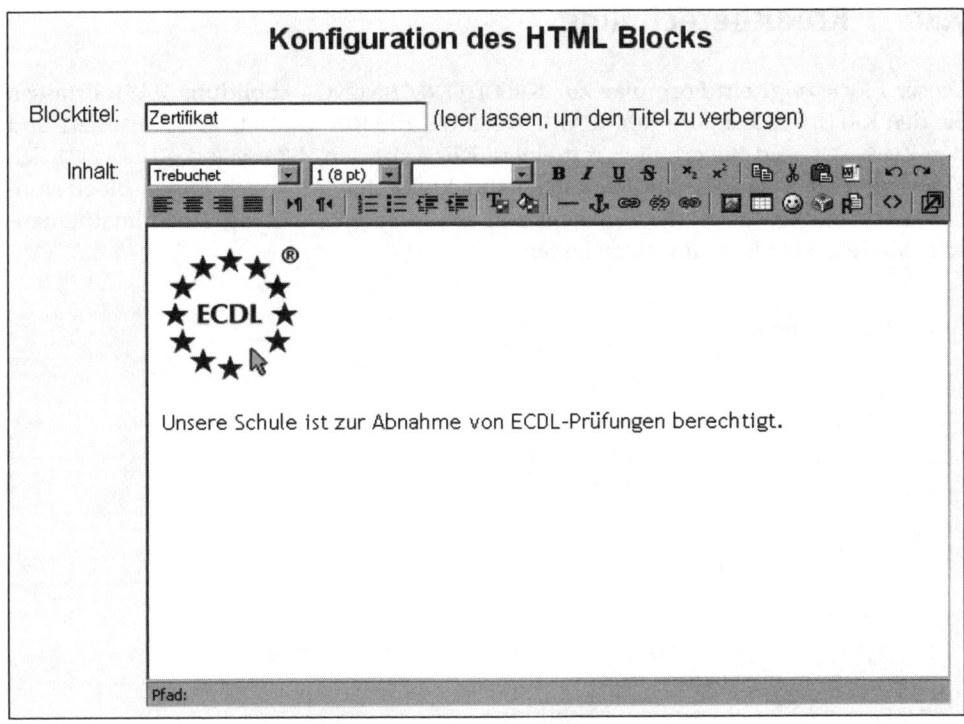

Abbildung 7.17: Das Formular Konfiguration des HTML-Blocks

7.9 Kalender

Dieser Block zeigt die eingetragenen Termine des aktuellen Monats in Kalenderform an (Abbildung 7.18). Einige Lernaktivitäten tragen sich als Termin selbstständig in den Kalender ein. Selbstverständlich können Trainer und Kursverwalter Termine auch manuell ein- und austragen. Lesen Sie mehr dazu in Kapitel 8, *Organisation*.

Abbildung 7.18: Der Block Kalender

7.10 Kreditberechnung

Dieser Block zeigt ein Formular zur KREDITBERECHNUNG (Abbildung 7.19). Erfassen Sie den KREDITBETRAG, die RÜCKZAHLUNGSRATE, die RÜCKZAHLUNGSHÄUFIGKEIT und den ZINSSATZ, und Sie erhalten mit einem Klick auf den RECHNER die LAUFZEIT. Ich kann mir – auch nach langer Recherche – nicht vorstellen, wo ich diesen Block sinnvoll einsetzen könnte … ;-). Vielleicht will er uns zeigen, dass sich auch mathematische Modelle als Block umsetzen lassen.

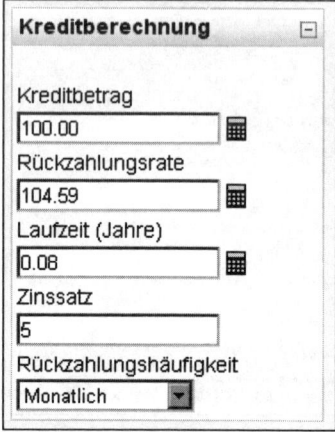

Abbildung 7.19: Der Block Kreditberechnung

7.11 Kursbeschreibung

Der Block KURSBESCHREIBUNG zeigt die in den Kurs-Einstellungen erfasste Beschreibung an (Abbildung 7.20).

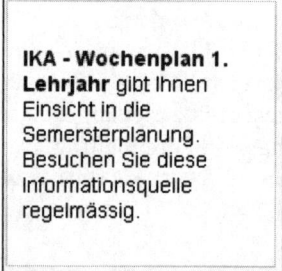

Abbildung 7.20: Block Kursbeschreibung

7.12 Kurse

Dieser Block zeigt dem Teilnehmer jene Kurse, für die er eingetragen ist. Ist dieser Block auf der Startseite und in jedem Kurs eingebaut, kann von einem Kurs in den anderen navigiert werden (Abbildung 7.21). Der Link ALLE KURSE öffnet das Formular KURS-BEREICHE. Lesen Sie mehr dazu in Kapitel 3, *Kurs*.

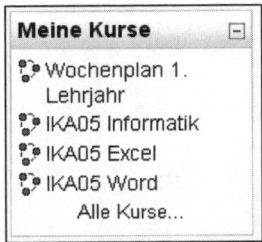

Abbildung 7.21: Der Block Meine Kurse

7.13 Mitteilungen

Dieser Block dient als Zentrale für die asynchrone Kommunikation zwischen Teilnehmern (Abbildung 7.22). Lesen Sie mehr dazu in Kapitel 14, *Mitteilungen*.

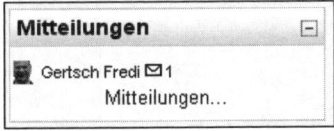

Abbildung 7.22: Der Block Mitteilungen

7.14 Neueste Aktivitäten

Dieser Block zeigt die neuesten Aktivitäten. Sie sehen auf einen Blick, was sich seit Ihrem letzten Besuch im Kurs verändert hat. Hier bringen Sie sich in kurzer Zeit auf den neuesten Informationsstand (Abbildung 7.23). Der in diesem Beispiel angezeigte Link RE: INVALIDENRENTE UVG führt direkt in den entsprechenden Forenbeitrag. Der Link ALLE AKTIVITÄTEN DER LETZTEN ZEIT öffnet das Formular NEUESTE AKTIVITÄTEN (Abbildung 7.24), das die Links für den Normalfilter von 1 TAG bis 30 TAGE bereitstellt. Mit einem Klick auf den Link WEITERE FILTER stehen fünf Listenfelder bereit, mit denen Sie Ihren Wunschfilter definieren können (Abbildung 7.25). Sie werden diesen Block als Trainer oft verwenden. Mit ihm wird es Ihnen gelingen, die Beiträge Ihrer Kursteilnehmer zu verfolgen und sie zeitgerecht mit geeigneten Reaktionen zu unterstützen. Ein wichtiges Instrument für die Betreuung!

Neueste Aktivitäten ⊟

Aktivität seit Montag, 3
Oktober 2005, 21:48
Alle Aktivitäten der letzten
Zeit

Neue Foren-Beiträge:

3 Okt, 22:17
Garaio Müge
"Re: Invalidenrente UVG"

Abbildung 7.23: Der Block Neueste Aktivitäten

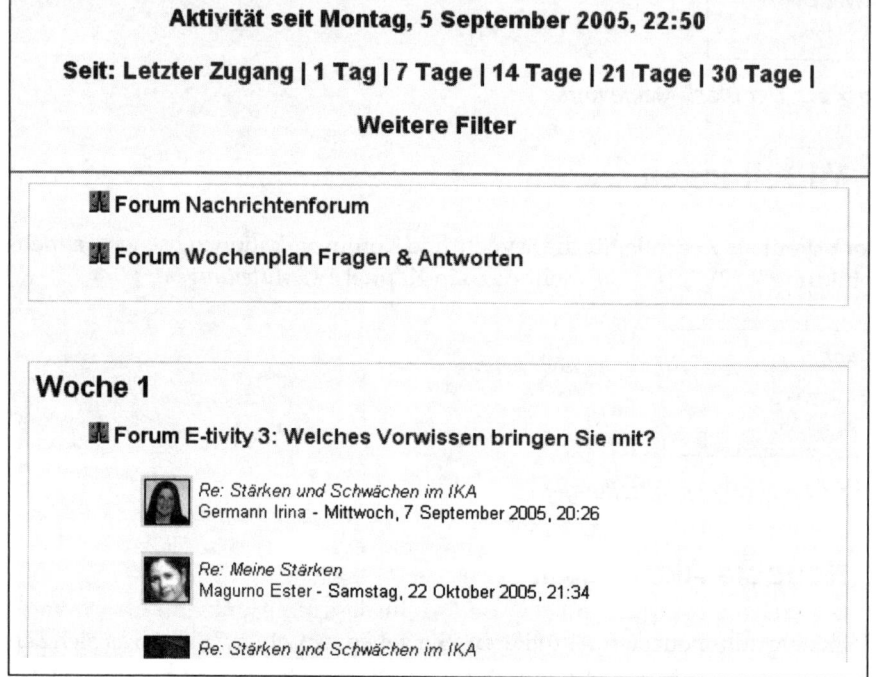

Aktivität seit Montag, 5 September 2005, 22:50

Seit: Letzter Zugang | 1 Tag | 7 Tage | 14 Tage | 21 Tage | 30 Tage |

Weitere Filter

Forum Nachrichtenforum

Forum Wochenplan Fragen & Antworten

Woche 1

Forum E-tivity 3: Welches Vorwissen bringen Sie mit?

Re: Stärken und Schwächen im IKA
Germann Irina - Mittwoch, 7 September 2005, 20:26

Re: Meine Stärken
Magurno Ester - Samstag, 22 Oktober 2005, 21:34

Re: Stärken und Schwächen im IKA

Abbildung 7.24: Das Formular Neueste Aktivitäten

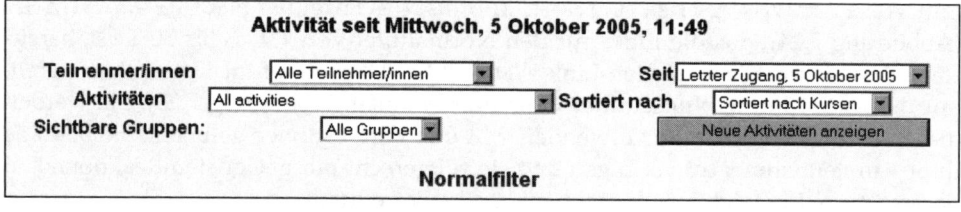

Aktivität seit Mittwoch, 5 Oktober 2005, 11:49

Teilnehmer/innen	Alle Teilnehmer/innen ▼	**Seit** Letzter Zugang, 5 Oktober 2005 ▼
Aktivitäten	All activities ▼	**Sortiert nach** Sortiert nach Kursen ▼
Sichtbare Gruppen:	Alle Gruppen ▼	Neue Aktivitäten anzeigen

Normalfilter

Abbildung 7.25: Listenfelder für die Filterdefinition

7.15 Neueste Nachrichten

Dieser Block zeigt die neuesten Einträge aus dem NACHRICHTENFORUM, das standardmäßig in jedem Kurs vorhanden ist (Abbildung 7.26).

- EIN NEUES THEMA HINZUFÜGEN: öffnet das gleichnamige Formular. Dieser Link wird nur berechtigten Benutzern angezeigt.

- MEHR: öffnet das Nachrichtenforum und zeigt den ganzen Beitrag an.

- ÄLTERE BEITRÄGE: öffnet das Nachrichtenforum in der Übersicht.

Lesen Sie mehr dazu in Kapitel 13, *Forum*.

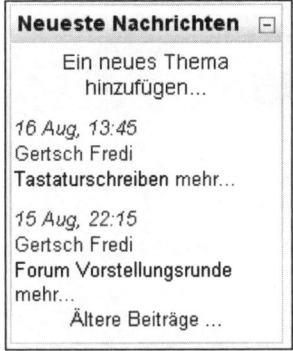

Abbildung 7.26: Der Block Neueste Nachrichten

7.16 Online-Aktivitäten

Dieser Block zeigt alle Teilnehmer, die in diesem Augenblick online sind. Der Klick auf den Namen öffnet das Formular PROFIL (sofern der Teilnehmer das zulässt), und der Klick auf den Briefumschlag öffnet in einem neuen Fenster die MITTEILUNGEN. Der Administrator stellt die Lernplattform meistens so ein, dass diese Links nur für angemeldete Teilnehmer funktionieren. Außenstehende haben keinen Zugang (Abbildung 7.27).

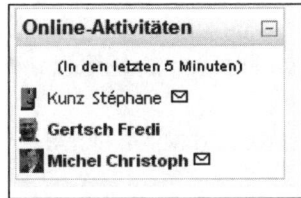

Abbildung 7.27: Der Block Online-Aktivitäten

7.17 Personen

Der Block PERSONEN enthält den Link TEILNEHMER/INNEN (Abbildung 7.28). Mit einem Klick darauf öffnet sich das gleichnamige Formular mit einer Liste aller Teilnehmenden (Abbildung 7.29).

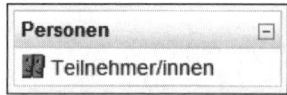

Abbildung 7.28: Der Block Personen

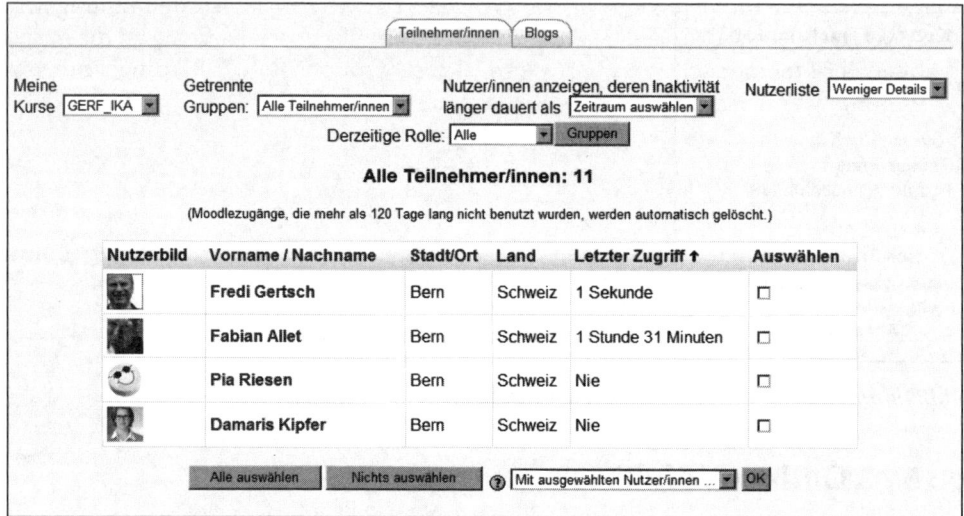

Abbildung 7.29: Das Formular Teilnehmer/innen

Über die Listenfelder definieren Sie den Filter für die Anzeige:

- MEINE KURSE: zeigt alle Ihre Kurse an.

- GETRENNTE GRUPPEN: wird nur angezeigt, wenn der Kurs im Gruppenmodus läuft, zeigt dann alle Gruppen an.

- NUTZER/INNEN ANZEIGEN, DEREN INAKTIVITÄT LÄNGER DAUERT ALS: Listenfeld mit den Optionen 1 TAG bis 4 WOCHEN.

- NUTZERLISTE: Listenfeld mit den Optionen WENIGER DETAILS und MEHR DETAILS.

- DERZEITIGE ROLLE: Listenfeld mit allen Rollen.

Für die Betreuung der Lernenden ist es hilfreich, jene zu kennen, die während eines bestimmten Zeitraums nicht mehr aktiv waren. Mit dem Listenfeld NUTZER/INNEN ANZEIGEN, DIE INAKTIV SIND SEIT MEHR ALS können Sie einen Zeitraum auswählen

(1 TAG bis 5 MONATE) und so die Anzeige der Teilnehmenden entsprechend filtern. Entsprechend Ihrer Wahl im Listenfeld NUTZERLISTE werden WENIGER DETAILS oder MEHR DETAILS angezeigt.

Bei mehrseitiger Anzeige gelangen Sie über die Links SEITE (Seitennummer), NÄCHSTE oder FRÜHERE auf die gewünschte Seite.

Mit einem Klick auf die Spaltenüberschriften VORNAME, NACHNAME, STADT/ORT, LAND, LETZTER ZUGRIFF wird die Liste wechselwirkend auf- oder absteigend sortiert.

Während Sie über das Ausfüllkästchen in der Spalte AUSWÄHLEN bestimmte Teilnehmende markieren können, ist es mit den Schaltflächen ALLE AUSWÄHLEN und ALLE ABWÄHLEN möglich, alle Teilnehmenden mit einem Klick zu aktivieren bzw. deaktivieren. Wenn Sie im Listenfeld MIT AUSGEWÄHLTEN NUTZER/INNEN den Eintrag MITTEILUNG HINZUFÜGEN/SENDEN, können Sie eine Mitteilung erfassen, die an die ausgewählten Teilnehmenden versandt wird. Diese Option steht allerdings nur zur Verfügung, wenn Sie die Rechte dazu besitzen.

7.18 Suche in Foren

Dieser Block ermöglicht Ihnen das gezielte Finden von Forenbeiträgen (Abbildung 7.30). Verwenden Sie dazu die folgenden Optionen:

Wort	findet diese Zeichenfolge, z.B. auch Antwort.
+Wort	findet genau dieses Wort.
-Wort	schließt dieses Wort aus.
"Satz und Wort"	findet genau diese Wortfolge.
USER:KNEF	findet alle Beiträge von diesem Benutzer.
subject:Wort	sucht dieses Wort nur in Titeln.

Über den Link ERWEITERTE SUCHE gelangen Sie zum Formular SUCHE (Abbildung 7.31), mit dem Sie Ihren Suchauftrag mit weiteren Optionen noch genauer definieren können. Während der Block FORENSUCHE immer in allen Foren sucht, können Sie hier beispielsweise die Suche auf ein spezielles Forum und einen Zeitraum einschränken.

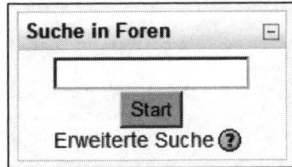

Abbildung 7.30: Der Block Forensuche

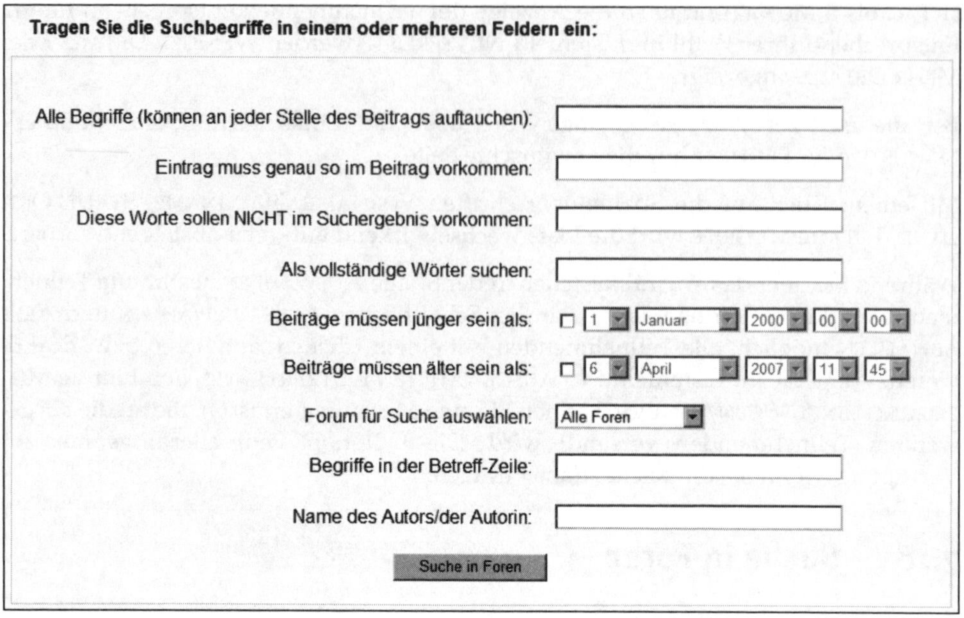

Tragen Sie die Suchbegriffe in einem oder mehreren Feldern ein:

Alle Begriffe (können an jeder Stelle des Beitrags auftauchen): [_____]

Eintrag muss genau so im Beitrag vorkommen: [_____]

Diese Worte sollen NICHT im Suchergebnis vorkommen: [_____]

Als vollständige Wörter suchen: [_____]

Beiträge müssen jünger sein als: ☐ [1 ▾] [Januar ▾] [2000 ▾] [00 ▾] [00 ▾]

Beiträge müssen älter sein als: ☐ [6 ▾] [April ▾] [2007 ▾] [11 ▾] [45 ▾]

Forum für Suche auswählen: [Alle Foren ▾]

Begriffe in der Betreff-Zeile: [_____]

Name des Autors/der Autorin: [_____]

[Suche in Foren]

Abbildung 7.31: Das Formular Suche

7.19 Testergebnisse

Dieser Block zeigt die Ergebnisse eines bestimmten Tests (Abbildung 7.32). Der Teilnehmer kann damit sein Ergebnis mit den Ergebnissen der Gruppe vergleichen. Der Link 6 THEORIE SIZ 2004-1 führt Sie zu jenem Test, dessen Ergebnisse angezeigt werden.

Testergebnisse ⊟

6 Theorie SIZ 2004-1

Die 3 höchsten Bewertungen:

1. Schmid Angela	90%
2. Steiner Petra	90%
3. Blaser Barbara	90%

Die 3 niedrigsten Bewertungen.

1. Ramos Seraina	40%
2. John Yvonne	30%
3. Böni Petra	30%

Abbildung 7.32: Der Block Testergebnisse

Im **Bearbeitungsmodus** lässt sich der Block mit einem Klick auf das Händchen konfigurieren (Abbildung 7.33).

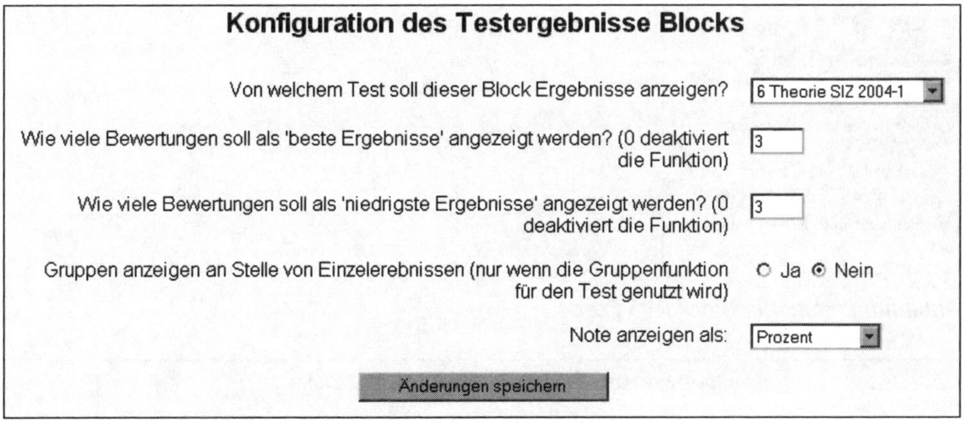

Konfiguration des Testergebnisse Blocks

Von welchem Test soll dieser Block Ergebnisse anzeigen?	6 Theorie SIZ 2004-1 ▼
Wie viele Bewertungen soll als 'beste Ergebnisse' angezeigt werden? (0 deaktiviert die Funktion)	3
Wie viele Bewertungen soll als 'niedrigste Ergebnisse' angezeigt werden? (0 deaktiviert die Funktion)	3
Gruppen anzeigen an Stelle von Einzelerebnissen (nur wenn die Gruppenfunktion für den Test genutzt wird)	○ Ja ⊙ Nein
Note anzeigen als:	Prozent ▼

Änderungen speichern

Abbildung 7.33: Das Formular Konfiguration des Testergebnisse Blocks

▣ VON WELCHEM TEST SOLL DIESER BLOCK ERGEBNISSE ANZEIGEN? Das Listenfeld enthält alle Tests, die sich in diesem Kurs befinden.

▣ WIE VIELE BEWERTUNGEN SOLLEN ALS »BESTE ERGEBNISSE« ANGEZEIGT WERDEN? und WIE VIELE BEWERTUNGEN SOLLEN ALS »NIEDRIGSTE ERGEBNISSE« ANGEZEIGT WERDEN?: Mit dem Wert 0 wird die Anzeige unterdrückt. Wann ist das sinnvoll? Vielleicht wollen Sie die Ergebnisse erst anzeigen, wenn alle Teilnehmer den Test beendet haben. Oder Sie wollen nur die besten Ergebnisse anzeigen.

▣ GRUPPEN ANZEIGEN AN STELLE VON EINZELERGEBNISSEN: Nur wenn die Gruppenfunktion für den Test genutzt wird.

▣ NOTE ANZEIGEN ALS: Das Listenfeld zeigt die Optionen PROZENT, BRUCH oder ABSOLUTE ZAHL

Lesen Sie mehr dazu in Kapitel 20, *Test*.

7.20 Zugriff auf RSS-Feeds

Dieser Block zeigt die Nachrichten eines RSS-Newsfeed an (Abbildung 7.34).

Im **Bearbeitungsmodus** lässt sich der Block mit einem Klick auf das Händchen konfigurieren. Auf dem Register ALLE MEINE FEEDS BEARBEITEN können Sie die Ihre Feeds verwalten (Abbildung 7.35). Die erfassten Feeds stehen Ihnen im ganzen Moodle-Lernportal zur Verfügung.

Abbildung 7.34: Der Block RSS-Feeds

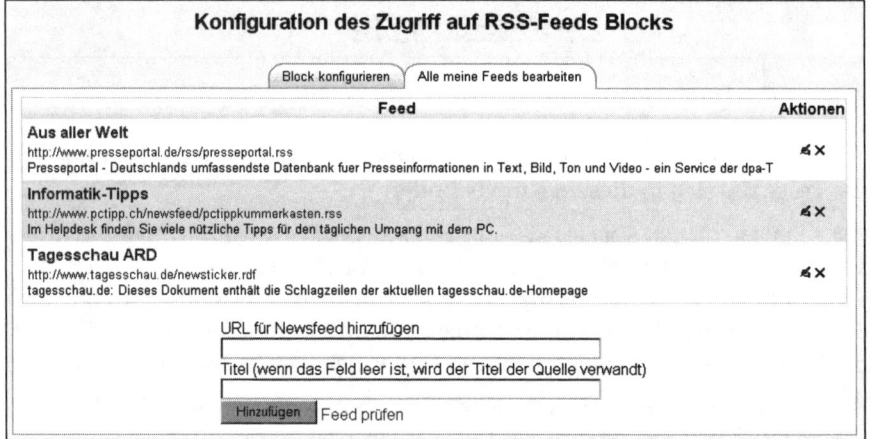

Abbildung 7.35: Das Register Alle meine Feeds bearbeiten

- FEED: Hier werden die Beschreibungen und Daten der erfassten Feeds angezeigt.

- AKTIONEN: Mit einem Klick auf das Händchen öffnet sich das Formular HINZUFÜGEN/BEARBEITEN VON FEEDS, mit dem Sie URL und TITEL des Feeds bearbeiten können. Mit einem Klick auf das X können Sie den Feed löschen.

- URL FÜR NEWSFEED HINZUFÜGEN: Viele Feeds finden Sie auf *www.rss-scout.de*.

- TITEL: Hier geben Sie den Titel ein, wenn Sie nicht die Vorgabe des Feeds verwenden wollen.

- FEED PRÜFEN: ruft die Seite *feedvalidator.org* auf, die den Feed auf Gültigkeit prüft.

Auf dem Register BLOCK KONFIGURIEREN bestimmen Sie, welcher Feed im aktuellen Block angezeigt werden soll (Abbildung 7.36).

- ANZEIGE DER BESCHREIBUNG FÜR JEDEN LINK? Hier gibt es die Optionen JA oder NEIN.

Konfiguration des Zugriff auf RSS-Feeds Blocks

Block konfigurieren / Alle meine Feeds bearbeiten

Anzeige der Beschreibung für jeden Link?	Nein
Höchstzahl der gezeigten Einträge pro Block	5
Wählen Sie die Feeds, die in diesem Block zur Verfügung stehen sollen:	☐ Aus aller Welt ☐ Informatik-Tipps ☐ Tagesschau ARD
Titel:	
Soll ein Link zur Originalseite angezeigt werden? Hinweis: Kann nur genutzt werden, wenn der Newsfeed einen Link verwendet.	Nein
Grafik des Channels anzeigen, wenn vorhanden:	Nein

Änderungen speichern

Abbildung 7.36: Das Register Block konfigurieren

- HÖCHSTZAHL DER GEZEIGTEN EINTRÄGE PRO BLOCK: Es können aber auch weniger sein, je nach Verfügbarkeit.

- WÄHLEN SIE DIE FEEDS, DIE IN DIESEM BLOCK ZUR VERFÜGUNG STEHEN SOLLEN: Hier werden alle erfassten Feeds mit einem Auswahlkästchen angezeigt. Die markierten Feeds werden in diesem Block untereinander angezeigt.

- TITEL: des Blocks.

- SOLL EIN LINK ZUR ORIGINALSEITE ANGEZEIGT WERDEN? HINWEIS: KANN NUR GENUTZT WERDEN, WENN DER NEWSFEED EINEN LINK VERWENDET. Leider öffnet dieser Link die Originalseite im gleichen Fenster. Es gibt die Optionen JA und NEIN.

- GRAFIK DES CHANNELS ANZEIGEN, WENN VORHANDEN: Es gibt die Optionen JA und NEIN. Die Grafik funktioniert auch als Link auf die Originalseite, die aber leider im gleichen Fenster angezeigt wird.

Übung 21

Beim Zuschauen lernt man nicht Tanzen

Nachdem Sie die Blockbeschreibungen gelesen haben, sollten Sie jetzt unbedingt etwas damit machen. Obwohl viele Blöcke mit Lernaktivitäten verbunden sind, die wir erst später besprechen, können Sie bereits einiges anstellen. Hier meine Vorschläge:

1. Löschen Sie alle Blöcke aus Ihrem Kurs, und fügen Sie anschließend alle Blöcke wieder hinzu, bewegen Sie die Blöcke von der linken Spalte in die rechte Spalte.

2. Suchen Sie auf *www.rss-scout.de* drei interessante Feeds, die Sie im Block RSS-FEEDS hinzufügen.

3. Geben Sie dem Teilnehmer *dummy_1* in Ihrem Kurs die Rolle als Trainer ohne Editierrechte.

4. Melden Sie sich mit der Schaltfläche LOGIN ALS im Block PERSONEN als *dummy_2* an, und betrachten Sie das Lernportal aus Teilnehmersicht – insbesondere den Block MEINE KURSE.

5. Erstellen Sie einen HTML-Block als Hingucker, den Sie in Ihren Kursen verwenden können, zum Beispiel: »Beim Zuschauen lernt man nicht Tanzen«.

Bevor Sie zu *New Kids On The Block* (Teenie-Band) mutieren, sollten Sie jetzt mal … – im Teeniejargon gesagt: chillen.

Oft sitzen wir stundenlang im gleichen Raum, ohne auch nur einmal das Fenster zu öffnen. Die Luft ist verbraucht, und wir wundern uns, warum unsere Lernenergie nachlässt. Machen Sie JETZT eine kurze Pause, gehen Sie einige Schritte draußen spazieren, oder setzen Sie sich einen Moment auf den Balkon. Tanken Sie Sauerstoff – und hören Sie dazu Ihre Lieblingsmusik. Vielleicht sogar *New Kids On The Block*?

Das Erstellen von Kursen ist mit Aufwand verbunden, der sich nur lohnt, wenn man den Kurs mehrmals verwenden kann. Und nach dem ersten Durchlauf ist man oft klüger und will den Ablauf verändern. Lesen Sie bitte weiter in Kapitel 8, *Organisation*.

8 Organisation – Gewinnen Sie Übersicht und Sicherheit

Bereits bei Kursbeginn sollen die Teilnehmer wissen, wann sie Aufgaben abgeben oder Prüfungen schreiben müssen. Diese Informationen erhalten sie über den Kalender.

Sie erfahren in diesem Kapitel, wie Sie den Kalender richtig einsetzen und den Teilnehmern damit Übersicht und Sicherheit geben. Dabei wollen Sie die mit viel Aufwand erstellten Kurse sicher mehrmals verwenden – ich zeige Ihnen in diesem Kapitel, wie Sie Kurse sichern, wiederherstellen und duplizieren. Weiter erfahren Sie, wie Sie ausgewählte Kursdaten von einem Kurs in den anderen kopieren.

8.1   Kalender

Der Kalender ist keine Lernaktivität, sondern ein Organisationsmittel, das mit vielen Lernaktivitäten zusammenarbeitet. Um das Werkzeug nutzen zu können, fügen Sie mindestens den Block KALENDER und vorzugsweise auch den Block BALD AKTUELL im Kursraum ein (Abbildung 8.1). Mit einem Klick auf ein TAGES-DATUM im Block KALENDER oder auf einen Termin (HEUTE, MORGEN, SONNTAG, 9. OKTOBER) im Block BALD AKTUELL öffnet sich der Kalender in der Tagesansicht (Abbildung 8.5). Mit einem Klick auf die Pfeile ◀ und ▶ im Block KALENDER wechselt die Anzeige auf den vorigen oder den nächsten Monat, und mit einem Klick auf den Monat APRIL 2007 öffnet sich der Kalender in der Monatsansicht (Abbildung 8.6). Der Kalender zeigt die verschiedenen Terminarten (ALLGEMEINE TERMINE, GRUPPENTERMINE, KURSTERMINE, PERSÖNLICHE TERMINE) in verschiedenen Farben. Über die entsprechenden Links kann eine Terminart ein- oder ausgeblendet werden.

Abbildung 8.1:   Die Blöcke Kalender und Bald aktuell

8.1.1   Einstellungen

Jeder Teilnehmer kann den Kalender selbst konfigurieren. Mit einem Klick auf die Schaltfläche EINSTELLUNGEN (Abbildung 8.6) öffnet sich das gleichnamige Formular (Abbildung 8.2).

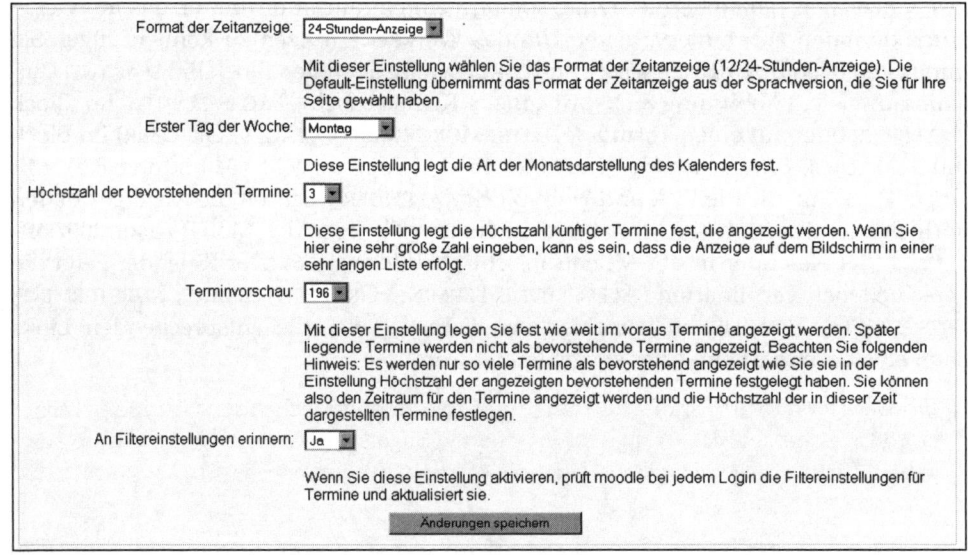

Abbildung 8.2:   Das Formular Einstellungen

■ FORMAT DER ZEITANZEIGE: Listenfeld mit den Optionen GRUNDEINSTELLUNG, 12-STUNDEN-ANZEIGE UND 24-STUNDEN-ANZEIGE. Normalerweise können Sie die Einstellung GRUNDEINSTELLUNG wählen. Damit wird das Format der Zeitanzeige aus der Sprachversion übernommen, die Sie für Ihre Seite gewählt haben.

■ ERSTER TAG DER WOCHE: Listenfeld mit den Wochentagen. Hier legen Sie fest, mit welchem Wochentag die Woche beginnen soll. Normalerweise wählen Sie hier Montag.

■ HÖCHSTZAHL DER BEVORSTEHENDEN TERMINE: Listenfeld 1–20. Sie bestimmen hier, wie viele Termine im Block BALD AKTUELL angezeigt werden.

■ TERMINVORSCHAU: Listenfeld 1–200. Hier definieren Sie, wie viele Tage im Voraus die Termine im Block BALD AKTUELL angezeigt werden sollen.

Die Kombination der Felder HÖCHSTZAHL und TERMINVORSCHAU bestimmt die anzuzeigenden Termine – dabei wird nicht zwischen wichtigen und unwichtigen Terminen unterschieden.

■ AN FILTEREINSTELLUNGEN ERINNERN: Mit JA speichert Moodle die zuletzt einge-stellten Filter für die Terminarten (GLOBALE TERMINE, GRUPPENTERMINE, KURSTER-MINE, TEILNEHMERTERMINE) und erinnert sich beim nächsten Login, welche Terminarten Sie ein- oder ausgeblendet hatten.

8.1.2 Neuer Termin

Einige Lernaktivitäten tragen Ihre Termine automatisch im Kalender ein (AUFGABE, CHAT, LEKTION, TEST und WORKSHOP). Diese Termine werden im Kalender als KURS-TERMINE geführt, bleiben aber mit der Lernaktivität verbunden. Will man einen sol-chen Termin ändern, geschieht das in den Einstellungen der entsprechenden Lern-aktivität. Mit dem Löschen der Lernaktivität wird auch der Termin gelöscht.

Zusätzliche Termine können Sie manuell eintragen. Nach dem Klick auf die Schaltflä-che NEUER TERMIN (Abbildung 8.5) werden Sie zuerst gefragt, welcher Art der neue Termin ist: GRUPPENTERMIN, KURSTERMIN oder PERSÖNLICHER TERMIN (Abbildung 8.3). Dazu müssen Sie Folgendes wissen:

■ Ein PERSÖNLICHER TERMIN ist nur für jenen Teilnehmer sichtbar, der ihn erfasst hat. Es handelt sich also um einen privaten Eintrag.

■ Ein GRUPPENTERMIN ist nur für die Mitglieder der entsprechenden Gruppe sichtbar. Beim Erfassen eines solchen Termins müssen Sie als Kursverwalter die Gruppe an-geben, für die dieser Termin gelten soll. Gibt ein Teilnehmer einen Gruppentermin ein, ist die Gruppe durch seine Gruppenzugehörigkeit bereits bestimmt.

■ Ein KURSTERMIN ist für alle Kursteilnehmer sichtbar.

■ ALLGEMEINE TERMINE können nur vom Administrator erfasst werden und sind im ganzen Lernportal sichtbar.

Ein Teilnehmer kann nur Persönliche termine und Gruppentermine (sofern er in einer Gruppe ist) erfassen.

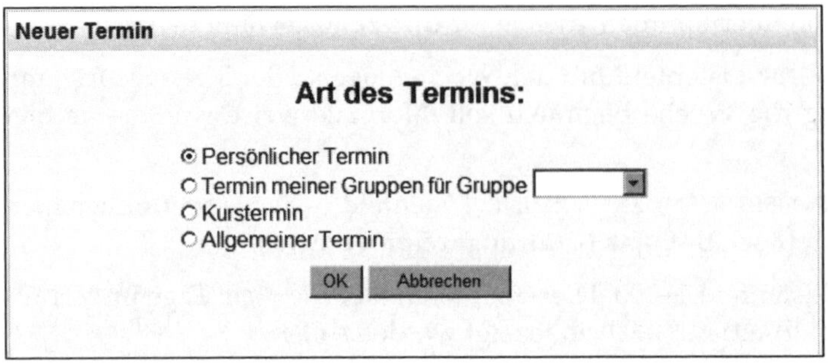

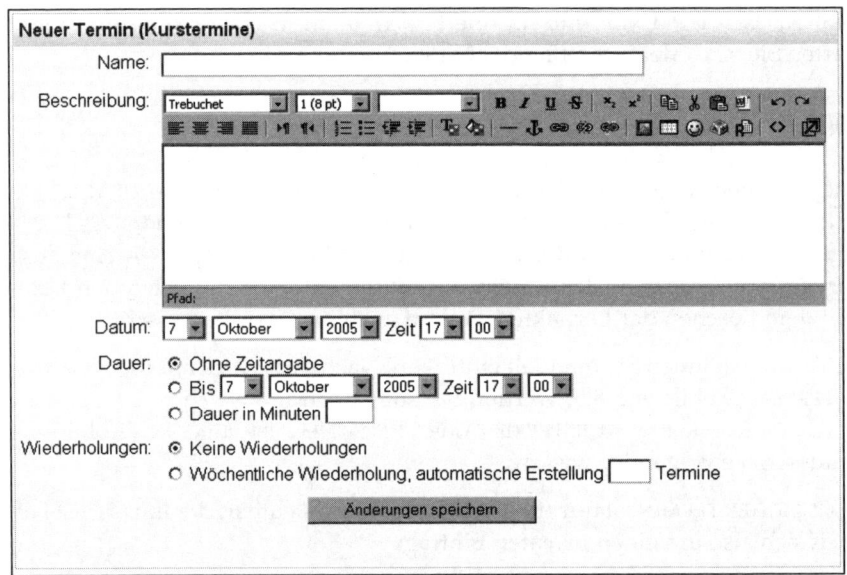

Abbildung 8.3:   Das Formular Neuer Termin, Abfrage Art des Termins

Nachdem Sie die Art des Termins bestimmt haben öffnet sich das Formular Neuer Termin, zweiter Teil (Abbildung 8.4), in dem Sie den neuen Termin erfassen.

Abbildung 8.4:   Das Formular Neuer Termin

- Name: wird im Kalender in der Tages- und Monatsansicht und im Block Bald aktuell angezeigt. Er sollte deshalb kurz und aussagekräftig sein, beispielsweise *Lernkontrolle Hardware*.

- Beschreibung: Hier beschreiben Sie den Termin möglichst genau, sodass die Teilnehmer Bescheid wissen. Diese Beschreibung wird im Kalender in der Monatsansicht angezeigt.

open source library

- DATUM: Anfang mit DATUM und ZEIT.

- DAUER: Ende mit DATUM, ZEIT und DAUER IN MINUTEN.

- WIEDERHOLUNGEN: sind für wöchentliche Wiederholungen vorgesehen. Zusätzlich können Sie festlegen, wie oft der Termin wiederholt wird. Ohne diese Angabe wird Moodle den Termin »unendlich« oft wiederholen.

8.1.3 Tagesansicht

Wenn Sie im Block BALD AKTUELL oder im Block KALENDER auf einen Termin klicken, öffnet sich das Formular KALENDER mit der entsprechenden Tagesansicht (Abbildung 8.5). Am rechten Rand erkennen Sie den aktuellen Monat, APRIL 2007, in der Mitte, oberhalb den vorigen Monat und unterhalb den nachfolgenden Monat. Auf der linken Seite werden aktuelle Termine dieses Tages mit Beschreibung und Anfangszeit aufgelistet. Jeder Termin lässt sich direkt editieren. Ein Klick auf das Händchen führt in die entsprechende Lernaktivität oder bei einem manuell erzeugten Termin ins Formular TERMIN BEARBEITEN. Ein Klick auf das X löscht die Lernaktivität beziehungsweise den Termin. Über das Listenfeld TAGESANSICHT, das alle Ihre Kurse enthält, können Sie von einem Kurs zum anderen zappen. Die Links neben dem Tagesdatum führen zum Tag davor oder danach.

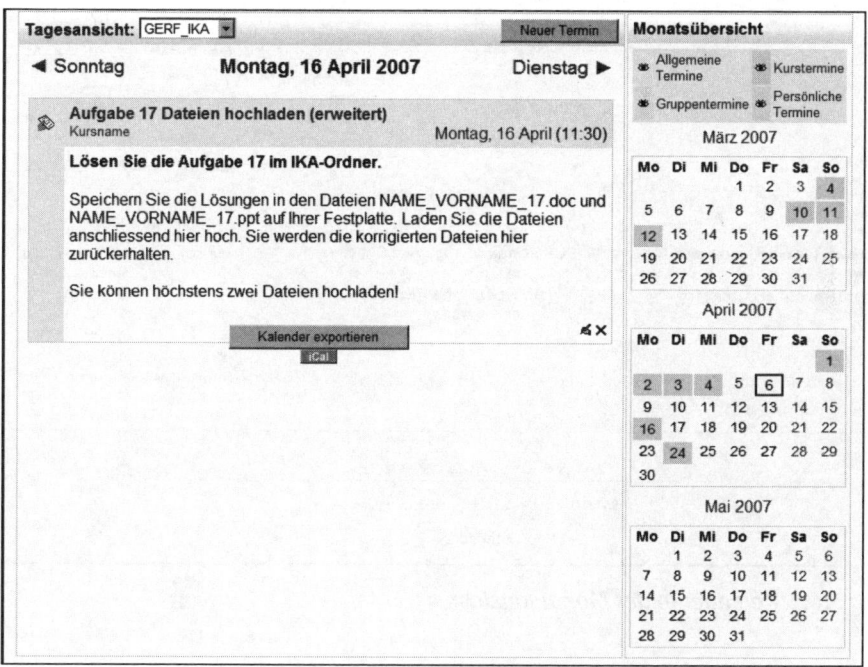

Abbildung 8.5: Der Kalender in der Tagesansicht als Ausschnitt

159

Wenn Sie im Block KALENDER auf den Monat April 2007 klicken, öffnet sich das Formular KALENDER mit der entsprechenden MONATSANSICHT (Abbildung 8.6). Über das Listenfeld MONATSGESAMTANSICHT, das alle Ihre Kurse enthält, können Sie von einem Kurs zum anderen zappen. Die Links neben dem Monat APRIL 2007 führen Sie zum Monat davor oder danach. Mit einem Klick auf einen Termin gelangen Sie auf die entsprechende TAGESANSICHT.

8.1.4 Monatsansicht

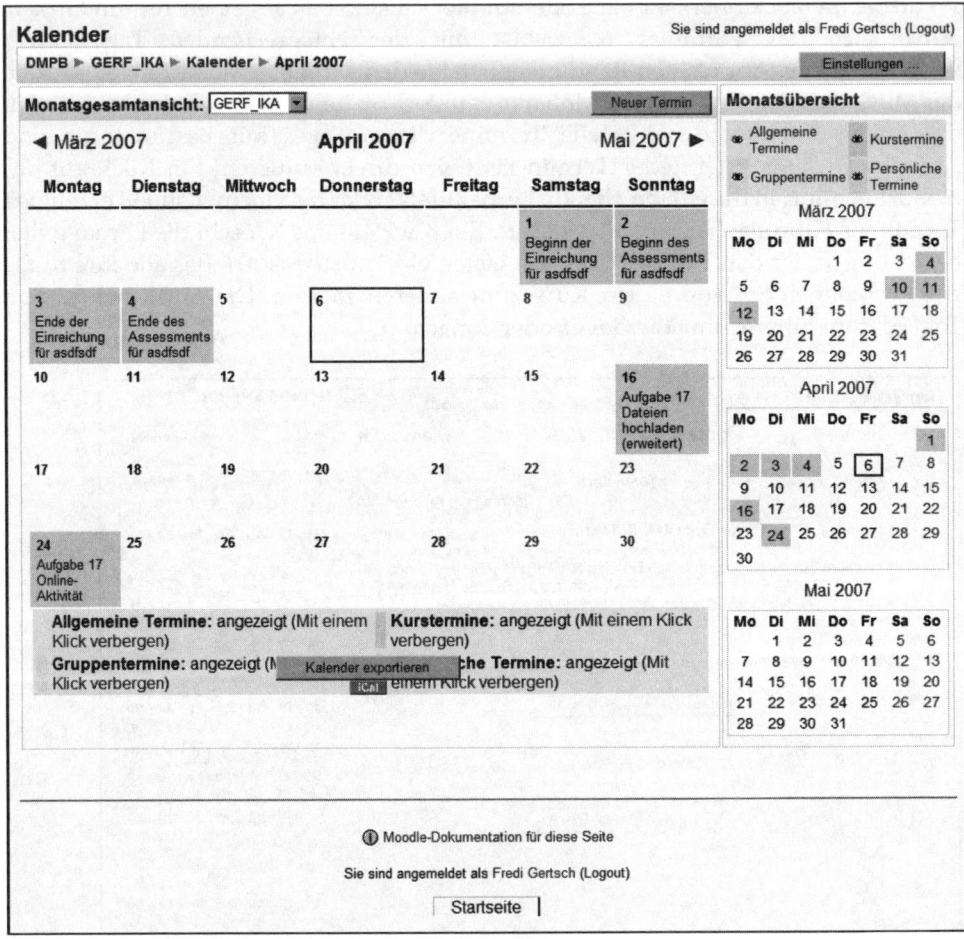

Abbildung 8.6:   Kalender in der Monatsansicht

Übung 22

Kalender

Nun haben Sie das Wichtigste über den Kalender gelesen – jetzt TUN Sie auch mal was damit ;-)!

Melden Sie sich auf *www.moodle.org* an, und schauen Sie sich im Kalender an, was für die aktuellen drei Monate alles eingetragen ist. Dann geben wir noch eins drauf: Tragen Sie Ihre privaten Termine der nächsten Woche in diesen Kalender ein! Kann man Ihre persönlichen Termine jetzt weltweit sehen? Na, bravo!

8.2 Arbeitsunterlagen und Lernaktivitäten ordnen

Wahrscheinlich entstehen die Kurse mehrheitlich nicht gradlinig – *Trial and Error* ist wohl weltweit, bei allen mit Software arbeitenden »Tastenvirtuosen« eine verbreitete Methode. Nach dem ersten Durchlauf mit Teilnehmern sieht mancher Kursverwalter oder Trainer seinen Kurs mit anderen Augen – und will ihn neu ordnen. Spätestens beim zweiten Durchlauf stehen alle AKTIVITÄTEN von Anfang an im Kurs bereit. Was ist zu tun, wenn die Teilnehmer gewisse Bereiche noch nicht sehen dürfen? Diese Werkzeuge stehen Ihnen im **Bearbeitungsmodus** zur Verfügung:

8.2.1 Einrücken

Mit einem Klick auf EINZUG LINKS lassen sich die Lernaktivitäten und Arbeitsunterlagen über mehrere Stufen nach rechts einrücken und mit Klick auf EINZUG RECHTS wieder nach links verschieben (Abbildung 8.7).

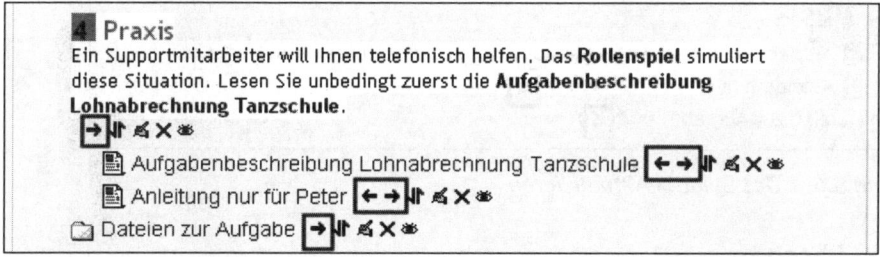

Abbildung 8.7: Das Symbol Einrücken

8.2.2 Verschieben

Wenn Sie Arbeitsunterlagen oder Lernaktivitäten hinzufügen, werden diese zuunterst im Kurs-Abschnitt eingefügt. Mit einem Klick auf das Symbol VERSCHIEBEN wählen Sie ein Element zum Verschieben aus. Moodle zeigt Ihnen anschließend zwischen den Elementen ZIEL-RECHTECKE an. Mit dem Klick auf ein solches ZIEL-RECHT-ECK definieren Sie, wohin das vorher ausgewählte Element verschoben wird (Abbildung 8.8).

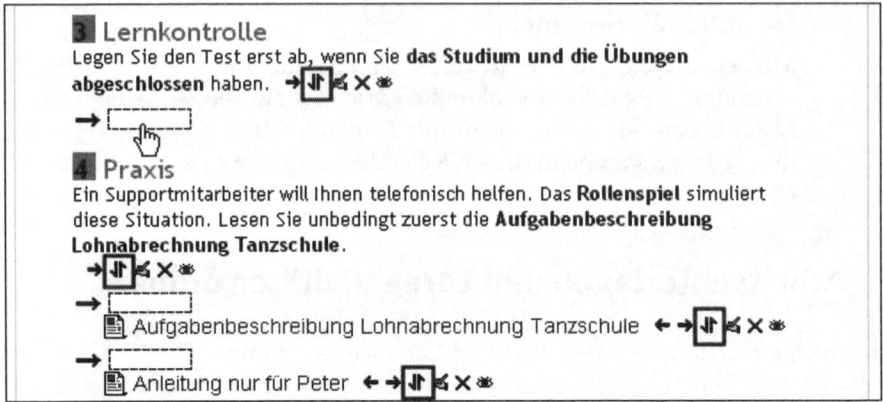

Abbildung 8.8: Die Symbole Verschieben und Ziel-Rechteck

8.2.3   Bearbeiten

Im Kurs eingefügte Arbeitsunterlagen und Lernaktivitäten können Sie ändern. Mit einem Klick auf das Symbol AKTUALISIEREN (Abbildung 8.9) öffnet sich das entsprechende Formular.

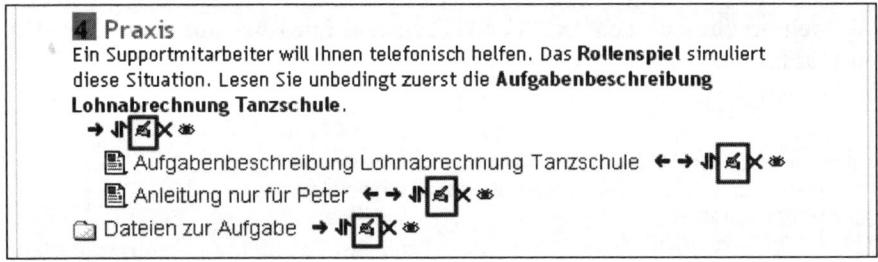

Abbildung 8.9:   Das Symbol Aktualisieren

8.2.4   Löschen

Wollen Sie Arbeitsunterlagen oder Lernaktivitäten löschen, klicken Sie auf das Symbol LÖSCHEN (Abbildung 8.10). Wenn Sie die Sicherheitsabfrage SIND SIE SICH WIRKLICH SICHER, DASS SIE … LÖSCHEN WOLLEN? bestätigen, werden das Element und die dazugehörigen Benutzerdaten unwiderruflich gelöscht. Bei einem Forum beispielsweise werden alle geposteten Beiträge und die gegebenenfalls darin hochgeladenen Dateien gelöscht.

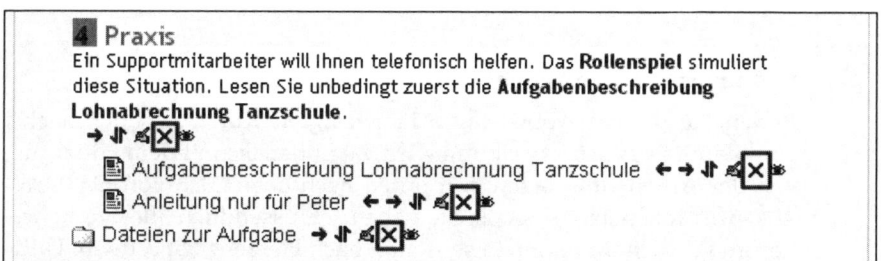

Abbildung 8.10: Das Symbol Löschen

8.2.5 Verstecken

Arbeitsunterlagen und Lernaktivitäten lassen sich mit einem Klick auf das wechselnde Symbol VERBERGEN und wieder ANZEIGEN. Das geöffnete Auge bedeutet sichtbar, das geschlossene Auge unsichtbar (Abbildung 8.11).

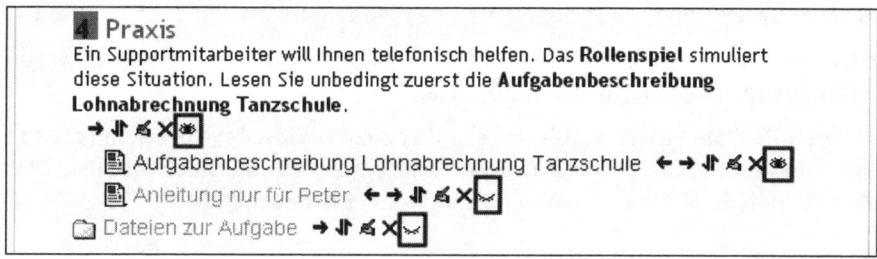

Abbildung 8.11: Die Symbole für sichtbar/unsichtbar

8.2.6 Drag&Drop

Wenn der Administrator unter VERSCHIEDENES-EXPERIMENTELL und Sie in Ihrem Profil AJAX UND JAVASCRIPT erlauben, lassen sich im Kursraum die BLÖCKE, ABSCHNITTE und AKTIVITÄTEN per Drag&Drop verschieben – eine kleine Verbesserung mit riesengroßer Auswirkung. Endlich kann ich das *Trial and Error*-Prinzip so richtig ausleben. Die Abschnitte und Aktivitäten zeigen als Drag&Drop-Symbol neu einen in alle Richtungen weisenden Pfeil an, und bei den Blöcken wechselt der Mauszeiger zu diesem Symbol (Abbildung 8.12).

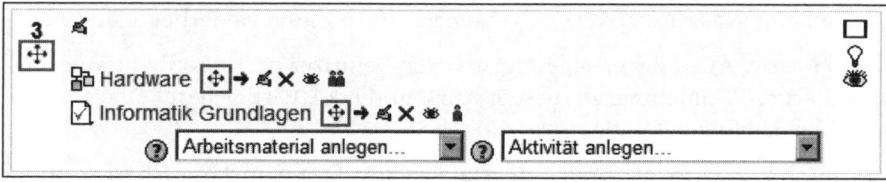

Abbildung 8.12: Drag & Drop im Kursraum

Übung 23

Ordnungsmittel anwenden

Bilden Sie den in Abbildung 8.11 gezeigten Kurs-Abschnitt nach. Und damit es eine *tricky* Übung wird, beginnen Sie mit dem Hinzufügen der Arbeitsunterlagen von unten nach oben, also von DATEIEN ZUR AUFGABE nach 4 PRAXIS. Sie haben schlussendlich alles verkehrt herum vor sich und können so richtig nach Herzenslust ordnen. Und bitte vergessen Sie die Einrückungen und das Verstecken nicht!

8.3 Kurse sichern

SICHERUNG und WIEDERHERSTELLEN gehören zusammen wie siamesische Zwillinge. Ohne das eine macht das andere keinen Sinn. Mit Hilfe dieser zwei Funktionen erstellen Sie

- **Sicherheitskopien**, die Sie auf der lokalen Festplatte oder auf CD aufbewahren

- **Duplikate** für den Eigenbedarf und für die Weitergabe an Moodler auf dem gleichen oder einem anderen Moodle-Lernportal

Moodle sichert alle Daten in eine ZIP-Datei und speichert diese im Verzeichnis BACK-UPDATA im Kursverzeichnis. Mit einem Klick auf SICHERUNG im Block ADMINISTRATION starten Sie den Sicherungsvorgang, der in vier Schritten abläuft:

Erster Schritt

Im Formular KURSSICHERUNG bestimmen Sie die Elemente, die gesichert werden sollen (Abbildung 8.13).

- EINBEZIEHEN: Hier bestimmen Sie, welche Lernaktivitäten in die Sicherung aufgenommen und ob die dazugehörenden Nutzerdaten auch gesichert werden. Mit den Links ALLE/KEINE können Sie mit einem Klick alle Ausfüllkästchen aktivieren oder deaktivieren. Weil die Lernaktivitäten als Gruppe und mit jeder einzelnen Instanz angezeigt werden, ist es möglich, beispielsweise einzelne Foren von der Sicherung auszuschließen.

- METAKURS: JA oder NEIN. Diese Einstellung hat nur eine Wirkung, wenn der zu sichernde Kurs ein Metakurs (Eltern-Kurs) oder ein in einem Metakurs eingetragener Kurs (Kind-Kurs) ist. Mit JA sichert Moodle die entsprechenden Beziehungen und wird beim WIEDERHERSTELLEN versuchen, auch diese wiederherzustellen.

- NUTZER/INNEN: ALLE sichert alle registrierten Benutzer des Moodle-Lernportals, KURS sichert die Teilnehmer in diesem Kurs, und NICHTS speichert keine Teilnehmer und keine Nutzer-Dateien.

- STATISTIKEN: JA oder NEIN. Sollen die statistischen Daten auch gesichert werden? Mit NEIN verkleinern Sie die Sicherungsdatei unter Umständen wesentlich.

- NUTZER-DATEIEN: sichern JA oder NEIN. Diese Einstellung wirkt wie ein Hauptschalter. Mit NEIN werden Ihre JA-Markierungen bei den einzelnen Lernaktivitäten überschrieben.

- KURSDATEIEN: sichern JA oder NEIN. Mit NEIN werden die im Kurs-Verzeichnis gespeicherten Dateien nicht gesichert.

Der Klick auf die Schaltfläche WEITER führt Sie zum zweiten Schritt.

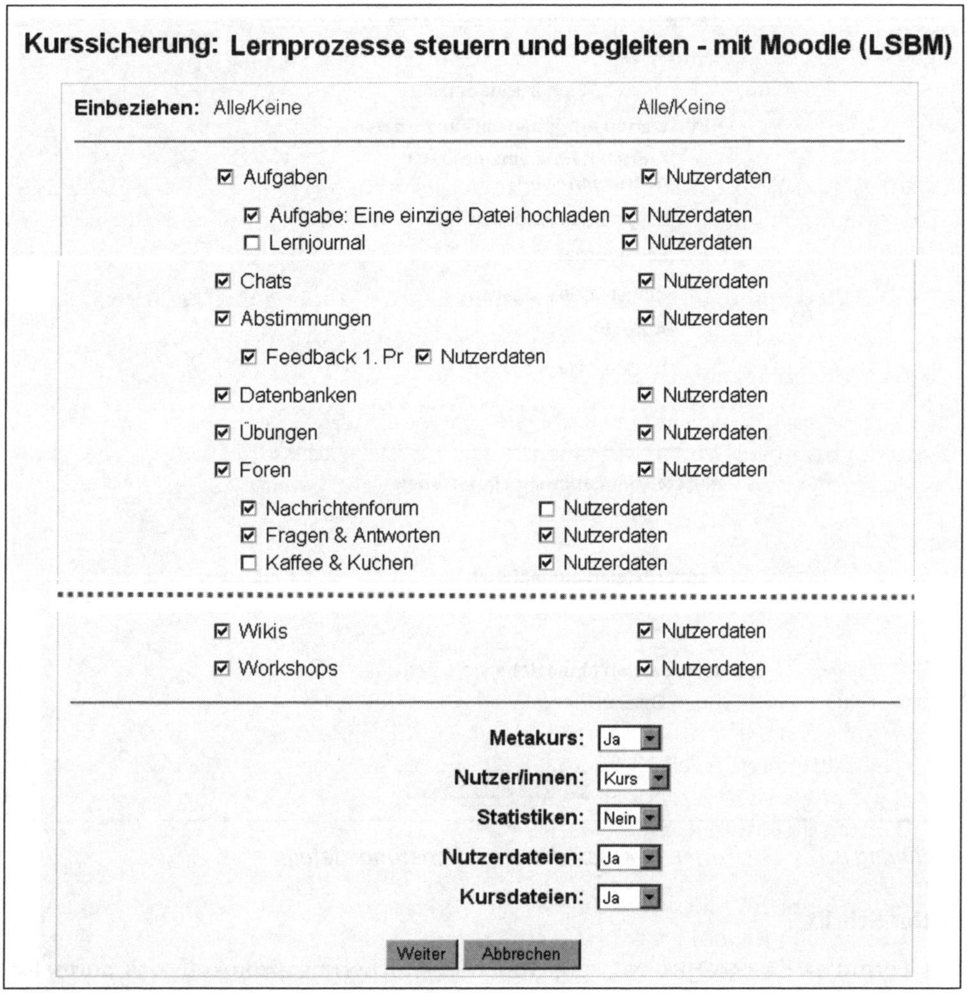

Kurssicherung: Lernprozesse steuern und begleiten - mit Moodle (LSBM)

Einbeziehen: Alle/Keine   Alle/Keine

☑ Aufgaben   ☑ Nutzerdaten
   ☑ Aufgabe: Eine einzige Datei hochladen ☑ Nutzerdaten
   ☐ Lernjournal   ☑ Nutzerdaten
☑ Chats   ☑ Nutzerdaten
☑ Abstimmungen   ☑ Nutzerdaten
   ☑ Feedback 1. Pr ☑ Nutzerdaten
☑ Datenbanken   ☑ Nutzerdaten
☑ Übungen   ☑ Nutzerdaten
☑ Foren   ☑ Nutzerdaten
   ☑ Nachrichtenforum   ☐ Nutzerdaten
   ☑ Fragen & Antworten   ☑ Nutzerdaten
   ☐ Kaffee & Kuchen   ☑ Nutzerdaten

....

☑ Wikis   ☑ Nutzerdaten
☑ Workshops   ☑ Nutzerdaten

Metakurs: [Ja ▾]

Nutzer/innen: [Kurs ▾]

Statistiken: [Nein ▾]

Nutzerdateien: [Ja ▾]

Kursdateien: [Ja ▾]

[Weiter] [Abbrechen]

Abbildung 8.13: Das Formular Kurssicherung: Elemente für die Sicherung bestimmen

Zweiter Schritt

Das Formular KURSSICHERUNG zeigt Ihnen alle Sicherungsdetails der bevorstehenden Sicherung (Abbildung 8.14).

- NAME: Moodle gibt einen Namen für die Sicherungsdatei vor, den Sie hier auch noch ändern können.

Der Klick auf die Schaltfläche WEITER löst die Erstellung der Sicherungsdatei aus und führt Sie zum dritten Schritt.

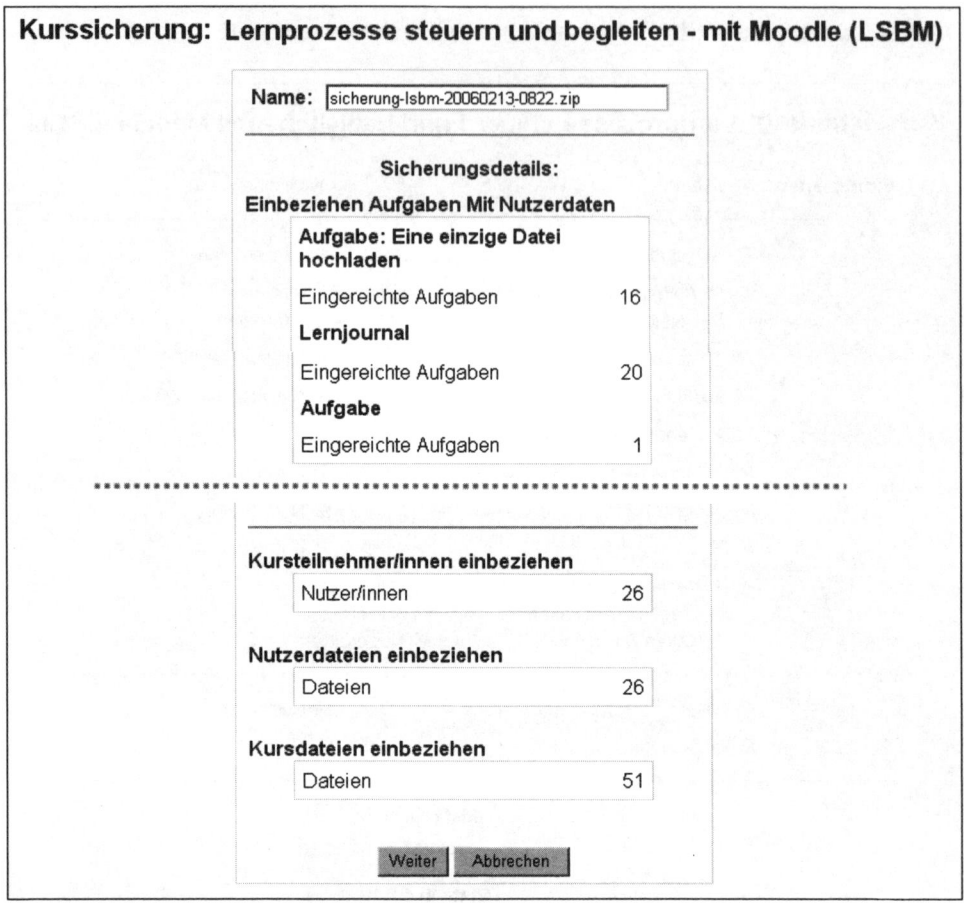

Abbildung 8.14: Das Formular Kurssicherung: Sicherungsdetails

Dritter Schritt

Das Formular KURSSICHERUNG zeigt Ihnen das Sicherungsprotokoll, das normalerweise mit der Meldung SICHERUNG ERFOLGREICH ABGESCHLOSSEN endet.

Der Klick auf die Schaltfläche WEITER führt Sie zum vierten Schritt.

Vierter Schritt

Das Verzeichnis BACKUPDATA wird mit der eben erstellten Sicherung anzeigt.

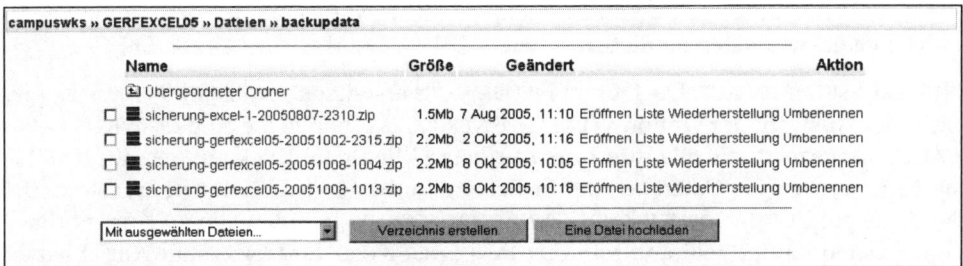

Abbildung 8.15: Das Verzeichnis backupdata

8.4 Kurse wiederherstellen

Mit einem Klick auf WIEDERHERSTELLEN im Block ADMINISTRATION öffnet sich das Verzeichnis BACKUPDATA im Kursverzeichnis (Abbildung 8.15). Mit einem Klick auf den Link WIEDERHERSTELLEN beginnen Sie den Wiederherstellungsvorgang, der in vier Schritten abläuft:

Erster Schritt

WOLLEN SIE WIRKLICH FORTSETZEN? (Abbildung 8.16) werden Sie in einem ersten Schritt gefragt. Der Klick auf die Schaltfläche JA führt Sie zum zweiten Schritt.

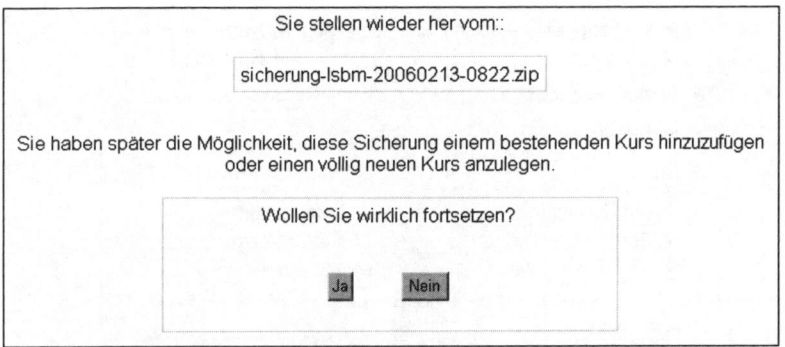

Abbildung 8.16: Wiederherstellung: Sicherheitsabfrage

Zweiter Schritt

Das Formular KURSRÜCKSETZUNG zeigt Ihnen eine Liste der in der Sicherung vorhandenen Elemente. Der Klick auf die Schaltfläche WEITER führt zum dritten Schritt.

Dritter Schritt

Im Formular KURSRÜCKSETZUNG (Abbildung 8.17) können Sie die Art der Wiederherstellung bestimmen. Das ist selbstverständlich nur im Rahmen jener Daten möglich, die in der Sicherung vorhanden sind – das bedeutet, dass Sie die Auswahl höchstens einschränken können. Mit dem Listenfeld WIEDERHERSTELLEN AUF bestimmen Sie, in welchen Kurs die Daten einfließen sollen.

WIEDERHERSTELLEN AUF: Die Option NEUER KURS erstellt eine vollständig neue Kopie. Nach der Auswahl der Option VORHANDENER KURS erhalten Sie eine Liste KURS AUS-WÄHLEN angezeigt, die alle Ihre Kurse auflistet. Mit einem Klick auf den ausgewähl-ten Kurs werden die Daten aus der Sicherung in diesem Kurs wiederhergestellt. Bei der Auswahl VORHANDENER KURS, ZUNÄCHST LÖSCHEN werden alle im Kurs vorhan-denen Daten vorher gelöscht. Mit VORHANDENER KURS, DATEN HINZUFÜGEN bleiben alle Daten erhalten. Das kann allerdings auch dazu führen, dass gewisse Daten dop-pelt vorhanden sind.

Der Wiederherstellungsprozess beginnt, wenn Sie in der Liste KURS AUSWÄHLEN auf den Kurs klicken oder wenn Sie auf die Schaltfläche WEITER klicken – je nach Aus-wahl im Listenfeld WIEDERHERSTELLEN AUF –, und führt zum vierten Schritt.

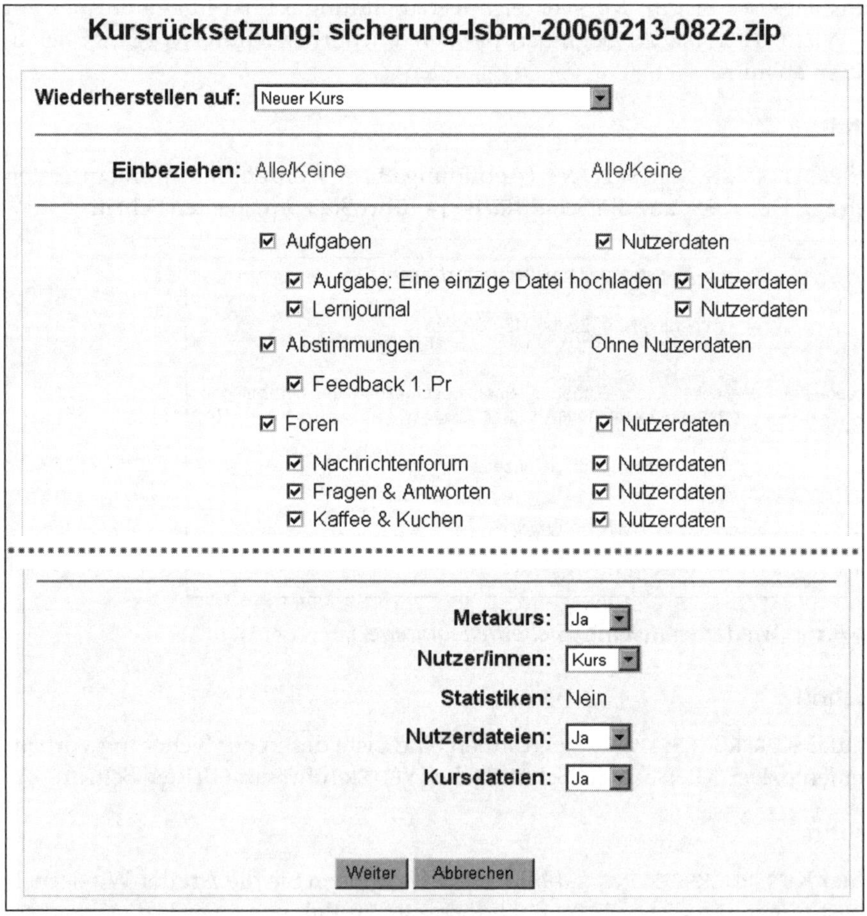

Abbildung 8.17: Wiederherstellung: Einstellungen

Vierter Schritt

Das Formular KURSRÜCKSETZUNG zeigt Ihnen das Wiederherstellungsprotokoll, das normalerweise mit der Meldung WIEDERHERSTELLUNG ERFOLGREICH BEENDET abschließt.

Der Klick auf die Schaltfläche WEITER führt Sie in den wiederhergestellten Kurs.

8.5 Kursdaten importieren

Die Funktion KURSDATEN IMPORTIEREN kombiniert die Funktionen SICHERUNG und WIEDERHERSTELLUNG in idealer Weise. Wenn Sie ARBEITSUNTERLAGEN oder LERNAKTIVITÄTEN aus einem vorhandenen Kurs importieren wollen, gelingt es mit dieser Funktion einfacher und schneller. Das Importieren anderer Kursdaten (Teilnehmer, Statistik usw.) ist leider nicht möglich. Mit einem Klick auf KURSDATEN IMPORTIEREN im Block ADMINISTRATION öffnet sich das gleichnamige Formular (Abbildung 8.18). Hier bestimmen Sie den Kurs, aus dem Sie Daten importieren wollen.

Abbildung 8.18: Das Formular Kursdaten importieren

- KURSE, IN DENEN ICH UNTERRICHTETE: Das Listenfeld zeigt sämtliche Kurse, in denen Sie Kursverwalter sind.

- KURSE DER GLEICHEN KATEGORIE: Das Listenfeld zeigt nur diejenigen Kurse der gleichen Kategorie an, in denen Sie Kursverwalter sind.

- KURSE SUCHEN: Über diese Funktion finden Sie jeden Kurs auf der Lernplattform und können daraus importieren!

Mit einem Klick auf die Schaltfläche DIESEN KURS VERWENDEN werden Sie schrittweise durch den Vorgang geführt, wie Sie ihn vom SICHERN und WIEDERHERSTELLEN bereits kennen. Vor dem Importieren werden keine Daten gelöscht.

8.6 Kurse zurücksetzen

Die Funktion ZURÜCKSETZEN macht es Ihnen leicht, Kurse wiederzuverwenden. Es ist doch immer dasselbe: Auch wenn Sie einen Kurs mit großer Voraussicht und viel Aufwand entwickeln, so richtig fertig ist er frühestens nach dem ersten Durchlauf. Jetzt kommt die Funktion ZURÜCKSETZEN ins Spiel. Mit einem Klick auf ZURÜCKSETZEN im Block ADMINISTRATION öffnet sich das gleichnamige Formular (Abbildung 8.19). Hier können Sie alle Daten und Einträge der Teilnehmenden gezielt entfernen.

Bestimmen Sie durch Deaktivieren der Auswahlkästchen, welche Daten Sie behalten wollen. Wiederholen Sie den Kurs mit den gleichen TRAINER/INNEN? Wollen Sie die GRUPPEN auch im nächsten Kurs verwenden? Wenn Sie die TEILNEHMER/INNEN löschen, bleiben dabei bloß die Gruppenbezeichnungen bestehen. Wollen Sie die Beiträge im TRAINER/INNEN-FORUM behalten? Vielleicht wollen Sie auf die dort formulierten Erkenntnisse beim nächsten Durchlauf zurückgreifen.

Die markierten Daten werden nach dem Klick auf die Schaltfläche KURS ZURÜCKSETZEN unwiederbringlich gelöscht.

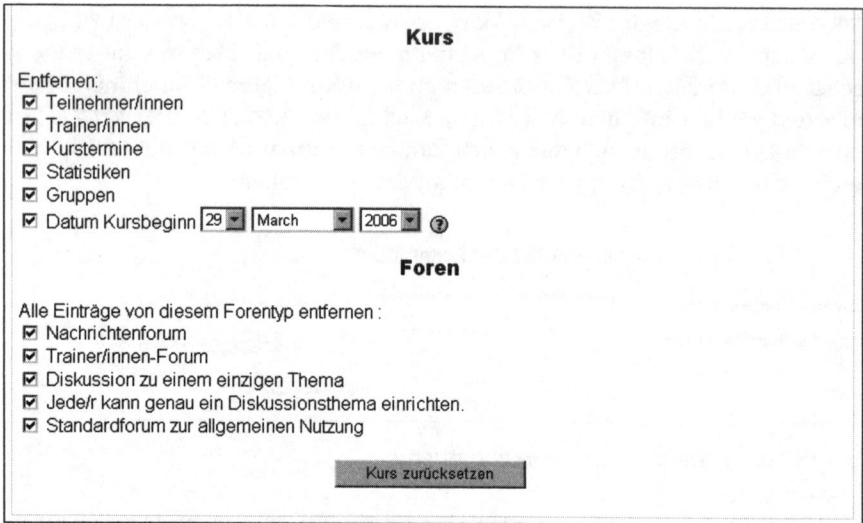

Abbildung 8.19: Das Formular Kurs zurücksetzen

Übung 24

Sichern und Wiederherstellen

Die Funktionen SICHERUNG, WIEDERHERSTELLEN und KURSDATEN IMPORTIEREN bieten Ihnen viele Möglichkeiten. Verwenden Sie für die nachfolgende Übung einen Kurs (Quelle), der bereits einige Arbeitsunterlagen und einige Teilnehmer (zum Beispiel *dummy_1* bis *dummy_6*) enthält. Sichern Sie diesen Kurs mit allen Elementen.

1. Duplizieren Sie den Kurs *Quelle*.

2. Eröffnen Sie einen neuen Kurs, und holen Sie mit der Funktion WIEDERHERSTELLEN die Teilnehmer aus der Sicherung (Kurs *Quelle*) in diesen Kurs.

3. Eröffnen Sie einen neuen Kurs, und importieren Sie nur die Arbeitsunterlagen WEBSEITE aus dem Kurs *Quelle* in diesen Kurs.

Sie wissen jetzt, wie Sie Ihren Kurs »Word Grundlagen« in Moodle duplizieren. Mit einigen Mausklicks vervielfachen Sie das Bildungsangebot. Aus einem Kurs werden – ritsch, ratsch – zehn Kurse. Moodle – ein Multiplikator? Klar, Sie können denselben Kurs mehrfach führen, ohne zusätzlichen Aufwand. ABER: Sie könnten die neun überzähligen Kurse ;-) auch an Kolleginnen und Kollegen weitergeben. Wenn Ihr Beispiel Schule macht, müssten Sie neun andere Kurse zurückerhalten, zum Beispiel »Word Zeichenformatierung«, »Word Absatzformatierung«, »Word Serienbriefe«, »Word Briefdarstellung«, »Word Tabellen«, »Word Grafik«, »Word Tastenkürzel«, »Word Rahmen und Schattierungen« und »Word Formulare«. Moodle – ein Multiplikator der SUPERKLASSE! Diese Zusammenarbeit funktioniert, sobald jemand den Anfang macht. Sie? SIE!

Moodle unterstützt die Zusammenarbeit in kleinen und in großen Gruppen. Lesen Sie bitte weiter in Kapitel 9, *Gruppen*.

9 Gruppen – Das Ergebnis ist mehr als die Summe seiner Teile

Moodle bevorzugt Lehrpersonen, die eine konstruktivistische Unterrichtsgestaltung anstreben. Aus der Sicht dieser Pädagogik ist die Gruppenarbeit eine wichtige Methode zur Gestaltung der Lern- und Arbeitssituationen. Die Teilnehmer sollen in einem sozialen Kontext lernen, deshalb muss ein Lehrgang immer auch Phasen mit Gruppenarbeiten enthalten. Das Lernen in einer Gruppe ist oft motivierender – und häufig werden kreativere, bessere Lösungen erarbeitet.

Moodle unterstützt diese Forderungen mit einem einfachen Gruppenkonzept. Hier erfahren Sie, wie es grundsätzlich funktioniert, und nach der Lektüre dieses Kapitels werden Sie erahnen, welches Werkzeug in Ihren Händen liegt. Das ganze Ausmaß der Möglichkeiten aber werden Sie erst erkennen, wenn Sie die noch folgenden Kapitel über die Lernaktivitäten durchgeackert haben. Wir legen jetzt den Grundstein und nehmen das Gruppenkonzept voraus. Und Sie nehmen sich Zeit – und sind ein bisschen nachsichtig: Die Gruppenfunktion kann leider noch nicht alles, was sich die Moodle-Community wünscht. Verbesserungen sind angekündigt und dürften in einer der nächsten Versionen verfügbar sein. Aber keine Angst, die vorliegende Version bietet einiges!

9.1 Gruppenmodus im Kurs aktivieren

In einem ersten Schritt müssen Sie die Gruppenfunktion im Kurs aktivieren. Mit einem Klick auf EINSTELLUNGEN im Block ADMINISTRATION öffnet sich das Formular KURSEINSTELLUNGEN BEARBEITEN mit dem Abschnitt GRUPPEN (Abbildung 9.1).

▪ GRUPPENMODUS: Aktivieren/deaktivieren Sie die Gruppenfunktion für diesen Kurs mit folgenden Optionen: NEIN: Die Gruppenfunktion ist deaktiviert, es gibt keine Gruppen; GETRENNT: Die Gruppenfunktion ist aktiviert, die Gruppen können die Aktivitäten anderer Gruppen nicht sehen; SICHTBAR: Die Gruppenfunktion ist aktiviert, die Gruppenmitglieder können die Aktivitäten anderer Gruppen sehen, aber nicht bearbeiten. Die Einstellung GRUPPENMODUS wirkt als Kippschalter für die Gruppenfunktion: GETRENNT oder SICHTBAR entspricht *aktiviert*.

- ÜBERGREIFEND: JA/NEIN. Mit JA gilt für alle Lernaktivitäten der in GRUPPENMODUS eingestellte Wert, die Einstellung bei den einzelnen Aktivitäten wird ignoriert. Mit NEIN gilt der in GRUPPENMODUS eingestellte Wert als Vorgabe für AKTIVITÄTEN, die neu hinzugefügt werden. Dieser Wert kann aber bei der AKTIVITÄT verändert werden.

Wie auch immer der Gruppenmodus eingestellt ist: Sie als Kursverwalter können die Aktivitäten der verschiedenen Gruppen jederzeit einsehen.

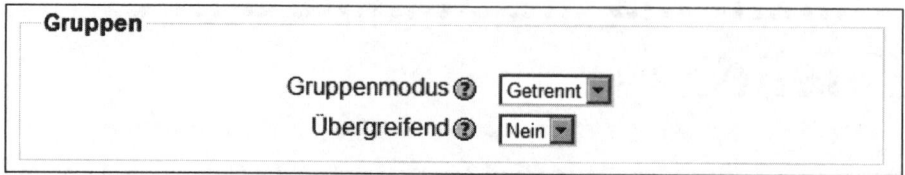

Abbildung 9.1:   Gruppenmodus aktivieren im Abschnitt Gruppen

9.2   Gruppen bearbeiten

Moodle kennt für die Gruppenfunktion diese zwei Prämissen:

- Gruppen werden je Kurs definiert.

- Eine Gruppe kann Mitglied einer Gruppierung sein.

- Ein Teilnehmer kann je Kurs in mehreren Gruppen Mitglied sein.

Mit einem Klick auf GRUPPEN im Block ADMINISTRATION öffnet sich das Formular GRUPPEN, in dem Sie die Gruppen für diesen Kurs verwalten (Abbildung 9.2). Mit der Version 1.8 wird ein neues Gruppenkonzept eingeführt. Wie soll das funktionieren?

- GRUPPIERUNG: Erstellen Sie mit einem Klick auf GRUPPIERUNG ANLEGEN eine neue Gruppierung, beispielsweise PRÄSENZ. Diese wird die Gruppen GRUPPE_GILGEN und GRUPPE_SOMMER enthalten. Sie können die GRUPPIERUNGSEINSTELLUNGEN BEARBEITEN (Name und Beschreibung), die GRUPPIERUNG LÖSCHEN und alle Gruppierungen, Gruppen und Gruppen-Mitglieder in DRUCKANSICHT anzeigen lassen. Wenn Sie eine Gruppierung löschen, die noch Gruppen enthält, werden diese der Gruppe [NICHT IN EINER GRUPPIERUNG] zugewiesen.

- GRUPPEN IN GRUPPIERUNG: Markieren Sie eine Gruppierung, beispielsweise PRÄSENZ und Sie können mit einem Klick auf die Schaltfläche eine GRUPPE IN DER GRUPPIERUNG ANLEGEN, beispielsweise GRUPPE_GILGEN. Sie können die GRUPPENEINSTELLUNGEN BEARBEITEN oder die MARKIERTE GRUPPE LÖSCHEN. Mit einem Klick auf die Schaltfläche CREATE ORPHAN GROUP erstellen Sie eine Gruppe, die keiner Gruppierung angehört – allerdings nicht ganz, denn sie wird der Gruppe [NICHT IN EINER GRUPPIERUNG] zugewiesen ;-). Lesen Sie dazu Abschnitt 9.3, *Gruppeneinstellungen bearbeiten*.

■ MITGLIEDER DER GRUPPE: sind immer Teilnehmer. Mit einem Klick auf die Schaltfläche können Sie die NUTZER/INNEN VERWALTEN. Lesen Sie dazu Abschnitt 9.4, *Gruppenmitglieder verwalten*.

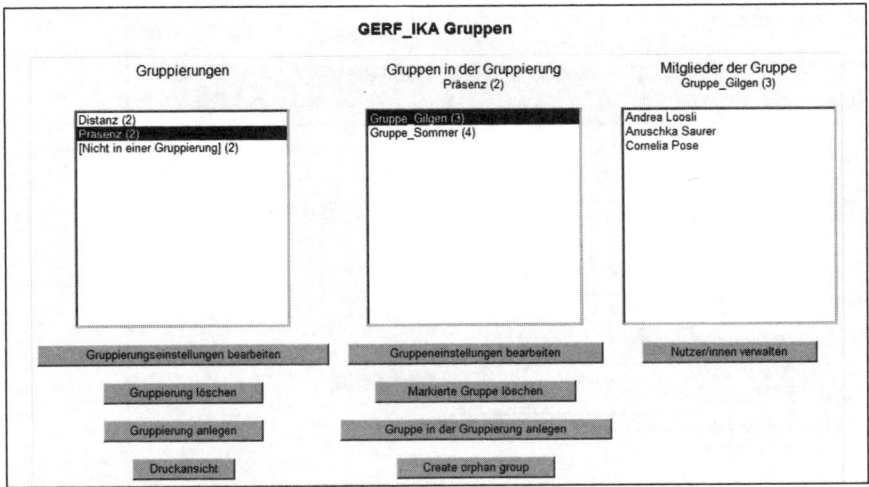

Abbildung 9.2:   Das Formular Gruppen

9.3   Gruppeneinstellungen bearbeiten

Mit einem Klick auf die Schaltfläche GRUPPENEINSTELLUNGEN BEARBEITEN öffnet sich das gleichnamige Formular (Abbildung 9.3).

■ GRUPENNAME: Name der Gruppe.

■ GRUPPENBESCHREIBUNG: Beschreibung der Gruppe; sie wird beispielsweise bei der Gruppen-Auswahl in TEILNEHMER/INNEN im Block PERSONEN angezeigt.

■ ZUGANGSSCHLÜSSEL: Die Teilnehmer tragen sich damit selbst in die richtige Gruppe ein. Setzen Sie in den Kurseinstellungen einen ZUGANGSSCHLÜSSEL, und aktivieren Sie den GRUPPENMODUS. Gibt der Teilnehmer bei der Kurs-Anmeldung den ZUGANGSSCHLÜSSEL einer Gruppe ein, wird er in den Kurs und gleichzeitig in diese Gruppe eingetragen. Sie müssen nur noch dafür sorgen, dass die Teilnehmer den Zugriffsschlüssel kennen.

■ BILD VERBERGEN: JA/NEIN. Mit NEIN wird in verschiedenen Lernaktivitäten das Gruppenbild angezeigt (Abbildung 9.4).

■ NEUES BILD (MAXIMALE GRÖSSE 15.3 MB): Hier laden Sie das Gruppenbild hoch. Mit einem Klick auf die Schaltfläche DURCHSUCHEN öffnet sich der Dialog DATEI AUSWÄHLEN, in dem Sie die hochzuladende JPG- oder GIF-Datei bestimmen.

■ GRUPPE ZUR GRUPPIERUNG HINZUFÜGEN: Listenfeld mit den vorhandenen Gruppierungen. Hier können Sie die Gruppe einer Gruppierung zuordnen.

Gruppeneinstellungen bearbeiten

Gruppenname* Gruppe_Sommer

Gruppenbeschreibung

| Trebuchet ▼ | 3 (12 pt) ▼ | Normal ▼ | Sprache ▼ | B I U S | x₂ x² 🖍 | ↩ ↪ |

ECDL-Gruppe

Pfad: body

Zugangsschlüssel ⑦ homer45

Bild verbergen Nein ▼

Neues Bild (Maximale Größe: 15.3MB) ⑦ c:\pichomer.jpg [Durchsuchen...]

Gruppe zur Gruppierung hinzufügen Präsenz (2) ▼

[Sichern] [Abbrechen]

Die markierten Felder in diesem Formular sind Pflichtfelder. Diese müssen ausgefüllt werden.

Abbildung 9.3: Das Formular Gruppeneinstellungen bearbeiten

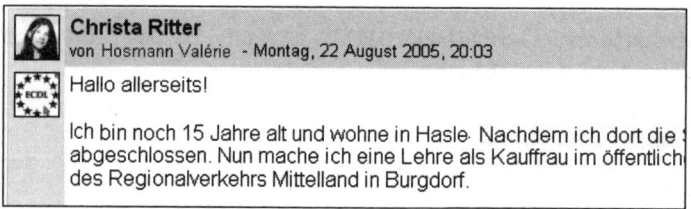

Christa Ritter
von Hosmann Valérie - Montag, 22 August 2005, 20:03

Hallo allerseits!

Ich bin noch 15 Jahre alt und wohne in Hasle. Nachdem ich dort die abgeschlossen. Nun mache ich eine Lehre als Kauffrau im öffentlich des Regionalverkehrs Mittelland in Burgdorf.

Abbildung 9.4: Gruppenbild ECDL in einem Forumsbeitrag

9.4   Gruppenmitglieder verwalten

Mit einem Klick auf die Schaltfläche NUTZER/INNEN VERWALTEN öffnet sich das gleichnamige Formular (Abbildung 9.5), das die zuvor markierte Gruppe anzeigt, beispielsweise GRUPPE_SOMMER. Die linke Spalte EXISTING MEMBERS zeigt jene Teilnehmer, die momentan dieser Gruppe angehören. Die rechte Spalte POTENTIAL MEMBERS zeigt alle Kursteilnehmer, die dieser Gruppe noch nicht angehören.

Gehen Sie beim Einrichten der Gruppen bitte planmäßig vor, es ist leicht möglich, dass Sie den Überblick verlieren. Theoretisch könnte jeder Teilnehmer in jeder Gruppe Mitglied sein. Ob das wohl sinnvoll ist? Ich empfehle Ihnen, die Gruppierung hin und wieder in der DRUCKANSICHT (Abbildung 9.2) zu prüfen.

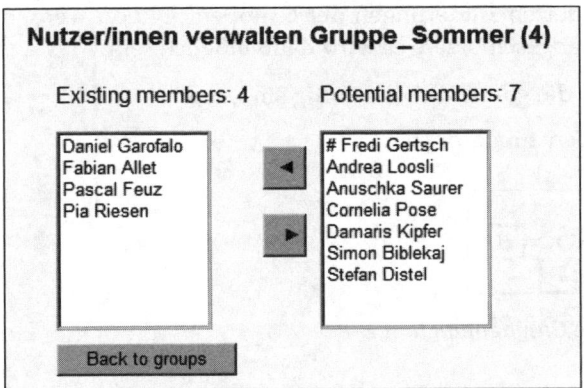

Abbildung 9.5: *Formular Nutzer/innen verwalten*

Tipp

In Moodle fehlt den Gruppen die Dynamik

Wechseln Sie die Gruppenzugehörigkeit der Teilnehmer nicht mehr, nachdem diese beispielsweise in einem Forum die ersten Beiträge gepostet haben. Diese machen den Gruppenwechsel nämlich nicht mit. Es kann dann sein, dass die Beiträge eines Teilnehmers in verschiedenen Gruppen auftauchen.

9.5 Gruppenmodus in Lernaktivität bestimmen

Jede Lernaktivität besitzt ein Gruppensymbol, das den aktuellen Status anzeigt. Mit einem Klick darauf wechselt die Einstellung von KEINE GRUPPEN zu SICHTBARE GRUPPEN und weiter zu GETRENNTE GRUPPEN, wie Sie in Abbildung 9.6 von oben nach unten erkennen.

In zwei Situationen bleibt der für die einzelne AKTIVITÄT eingestellte Status wirkungslos:

- Wenn in den Kurseinstellungen die Gruppenfunktion deaktiviert ist (GRUPPEN-MODUS KEINE GRUPPEN). Die Gruppensymbole werden angezeigt, bleiben aber wirkungslos.

- Wenn in den Kurseinstellungen ÜBERGREIFEND auf JA gesetzt ist. Alle LERNAKTIVI-TÄTEN zeigen denselben Status.

Wird die Gruppenfunktion aktiviert oder wird ÜBERGREIFEND auf NEIN gesetzt, erinnert sich die LERNAKTIVITÄT an die vorherige individuelle Einstellung und zeigt wieder diesen Status an.

Die in der Version 1.8 implementierten Änderungen der Gruppenfunktion werden vermutlich erst in der Version 1.9 abgeschlossen, es wird dann möglich sein,

■ Gruppen zu definieren, die für die ganze Website gültig sind, und

■ Aktivitäten bestimmten Gruppen zuzuordnen.

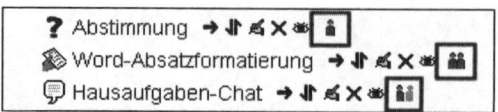

Abbildung 9.6:   Die Symbole für die Gruppenfunktion

Übung 25

Haben Sie die Gruppen im Griff?

Spätestens nach erfolgreichem Abschluss dieser Übung haben Sie die Gruppenfunktion im Griff. Sie benötigen dazu einen neuen Kurs im Themenformat und die sechs fiktiven Teilnehmer (*dummy_1* bis *dummy_6*), die Sie hoffentlich noch nicht geschreddert haben. Folgen Sie jetzt den Anweisungen:

1. Richten Sie den Kursraum so ein, dass die Teilnehmer nur mit einem Passwort Zugang erhalten. Die Gruppenfunktion soll so aktiviert sein, dass die Teilnehmer die Aktivitäten der Mitglieder anderer Gruppen sehen können. Und der Gruppenmodus soll für alle Lernaktivitäten individuell einstellbar sein.

2. Definieren Sie die drei Gruppen *Gruppe1*, *Gruppe2* und *Gruppe3* so, dass das automatische Zuordnen der Teilnehmer in eine Gruppe möglich ist. Formulieren Sie für jede Gruppe eine Beschreibung, und laden Sie ein entsprechendes Gruppenbild hoch.

3. Melden Sie sich als *dummy_1* und *dummy_2* im Kurs an, sodass keine automatische Gruppenzuteilung erfolgt.

4. Teilen Sie als Kursverwalter die zwei fiktiven Teilnehmer *dummy_1* und *dummy_2* in *Gruppe1* ein.

5. Melden Sie sich als *dummy_3* und *dummy_4* im Kurs an, sodass diese automatisch in *Gruppe2* eingeteilt werden.

6. Melden Sie sich als *dummy_5* und *dummy_6* im Kurs an, sodass diese automatisch in *Gruppe3* eingeteilt werden.

7. Überprüfen Sie als Kursverwalter die Ergebnisse.

Wunderbar – Sie wissen nun, wie man die Teilnehmer in eine Gruppe bringt. Jetzt noch kurz den Auftrag formulieren, und los gehts. Die Lernenden machen ihrer Bezeichnung alle Ehre und lernen munter drauflos… Oder etwa nicht? Nein, ein Traum-Konzept ist Gruppenarbeit nicht! Sie ist kein Selbstläufer, um den sich die Lehrperson nicht mehr kümmern muss, wenn die Aufgabe einmal gestellt ist. Schon eher gleicht sie einer Beziehung, die früher oder später scheitert, wenn sie nicht gepflegt wird.

Lösen Sie sich kurz vom Thema, legen Sie das Buch beiseite. Und pflegen Sie ihre liebste Beziehung. Senden Sie ihr einen guten Gedanken, eine SMS oder bringen Sie ihr heute Abend einen Blumenstrauß oder eine gute Flasche Wein mit nach Hause.

Lernende arbeiten nicht gern in einem Vakuum und erwarten Resonanz zu ihren Arbeiten. Moodle bietet Lernenden wie Trainern vielfältige Möglichkeiten für diese unterstützende Kommunikation. Eine dieser Möglichkeiten ist das Bewerten der Arbeit durch den Trainer oder das gegenseitige Bewerten der Teilnehmenden. Das Bewerten ist in vielen Lernaktivitäten möglich. Lesen Sie mehr dazu in Kapitel 10, *Bewertungen*.

10 Bewertungen – können motivieren

Online-Arbeitende – Ihre Teilnehmer also – brauchen Unterstützung. Keiner lernt und arbeitet gern in einem Vakuum. Jede konstruktive Kritik, jedes gelungene Feedback und jede faire Bewertung ist Anteilnahme, die für das weitere Arbeiten und Lernen motivieren kann!

In diesem Kapitel erfahren Sie, wie das Bewerten in Moodle funktioniert. In vielen Lernaktivitäten können Sie die Bewertungsfunktion aktivieren und an Ihre Bedürfnisse anpassen. Es ist möglich, dass Trainer die Teilnehmer und dass sich die Teilnehmer gegenseitig bewerten. Dazu definieren Sie eigene Bewertungsskalen, mit denen Sie das Feedback in Zahlen, Worten oder kurzen Sätzen standardisieren. Alle in einem Kurs abgegebenen Bewertungen stehen Ihnen zur Auswertung zur Verfügung. Der Teilnehmer kann auf seine Bewertungen ebenfalls zugreifen.

10.1 Bewertungen

Mit einem Klick auf BEWERTUNGEN im Block ADMINISTRATION öffnet sich das Formular BEWERTUNG mit dem Register BEWERTUNGEN ANZEIGEN.

10.2 Normaler Modus

Diese Tabelle befindet sich beim erstmaligen Zugriff im **normalen Modus** und zeigt alle in diesem Kurs erfassten Bewertungen (Abbildung 10.1) an. Für jeden Teilnehmer werden die Ergebnisse aus den acht Lernaktivitäten THEORIE SIZ 2004-1 als Gesamtergebnis angezeigt.

10.2.1 Bewertungen anzeigen

Der Klick auf die Bezeichnung der Lernaktivitäten THEORIE SIZ 2004-1 oder der einzelnen Noten führt in die entsprechende Lernaktivität.

Mit einem Klick auf den Teilnehmer BAUMGARTNER JOHANNES sehen Sie das Formular NOTEN, das auch der Teilnehmer selbst sieht, wenn er im Block ADMINSTRATION auf PUNKTE klickt. Es werden nur die Ergebnisse von BAUMGARTNER JOHANNES angezeigt. Das ist hilfreich, wenn Sie seine Noten mit ihm besprechen wollen, ohne gegen den Datenschutz zu verstoßen.

Mit einem Klick auf die Pfeile bei GESAMT können Sie die Liste nach den Ergebnissen aufsteigend oder absteigend sortieren.

Mit einem Klick auf STATISTIK öffnet sich ein Popup-Fenster mit den Werten HÖCHSTE, NIEDRIGSTE, DURCHSCHNITT, MEDIAN, MODUS und STANDARDABWEICHUNG.

Der Klick auf SORTIEREN NACHNAME oder SORTIEREN VORNAME funktioniert wie erwartet und sortiert nach Teilnehmern.

Mit einem Klick auf die Schaltflächen IM EXCEL-FORMAT HERUNTERLADEN oder IM TEXT-FORMAT HERUNTERLADEN speichern Sie die Daten für die Weiterverarbeitung auf Ihrer Festplatte.

campuswks » SIZTH04 » Noten

| Bewertungen anzeigen | Grundeinstellungen |

| Im Excel-Format herunterladen | Im Text-Format herunterladen |

Noten ⑦

Teilnehmer/in Sortieren Nachname Sortieren Vorname	1 Theorie SIZ 2004-1	2 Theorie SIZ 2004-1	3 Theorie SIZ 2004-1	4 Theorie SIZ 2004-1	5 Theorie SIZ 2004-1	6 Theorie SIZ 2004-1	7 Theorie SIZ 2004-1	8 Theorie SIZ 2004-1	Gesamt ↓↑ Statistik	Teilnehmer/in Sortieren Nachname Sortieren Vorname
	6	6	6	6	6	6	6	6	48	
Baumgartner, Johannes	5.4	3.6	4.8	5.4	6	4.8	4.2	4.71	38.91	Baumgartner, Johannes
Scheidegger, Christine	4.2	4.2	4.8	4.2	5.4	3	4.8	4.71	35.31	Scheidegger, Christine
Widmer, Melanie	4.2	3	4.2	3.6	6	4.2	4.2	3.86	33.26	Widmer, Melanie
Kuoni, Annina	5.4	4.8	6	-	-	3.6	6	5.57	31.37	Kuoni, Annina

Abbildung 10.1: Das Formular Noten

10.2.2 Grundeinstellungen

Mit einem Klick auf die Schaltfläche ERWEITERTE FUNKTIONEN NUTZEN wechselt das Formular NOTEN in den **erweiterten Modus,** und es stehen auf zusätzlichen Registern weitere Funktionen zur Verfügung. Moodle speichert diese Einstellung und öffnet beim nächsten Zugriff im gleichen Modus.

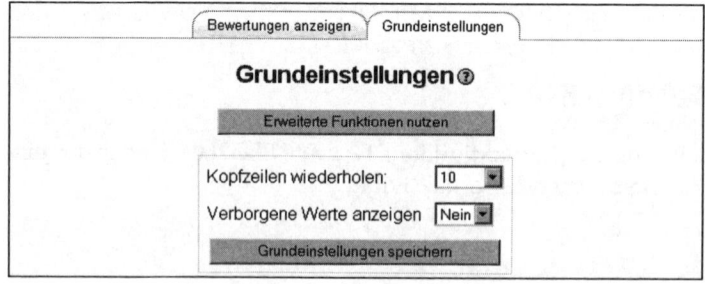

Abbildung 10.2: Das Register Grundeinstellungen im normalen Modus

- KOPFZEILEN WIEDERHOLEN: Hier legen Sie fest, nach wie vielen Zeilen die Kopfzeile wiederholt werden soll. Bei langen Listen ist das sinnvoll und praktisch.

- VERBORGENE WERTE ANZEIGEN: Mit JA werden die Noten der verborgenen Lernaktivitäten ebenfalls angezeigt, mit NEIN nicht.

10.3 Erweiterter Modus

Mit einem Klick auf die Schaltfläche ERWEITERTE FUNKTIONEN NUTZEN (Abbildung 10.2) öffnet sich das Formular NOTEN im **erweiterten Modus** mit zusätzlichen Funktionen. Sie können gleiche Lernaktivitäten in KATEGORIEN zusammenfassen und die KATEGORIEN für das Gesamtergebnis verschieden gewichten. Weiter ist es möglich, eigene Bewertungsskalen zu definieren und gewisse Teilnehmer von der Bewertung auszuschließen.

10.3.1 Grundeinstellungen

Mit den zusätzlichen Listenfeldern auf dem Register GRUNDEINSTELLUNGEN (Abbildung 10.3) können Sie weitere Einzelheiten für die Anzeige definieren.

Mit einem Klick auf die Schaltfläche ERWEITERTE FUNKTIONEN VERBERGEN wechselt das Formular NOTEN wieder in den **normalen Modus**.

- GEWICHTETE BEWERTUNGEN ANZEIGEN: NEIN, NUR FÜR LEHRER/INNEN, FÜR JEDE/N. Die Gewichtung definieren Sie auf dem Register KATEGORIEN GEWICHTEN. Hier bestimmen Sie, wer diese Prozentwerte auf der Liste sehen kann.

- PUNKTWERTE ANZEIGEN: NEIN, NUR FÜR LEHRER/INNEN, FÜR JEDE/N. Wer soll die Punkte sehen? Auch die Lernenden können ihre Ergebnisse abrufen, deshalb die drei Optionen.

- BEWERTUNGEN IN ZEICHEN ANZEIGEN: NEIN, NUR FÜR LEHRER/INNEN, FÜR JEDE/N. Die Bewertungen definieren Sie im Register BEWERTUNGEN DEFINIEREN.

- BEWERTUNG: PROZENTWERTE VERWENDEN/GEWICHTUNG VERWENDEN. Auf Grund welcher Ergebnisse soll die Bewertung erfolgen, die Sie auf dem Register BEWERTUNG DEFINIEREN eingetragen haben? Mit PROZENTWERTE VERWENDEN wird anhand der erzielten Ergebnisse bewertet. Mit GEWICHTUNG VERWENDEN wird zusätzlich anhand der auf dem Register KATEGORIEN GEWICHTEN eingetragenen Gewichtung bewertet.

- KOPFZEILEN WIEDERHOLEN: Hier legen Sie fest, nach wie vielen Zeilen die Kopfzeile wiederholt werden soll. Bei langen Listen ist das sinnvoll und praktisch.

- VERBORGENE WERTE ANZEIGEN: Mit JA werden die Noten der verborgenen Lernaktivitäten ebenfalls angezeigt, mit NEIN nicht.

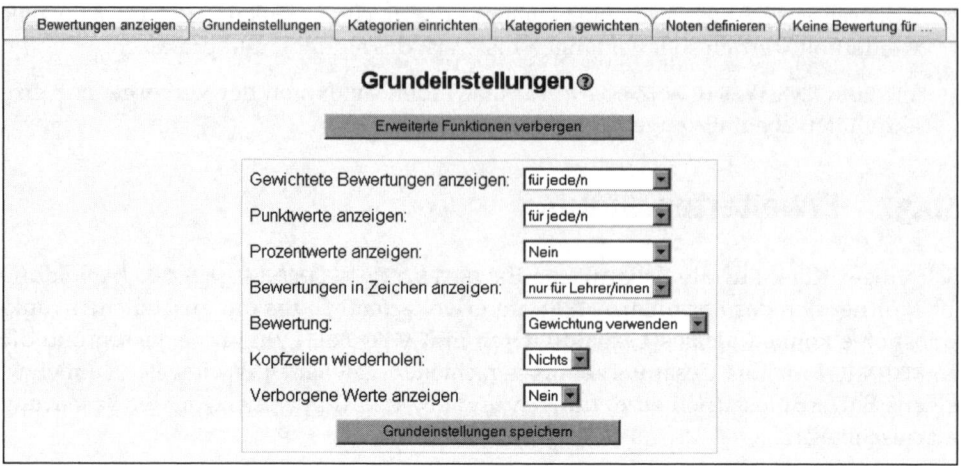

Abbildung 10.3: Das Register Grundeinstellungen im erweiterten Modus

10.3.2 Bewertungen anzeigen

Die Auflistung auf dem Register BEWERTUNGEN ANZEIGEN kann im **erweiterten Modus** sehr verschieden aussehen. In Abbildung 10.4 sehen Sie die Auswirkungen der in Abbildung 10.3 erfassten GRUNDEINSTELLUNGEN. Die Noten sind in Kategorien zusammengefasst. Die Kategorie PRÜFUNG zählt mit 70% weit mehr als die Kategorie VORBEREITUNG mit 30%. Beachten Sie, dass KUONI ANNINA nur dank dieser Gewichtung und der Einstellung GEWICHTUNG VERWENDEN auf dem ersten Rang ist. (Wenn die wüsste … ;-).)

Alle Bewertungen nach Kategorien ⑦

Teilnehmer/in Sortieren Nachname Sortieren Vorname	Prüfung Statistik (70.00%)		Vorbereitung Statistik (30.00%)		Gesamt Statistik		Bewertung ↓↑	Teilnehmer/in Sortieren Nachname Sortieren Vorname
	Punkte (12)	Gewichtung in % der Zugaben	Punkte (36)	Gewichtung in % der Zugaben	Punkte (48) ↓↑	Gewichtung in %(100) ↓↑		
Kuoni, Annina	11.57	67.49%	19.8	16.5%	31.37	83.99%	5	Kuoni, Annina
Baumgartner, Johannes	8.91	51.98%	30	25%	38.91	76.98%	4.5	Baumgartner, Johannes
Scheidegger, Christine	9.51	55.48%	25.8	21.5%	35.31	76.98%	4.5	Scheidegger, Christine
John, Barbara	9.69	56.53%	18	15%	27.69	71.53%	4	John, Barbara

Abbildung 10.4: Das Register Bewertungen anzeigen im erweiterten Modus

10.3.3 Kategorien einrichten

Auf dem Register KATEGORIEN EINRICHTEN (Abbildung 10.5) werden alle Lernaktivitäten mit Bewertung aufgelistet. Diese können Sie den Kategorien zuordnen, die Sie vorher erstellt haben.

- LERNAKTIVITÄT: Alle Lernaktivitäten in diesem Kurs.

- KATEGORIE: KATEGORIE AUSWÄHLEN, NICHT KATEGORISIERT plus die von Ihnen definierten Kategorien. Hier bestimmen Sie, in welche Kategorie dieser Kurs gehört. Sind Kurse keiner oder einer gelöschten Kategorie zugeordnet, gelten sie als NICHT KATEGORISIERT.

- MAXIMALE BEWERTUNG: ist in der Lernaktivität gesetzt und kann hier nicht geändert werden.

- RUNDUNG NACH: Hier können Sie die MAXIMALE BEWERTUNG einer Lernaktivität für die Bewertung in der Liste BEWERTUNGEN ANZEIGEN ändern. Beispiel: Wenn die besten Teilnehmer bei einem Test mit MAXIMALE BEWERTUNG von 100 Punkten nur 67 Punkte erreicht haben, korrigieren Sie in RUNDUNG NACH die MAXIMALE BEWERTUNG beispielsweise auf 70. Damit können Sie die zu hohen Anforderungen auffangen und die Bewertung korrigieren.

- EXTRAPUNKTE: Diese Option gibt Ihnen die Möglichkeit, einzelnen Teilnehmern zusätzliche Punkte zu geben, die zum bisherigen Punkte-Total addiert werden. Beispiel: Eine Schülerin, die über eine längere Zeit den Unterricht nicht besuchen konnte, legt den vorgesehenen Test dennoch ab, erhält aber 10 Bonuspunkte. Vorgehen: Sie fügen dem Kurs eine LERNAKTIVITÄT AUFGABE (OFFLINE-AKTIVITÄT) hinzu und vergeben dort der Schülerin die 10 Punkte. Im Register KATEGORIEN EINRICHTEN markieren Sie bei dieser LERNAKTIVITÄT AUFGABE das Ausfüllkästchen EXTRAPUNKTE. Lesen Sie mehr dazu in Kapitel 18, *Aufgaben*.

- KATEGORIE HINZUFÜGEN: Tragen Sie die Kategorien-Bezeichnung ins Textfeld ein, und klicken Sie auf die gleichnamige Schaltfläche.

- KATEGORIE LÖSCHEN: Wählen Sie die zu löschende Kategorie im Listenfeld, und klicken Sie auf die gleichnamige Schaltfläche.

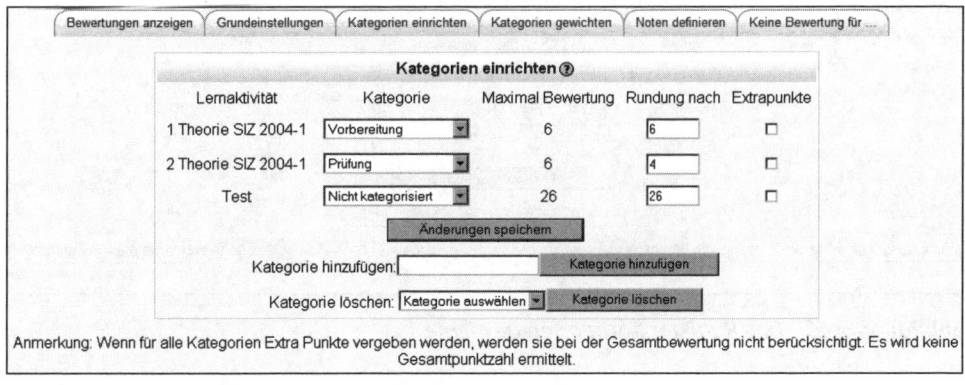

Abbildung 10.5: Das Register Kategorien einrichten

185

10.3.4   Kategorien gewichten

Auf dem Register KATEGORIEN GEWICHTEN (Abbildung 10.6) verändern Sie die Bewertung der Kategorien der Situation entsprechend.

- KATEGORIE: Alle von Ihnen definierten Kategorien und die Kategorie NICHT KATEGORISIERT.

- GEWICHTUNG: Setzen Sie hier den Prozent-Anteil ein, den diese Kategorie in der gesamten Bewertung ausmachen soll. Achten Sie darauf, dass die SUMME DER GEWICHTUNG IST 100 zutrifft – nur so wird sie nach dem Speichern grün angezeigt.

- DIE X-NIEDRIGSTEN HERAUSNEHMEN: Bei jedem Teilnehmer werden die X niedrigsten Noten aus der Bewertung entfernt. Das funktioniert nur, wenn alle in dieser Kategorie eingetragenen Lernaktivitäten dieselbe Höchstpunktzahl haben. Andernfalls sind die Ergebnisse unkalkulierbar.

- BONUSPUNKTE: Diese werden bei jedem Teilnehmer zum Punkte-Total addiert, ohne das Punkte-Total für die Kategorie zu verändern. Beispiel: Weil Sie in einem Test eine unfaire Frage gestellt haben, geben Sie jedem Teilnehmer einen Bonuspunkt.

- VERBERGEN: Hier markierte Kategorien werden nicht in die Bewertung aufgenommen. Solange Lernaktivitäten keiner Kategorie zugeordnet sind, gehören sie automatisch zur Kategorie NICHT KATEGORISIERT. Wenn Sie diese Kategorie verbergen, ist das eine gute Möglichkeit, eine Lernaktivität ohne Noten von der Bewertung auszuschließen. Sobald die Lernaktivität benotet ist, verschieben Sie diese in die entsprechende Gruppe, und sie wird in der Bewertung sichtbar.

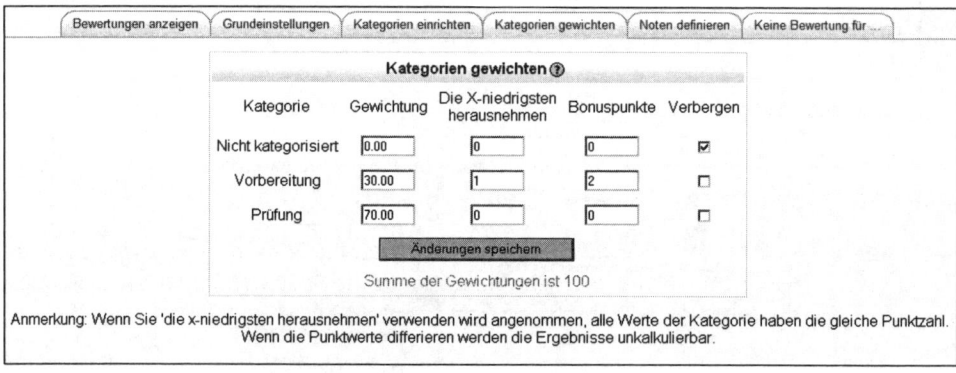

Abbildung 10.6:   Das Register Kategorien gewichten

10.3.5   Noten definieren

Auf dem Register NOTEN DEFINIEREN (Abbildung 10.7) passen Sie die Bewertungen aus Abbildung 10.4 Ihren Bedürfnissen an.

▨ NOTE: Die Note, die für diesen Punktebereich vergeben wird. Sie kann aus Zahlen, Buchstaben und Zeichen bestehen.

▨ VON/BIS: Definiert den Bereich der erreichbaren Punkte als Dezimalzahl.

Wenn Sie sämtliche Eintragungen löschen, zeigt Moodle nach dem Speichern wieder die ursprüngliche Vorgabe-Tabelle an.

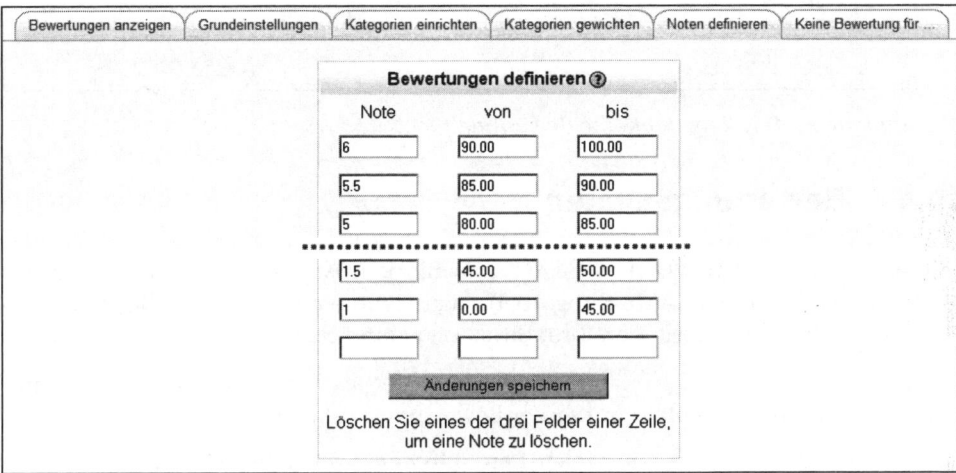

Abbildung 10.7: Das Register Bewertungen definieren

10.3.6   Keine Bewertung für

Das Register KEINE BEWERTUNG FÜR (Abbildung 10.8) gibt Ihnen die Möglichkeit, bestimmte Teilnehmer bei einer Lernaktivität von der Bewertung auszuschließen.

▨ WIRD BEWERTET: Das Listenfeld zeigt alle Teilnehmer, die in der aktuellen LERN-AKTIVITÄT bewertet werden. Mit einem Klick auf die Schaltfläche NICHT BEWERTEN wechseln die markierten Teilnehmer ins Listenfeld NICHT BEWERTET.

▨ LERNAKTIVITÄT: Die markierte LERNAKTIVITÄT bestimmt, welche Teilnehmer im Listenfeld WIRD BEWERTET und welche Teilnehmer im Listenfeld NICHT BEWERTET angezeigt werden.

▨ NICHT BEWERTET: Das Listenfeld zeigt alle Teilnehmer, die in der aktuellen LERN-AKTIVITÄT nicht bewertet werden. Mit einem Klick auf die Schaltfläche MIT BEWER-TEN wechseln die markierten Teilnehmer ins Listenfeld WIRD BEWERTET.

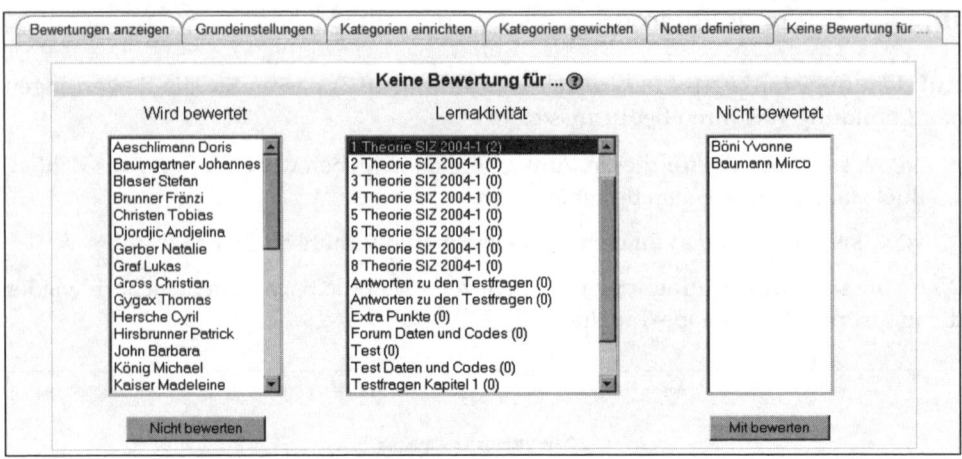

Abbildung 10.8: Das Register Keine Bewertung für ...

10.4 Bewertungsskalen

Mit einem Klick auf BEWERTUNGSSKALEN im Block ADMINISTRATION öffnet sich das gleichnamige Formular (Abbildung 10.9). Hier definieren Sie eigene BEWERTUNGS-SKALEN, die den Anforderungen Ihrer Situation entsprechen.

▪ BEWERTUNGSSKALA: Der Name funktioniert hier als Link und öffnet ein Popup-Fenster, das ein Listenfeld mit dieser Bewertungsskala anzeigt.

▪ AKTIVITÄTEN: zeigt, in wie vielen Lernaktivitäten diese BEWERTUNGSSKALA verwendet wird.

▪ GRUPPE: STANDARD SKALEN werden vom Administrator eingerichtet und sind auf der ganzen Moodle-Seite verfügbar. Die von Ihnen definierten Skalen sind BENUT-ZERDEFINIERTE SKALEN und sind nur in Ihren Kursen verfügbar.

▪ AKTION: Nach dem Klick auf das Händchen können Sie im Formular BEARBEITE BEWERTUNGSSKALEN (Abbildung 10.10) die Bewertungsskala bearbeiten und mit einem Klick auf X löschen. Beide Funktionen sind nur verfügbar, solange die BEWERTUNGSSKALA noch nicht verwendet wird.

Mit einem Klick auf die Schaltfläche NEUE SKALA ANLEGEN (Abbildung 10.9) öffnet sich das Formular BEWERTUNGSSKALEN (Abbildung 10.10).

▪ NAME: Der Name der Skala sollte ein einfacher Satz oder Begriff sein, der den Charakter eindeutig beschreibt. Dieser wird in Auswahllisten und in der Kontexthilfe verwendet.

▪ BEWERTUNGSSKALA: Die Skala wird durch eine geordnete Liste von Werten definiert, die vom negativen zum positiven Wert geordnet ist. Die einzelnen Werte sind durch Kommas getrennt.

■ BESCHREIBUNG: Skalen sollten eine gute Beschreibung ihrer Bedeutung und ihrer Verwendung umfassen. Diese Beschreibung wird in Hilfeseiten für Trainer und Teilnehmer angezeigt.

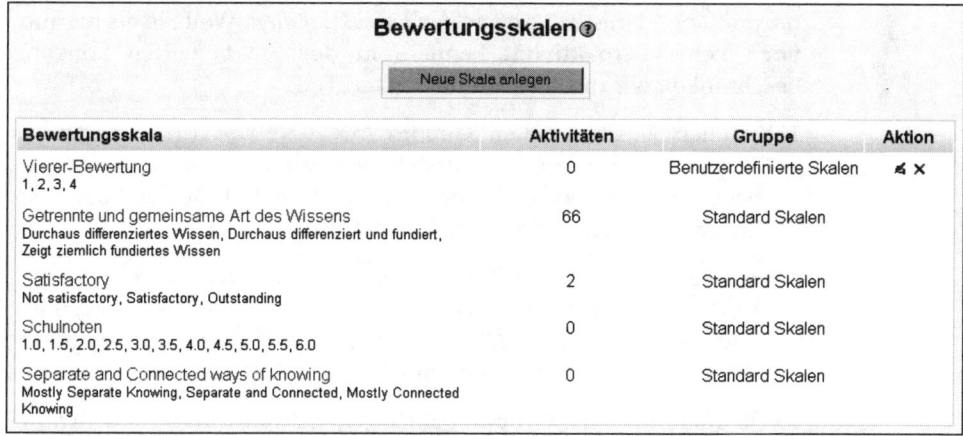

Abbildung 10.9: Das Formular Bewertungsskalen

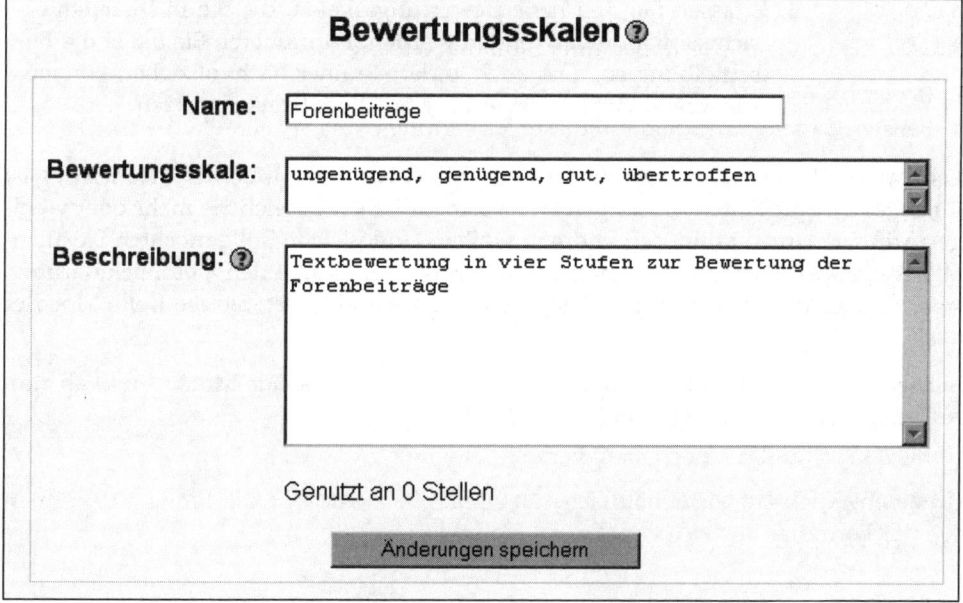

Abbildung 10.10: Das Formular Bewertungsskalen

Übung 26

Gesamtrepetition in Kürze

Das Bewerten in Moodle hat zwei Teile: das *Einrichten einer Bewertungsskala* und das *Bewerten in den Lernaktivitäten*. Weil Sie bis hierhin noch keine Lernaktivität kennen, in der Sie bewerten können, beschränken wir uns hier auf den ersten Teil.

1. Erstellen Sie einen neuen Kurs im WOCHENFORMAT für einen dreiwöchigen Kurs, der am ersten Montag des nächsten Monats beginnen wird. Setzen Sie einen ZUGANGSSCHLÜSSEL und bereiten Sie den Kurs für GETRENNTE GRUPPEN vor.

2. Der Kurs soll nur zwei Blöcke anzeigen: links den Block ADMINISTRATION und rechts den Block BALD AKTUELL. Jeweils am Montag und Donnerstag um 08.00 Uhr findet eine Telefonkonferenz statt. Tragen Sie diese Termine manuell in den KALENDER ein.

3. Definieren Sie die Gruppen *Anfänger*, *Fortgeschrittene* und *Könner* so, dass Sie die Teilnehmer mit einem Passwort in die richtige Gruppe leiten können.

4. Erfassen Sie drei neue Bewertungsskalen, die Sie in Ihrer Unterrichtssituation verwenden werden. Formulieren Sie dabei die Beschreibung so, dass auch andere Trainer nachvollziehen können, für welche Art der Bewertung Sie diese Skala einsetzen.

Lehrperson, Trainer, Liebespartner, Vater, Volleyballtrainer, Moodler. Wie wichtig ist Ihnen jede Ihrer Rollen? Überlegen Sie, welchem Lebensbereich Sie mehr oder weniger Aufmerksamkeit und Zeit widmen wollen. Und welche Rolle möchten Sie allenfalls aufgeben? Kurzum: Verschaffen Sie sich wieder einmal den Überblick darüber, was Sie alles tun, mehr tun und lassen möchten – und bauen Sie die Rolle Moodler aus! ;-)

Suchen Sie sich im Kleiderschrank zu jeder Rolle eine passende Mütze – und ab zum Rollenspiel. Lesen Sie weiter in Kapitel 11, *Rollen*.

11 Rollen – bestimmen das Spiel

Frühere Moodle-Versionen kannten nur die vordefinierten Rollen ADMINISTRATOR/IN, KURSVERWALTER/IN, TRAINER/IN, TRAINER/IN OHNE EDITORRECHT, TEILNEHMER/IN und GAST. Für jede Rolle war für das ganze Lernportal gültig festgelegt, welche Rechte sie in einer bestimmten Situation hatte. Es gab keine Möglichkeit, die mit einer Rolle verbundenen Rechte zu verändern. So war es beispielsweise nicht möglich, einem Kursverwalter das Löschen seiner Kurse zu erlauben. Nur der Administrator durfte Kurse löschen.

Mit Version 1.7 wurde das neue Rollen-System eingeführt, in dem die bisherigen Rollen als Basisrollen noch vorhanden sind. Für viele Benutzer sind diese vordefinierten Rollen – weil einfach zu gebrauchen – immer noch hilfreich. Jenen aber, die sich eine grössere Flexibilität wünschten, steht jetzt ein mächtiges Instrument zur Verfügung, mit dem sie für ihr Moodle-Lernportal die Spielregeln neu definieren können: das neue Rollen-System.

Sie erfahren in diesem Kapitel alles, um dieses Rollen-System verstehen zu können.

11.1 Rollen

Eine Rolle ist definiert durch eine Liste aller Fähigkeiten, für die der Rolle bestimmte Rechte erteilt werden (Abbildung 11.1). Derzeit bringt es Moodle auf 157 Fähigkeiten, aufgeteilt in die Bereiche KERNSYSTEM, RSS-CLIENT, AUTHORIZE.NET KREDITKARTENABRECHNUNG, NUTZER/INNEN, KURSBEREICHE, KURS und die AKTIVITÄTEN. Es ist anzunehmen, dass mit der Weiterentwicklung von Moodle neue Fähigkeiten dazu kommen werden. Mit der Installation von Moodle werden die Definitionen der Basisrollen eingerichtet.

Die Rollen werden vom ADMINISTRATOR auf SYSTEM-Ebene verwaltet, nur ihm ist die Fähigkeit ERSTELLEN UND VERWALTEN VON ROLLEN erlaubt. Er kann neue Rollen hinzufügen, Rollen ändern und löschen. Der ADMINISTRATOR kann auch die Basisrollen ändern und löschen! Es ist durchaus möglich, dass Sie in Ihrem Lernportal die in diesem Buch verwendeten Bezeichnungen für die Basisrollen nicht vorfinden. Hoffentlich nicht! Denn Sie müssten diesen Fehlentscheid ausbaden ;-).

Zugriffsrechte ⑦					
Fähigkeit	Vererben	Erlauben	Unterbinden	Untersagen	Risiken
Kernsystem					
Immer vollständige Nautzernamen sehen moodle/site:viewfullnames	○	◉	○	○	
Teilnehmer/innen sehen moodle/site:viewparticipants	○	◉	○	○	
Berichte sehen moodle/site:viewreports	○	◉	○	○	⚠

Abbildung 11.1: Ausschnitt Rollen-Definition

Will ein Administrator die volle Flexibilität des Rollen-Systems ermöglichen, wird er zusätzliche Rollen bereitstellen: Designer, Eltern, Mentor, Sekretariat, Help Desk, Assistent, Hilfstrainer, Inspektor, Manager, Beobachter usw.

11.2 Kontext

Für das Verständnis von Rollen und Rechten spielt die Hierarchie der Kontexte eine besondere Rolle (Abbildung 11.2), weil Rollen in einem bestimmten Kontext vergeben und weil die Rollenzugehörigkeit und die damit verbundenen Rechte in die darunterliegenden Kontexte vererbt werden.

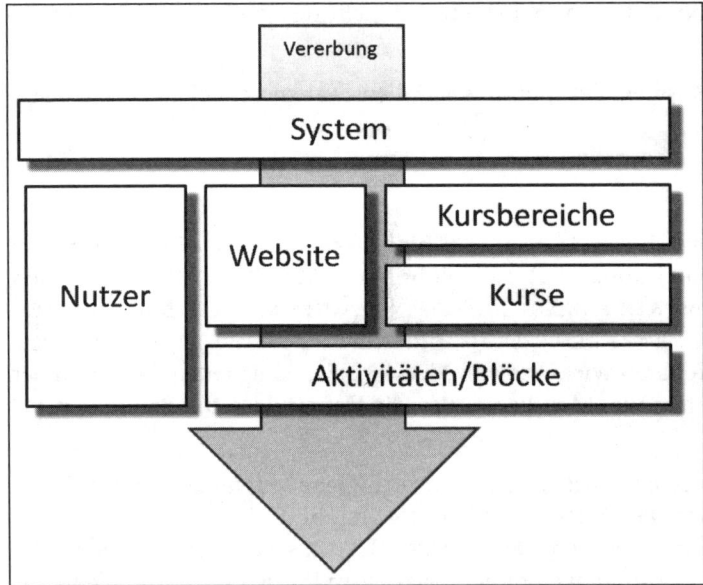

Abbildung 11.2: Kontext-Hierarchie

Merke:

▪ ROLLEN werden in einem Kontext zugewiesen und und werden in untergeordnete Kontexte vererbt. Rollen können in untergeordneten Kontexten nicht entzogen werden.

▪ RECHTE werden, als Bestandteil der Rollendefinition, an den untergeordneten Kontext vererbt, können dort aber wieder überschrieben werden (ROLLEN ÜBERSCHREIBEN).

11.2.1 System

Der Kontext SYSTEM steht am Anfang der Hierarchie. Wer hier einer Rolle zugewiesen wird, hat diese Rolle im ganzen Lernportal. Administratoren, seid vorsichtig! Zugriff auf diesen Kontext hat der Administrator im Block WEBSITE-ADMINISTRATION [NUTZER/INNEN ▶ ZUGRIFFSRECHTE ▶ GLOBAL ROLLEN ZUWEISEN]. Der Kontext SYSTEM vererbt an den Kontext KURSBEREICH.

Für die Basisrollen gilt in den Kontexten SYSTEM und KURSBEREICH:

▪ KURSVERWALTER: Wer in einem Kontext KURSVERWALTER ist, kann einen NEUEN KURS ERSTELLEN und in diesem unterrichten, weil er automatisch als TRAINER eingetragen wird. Zu anderen Kursen im gleichen Kontext hat er aber keinen Zugang.

▪ TRAINER: Wer in einem Kontext TRAINER ist, ist in sämtlichen Kursen dieses Kontextes als TRAINER eingetragen und kann diese bearbeiten.

▪ TRAINER OHNE EDITORRECHT: ist Trainer in sämtlichen Kursen dieses Kontextes.

▪ TEILNEHMER/IN: ist Teilnehmer in sämtlichen Kursen dieses Kontextes, kann also auch Kurse mit Zugriffsschlüssel betreten.

> **Tipp**
>
> **Vorsicht ist die Mutter der Porzellankiste**
>
> Die Faustregel für vorsichtige Administratoren: Vergeben Sie die Rollen auf möglichst tiefer Stufe der Kontext-Hierarchie. Die Rollen TRAINER, TRAINER MIT EDITORRECHT und TEILNEHMER sollten Sie normalerweise erst auf dem Kontext KURS zuweisen.

11.2.2 Kursbereiche

Der Kontext KURSBEREICH übernimmt die Rollen-Zuweisungen und die Rollen-Definitionen aus dem Kontext SYSTEM. Wer im Kontext SYSTEM KURSVERWALTER ist, ist es auch im Kontext KURSBEREICH. Wer erst im Kontext KURSBEREICH der Rolle KURSVERWALTER zugewiesen wird, hat grundsätzlich die gleichen Rechte, wie der KURSVERWAL-

TER im Kontext SYSTEM. Aber eben nur grundsätzlich! Wenn die Rollen-Definition (die Rechte) der Rolle KURSVERWALTER verändert werden (ROLLE ÜBERSCHREIBEN), sieht alles ganz anders aus. Das gilt für jede Instanz des Kursbereichs, also für jeden Kursbereich und für jeden Unter-Kursbereich. Es ist theoretisch möglich, dass in jedem Kursbereich die Rolle KURSVERWALTER völlig andere Rechte erhält. Hoffentlich nur theoretisch! Der Kontext KURSBEREICH vererbt an den Kontext KURS.

11.2.3 Kurse

Der Kontext KURS übernimmt die Rollen-Zuweisungen und die Rollen-Definitionen aus dem Kontext KURSBEREICH. Die Rollen (Basisrollen) ADMINISTRATOR, TRAINER, TRAINER OHNE EDITORRECHT und TEILNEHMER haben Zugang zum Kurs. Der Kontext KURS vererbt an die Kontexte AKTIVITÄT und BLOCK.

11.2.4 Website

Der Kontext WEBSITE ist ein Sonderfall, in ihm befindet sich nur die Startseite des Lernportals, das sonst wie ein Kurs funktioniert. Der Kontext WEBSITE übernimmt die Rollen-Zuweisungen und die Rollen-Definitionen aus dem Kontext SYSTEM. Der Kontext WEBSITE vererbt an die Kontexte AKTIVITÄT und BLOCK.

11.2.5 Aktivitäten

Der Kontext AKTIVITÄT übernimmt die Rollen-Zuweisungen und die Rollen-Definitionen aus dem Kontext KURS. Der Kontext SYSTEM vererbt an die Kontexte AKTIVITÄT und BLOCK. Der Kontext AKTIVITÄT vererbt seine Rollen-Zuweisungen und Rollen-Definitionen nicht, er ist zuunterst in der Kontext-Hierarchie.

11.2.6 Blöcke

Der Kontext BLOCK übernimmt die Rollen-Zuweisungen und die Rollen-Definitionen aus dem Kontext KURS. Der Kontext BLOCK vererbt seine Rollen-Zuweisungen und Rollen-Definitionen nicht, er ist zuunterst in der Kontext-Hierarchie.

11.2.7 Nutzer

Der Kontext NUTZER übernimmt die Rollen-Zuweisungen und die Rollen-Definitionen aus dem Kontext SYSTEM. Der Kontext NUTZER vererbt seine Rollen-Zuweisungen und Rollen-Definitionen nicht, er ist zuunterst in der Kontext-Hierarchie.

11.3 Rechte

Rechte sind Einstellungen, die Sie für bestimmte Fähigkeiten vergeben – Moodle kennt derzeit 157 Fähigkeiten. In einer Rolle weisen Sie jeder dieser Fähigkeiten einer der Werte VERERBEN, ERLAUBEN, UNTERBINDEN oder UNTERSAGEN zu.

Auf der SYSTEM-Ebene gibt der ADMINISTRATOR die Rollen und Rechte vor [WEB-SITE-ADMINISTRATION ▶ NUTZER/INNEN ▶ ZUGRIFFSRECHTE] und auf den tieferliegenden Kontexten können Berechtigte eine Rolle über ROLLEN ÜBERSCHREIBEN einschränken oder ausweiten.

11.3.1 Vererben

Die Einstellung VERERBEN ist neutral und bedeutet, dass diese Rolle in der entsprechenden Fähigkeit dieselben Rechte wie im darüberliegenden Kontext besitzt. Bitte beachten Sie: wenn in keinem darüberliegenden Kontext das Recht auf ERLAUBEN gesetzt ist, hat diese Rolle keine Rechte für diese Fähigkeit.

Beispiel: Die Basisrolle TEILNEHMER/IN darf Beiträge in Foren nicht bewerten, der Fähigkeit BEITRÄGE BEWERTEN ist nämlich auf WEBSITE-/SYSTEM-Ebene (dem äußersten Kontext) das Recht VERERBEN zugewiesen. Ein Trainer überschreibt jetzt im Kontext KURS die Fähigkeit BEITRÄGE BEWERTEN für diese Rolle mit ERLAUBEN. Damit erhält die Rolle für alle Foren in diesem Kurs das Recht, Beiträge zu bewerten. Im einzelnen Forum steht die Fähigkeit BEITRÄGE BEWERTEN nach wie vor auf VERERBEN, zeigt aber gleichzeitig an, dass in einem darüberstehenden Kontext ERLAUBEN eingestellt wurde (Abbildung 11.3).

Abbildung 11.3: Fähigkeit Beiträge bewerten im Kontext Forum nach Rollen überschreiben im Kontext Kurs

11.3.2 Erlauben

Mit der Einstellung ERLAUBEN erhalten alle dieser Rolle zugewiesenen Nutzer diese Fähigkeit. Das Recht gilt für den aktuellen Kontext, in dem das Recht zugewiesen wird, sowie für alle darunterliegenden Kontexte.

Beispiel: Die Basisrolle TRAINER/IN darf Rollen nicht verändern, der Fähigkeit ROLLEN ÜBERSCHREIBEN ist nämlich auf WEBSITE-/SYSTEM-Ebene (dem äussersten Kontext) das Recht VERERBEN zugewiesen. Der ADMINISTRATOR überschreibt jetzt im Kursbereich Informatik (Kontext KURSBEREICH) die Fähigkeit ROLLEN ÜBERSCHREIBEN für diese Rolle mit ERLAUBEN. Damit erhält die Rolle TRAINER/IN für diesen Kursbereich und alle darunterliegenden Kontexte (Kursunterbereiche, Kurse, Aktivitäten,

Blöcke) das Recht Rollen zu überschreiben. Im einzelnen Kurs beispielsweise steht die Fähigkeit ROLLEN ÜBERSCHREIBEN nach wie vor auf VERERBEN, zeigt aber gleichzeitig an, dass in einem darüberstehenden Kontext ERLAUBEN eingestellt wurde.

Fähigkeit	Vererben	Erlauben	Unterbinden	Untersagen	Risiken
Rolle überschreiben moodle/role:override	⊙	○	○	○	▲⚠️▲

Abbildung 11.4: Fähigkeit Rollen überschreiben im Kontext Kurs nach Rollen überschreiben im Kontext Kursbereich

11.3.3 Unterbinden

Mit der Einstellung UNTERBINDEN können Sie ein Recht wieder entziehen, das in einem darüberliegenden Kontext mit der Einstellung ERLAUBEN gewährt wurde.

Beispiel: Die Basisrolle TEILNEHMER/IN darf in einem Forum lesen, der Fähigkeit THEMEN ANSEHEN ist nämlich auf SYSTEM-Ebene (dem äussersten Kontext) das Recht ERLAUBEN zugewiesen. Der TRAINER überschreibt jetzt im Trainerforum (Kontext FORUM) die Fähigkeit THEMEN ANSEHEN für diese Rolle mit UNTERBINDEN. Damit wird dieses Forum für die Teilnehmenden gesperrt, und die Trainer bleiben hier unter sich.

11.3.4 Untersagen

Die Einstellung UNTERSAGEN wird nur in seltenen Fällen benötigt, in denen Sie Rechte für eine Rolle vollständig verbieten wollen. Ist eine Fähigkeit auf UNTERSAGEN gesetzt, kann diese nämlich in einem darunterliegenden Kontext nicht mehr überschrieben werden.

Beispiel: Die Schulleitung möchte einer Person das Starten von neuen Diskussionen in allen Foren des Lernportals untersagen. Der ADMINISTRATOR erstellt die neue Rolle STOPP_FORUM und setzt in dieser die Fähigkeit THEMEN NEU BEGINNEN auf UNTERSAGEN. Der ADMINISTRATOR weist der zu sperrenden Person die Rolle STOPP_FORUM auf SYSTEM-EBENE zu.

11.4 Rollen zuweisen

Den Basisrollen KURSVERWALTER/IN, TRAINER/IN und TRAINER/IN OHNE EDITORRECHT ist die Fähigkeit ROLLE AN NUTZER/INNEN ZUWEISEN erlaubt. Sie haben also das Recht, einem Teilnehmer in einem bestimmten Kontext eine Rolle zuzuweisen. Welche Rollen sie zuweisen dürfen ist in der Tabelle RECHTE ZUR ROLLENZUORDNUNG definiert (Abbildung 11.5). Nur der ADMINISTRATOR kann diese Tabelle bearbeiten.

	Administrator/in	Kursverwalter/innen	Trainer/in	Trainer/in ohne Editorrecht	Teilnehmer/in	Gast
Administrator/in	☑	☑	☑	☑	☑	☑
Kursverwalter/innen	☐	☐	☑	☑	☑	☑
Trainer/in	☐	☐	☐	☑	☑	☑
Trainer/in ohne Editorrecht	☐	☐	☐	☐	☑	☑
Teilnehmer/in	☐	☐	☐	☐	☐	☐
Gast	☐	☐	☐	☐	☐	☐

Abbildung 11.5: Rechte zur Rollenzuordnung

Der Trainer darf einem Teilnehmer beispielsweise in einem Kurs die Rolle TRAINER/IN OHNE EDITORRECHT, TEILNEHMER/IN oder GAST zuweisen. Über den Link ROLLEN ZUWEISEN im Kurs öffnet er das entsprechende Formular, das ihm nur die erlaubten Rollen anzeigt (Abbildung 11.6).

Rollen		
Rollen zuweisen **Rollen überschreiben**		

Rollen zuweisen ⑦

Rollen	**Beschreibung**	**Nutzer/innen**
Trainer/in ohne Editorrecht	Trainer/innen ohne Bearbeitungsrecht dürfen in Kursen unterrichten und Teilnehmer/innen bewerten, aber sie können nichts verändern.	0
Teilnehmer/in	Teilnehmer/innen haben in einem Kurs grundsätzlich weniger Rechte.	6
Gast	Gäste haben minimale Rechte und können normalerweise nirgends Texte eingeben.	0

Abbildung 11.6: Rollen zuweisen

Mit einem Klick auf eine der Rollen wird das Formular ROLLEN ZUWEISEN sichtbar (Abbildung 11.7), das unter AKTUELLER KONTEXT den KURS: INFORMATIK GRUNDLAGEN ausweist.

ZUZUWEISENDE ROLLE: mit diesem Listenfeld bestimmen Sie die zu bearbeitende Rolle.

BESTEHENDE NUTZER/INNEN: zeigt alle Teilnehmenden, die im aktuellen Kontext dieser Rolle bereits zugewiesen wurden. Beachten Sie bitte die Hierarchie der Kontexte! Zugewiesene Rollen gelten auch in untergeordneten Kontexten. Hat eine Per-

son im Kontext KURS die Rolle TEILNEHMER/IN, dann kann sie beispielsweise in der Aktivität CHAT (dem Kurs untergeordneter Kontext) dennoch in der Liste # POTENZIELLE NUTZER/INNEN erscheinen. Sie erscheint nur in der Liste # BESTEHENDE NUTZER/INNEN, wenn sie im aktuellen Kontext zugewiesen wurde!

POTENZIELLE NUTZER/INNEN: zeigt alle im Lernportal registrierten Personen, welche im aktuellen Kontext dieser Rolle noch nicht zugewiesen wurden. Im Kontext KURS erscheint das logisch, denn jede registrierte Person des Lernportals ist hier potenzieller Teilnehmer. Auf der Ebene der Aktivitäten wird es aber verwirrend: Als potenzielle Nutzer/innen werden wiederum alle registrierten Personen des Lernportals angezeigt. Mehrheitlich also Personen, die im aktuellen Kurs nicht teilnehmen werden.

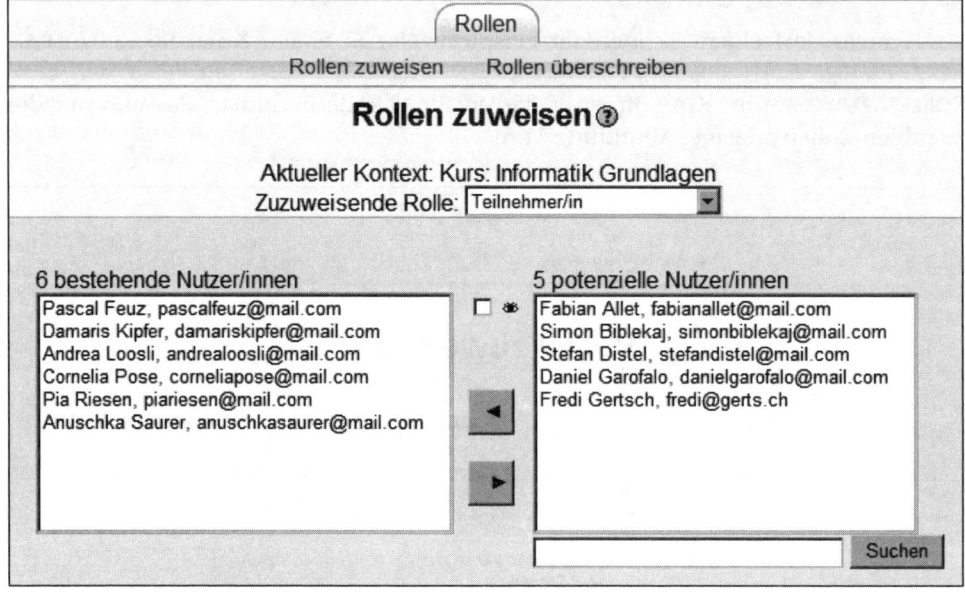

Abbildung 11.7:   Formular Rollen zuweisen

Hinweis

Verwirrende Auswahlliste

Beim Zuweisen einer Rolle im Kontext AKTIVITÄT oder BLOCK zeigt Moodle eine verwirrende (unlogische) Auswahlliste POTENZIELLE NUTZER/INNEN an. Es wäre logisch, nur jene Nutzer anzuzeigen, die Teilnehmer in diesem Kurs sind. Andere haben ja keinen Zugriff auf diese AKTIVITÄT oder diesen BLOCK. Moodle zeigt aber immer ALLE registrierten Nutzer des Lernportals an. Viel Vergnügen beim Aussortieren ;-).

> **Achtung**
>
> **Undurchsichtige Rollenspiele!**
>
> Die Listenfelder im Formular ROLLEN ZUWEISEN geben keine Auskunft über die Rollen einer Person im aktuellen Kontext. Der Dialog zeigt nur auf, wem im aktuellen Kontext eine bestimmte Rolle zugewiesen wurde. Rollen gelten eben auch in untergeordneten Kontexten!

11.5   Rollen überschreiben

Die Fähigkeit ROLLE ÜBERSCHREIBEN ist von den Basisrollen einzig dem ADMINISTRATOR erlaubt. Wahrscheinlich wird dieser aber die Basisrollen KURSVERWALTER/IN und TRAINER/IN mindestens in bestimmten Kontexten so ändern, dass diese Rollen überschreiben dürfen. Dazu müssten zwei Bedingungen erfüllt sein:

■ Er müsste dem KURSVERWALTER und dem TRAINER das Recht ROLLE ÜBERSCHREIBEN erlauben.

■ Er müsste in der Tabelle RECHTE ZUR ROLLENÄNDERUNG bestimmen, welche Rollen sie überschreiben dürfen.

Gemäss dieser Tabelle (Abbildung 11.8) dürfte der KURSVERWALTER die Rollen TRAINER/IN, TRAINER/IN OHNE EDITORRECHT und TEILNEHMER/IN überschreiben und der TRAINER seinerseits die Rollen TRAINER/IN OHNE EDITORRECHT und TEILNEHMER/IN.

| Rollen verwalten | Rechte zur Rollenzuordnung | Rechte zur Rollenänderung |

Die Rollen auf der linken Seite können die Rollen in jeder Spalte ändern.

	Administrator/in	Kursverwalter/innen	Trainer/in	Trainer/in ohne Editorrecht	Teilnehmer/in	Gast	Authentifizierte Nutzer/in
Administrator/in	☑	☑	☑	☑	☑	☑	☑
Kursverwalter/innen	☐	☐	☑	☑	☑	☐	☐
Trainer/in	☐	☐	☐	☑	☑	☐	☐
Trainer/in ohne Editorrecht	☐	☐	☐	☐	☐	☐	☐
Teilnehmer/in	☐	☐	☐	☐	☐	☐	☐
Gast	☐	☐	☐	☐	☐	☐	☐
Authentifizierte Nutzer/in	☐	☐	☐	☐	☐	☐	☐

Änderungen speichern

Abbildung 11.8:   Rechte zur Rollenänderung

11.6 Konfliktlösung bei Rechten

Rechte in untergeordneten Kontexten überschreiben Rechte aus übergeordneten Kontexten. Einzige Ausnahme ist das Recht UNTERSAGEN, das in untergeordneten Kontexten nicht überschrieben werden kann.

Wenn eine Person in einem bestimmten Kontext zwei Rollen hat und das Recht für eine bestimmte Fähigkeit in der einen Rolle auf ERLAUBEN und in der anderen Rolle auf UNTERBINDEN gesetzt ist, dann haben wir ihn – den Konflikt. Welches Recht gilt dann? In solchen Fällen sucht Moodle in der Kontexthierarchie der übergeordneten Kontexte nach einer Entscheidung.

Beispiel: Peter ist im Kurs »Excel« gleichzeitig der Rolle TRAINER/IN und BEOBACHTER zugewiesen. In der Rolle TRAINER/IN ist im Kontext KURS die Fähigkeit VERBORGENE ABSCHNITTE SEHEN auf ERLAUBEN, in der Rolle BEOBACHTER hingegen auf UNTERBINDEN gesetzt. Moodle prüft nun, wie diese Fähigkeit in diesen Rollen in den darüberliegenden Kontexten gesetzt ist: KURSBEREICHE, SYSTEM. Wenn auch in den übergeordneten Kontexten eine Entscheidung nicht möglich ist, dann wird das Recht standardmässig auf UNTERBINDEN gesetzt. Peter sieht die verborgenen Abschnitte also nicht.

Dieses Rollenverständnis entnehme ich der Moodle-Dokumentation auf *moodle.org* und sie ist für mich auch logisch und verständlich. Allerdings funktioniert nicht alles wie erwartet. Beispielsweise wird der Rollenkonflikt (noch) nicht wie beschrieben aufgelöst.

11.7 Fallbeispiel

Fritz erhält im Kontext KURSBEREICH »INFORMATIK« die Rolle KURSVERWALTER. Diese Rolle wird in der Kontexthierarchie nach unten vererbt. Er ist damit KURSVERWALTER in sämtlichen Unter-Kursbereichen, Kursen und Aktivitäten, die im KURSBEREICH »INFORMATIK« angelegt werden. Den KURS »WORD« beispielsweise kann Fritz nicht öffnen, weil Kursverwalter das Recht dazu nicht haben. Fritz kann nur den KURS TEST1 öffnen, er hat ihn selber erstellt und wurde dabei automatisch TRAINER dieses Kurses.

Sollte der ADMINISTRATOR auf die Idee kommen, der Rolle KURSVERWALTER dieselben Rechte wie dem TRAINER zu geben, dann wäre Fritz auf einen Schlag TRAINER aller Kurse im KURSBEREICH »INFORMATIK«. Der KURSBEREICH »WRG« wäre davon nicht betroffen (Abbildung 11.9).

Lesen Sie mehr über die kontextspezifischen Fähigkeiten in den weiteren Kapiteln, jeweils im Abschnitt *Rollen*, sowie mehr über das Rollen-System aus der Sicht des Administrators in Kapitel 31.

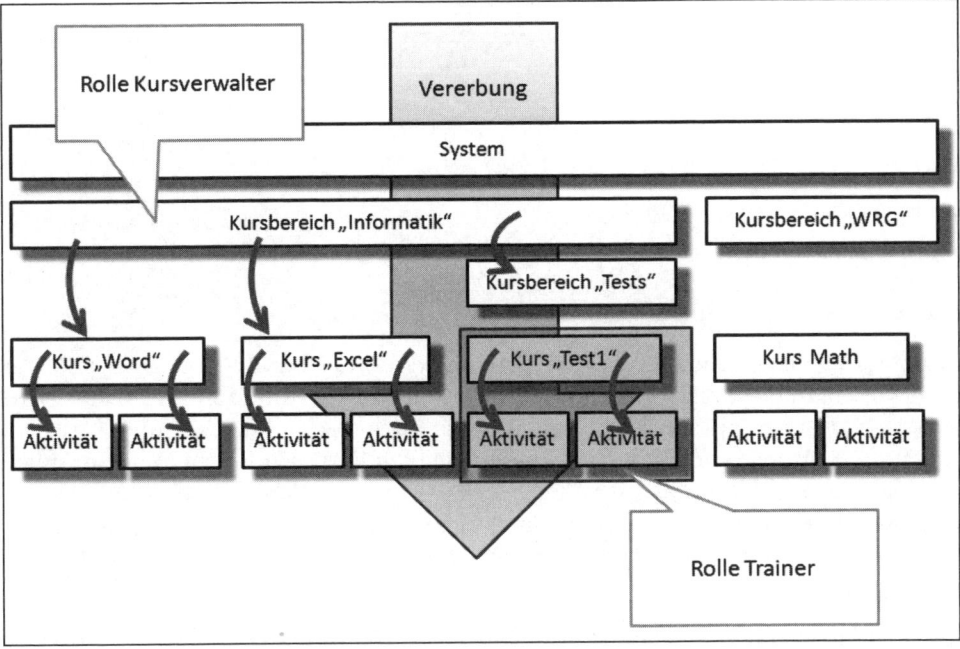

Abbildung 11.9: Fallbeispiel Kursverwalter und Trainer

Sie wissen es noch nicht – aber Sie haben es geschafft! Sie stehen jetzt auf dem Fundament von Moodle. In den folgenden Kapiteln werden Sie die Lernaktivitäten kennenlernen und damit die Wände zu Ihrem Lernportal hochziehen. Für Ihren bisherigen Einsatz erhalten Sie von mir ein AUSGEZEICHNET! Mit diesem Kapitel haben Sie einen Meilenstein erreicht – lassen Sie diese Situation nicht an sich vorbeiziehen. Nehmen Sie diesen Etappensieg bewusst wahr. Legen Sie das Buch zur Seite und belohnen Sie sich. Was genau wollten Sie kürzlich unbedingt tun – haben es aber dann doch nicht gemacht, einfach, weil Sie keine Zeit dazu fanden? Tun Sie genau das JETZT. Ich warte auf Sie!

> *Einszweidrei, im Sauseschritt – läuft die Zeit; wir laufen mit. (aus »Julchen«, 1877, Wilhelm Busch)*

Sie wissen es bereits – jetzt folgen die Lernaktivitäten. Lesen Sie weiter in Kapitel 12, *Glossar*.

12 Glossar – die Wissensdatenbank

In diesem Kapitel zeige ich Ihnen, wie Sie Glossare hinzufügen und bearbeiten, wie Sie mit Glossaren arbeiten und wie Sie Glossare importieren und exportieren können. Es gibt viele Einsatzmöglichkeiten für das Glossar. Sie lernen, dieses vielseitige Werkzeug richtig in der Hand zu halten, damit Sie und Ihre Lernenden damit arbeiten können.

Glossare sind Wörterbücher und können ein wichtiger Kursteil sein; vor allem, wenn sie von den Teilnehmenden selbst erstellt werden.

Die Teilnehmenden starten in ein für sie unbekanntes Wissensgebiet mit einer unbeschriebenen Landkarte – *dem leeren Glossar*. Gemeinsam erkunden sie das unbekannte Gebiet und zeichnen die entdeckten Gebiete in der Landkarte ein – *sie tragen also die Begriffe im Glossar ein*. Die Landkarte zeigt den momentanen Wissensstand der Teilnehmenden im jeweiligen Gebiet und wird von Kollegen, die denselben Weg gegangen sind, nach und nach verfeinert – *mit gegenseitigen Kommentaren werden die Definitionen im Glossar immer präziser*.

12.1 Glossar hinzufügen und bearbeiten

Setzen Sie den Kurs in den **Bearbeitungsmodus**, und klicken Sie im Listenfeld AKTIVITÄT ANLEGEN auf GLOSSAR. Es öffnet sich das Formular BEARBEITE GLOSSAR mit dem Titel FÜGE GLOSSAR ZU THEMA # HINZU. Wenn Sie ein bestehendes Glossar bearbeiten, erscheint das Formular auf dem Register BEARBEITEN mit dem Titel BEARBEITE GLOSSAR IN THEMA # (Abbildung 12.1), zusätzlich wird das Register ROLLEN verfügbar. Lesen Sie mehr dazu im Abschnitt 12.11, *Rollen*.

12.1.1 Grundeinträge

NAME, BESCHREIBUNG und ZAHL DER EINTRÄGE PRO SEITE sind Pflichtfelder.

- NAME: des Glossars und Link auf der Kursseite.
- BESCHREIBUNG: wird oberhalb des Glossars angezeigt.

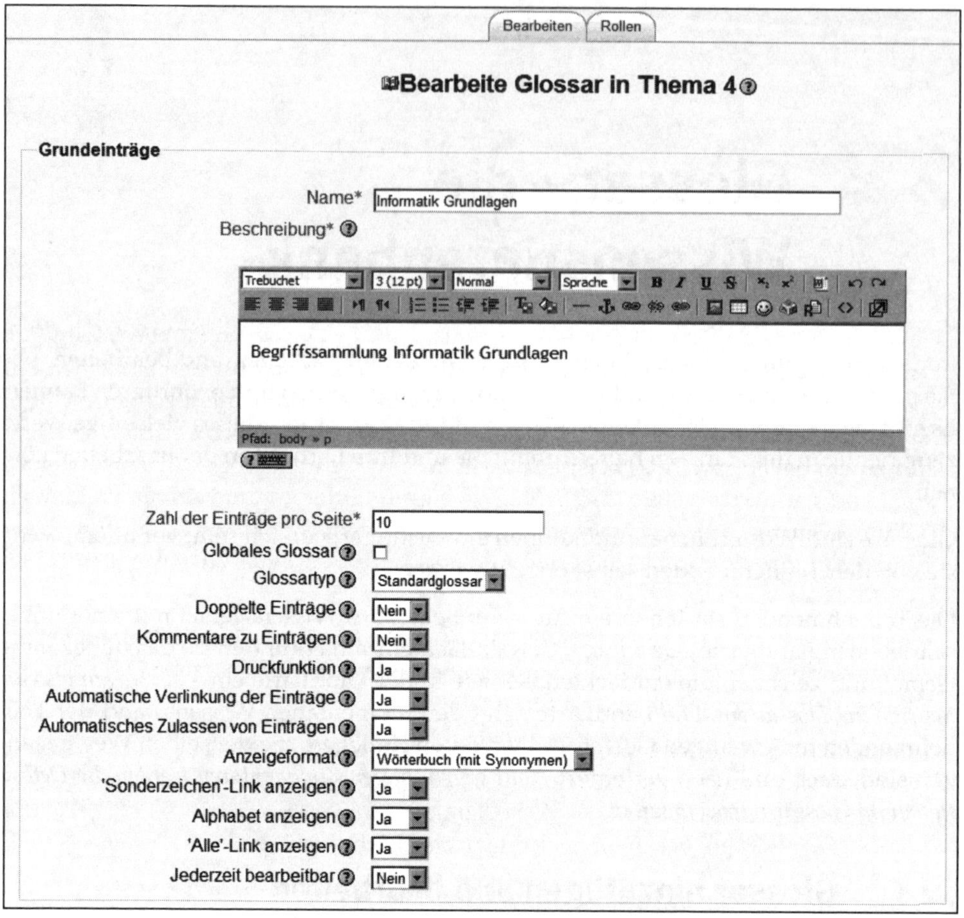

open source library

Abbildung 12.1: Bearbeite Glossar, Abschnitt Allgemein

- ■ ZAHL DER EINTRÄGE PRO SEITE: die angezeigt werden. Setzen Sie diese Zahl herunter, wenn Sie bei der Suche im Wörterbuch lange Antwortzeiten oder Zeitüberschreitungen feststellen.

- ■ GLOBALES GLOSSAR: Dieses Auswahlkästchen sehen nur Administratoren. Sie definieren damit ein Glossar als GLOBALES GLOSSAR, das in allen Kursen sichtbar ist.

- ■ GLOSSARTYP: HAUPTGLOSSAR oder STANDARDGLOSSAR. Es kann je Kurs nur ein Glossar HAUPTGLOSSAR sein, und nur der Trainer kann es bearbeiten. Sobald Sie ein Glossar als HAUPTGLOSSAR bestimmt haben, wird GLOSSARTYP nicht mehr angezeigt. Sie können im gleichen Kurs beliebig viele STANDARDGLOSSARE einrichten. Es ist möglich, Beiträge aus STANDARDGLOSSAREN ins HAUPTGLOSSAR zu importieren.

▓ DOPPELTE EINTRÄGE: Mit JA sind mehrere Einträge zum gleichen Schlagwort erlaubt, mit NEIN nicht.

▓ KOMMENTARE ZU EINTRÄGEN: Diese Einstellung gilt nur für ZWEITGLOSSARE und für Einträge, die nicht in ein HAUPTGLOSSAR exportiert wurden. Mit JA können Teilnehmer Einträge hinzufügen, bearbeiten und löschen, mit NEIN nicht. Trainer sind von dieser Einstellung nicht betroffen, sie können immer Kommentare abgeben.

▓ DRUCKFUNKTION: Hier können Sie dem Teilnehmer mit NEIN die Druckansicht verbieten – aber das macht wenig Sinn. Mit JA darf auch er drucken ;-) Trainer dürfen die Glossare immer drucken.

▓ AUTOMATISCHE VERLINKUNG DER EINTRÄGE: Mit JA aktivieren Sie die Verlinkung auf Glossarebene, aber nicht die automatische Verlinkung für den einzelnen Eintrag. Dazu müssen Sie bei dessen Anlegen zusätzlich die entsprechende Option auch noch aktivieren. Ab jetzt wird dieser Eintrag automatisch verlinkt, sobald er in einem beliebigen Text, beispielsweise in Forenbeiträgen oder Arbeitsmaterialien, vorkommt. Dort wird das Schlagwort grau hinterlegt und öffnet als Link ein Popup-Fenster, das die entsprechende Definition aus dem Glossar anzeigt. Diese Einstellung setzt voraus, dass der Administrator den Filter AUTOMATISCHE VERLINKUNG ZUM GLOSSAR aktiviert hat.

▓ AUTOMATISCHES ZULASSEN VON EINTRÄGEN: Mit NEIN müssen die Teilnehmerbeiträge vor der Veröffentlichung vom Trainer geprüft und freigegeben werden. Mit JA werden sie unmittelbar veröffentlicht.

▓ ANZEIGEFORMAT: Hier bestimmen Sie das Layout des Glossars. Es stehen folgende Formate zur Verfügung: ENZYKLOPÄDIE, FAQ, LISTE, VOLLSTÄNDIG MIT AUTOR/IN, VOLLSTÄNDIG OHNE AUTOR/IN, WÖRTERBUCH (MIT SYNONYMEN) und WÖRTERBUCH (OHNE SYNONYME). Lesen Sie mehr dazu in Abschnitt 12.2, *Anzeigeformate*.

Zur Erleichterung der Suche innerhalb des Glossars kann auf den Registern ANZEIGE NACH ALPHABET und ANZEIGE NACH AUTOR/IN ein Index angezeigt werden, dessen Gestalt Sie mit den folgenden drei Optionen festlegen:

▓ 'SONDERZEICHEN'-LINK ANZEIGEN: Mit JA enthält der Index den Link SONDERZEICHEN, der alle Einträge des Glossars anzeigt, die nicht mit einem Buchstaben beginnen. So können Sie auch nach Sonderzeichen wie @ oder # suchen.

▓ ALPHABET ANZEIGEN: Mit JA wird ein alphabetisches Link-Raster für die schnelle Suche nach Anfangsbuchstaben angezeigt. Mit einem Klick auf einen einzelnen Link werden alle Einträge des Glossars angezeigt, die mit diesem Buchstaben beginnen.

▓ 'ALLE'-LINK ANZEIGEN: Mit JA enthält der Index den Link ALLE, der alle Einträge des Glossars auf einer Seite anzeigt. Damit ist es möglich, alle Beiträge in einer langen Liste ohne Seitenwechsel anzuzeigen.

▓ JEDERZEIT BEARBEITBAR: Mit JA können die Teilnehmer die Beiträge jederzeit wieder ändern, mit NEIN nur während einer gewissen Zeit.

12.1.2 RSS-Feeds

Dieser Formular-Bereich wird nur angezeigt, wenn der Administrator RSS-FEEDS ERLAUBEN für die ganze Website aktiviert [ADMINISTRATION-SERVER ▶ RSS-FEEDS] und bei den Einstellungen für die Aktivität GLOSSAR bei RSS-FEEDS FÜR GLOSSARE AKTIVIEREN die Option JA einträgt [ADMINISTRATION-MODULE ▶ AKTIVITÄTEN]. Lesen Sie mehr dazu im Kapitel 31, *Moodle-Administration*.

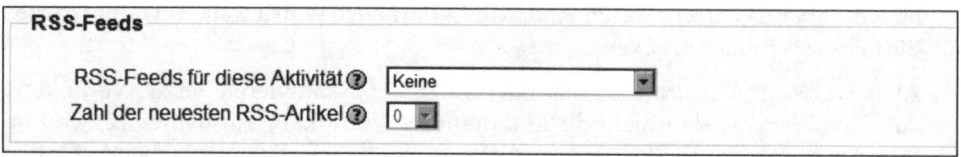

Abbildung 12.2: Bearbeite Glossar, Abschnitt RSS-Feeds

▪ RSS-FEEDS FÜR DIESE AKTIVITÄT: Hier bestimmen Sie, ob RSS-Feeds von diesem Glossar bereitgestellt werden. Bei der Option MIT AUTOR/INNENNENNUNG enthalten die Feeds die Namen der Autor/innen in jedem Artikel, bei OHNE AUTOR/INNENNENNUNG hingegen nicht. Mit NEIN stellt dieses Glossar keine RSS-Feeds bereit.

▪ ZAHL DER NEUESTEN RSS-ARTIKEL: Diese Option legt fest, wie viele Beiträge in den RSS-Feed übernommen werden. Eine Zahl zwischen 5 und 20 sollte bei den meisten Glossaren angemessen sein. Eine höhere Anzahl empfiehlt sich nur, wenn das Glossar häufig bearbeitet wird.

12.1.3 Bewertung

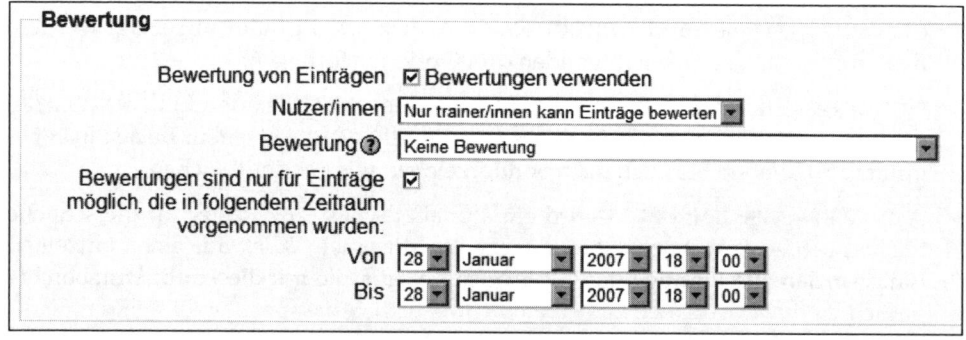

Abbildung 12.3: Bearbeite Glossar, Abschnitt Bewertung

▪ BEWERTUNG VON EINTRÄGEN: Ist das Auswahlkästchen bei BEWERTUNGEN VERWENDEN markiert, können die einzelnen Einträge bewertet werden.

■ NUTZER/INNEN: In diesem Listenfeld bestimmen Sie, wer bewerten darf: NUR TRAINER/INNEN KANN EINTRÄGE BEWERTEN oder JEDER KANN EINTRÄGE BEWERTEN.

■ BEWERTUNG: Wie sollen die Beiträge in diesem Glossar bewertet werden? Wählen Sie zwîschen einem Punktemaximum von 1 bis 100 Punkten oder einer vorher definierten Bewertungsskala. Lesen Sie mehr dazu in Kapitel 10, *Bewertungen*. Unsinnigerweise enthält das Listenfeld auch die Option KEINE BEWERTUNG, womit die Aktivierung von BEWERTUNG VON EINTRÄGEN wieder aufgehoben wird.

■ BEWERTUNGEN SIND NUR FÜR EINTRÄGE MÖGLICH, DIE IN FOLGENDEM ZEITRAUM VORGENOMMEN WURDEN: Ist dieses Auswahlkästchen markiert, bestimmen Sie in den Listenfeldgruppen VON und BIS den Zeitraum, in welchem Einträge bewertet werden können.

12.1.4 Weitere Modul-Einstellungen

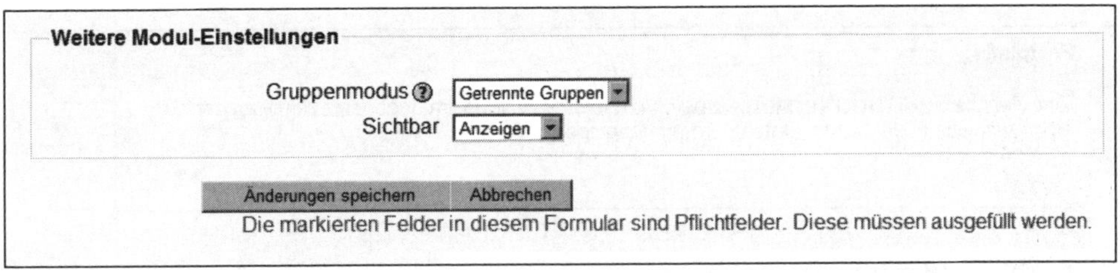

Abbildung 12.4: Bearbeite Glossar, Abschnitt Weitere Modul-Einstellungen

■ GRUPPENMODUS: Listenfeld mit den Optionen JA und NEIN. Lesen Sie mehr dazu in Kapitel 9, *Gruppen*.

■ SICHTBAR: Listenfeld mit den Optionen ANZEIGEN und VERBERGEN. Mit ANZEIGEN ist das Glossar für die Teilnehmer sichtbar, mit VERBERGEN nicht (das kann während eines Tests sinnvoll sein).

Über die Schaltflächen können Sie die im Formular BEARBEITE GLOSSAR vorgenommenen ÄNDERUNGEN SPEICHERN oder die Bearbeitung ABBRECHEN.

12.2 Anzeigeformate

Das Glossar kann sich der Situation anpassen wie ein Chamäleon der Umgebung. Während sich das Chamäleon zu seinem Schutz unsichtbar macht, will sich das Glossar von seiner besten Seite zeigen. In der Einstellung ANZEIGEFORMAT sind folgende Layouts verfügbar, die hier aus der Sicht des Kursverwalters angezeigt werden.

Liste

Die Begriffe sind alphabetisch aufgelistet und führen als Link zur Erläuterung.

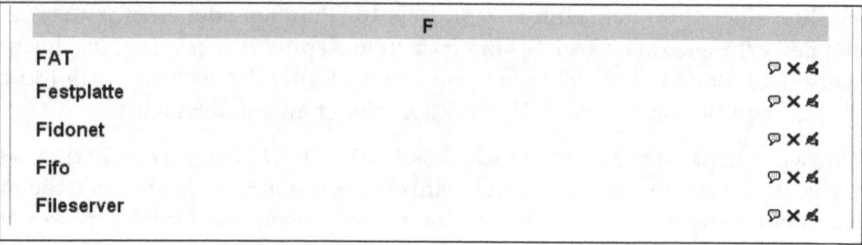

Wörterbuchstil ohne Synonyme

Begriff und Erläuterung werden fortlaufend im gleichen Absatz angezeigt.

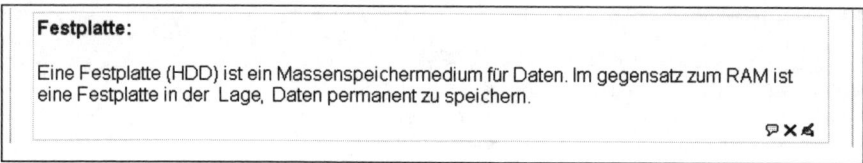

Wörterbuchstil mit Synonymen

Begriff und Erläuterung sind mit einem Absatz getrennt, zusätzlich werden in einem Listenfeld die ALTERNATIVBEGRIFFE angezeigt.

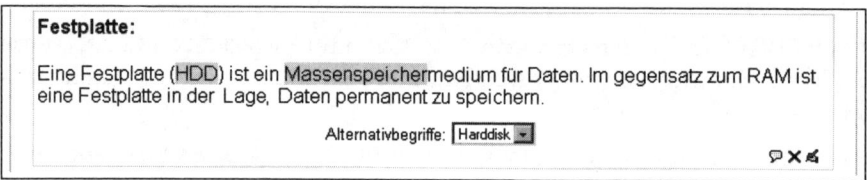

Enzyklopädie

Entspricht dem Wörterbuchstil mit Synonymen. Zusätzlich werden der Autor und angehängte Bilder angezeigt.

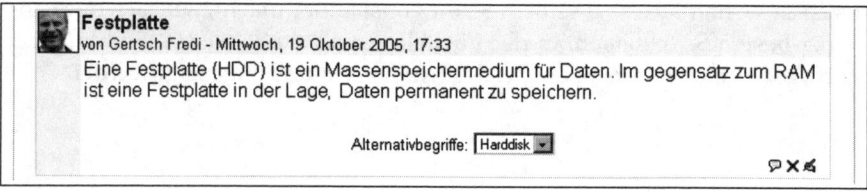

FAQ

Häufig gestellte Fragen. Die Wörter FRAGE und ANTWORT werden hinzugefügt.

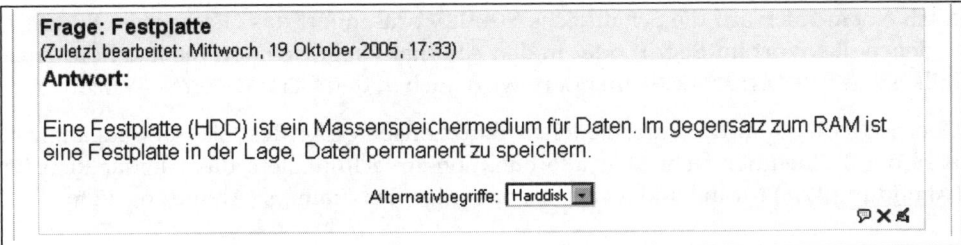

Vollständig mit Autor/in

Entspricht dem Wörterbuchstil mit Synonymen. Zusätzlich werden der Autor und das Datum der letzten Bearbeitung angezeigt.

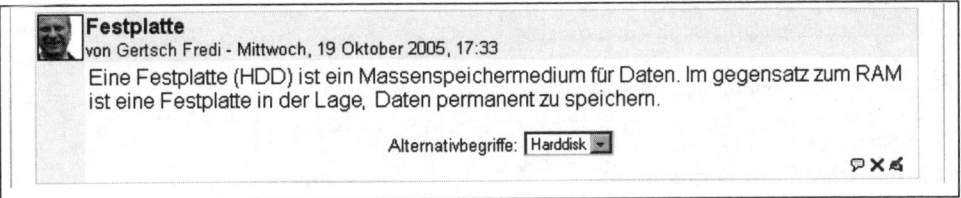

Vollständig ohne Autor/in

Entspricht dem Wörterbuchstil mit Synonymen. Zusätzlich wird das Datum der letzten Bearbeitung angezeigt.

12.3   Mit Glossaren arbeiten

Das neue Glossar ist noch leer, und Sie wollen gleich einige Einträge erfassen. Auch wenn die Teilnehmer das Glossar bearbeiten werden, ist es von Vorteil, wenn Sie am Anfang einige Beispiele vorgeben. Mit einem Klick auf den Glossar-Link auf der Kursseite öffnet sich das GLOSSAR (Abbildung 12.5).

Oberhalb der Register erkennen Sie den Namen und die Beschreibung des Glossars. Mit einem Klick auf das DRUCKERSYMBOL neben dem Namen öffnet sich ein Popup-Fenster mit den aktuell angezeigten Beiträgen in DRUCKANSICHT.

Nach einem Klick auf die Schaltfläche SUCHEN präsentiert das Glossar alle Einträge, in denen das Wort im Begriff oder in den Alternativbegriffen auftaucht. Ist das Ausfüllkästchen VOLLTEXTSUCHE markiert, wird auch in den DEFINITIONEN gesucht.

Über REGISTER sind die verschiedenen Funktionsbereiche des Glossars zugänglich. Weil der Teilnehmer nicht über alle Funktionen verfügt, sieht das Glossar-Register (Abbildung 12.6) für ihn anders aus als dasjenige des Trainers (Abbildung 12.5).

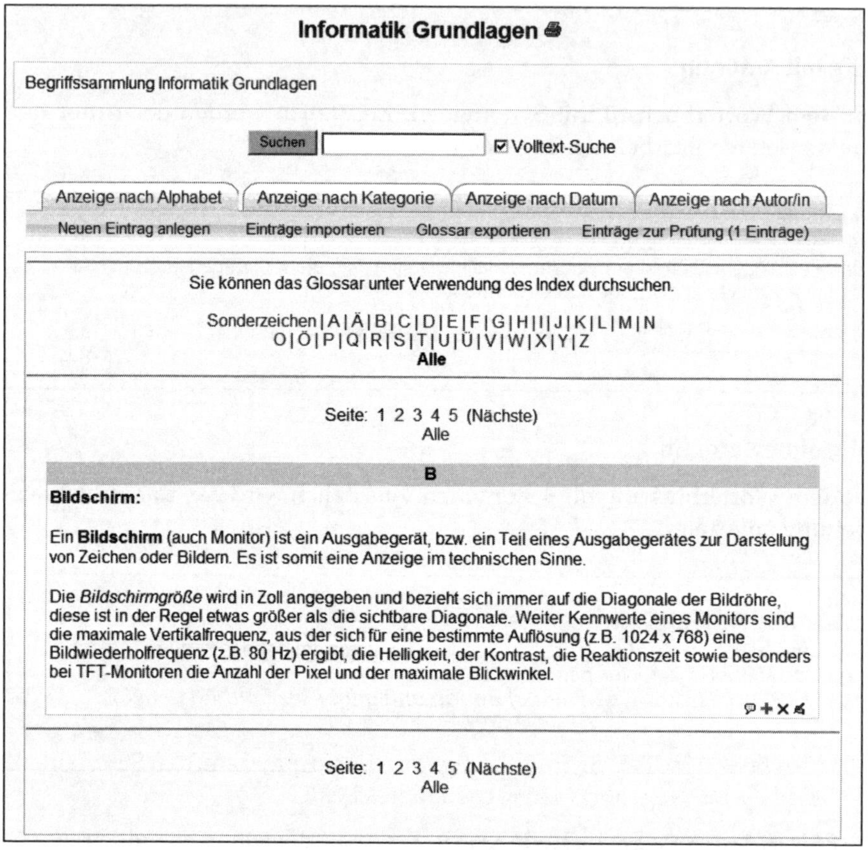

Abbildung 12.5: Das Glossar Informatik Grundlagen aus Trainer-Sicht

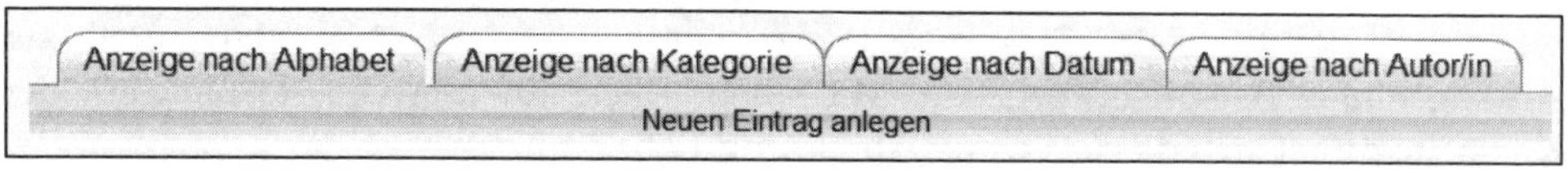

Abbildung 12.6: Die Register des Glossars Informatik Grundlagen aus Teilnehmer-Sicht

12.4 Eintrag neu erfassen

Auf dem Register NEUEN EINTRAG ANLEGEN erfassen Sie neue Einträge, BEGRIFF und DEFINITION sind Pflichtfelder.

12.4.1 Allgemein

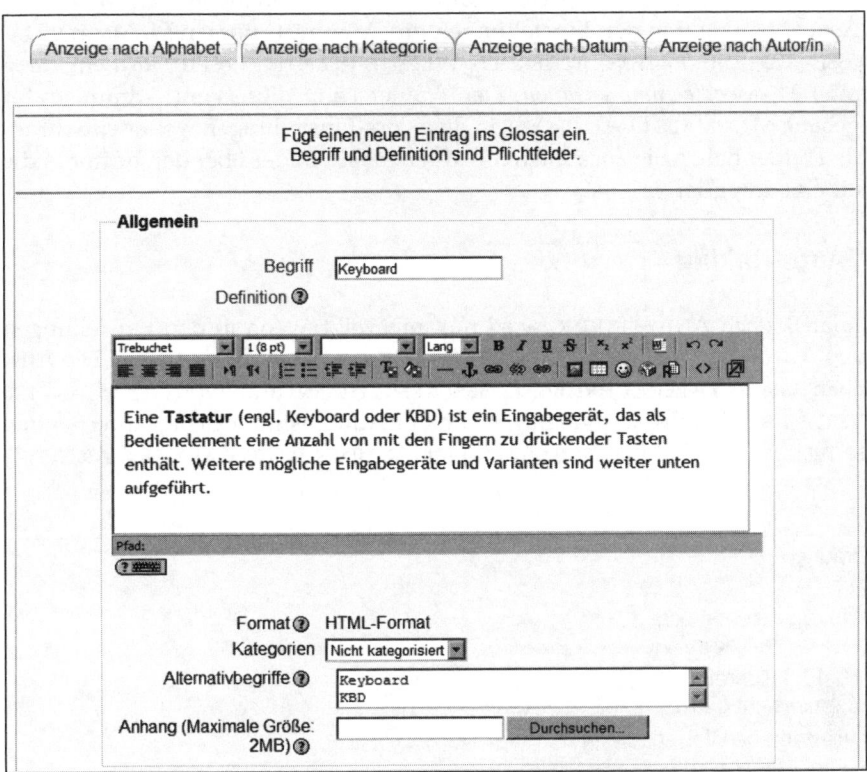

Abbildung 12.7: Das Register Einen neuen Begriff anlegen, Abschnitt Allgemein

- BEGRIFF: Hier tragen Sie den Begriff (Schlagwort, Deskriptor) ein, den Sie erläutern wollen. Bei FAQ-Listen gehört die Frage in dieses Feld.

- DEFINITION: Beschreiben Sie hier den Begriff genau und leicht verständlich.

- FORMAT: Wenn Sie mit dem Rich-Text-HTML-Editor arbeiten, erfassen Sie die Definition im HTML-Format.

- KATEGORIEN: Hier können Sie jeden Begriff einer Kategorie zuordnen. Diese müssen vorher definiert werden. Lesen Sie mehr dazu im Abschnitt 12.7, *Kategorie bearbeiten*.

Die drei nachfolgenden Einstellungen werden nur angezeigt und funktionieren lediglich, wenn bei den Glossar-Einstellungen AUTOMATISCHE VERLINKUNG DER EINTRÄGE aktiviert ist. Lesen Sie mehr dazu im Abschnitt 12.1, *Glossar hinzufügen oder bearbeiten*.

▪ ALTERNATIVBEGRIFFE: Synonyme, die ebenfalls automatisch verlinkt und zu dieser Definition führen sollen. Verwenden Sie für jeden Alternativbegriff eine neue Zeile.

▪ ANHANG: Hier können Sie eine Datei an den Beitrag anhängen. Die MAXIMALE GRÖSSE ist abhängig von den Einstellungen des Administrators in MAXIMALE DATEIGRÖSSE [ADMINISTRATION-SICHERHEIT-WEBSITE-RECHTE]. Lesen Sie mehr dazu in Kapitel 31, *Moodle-Adminstration*. Der Trainer kann diese vom Administrator vorgegebene MAXIMALE DATEIGRÖSSE in den Kurs-Einstellungen weiter einschränken. Als Trainer haben Sie zusätzlich die Möglichkeit, Bilder über den Editor in die Definition zu integrieren.

12.4.2 Auto-linking

Der Formular-Bereich AUTO-LINKING wird nur angezeigt, wenn in den Einstellungen des Glossars AUTOMATISCHE VERLINKUNG DER EINTRÄGE mit JA erlaubt wird. Die Auswahlkästchen GROSS-/KLEINSCHREIBUNG BERÜCKSICHTIGEN und NUR VOLLSTÄNDIGE WÖRTER VERLINKEN sind nur aktivierbar, wenn der Administrator die entsprechenden GRUNDEINSTELLUNGEN FÜR EINTRÄGE auf JA setzt [ADMINISTRATION-MODULE-AKTIVITÄTEN].

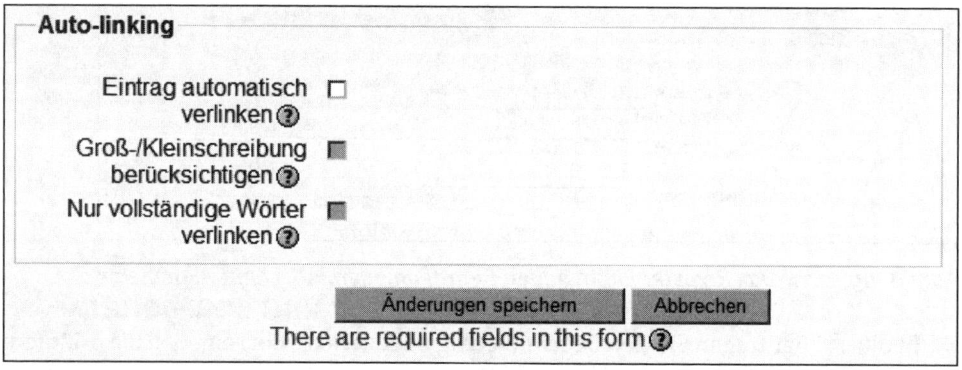

Abbildung 12.8: Das Register Einen neuen Begriff anlegen, Abschnitt Auto-linking

▪ EINTRAG AUTOMATISCH VERLINKEN: Ist dieses Auswahlkästchen markiert, werden die Einträge automatisch verlinkt. Sobald in Aktivitäten oder Arbeitsunterlagen (in Ihrem Kurs) der Begriff auftaucht, wird das Wort grau hinterlegt (Abbildung 12.9) und öffnet als Link ein Popup-Fenster, das die entsprechende Definition aus dem Glossar anzeigt. Das gilt nicht für Begriffe in hochgeladenen Dateien.

Wenn Sie verhindern wollen, dass ein bestimmter Text verknüpft wird, können Sie `<nolink>`- und `</nolink>`-Tags um den Text stellen. Das ist im Editor im HTML-Modus möglich. Beachten Sie, dass Kategorienamen auch verknüpft werden können. Lesen Sie mehr dazu im Abschnitt 12.7, *Kategorie bearbeiten*.

■ GROSS-/KLEINSCHREIBUNG BERÜCKSICHTIGEN: Ist dieses Auswahlkästchen markiert, werden nur Wörter automatisch verlinkt, die in der Groß- und Kleinschreibung mit dem Begriff im Glossar exakt übereinstimmen. Das Wort *Html* in einem Forumseintrag wird NICHT mit einem Glossareintrag *HTML* verknüpft.

■ Nur vollständige Wörter verlinken: Ist dieses Auswahlkästchen markiert, wird ein Wort nur verlinkt, wenn das ganze Wort im Glossar vorkommt. Der Glossareintrag »Konstrukt« innerhalb des Wortes »Konstruktivität« wird nicht verknüpft. Mit einem Klick auf eine Schaltfläche können Sie die im Formular Bearbeiten vorgenommenen Änderungen speichern oder die Bearbeitung Abbrechen.

> **Tipp**
>
> **Vorsicht beim automatischen Verbinden**
>
> Falls sich gewisse Seiten in Ihrem Lernportal langsamer aufbauen als andere, könnte es am Glossar liegen. Das automatische Verlinken vieler Begriffe kann den Seitenaufbau erheblich verzögern, weil vor der Anzeige jedes Wort im Glossar gesucht wird. Wenn Sie das automatische Verbinden ausschalten, sind Sie auf der sicheren Seite.

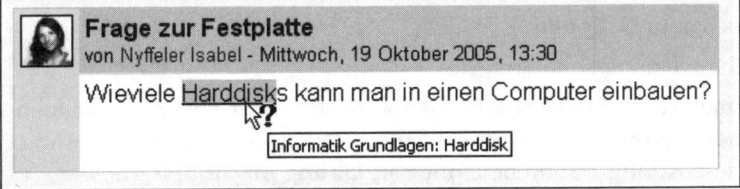

Abbildung 12.9: Verlinkter Begriff in einem Forumsbeitrag

12.5 Eintrag kommentieren, löschen und bearbeiten

Bei jedem Eintrag werden unten rechts die Symbole KOMMENTAR, INS HAUPTGLOSSAR EXPORTIEREN, LÖSCHEN und BEARBEITEN angezeigt (Abbildung 12.10).

Mit einem Klick auf die SPRECHBLASE öffnet sich das Formular KOMMENTAR HINZUFÜGEN, in dem Sie den Kommentar im bekannten EDITOR erfassen. Sind Kommentare zu einem Eintrag erfasst worden, wird ein entsprechender Link # KOMMENTAR angezeigt. Die Sprechblase KOMMENTAR wird für die Teilnehmer nur angezeigt, wenn KOMMENTARE ZU EINTRÄGEN bei den Glossar-Einstellungen auf JA gesetzt ist. Lesen Sie mehr dazu in Abschnitt 12.1, *Glossar hinzufügen und bearbeiten*.

Mit einem Klick auf das rote Kreuz-Symbol kann der Trainer diesen Beitrag INS HAUPTGLOSSAR EXPORTIEREN. Dieses Symbol wird nur angezeigt, wenn im gleichen Kurs ein Hauptglossar vorhanden ist.

Mit einem Klick auf X können Sie den Beitrag löschen. Dieser wird nach Ihrem JA auf die Sicherheitsabfrage SIND SIE SICHER, DASS SIE DIESEN EINTRAG LÖSCHEN WOLLEN? unwiderruflich gelöscht. Teilnehmer können nur ihre eigenen Einträge löschen.

Mit einem Klick auf das Händchen können Sie den Eintrag bearbeiten. Teilnehmer können nur ihre eigenen Einträge bearbeiten. Lesen Sie mehr dazu in Abschnitt 12.1, *Glossar hinzufügen und bearbeiten.*

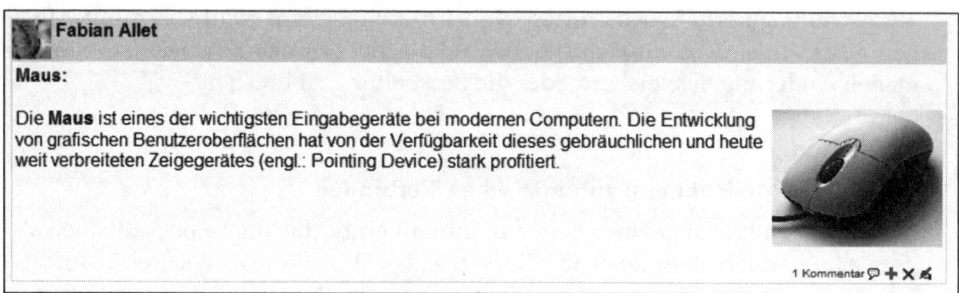

Abbildung 12.10: Symbole zum Kommentieren, Löschen oder Bearbeiten

Übung 27

Glossar und Gruppen

Für diese Übung benötigen Sie:

- Einen Kurs für SICHTBARE GRUPPEN, drei Gruppen, sechs Teilnehmer, davon je zwei in einer Gruppe. Wahrscheinlich kommt Ihnen diese Konfiguration bekannt vor. **Übung macht den Meister** – es ist also besser, wenn Sie den Kurs neu erstellen. ☺

- Ein Glossar als Vorlage, beispielsweise das Graffiti-Glossar auf *Wiki.org*.

  1. Erstellen Sie ein neues Glossar *Graffiti* für GETRENNTE GRUPPEN

  2. Erfassen Sie in der Rolle jedes Teilnehmenden fünf Einträge aus Ihrem Vorlage-Glossar, die automatisch verlinken (AUTOMATISCHE VERLINKUNG DER EINTRÄGE und EINTRAG AUTOMATISCH VERLINKEN). Erkunden Sie anschließend das Glossar mit der Brille der Teilnehmenden und des Trainers.

3.. Erfassen Sie in einer Webseite einen Text, der Begriffe aus dem Glossar enthält. Schützen Sie darin einen der Begriffe vor dem automatischen Verlinken mit dem `<nolink>`-Tag. Werden die ungeschützten Begriffe grau hinterlegt?

4. Wechseln Sie das Glossar auf KEINE GRUPPEN. Erfassen Sie in der Rolle jedes Teilnehmers einen Kommentar, und löschen Sie als Trainer einen Eintrag.

5. Erstellen Sie mit den Funktionen SICHERUNG und WIEDERHER-STELLEN eine Kopie (NEUER KURS) dieses Kurses.

Haben Sie diese Übung geschafft? – Ja? – SICHER? – GIVE ME FIVE!

12.6 Eintrag suchen

Der Sinn eines Glossars ist – neben dem automatischen Verlinken – natürlich das Suchen eines Begriffs. Das Glossar bietet Ihnen verschiedene Möglichkeiten, den richtigen Eintrag zu finden. ZAHL DER EINTRÄGE PRO SEITE in den Glossar-Einstellungen bestimmt, wie viele Beiträge auf einer Seite angezeigt werden.

12.6.1 Suchfunktion

Sobald Sie eines der Such-Register aktivieren, steht gleichzeitig die Suchfunktion zur Verfügung. Sie wird über den Registern angezeigt und besteht aus der Schaltfläche SUCHEN, dem Textfeld für die Eingabe des Suchbegriffs und dem Auswahlkästchen VOLLTEXTSUCHE (Abbildung 12.11). Die Suchfunktion ist aber nicht mit den Such-Registern verbunden, sie arbeitet eigenständig.

Nach einem Klick auf die Schaltfläche SUCHEN präsentiert das Glossar alle Einträge, in denen das Wort im Begriff oder in den Alternativbegriffen auftaucht. Ist das Ausfüllkästchen VOLLTEXTSUCHE markiert, wird auch in den DEFINITIONEN gesucht.

Abbildung 12.11: Suchfunktion

12.6.2 Anzeige nach Alphabet

Auf dem Register ANZEIGE NACH ALPHABET werden die Einträge in alphabetischer Reihenfolge angezeigt. Es stehen Ihnen hier zwei Navigationsinstrumente zur Verfügung: die BUCHSTABEN-LINKS und die SEITEN-LINKS. Zuerst springen Sie mit dem

BUCHSTABEN-LINK auf den Anfangsbuchstaben. Die SEITEN-LINKS zeigen jetzt nur noch die Seiten dieses Buchstabens an. Nun blättern Sie mit den SEITEN-LINKS seitenweise durch die Beiträge.

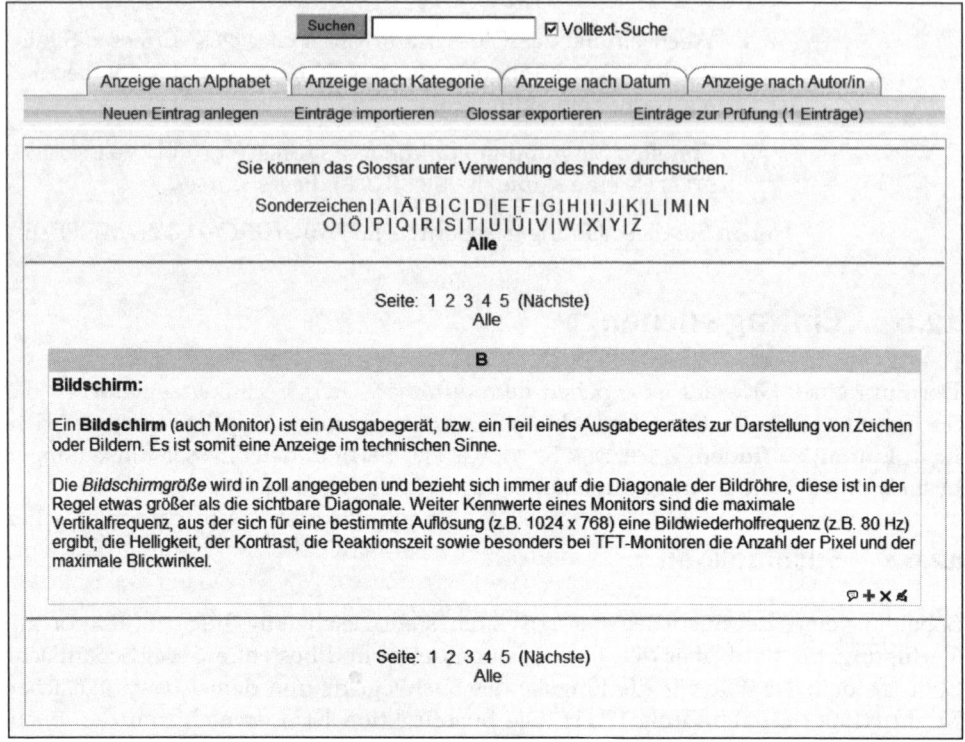

Abbildung 12.12: Das Register Anzeige nach Alphabet

12.6.3 Anzeige nach Kategorie

Auf dem Register ANZEIGE NACH KATEGORIE werden die Einträge in alphabetischer Reihenfolge angezeigt. Es stehen Ihnen hier zwei Navigationsinstrumente zur Verfügung: das Listenfeld KATEGORIEN und die SEITEN-LINKS. Zuerst wählen Sie im Listenfeld KATEGORIEN die Kategorie. Die SEITEN-LINKS zeigen jetzt nur noch die Seiten dieser Kategorie an. Nun blättern Sie mit den SEITEN-LINKS seitenweise durch die Beiträge

Mit einem Klick auf die Schaltfläche KATEGORIE BEARBEITEN können Sie die Kategorien verwalten. Lesen Sie mehr dazu im Abschnitt 12.7, *Kategorie bearbeiten*.

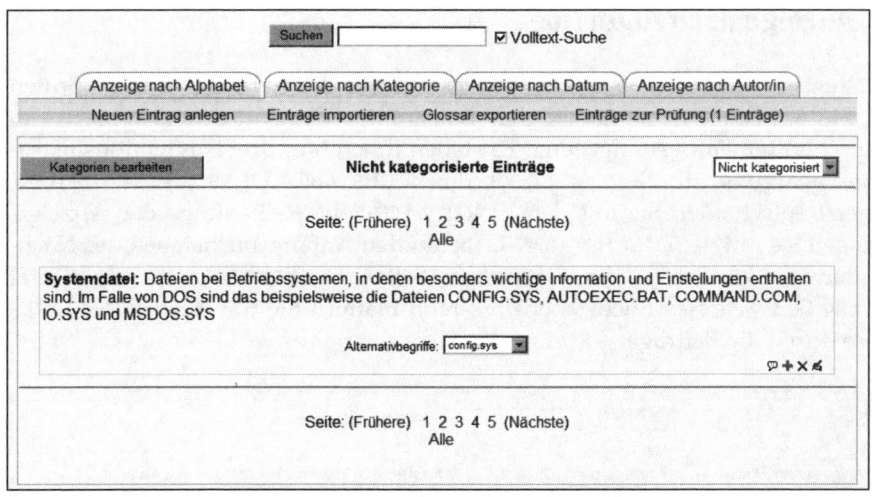

Abbildung 12.13: Das Register Anzeige nach Kategorie

12.6.4 Anzeige nach Datum

Auf dem Register ANZEIGE NACH DATUM werden die Einträge in chronologischer Reihenfolge angezeigt. Es stehen Ihnen hier zwei Navigationsinstrumente zur Verfügung: die SORTIER-LINKS und die SEITEN-LINKS. Zuerst wählen Sie mit den SORTIER-LINKS die Reihenfolge der Anzeige. Jetzt blättern Sie mit den SEITEN-LINKS seitenweise durch die Beiträge.

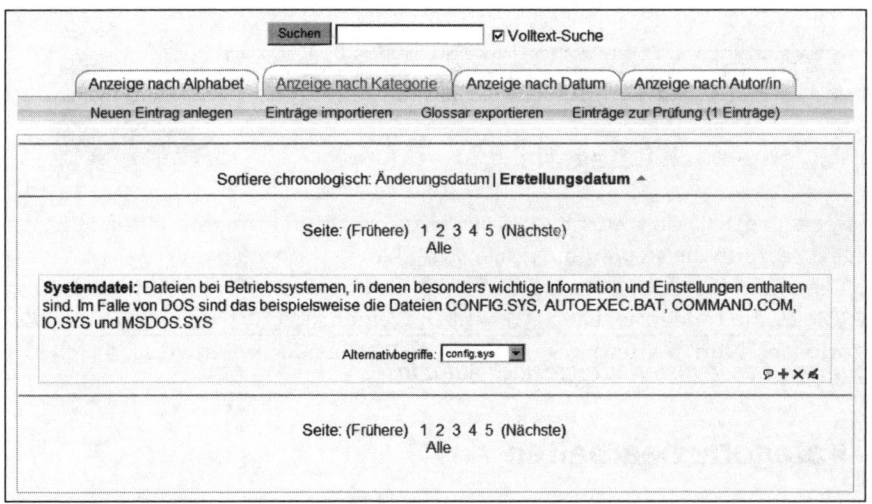

Abbildung 12.14: Das Register Anzeige nach Datum

12.6.5 Anzeige nach Autor/in

Auf dem Register ANZEIGE NACH AUTOR/IN werden die Einträge in zwei Stufen geordnet. Sie werden – in alphabetischer Reihenfolge der Autoren gruppiert – in chronologischer Reihenfolge angezeigt. Es stehen Ihnen hier drei Navigationsinstrumente zur Verfügung: die SORTIER-LINKS, die BUCHSTABEN-LINKS und die SEITEN-LINKS. Zuerst entscheiden Sie mit dem SORTIER-LINK die Reihenfolge der Anzeige, dann springen Sie mit dem BUCHSTABEN-LINK auf den Anfangsbuchstaben des Nachnamens oder des Vornamens, den Sie suchen wollen. Die SEITEN-LINKS zeigen jetzt nur noch die Seiten dieses Buchstabens an. Nun blättern Sie mit den SEITEN-LINKS seitenweise durch die Beiträge.

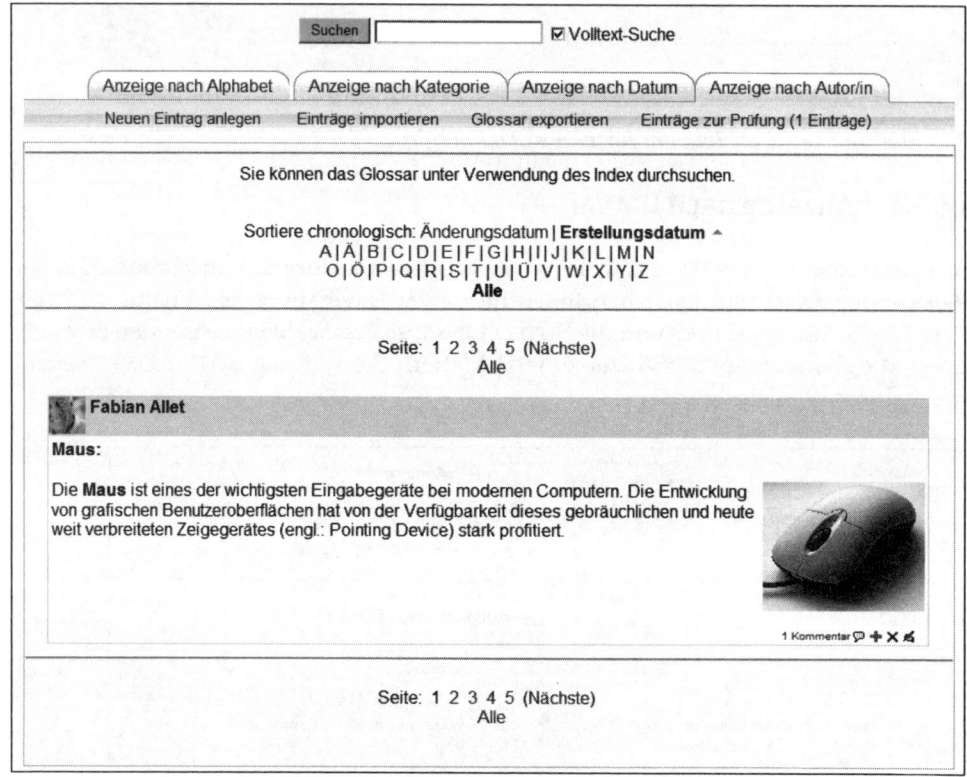

Abbildung 12.15: Das Register Anzeige nach Autor/in

12.7 Kategorie bearbeiten

Mit einem Klick auf die Schaltfläche KATEGORIEN BEARBEITEN auf dem Register ANZEIGE NACH KATEGORIE (Abbildung 12.13) öffnet sich das Formular KATEGORIEN (Abbildung 12.16).

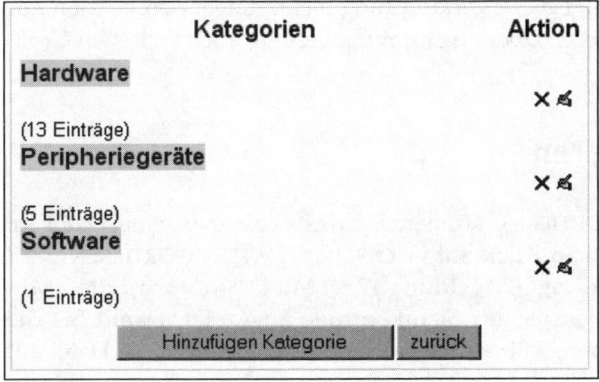

Abbildung 12.16: Das Formular Kategorien

- KATEGORIEN: Hier werden die bereits vorhandenen KATEGORIEN als Link aufgeführt. Mit einem Klick darauf können Sie ins Glossar in die entsprechende Kategorie wechseln. Leider wird die Anzahl Einträge zu nahe bei der nächsten Kategorie angezeigt. Die Kategorie HARDWARE hat in unserem Beispiel 13 EINTRÄGE.

- AKTION: Mit einem Klick auf X können Sie die Kategorie löschen. Die Einträge dagegen werden nicht gelöscht, sondern als »keiner Kategorie zugeordnet« gekennzeichnet. Das Löschen erfolgt erst, wenn Sie die Sicherheitsabfrage SIND SIE SICHER, DASS SIE DIESEN EINTRAG LÖSCHEN WOLLEN? mit JA beantwortet haben.

Mit einem Klick auf das Händchen öffnet sich das Formular BEARBEITEN KATEGORIE, das dem Formular HINZUFÜGEN KATEGORIE entspricht (Abbildung 12.17).

Mit einem Klick auf die Schaltfläche HINZUFÜGEN KATEGORIE öffnet sich das gleichnamige Formular (Abbildung 12.17).

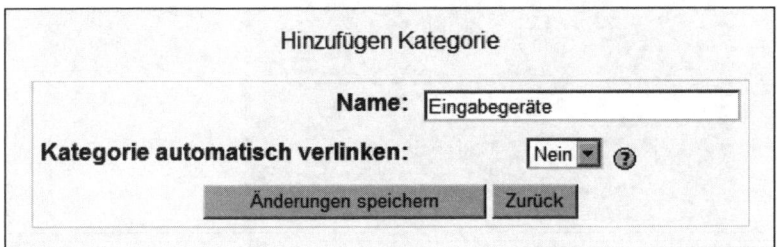

Abbildung 12.17: Das Formular Hinzufügen Kategorie

- NAME: der Kategorie.

- KATEGORIE AUTOMATISCH VERLINKEN: JA oder NEIN. Mit JA legen Sie fest, dass diese Kategorie automatisch verlinkt wird. Sobald in Aktivitäten oder Arbeitsmaterial (in Ihrem Kurs) der Begriff auftaucht, wird das Wort grau hinterlegt (Abbildung 12.9) und öffnet als Link ein Popup-Fenster, das die entsprechende Definition aus dem

open source library

Glossar anzeigt. Mit NEIN erfolgt diese Verknüpfung nicht. Kategorien werden nur verknüpft, wenn eine vollständige Übereinstimmung besteht, auch zwischen Groß- und Kleinschreibung.

12.8 Glossar exportieren

Auf dem Register GLOSSAR EXPORTIEREN können Sie das Glossar in eine Datei im XML-Format exportieren. Mit einem Klick auf GLOSSAR IN DATEI EXPORTIEREN wird der Dialog DATEIDOWNLOAD angezeigt (Abbildung 12.8). Mit ÖFFNEN wird die XML-Datei in einem neuen Browser-Fenster zur Sichtkontrolle angezeigt. Damit Sie die Einträge später importieren können, wählen Sie SPEICHERN und sichern die Datei auf Ihrer lokalen Festplatte.

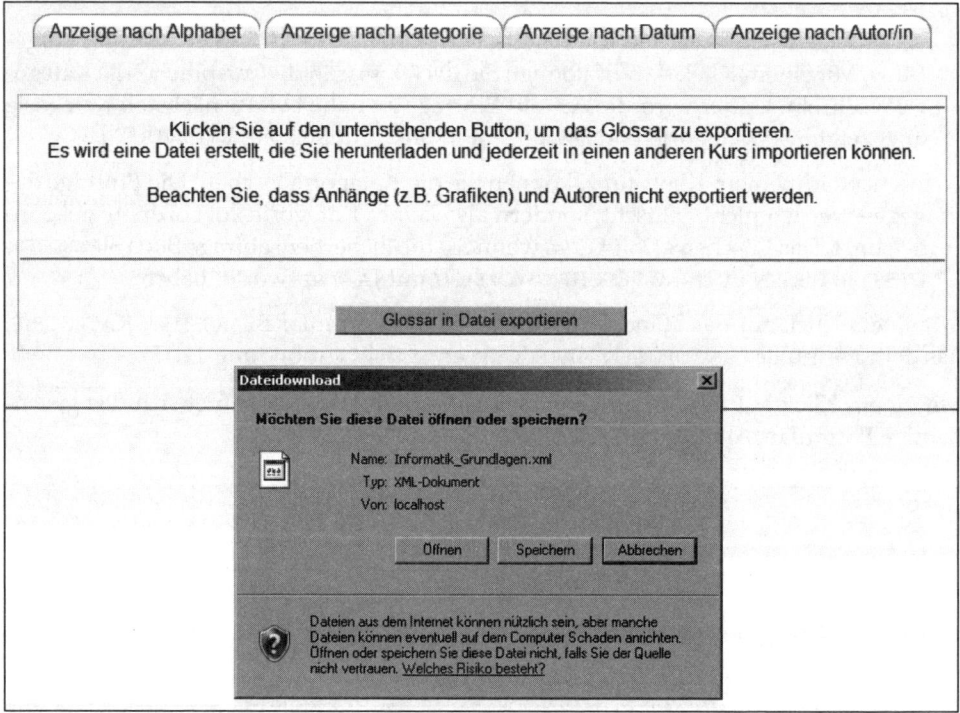

Abbildung 12.18: Das Register Glossar exportieren mit Dialog Dateidownload

12.9 Einträge importieren

Auf dem Register EINTRÄGE IMPORTIEREN (Abbildung 12.19) können Sie vorher exportierte Glossar-Einträge wieder importieren. Das ist hilfreich, wenn Sie Glossare später wiederverwenden oder weitergeben wollen.

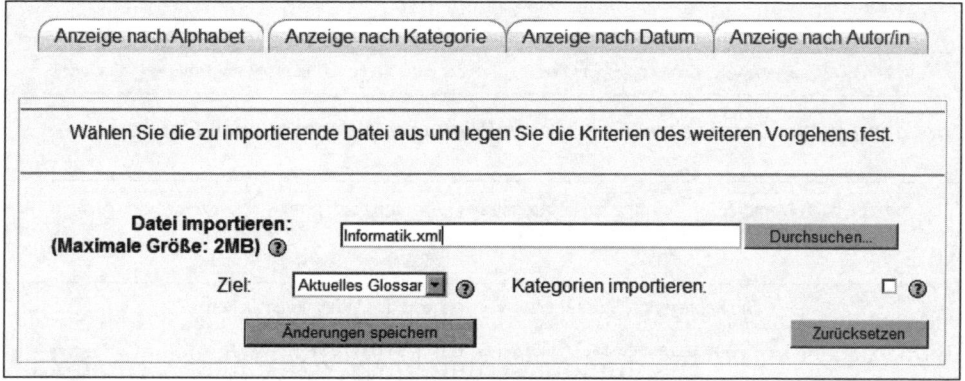

Abbildung 12.19: Das Register Einträge importieren

■ DATEI IMPORTIEREN: Mit einem Klick auf die Schaltfläche DURCHSUCHEN öffnet sich der Dialog DATEI AUSWÄHLEN, in dem Sie die zu importierende XML-Datei bestimmen. Die MAXIMALE GRÖSSE ist abhängig von den Einstellungen des Administrators in MAXIMALE DATEIGRÖSSE [ADMINISTRATION-SICHERHEIT-WEBSITE-RECHTE]. Lesen Sie mehr dazu in Kapitel 31. Der Trainer kann diese vom Administrator vorgegebene MAXIMALE DATEIGRÖSSE in den Kurs-Einstellungen weiter einschränken.

■ ZIEL: Mit AKTUELLES GLOSSAR werden die Einträge aus der gewählten XML-Datei in das aktuelle Glossar eingefügt. Mit NEUES GLOSSAR wird ein neues Glossar angelegt, das den Einträgen der gewählten XML-Datei entspricht.

■ KATEGORIEN IMPORTIEREN: Ist das Auswahlkästchen aktiviert, werden die in der XML-Datei vorhandenen Kategorien sowie deren Verknüpfung mit den Einträgen in das Glossar übernommen.

■ Mit einem Klick auf die Schaltfläche ÄNDERUNGEN SPEICHERN wird der Import entsprechend ausgeführt. Mit einem Klick auf die Schaltfläche ZURÜCKSETZEN wird das Register EINTRÄGE IMPORTIEREN auf den ursprünglichen Zustand zurückgesetzt, vorhandene Angaben werden entfernt.

12.10 Einträge zur Prüfung

Auf dem Register EINTRÄGE ZUR PRÜFUNG werden die Beiträge aufgelistet, die der Trainer vor der Veröffentlichung akzeptieren muss. Sie können das Register nur öffnen, wenn es Einträge hat, die noch geprüft werden müssen. Die Anzahl neuer Einträge wird in Klammern angezeigt (Abbildung 12.20). Auf dem Register stehen als Navigationsinstrumente die BUCHSTABEN-LINKS und SORTIERUNGS-LINKS zur Verfügung (Abbildung 12.21). Mit einem Klick auf das ☑-SYMBOL kann der Trainer den Eintrag bestätigen, dann wird er im Glossar sichtbar.

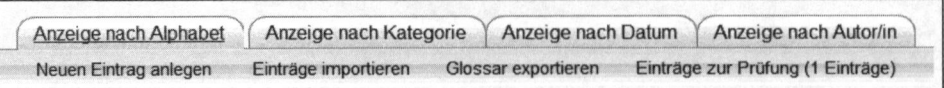

Abbildung 12.20: Das Register Einträge zur Prüfung mit einem offenen Eintrag

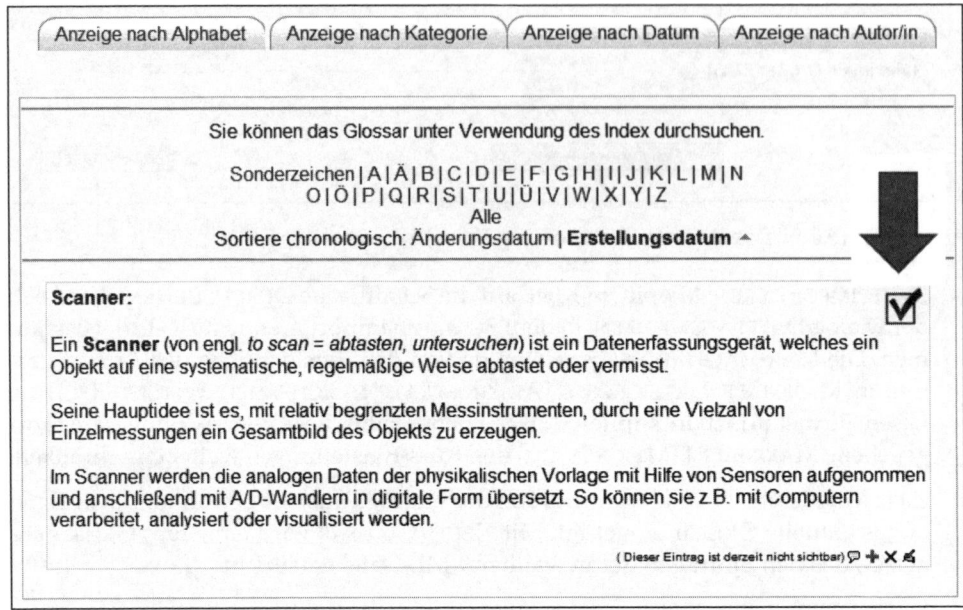

Abbildung 12.21: Das Register Warten auf Bestätigung

12.11 Rollen

Auf dem Register ROLLEN (Abbildung 12.1) finden Sie die Links ROLLEN ZUWEISEN und ROLLEN ÜBERSCHREIBEN, die zu den entsprechenden Formularen führen. Mit einem Klick auf das Register ROLLEN wird standardmässig das Formular ROLLEN ZUWEISEN angezeigt.

12.11.1 Rollen zuweisen

Auf dem Formular ROLLEN ZUWEISEN werden alle zur Verfügung stehenden Rollen mit einer Beschreibung angezeigt – hier die Basisrollen (Abbildung 12.22). Als KURS-VERWALTER oder TRAINER sind Sie berechtigt, dem Kontext GLOSSAR Rollen zuzuweisen. Lesen Sie mehr dazu im Kapitel 11, *Rollen*.

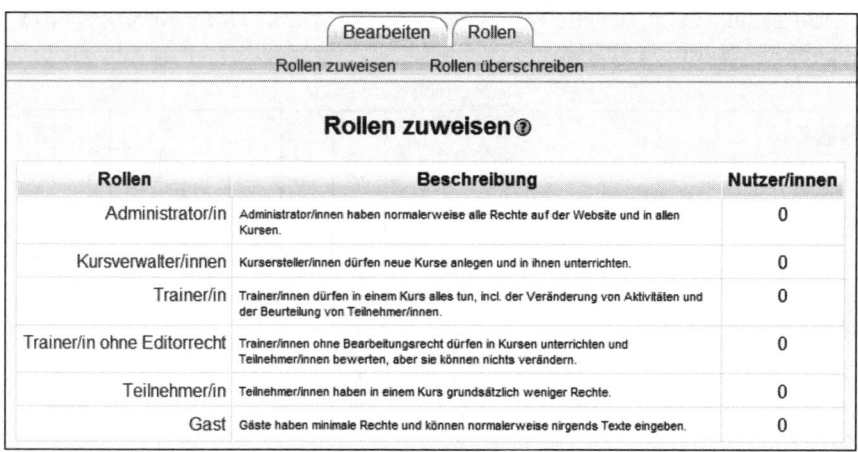

Abbildung 12.22: Register Rollen zuweisen

12.11.2 Rollen überschreiben

Mit einem Klick auf den Link ROLLEN ÜBERSCHREIBEN wird das entsprechende Formular angezeigt (Abbildung 12.23). Der ADMINISTRATOR darf als einzige Basisrolle ROLLEN ÜBERSCHREIBEN. Lesen Sie mehr dazu in Kapitel 11, *Rollen*.

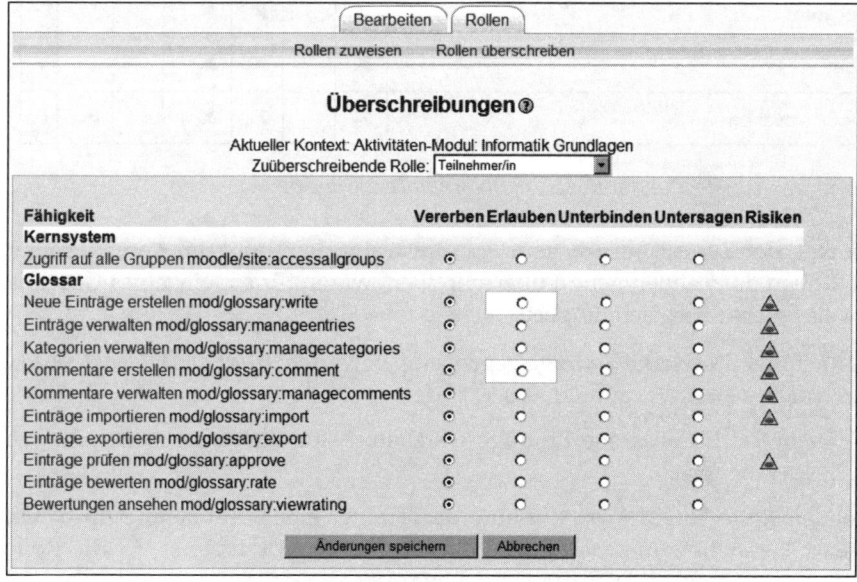

Abbildung 12.23: Zugriffsrechte der Basisrolle Teilnehmer/in im Glossar

Nachstehende Tabelle zeigt, welche Fähigkeiten den BASISROLLEN im KONTEXT GLOSSAR erlaubt sind (Abbildung 12.24).

Glossar Fähigkeiten	Administrator	Kursverwalter	Trainer	Trainer ohne Editorrecht	Teilnehmer	Authentifizierte Nutzer	Gast
Zugriff auf alle Gruppen	✗		✗	✗			
Neue Einträge erstellen	✗		✗	✗	✗		
Einträge verwalten	✗		✗	✗			
Kategorien verwalten	✗		✗	✗			
Kommentare erstellen	✗		✗	✗	✗		
Kommentare verwalten	✗		✗	✗			
Einträge importieren	✗		✗	✗			
Einträge exportieren	✗		✗	✗			
Einträge prüfen	✗		✗	✗			
Einträge bewerten	✗		✗	✗			
Bewertungen ansehen	✗		✗	✗			

Abbildung 12.24: Die Rechte der Basisrollen im Kontext Glossar

Vorausgesetzt, der TRAINER erhält vom Administrator das Recht, im Kontext seiner Kurse die Rollen der Teilnehmer zu überschreiben, wären für ein einzelnes GLOSSAR beispielsweise diese Szenarien möglich:

■ Die Teilnehmer dürfen die Einträge gegenseitig bewerten: BEWERTUNGEN ANSEHEN und EINTRÄGE BEWERTEN auf ERLAUBEN ändern.

■ Die Teilnehmer dürfen keine Einträge erstellen: NEUE EINTRÄGE ERSTELLEN auf UNTERBINDEN ändern.

Mit der neuen Rolle HILFSTRAINER könnte der Trainer einem Teilnehmer in einem bestimmten Glossar Betreuungsaufgaben übertragen. Dazu müsste er für die Rolle HILFSTRAINER die Fähigkeiten EINTRÄGE VERWALTEN, KATEGORIEN VERWALTEN und KOMMENTARE VERWALTEN auf ERLAUBEN ändern.

Achtung

Neue Rollen, wie beispielsweise Hilfstrainer, Teilnehmer_Erwei-
tert usw., müssen vom Administrator bereitgestellt werden.

Übung 28

Glossar und Bewertungen

Ihre Teilnehmer haben den Auftrag, in einem Glossar zu vorgegebenen Begriffen eigene Ideen zu entwickeln. Vor der Veröffentlichung
erhalten sie im Kommentar Ihre standardisierte Einschätzung und
danach Gelegenheit, die Beiträge zu verbessern. Verwenden Sie dazu
den Kurs aus Übung 27.

- Ändern Sie das Glossar *Graffiti* entsprechend (Prüfung von Einträgen, Keine Gruppen), und tragen Sie in der Rolle jedes Teilnehmers einen neuen Begriff ein.

- Erstellen Sie ein neues Glossar *Bewertung*, das die folgenden Begriffe und Definitionen automatisch verlinkt.

  ++ Tolle, vorbildliche Lösung, sehr kreativ

  + Sauber gelöst, Anforderungen erfüllt

  ~ Gelöst, aber ohne »Hammereffekt«

  - Blaues Auge

  ! Wir legen den Mantel des Schweigens darüber

- Wechseln Sie ins Glossar *Graffiti*, und bewerten Sie die Einträge
auf dem Register Warten auf Bestätigung mit den Begriffen aus
dem Glossar *Bewertung*. Klickt der Teilnehmer beispielsweise auf
den Begriff ++, erhält er in einem Popup-Fenster die verbale Beurteilung Tolle, vorbildliche Lösung, sehr kreativ.

Hinweis

Dieses Vorgehen ermöglicht es Ihnen, viele Beiträge in kurzer Zeit
mit Texten zu bewerten. Die Idee zu dieser Übung stammt aus einem
Forumsbeitrag von *Peter Sereinigg* auf *www.moodle.org*.

Rund zwei Drittel der Personen, die an Bildschirmen arbeiten, klagen über Rückenbeschwerden und 40 Prozent über Augenprobleme. Durch häufigere Pausen und bewusste Körperhaltung verringern sich Beschwerden, steigen Arbeitslust und Produktivität am Rechner!

Dieser Text steht in meinem Glossar **Ergonomie** unter dem Begriff **Bildschirmarbeit** – und lässt sich wunderbar in unserer Pause umsetzen. Also, merken wir uns: Die richtige Sitzhaltung ist immer die … – nächste. Verharren Sie nicht stundenlang in derselben Position, sondern beugen Sie sich mal leicht nach vorne, sitzen Sie mal aufrecht, und lehnen Sie sich dann wieder an. Unterbrechen Sie die Arbeit am Bildschirm möglichst häufig durch andere Tätigkeiten. Lesen Sie dieses Buch nicht vor dem Bildschirm, sondern in der Küche oder im Garten. Und machen Sie jetzt bitte eine kurze Pause, und trinken Sie einen Kaffee. STEHEND.

13 Forum – nicht nur für Klatschbasen

In nahezu jeder römischen Stadt gab es ein Forum als Zentrum des politischen, wirtschaftlichen, kulturellen und religiösen Lebens. Der älteste derartige Platz war das *Forum Romanum* – also das Forum in Rom –, das ein Spiegel der gesamten römischen Geschichte ist.

Ein Forum ist, davon abgeleitet, ein realer oder virtueller Ort, wo Meinungen untereinander ausgetauscht, Fragen gestellt und beantwortet werden können.

In Moodle ist das Forum oft ein zentraler Teil der Kursgestaltung, wo Teilnehmer sich austauschen, Projekte vorbereiten und sich unterstützen. Die Teilnehmer kommunizieren dabei asynchron, also zeitversetzt. Das hat den Vorteil, dass sie vor dem Beantworten eines Beitrages Zeit haben, die aktuelle Arbeit zu beenden, und sich dann ganz auf das Forum konzentrieren können.

Ganz wichtig: In jeden Kurs gehört ein Forum **Kaffee & Kuchen, Cafeteria** oder **Teeküche**, in dem die Teilnehmer über Themen kommunizieren können, die nicht auf dem Programm stehen.

Ein Forum besteht aus vielen Diskussionsfäden, die mit dem Thema beginnen und mit den Beiträgen (Antworten) wachsen.

13.1 Forum hinzufügen und bearbeiten

Setzen Sie den Kurs in den **Bearbeitungsmodus,** und klicken Sie im Listenfeld AKTIVITÄT ANLEGEN auf FORUM. Es öffnet sich das Formular BEARBEITE FORUM mit dem Titel FÜGE FORUM ZU THEMA # HINZU. (Das Rautezeichen # steht hier als Platzhalter für die Nummer des Kurs-Abschnitts, in dem die Aktivität angelegt ist). Wenn Sie ein bestehendes Forum bearbeiten, erscheint das Formular auf dem Register BEARBEITEN mit dem Titel BEARBEITE FORUM IN THEMA #, und zusätzlich wird das Register ROLLEN angezeigt (Abbildung 13.1).

13.1.1 Grundeinträge

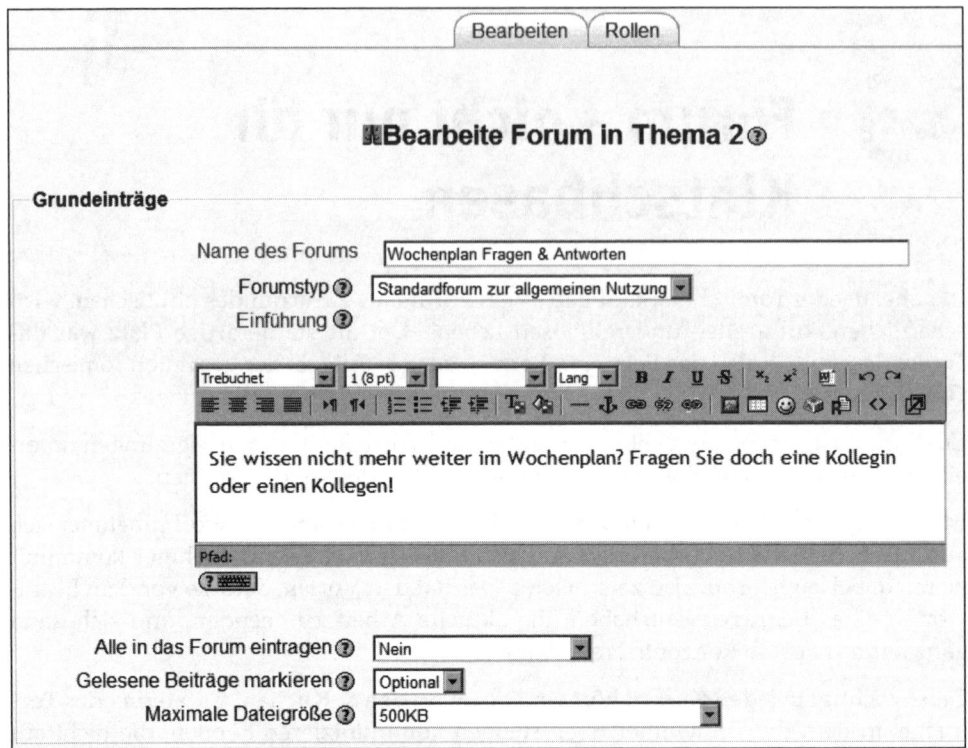

Abbildung 13.1: Das Register Bearbeiten, Abschnitt Allgemein

▦ NAME DES FORUMS: wird auf der Kursseite als Link angezeigt.

▦ FORUMSTYP: Hier bestimmen Sie, wie viele neue Themen ein Teilnehmer einrichten darf. Im STANDARDFORUM ZUR ALLGEMEINEN NUTZUNG können Teilnehmer und Trainer beliebig viele Themen beginnen. Der Forumstyp JEDE/R DARF GENAU EIN THEMA EINRICHTEN funktioniert wie erwartet. Jeder Teilnehmer darf genau ein Thema beginnen, in dem er seine Ergebnisse präsentiert. Zu diesem Ersteintrag aber können beliebig viele Beiträge (Antworten) gepostet werden. DISKUSSION ZU EINEM EINZIGEN THEMA ist ein Forum zu einem einzelnen Thema, das sich für kurze und fokussierte Diskussionen eignet. Der Text in EINFÜHRUNG wird als erster Forenbeitrag angezeigt. Im FRAGE- UND ANTWORT-FORUM muss ein Teilnehmer zu einem gegebenen Thema zuerst einen eigenen Beitrag einreichen, bevor er die Beiträge anderer Lernender sehen und darauf reagieren kann. Dieser Forumstyp ist hilfreich, wenn Sie von jedem Teilnehmer einen ersten Beitrag verlangen wollen, den er unbeeinflusst von den Gedanken anderer formulieren muss.

■ EINFÜHRUNG: Formulieren Sie hier die Ziele dieses Forums, legen Sie Spielregeln fest, oder beschreiben Sie die Aufgabe. Dieser Text wird im geöffneten Forum oberhalb der Beiträge angezeigt.

■ ALLE IN DAS FORUM EINTRAGEN: Teilnehmer, die in einem Forum registriert sind, erhalten alle Beiträge 30 Minuten nach der Veröffentlichung per E-Mail. NEIN: Die Teilnehmer werden registriert, sobald sie einen Beitrag posten, können sich aber individuell wieder austragen. JA, ZUNÄCHST: Die Teilnehmer sind zu Beginn automatisch registriert, können sich aber individuell wieder austragen. JA, FÜR IMMER: Alle Teilnehmer sind registriert und können sich nicht austragen. EINTRÄGE NICHT ZUGELASSEN: Die Teilnehmenden können sich für dieses Forum nicht eintragen. Das NACHRICHTENFORUM ist standardmäßig auf JA, FÜR IMMER EINGESTELLT. Ich empfehle Ihnen, diese Einstellung nicht zu verändern, denn nur so ist sichergestellt, dass alle Teilnehmenden Ihre wichtigen Mitteilungen zum Kursverlauf erhalten.

■ GELESENE BEITRÄGE MARKIEREN: AN: Die vom Teilnehmer noch nicht gelesenen Beiträge werden markiert. AUS: Die Funktion ist deaktiviert. OPTIONAL: Der Teilnehmer kann selbst wählen, ob er diese Markierung aktivieren oder deaktivieren will.

■ MAXIMALE DATEIGRÖSSE: Die Teilnehmer können jedem Forenbeitrag eine Datei anhängen. Hier bestimmen Sie, welche Größe diese Datei maximal haben kann. Die im Listenfeld angezeigte maximale Größe wird vom Administrator festgelegt. Lesen Sie mehr dazu in Kapitel 31, *Moodle-Administration*.

13.1.2 RSS-Feeds

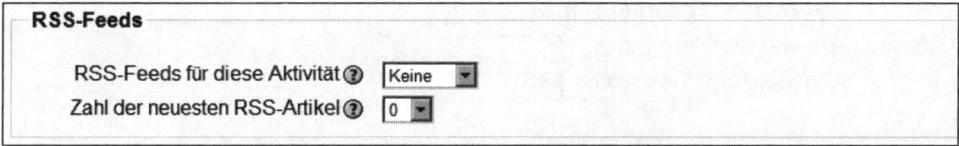

Abbildung 13.2: Bearbeite Forum, Abschnitt RSS-Feeds

Der Bereich RSS-FEEDS ist nur verfügbar, wenn der Administrator RSS-FEEDS ERLAUBEN für die Moodle-Website [WEBSITE-ADMINISTRATION ▶ SERVER ▶ RSS-FEEDS] UND FORUM_ENABLERSSFEEDS für die Foren [WEBSITE-ADMINISTRATION ▶ MODULE ▶ AKTIVITÄTEN] aktiviert hat. Lesen Sie mehr dazu in Kapitel 31.

■ RSS-FEED FÜR DIESE AKTIVITÄT: Es ist möglich, die THEMEN, die BEITRÄGE oder NICHTS als RSS-Feed dieses Forums zur Verfügung zu stellen. Ist das RSS-Feed aktiviert, wird auf der Startseite des Forums oben rechts ein orangefarbener RSS-BUTTON angezeigt. Dieser enthält den Link, den Sie in den Block ZUGRIFF AUF RSS-FEEDS oder einen RSS-Reader übernehmen können.

■ ZAHL DER NEUESTEN RSS ARTIKEL: Anzahl der Beiträge, die im RSS-Reader angezeigt werden.

13.1.3 Bewertung

Abbildung 13.3: Bearbeite Forum, Abschnitt Bewertung

■ BEWERTUNG VON BEITRÄGEN: Ist das Auswahlkästchen BEWERTUNGEN EINSCHAL-TEN markiert, können die einzelnen Beiträge bewertet werden. Im Listenfeld BE-WERTUNG bestimmen Sie die Bewertungsskala. Lesen Sie dazu mehr in Kapitel 10, *Bewertungen*. Ist das Auswahlkästchen NUR BEITRÄGE BEWERTEN, DIE IM FOLGEN-DEN ZEITRAUM EINGESTELLT WURDEN markiert, bestimmen Sie in den Listenfeld-Gruppen VON und BIS den Zeitraum, aus dem Beiträge bewertet werden können.

13.1.4 Sperren nach wie vielen Beiträgen

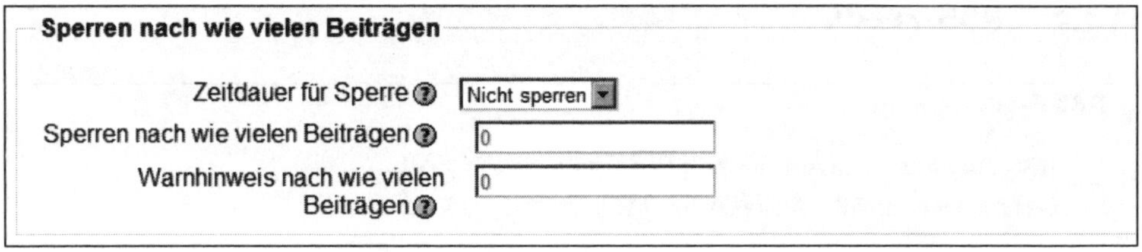

Abbildung 13.4: Bearbeite Forum, Abschnitt Sperren nach wie vielen Beiträgen

Die Teilnehmer dürfen innerhalb einer bestimmten Zeitdauer nur eine bestimmte Anzahl von Beiträgen veröffentlichen. Wenn sie an die Höchstzahl der Beiträge her-ankommen, erhalten sie eine Warnung oder werden beim Erreichen der Höchstzahl bis zum Ablauf der Zeitdauer gesperrt. Diese Funktion kann hilfreich sein, wenn ein-zelne Teilnehmer die Diskussion laufend mit neuen Argumentationen »beliefern«, ohne die Entgegnungen der übrigen Diskussions-Teilnehmenden abzuwarten.

■ ZEITDAUER FÜR SPERRE: definiert den Zeitraum. Mit NICHT SPERREN werden keine Hinweise angezeigt und keine Beiträge gesperrt.

■ SPERREN NACH WIE VIELEN BEITRÄGEN: definiert die maximale Anzahl an Beiträgen. Mit 0 wird kein Beitrag gesperrt, und es erfolgen auch keine Warnhinweise.

■ WARNHINWEIS NACH WIE VIELEN BEITRÄGEN: definiert, ab welcher Anzahl Beiträge die Warnhinweise angezeigt werden.

13.1.5 Weitere Modul-Einstellungen

Weitere Modul-Einstellungen

Gruppenmodus ⑦ | Getrennte Gruppen ▾

Sichtbar | Anzeigen ▾

Änderungen speichern | Abbrechen

Die markierten Felder in diesem Formular sind Pflichtfelder. Diese müssen ausgefüllt werden.

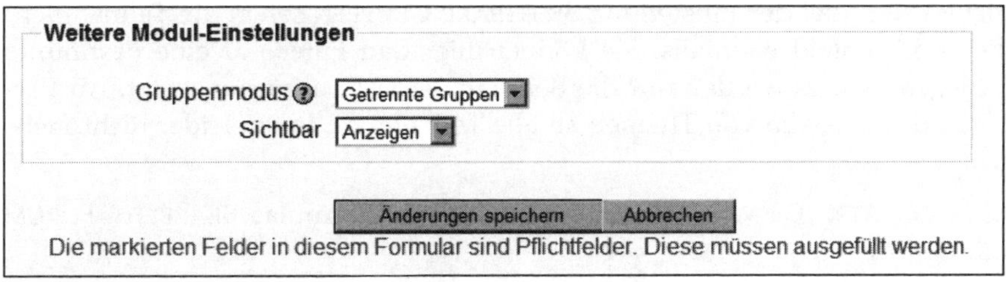

Abbildung 13.5: Bearbeite Forum, Abschnitt Weitere Modul-Einstellungen

- GRUPPENMODUS: Mit JA ist der Gruppenmodus für diese Aktivität aktiviert, mit NEIN nicht. Lesen Sie mehr dazu in Kapitel 9, *Gruppen*.

- SICHTBAR: Mit ANZEIGEN ist das Forum für die Teilnehmer sichtbar, mit VERBERGEN nicht.

Sie können über die Schaltflächen die im Formular BEARBEITE FORUM vorgenommenen ÄNDERUNGEN SPEICHERN oder die Bearbeitung ABBRECHEN.

13.2 Mit Foren arbeiten

Mit einem Klick auf den FORUM-LINK auf der Kursseite öffnet sich das Forum. Auf der Startseite wird die EINFÜHRUNG über den chronologisch geordneten Themen angezeigt (Abbildung 13.6).

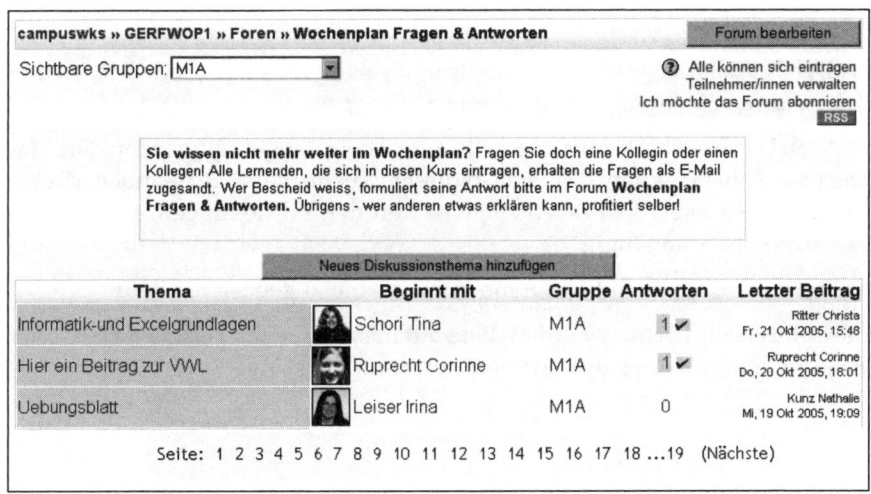

Abbildung 13.6: Themen im Forum Wochenplan Fragen & Antworten

- SICHTBARE GRUPPEN: ALLE TEILNEHMER/INNEN oder GRUPPEN. Dieses Listenfeld wird in Foren angezeigt, die für SICHTBARE GRUPPEN oder GETRENNTE GRUPPEN eingerichtet sind. Bei der Einstellung SICHTBARE GRUPPEN sehen die Teilnehmenden dieses Listenfeld ebenfalls. Sie können hier den Filter auf eine bestimmte GRUPPE legen, und es werden nur die Beiträge dieser Gruppe angezeigt. Ab Version 1.7 ist das Erfassen von Themen an alle Teilnehmer/innen leider nicht mehr möglich.

- FORUM BEARBEITEN: Diese Schaltfläche führt Sie ins Formular BEARBEITE FORUM (Abbildung 13.1).

- ALLE KÖNNEN SICH EINTRAGEN: Ändert ALLE IN DAS FORUM EINTRAGEN in JA, FÜR IMMER.

- TEILNEHMER/INNEN VERWALTEN: Zeigt im Formular TEILNEHMER/IN alle Abonnenten dieses Forums, die derzeit von den neuen Einträgen Mails erhalten. Mit einem Klick auf die Schaltfläche BEARBEITEN EINSCHALTEN werden die zwei Listenfelder # DERZEITIGE ABONNENTEN und POTENZIELLE ABONNENT/INNEN angezeigt (Abbildung 13.7). Sie können markierte Teilnehmer mit einem Klick auf die entsprechende Pfeil-Schaltfläche als Abonnent ein- oder austragen.

- ICH MÖCHTE DAS FORUM ABONNIEREN: registriert den Teilnehmer für dieses Forum. Der Link wechselt zu ICH MÖCHTE DAS FORUM ABBESTELLEN. Mit einem Klick auf diesen Link kann der Teilnehmer sich als Abonnent wieder austragen.

- NEUES DISKUSSIONSTHEMA HINZUFÜGEN: Mit einem Klick auf diese Schaltfläche öffnet sich das gleichnamige Formular (Abbildung 13.8).

- THEMA: zeigt den Betreff des Themas als Link in die dazugehörenden Beiträge (Abbildung 13.9).

- BEGINNT MIT: zeigt den Teilnehmer, der das Thema angefangen hat.

- GRUPPE: Der Teilnehmer gehörte zum Zeitpunkt, als er den Beitrag erfasste, zu dieser Gruppe. Lesen Sie mehr dazu in Kapitel 9, *Gruppen*.

- ANTWORTEN: Die Anzahl der Beiträge, die dem Thema angefügt wurden. Die Haken neben der Zahl bedeuten, dass sich in diesem Thema Beiträge befinden, die Sie noch nicht gelesen haben. Diese Anzeige ist von den Einstellungen in GELESENE BEITRÄGE MARKIEREN abhängig.

- LETZTER BEITRAG: Datum und Autorenname des zuletzt geposteten Beitrags.

- SEITE: Bei sehr vielen Themen werden diese auf mehrere Seiten verteilt. Die Anzahl Themen je Seite wird vom Administrator bestimmt.

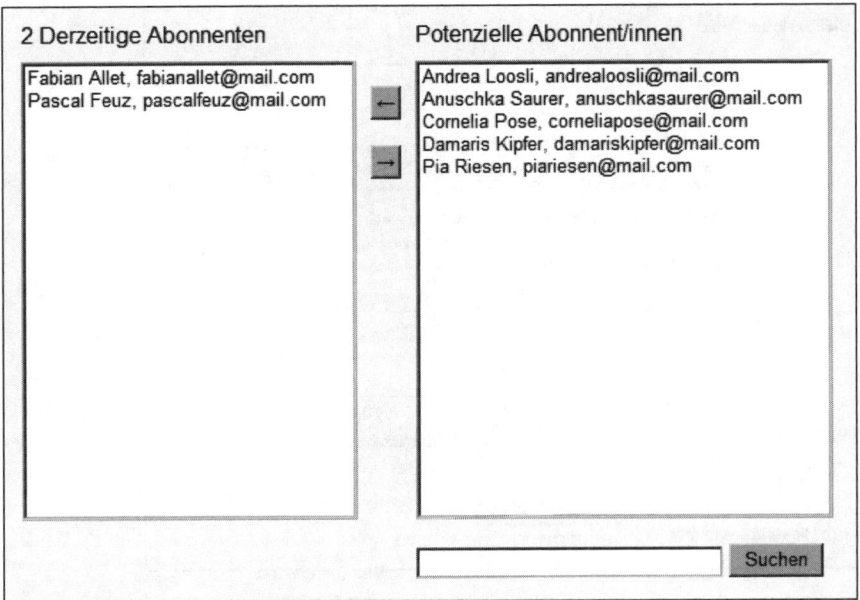

Abbildung 13.7: Forum: Abonnenten verwalten

13.2.1 Thema hinzufügen

Mit einem Klick auf die Schaltfläche NEUES DISKUSSIONSTHEMA HINZUFÜGEN auf der Startseite des Forums (Abbildung 13.6) öffnet sich das gleichnamige Formular (Abbildung 13.8). Wenn Sie später den Beitrag bearbeiten (EINTRAG) oder zu einem Thema eine Antwort verfassen (BEARBEITUNG), werden Sie mit dem gleichen Formular arbeiten, einzig die Bezeichnung in der Navigationsleiste wird sich ändern.

■ BETREFF: Tragen Sie einen aussagekräftigen, den Inhalt beschreibenden Titel ein.

■ MITTEILUNG: Hier erfassen Sie Ihre Mitteilung im Editor.

■ FORMAT: Lesen Sie mehr dazu in Kapitel 4, *Editor*.

■ ANMELDUNG: Hier stehen Ihnen zwei Optionen zur Verfügung: KEINE BEITRÄGE ALS E-MAIL AN MICH SENDEN und BEITRÄGE PER E-MAIL AN MICH SENDEN.

■ ANHANG: Hier können Sie dem Beitrag eine Datei anhängen.

■ SOFORT PER E-MAIL VERSENDEN: Ist dieses Auswahlkästchen aktiviert, wird der Beitrag sofort an alle eingetragenen Abonnenten des Forums per E-Mail versandt. Obwohl Sie weiterhin 30 Minuten Zeit haben, den Beitrag zu ändern, rate ich Ihnen, den Text vor dem Klick auf BEITRAG ABSENDEN zweimal zu kontrollieren – die Mail wird sofort versandt.

open source *library*

Ihr neues Diskussionsthema

Betreff   `Ein Superbuch!`

Mitteilung ⑦

> Trebuchet ▼ 3 (12 pt) ▼ Normal ▼ Lang ▼ **B** *I* U S x₂ x² ▦ ↶ ↷
>
> ▤ ▥ ▦ ▧ ¶ ◄ ≣ ≣ 達 達 ▦ ✂ — ⚓ ∞ ⟨⟩ ∞ ▣ ▦ ☺ ⟐ ⧉ ◇ ▣
>
> Eben habe ich das Buch **Warten, bis der Mond erwacht** gekauft. Es enthält
> wunderschöne Gute-Nacht-Geschichten die von Hunden handeln. Wäre das
> nicht etwas für unsere Bibliothek?
>
> Pfad: body » p
>
> ⑦ 🔤

Format ⑦   HTML-Format

Anmeldung ⑦   `Beiträge per E-Mail an mich senden` ▼

Anhang (Maximale Größe: 500KB) ⑦   [   ] `Durchsuchen...`

Sofort per E-Mail versenden ☐

`Beitrag absenden`

There are required fields in this form ⑦

Abbildung 13.8: Das Formular Neues Diskussionsthema hinzufügen

13.2.2   Beitrag bearbeiten oder löschen

Hat ein Teilnehmer im Forum einen neuen Beitrag erstellt, wird sein Text 30 Minuten später veröffentlicht. Während dieser Wartezeit kann er den Beitrag noch bearbeiten oder löschen. Ist er einmal veröffentlicht, bleibt für den Teilnehmer nur noch der Link ANTWORT verfügbar (Abbildung 13.10). Der Administrator kann die Wartezeit bis zur Veröffentlichung eines Beitrages in den Moduleinstellungen verändern. Lesen Sie mehr dazu in Kapitel 31.

Für Sie als Kursverwalter oder Trainer gilt für die eigenen Beiträge dasselbe. Beiträge der Teilnehmer allerdings können Sie auch nach Ablauf dieser Wartezeit noch löschen.

Mit einem Klick auf BEARBEITEN öffnet sich das Formular BEARBEITUNG, in dem Sie die vorher erfassten Daten ändern können. Nach dem Klick auf LÖSCHEN wird der Beitrag gelöscht, sofern Sie die nachfolgende Sicherheitsabfrage mit JA beantworten. Mit einem Klick auf ANTWORT haben Sie die Möglichkeit, auf den Beitrag zu antworten (siehe Abschnitt 13.2.3, *Beitrag beantworten und bewerten*).

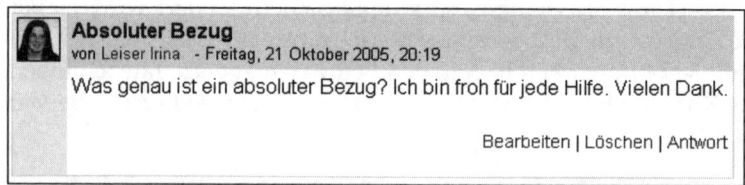

Abbildung 13.9: Ein Beitrag unmittelbar nach dem Absenden

13.2.3 Beitrag beantworten und bewerten

Wenn Sie auf der Startseite des Forums (Abbildung 13.6) auf ein Thema klicken, werden alle Beiträge des Diskussionsfadens angezeigt (Abbildung 13.10).

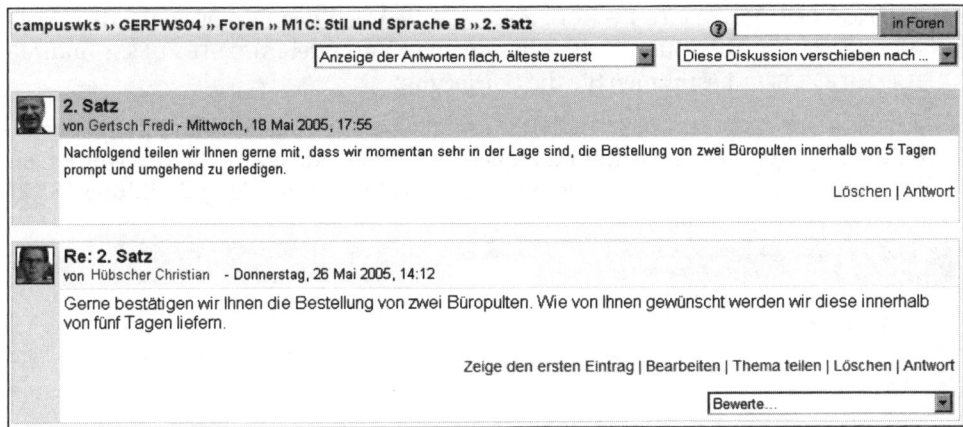

Abbildung 13.10: Beiträge beantworten, bewerten und verschieben aus der Sicht des Kursverwalters

- ▧ ZEIGE DEN ERSTEN EINTRAG: springt auf den ersten Eintrag. Das ist bei sehr vielen Beiträgen hilfreich, vor allem bei der hierarchischen Anzeige.

- ▧ BEARBEITEN: siehe Abschnitt 13.2.2, *Beitrag bearbeiten oder löschen*.

- ▧ THEMA TEILEN: siehe Abschnitt 13.2.4, *Diskussion verschieben oder Thema teilen*.

- ▧ LÖSCHEN: siehe Abschnitt 13.2.2, *Beitrag bearbeiten oder löschen*.

- ▧ ANTWORT: Wollen Sie auf diesen Beitrag antworten? Mit einem Klick auf ANTWORT öffnet sich das Formular BEARBEITUNG (Abbildung 13.8). Ihre Antwort wird 30 Minuten nach dem Speichern veröffentlicht.

- ▧ BEWERTE: Ist in den Einstellungen des Forums die BEWERTUNG VON BEITRÄGEN eingeschaltet, wird bei jedem Beitrag das Listenfeld BEWERTE angezeigt. Dieses zeigt die vorgesehene Bewertungsskala zur Auswahl an. Vergessen Sie nicht, nach dem Bewerten auf die Schaltfläche AKTUELLE BEWERTUNG SENDEN zu klicken. Sie befindet sich nur unten auf der Seite (Abbildung 13.11).

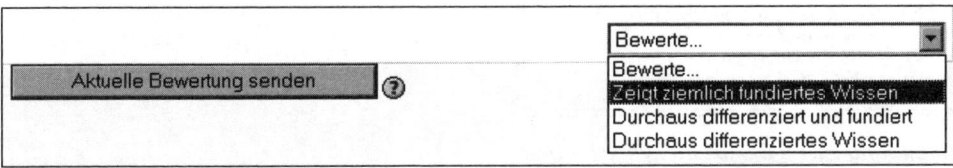

Abbildung 13.11: Aktuelle Bewertung senden

Anzeige

Mit dem Listenfeld links ANZEIGE DER ANTWORTEN FLACH, ÄLTESTE ZUERST (Abbildung 13.10) bestimmen Sie die Anzeige der Beiträge. Der Initialbeitrag zum Thema wird dabei immer flach und an erster Stelle angezeigt.

■ ANZEIGE DER ANTWORTEN FLACH: zeigt alle Beiträge des Diskussionsfadens vollständig, wie in Abbildung 13.10. Mit den zwei Varianten ÄLTESTE ZUERST und AKTUELLSTE ZUERST bestimmen Sie die Sortierung.

■ ANZEIGE DER ANTWORT GESCHACHTELT: zeigt einen Beitrag vollständig und darunter die dazugehörenden Antworten nach rechts versetzt. Ohne Zusatz werden sie flach und mit HIERARCHISCH werden sie nur als Link angezeigt (Abbildung 13.12).

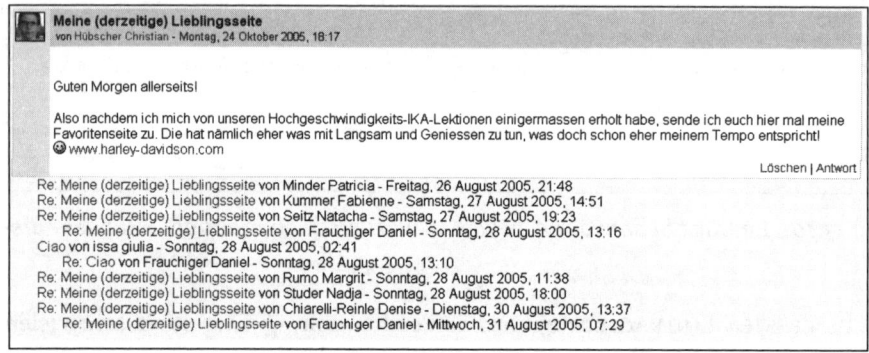

Abbildung 13.12: Anzeige der Antwort geschachtelt, hierarchisch

13.2.4 Diskussion verschieben oder Thema teilen

Das Listenfeld DIESE DISKUSSION VERSCHIEBEN NACH (Abbildung 13.10) zeigt alle anderen Foren, die sich im gleichen Kurs befinden (Abbildung 13.13). Mit einem Klick auf eines dieser Foren wird der aktuelle Themenstrang in das ausgewählte Forum verschoben. Das ist sinnvoll, wenn ein Teilnehmer ein Thema im falschen Forum platziert hat oder wenn sich der Schwerpunkt im Verlauf der Diskussion verschiebt.

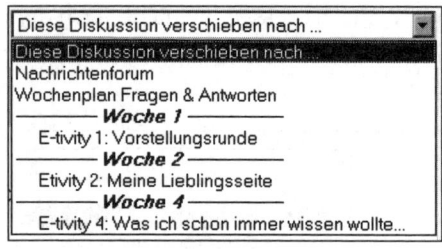

Abbildung 13.13: Diskussion verschieben

Mit einem Klick auf THEMA TEILEN (Abbildung 13.10) öffnet sich das Formular DAS THEMA AN DIESER STELLE AUFSPLITTEN UND IN EINEM NEUEN THEMA FORTFÜHREN (Abbildung 13.14). Geben Sie in NAME DER DISKUSSION eine passende Bezeichnung ein, klicken Sie auf die Schaltfläche THEMA TEILEN, und der aktuelle Beitrag wird zum Thema eines neuen Diskussionsfadens. Das ist sinnvoll, wenn sich im Verlauf einer Diskussion zusätzliche, eigenständige Diskussionsfäden entwickeln. Die alte Diskussion wird nicht eigentlich beendet, die Teilnehmer können dort weiterhin Beiträge posten.

Das Thema an dieser Stelle aufsplitten und in einem neuen Thema fortführen.

Name der Diskussion: | Frage zum Kapitel Hardware |

[Thema teilen]

Re: Startbeitrag
von Cornelia Pose - Mittwoch, 17 Januar 2007, 14:52

Wo finde ich die Angaben zum Kapitel Hardware?

Zeige den ersten Eintrag | Bearbeiten | Thema teilen | Löschen

---

Abbildung 13.14: Thema teilen

Übung 29

Foren in Varianten

Foren bieten sehr viele Möglichkeiten, die Sie vor dem Einsatz mit realen Teilnehmern gehörig ausloten sollten. Verwenden Sie einen Kurs mit den fiktiven Teilnehmern *dummy_1* bis *dummy_6* (je zwei davon befinden sich in einer von drei Gruppen), und spielen Sie die nachfolgend skizzierten Szenarien durch. Sie werden dabei laufend Ihre Rolle wechseln, einmal arbeiten Sie als Kursleiter, dann wieder als einer der Teilnehmer. Beobachten Sie bitte aufmerksam die Unterschiede in jeder Rolle. Welche Beiträge sind sichtbar? Kann ich ein Thema erfassen? Welche Beiträge kann ich löschen? Kann ich Beiträge beantworten?

Kurs KEINE GRUPPEN, ein Forum STANDARDFORUM ZUR ALLGEMEINEN NUTZUNG, drei Teilnehmer posten je einen Beitrag, drei andere antworten.

Kurs SICHTBARE GRUPPEN, ein Forum STANDARDFORUM ZUR ALLGEMEINEN NUTZUNG, drei Teilnehmer posten je einen Beitrag, drei andere antworten.

Kurs GETRENNTE GRUPPEN, ein Forum STANDARDFORUM ZUR ALLGEMEINEN NUTZUNG, sechs Teilnehmer posten je einen Beitrag, drei andere antworten.

Entwickeln Sie eigene Szenarien, indem Sie die Einstellungen FORENTYP und GRUPPENMODUS und – sofern Sie das Recht haben, Rollen zu überschreiben – die Fähigkeiten THEMEN NEU BEGINNEN und AUF BEITRÄGE ANTWORTEN erlauben oder verbieten (siehe Abschnitt 13.3, *Rollen*).

13.2.5 Beiträge suchen

Sie haben kürzlich einen interessanten Beitrag in einem Forum Ihres Kurses gelesen und wissen nicht mehr wo. Oder Sie wollen – bevor Sie eine eigene Anfrage starten – zuerst in einem Support-Forum herausfinden, ob Ihre Frage bereits beantwortet wurde. Das sind zwei typische Situationen, in denen Ihnen die Suchfunktion weiterhilft.

In der Ansicht des Diskussionsfadens in Abbildung 13.10 wird oben rechts die Schaltfläche IN FOREN angezeigt. Es handelt sich hier um dieselbe Suchfunktion wie im bereits erläuterten Block FORENSUCHE. Lesen Sie bitte mehr dazu in Kapitel 7, *Blöcke*.

Übung 30

In Foren suchen

Gehen Sie ins **deutschsprachige Moodle** auf *www.moodle.org*, und suchen Sie nach Begriffen, beispielsweise *Blended Learning, Zertifizierung, Der gläserne Lehrer.*

13.3 Rollen

Auf dem Register ROLLEN (Abbildung 13.1) finden Sie die Links ROLLEN ZUWEISEN und ROLLEN ÜBERSCHREIBEN, die zu den entsprechenden Formularen führen. Mit einem Klick auf das Register ROLLEN wird standardmäßig das Formular ROLLEN ZUWEISEN angezeigt.

13.3.1 Rollen zuweisen

Bearbeiten | Rollen

Rollen zuweisen | Rollen überschreiben

Rollen zuweisen ⑦

Rollen	Beschreibung	Nutzer/innen
Administrator/in	Administrator/innen haben normalerweise alle Rechte auf der Website und in allen Kursen.	0
Kursverwalter/innen	Kursersteller/innen dürfen neue Kurse anlegen und in ihnen unterrichten.	0
Trainer/in	Trainer/innen dürfen in einem Kurs alles tun, incl. der Veränderung von Aktivitäten und der Beurteilung von Teilnehmer/innen.	0
Trainer/in ohne Editorrecht	Trainer/innen ohne Bearbeitungsrecht dürfen in Kursen unterrichten und Teilnehmer/innen bewerten, aber sie können nichts verändern.	0
Teilnehmer/in	Teilnehmer/innen haben in einem Kurs grundsätzlich weniger Rechte.	0
Gast	Gäste haben minimale Rechte und können normalerweise nirgends Texte eingeben.	0

Abbildung 13.15: Formular Rollen zuweisen

Auf dem Formular ROLLEN ZUWEISEN werden alle zur Verfügung stehenden Rollen mit einer Beschreibung angezeigt – hier die Basisrollen (Abbildung 13.15). Als KURS-VERWALTER oder TRAINER sind Sie berechtigt, dem Kontext FORUM Rollen zuzuweisen. Lesen Sie mehr dazu in Kapitel 11, *Rollen*.

13.3.2 Rollen überschreiben

Mit einem Klick auf den Link ROLLEN ÜBERSCHREIBEN wird das entsprechende Formular angezeigt (Abbildung 13.16). Der ADMINISTRATOR darf als einzige Basisrolle ROLLEN ÜBERSCHREIBEN. Lesen Sie mehr dazu in Kapitel 11, *Rollen*.

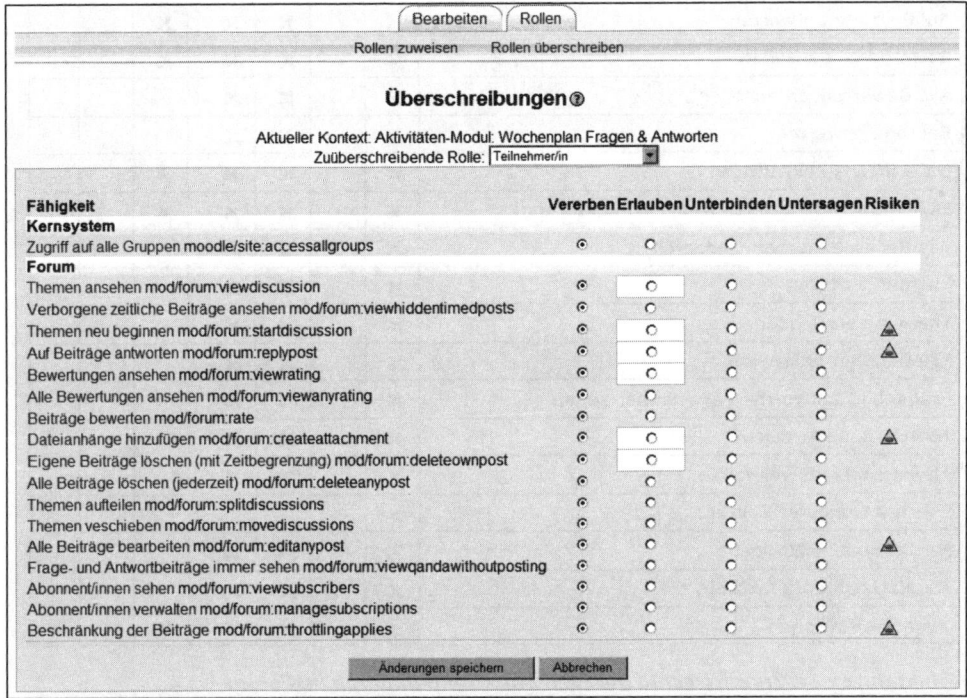

Abbildung 13.16: Zugriffsrechte der Basisrolle Teilnehmer/in im Forum

Nachstehende Tabelle zeigt, welche Fähigkeiten den BASISROLLEN im KONTEXT FORUM erlaubt sind (Abbildung 13.17).

Forum
Fähigkeiten

Fähigkeiten	Administrator	Kursverwalter	Trainer	Trainer ohne Editorrecht	Teilnehmer	Authentifizierte Nutzer	Gast
Zugriff auf alle Gruppen	✖		✖	✖			
Themen ansehen	✖		✖	✖	✖		✖
Verborgene zeitliche Beiträge ansehen	✖		✖	✖			
Themen neu beginnen	✖		✖	✖	✖		
Auf Beiträge antworten	✖		✖	✖			
Bewertungen ansehen	✖		✖	✖	✖		
Alle Bewertungen ansehen	✖		✖	✖			
Beiträge bewerten	✖		✖	✖			
Dateianhänge hinzufügen	✖		✖	✖	✖		
Eigene Beiträge löschen (mit Zeitbegrenzung)	✖		✖	✖	✖		
Alle Beiträge löschen (jederzeit)	✖		✖	✖			
Themen aufteilen	✖		✖	✖			
Themen verschieben	✖		✖	✖			
Alle Beiträge bearbeiten	✖		✖	✖			
Frage- und Antwortbeiträge immer sehen	✖		✖	✖			
Abonnent/innen sehen	✖		✖	✖			
Abonnent/innen verwalten	✖		✖	✖			
Beschränkung der Beiträge							
Nachrichten hinzufügen	✖		✖	✖			
Auf Nachrichten antworten	✖		✖	✖			
Zunächst eintragen			✖	✖	✖		

Abbildung 13.17: Zugriffsrechte der Basisrolle Teilnehmer/in im Forum

Vorausgesetzt, der TRAINER erhält vom Administrator das Recht, im Kontext seiner Kurse die Rollen der Teilnehmer zu überschreiben, wären für ein einzelnes FORUM in Kombination mit der Einstellung FORUMSTYP diese Varianten möglich:

	THEMEN NEU BEGINNEN **unterbinden** AUF BEITRÄGE ANTWORTEN **unterbinden**	THEMEN NEU BEGINNEN **unterbinden** AUF BEITRÄGE ANTWORTEN **erlauben**	THEMEN NEU BEGINNEN **erlauben** AUF BEITRÄGE ANTWORTEN **erlauben**
Standardforum zur allgemeinen Nutzung	Der Trainer kann mehrere Themen posten, ohne Diskussion	Der Trainer kann mehrere Themen posten, mit Diskussion	Jeder Teilnehmer kann beliebig viele Themen posten, mit Diskussion
Jede/r darf genau ein Thema einrichten	Jeder Teilnehmer kann ein Thema posten, keine Diskussion	Der Trainer kann ein Thema posten, mit Diskussion	Jeder Teilnehmer kann ein Thema posten, mit Diskussion
Diskussion zu einem einzigen Thema	Der Trainer kann ein Thema posten, ohne Diskussion	Der Trainer kann ein Thema posten, mit Diskussion	Der Trainer kann ein Thema posten, mit Diskussion
Frage- und Antwort-Forum	Macht keinen Sinn, funktioniert so nicht	Der Trainer kann mehrere Themen posten, mit Diskussion. Jeder Teilnehmer muss zuerst antworten, bevor er die Beiträge anderer sehen und darauf reagieren kann.	

Abbildung 13.18: Einsatzvarianten im Forum

Die folgenden Szenarien gehen davon aus, dass der Administrator die neuen Rollen TEILNEHMENDE_ERWEITERT und HILFSTRAINER bereitstellt:

■ Ein bestimmtes Forum soll nur ausgewählten Teilnehmern zur Verfügung stehen: Weisen Sie diese der neuen Rolle TEILNEHMENDE_ERWEITERT zu, die dieselben Rechte hat wie die Basisrolle TEILNEHMER/IN, und ändern Sie in der Rolle TEILNEHMER/IN die Fähigkeit THEMEN ANSEHEN auf UNTERBINDEN. Normale Teilnehmer haben jetzt keinen Zugang mehr, die ausgewählten Teilnehmer können das Forum aber weiterhin benutzen.

■ Mit der neuen Rolle HILFSTRAINER könnte der Trainer einem Teilnehmer in einem bestimmten Forum Betreuungsaufgaben übertragen. Dazu müsste er für die Rolle HILFSTRAINER beispielsweise die Fähigkeiten ALLE BEWERTUNGEN ANSEHEN, BEITRÄGE BEWERTEN, ALLE BEITRÄGE LÖSCHEN, THEMEN AUFTEILEN und THEMEN VERSCHIEBEN auf ERLAUBEN ändern.

Übung 31

Hilfstrainer, Administrator oder was?

Bitten Sie Ihren Administrator die Rolle »Hilfstrainer« einzurichten, oder falls Sie selber die Rolle des Administrators innehaben, richten Sie die Rolle einfach ein – ohne vorgängige Förmlichkeiten.

- Erstellen Sie ein Forum und überschreiben Sie darin die Rolle des Hilftrainers entsprechend den vorher geschilderten Szenarien.

- Testen Sie die neuen Möglichkeiten mit einem Dummy-Teilnehmer, dem Sie vorher die Rolle Hilfstrainer zugewiesen haben.

»Willst du einen Brief, so schreibe einen Brief« – was früher galt, gilt auch für das Forum. Nur wer einen Beitrag postet, wird eine Antwort erhalten; und nur wer Antwort erhält, wird sich weiterhin am Thema beteiligen. Die Motivation, in einem Forum Beiträge einzubringen, ist weitgehend von der Resonanz abhängig, die sie finden. Für den erfolgreichen Einsatz des Forums ist es wichtig, dass Sie die Teilnehmer mit entsprechenden Übungen darauf vorbereiten.

Was würden Sie einer Lehrperson sagen, die Ihrer Tochter das Briefeschreiben beibringen will, selbst aber noch nie einen Brief verfasst hat? Unterbrechen Sie diese Lektüre hin und wieder, und stöbern Sie in den Foren auf *www.moodlepraxisbuch.info* und *moodle.org* – »Willst du eine Antwort, so poste eine Frage.« ;-)

14 Mitteilungen – der vertrauliche Dialog

Es gibt Dinge, die sollte man vertraulich behandeln, die will man nicht in der Gruppe besprechen, sondern zu zweit. In Moodle verwenden Sie dazu die Mitteilungen, die nur der Absender und der Empfänger lesen können. Dabei kommunizieren Sie grundsätzlich asynchron, zeitlich versetzt also. Sind beide Teilnehmer online, lässt sich damit (fast) in Echtzeit plaudern.

Sie können vertrauliche Dialoge mit Ihren Teilnehmenden ohne Weiteres auch per E-Mail führen. Wenn Sie dazu die Mitteilungen im Lernportal verwenden, hat das für Sie und die Teilnehmenden Vorteile:

- Alle Informationen Ihres Lernangebotes sind im Lernportal abrufbar.
- Die Mitteilungen werden automatisch archiviert.
- Die Mitteilung erreicht den Empfänger auch bei voller Mailbox … – sofern er das Lernportal aufsucht ;-)

Mitteilungen sind in Moodle erst verfügbar, wenn der Administrator diese für das ganze Lernportal aktiviert hat [WEBSITE-ADMINISTRATION ▶ SICHERHEIT ▶ WEBSITE-RECHTE ▶ MESSAGE-SYSTEM FREISCHALTEN]. Lesen Sie mehr dazu in Kapitel 31, *Moodle-Administration*.

Mitteilungen sind über die Schaltfläche MITTEILUNGEN in Ihrem Profil und über den Block MITTEILUNGEN verfügbar (Abbildung 14.1). Es ist vorteilhaft, wenn dieser Block auf der Startseite des Lernportals platziert ist, damit neu eingegangene Mitteilungen nach dem Anmelden sofort sichtbar sind.

Abbildung 14.1: Der Block Mitteilungen – mit und ohne Mitteilung

Nach dem Klick auf den Link MITTEILUNGEN öffnet sich das gleichnamige Popup-Fenster mit den drei Registern KONTAKTE, SUCHE und EINSTELLUNGEN. Auf diesen Registern werden die in Abbildung 13.2 gezeigten Symbole verwendet.

☺ Kontakt hinzufügen   ☻ Kontakt entfernen

● Kontakt aktivieren   ● Kontakt sperren

Abbildung 14.2: Funktionsübersicht

- KONTAKT HINZUFÜGEN: Der Kontakt wird Ihrer Kontaktliste hinzugefügt.

- KONTAKT ENTFERNEN: Der Kontakt wird aus Ihrer Kontaktliste entfernt.

- KONTAKT AKTIVIEREN: Die Sperre auf diesem Kontakt wird aufgehoben.

- KONTAKT SPERREN: Der Kontakt wird aus der Kontaktliste entfernt und gesperrt. Will ein von Ihnen gesperrter Teilnehmer eine Mitteilung an Sie verfassen, bleibt ihm dies verwehrt, und er erhält die Fehlermeldung DIESER TEILNEHMER HAT MITTEILUNGEN VON IHNEN GESPERRT.

Achtung

Der (relativ) vertrauliche Dialog!

Der Titel dieses Kapitels stimmt nicht ganz, weil der Administrator über die Möglichkeit verfügt, alle Mitteilungen zwischen den Benutzern zu lesen. Ich nehme nicht an, dass sich irgendein Administrator die Mühe machen wird, dies zu tun. Dennoch empfehle ich Ihnen, wirklich vertrauliche Dinge per verschlüsselter Mail zu senden.

Für den normalen Dialog zwischen Teilnehmenden können Sie die Mitteilung problemlos einsetzen.

14.1 Mitteilungen senden

Um eine Mitteilung zu senden, müssen Sie das Popup-Fenster DISKUSSION: NAME (Abbildung 14.3) für den Empfänger öffnen; dazu gibt es drei Möglichkeiten:

- Klick auf den NAMEN in der Kontaktliste auf dem Register KONTAKTE.

- Klick auf den NAMEN in den Suchergebnissen auf dem Register SUCHE.

- Klick auf die Schaltfläche MITTEILUNGEN SENDEN im Profil des Empfängers.

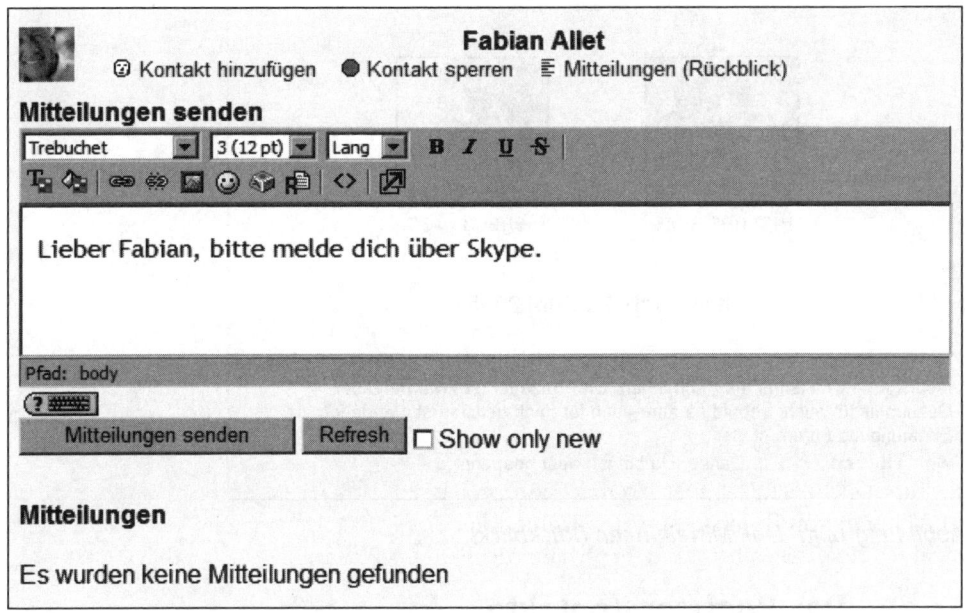

Abbildung 14.3: Mitteilungen erfassen im Formular Diskussion

14.2 Mitteilungen lesen

- Mit einem Klick auf den Briefumschlag (Abbildung 14.1) öffnet sich das Popup-Fenster (Abbildung 14.3) und zeigt die entsprechende Mitteilung über dem Eingabefeld für die Antwort an.

- Mit einem Klick auf den Link MITTEILUNGEN (RÜCKBLICK) (Abbildung 14.4), der in der Kontaktliste, in den Ergebnissen auf dem Register SUCHE und im Popup-Fenster DISKUSSION: NAME verfügbar ist, öffnet sich das gleichnamige Popup-Fenster (Abbildung 14.5).

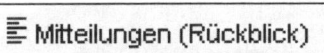

Abbildung 14.4: Link zu den bisherigen Mitteilungen

Abbildung 14.5: Link Mitteilungen (Rückblick)

14.3   Das Register Kontakte

Das Register KONTAKTE zeigt die Liste Ihrer ONLINE- und OFFLINE KONTAKTE, die jeweils nach 60 Sekunden automatisch aktualisiert wird (Abbildung 14.6).

Ein Teilnehmer kann grundsätzlich jedem registrierten Benutzer der Moodle-Lernplattform eine Mitteilung senden. Sie werden die Mitteilungen aber sicher nur für einen bestimmten Personenkreis nutzen. Es ist deshalb vorteilhaft, wenn Sie diese Teilnehmer, beispielsweise über das Register SUCHE, in Ihre Kontaktliste aufnehmen.

Abbildung 14.6: Das Register Kontakte

Jede Zeile der Kontaktliste (Abbildung 14.7) enthält vier Links: Das Bild führt ins Profil dieser Teilnehmerin, und der Name öffnet das Popup-Fenster DISKUSSION: NAME VORNAME, KONTAKT ENTFERNEN und MITTEILUNGEN (RÜCKBLICK), das alle bisherigen Dialoge zwischen Ihnen und diesem Kontakt auflistet.

Abbildung 14.7: Zeile in der Kontaktliste

14.4 Das Register Suche

Das Register SUCHE (Abbildung 14.8) ermöglicht Ihnen die SUCHE NACH EINER PERSON und die SUCHE NACH MITTEILUNGEN. Mit einem Klick auf die Schaltfläche SUCHEN wird die dem Formularbereich entsprechende Funktion ausgelöst.

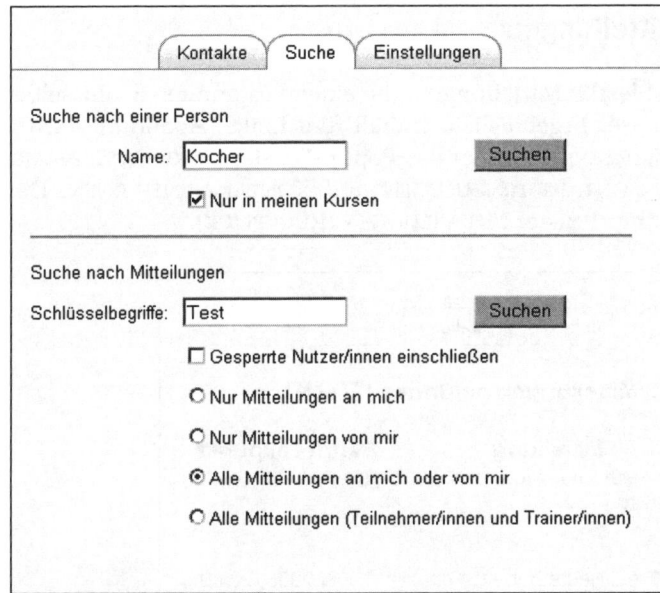

Abbildung 14.8: Das Register Suche

14.4.1 Suche nach einer Person

Mit dieser Funktion finden Sie Teilnehmer, die sich nicht in der Kontaktliste befinden (glauben Sie aber ja nicht, dass diese Funktion auch gleich noch Ihren verschollenen Jugendfreund findet; auch Moodle hat Grenzen!). Jede Zeile in der Ergebnisliste enthält fünf Links (Abbildung 14.9): BILD, NAME, KONTAKT ENTFERNEN oder KONTAKT HINZUFÜGEN, KONTAKT SPERREN und MITTEILUNGEN (RÜCKBLICK).

open source library

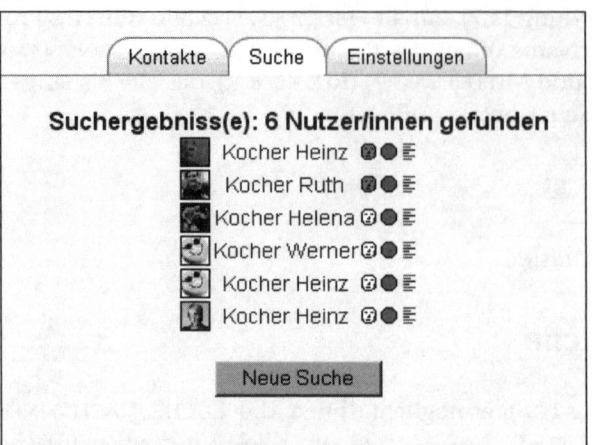

Abbildung 14.9: Das Suchergebnis bei der Suche nach einer Person

14.4.2 Suche nach Mitteilungen

Mit dieser Funktion finden Sie alle Mitteilungen, die einen bestimmten Schlüsselbe-griff enthalten. Jede Zeile in der Ergebnisliste enthält fünf Links (Abbildung 14.10): Die BILDER führen ins Profil, der NAME öffnet das Popup-Fenster DISKUSSION: NAME, KONTAKT ENTFERNEN oder KONTAKT HINZUFÜGEN und KONTAKT ENTFERNEN. Der Link KONTEXT öffnet das Popup-Fenster MITTEILUNGEN (RÜCKBLICK).

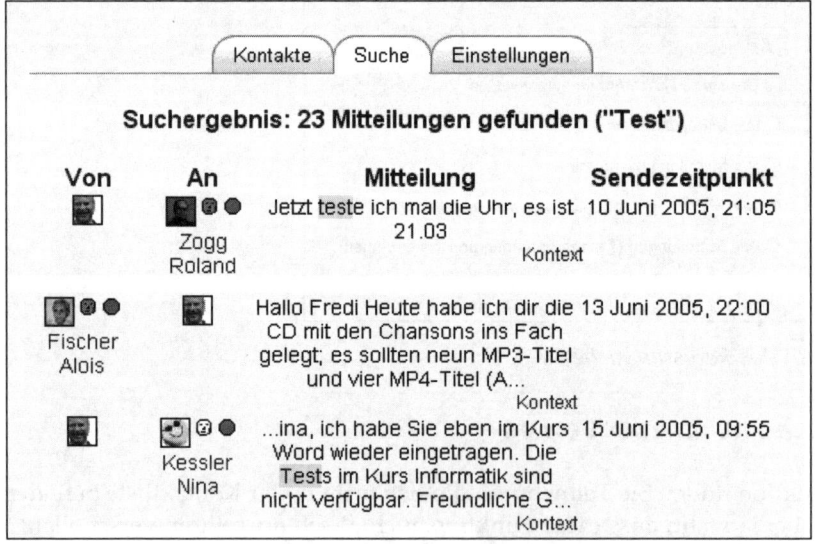

Abbildung 14.10: Das Suchergebnis bei der Suche nach Mitteilungen

14.5 Das Register Einstellungen

Auf dem Register EINSTELLUNGEN (Abbildung 14.11) passen Sie die Funktionalität der MITTEILUNGEN an Ihre Bedürfnisse an.

Wollen Sie auf ankommende Mitteilungen möglichst rasch reagieren? Markieren Sie MITTEILUNGSFENSTER AUTOMATISCH ÖFFNEN, und lassen Sie in Ihrem Browser die Popup-Fenster zu, deaktivieren Sie alle Pop-Up-Blocker. Vielleicht entsteht hin und wieder ein spontanes Online-Gespräch ;-).

Wollen Sie alleine bestimmen, mit wem Sie online sprechen möchten? Markieren Sie ALLE NACHRICHTEN UND PERSONEN, DIE NICHT IN MEINER KONTAKTLISTE AUFGEFÜHRT SIND, SOLLEN BLOCKIERT WERDEN. Allerdings werden Sie so auch keine neuen Menschen kennenlernen – und oft sind das die interessantesten.

Offenbar funktioniert der WYSIWYG-Editor nicht in allen Browsern. Die Schwierigkeiten sollen aber nur bei einigen Versionen auftreten. Testen Sie Ihren Browser – und wechseln Sie ihn gegebenenfalls aus ;-).

Wollen Sie auf eingegangene Mitteilungen möglichst rasch antworten, auch wenn Sie nicht immer auf dem Lernportal sind? MARKIEREN SIE MITTEILUNGEN PER E-MAIL VERSENDEN, WENN ICH OFFLINE BIN, und Sie werden benachrichtigt.

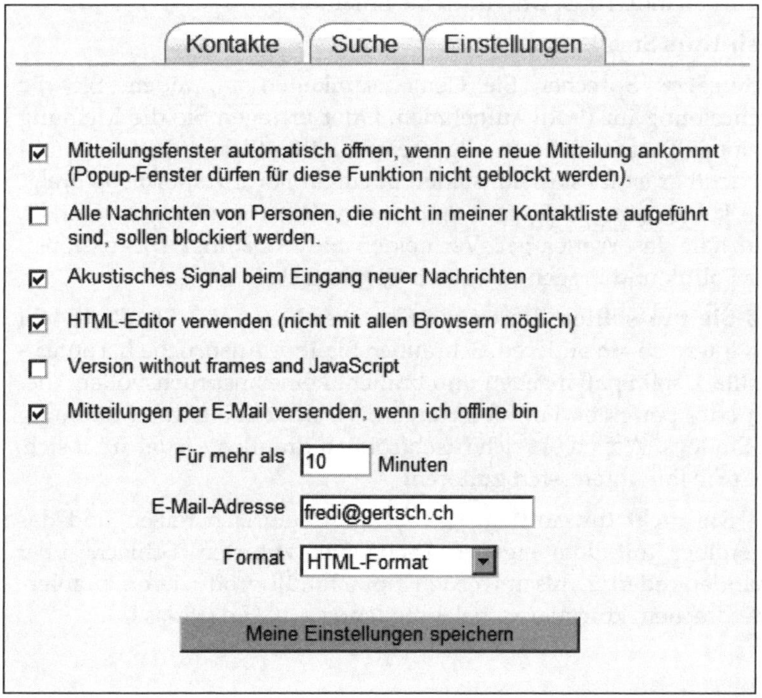

Abbildung 14.11: Das Register Einstellungen

Übung 32

Mitteilungen im vertrauten Kreis

Voraussetzungen: Lernportal mit zwei fiktiven Teilnehmern. Es ist von Vorteil, wenn auf der Startseite der Block MITTEILUNGEN implementiert ist.

- Öffnen Sie zwei Browser, und melden Sie sich im einen als *dummy_1* an und im anderen als *dummy_2*.

- Schreiben Sie sich gegenseitig Mitteilungen, als wären Sie zwei fiktive Teilnehmer. Beobachten Sie die Wirkung, und denken Sie daran, die Empfängerseite immer wieder zu aktualisieren.

- Verändern Sie die Einstellungen, und beobachten Sie die Wirkung.

Übung 33

Smalltalk auf moodlepraxisbuch.info

Melden Sie sich im Lernportal zum Buch *www.moodlepraxisbuch.info* an. Stellen Sie eine Kontaktliste zusammen, die Sie – auf Grund der Personenbeschreibungen im Profil – interessiert. Suchen Sie sich JETZT jemanden aus. Und üben Sie Smalltalk.

Crash-Kurs Smalltalk

Startersätze: Sprechen Sie Gemeinsamkeiten an, indem Sie die Beschreibung im Profil aufnehmen. Oder erfragen Sie die Meinung zu einem Thema, das von allgemeinem, öffentlichem Interesse und beobachtbar ist (Diskussionsfaden in einem Forum, sportliche Ereignisse, allgemeine Ereignisse, und wenn Ihnen sonst nichts einfällt, dann halt das Wetter ;-)). Vermeiden Sie unbedingt Diskussionen über Politik und Fragen des guten Geschmacks!

Was Sie tun sollten: Vertrauen Sie Ihrer Neugier – Smalltalk lebt vom Interesse am anderen. Schrauben Sie Ihre Ansprüche herunter – Smalltalk soll Spaß machen und braucht keine anspruchsvollen Themen oder perfekten Formulierungen. Vermitteln Sie Ihre Stimmung mit Smileys. Wagen Sie sich frischfröhlich drauflos – jeder freut sich, wenn Sie ihm interessiert zuhören!

Was Sie nicht tun sollten: Das Gespräch an sich reißen und das Gegenüber mit dem eigenen Fachgebiet zutexten. Schlecht über jemanden reden. Zynisch werden, Sprachmüll produzieren, prahlen. Unterbrechen, korrigieren, belehren (sorry – ICH darf das ☺).

Sie wissen jetzt ganz genau, wie der Dialog in Moodle mit einem Gegenüber zu führen ist. Wie gut aber verstehen Sie den Dialog mit sich selbst? Wie pflegen Sie den Selftalk? Selbstgespräche sind keineswegs nur etwas für »seltsame Leute«: Wir alle führen Selbstgespräche. In unseren Gedanken, in Sätzen, die wir zu uns selbst sagen, in Äußerungen anderen gegenüber, in denen wir etwas über uns aussagen, senden wir uns Botschaften – mal mehr, mal weniger, mal fast ununterbrochen. Die Art und Weise, mit der wir mit uns selbst kommunizieren, hat einen Einfluss auf unser Wohlbefinden, auf unsere Motivation. Denken Sie darüber nach – beim nächsten Selftalk während des Schwimmens, beim Wandern oder Joggen.

Im nächsten Kapitel ist es aus und vorbei mit der Vertraulichkeit: Im Chat kann jeder mithören und mitreden – im Chat regiert das Schwatzen, Plappern und Schnattern! Lesen Sie mehr dazu in Kapitel 15, *Chat*.

15 Chat – spontanes, lockeres Schwätzchen

Chat heißt nichts anderes als »plaudern, tratschen«. Im echten Leben (im Chat steht RL für »Real Life«) treffen wir dauernd auf jemanden, mit dem wir schnattern können. Wollen wir über größere Distanzen kommunizieren, brauchen wir das Telefon oder, vor allem bei mehreren Gesprächspartnern, den Chat: Beim Chat füttern wir unseren Computer mit Worten, die wir auch in die Telefonmuschel reden könnten. Wir tippen also einen Text ein – und unser Beitrag wird, sobald wir auf ENTER gedrückt haben, für alle Teilnehmenden am Bildschirm sichtbar. Chats sind mit einem großen Foyer vergleichbar, in dem viele Menschen gleichzeitig reden … – wie Südländer, die auf dem Marktplatz palavern. Leider fehlt auf der Plattform unserer modernen Kommunikationsgesellschaft die sommerliche Stimmung, der Duft von scharfen Gewürzen und Provencekräutern, die leuchtenden Farben von Lavendel und Sonnenblumen. Indem wir ein lebendiges Schwätzchen ins Netz stellen, können aber auch wir ein faszinierendes Ambiente schaffen!

Der CHAT in Moodle ist ein einfaches synchrones Kommunikationswerkzeug, das es Ihnen möglich macht, mit Ihren Teilnehmenden in Echtzeit zu diskutieren. Damit grenzt es sich von FORUM und MITTEILUNGEN eindeutig ab, und entsprechend anders wird es eingesetzt.

Ein CHAT ist logischerweise nur interessant, wenn alle Beteiligten online sind. Das trifft während einer Präsenzveranstaltung sicher zu. Wollen Sie den CHAT während einer Online-Phase verwenden, müssen Sie unbedingt vorher den Zeitpunkt bekannt geben – sonst ist es eher zufällig, dass mehrere Teilnehmer gleichzeitig im Kursraum sind.

Der CHAT verlangt von den Teilnehmenden eine gewisse Disziplin. Weil diese in unterschiedlicher Geschwindigkeit Texte absenden, ist es manchmal schwierig, der Diskussion zu folgen. Es kann in solchen Fällen hilfreich sein, wenn jemand die Rolle des Moderators übernimmt.

15.1   Netiquette für den Moodle-Chat

Ein Chat in Moodle ist ein besonderer Chat. Normalerweise bewegen sich die Teilnehmer in einem Moodle-Lernportal unter ihrem richtigen Namen und sind den übrigen Teilnehmenden auch durch das Passbild bekannt. Viele der Probleme, die in öffentlichen, anonymen Chats auftreten, fallen deshalb weg. Ich empfehle Ihnen dennoch: Geben Sie Regeln, die Ihnen wichtig erscheinen, beim ersten Chat bekannt – beispielsweise:

- **Zuerst lesen und denken, dann erst antworten.**
- **Ein »Hallo« reicht:** Es ist nicht nötig und eher lästig, wenn Sie jeden begrüßen.
- **Schreibgeschwindigkeit anpassen:** Vielleicht schreibt Ihr Partner nicht so schnell wie Sie – lassen Sie ihm genügend Zeit, die Antwort auf Ihre Frage zu formulieren.

Lesen Sie mehr dazu auf *http://www.netplanet.org/netiquette.*

15.2   Chat einrichten

Setzen Sie den Kurs in den **Bearbeitungsmodus**, und klicken Sie im Listenfeld AKTIVITÄT HINZUFÜGEN auf CHAT. Es öffnet sich das Formular BEARBEITE CHAT mit dem Titel FÜGE CHAT ZU THEMA # HINZU. Wenn Sie einen bestehenden Chat bearbeiten, erscheint das Formular auf dem Register BEARBEITEN mit dem Titel BEARBEITE CHAT IN THEMA #, und zusätzlich wird das Register ROLLEN angezeigt (Abbildung 15.1).

15.2.1   Grundeinträge

- NAME DIESES CHAT-RAUMS: Bezeichnung des Chat-Raums. Sie erscheint als Link im Kursraum.
- EINLEITUNGSTEXT: Informationen zu diesem Chat. Welche Ziele verfolgt diese Diskussion? Ist der Chat auch außerhalb der angekündigten Zeiten verfügbar? Werden die Chat-Sitzungen aufgezeichnet und veröffentlicht? In welcher Sprache wird formuliert? Wird in Gruppen diskutiert?
- NÄCHSTE CHAT-SITZUNG: Geben Sie hier den Termin und Zeitpunkt der ersten/nächsten Chat-Sitzung bekannt. Dieser Termin wird automatisch im Kalender eingetragen, damit sich die Teilnehmenden erinnern und zu dieser Zeit online sind. Es ist aber durchaus möglich, auch zu anderen Zeiten den Chat-Raum zu betreten – es gibt ja Menschen, die sprechen am liebsten mit sich selbst ;-).
- SITZUNGEN WIEDERHOLEN: Mit VERÖFFENTLICHEN SIE KEINE CHATZEITEN, definieren Sie einen Chat ohne Zeitangabe. Chats sind grundsätzlich immer geöffnet. Wann immer zwei sich online treffen, können sie über den Chat kommunizieren. Es ist aber hilfreich, wenn Sie Chat-Zeiten veröffentlichen. Die Chance, einen Gesprächspartner zu finden, ist in der Regel größer. Wenn Sie auf Ihrem Lernportal sehr viele Teilnehmende haben, kann es auch ohne funktionieren.

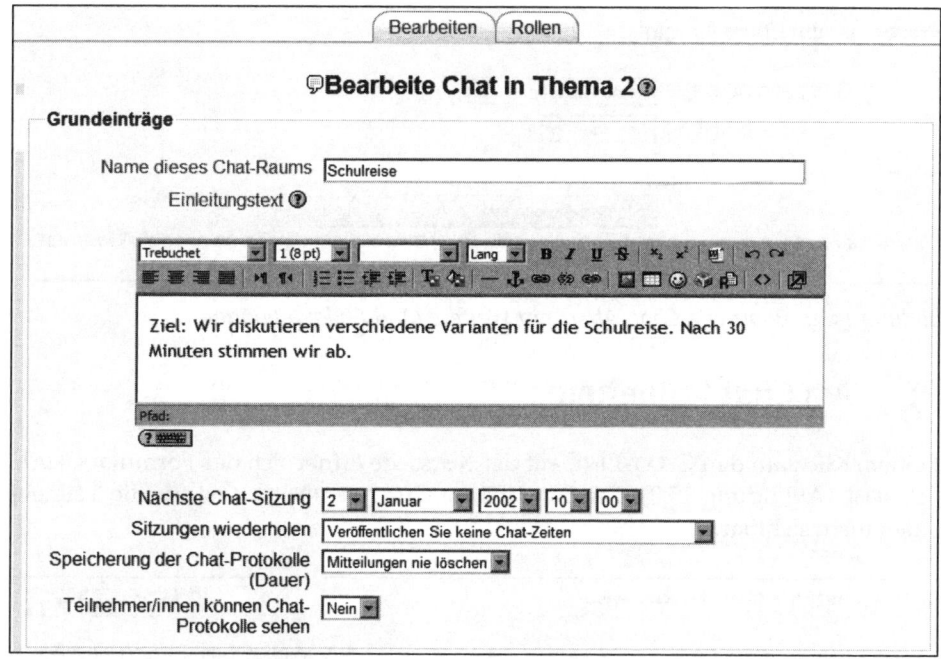

Abbildung 15.1: *Bearbeite Chat, Abschnitt Grundeinträge*

Mit KEINE ANTWORT – NUR FESTGELEGTE ZEITEN VERÖFFENTLICHEN definieren Sie einen einmaligen Chat, der nur zur angegebenen Zeit stattfindet (die Übersetzung ist missverständlich).

Mit den zwei verbleibenden Einstellungen, JEDEN TAG ZUR GLEICHEN ZEIT und JEDE WOCHE ZUR GLEICHEN ZEIT, definieren Sie einen Chat, der regelmäßig zur angegebenen Zeit stattfindet.

- SPEICHERUNG DER CHATPROTOKOLLE (DAUER): 2 TAGE bis MITTEILUNGEN NIE LÖSCHEN; so lange werden die Chatprotokolle gespeichert.

- TEILNEHMER/INNEN KÖNNEN CHATPROTOKOLLE SEHEN: Mit JA können alle Teilnehmenden die Protokolle für die in der vorigen Einstellung angegebene Zeit einsehen, mit NEIN nicht. Das Protokoll ist ein großer Vorteil des Chats in Moodle. Damit können Teilnehmende, die bei einer geplanten Online-Besprechung – beispielsweise über das weitere Vorgehen bei einer Gruppenarbeit – nicht dabei sein konnten, sich nachträglich informieren.

15.2.2 Weitere Modul-Einstellungen

- GRUPPENMODUS: KEINE GRUPPEN, GETRENNTE GRUPPEN und SICHTBARE GRUPPEN. Lesen Sie mehr dazu in Kapitel 9, *Gruppen*.

- SICHTBAR FÜR SCHÜLER/INNEN: ANZEIGEN oder VERBERGEN.

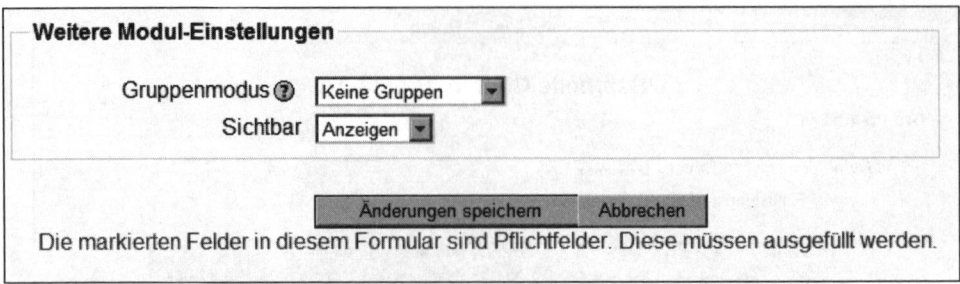

Abbildung 15.2: Bearbeite Chat, Abschnitt Weitere Modul-Einstellungen

15.3   Am Chat teilnehmen

Mit einem Klick auf den CHAT-LINK auf der Kursseite öffnet sich das Formular CHATS SCHULREISE (Abbildung 15.3). Die Schaltfläche CHAT BEARBEITEN ist für die Teilnehmenden nicht sichtbar.

> DMPB ▶ Kurs101 ▶ Chats ▶ Schulreise   Chat bearbeiten
>
> Vorherige Chat-Sitzung einsehen
>
> **Schulreise**
>
> Klicken Sie hier, um den Chat zu betreten
>
> (Version without frames and JavaScript)
>
> Ziel: Wir diskutieren verschiedene Varianten für die Schulreise. Nach 30 Minuten stimmen wir ab.

Abbildung 15.3: Das Formular Chats Schulreise

- CHAT BEARBEITEN: Mit einem Klick auf diese Schaltfläche gelangen Sie ins Formular BEARBEITE CHAT (Abbildung 15.1), wo Sie die Einstellungen verändern können

- VORHERIGE CHAT-SITZUNG EINSEHEN: Dieser Link führt Sie ins Formular CHAT-SITZUNGEN (Abbildung 15.5).

- KLICKEN SIE HIER, UM DEN CHAT ZU BETRETEN: Dieser Link führt Sie in den CHAT SCHULREISE (Abbildung 15.4). Tippen Sie den Text ins Eingabefeld, drücken Sie `ENTER`, und der Text erscheint augenblicklich im Anzeigebereich über dem Eingabefeld. Dieses ist jetzt wieder leer und für die nächste Eingabe bereit.

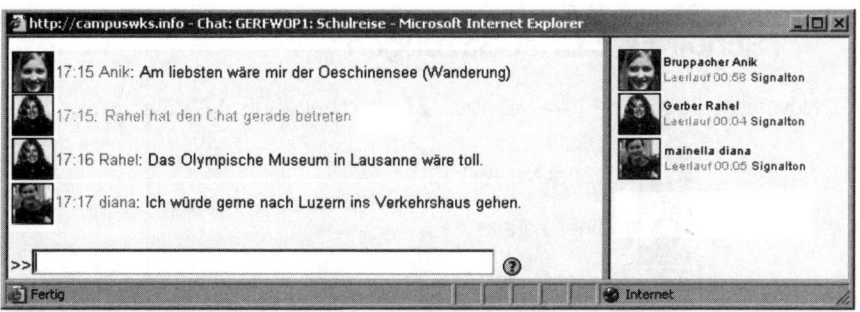

Abbildung 15.4: Chat-Fenster mit Eingabefeld

15.4 Chat-Sitzungen einsehen oder löschen

Für den Einsatz des Chats als Lernwerkzeug ist es ein großer Vorteil, dass die Chat-Sitzungen aufgezeichnet und archiviert werden können. Damit entsteht ein für alle einsehbares Protokoll, das Sie nachträglich auswerten und analysieren können. Lernende, die beim Chat nicht online sein konnten, haben auch später noch Zugriff auf die Informationen. Eine Chat-Sitzung beginnt mit dem Eintritt eines Teilnehmenden in den leeren Chat-Raum und endet, wenn der Chat-Raum wieder leer ist (siehe Abbildung 15.6).

Mit einem Klick auf den Link VORHERIGE CHAT-SITZUNG EINSEHEN (Abbildung 15.3) öffnen Sie das Formular CHAT-SITZUNGEN, das die gespeicherten Protokolle mit BILD, NAMEN und ANZAHL der Beiträge anzeigt (Abbildung 15.5).

- DIE SITZUNG EINSEHEN: Dieser Link öffnet das Formular CHAT-SITZUNGEN, das den Gesprächsverlauf als Protokoll anzeigt (Abbildung 15.6).

- LÖSCHEN DIESER SITZUNG: Diese Sitzung wird gelöscht, wenn Sie die nachfolgende Sicherheitsabfrage, die über dem Protokoll dieser Chat-Sitzung angezeigt wird, mit JA beantworten.

Übung 34

Chat in Gruppen

Voraussetzung: Kurs mit sechs fiktiven Teilnehmern in drei Gruppen.

Richten Sie einen CHAT ein, in dem drei Gruppen getrennt miteinander chatten können. Melden Sie sich mit *dummy_1* an – am einfachsten über LOGIN ALS im Profil dieses Teilnehmers –, und hinterlegen Sie ein knappes »Hallo«. Wiederholen Sie dasselbe mit *dummy_2* bis *dummy_6*, und beobachten Sie bereits bei der Eingabe, welche anderen Teilnehmer für Sie sichtbar sind. Schließen Sie den Browser, und melden Sie sich erneut als fiktiven Teilnehmer an. Welche Protokolle können Sie sehen?

open source library

Schulreise: Chat-Sitzungen

Mittwoch, 2 November 2005, 17:11 --> Mittwoch, 2 November 2005, 17:16

 Bruppacher Anik (2)

mainella diana (1)

Gerber Rahel (1)

Die Sitzung einsehen
Löschen dieser Sitzung

Mittwoch, 2 November 2005, 16:38 --> Mittwoch, 2 November 2005, 16:41

 Bruppacher Anik (2)

mainella diana (1)

Die Sitzung einsehen
Löschen dieser Sitzung

Abbildung 15.5: Die Protokolle zweier Chat-Sitzungen

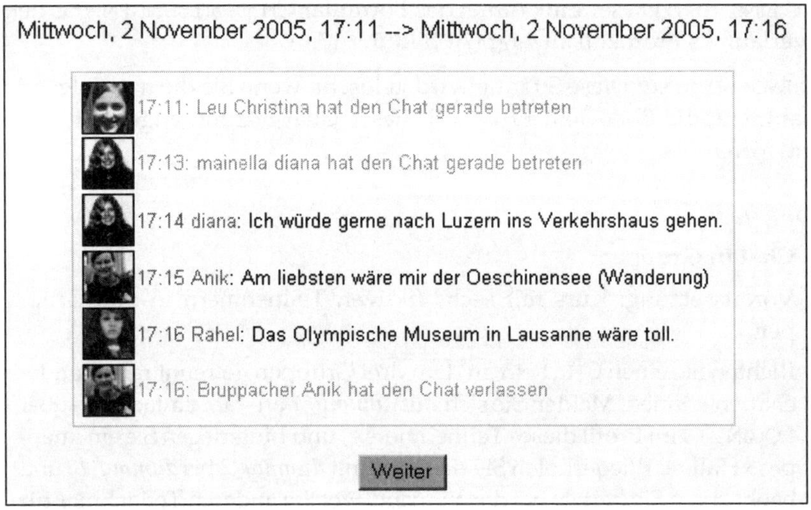

Mittwoch, 2 November 2005, 17:11 --> Mittwoch, 2 November 2005, 17:16

17:11: Leu Christina hat den Chat gerade betreten

17:13: mainella diana hat den Chat gerade betreten

17:14 diana: Ich würde gerne nach Luzern ins Verkehrshaus gehen.

17:15 Anik: Am liebsten wäre mir der Oeschinensee (Wanderung)

17:16 Rahel: Das Olympische Museum in Lausanne wäre toll.

17:16: Bruppacher Anik hat den Chat verlassen

Weiter

Abbildung 15.6: Auszug aus dem Protokoll dieser Chat-Sitzung

Übung 35

Chat auf moodlepraxisbuch.info

Auf dem Portal zum Buch *www.moodlepraxisbuch.info* finden Sie Chats zu verschiedenen Themen. Holen Sie sich dort die nötige Fingerfertigkeit, die Sie als Moderator eines Chats brauchen können.

15.5 Rollen

Auf dem Register ROLLEN (Abbildung 15.1) finden Sie die Links ROLLEN ZUWEISEN und ROLLEN ÜBERSCHREIBEN, die zu den entsprechenden Formularen führen. Mit einem Klick auf das Register ROLLEN wird standardmäßig das Formular ROLLEN ZUWEISEN angezeigt.

15.5.1 Rollen zuweisen

Auf dem Formular ROLLEN ZUWEISEN werden alle zur Verfügung stehenden Rollen mit einer Beschreibung angezeigt – hier die Basisrollen (Abbildung 15.7). Als KURS-VERWALTER oder TRAINER sind Sie berechtigt, dem Kontext FORUM Rollen zuzuweisen. Lesen Sie mehr dazu in Kapitel 11, *Rollen*.

	Bearbeiten	Rollen	
	Rollen zuweisen	Rollen überschreiben	

Rollen zuweisen ⑦

Rollen	Beschreibung	Nutzer/innen
Administrator/in	Administrator/innen haben normalerweise alle Rechte auf der Website und in allen Kursen.	0
Kursverwalter/innen	Kursersteller/innen dürfen neue Kurse anlegen und in ihnen unterrichten.	0
Trainer/in	Trainer/innen dürfen in einem Kurs alles tun, incl. der Veränderung von Aktivitäten und der Beurteilung von Teilnehmer/innen.	0
Trainer/in ohne Editorrecht	Trainer/innen ohne Bearbeitungsrecht dürfen in Kursen unterrichten und Teilnehmer/innen bewerten, aber sie können nichts verändern.	0
Teilnehmer/in	Teilnehmer/innen haben in einem Kurs grundsätzlich weniger Rechte.	0
Gast	Gäste haben minimale Rechte und können normalerweise nirgends Texte eingeben.	0

Abbildung 15.7: Formular Rollen zuweisen

15.5.2   Rollen überschreiben

Mit einem Klick auf den Link ROLLEN ÜBERSCHREIBEN wird das entsprechende Formular angezeigt (Abbildung 15.8). Der ADMINISTRATOR darf als einzige Basisrolle
ROLLEN ÜBERSCHREIBEN. Lesen Sie mehr dazu in Kapitel 11, *Rollen*.

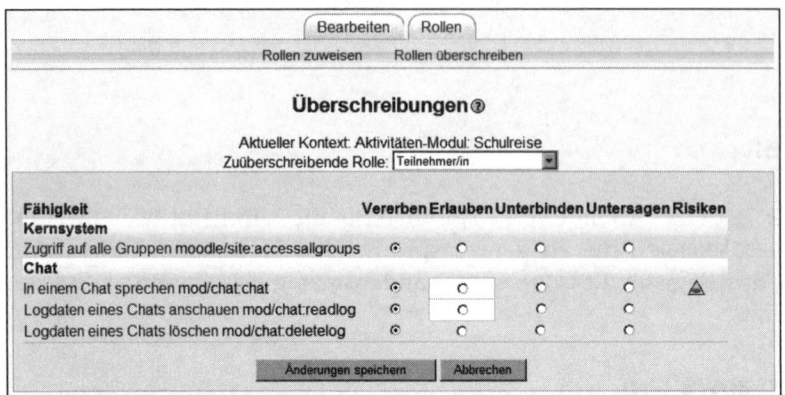

Abbildung 15.8: Zugriffsrechte der Basisrolle Teilnehmer/in im Chat

Die nachstehende Tabelle zeigt, welche Fähigkeiten den BASISROLLEN im KONTEXT
CHAT erlaubt sind (Abbildung 15.9).

Chat Fähigkeiten	Administrator	Kursverwalter	Trainer	Trainer ohne Editorrecht	Teilnehmer	Authentifizierte Nutzer	Gast
Zugriff auf alle Gruppen	✗		✗	✗			
In einem Chat sprechen	✗		✗	✗	✗		✗
Logdaten eines Chats anschauen	✗		✗	✗	✗		
Logdaten eines Chats löschen	✗		✗	✗			

Abbildung 15.9: Die Rechte der Basisrollen im Kontext Chat

Schnattern gehört zum Handwerk! Wer etwas verkaufen will, soll davon sprechen.
Nutzen Sie die nächste Pause mit Kollegen, und erzählen Sie von Ihren ersten Schrit-
ten mit Moodle. Schildern Sie aber auch die kleineren ;-) Schwierigkeiten, die Sie bis-
her überwinden mussten – so sind Sie glaubwürdig. Zeigen Sie Ihre Kurse, und lassen
Sie die anderen an Ihren Erfahrungen teilhaben. Vielleicht folgt der eine oder andere
Ihren Spuren – das wäre schön. Denn gemeinsam moodlen macht einfach mehr Spaß!

Nach einer gewissen Zeit des Schnatterns sollten Sie jede Abstimmung gewinnen.
Wie man das macht? Lesen Sie weiter in Kapitel 16, *Abstimmung*.

16 Abstimmung – Spieglein, Spieglein an der Wand ...

... wer ist die Schönste im ganzen Land? Abstimmungen sind für jene, die sie veranlassen, immer ein Blick in besagten Wahrheitsspiegel. Auch wenn sich die ABSTIMMUNG nicht um Ihre Person dreht, haben Sie eine Meinung dazu, und Sie wünschen sich ein bestimmtes Ergebnis. Entweder wird es Ihre Meinung bestätigen, oder – geben Sie es ruhig zu – Sie sind etwas ernüchtert, weil die Abstimmung anders ausgefallen ist als erwartet.

Die ABSTIMMUNG besteht aus einer Fragestellung und zwei bis fünf vorgegebenen Antworten, die zur Auswahl stehen. Sobald alle Teilnehmenden ihre Stimme abgegeben haben, ist das Resultat für Sie und allenfalls auch für die Teilnehmenden ersichtlich.

Die ABSTIMMUNG eignet sich sehr gut für die Gruppenbildung. Lassen Sie die Teilnehmenden selbst auswählen, in welcher Gruppe sie mitarbeiten möchten. Oder ermitteln Sie bei kontroversen Themen – beispielsweise »Todesstrafe ja oder nein?« – die Gruppenmeinung vor und nach der Themenbearbeitung.

16.1 Abstimmung hinzufügen und bearbeiten

Setzen Sie den Kurs in den **Bearbeitungsmodus**, und klicken Sie im Listenfeld AKTIVITÄT ANLEGEN auf ABSTIMMUNG. Es öffnet sich das Formular BEARBEITE ABSTIMMUNG mit dem Titel FÜGE ABSTIMMUNG ZU THEMA # HINZU. Wenn Sie ein bestehendes Forum bearbeiten, erscheint das Formular auf dem Register BEARBEITEN mit dem Titel BEARBEITE ABSTIMMUNG IN THEMA #, zusätzlich wird das Register ROLLEN angezeigt (Abbildung 16.1).

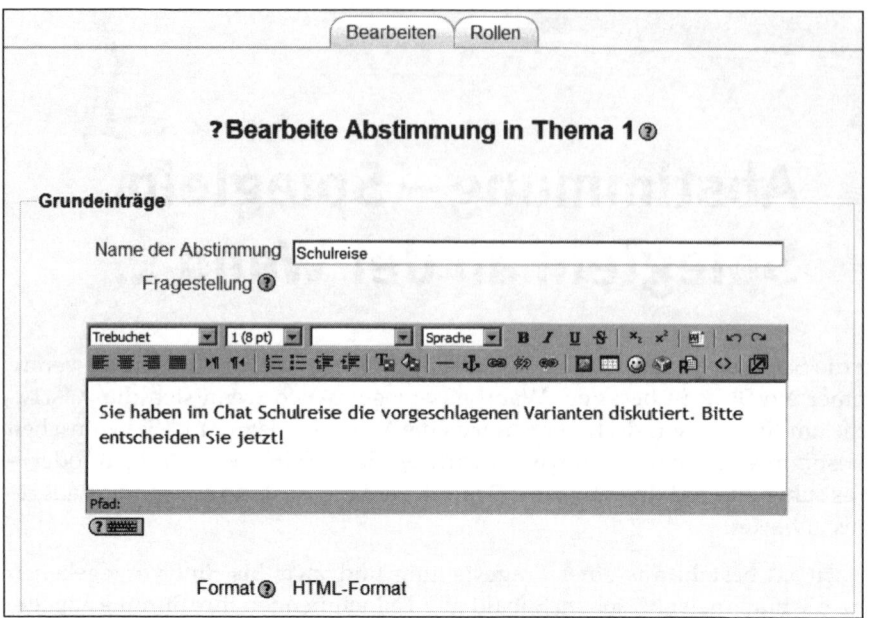

Abbildung 16.1: Abstimmung Abschnitt Grundeinträge

16.1.1 Grundeinträge

▪ NAME DER ABSTIMMUNG: Die Bezeichnung der Abstimmung erscheint als Link auf der Kursseite.

▪ FRAGESTELLUNG: Wer ist die Schönste im ganzen Land? Wenn Sie wirklich die ganze Wahrheit wissen wollen, ist diese Beschreibung entscheidend. Die Teilnehmenden sollen hier alles erfahren, was sie für die erfolgreiche Abstimmung wissen müssen. Formulieren Sie die abschließende Fragestellung und die Auswahl der Antworten eindeutig, klar und verständlich.

16.1.2 Limit

Abbildung 16.2: Abstimmung Abschnitt Limit

▪ LIMIT FÜR DIE ZAHL DER STIMMABGABEN: AUSSCHALTEN oder AKTIVIEREN. Die Eingabefelder LIMIT bei den Antworten sind nur editierbar, wenn Sie hier AKTIVIEREN wählen.

16.1.3 Antwort 1 – Antwort 5

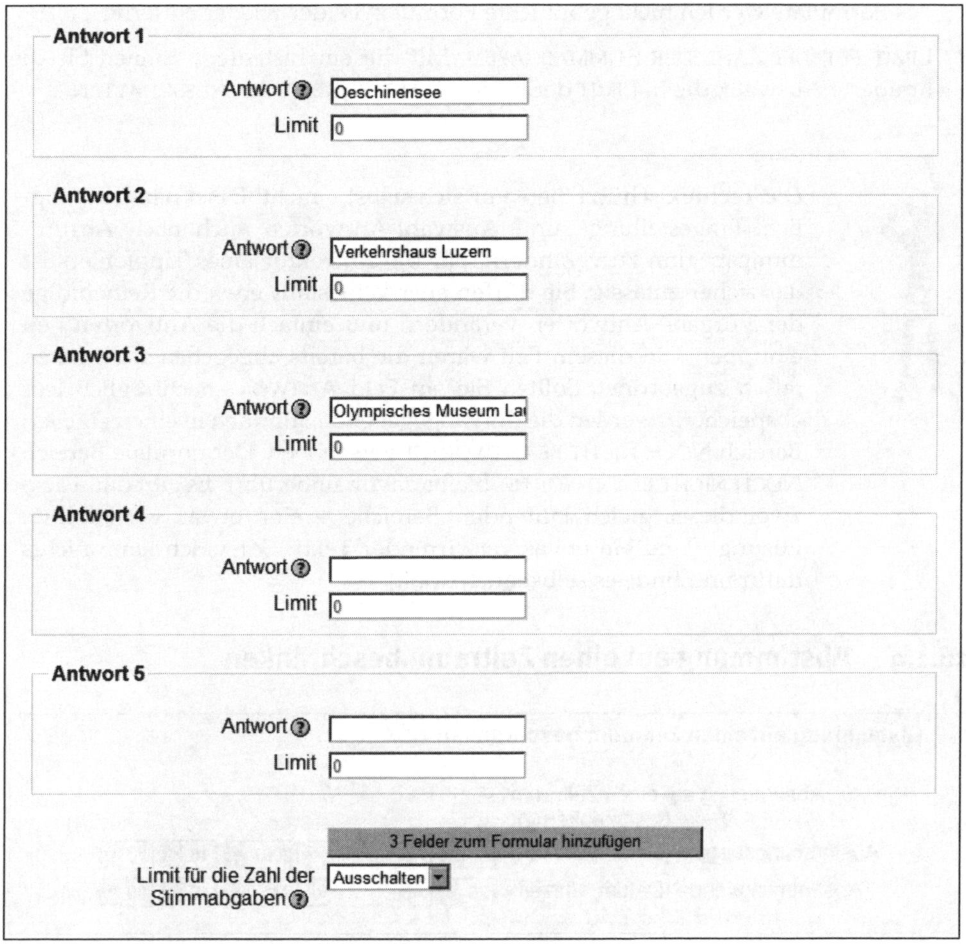

Abbildung 16.3: Abschnitte Antwort 1 bis Antwort 5

■ ANTWORT 1 – ANTWORT 5: Hier tragen Sie mindestens zwei Antwort-Vorgaben ein. Leere Eingabefelder erscheinen in der Umfrage nicht.

■ LIMIT: Geben Sie hier die maximale Anzahl Teilnehmer an, die diese Antwort wählen können. Ist die Anzahl erreicht, wird diese Auswahl gesperrt. Angenommen, Sie geben fünf Themen vor, die in Gruppenarbeit zu lösen sind, dann können sich die Teilnehmenden in ihre Wunschgruppe eintragen, solange Platz vorhanden ist. Diese Eingabefelder müssen Sie vorher im Listenfeld LIMIT FÜR DIE ZAHL DER STIMMABGABEN mit der Option AKTIVIEREN freischalten.

■ 3 FELDER ZUM FORMULAR HINZUFÜGEN: Mit einem Klick auf diese Schaltfläche werden dem Formular drei weitere Antwort-Optionen hinzugefügt. Beim Speichern des Formulars werden nicht gebrauchte Formular-Felder wieder entfernt.

■ LIMIT FÜR DIE ZAHL DER STIMMABGABEN: Mit diesem Listenfeld können Sie die limitierte Auswahl, die in LIMIT definiert ist, AKTIVIEREN oder AUSSCHALTEN.

> **Achtung**
>
> Die Technik schützt Sie – vor sich selbst – nicht! Es ist nämlich möglich, Fragestellung und Auswahl-Antworten auch nach Abstimmungsbeginn zu verändern. Für die Korrektur eines Tippfehlers ist das sicher zulässig. Sie dürfen aber keinesfalls etwa die Reihenfolge der Vorgabe-Antworten verändern und einfach die Antworten neu eintippen – in diesem Fall wären die bereits abgegebenen Stimmen falsch zugeordnet. Sollten Sie ein Feld ANTWORT nachträglich leer abspeichern, werden die dort abgegebenen Stimmen in einen eigenen Bereich NOCH NICHT BEANTWORTET verschoben. Der normale Bereich NOCH NICHT BEANTWORTET bleibt davon unberührt. Es gibt dann also zwei dieser gleich lautenden Bereiche – eine etwas verwirrende Lösung! (Und ein etwas verwirrender Text!? Sorry, ich kann nichts dafür und finde es selbst auch doof.)

16.1.4 Abstimmung auf einen Zeitraum beschränken

Abstimmung auf einen Zeitraum beschränken				
Abstimmung auf einen Zeitraum beschränken ⑦	☑			
Abstimmungsbeginn (Datum, Uhrzeit)	6 ▾	April ▾	2007 ▾	16 ▾	00 ▾
Abstimmungsende (Datum, Uhrzeit)	26 ▾	April ▾	2007 ▾	16 ▾	00 ▾

Abbildung 16.4: Abschnitt Abstimmung auf einen Zeitraum beschränken

■ ABSTIMMUNG AUF EINEN ZEITRAUM BESCHRÄNKEN: Mit diesem Auswahlkästchen aktivieren Sie die Zeitbegrenzung. Die Teilnehmenden können sich dann nur im angegebenen Zeitraum an der Abstimmung beteiligen. Wenn Sie nur einen ABSTIMMUNGSBEGINN angeben wollen, wählen Sie ein ABSTIMMUNGSENDE, das in weiter Ferne liegt, beispielsweise den 31. DEZEMBER 2010. Oder Sie deaktivieren diese Einschränkung, sodass die Abstimmung jederzeit verfügbar ist. In Kombination mit ABSTIMMUNG KANN BEARBEITET WERDEN ließe sich auch ein Barometer der aktuellen Stimmungslage zu einem Thema einrichten ;-).

16.1.5 Verschiedene Einstellungen

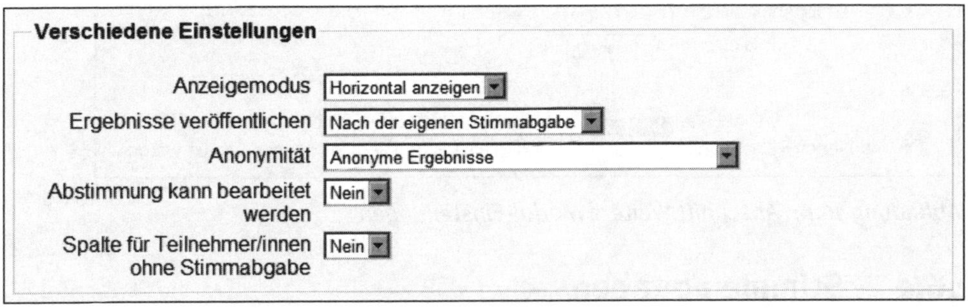

Abbildung 16.5: Abschnitt Verschiedene Einstellungen

▪ ANZEIGEMODUS: Hier bestimmen Sie, wie die Vorgabe-Antworten angezeigt werden; HORIZONTAL ANZEIGEN oder VERTIKAL ANZEIGEN.

▪ ERGEBNISSE VERÖFFENTLICHEN: Mit diesem Listenfeld legen Sie fest, ob und zu welchem Zeitpunkt die Teilnehmenden die Ergebnisse der Abstimmung sehen können: KEINE ERGEBNISSE VERÖFFENTLICHEN, NACH DER EIGENEN STIMMABGABE, NACH ABSTIMMUNGSENDE und ERGEBNISSE IMMER ANZEIGEN.

▪ ANONYMITÄT: Dieses Listenfeld steht nur zur Verfügung, wenn Sie zuvor die Veröffentlichung der Ergebnisse aktiviert haben. Hier bestimmen Sie, auf welche Art die Ergebnisse veröffentlicht werden. ANONYME ERGEBNISSE oder VOLLSTÄNDIGE ERGEBNISSE (MIT NAMEN UND STIMME).

▪ ABSTIMMUNG KANN BEARBEITET WERDEN: Mit JA kann der Teilnehmer seine Entscheidung abändern und neu abstimmen, mit NEIN nicht.

▪ SPALTE FÜR TEILNEHMER/INNEN OHNE STIMMABGABE: Mit JA werden in der Spalte NOCH NICHT BEANTWORTET alle Teilnehmenden angezeigt, die ihre Stimme noch nicht abgegeben haben, mit NEIN wird diese Spalte nicht angezeigt. Die Anzeige dieser Spalte ist auch abhängig von der Einstellung VERÖFFENTLICHUNG DER ERGEBNISSE. Bei Gruppenbildungsprozessen über die Abstimmung ist es sinnvoll, die noch unentschlossenen Teilnehmenden anzuzeigen. Sie können so von den Gruppenchefs zur Mitarbeit in ihrer Gruppe ermuntert werden.

16.1.6 Weitere Modul-Einstellungen

▪ GRUPPENMODUS: KEINE GRUPPEN, SICHTBARE GRUPPEN oder GETRENNTE GRUPPEN. Lesen Sie mehr dazu in Kapitel 9, *Gruppen*.

▪ SICHTBAR: ANZEIGEN oder VERBERGEN.

Sie können über die Schaltflächen die im Formular BEARBEITE ABSTIMMUNG vorgenommenen ÄNDERUNGEN SPEICHERN oder die Bearbeitung ABBRECHEN.

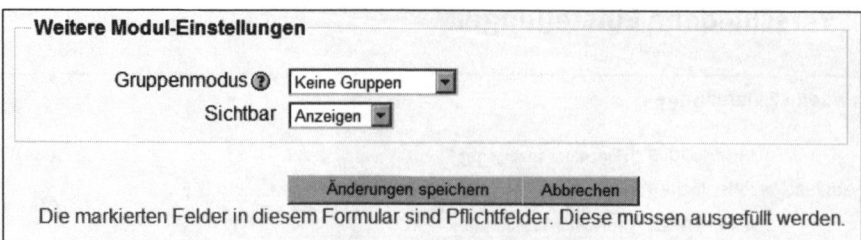

Abbildung 16.6: Abschnitt Weitere Modul-Einstellungen

16.2   Stimme abgeben

Mit einem Klick auf den Link der Abstimmung auf der Kursseite öffnet sich das FOR-
MULAR ABSTIMMUNGEN SCHULREISE (Abbildung 16.7). Teilnehmende sehen die Schaltfläche ABSTIMMUNG BEARBEITEN und den Link ZEIGE 5 ANTWORTEN nicht.

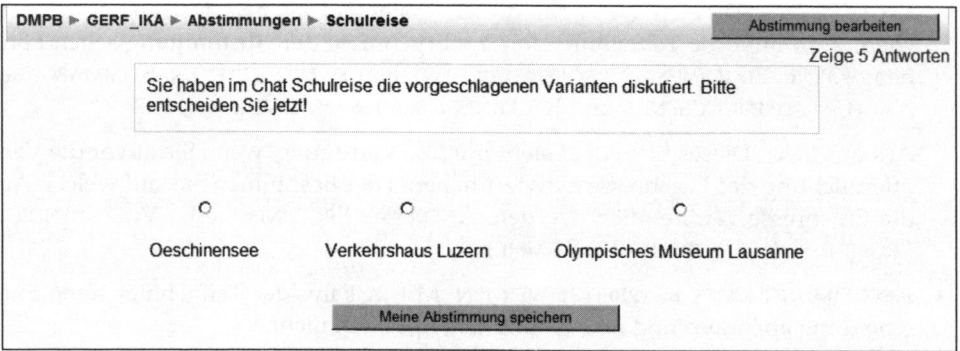

Abbildung 16.7: Das Formular Schulreise bereit zum Abstimmen

- ABSTIMMUNG BEARBEITEN: Mit einem Klick auf diese Schaltfläche öffnet sich das
  Formular BEARBEITE ABSTIMMUNG (Abbildungen 16.1 bis 16.5), wo Sie die Einstellungen verändern können.

- ZEIGE XX ANTWORTEN: Über diesen Link, der zusätzlich anzeigt, wie viele Stimmen bereits vorliegen, können Sie die Abstimmung jederzeit auswerten.

16.3   Abstimmung auswerten

16.3.1   Als Trainer

Mit einem Klick auf den Link ZEIGE 5 ANTWORTEN (Abbildung 16.7) öffnet sich das
Formular ANTWORTEN (Abbildung 16.8). Diese Ansicht steht nur Kursverwaltern und
Trainern zur Verfügung – und dies zu jedem Zeitpunkt der Abstimmung. Die Art der

266

Darstellung entspricht den in den Einstellungen definierten Werten. Über die drei Schaltflächen IM ODS-FORMAT HERUNTERLADEN, IM EXCEL-FORMAT HERUNTERLADEN und IM TEXT-FORMAT HERUNTERLADEN verfügen Sie über drei verschiedene Möglichkeiten, die Daten in anderen Programmen weiterzubearbeiten.

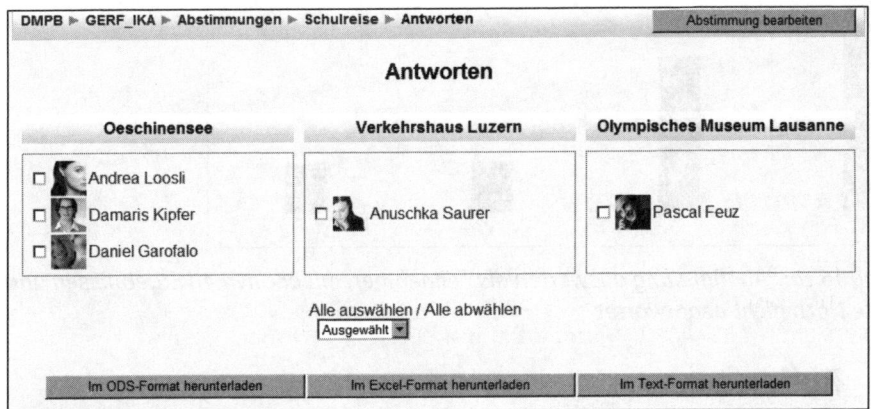

Abbildung 16.8: Abstimmung auswerten als Trainer

16.3.2 Als Teilnehmer

Sie haben in den Einstellungen festgelegt, ob und zu welchem Zeitpunkt die Teilnehmenden die Ergebnisse der Abstimmung abrufen können. Im Listenfeld ANONYMITÄT haben Sie die Darstellungsart definiert (Abbildung 16.5). Mit der Einstellung VOLLSTÄNDIGE ERGEBNISSE (MIT NAMEN UND STIMME) werden Bild und Name in der gewählten Rubrik angezeigt (Abbildung 16.9). Mit der Einstellung ANONYME ERGEBNISSE werden die gleichen Daten anonym angezeigt (Abbildung 16.10). Zudem ist hier SPALTE FÜR TEILNEHMER/INNEN OHNE STIMMABGABE auf JA gesetzt.

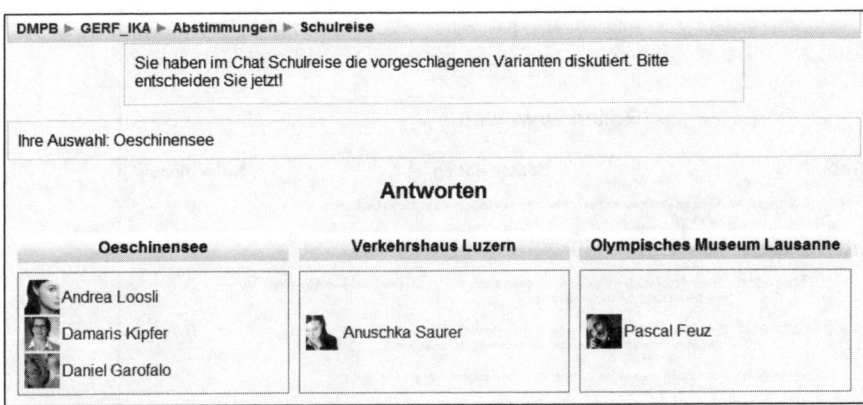

Abbildung 16.9: Abstimmung auswerten als Teilnehmer, mit personalisierten Ergebnissen

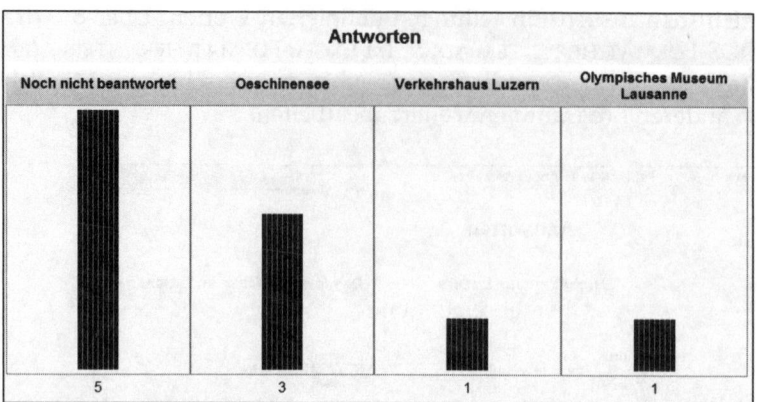

Abbildung 16.10: Abstimmung auswerten als Teilnehmer, mit anonymen Ergebnissen und der Spalte Noch nicht beantwortet

16.4 Rollen

Auf dem Register ROLLEN (Abbildung 16.7) finden Sie die Links ROLLEN ZUWEISEN und ROLLEN ÜBERSCHREIBEN, die zu den entsprechenden Formularen führen. Mit einem Klick auf das Register ROLLEN wird standardmäßig das Formular ROLLEN ZUWEISEN angezeigt.

16.4.1 Rollen zuweisen

Auf dem Formular ROLLEN ZUWEISEN werden alle zur Verfügung stehenden Rollen mit einer Beschreibung angezeigt – hier die Basisrollen (Abbildung 16.11). Als KURS-VERWALTER oder TRAINER sind Sie berechtigt, dem Kontext ABSTIMMUNG Rollen zuzuweisen. Lesen Sie mehr dazu in Kapitel 11, *Rollen*.

Bearbeiten	Rollen	
Rollen zuweisen	Rollen überschreiben	

Rollen zuweisen ⑦

Rollen	Beschreibung	Nutzer/innen
Administrator/in	Administrator/innen haben normalerweise alle Rechte auf der Website und in allen Kursen.	0
Kursverwalter/innen	Kurssteller/innen dürfen neue Kurse anlegen und in ihnen unterrichten.	0
Trainer/in	Trainer/innen dürfen in einem Kurs alles tun, incl. der Veränderung von Aktivitäten und der Beurteilung von Teilnehmer/innen.	0
Trainer/in ohne Editorrecht	Trainer/innen ohne Bearbeitungsrecht dürfen in Kursen unterrichten und Teilnehmer/innen bewerten, aber sie können nichts verändern.	0
Teilnehmer/in	Teilnehmer/innen haben in einem Kurs grundsätzlich weniger Rechte.	0
Gast	Gäste haben minimale Rechte und können normalerweise nirgends Texte eingeben.	0

Abbildung 16.11: Formular Rollen zuweisen

16.4.2 Rollen überschreiben

Mit einem Klick auf den Link ROLLEN ÜBERSCHREIBEN wird das entsprechende Formular angezeigt (Abbildung 16.12). Der ADMINISTRATOR darf als einzige Basisrolle ROLLEN ÜBERSCHREIBEN. Lesen Sie mehr dazu in Kapitel 11, *Rollen*.

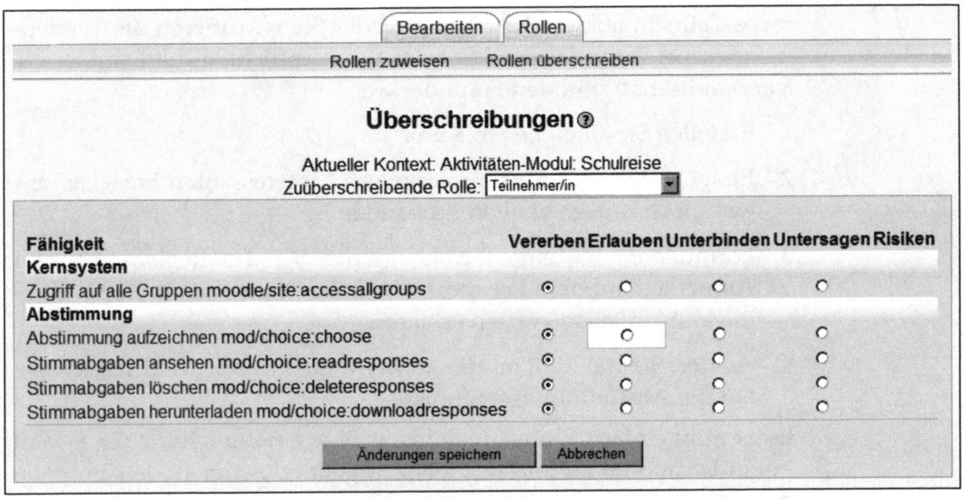

Abbildung 16.12: Zugriffsrechte der Basisrolle Teilnehmer/in in der Abstimmung

Die nachstehende Tabelle zeigt, welche Fähigkeiten den BASISROLLEN im KONTEXT ABSTIMMUNG erlaubt sind (Abbildung 16.13).

Abstimmung Fähigkeiten	Administrator	Kursverwalter	Trainer	Trainer ohne Editorrecht	Teilnehmer	Authentifizierte Nutzer	Gast
Zugriff auf alle Gruppen	✗		✗	✗			
Abstimmung aufzeichnen	✗		✗	✗	✗		
Stimmabgaben ansehen	✗		✗	✗			
Stimmabgaben löschen	✗		✗	✗			
Stimmabgaben herunterladen	✗		✗	✗			

Abbildung 16.13: Die Rechte der Basisrollen im Kontext Abstimmung

Übung 36

Vergessen Sie die Dummies!

Die ABSTIMMUNG ist ideal für die ersten Schritte in der Realität. Die Vorbereitung dieser Übung wird Sie wahrscheinlich mehr beanspruchen als die Übung selbst. Sie benötigen einen Kurs mit mindestens sechs Teilnehmenden (RL ;-)). Entweder Sie rekrutieren die Teilnehmenden bei Ihren Lernenden oder Sie verpflichten die Familie, die Verwandtschaft und den Freundeskreis.

1. Erstellen Sie einen neuen Kurs.

2. Erstellen Sie drei Abstimmungen mit interessanten Fragestellungen für die ausgewählten Probanden ;-)

3. Formulieren Sie eine E-Mail, in der Sie das Registrieren und Anmelden auf dem Lernportal und das Anmelden in Ihrem Kurs in verständlichen Worten erklären.

4. Senden Sie die Mail an die auserwählte Gruppe, und warten Sie auf die Abstimmungsergebnisse.

Es ist nicht einfach, Teilnehmende nur über eine Anleitung per E-Mail in ein Lernportal zu lotsen. Vielleicht gelingt es Ihnen, den Vorgang des Registrierens und Anmeldens mit Screenshots zu illustrieren und der Mail als PDF anzuhängen. Es ist entscheidend für den Erfolg, dass die Teilnehmenden auf Anhieb in Ihren Kurs finden. Deshalb verpassen Sie ihnen eine Motivationsspritze, und verlosen Sie einen Riegel Schweizer Schokolade ☺.

Lesen Sie mehr dazu in Kapitel 6, *Teilnehmer*.

Übung 37

Ihre Meinung ist gefragt

Auf dem Lernportal zum Buch *www.moodlepraxisbuch.info* finden Sie verschiedene Meinungsumfragen – machen Sie mit! Vielen Dank.

»Spieglein, Spieglein an der Wand – wer ist der beste Moodler im ganzen Land?« Ganz bestimmt Sie! Sie haben die Fülle an Informationen über Moodle in sich aufgesogen und die vielen Übungen mit Elan durchgeführt. Sie unterbrechen Ihre Arbeit regelmäßig durch sinnvolle Pausen ... – und sind, wie gesagt, der beste Moodler. Aber sind Sie auch der schönste? Wann haben Sie sich das letzte Mal von ganz nah im Spiegel angeschaut? Na? Sehen Sie – Lesen und PC-Glotzen machen käsig! Jetzt aber schnell raus aus der stickigen Büroluft und ab an die Sonne. Oder zum Frisör!

17 Umfrage – auf wissenschaftlicher Grundlage

Zukünftige Versionen von Moodle werden selbst erstellte Befragungen erlauben. Momentan stellt die UMFRAGE drei standardisierte Instrumente zur Befragung der Teilnehmenden bereit: COLLES, ATTLS und KRITISCHE EREIGNISSE. Diese Umfragen eignen sich insbesondere zur Auswertung von Online-Lernumgebungen, die aktivierende Pädagogik unterstützen.

■ COLLES (CONSTRUCTIVIST ON-LINE LEARNING ENVIRONEMENT SURVEY): Die 24 Fragen helfen Ihnen, die Qualität Ihres Lernportals zu hinterfragen:

  – **Bedeutung**: Wie bedeutend ist der Inhalt des Online-Kurses für die Berufspraxis?

  – **Wiederspiegelung**: Stimuliert das Online-Lernen das kritisch-reflektive Denken?

  – **Interaktivität**: Wie stark engagieren sich die Lernenden in Online-Lern-Dialogen?

  – **Trainer**: Wie gut unterstützen die Trainer die Lernenden?

  – **Lerngruppe**: Wie gut werden Lernende durch die Lerngruppe unterstützt?

  – **Kommunikation**: Wie ausgeprägt ist der Spürsinn für die Online-Kommunikation?

  COLLES liegt in drei Varianten vor: COLLES (BEVORZUGT) erhebt die Lernstilpräferenzen und Einstellungen zu Beginn des Kurses. COLLES (TATSÄCHLICH) erhebt die im Verlauf des Kurses wahrgenommenen Aspekte. COLLES (BEVORZUGT UND TATSÄCHLICH) erhebt beide Dimensionen in einer Befragung.

■ ATTLS (ATTITUDES TO THINKING AND LEARNING SURVEY) erhebt die Qualität der Gespräche innerhalb der Gemeinschaft und basiert auf dem Modell unterschiedlicher Arten des Denkens von Belenky. Dieses beschreibt die unterschiedliche Wahrnehmung und Gewichtung, wie sie in der »typisch weiblichen« oder »typisch männlichen« Kommunikationsform auftreten. Im deutschen Sprachgebrauch spricht man, nach Schulz von Thun, von der Sachebene und von der Beziehungsebene.

- KRITISCHE EREIGNISSE holt ein individuelles Feedback mit sechs offenen Fragen zu kritischen Ereignissen während des Kurses.

17.1 Umfrage hinzufügen und bearbeiten

Setzen Sie den Kurs in den **Bearbeitungsmodus,** und klicken Sie im Listenfeld LERN-AKTIVITÄT HINZUFÜGEN auf UMFRAGE. Es öffnet sich das Formular BEARBEITE UMFRAGE (Abbildung 17.1). Sie können dieses Formular ändern, wenn Sie auf die Schaltfläche UMFRAGE BEARBEITEN (Abbildung 17.4) klicken.

17.1.1 Grundeinträge

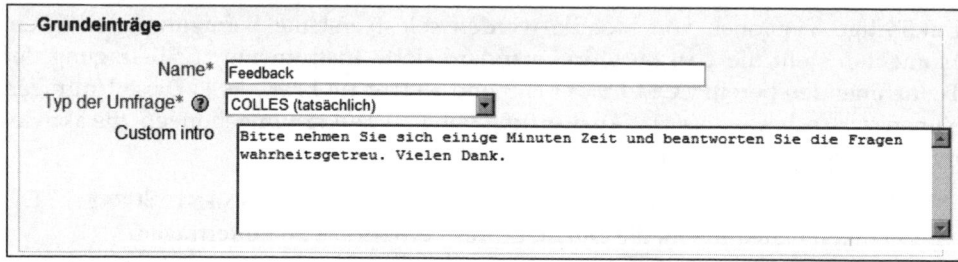

Abbildung 17.1: Bearbeite Umfrage, Abschnitt Grundeinträge

- NAME: Er erscheint als Link auf der Kursseite.

- TYP DER UMFRAGE: ATTLS (20 PUNKTE VERSION), KRITISCHE EREIGNISSE, COLLES (TATSÄCHLICH), COLLES (BEVORZUGT UND TATSÄCHLICH), COLLES (BEVORZUGT).

17.1.2 Weitere Modul-Einstellungen

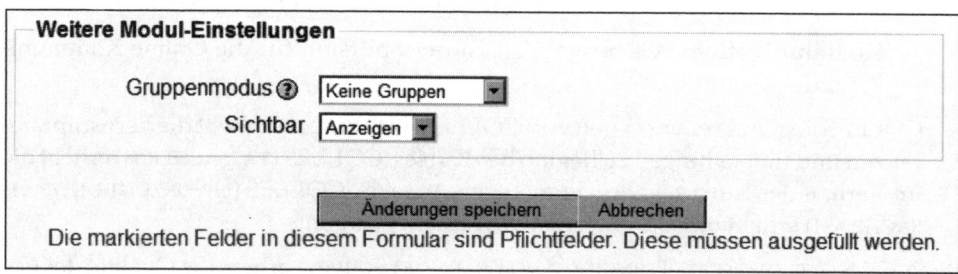

Abbildung 17.2: Bearbeite Umfrage, Abschnitt Weitere Modul-Einstellungen

- GRUPPENMODUS: KEINE GRUPPEN, SICHTBARE GRUPPEN oder GETRENNTE GRUPPEN. Lesen Sie mehr dazu in Kapitel 9, *Gruppen.*

- SICHTBAR FÜR SCHÜLER/INNEN: ANZEIGEN oder VERBERGEN.

Sie können über die Schaltflächen die im Formular BEARBEITE UMFRAGE vorgenommenen ÄNDERUNGEN SPEICHERN oder die Bearbeitung ABBRECHEN.

17.2 Umfrage erfassen

Mit einem Klick auf den Link auf der Kursseite öffnet sich das in TYP DER UMFRAGE gewählte Formular zur Eingabe (Abbildung 17.3). Jeder Teilnehmer kann die Umfrage nur einmal ausfüllen.

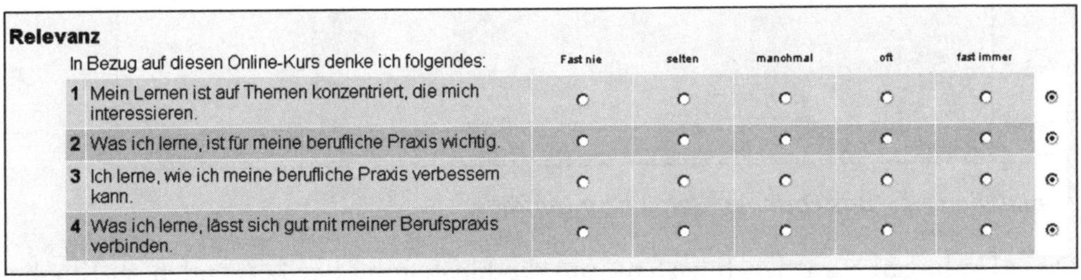

Abbildung 17.3: Die Umfrage, bereit zum Ausfüllen

17.3 Umfrage auswerten

Mit einem Klick auf die UMFRAGE öffnet sich das Formular UMFRAGEN FEEDBACK (Abbildung 17.4). Über die Schaltfläche UMFRAGE BEARBEITEN können Sie die Einstellungen verändern. Leider ist es auch hier möglich, diese Einstellungen noch nach dem Start der Umfrage zu ändern, was zu unerwarteten Ergebnissen führen kann. Mit einem Klick auf den Link ZEIGE 3 ANTWORTEN ZUR UMFRAGE öffnet sich das Formular BERICHT ZUR UMFRAGE (Abbildung 17.5).

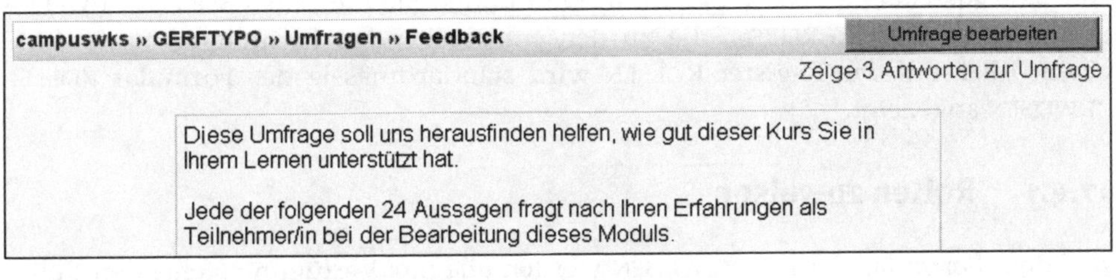

Abbildung 17.4: Umfrage auswerten

Das Formular BERICHT ZUR UMFRAGE verfügt über ein Auswahlmenü, das je nach TYP DER UMFRAGE aus drei bis fünf Links besteht, die zu verschiedenartigen Auswertungen führen. Sie können die Daten in jedem Fall über den Link HERUNTERLADEN als Excel- oder Textdatei zur weiteren Verarbeitung herunterladen.

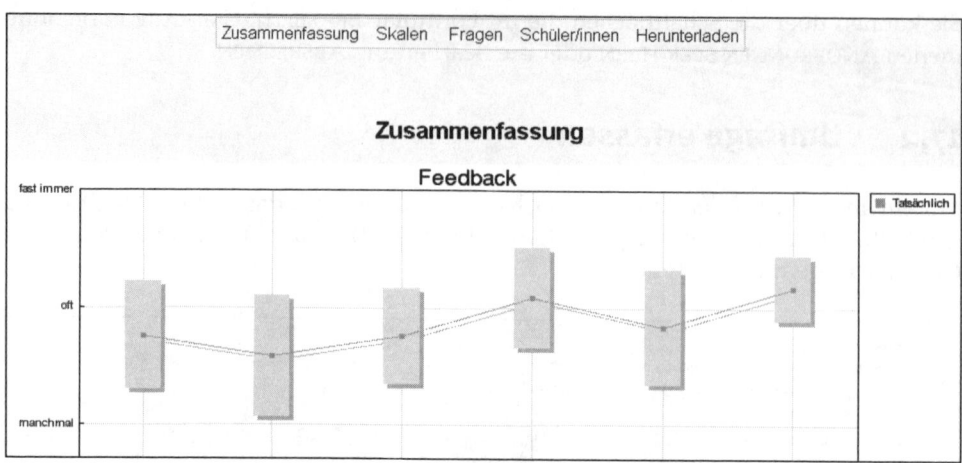

Abbildung 17.5: Das Formular Bericht zur Umfrage

Diese Umfragen eignen sich bestens, um die Einstellung der Lernenden zu Kursbeginn und am Kursende zu vergleichen. Sie erfahren, wie die Lernenden Ihren Kurs beurteilen: den Aufbau, die Unterstützung durch den Trainer und die Zusammenarbeit unter den Teilnehmenden. Nutzen Sie dieses Wissen, um Ihren Kurs zu verbessern! Die vorliegenden Umfragen basieren auf einem fundierten wissenschaftlichen Hintergrund – Sie sind damit auf der sicheren Seite.

Wenn Sie Umfragen selbst formulieren wollen, benutzen Sie eine ABSTIMMUNG oder einen TEST.

17.4 Rollen

Auf dem Register ROLLEN (Abbildung 17.6) finden Sie die Links ROLLEN ZUWEISEN und ROLLEN ÜBERSCHREIBEN, die zu den entsprechenden Formularen führen. Mit einem Klick auf das Register ROLLEN wird standardmässig das Formular ROLLEN ZUWEISEN angezeigt.

17.4.1 Rollen zuweisen

Auf dem Formular ROLLEN ZUWEISEN werden alle zur Verfügung stehenden Rollen mit einer Beschreibung angezeigt – hier die Basisrollen (Abbildung 17.6). Als KURS-VERWALTER oder TRAINER sind Sie berechtigt, dem Kontext FORUM Rollen zuzuweisen. Lesen Sie mehr dazu im Kapitel 11, *Rollen*.

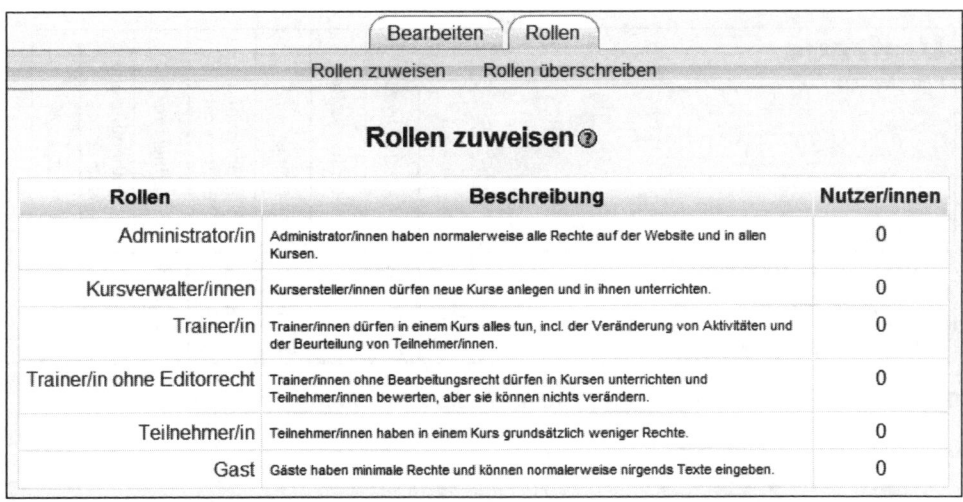

Abbildung 17.6: Formular Rollen zuweisen

17.4.2 Rollen überschreiben

Mit einem Klick auf den Link ROLLEN ÜBERSCHREIBEN wird das entsprechende Formular angezeigt (Abbildung 17.7). Der ADMINISTRATOR darf als einzige Basisrolle ROLLEN ÜBERSCHREIBEN. Lesen Sie mehr dazu im Kapitel 11, *Rollen*.

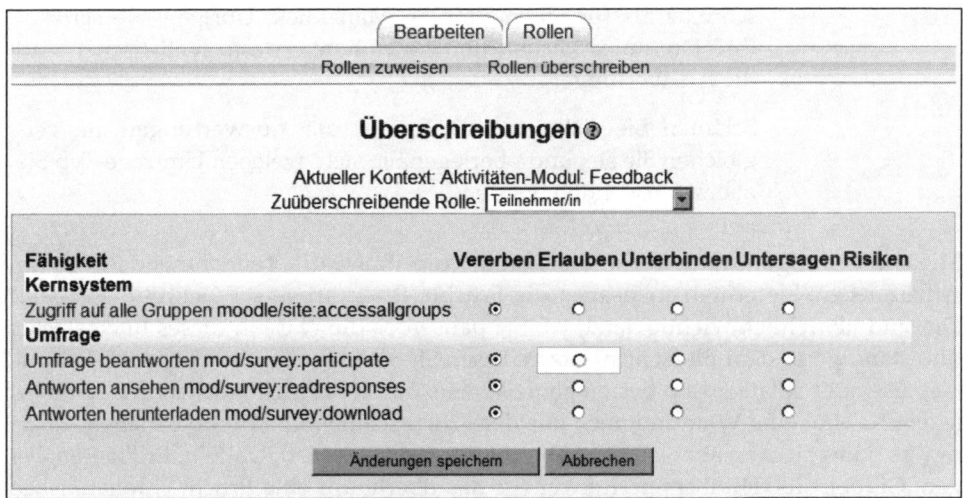

Abbildung 17.7: Zugriffsrechte der Basisrolle Teilnehmer/in in der Umfrage

Die nachstehende Tabelle zeigt, welche Fähigkeiten den BASISROLLEN im KONTEXT UMFRAGE erlaubt sind (Abbildung 17.8).

Umfrage Fähigkeiten	Administrator	Kursverwalter	Trainer	Trainer ohne Editorrecht	Teilnehmer	Authentifizierte Nutzer	Gast
Zugriff auf alle Gruppen	✖		✖	✖			
Umfrage beantworten	✖		✖	✖	✖		
Antworten sehen	✖		✖	✖			
Antworten herunterladen	✖		✖	✖			

Abbildung 17.8: Die Rechte der Basisrollen im Kontext Umfrage

Übung 38

Beurteilen Sie sich selbst

Voraussetzung: Kurs mit sechs fiktiven Teilnehmenden.

1. Richten Sie für jeden TYP DER UMFRAGE eine Umfrage ein – ja genau, das ergibt fünf Umfragen, Sie arbeiten sehr gewissenhaft ☺.

2. Melden Sie sich für jeden fiktiven Teilnehmer an, und klicken Sie sich durch die fünf Umfragen. Halt – aufgepasst! Beim Typ KRITISCHE EREIGNISSE brauchts schon ein bisschen mehr Hirnschmalz als für einen simplen Mausklick. Übrigens: Je seriöser Ihre Dummies klicken und formulieren, desto realistischer sind die Auswertungen.

3. Schauen Sie sich jetzt als Trainer die Auswertungen an, vergleichen Sie sie, und überlegen Sie sich, welchen Umfrage-Typ Sie zuerst verwenden werden.

Mit der Umfrage ermitteln Sie die Punkte, die Ihnen die Teilnehmenden für Ihre Arbeit geben, Sie ernten sozusagen die Früchte Ihrer Arbeit – Fruchtpunkte also ;-) Die sind tatsächlich wichtig, jetzt, wo Sie pausenlos die Nase in dieses Buch stecken und ständig vor dem Bildschirm sitzen. Essen Sie also täglich fünf Portionen Früchte, Gemüse oder Salate … am besten genießen Sie, damit Sie nicht kochen müssen, nach jedem Kapitel eine Vitaminbombe aus der Fruchtschale mit Äpfeln, Bananen, Cherimoyas (klingt lecker, aber ich habe keine Ahnung, was es ist), Datteln, Erdbeeren, Feigen, Grapefruits, Himbeeren, Ingwer (ist das überhaupt eine Frucht?), Johannisbeeren, Kiwis, Limonen (brrr!), Mandarinen, Nüssen, Orangen, Quitten, Rosinen, Sultaninen, Trauben, Wassermelonenschnitzen.

Machen Sie es sich zur Aufgabe, täglich eine Frucht zu essen. Lesen Sie bitte weiter in Kapitel 18, *Aufgaben*.

18 Aufgaben – verbindliche Aufträge

Mit der Lernaktivität AUFGABEN erhält der Teilnehmer einen verbindlichen Auftrag. Sie bestimmen, in welchem Zeitrahmen und auf welche Art er die Lösung abliefern muss. Die Aufgabe ist also ein ausgezeichnetes Werkzeug, um den Teilnehmer während der Online-Phasen aktiv zu halten und schweren Augenlidern vorzubeugen.

Die AUFGABEN gibt es in vier Varianten: DATEIEN HOCHLADEN (ERWEITERT) (die Lösung wird in mehreren Dateien hochgeladen, der Trainer kann Dateien auch zurückgeben), ONLINE-AKTIVITÄT (die Lösung wird mit dem Editor erfasst), EINE EINZIGE DATEI HOCHLADEN (die Lösung wird als Datei hochgeladen) und OFFLINE-AKTIVITÄT (die Lösung wird außerhalb der Lernplattform abgegeben). Nachdem Sie die Lösung durchgesehen haben, geben Sie dem Teilnehmer in der Aufgabe die Rückmeldung, die aus einer Bewertung nach Bewertungsskala und/oder einem freien Text besteht.

Die Aufgabe ist eine Zweierkiste zwischen Ihnen und dem Teilnehmer – niemand sonst kann die Beiträge lesen. Das macht es möglich, den Teilnehmer sehr individuell und persönlich bei der Lernarbeit zu betreuen.

18.1 Aufgabe hinzufügen und bearbeiten

Setzen Sie den Kurs in den **Bearbeitungsmodus**, und klicken Sie im Listenfeld AKTIVITÄT ANLEGEN auf den gewünschten Typ der AUFGABEN. Es öffnet sich das Formular BEARBEITE AUFGABE mit dem Titel FÜGE AUFGABE ZU THEMA # HINZU. Wenn Sie eine bestehende Aufgabe bearbeiten, erscheint das Formular auf dem Register BEARBEITEN mit dem Titel BEARBEITE AUFGABE IN THEMA #, zusätzlich wird das Register ROLLEN angezeigt (Abbildungen 18.1).

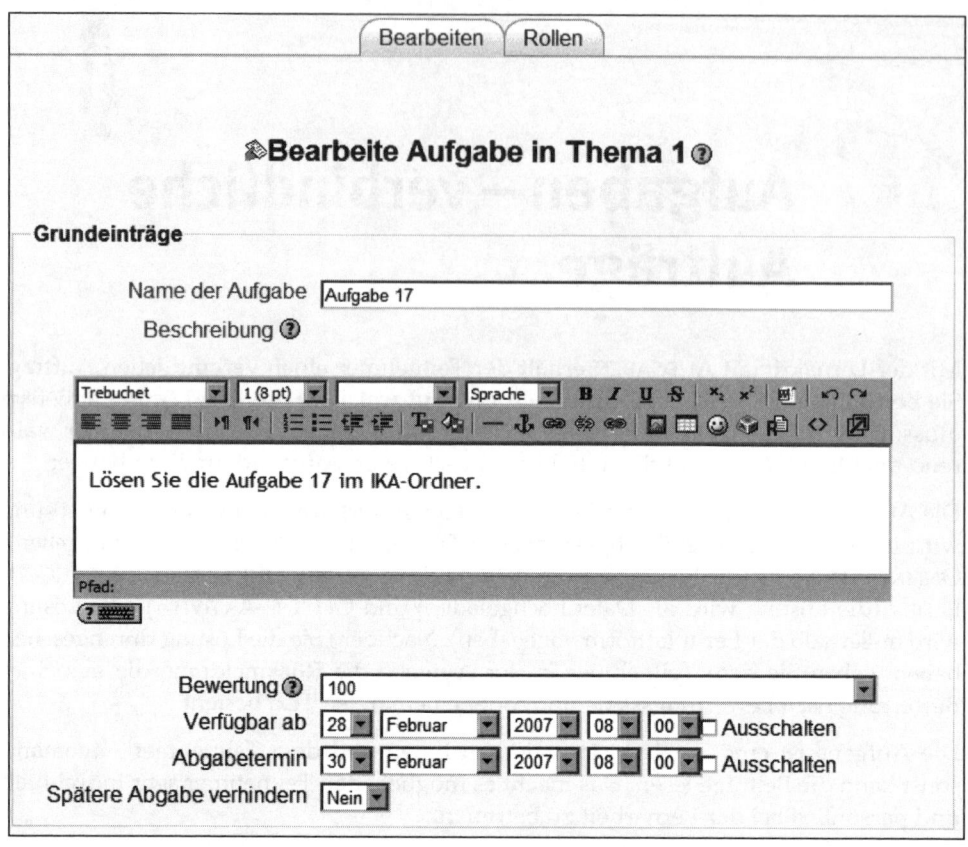

Abbildung 18.1: Abschnitt Grundeinträge, in allen Aufgaben-Typen vorhanden

18.1.1 Grundeinträge

- NAME DER AUFGABE: Die Bezeichnung dieser Aufgabe erscheint als Link auf der Kursseite.

- BESCHREIBUNG: Hier formulieren Sie die Aufgabenstellung für die Teilnehmenden in klarer und verständlicher Sprache.

- BEWERTUNG: Wählen Sie hier die Art der Bewertung. KEINE NOTE: Sie verzichten auf die Bewertung. ZAHL ZWISCHEN 1 UND 100: Sie bestimmen damit das Maximum für Ihre Bewertung in Punkten. BEWERTUNGSSKALA: Sie bewerten nach einer selbst definierten Bewertungsskala.

- VERFÜGBAR AB: Die Aufgabe ist für die Teilnehmenden erst ab dem hier eingestellten Datum verfügbar. Wenn Sie das Auswahlkästchen AUSSCHALTEN aktivieren, ist die Aufgabe sofort verfügbar.

■ ABGABETERMIN: Legt fest, bis wann der Teilnehmer die Aufgabe abgeben muss; es handelt sich hier um eine organisatorische Anweisung. Nur mit einem JA im Listenfeld SPÄTERE ABGABE VERHINDERN wird die spätere Abgabe auch technisch unmöglich gemacht. Wenn Sie das Auswahlkästchen AUSSCHALTEN aktivieren, wird kein Abgabetermin angezeigt und der Teilnehmer kann die Aufgabe jederzeit abgeben.

■ SPÄTERE ABGABE VERHINDERN: Mit JA können nach ABGABETERMIN keine Aufgaben mehr abgegeben werden, mit NEIN ist diese Funktion ausgeschaltet.

18.1.2 Dateien hochladen (erweitert)

Bei diesem Aufgabentyp erstellt der Teilnehmer seine Lösung in einer oder mehreren Dateien, die er hochladen muss. Dem Trainer ist es ebenfalls möglich, Dateien hochzuladen.

Der Teilnehmer erstellt beispielsweise eine Powerpoint-Präsentation und erfasst den dazugehörenden Vortragstext in einem Word-Dokument. Er lädt beide Dateien zur Begutachtung durch den Trainer hoch. Der Trainer speichert die überarbeiteten Dateien unter neuen Dateinamen und lädt sie wiederum hoch, gibt sie dem Teilnehmer so zurück.

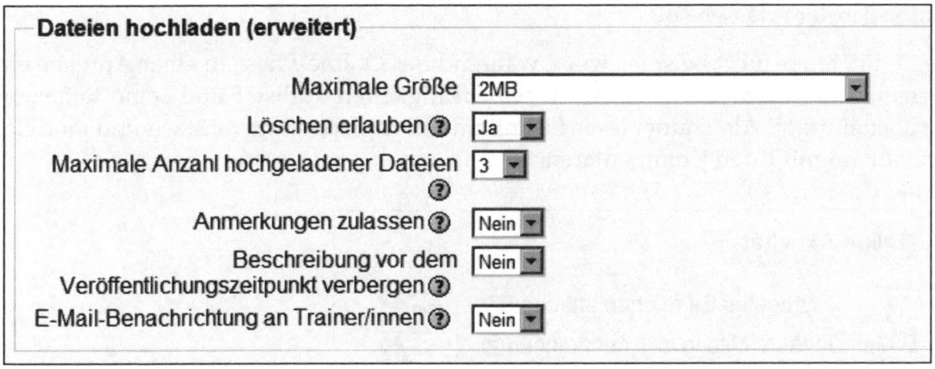

Dateien hochladen (erweitert)	
Maximale Größe	2MB
Löschen erlauben ⑦	Ja
Maximale Anzahl hochgeladener Dateien ⑦	3
Anmerkungen zulassen ⑦	Nein
Beschreibung vor dem Veröffentlichungszeitpunkt verbergen ⑦	Nein
E-Mail-Benachrichtung an Trainer/innen ⑦	Nein

Abbildung 18.2: Abschnitt Dateien hochladen (erweitert), nur in diesem Aufgaben-Typ vorhanden.

■ MAXIMALE GRÖSSE: Das ist die maximale Größe einer einzelnen Datei, die hochgeladen wird. Der Administrator bestimmt die maximale Dateigröße, die im Listenfeld zur Auswahl angeboten wird.

■ LÖSCHEN ERLAUBEN: Mit JA können Teilnehmer ihre hochgeladenen Dateien wieder löschen, bevor sie bewertet worden sind.

■ MAXIMALE ANZAHL HOCHGELADENER DATEIEN: (1 – 20) Diese Zahl wird den Teilnehmenden nicht angezeigt. Bitte schreiben Sie die Zahl der Dateien, die hochgeladen werden können oder die Sie erwarten, in die Beschreibung der Aufgabe.

- ANMERKUNGEN ZULASSEN: Mit JA kann der Teilnehmer Anmerkungen zur Aufgabe in ein Textfeld schreiben. Das funktioniert ähnlich wie bei der Online-Aufgabe und kann genutzt werden, um mit der bewertenden Person zu kommunizieren, um den Fortschritt der Aufgabenbearbeitung zu dokumentieren oder für jede andere schriftliche Aktivität, die sich auf diese Aufgabe bezieht. Mit NEIN ist diese Funktion deaktiviert.

- BESCHREIBUNG VOR DEM VERÖFFENTLICHUNGSZEITPUNKT VERBERGEN: Mit JA wird die Beschreibung vor VERFÜGBAR AB verborgen, mit NEIN wird sie schon vorher angezeigt. Die Verfügbarkeit bezieht sich dann nur auf das Hochladen von Dateien. Beachten Sie bitte, dass ein JA nur dann sinnvoll ist, wenn Sie VERFÜGBAR AB nicht AUSSCHALTEN.

- E-MAIL-BENACHRICHTIGUNG AN TRAINER/INNEN: Mit JA wird der Trainer jedes Mal mit einer kurzen E-Mail benachrichtigt, wenn ein Teilnehmer seine Aufgabe eingereicht hat. Sind in einem Kurs mehrere Trainer für die Betreuung verschiedener Gruppen zuständig, so erhalten Sie diese Nachricht nur für die Ihnen zugeteilte Gruppe. Mit NEIN werden keine E-Mails gesendet.

18.1.3 Online-Aktivität

Dieser Aufgabentyp eignet sich, wenn der Teilnehmer die Lösung online in einem Editor-Fenster erfassen soll.

Der Teilnehmer führt beispielsweise während der Online-Phase in einer Aufgabe ein Lernjournal, in dem er wöchentlich seine Tätigkeiten auflistet und seine Reflexion darüber einträgt. Als Trainer lesen Sie mit und korrigieren, unterstützen und motivieren laufend mit Ihren Kommentaren.

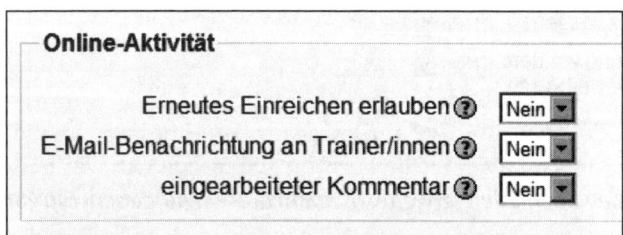

Abbildung 18.3: Abschnitt Online-Aktivität, nur in diesem Aufgaben-Typ vorhanden

- ERNEUTES EINREICHEN ERLAUBEN: Mit JA kann der Teilnehmer die Aufgabe erneut bearbeiten, auch wenn der Trainer diese bereits bewertet hat. Das ist sinnvoll, wenn die Teilnehmer die Arbeit schrittweise verbessern sollen. Mit NEIN ist dies nicht mehr möglich, sobald der Trainer seine Bewertung abgegeben hat. Die Text-Veränderungen des Teilnehmers werden nicht protokolliert, es ist immer die letzte Fassung verfügbar.

- E-MAIL-BENACHRICHTIGUNG AN TRAINER/INNEN: Mit JA wird der Trainer jedes Mal mit einer kurzen E-Mail benachrichtigt, wenn ein Teilnehmer seine Aufgabe eingereicht hat. Sind in einem Kurs mehrere Trainer für die Betreuung verschiedener Gruppen zuständig, so erhalten Sie diese Nachricht nur für die Ihnen zugeteilte Gruppe. Mit NEIN werden keine E-Mails gesendet.

- EINGEARBEITETER KOMMENTAR: Mit JA wird der vom Teilnehmer erfasste Text automatisch ins Kommentarfeld des Trainers kopiert, damit dieser den Text in einer anderen Farbe korrigieren oder ergänzen kann. Mit NEIN bleibt das Kommentarfeld leer. Ist diese Option zusammen mit ERNEUTES EINREICHEN ERLAUBEN aktiviert, funktioniert die Übernahme des Textes nur beim ersten Zugriff des Trainers.

18.1.4 Eine einzige Datei hochladen

Bei diesem Aufgabentyp erstellt der Teilnehmer die Lösung beispielsweise in einem Textverarbeitungsprogramm und lädt diese Datei hoch. Der Teilnehmer kann aber nur eine einzige Datei hochladen. Besteht die Lösung aus mehreren Dateien, muss er diese in einer ZIP-Datei zusammenfassen. Der Trainer kann keine Datei hochladen.

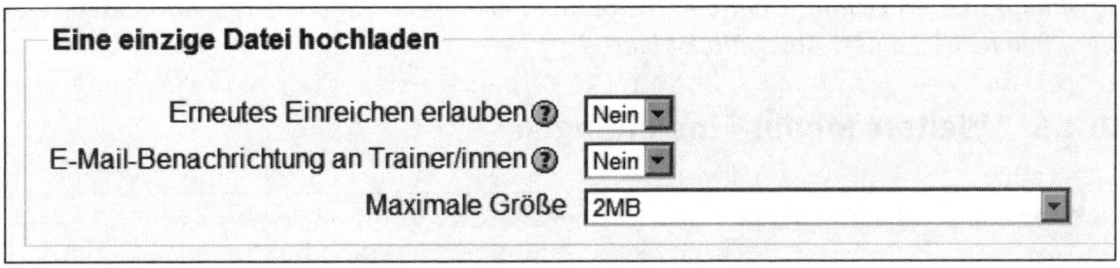

Eine einzige Datei hochladen

Erneutes Einreichen erlauben ⑦	Nein ▾
E-Mail-Benachrichtung an Trainer/innen ⑦	Nein ▾
Maximale Größe	2MB ▾

Abbildung 18.4: Abschnitt Eine einzige Datei hochladen, nur in diesem Aufgaben-Typ vorhanden

- ERNEUTES EINREICHEN ERLAUBEN: Mit JA kann der Teilnehmer die Aufgabe erneut bearbeiten, auch wenn der Trainer diese bereits bewertet hat. Das ist sinnvoll, wenn die Teilnehmer die Arbeit schrittweise verbessern sollen. Mit NEIN ist dies nicht mehr möglich, sobald der Trainer seine Bewertung abgegeben hat. Die Text-Veränderungen des Teilnehmers werden nicht protokolliert, es ist immer die letzte Fassung verfügbar.

- E-MAIL-BENACHRICHTIGUNG AN TRAINER/INNEN: Mit JA wird der Trainer jedes Mal mit einer kurzen E-Mail benachrichtigt, wenn ein Teilnehmer seine Aufgabe eingereicht hat. Sind in einem Kurs mehrere Trainer für die Betreuung verschiedener Gruppen zuständig, so erhalten Sie diese Nachricht nur für die Ihnen zugeteilte Gruppe. Mit NEIN werden keine E-Mails gesendet.

- MAXIMALE GRÖSSE: Das ist die maximale Größe der Datei, die hochgeladen wird. Der Administrator bestimmt die maximale Dateigröße, die im Listenfeld zur Auswahl angeboten wird.

18.1.5   Offline-Aktivität

Verwenden Sie diesen Aufgabentyp, wenn der Teilnehmer das Ergebnis der Arbeit nicht über das Lernportal abgibt. Weshalb sollten Sie diese Aufgabe dennoch in den Kurs aufnehmen?

Die Kursunterlagen sind vollständig auf dem Lernportal verfügbar, der Abgabetermin erscheint im KALENDER und im Block BALD AKTUELL. Vielleicht gehören zur AUFGABE zusätzliche Informationen, wie PDF-Dateien, Links auf Webseiten, Audio-Dateien oder ein AVI-Film, die auf dem Lernportal bereitstehen. Die Teilnehmenden geben Ihnen die Lösung Ihrer Arbeit außerhalb des Lernportals ab, beispielsweise bei der nächsten Präsenzveranstaltung oder per Briefpost. Über die AUFGABE formulieren Sie jetzt ein persönliches Feedback und geben, lange vor der nächsten Präsenzveranstaltung, allenfalls die Punkte bekannt.

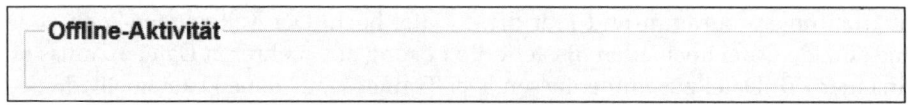

Abbildung 18.5: Abschnitt Offline-Aktivität, nur bei diesem Aufgaben-Typ vorhanden. Sie sehen richtig, dieser Abschnitt ist leer ;-)

18.1.6   Weitere Modul-Einstellungen

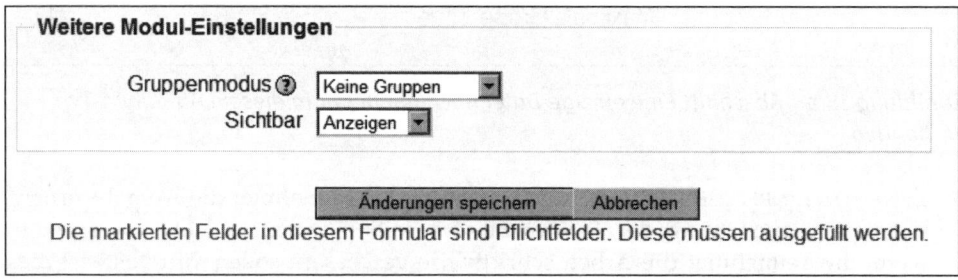

Abbildung 18.6: Abschnitt Weitere Modul-Einstellungen, in allen Aufgaben-Typen vorhanden

■ GRUPPENMODUS: KEINE GRUPPEN, SICHTBARE GRUPPEN oder GETRENNTE GRUPPEN. Lesen Sie mehr dazu in Kapitel 9, *Gruppen*.

■ SICHTBAR FÜR SCHÜLER/INNEN: ANZEIGEN oder VERBERGEN.

Sie können über die Schaltflächen die im Formular BEARBEITE AUFGABEN vorgenommenen ÄNDERUNGEN SPEICHERN oder die Bearbeitung ABBRECHEN.

18.2 Aufgaben lesen und lösen

Mit einem Klick auf den Link der Aufgabe auf der Kursseite öffnet sich das Formular AUFGABEN, das je nach TYP DER AUFGABE anders aussieht. Die Schaltfläche AUFGABE BEARBEITEN führt Sie ins Formular BEARBEITE AUFGABE (Abbildungen 18.1 bis 18.7), wo Sie die Einstellungen verändern können. Der Link 1 EINGEREICHTE AUFGABE(N) ANSEHEN, BEWERTEN UND KOMMENTIEREN führt Sie ins Formular EINGEREICHTE AUFGABEN (Abbildung 18.12)), wo Sie entsprechend des TYP DER AUFGABE auf die eingereichten Lösungen zugreifen oder aber bei allen Varianten Ihren Kommentar und die Note erfassen. Die Schaltfläche und der Link sind für die Teilnehmenden nicht sichtbar.

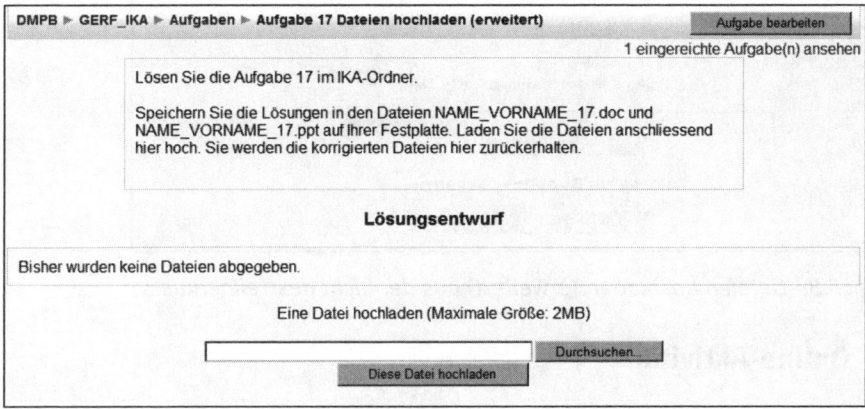

Abbildung 18.7: Aufgabe aus Trainersicht, hier der Aufgaben-Typ Dateien hochladen (erweitert)

Sie erkennen in den folgenden Abbildungen je eine entsprechend typische Aufgabe:

18.2.1 Dateien hochladen (erweitert)

Das Datum rechts über der Aufgabenbeschreibung zeigt an, das der Teilnehmer diese Aufgabe letztmals am MITTWOCH, 28. FEBRUAR 2007 bearbeitet hat. Unterhalb der Aufgabenbeschreibung werden im Bereich LÖSUNGSENTWURF die bereits hochgeladenen Dateien angezeigt, die mit einem Klick auf das Symbol LÖSCHEN (X) auch wieder gelöscht werden können.

Nach einem Klick auf die Schaltfläche DURCHSUCHEN öffnet der Dialog DATEI AUSWÄHLEN, in dem der Teilnehmer die hochzuladende Datei bestimmt. Diese wird nach einem Klick auf die Schaltfläche DIESE DATEI HOCHLADEN auf den Server kopiert. Hat der Teilnehmer die MAXIMALE ANZAHL HOCHGELADENER DATEIEN erreicht, werden diese zwei Schaltflächen nicht mehr angezeigt.

Mit einem Klick auf die Schaltfläche ZUR BEWERTUNG ABGEBEN löst der Teilnehmer die Bewertungsphase aus. Bestätigt er die anschließende Sicherheitsabfrage mit JA, kann er keine Dateien mehr hochladen und die vorhandenen Dateien nicht mehr löschen. Als Trainer können Sie zu diesem Zeitpunkt mit der Bewertung beginnen.

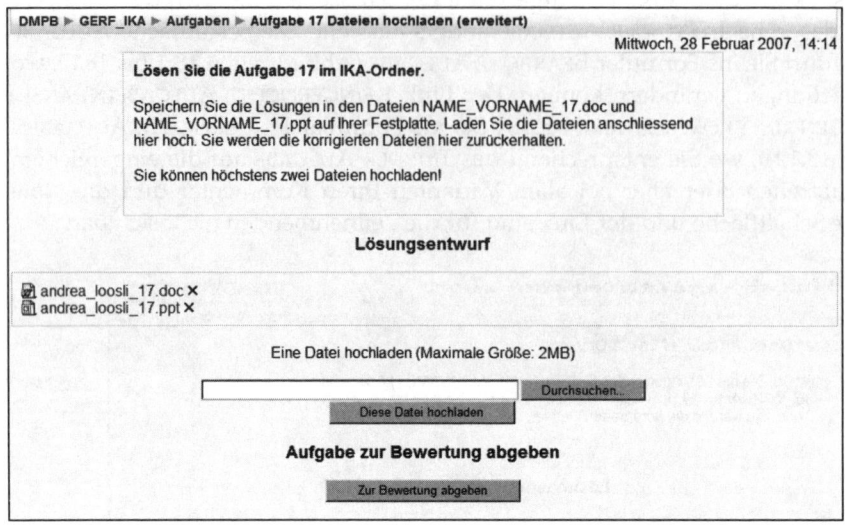

Abbildung 18.8:   Dateien hochladen (erweitert) aus der Sicht des Teilnehmers

18.2.2   Online-Aktivität

Die Variante ONLINE-AKTIVITÄT zeigt neben dem Aufgaben-Text und den Terminen die Schaltfläche MEINE LÖSUNG BEARBEITEN. Mit einem Klick darauf öffnet sich das gleichnamige Formular mit dem bekannten Editor zum Erfassen der Lösung. Hat der Teilnehmer bereits einen Text erfasst, wird ihm dieser an Stelle SIE HABEN NOCH NICHTS EINGEREICHT angezeigt. Keine Angst – obschon Moodle Ihnen als Trainer diesen Text auch anzeigt, erwartet niemand, dass Sie die Aufgabe auch einreichen. Denn Moodle unterscheidet hier nicht zwischen Teilnehmer und Trainer – ich nehme an, Sie fallen nicht darauf herein ;-).

Den Link # EINGEREICHTE AUFGABE(N) ANSEHEN sehen nur Sie als Trainer. Er zeigt an, wie viele Teilnehmer einen Text im Editor erfasst haben.

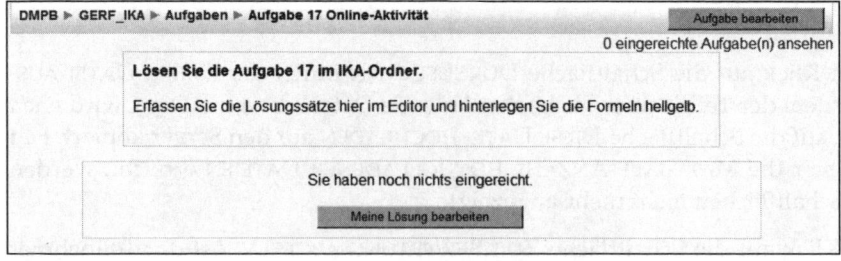

Abbildung 18.9:   Online-Aktivität, aus der Sicht des Trainers

18.2.3 Eine einzige Datei hochladen

Die Variante EINE EINZIGE DATEI HOCHLADEN zeigt neben dem Aufgaben-Text und den Terminen zwei Schaltflächen und ein Textfeld. Mit einem Klick auf die Schaltfläche DURCHSUCHEN öffnet sich der Dialog DATEI AUSWÄHLEN, in dem Sie die Datei bestimmen, deren Pfad anschließend im Textfeld angezeigt wird. Mit einem Klick auf DIESE DATEI HOCHLADEN wird diese Datei hochgeladen. Der nur für den Trainer sichtbare Link # EINGEREICHTE AUFGABEN… bedeutet hier, dass bereits # Teilnehmende ihre Aufgabe eingereicht haben.

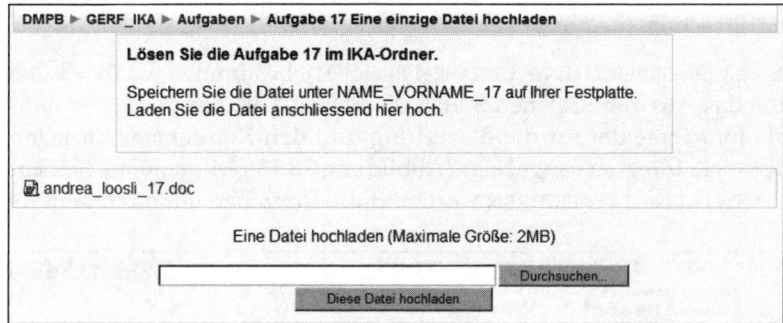

Abbildung 18.10: Eine einzige Datei hochladen, aus der Sicht des Teilnehmers

18.2.4 Offline-Aktivität

Die Variante OFFLINE-AKTIVITÄT zeigt dem Teilnehmer einzig den Aufgaben-Text und die zwei Termine an (Abbildung 18.11).

Tipp

Derselbe Link bedeutet nicht immer dasselbe!

Die Zahl 7 im Link 7 EINGEREICHTE AUFGABEN… in Abbildung 18.11 bedeutet hier nicht etwa, dass sieben Aufgaben eingereicht sind – was ja bei diesem Typ nicht vorgesehen ist –, sondern dass der Trainer bereits bei sieben Teilnehmenden einen Kommentar oder eine Bewertung erfasst hat.

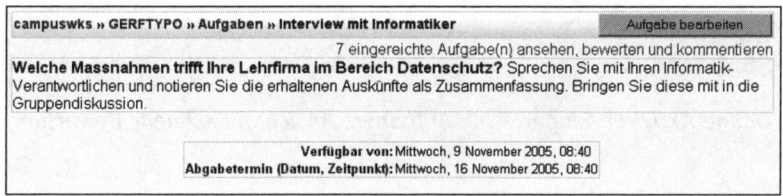

Abbildung 18.11: Lesen der Variante Offline-Aktivität, aus der Sicht des Trainers

18.3 Aufgabe bewerten

Ungeachtet vom TYP DER AUFGABE können Sie als Trainer für jeden Teilnehmer eine Rückmeldung formulieren und, soweit dies vorgesehen ist, eine Bewertung abgeben. Mit einem Klick auf den Link # EINGEREICHTE AUFGABE(N) ANSEHEN, BEWERTEN UND KOMMENTIEREN öffnet sich das Formular EINGEREICHTE AUFGABEN (Abbildung 18.12). In der Liste sind BILD, VORNAME und NACHNAME des Teilnehmers, erteilte BEWERTUNG, die ersten Zeichen des KOMMENTARS und in ZULETZT GEÄNDERT das Datum der letzten Speicherung von Teilnehmer und Trainer sichtbar. In der letzten Spalte STATUS bedeutet BEWERTUNG, dass Sie als Trainer noch keine Bewertung gespeichert haben, bei BEARBEITEN schon.

Im Textfeld ZAHL DER EINGEREICHTEN AUFGABEN PRO SEITE bestimmen Sie die Größe der Liste. Wenn Sie das Auswahlkästchen SCHNELLE BEWERTUNG ERMÖGLICHEN aktivieren, werden die Eingabefelder für die Bewertung und den Kommentar für jeden Teilnehmer auf der Liste integriert angezeigt (Abbildung 18.13). Mit einem Klick auf die Schaltfläche EINSTELLUNGEN SPEICHERN werden diese Vorgaben übernommen.

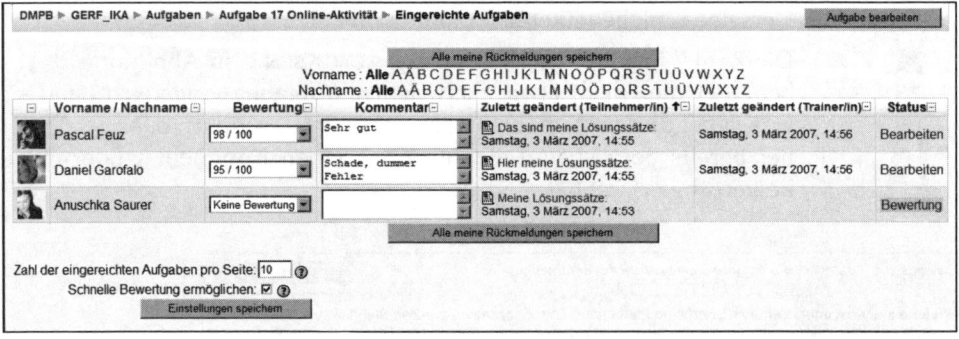

Abbildung 18.12: Online-Aktivität: Eingereichte Aufgaben, normale Ansicht

Abbildung 18.13: Online-Aktivität: Eingereichte Aufgaben, Ansicht für schnelle Bewertung

Mit einem Klick auf die Schaltflächen BEWERTUNG oder BEARBEITEN (Abbildung 18.13) öffnet sich das Popup-Fenster RÜCKMELDUNG des entsprechenden Teilnehmers (Abbildung 18.14). Achten Sie darauf, allfällige Pop-Up-Blocker zu deaktivieren.

Im oberen Bereich erkennen Sie das Listenfeld zur BEWERTUNG, das Ihnen die in der Aufgabe definierte Bewertungsskala anzeigt. Im EDITOR erfassen Sie Ihre Rückmeldung für diese Teilnehmerin.

Im unteren Bereich erkennen Sie BILD, NAME und VORNAME des Teilnehmers und – je nach Aufgaben-Variante – einen oder mehrere Links. Bei der ONLINE-AKTIVITÄT öffnet ein Klick darauf ein Popup-Fenster mit dem Beitrag des Teilnehmers. Bei EINE EINZIGE DATEI HOCHLADEN und DATEIEN HOCHLADEN (ERWEITERT) können Sie mit einem Klick auf einen Link die hochgeladene Datei anzeigen lassen oder herunterladen.

Nur die OFFLINE-AUFGABE zeigt keinen Link an.

Über die vier Schaltflächen können Sie die gemachten ÄNDERUNGEN SPEICHERN, das Bewerten ABBRECHEN, die Rückmeldung SPEICHERN UND (die) NÄCHSTE (Aufgabe) ANZEIGEN oder einfach die NÄCHSTE Aufgabe anzeigen, ohne zu speichern.

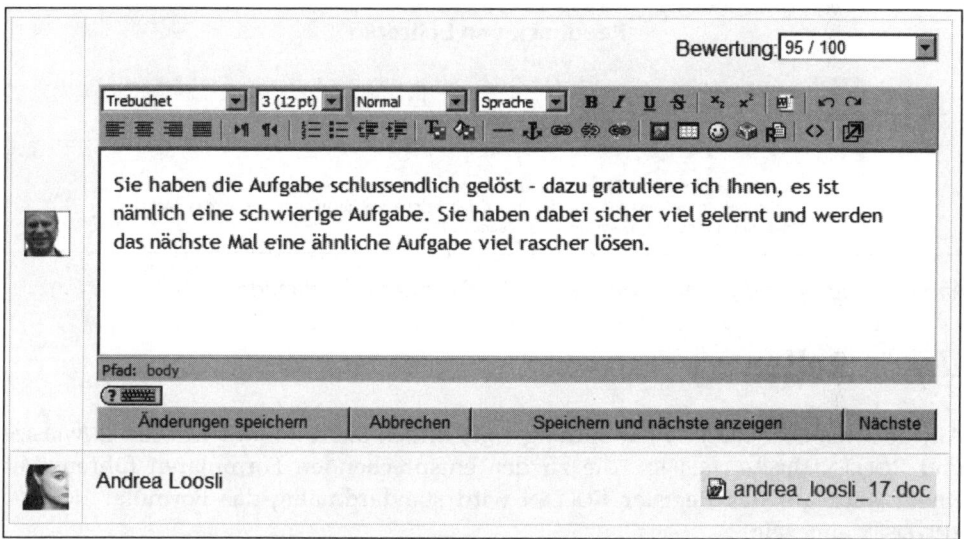

Abbildung 18.14: Das Formular Rückmeldung

18.4 Bewertung lesen

Bei jeder Variante können die Teilnehmenden den Kommentar und die Bewertung lesen. Mit einem Klick auf den Link AUFGABE auf der Kursseite öffnet sich das Formular AUFGABE (Abbildung 18.15). Dieses zeigt den Aufgaben-Text, die Termine, den eigenen Text (nur bei der Variante ONLINE-AKTIVITÄT) und das Feedback des Trainers.

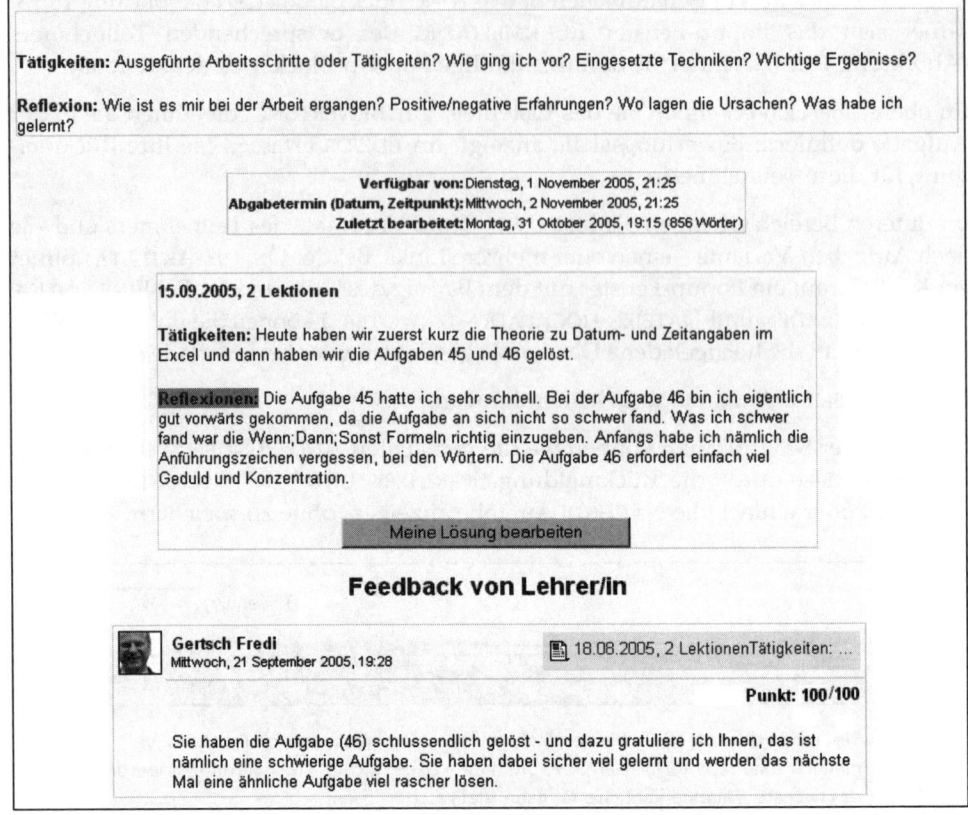

Tätigkeiten: Ausgeführte Arbeitsschritte oder Tätigkeiten? Wie ging ich vor? Eingesetzte Techniken? Wichtige Ergebnisse?

Reflexion: Wie ist es mir bei der Arbeit ergangen? Positive/negative Erfahrungen? Wo lagen die Ursachen? Was habe ich gelernt?

Verfügbar von: Dienstag, 1 November 2005, 21:25
Abgabetermin (Datum, Zeitpunkt): Mittwoch, 2 November 2005, 21:25
Zuletzt bearbeitet: Montag, 31 Oktober 2005, 19:15 (856 Wörter)

15.09.2005, 2 Lektionen

Tätigkeiten: Heute haben wir zuerst kurz die Theorie zu Datum- und Zeitangaben im Excel und dann haben wir die Aufgaben 45 und 46 gelöst.

Reflexionen: Die Aufgabe 45 hatte ich sehr schnell. Bei der Aufgabe 46 bin ich eigentlich gut vorwärts gekommen, da die Aufgabe an sich nicht so schwer fand. Was ich schwer fand war die Wenn;Dann;Sonst Formeln richtig einzugeben. Anfangs habe ich nämlich die Anführungszeichen vergessen, bei den Wörtern. Die Aufgabe 46 erfordert einfach viel Geduld und Konzentration.

Meine Lösung bearbeiten

Feedback von Lehrer/in

Gertsch Fredi
Mittwoch, 21 September 2005, 19:28   18.08.2005, 2 LektionenTätigkeiten: ...

Punkt: 100/100

Sie haben die Aufgabe (46) schlussendlich gelöst - und dazu gratuliere ich Ihnen, das ist nämlich eine schwierige Aufgabe. Sie haben dabei sicher viel gelernt und werden das nächste Mal eine ähnliche Aufgabe viel rascher lösen.

Abbildung 18.15: Bewertete Aufgabe aus der Sicht der Teilnehmerin

18.5   Rollen

Auf dem Register ROLLEN (Abbildung 18.1) finden Sie die Links ROLLEN ZUWEISEN und ROLLEN ÜBERSCHREIBEN, die zu den entsprechenden Formularen führen. Mit einem Klick auf das Register ROLLEN wird standardmäßig das Formular ROLLEN ZUWEISEN angezeigt.

18.5.1   Rollen zuweisen

Auf dem Formular ROLLEN ZUWEISEN werden alle zur Verfügung stehenden Rollen mit einer Beschreibung angezeigt – hier die Basisrollen (Abbildung 18.16). Als KURS-VERWALTER oder TRAINER sind Sie berechtigt, dem Kontext FORUM Rollen zuzuweisen. Lesen Sie mehr dazu in Kapitel 11, *Rollen*.

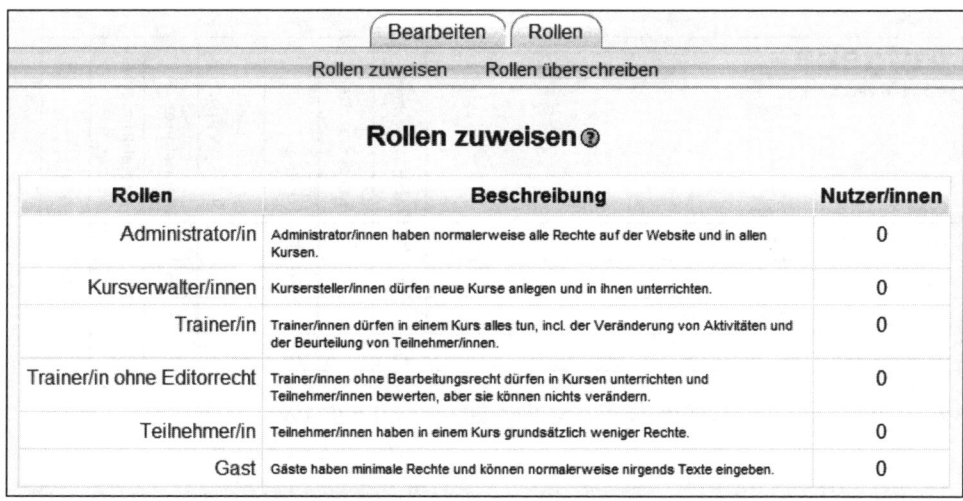

Abbildung 18.16: Formular Rollen zuweisen

18.5.2 Rollen überschreiben

Mit einem Klick auf den Link ROLLEN ÜBERSCHREIBEN wird das entsprechende Formular angezeigt (Abbildung 18.17). Der ADMINISTRATOR darf als einzige Basisrolle ROLLEN ÜBERSCHREIBEN. Lesen Sie mehr dazu in Kapitel 11, *Rollen*.

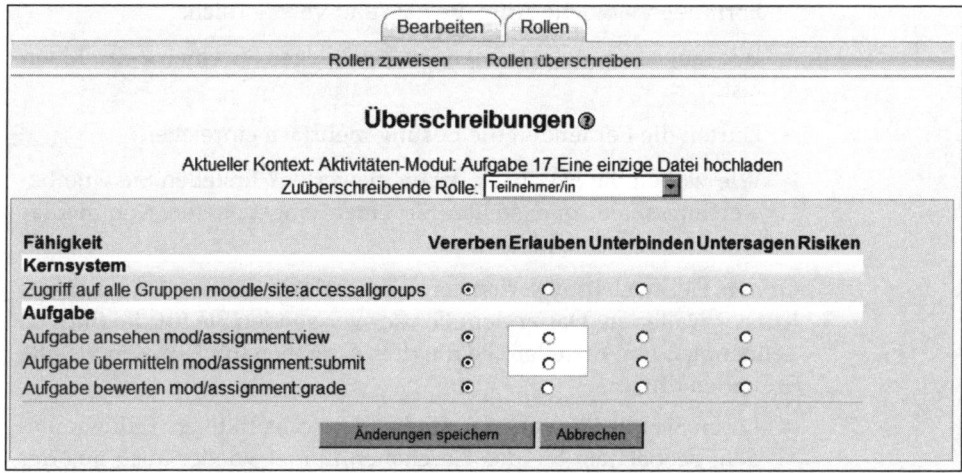

Abbildung 18.17: Zugriffsrechte der Basisrolle Teilnehmer/in in den Augfaben

Die nachstehende Tabelle zeigt, welche Fähigkeiten den BASISROLLEN im KONTEXT AUFGABE erlaubt sind (Abbildung 18.18).

Aufgabe Fähigkeiten	Administrator	Kursverwalter	Trainer	Trainer ohne Editorrecht	Teilnehmer	Authentifizierte Nutzer	Gast
Zugriff auf alle Gruppen	✖		✖	✖			
Aufgabe ansehen	✖		✖	✖	✖		✖
Aufgabe übermitteln					✖		
Aufgabe bewerten	✖		✖	✖			

Abbildung 18.18: Die Rechte der Basisrollen im Kontext Aufgabe

Übung 39

Aufgabe über Aufgabe

Voraussetzung: Neuer Kurs mit sechs fiktiven Teilnehmenden.

Nehmen Sie ein A4-Blatt, und teilen Sie es in drei gleich große Bereiche, die Sie mit OFFLINE-AKTIVITÄT, ONLINE-AKTIVITÄT und EINE EINZIGE DATEI HOCHLADEN überschreiben. Zuerst die Kopfarbeit: Notieren Sie für jede Variante der AUFGABE eine realistische Einsatzmöglichkeit für Ihre Lehrsituation:

▪ Formulieren Sie die Aufgabe klar und verständlich.

▪ Wie lange haben die Lernenden Zeit? Legen Sie einen Zeitrahmen fest.

▪ Dürfen die Lernenden die Lösung mehrfach einreichen?

▪ Wie wollen Sie Feedback geben, bewerten? Erstellen Sie eine Bewertungsskala, und stellen Sie einen eingebetteten Kommentar ein.

Öffnen Sie zwei Browserfenster, und melden Sie sich im einen als Kursverwalter an. Das andere Fenster verwenden Sie für die fiktiven Teilnehmenden. Erstellen Sie die drei Aufgaben, und spielen Sie alle Szenarien durch:

▪ Lösen Sie alle Aufgaben für jeden der sechs fiktiven Teilnehmenden; beobachten Sie das Geschehen immer wieder auch aus der Sicht des Trainers. Wechseln Sie dazu in den Browser des Kursverwalters, und klicken Sie auf AKTUALISIEREN.

▪ Sichten und bewerten Sie jetzt die Lösungen der Teilnehmenden. Nehmen Sie die Gelegenheit wahr, und üben Sie das Feedback – schreiben Sie nicht nur bla, bla, bla!

> ▩ Schlüpfen Sie noch einmal in die Rolle des fiktiven Teilnehmers, und schauen Sie sich Ihre eigene Rückmeldung an. Wie kommt sie an? Sind Sie als Teilnehmer motiviert für die weitere Arbeit? Hilft Ihnen die konstruktive Kritik bei der weiteren Lernarbeit?

Proben Sie zum Abschluss dieses Kapitels eine mündliche Variante des Feedback, und üben Sie, selbst eine Rückmeldung entgegenzunehmen. Gehen Sie jetzt zu Partnerin oder Partner, Ihrem Sohn, Ihrer Mutter, zum Wohnungsnachbarn oder Chef. Und fragen Sie beispielsweise, wie Ihre morgendliche Begrüßung rüberkommt. Falls Ihre Frage Stirnrunzeln auslöst, haken Sie nach: Die Angepeilten können ja nicht wissen, dass vor ihnen ein Moodler steht, der zu reinen Übungszwecken eine taktvolle, aber doch sehr persönliche Antwort haben muss! Haken Sie also nach, bis Sie erfahren, wie Sie morgens um sieben auf Ihr Gegenüber wirken. Im besten Fall lernen Sie aus seiner Antwort, wie Sie auf Einträge Ihrer Kursteilnehmenden reagieren können. (Übrigens: Gehen Sie doch einfach mal früher schlafen, damit Sie samt morgendlichem Gruß frisch-fröhlich daherkommen …)

Haben Ihre Mitmenschen Ihnen eine Lektion erteilt? So oder so – lesen Sie bitte weiter in Kapitel 19, *Lektion*.

19 Lektion – Unterricht nach Programm

Mit dem Hinzufügen der Lernaktivität LEKTION im Kursraum steht erst das Gefäß bereit. Wie die Lektion ablaufen soll, definieren Sie nachträglich, indem Sie mit den Elementen FRAGESEITE, VERZWEIGUNGSSEITE und CLUSTER den Ablauf festlegen. Im ersten Teil lernen Sie die einzelnen Elemente und deren Einstellungen kennen. Im zweiten Teil erfahren Sie an Beispielen, wie Sie eine Lektion entwickeln.

Lesen Sie erst einmal zügig den ersten Teil, und wundern Sie sich nicht, wenn Sie nicht auf Anhieb alles begreifen. Es kann sein, dass Sie die Elemente erst beim Lesen des Abschnitts 19.9, *Lektion entwickeln*, verstehen werden. Oder dass Sie beim Lesen dieses Teils wieder zurückblättern in die Beschreibung der Elemente am Anfang dieses Kapitels. Die LEKTION ist eine sehr komplexe Lernaktivität, deren detaillierte Funktionsweise Sie wahrscheinlich erst nach einem iterativen Lernprozess durchschauen werden.

19.1 Lektion hinzufügen und bearbeiten

Setzen Sie den Kurs in den **Bearbeitungsmodus**, und klicken Sie im Listenfeld AKTIVITÄT ANLEGEN auf LEKTION. Es öffnet sich das Formular BEARBEITE LEKTION mit dem Titel FÜGE LEKTION ZU THEMA # HINZU. Wenn Sie ein bestehendes Forum bearbeiten, erscheint das Formular auf dem Register BEARBEITEN mit dem Titel BEARBEITE LEKTION IN THEMA #, und zusätzlich wird das Register ROLLEN angezeigt (Abbildung 19.1).

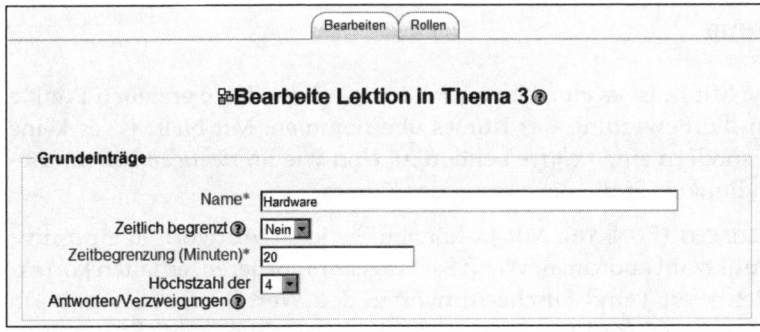

Abbildung 19.1: Abschnitt Grundeinträge

19.1.1 Grundeinträge

- NAME: Das ist der Name der Lektion, der als Link auf der Kursseite erscheint.

- ZEITLICH FESTGELEGT: Mit JA hat der Teilnehmer zur Bearbeitung der Lektion nur die in ZEITBEGRENZUNG (MINUTEN) definierte Zeit zur Verfügung. Ein Zähler zeigt ihm die noch verbleibende Zeit an. Ist diese abgelaufen, wird der Teilnehmer zwar nicht ausgesperrt, aber die Antworten werden nicht mehr gezählt. Mit NEIN besteht keine Zeitbegrenzung.

- ZEITBEGRENZUNG (MINUTEN): Zeitlimit in Minuten. Wenn Sie die Lektion als Lernkontrolle oder Prüfungsinstrument einsetzen, kann ein Zeitlimit durchaus sinnvoll sein.

- HÖCHSTZAHL DER ANTWORTEN/VERZWEIGUNGEN: Legen Sie hier fest, wie viele Antwortvorgaben es in dieser Lektion bei einer FRAGESEITE maximal gibt. Wenn Sie beispielsweise in dieser Lektion nur Richtig/Falsch-Fragen verwenden, stellen Sie den Wert »zwei« ein für Richtig und Falsch. Dieser Wert legt auch die maximale Anzahl an Verzweigungen in einer VERZWEIGUNGSSEITE fest. Es ist ungefährlich, diesen Wert in einer Lektion mit bestehendem Inhalt zu ändern, weil er nur als Vorgabe für die Anzahl der anzuzeigenden Eingabefelder dient. Bereits erfasste Einträge gehen bei einem kleineren Vorgabewert nicht verloren und werden auch immer angezeigt.

> **Tipp**
>
> **Höchstzahl der Antworten/Verzweigungen laufend anpassen**
>
> Passen Sie diesen Wert laufend Ihren Bedürfnissen an. Wenn Sie eine Frageseite mit 12 Fragen oder eine Verzweigungsseite mit 15 Verzweigungen hinzufügen wollen, erhöhen Sie diesen Wert kurzfristig auf die entsprechende Zahl. Sobald Sie diese »ungewöhnliche« Frage oder Verzweigungsseite hinzugefügt haben, setzen Sie diesen Wert wieder auf den normalen kleineren Wert zurück. Der Vorgabewert beträgt übrigens vier und bewährt sich in den meisten Fällen.

19.1.2 Bewertung

- ÜBUNGSLEKTION: Mit JA ist es eine Übungslektion, und die dabei erzielten Punkte werden nicht in die Bewertung des Kurses übernommen. Mit NEIN ist es keine Übungslektion, sondern eine *richtige* Lektion ;-). Und wie im *richtigen* Leben, zählen die erzielten Punkte für die Bewertung des Kurses.

- STANDARDBEWERTUNG (PUNKTE): Mit JA können Sie jeder Antwort eine positive oder negative Punktzahl zuordnen. Wenn Sie Fragen importieren, erhalten korrekte Antworten den Wert 1 und falsche Antworten den Wert 0 zugewiesen. Nach dem Import können Sie diese Werte anpassen. Mit NEIN gibt es keine Bewertung.

Sie können diese Option ohne Weiteres wechseln, die bei den Antworten bereits erfassten Punkte gehen dabei nicht verloren.

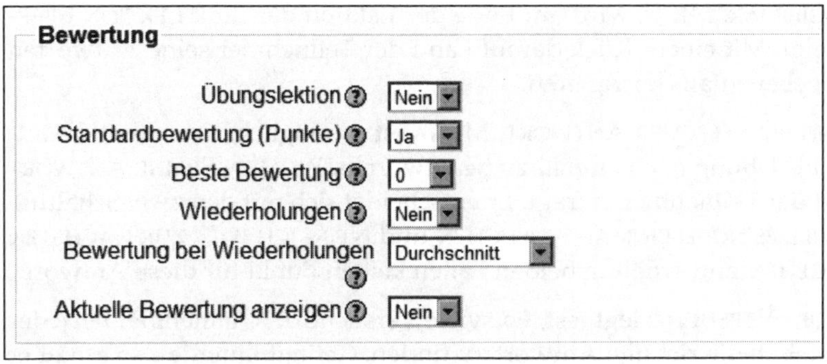

Abbildung 19.2: Abschnitt Bewertung

- BESTE BEWERTUNG: Hier legen Sie die Höchstpunktzahl fest, die für die Bearbeitung dieser Lektion möglich ist. Mit dem voreingestellten Wert 0 werden die Punkte nicht in die Bewertung des Kurses übernommen. Die bei den Antworten erzielten Punkte werden auf diese BESTE NOTE umgerechnet.

- WIEDERHOLUNGEN: Mit JA kann der Teilnehmer die Lektion wiederholt bearbeiten. Unterbricht der Teilnehmer die Arbeit mitten in der Lektion, kann er bestimmen, ob er beim nächsten Versuch an derselben Stelle fortfahren oder wieder am Anfang beginnen will. Mit NEIN kann der Teilnehmer die Lektion nur einmal bearbeiten. Das ist sinnvoll, wenn die Lektion als Prüfung absolviert wird.

- BEWERTUNG BEI WIEDERHOLUNGEN: DURCHSCHNITT oder BESTER VERSUCH. Hier bestimmen Sie, wie die Benotung in der Bewertung angezeigt wird. Diese Einstellung können Sie jederzeit ändern.

- AKTUELLE BEWERTUNG ANZEIGEN: Mit JA wird dem Teilnehmer während der Bearbeitung der aktuelle Punktestand angezeigt, mit NEIN nicht.

19.1.3 Ablaufkontrolle

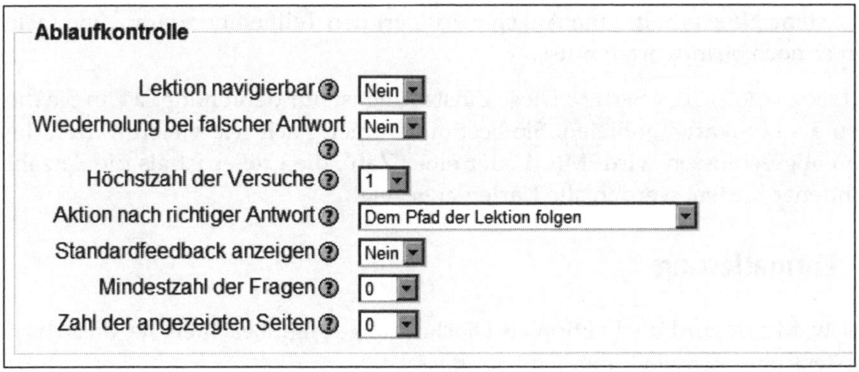

Abbildung 19.3: Abschnitt Ablaufkontrolle

- LEKTION NAVIGIERBAR: Mit JA wird am Ende der Lektion der Link LEKTION ÜBER-PRÜFEN angezeigt. Mit einem Klick darauf kann der Teilnehmer seine Antworten prüfen und gegebenenfalls korrigieren.

- WIEDERHOLUNG BEI FALSCHER ANTWORT: Mit JA ist es möglich, eine falsch beant-wortete Frage als Übung noch einmal zu beantworten. WOLLEN SIE DIE ANTWORT ERRATEN? wird der Teilnehmer gefragt. Er entscheidet sich mit den zwei Schaltflä-chen JA, ICH WILL ES NOCH EINMAL VERSUCHEN und NEIN, ICH WILL ZUR NÄCHSTEN FRAGE WEITERGEHEN und erhält in beiden Fällen keinen Punkt für diese Antwort.

- HÖCHSTZAHL DER VERSUCHE: legt fest, wie viele Versuche der Teilnehmer bei jeder einzelnen Frage hat, die richtige Antwort zu finden. Gelingt ihm dies, so erhält er die vorgesehene Punktzahl, andernfalls geht es ohne Punkte weiter zur nächsten Seite.

- AKTION NACH RICHTIGER ANTWORT: DEM PFAD DER LEKTION FOLGEN wird in den meisten Fällen die richtige Einstellung sein: Die nächste Seite der Lektion wird an-gezeigt.

  Zwei weitere Optionen ermöglichen es, die Lektion als Lernkartei zu nutzen, die dem Teilnehmer die Fragen zufällig vorlegt. Es gibt also keinen definierten Anfang und kein festgelegtes Ende der Lektion. NOCH NICHT ANGEZEIGTE SEITE ANZEIGEN achtet darauf, keine Seite doppelt anzuzeigen, auch wenn der Teilnehmer die Frage falsch beantwortet hat. NOCH NICHT BEANTWORTETE SEIE ANZEIGEN wählt aus den Seiten aus, die der Teilnehmer noch nicht oder falsch beantwortet hat. Die Anzahl der Karten bestimmen Sie in ANZAHL DER ANGEZEIGTEN SEITEN (KARTEN).

- STANDARDFEEDBACK ANZEIGEN: Mit JA wird die Standardrückmeldung (Rich-tig/Falsch) angezeigt, mit NEIN wird keine Rückmeldung angezeigt. Diese Ein-stellung hat keine Auswirkung, wenn Sie bei einer Frage eine individuelle Rückmeldung erfasst haben. Solche Feedbacks werden immer angezeigt.

- MINDESTZAHL DER FRAGEN: Es kann sein, dass der Teilnehmer nicht alle Fragen Ih-rer Lektion durcharbeiten muss oder die Lektion an bestimmten Stellen unterbre-chen kann. Hier legen Sie fest, wie viele Fragen der Teilnehmer beantworten muss, damit er eine Note erhält. Eine Anzeige erinnert den Teilnehmer daran, wie viele Fragen er noch beantworten muss.

- ZAHL DER ANGEZEIGTEN SEITEN: Diese Einstellung ist nur dann nötig, wenn Sie die Lektion als Lernkartei anbieten. Sie bestimmen hier, nach wie vielen Karten die Lektion abgeschlossen wird. Mit 0 oder einer Zahl, die größer ist als die Anzahl vorhandener Karten, werden alle Karten angezeigt.

19.1.4 Formatierung

- DIASHOW: Mit JA wird die Lektion als Diashow angezeigt. Beachten Sie, dass dazu mindestens eine Verzweigungsseite nötig ist.

- DIASHOW BREITE: legt die Breite des Fensters für die Anzeige fest.

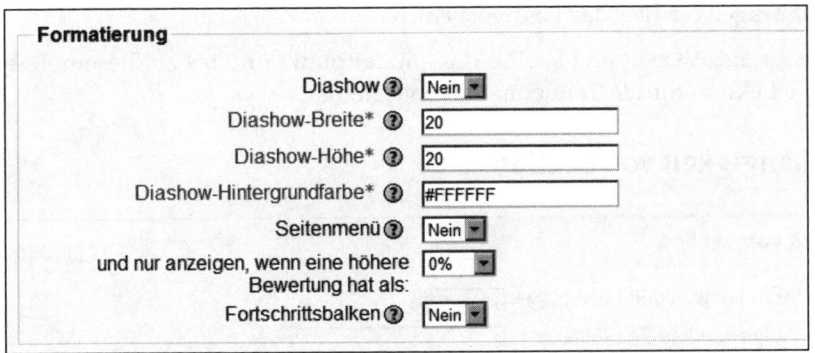

Abbildung 19.4: Abschnitt Formatierung

■ DIASHOW-HÖHE: legt die Höhe des Fensters für die Anzeige fest.

■ DIASHOW HINTERGRUNDFARBE: legt die Hintergrundfarbe fest. Verwenden Sie dazu die HTML-Farbcodes. Lesen Sie mehr dazu auf der Seite *http://de.wikipedia.org/wiki/HTML-Farbcodes*

■ SEITENMENÜ: Mit JA wird am linken Rand ein Seitenmenü mit der Liste aller Verzweigungsseiten angezeigt.

■ UND NUR ANZEIGEN, WENN (der Teilnehmer) EINE HÖHERE BEWERTUNG HAT ALS: Wenn Sie einen größeren Wert als 0% wählen, wird das SEITENMENÜ erst angezeigt, wenn der Teilnehmer die eingestellte Bewertung erreicht hat. Damit können Sie die Teilnehmenden zwingen, diesen Lektionsteil bis zum Erreichen der vorgegebenen Bewertung durchzuarbeiten, bevor sie in einen nächsten Teil weiterspringen.

■ FORTSCHRITTSBALKEN: Mit JA wird unterhalb der Lektion ein Fortschrittsbalken eingeblendet, der Auskunft darüber gibt, wie viel von der Lektion bereits bearbeitet wurde.

19.1.5 Zugriffskontrolle

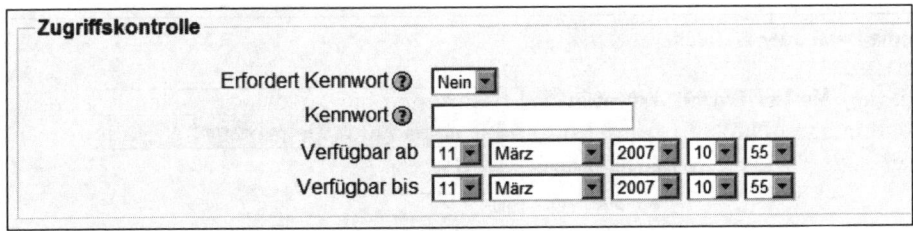

Abbildung 19.5: Abschnitt Zugriffskontrolle

■ ERFORDERT KENNWORT: Mit JA ist das in KENNWORT definierte Passwort aktiviert, mit NEIN ist es nicht wirksam. (Vielleicht wird hier einmal die einfachere Version, wie sie im Test implementiert ist, übernommen ;-).)

■ KENNWORT: Tragen Sie hier das Passwort ein.

■ VERFÜGBAR AB und VERFÜGBAR BIS: Ab diesem Zeitpunkt und bis zu diesem Zeitpunkt ist die Lektion für die Teilnehmenden verfügbar.

19.1.6   Abhängigkeit von Lektion

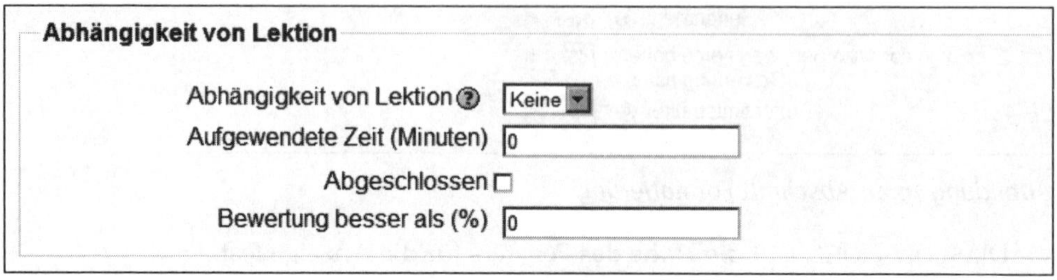

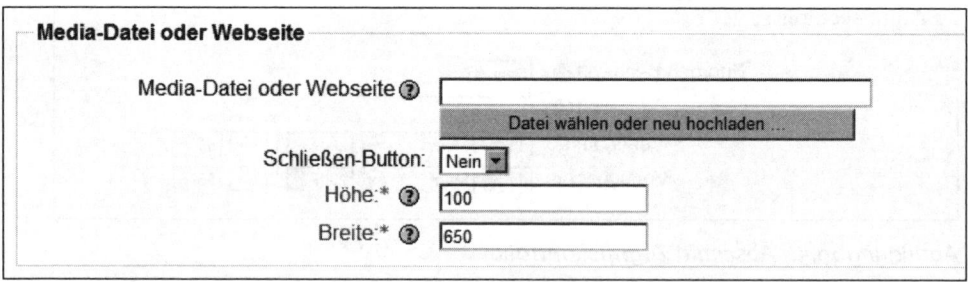

Abbildung 19.6: Abschnitt Abhängigkeit von Lektion

■ ABHÄNGIGKEIT VON LEKTION: Diese Einstellung ermöglicht es, den Zugriff auf diese Lektion von Leistungen abhängig zu machen, die der Teilnehmer in einer anderen Lektion erbracht hat. Das Listenfeld zeigt alle Lektionen, die im aktuellen Kurs vorhanden sind. Hat der Teilnehmer in der gewählten Lektion die nachstehenden Bedingungen nicht erfüllt, bleibt ihm der Zugang verwehrt.

■ AUFGEWENDETE ZEIT (MINUTEN): Der Teilnehmer muss die andere Lektion mindestens innerhalb der hier angegebenen Zeit bearbeitet haben.

■ ABGESCHLOSSEN: Ist dieses Auswahlkästchen markiert, muss der Teilnehmer die andere Lektion VOLLSTÄNDIG abgeschlossen haben.

■ BEWERTUNG BESSER ALS (%): Die Bewertung der anderen Lektion muss besser sein als der hier eingetragene Wert.

19.1.7   Media-Datei oder Webseite

Abbildung 19.7: Abschnitt Media-Datei oder Webseite

- MEDIA-DATEI ODER WEBSEITE: Diese Option ermöglicht es, zu Beginn einer Lektion ein Popup-Fenster mit einer Media-Datei (beispielsweise einer mp3-Datei) oder Webseite zu öffnen. Auf jeder Seite der Lektion wird ein Link angezeigt, um das Fenster bei Bedarf erneut zu öffnen. Geben Sie die URL der gewünschten Webseite im Eingabefeld ein. Mit einem Klick auf DATEI WÄHLEN ODER NEU HOCHLADEN können Sie in einem Popup-Fenster, das die Dateien dieses Kurses anzeigt, die DATEI WÄHLEN ODER NEU HOCHLADEN.

- SCHLIESSEN-BUTTON: Mit JA wird im Popup-Fenster der Media-Datei oder der Webseite ein Schließen angezeigt.

- HÖHE/BREITE: des Popup-Fensters.

19.1.8 Weitere Einstellungen

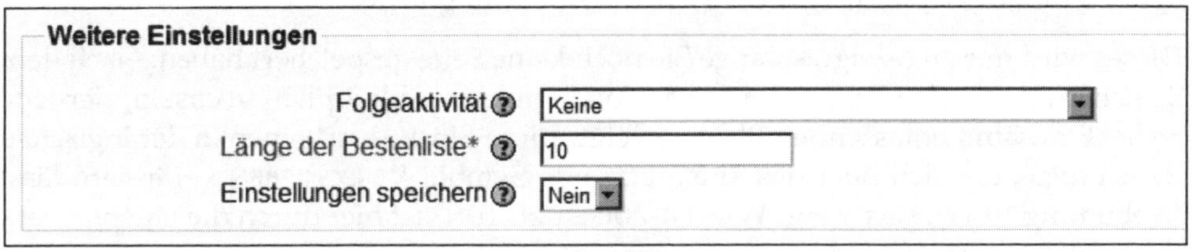

Abbildung 19.8: Abschnitt Weitere Einstellungen

- FOLGEAKTIVITÄT: Das Listenfeld zeigt alle Aktivitäten dieses Kurses. Wenn Sie eine auswählen, wird ein Link darauf am Ende der Lektion angezeigt.

- LÄNGE DER BESTENLISTE*: legt fest, wie viele Teilnehmende sich in der Bestenliste eintragen können.

- EINSTELLUNGEN SPEICHERN: Mit JA übernimmt Moodle die Einstellungen dieser Lektion als Vorgabe für neue Lektionen.

19.1.9 Weitere Modul-Einstellungen

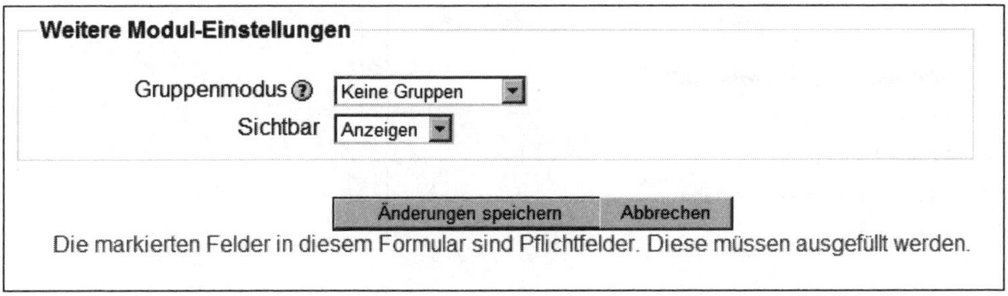

Abbildung 19.9: Abschnitt Weitere Modul-Einstellungen

- GRUPPENMODUS: Mit JA ist der Gruppenmodus für diese Aktivität aktiviert, mit NEIN nicht. Lesen Sie mehr dazu in Kapitel 9, *Gruppen*.

- SICHTBAR: Listenfeld mit den Optionen ANZEIGEN und VERBERGEN.

Sie können über die Schaltflächen die im Formular BEARBEITE LEKTION vorgenommenen ÄNDERUNGEN SPEICHERN oder die Bearbeitung ABBRECHEN.

19.2 Ablaufplan

Nachdem Sie eine Lektion hinzugefügt haben, können die Teilnehmenden damit noch nichts anfangen. Es handelt sich um eine leere Hülle, die den Ablaufplan der Lektion aufnehmen wird. Diesen definieren Sie mit den Elementen FRAGESEITE, VER-ZWEIGUNGSSEITE und CLUSTER. Die Entwicklung einer Lektion beginnt immer mit dem Menü WAS WOLLEN SIE ZUERST TUN? (Abbildung 19.10).

Dieses wird nur angezeigt, solange Sie noch keine Seite gespeichert haben. Nach dem Speichern der ersten Frageseite wird Moodle in den Ablaufplan wechseln, der jede Seite als zusammenfassenden Block anzeigt. Diese Blöcke erscheinen in der logischen Reihenfolge, die sich über das entsprechende Symbol VERSCHIEBEN verändern lässt (Abbildung 19.11). Das Menü WAS IST ZUERST ZU TUN? ist hier durch die entsprechenden Links vor und nach dem Block integriert.

Mit einem Klick auf den Link KURZFORM werden die Lektionselemente in einer zusammenfassenden, kürzeren Liste dargestellt (Abbildung 19.12). Mit einem Klick auf den Link ERWEITERT werden die Elemente wieder vollständig angezeigt (Abbildung 19.11).

Sie werden gar nichts in diesem Menü tun! ;-) Lernen Sie die Elemente zuerst theoretisch kennen (Abschnitt 19.5, *Frageseite einfügen*, Abschnitt 19.6, *Verzweigungsseite einfügen*, und Abschnitt 19.7, *Cluster hinzufügen*), bevor Sie praktisch arbeiten (Abschnitt 19.9, *Lektion entwickeln*).

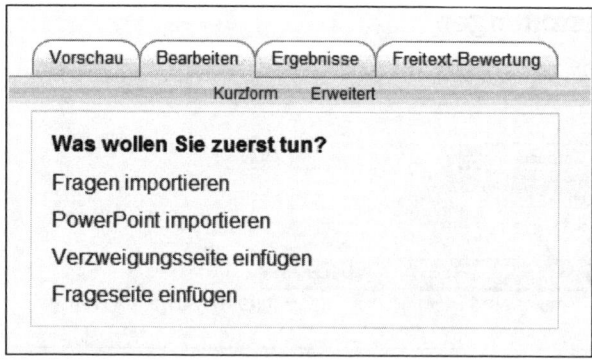

Abbildung 19.10: Mit diesem Menü beginnt die Entwicklung der Lektion.

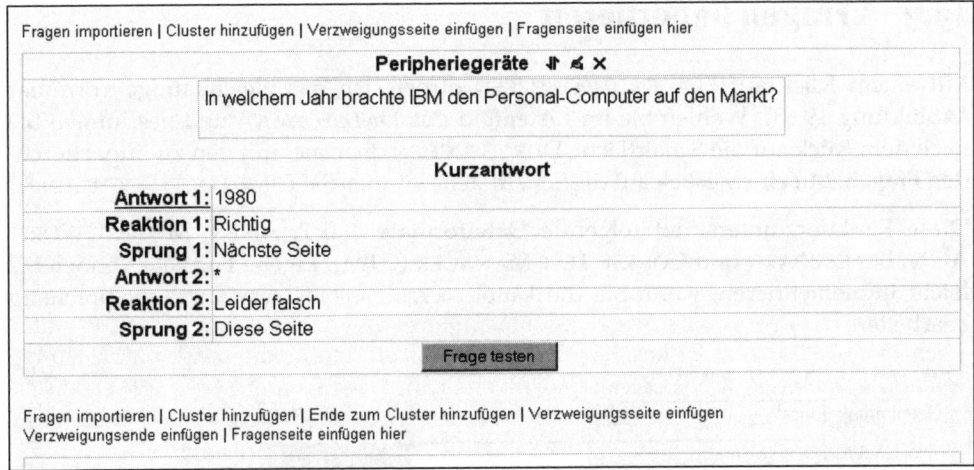

Abbildung 19.11: Eine Frageseite als zusammenfassender Block im Ablaufplan

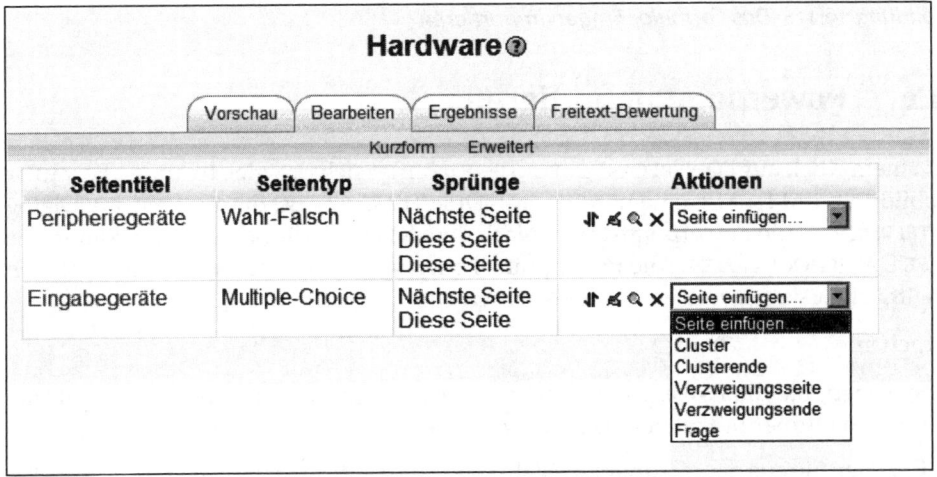

Abbildung 19.12: Die Lektionselemente in Kurzform angezeigt

> **Tipp**
>
> **Im Zweifelsfall aktualisieren**
>
> Es kann vorkommen, dass beim wiederholten Editieren einer Frage-
> seite das Editor-Feld für INHALT DER SEITE nicht angezeigt wird. Kli-
> cken Sie im Browser auf AKTUALISIEREN, und das Eingabefeld
> erscheint wieder.

19.3   Fragen importieren

Mit einem Klick auf FRAGEN IMPORTIEREN öffnet sich das gleichnamige Formular (Abbildung 19.13). Wählen Sie im Listenfeld das DATEIFORMAT, und bestimmen Sie nach dem Klick auf die Schaltfläche DURCHSUCHEN die Datei mit den zu importieren-den Fragen. Mit einem Klick auf die Schaltfläche können Sie DIESE DATEI HOCHLADEN.

Diese Funktion unterstützt folgende Dateiformate: GIFT, AIKEN, MISSING WORD, AON, BLACKBOARD und COURSE TEST MANAGER (CTM). Eigene Formate können Sie leicht implementieren, wenn Sie die Datei `mod/quiz/format/custom.php` entsprechend bearbeiten.

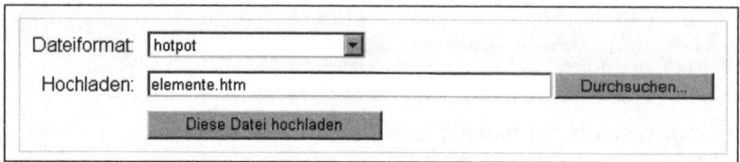

Abbildung 19.13: Das Formular Fragen importieren

19.4   Powerpoint importieren

Mit einem Klick auf POWERPOINT IMPORTIEREN öffnet sich das gleichnamige Formular (Abbildung 19.14). Mit einem Klick auf DURCHSUCHEN bestimmen Sie im Dialog DATEI WÄHLEN die Powerpoint-Datei. Nach dem Klick auf die Schaltfläche können Sie DIESE DATEI HOCHLADEN. Alle Powerpoint-Folien werden als Verzweigungen mit den Schaltflächen VORHERIGE und NÄCHSTE importiert.

Vorgehen:

■ Speichern Sie die Powerpoint-Datei als Webseite. Dabei entstehen eine htm-Datei und ein Ordner mit allen Folien als Webseiten.

■ Erstellen Sie aus dem Ordner eine ZIP-Datei, und laden Sie diese im Dialog POWER-POINT IMPORTIEREN hoch.

■ Wenn Ihre Folien Bilder enthalten, werden diese als Kursdateien gespeichert. Die-se werden im Ordner *moddata/NAME_DER_LEKTION_EINE_ZAHL* gespeichert. Weitere Dateien werden im Ordner */temp/lesson* gespeichert. Derzeit werden die Dateien noch nicht automatisch wieder gelöscht.

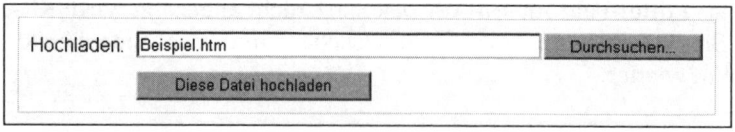

Abbildung 19.14: Das Formular Powerpoint importieren

19.5 Frageseite einfügen

Mit einem Klick auf FRAGESEITE EINFÜGEN HIER öffnet sich das entsprechende Formular (Abbildung 19.15), das zur Auswahl des Fragentyps ein Register anzeigt. Alle Register zeigen grundsätzlich das gleiche Formular an, einzig die Register ZUORDNUNG und FREITEXT weichen etwas ab.

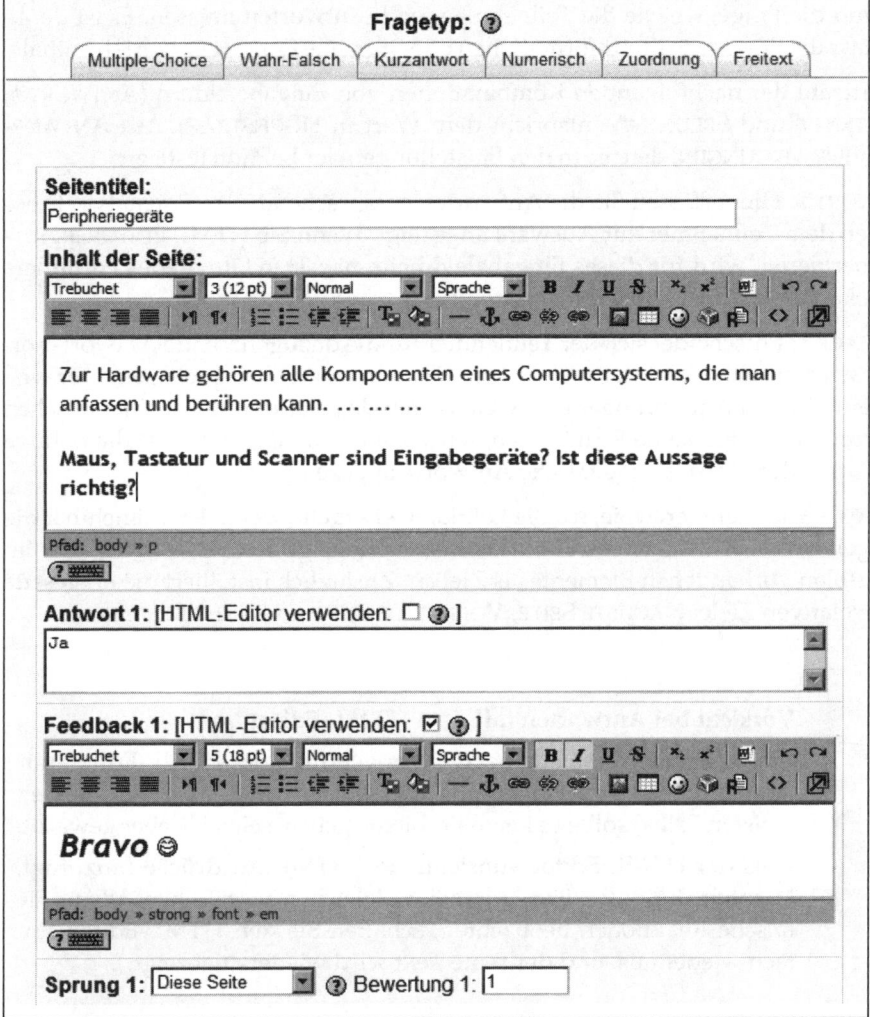

Abbildung 19.15: Das Formular Frageseite einfügen für das Register Wahr-Falsch

■ FRAGETYP: Mit Auswahl des Fragentyps bestimmen Sie die Art der Auswertung. Wenn Sie den eingegebenen Text gespeichert haben, können Sie den Fragentyp ohne Datenverlust ändern. Lesen Sie mehr dazu im Abschnitt 19.5.1, *Fragetypen*.

- SEITENTITEL: beschreibt den Inhalt der Frageseite möglichst prägnant. Der Seiten-titel wird bei der Anzeige der Frageseite als Titel verwendet, aber auch als Sprung-ziel im Listenfeld SPRUNG #. Falls Sie von einer anderen Stelle im Ablaufplan auf diese Frageseite springen wollen, müssten Sie im Listenfeld diesen Seitentitel aus-wählen. Sie sollten deshalb darauf achten, für die Seitentitel einmalige Bezeichnun-gen zu verwenden.

- INHALT DER SEITE: Hier formulieren Sie die Informationen, die Sie vermitteln wol-len, und die Frage, welche die Teilnehmenden beantworten müssen. Es ist denk-bar, dass die Frageseite nur Informationen oder nur eine Frage (Lernkartei) enthält.

  Die Anzahl der nachfolgenden Kombinationen von Eingabefeldern (ANTWORT #, REAKTION # und SPRUNG #) entspricht dem Wert in HÖCHSTZAHL DER ANTWOR-TEN/VERZWEIGUNGEN, den Sie in den Einstellungen der Lektion festlegen.

- ANTWORT #: Hier erfassen Sie die Antworten entsprechend dem Fragentyp. Diese werden dem Teilnehmer zur Auswahl angezeigt. Wenn Sie HTML EDITOR BENUT-ZEN markieren, wird für dieses Eingabefeld beim nächsten Öffnen des Formulars der bekannte WYSIWYG-Editor angezeigt.

- FEEDBACK #: Entscheidet sich der Teilnehmer für die dazugehörende Antwort-Vor-gabe, wird anschließend der hier erfasste Text angezeigt, beispielsweise »Bravo« bei der richtigen Antwort oder eine weitergehende Erläuterung bei einer falschen Antwort. Geben Sie keine Reaktion an, wird standardmäßig »Dies ist die richtige Antwort« oder »Dies ist eine falsche Antwort« angezeigt.

- SPRUNG #: Hier definieren Sie, wo die Lektion weitergeht, wenn der Teilnehmer die dazugehörende Antwort auswählt. Das Listenfeld zeigt den SEITENTITEL aller im Ablaufplan vorhandenen Elemente als Ziel an. Zusätzlich installiert die Frageseite diese relativen Ziele: NÄCHSTE SEITE, VORHERIGE SEITE und ENDE DER LEKTION.

Tipp

Vorsicht bei Antworten mit dem HTML-Editor

Bitte seien Sie vorsichtig bei der Verwendung des HTML-Editors für Antworten zu den Fragetypen *Kurzantwort* und *Numerisch*. In den meisten Fällen sollte es keine Probleme geben, seien Sie aber gewarnt:

Falls der HTML-Editor »unsichtbare« HTML-Ausdrücke hinzufügt, könnten diese das Ergebnis bei Vergleichen verfälschen. Wenn Sie falsche Reaktionen beobachten, schalten Sie den HTML-Editor ein-fach wieder aus, und der reine Text wird wieder angezeigt.

19.5.1 Fragetypen

Mit der Auswahl des Registers wählen Sie einen der Fragetypen, die sich aber in der Eingabemaske nicht wesentlich unterscheiden. Die Unterschiede liegen in der Aus-wertung.

Für die Bewertung muss Moodle zwischen falscher und richtiger Antwort unterscheiden können. Moodle kennt keine entsprechende Einstellung, sondern macht es sich einfach: Richtige Antworten verweisen auf eine Seite, die in der logischen Reihenfolge weiter hinten steht, beispielsweise NÄCHSTE SEITE. Falsche Antworten verweisen auf eine Seite, die in der logischen Reihenfolge weiter vorn steht, beispielsweise auf DIESE SEITE oder VORHERIGE SEITE.

Multiple Choice

Auf eine Frage erhält der Teilnehmer mehrere Antworten als Vorgabe, aus denen er die richtige auswählt (Abbildung 19.16). Das Formular enthält zusätzlich das Ausfüllkästchen MEHRERE RICHTIGE ANTWORTEN. Ist es aktiviert, kann der Teilnehmer mehrere Antworten als richtig markieren (Abbildung 19.17).

Sind mehrere richtige Antworten möglich, wird alles etwas komplizierter: Die Auswertung kennt drei Ergebnisse: **richtig**: wenn alle richtigen Antworten ausgewählt sind; **falsch**: wenn nur falsche Antworten, aber keine richtige Antwort ausgewählt sind, und **unbestimmt**: wenn richtige und falsche Antworten ausgewählt sind. Bei unbestimmtem Ergebnis wird dieselbe Seite nochmals angezeigt.

Achten Sie darauf, dass Sie bei allen richtigen Antworten im Listenfeld SPRUNG # das gleiche Ziel angeben. Das Ergebnis ist sonst unberechenbar.

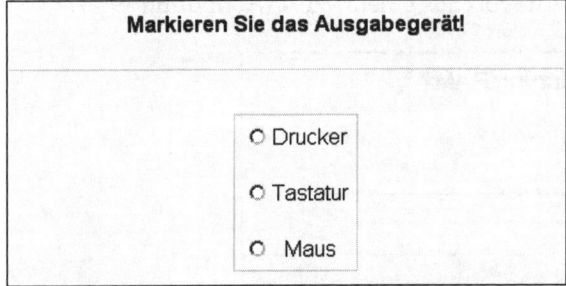

Abbildung 19.16: Beispiel für den Fragentyp Multiple-Choice, nur eine richtige Antwort

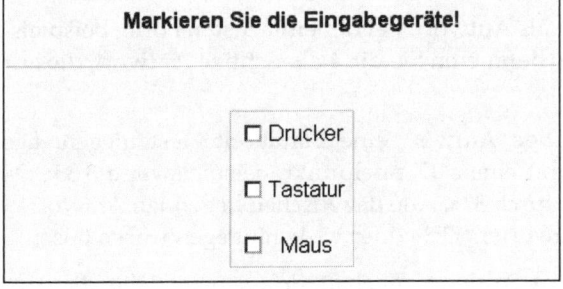

Abbildung 19.17: Beispiel für den Fragentyp Multiple-Choice mit mehreren richtigen Antworten

Wahr/Falsch

Der Teilnehmer beantwortet die Frage mit Richtig/Falsch, Wahr/Falsch oder Ja/Nein. Genau genommen ist dieser Fragentyp überflüssig, er entspricht einer Frage vom Typ MULTIPLE CHOICE, die als Antworten Richtig/Falsch vorgibt und MEHRERE RICHTIGE ANTWORTEN deaktiviert hat (Abbildung 19.18).

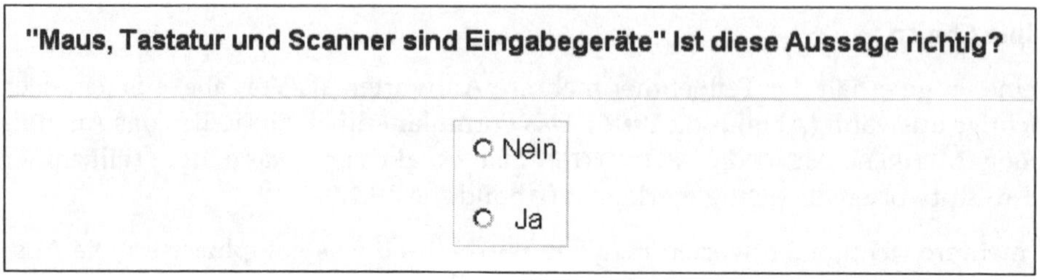

"Maus, Tastatur und Scanner sind Eingabegeräte" Ist diese Aussage richtig?

    ◯ Nein

    ◯ Ja

Abbildung 19.18: Beispiel des Fragentyps Wahr/Falsch

Kurzantwort

Der Teilnehmer beantwortet die Frage mit einer kurzen Texteingabe, die mit einer oder mehreren Vorgaben verglichen wird. Das Formular enthält zusätzlich das Ausfüllkästchen GROSS-/KLEINSCHREIBUNG BEACHTEN, das standardmäßig nicht aktiviert ist. In der Regel besteht die richtige Antwort aus einem Wort (Abbildung 19.19).

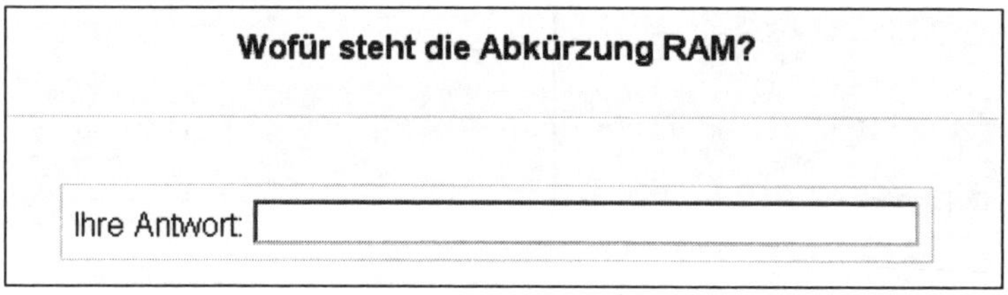

Wofür steht die Abkürzung RAM?

Ihre Antwort: [   ]

Abbildung 19.19: Beispiel für den Fragentyp Kurzantwort

Numerisch

Dieser Fragentyp erwartet eine Zahl als Antwort. Bei der einfachsten Form, beispielsweise bei der Frage »Was ist 2 + 2?«, definieren Sie die 4 als richtige Antwort, die zur nächsten Seite führt.

Manchmal ist es sinnvoll, als richtige Antwort eine Bandbreite festzulegen. Die begrenzenden Zahlen trennen Sie mit einem Doppelpunkt, beispielsweise 3.33:3.34 für die Frage »Wie viel ist 10 geteilt durch 3?«. Alle dazwischen liegenden Antworten würden als richtig bewertet, die Antworten »3.3« oder »3.4« hingegen wären falsch.

Sie können auch mehr als eine richtige Antwort angeben. Erfassen Sie dabei die Antworten in der Reihenfolge von der exakt richtigen bis zu einer noch akzeptablen Antwort. Für die Frage »Wann wurde Larkin geboren?« verwenden Sie zuerst »1922« mit der Reaktion »Das ist die richtige Antwort« und dann »1920:1929« mit der Reaktion »Das ist das richtige Jahrzehnt«.

Wenn Sie häufig vorkommende Falschberechnungen als Antwort definieren, können Sie als Reaktion entsprechende Korrektur-Hinweise geben.

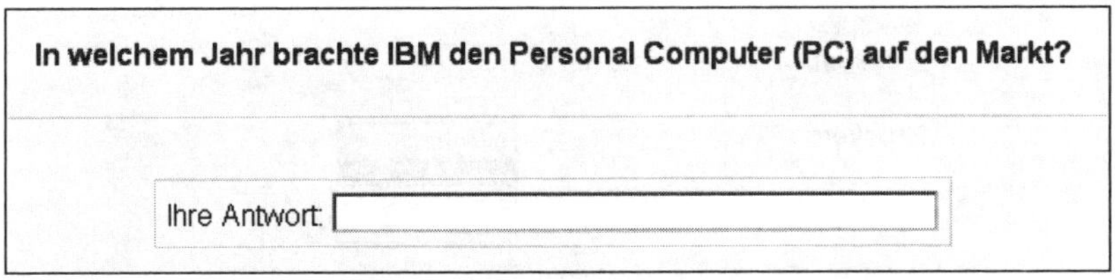

In welchem Jahr brachte IBM den Personal Computer (PC) auf den Markt?

Ihre Antwort: [   ]

Abbildung 19.20: Beispiel für den Fragentyp Numerisch

Zuordnung

Dieser Fragentyp besteht aus einer Liste von Namen oder Aussagen, die der Teilnehmer mit einer Liste von passenden Begriffen abgleichen muss, beispielsweise »Ordne die Hauptstädte den Ländern zu« mit den Listen »Kanada, Japan, Italien« und »Tokio, Ottawa, Rom«. Wenn sich die Einträge in den Listen wiederholen, müssen sie identisch geschrieben sein. Beispielsweise müssen Sie bei »Ordnen Sie die Kreaturen den Gattungen zu« die Listen »Lerche, Kuh, Ameise, Elefant« und »Vogel, Tier, Insekt, Tier« anbieten.

Die erste Liste wird als Frage angezeigt. Die zweite Liste wird neben jeder Frage in einem Listenfeld als Antwort-Vorgabe zur Auswahl angeboten (Abbildung 19.21). Wenn der Teilnehmer alle Begriffe richtig zuordnet, gilt die Frage als richtig beantwortet, andernfalls wird die gleiche Seite noch einmal angezeigt. Mit einem Klick auf die Schaltfläche ORDNEN SIE DIE OBIGEN PAARE EINANDER ZU wird die Antwort ausgewertet.

Anders als bei den Multiple-Choice-Fragen werden hier die Fragen in der eingegebenen Reihenfolge angezeigt. Sie können also geordnete Reihen einrichten, beispielsweise folgen auf »Ordnen Sie die folgenden Politiker in der Reihenfolge ihres Geburtsjahres« die Listen »1., 2., 3., 4.« Und »Sokrates, Caesar, Bismark, Napoleon«. Die zweite Liste wird vor der Anzeige gemischt, während die erste Liste in der Reihenfolge bestehen bleibt.

Das Formular ist dem Fragentyp angepasst und enthält für die Rückmeldung nur die zwei Felder FEEDBACK BEI RICHTIGER ANTWORT und FEEDBACK BEI FALSCHER ANTWORT und für die Sprünge nur die zwei Listenfelder SPRUNG BEI RICHTIGER ANTWORT und SPRUNG BEI FALSCHER ANTWORT (Abbildung 19.22).

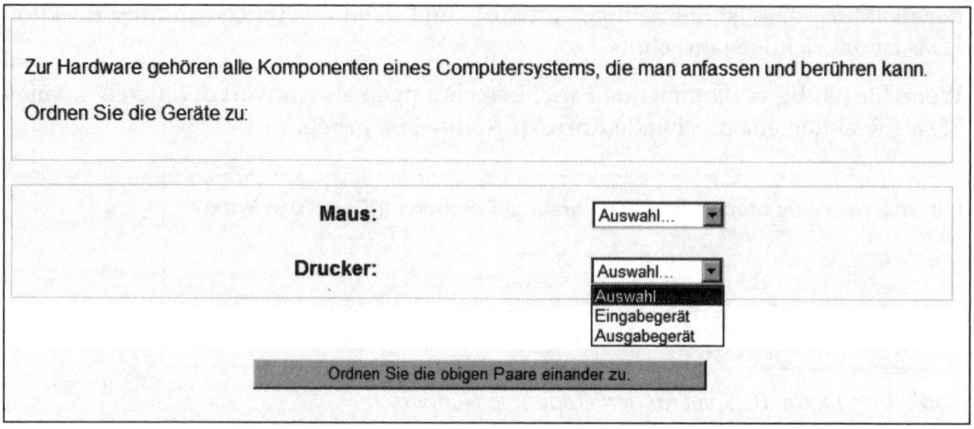

Zur Hardware gehören alle Komponenten eines Computersystems, die man anfassen und berühren kann.

Ordnen Sie die Geräte zu:

Maus:	Auswahl... ▾
Drucker:	Auswahl... ▾
	Auswahl
	Eingabegerät
	Ausgabegerät

Ordnen Sie die obigen Paare einander zu.

Abbildung 19.21: Beispiel für den Fragentyp Zuordnung

Feedback bei richtiger Antwort: [HTML-Editor verwenden: ☐ ⑦]

Bravo - alles richtig.
wtf

Feedback bei falscher Antwort: [HTML-Editor verwenden: ☐ ⑦]

Leider falsch.
wtf

Antwort 1: [HTML-Editor verwenden: ☐ ⑦]

Maus

Zugeordnete Antwort 1: [HTML-Editor verwenden: ☐ ⑦]

Eingabegerät
wtf

Sprung bei richtiger Antwort: Nächste Seite ▾ ⑦ Bewertung bei richtiger Antwort: 1

Antwort 2: [HTML-Editor verwenden: ☐ ⑦]

Drucker

Zugeordnete Antwort 2: [HTML-Editor verwenden: ☐ ⑦]

Ausgabegerät
wtf

Sprung bei falscher Antwort: Diese Seite ▾ ⑦ Bewertung bei falscher Antwort: 1

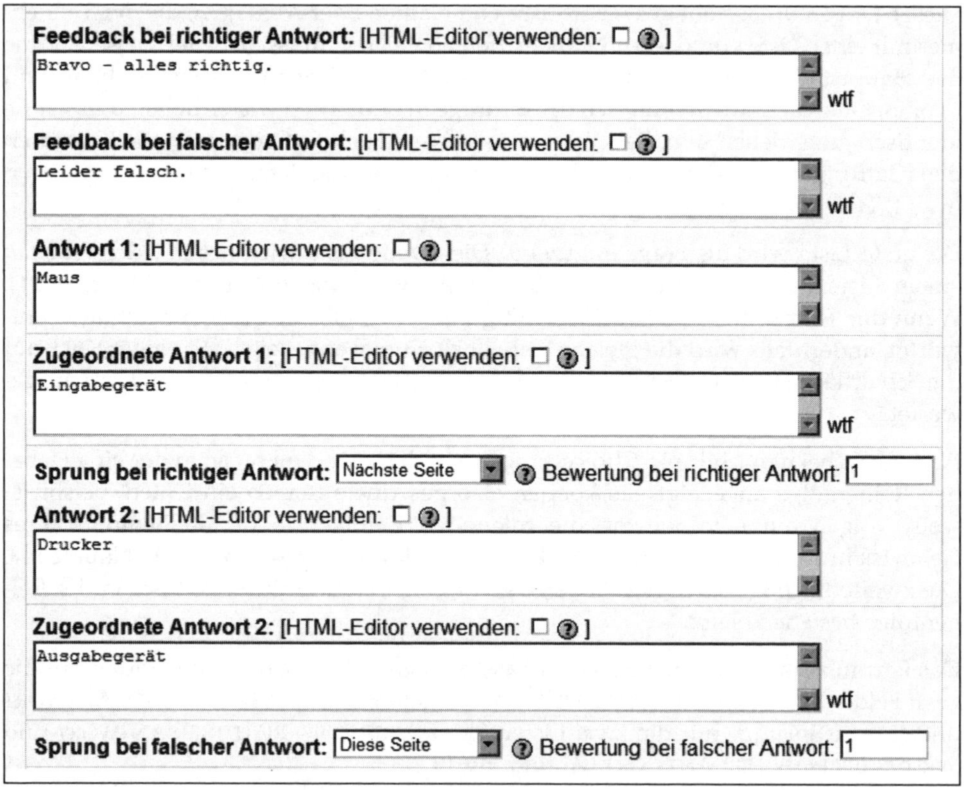

Abbildung 19.22: Das Formular für den Fragentyp Zuordnung

Text

Den Fragentyp Text verwenden Sie, wenn Sie eine Seite ohne Frage, nur mit Informationen anzeigen wollen. Der Teilnehmer liest den Text, und mit einem Klick auf die Schaltfläche WEITER gelangt er zur nächsten Seite in der logischen Reihenfolge.

Tipp

Reaktion auf falsche Antworten

Frage: Was mache ich beim Fragetyp Kurzantwort, wenn ein Teilnehmer eine falsche Antwort eingibt, die ich zuvor nicht definiert habe?

Antwort: Geben Sie als letzte Antwortoption ein Sternchen (*) ein, und formulieren Sie dazu eine Nachricht als Reaktion. Der Teilnehmer erhält diese, wenn seine Eingabe nicht mit den zuvor definierten Antworten übereinstimmt.

19.6 Verzweigungsseite einfügen

Die Verzweigungsseite enthält eine oder mehrere Schaltflächen, die einen Sprung auf eine bestimmte Seite auslösen (Abbildung 19.23). Damit können Sie eine Menüseite einfügen, mit der die Teilnehmenden

- am Anfang einer größeren Lektion ins gewünschte Kapitel wechseln können,

- nach einem Lektionsabschnitt entscheiden können, ob sie fortfahren oder die Lektion beenden wollen, und

- nach einer falschen Antwort frei entscheiden können, mit der Lektion fortzufahren oder einen bestimmten Lektionsteil zu wiederholen.

Der durch eine Verzweigung entstehende Ast im Ablaufplan wird in der Regel durch ein VERZWEIGUNGSENDE abgeschlossen.

Mit einem Klick auf VERZWEIGUNGSSEITE EINFÜGEN im Menü WAS WOLLEN SIE ZUERST TUN? (Abbildung 19.10) oder auf den gleichnamigen Link vor oder nach einem Block im Ablaufplan (Abbildung 19.11) öffnet sich das Formular VERZWEIGUNGSSEITE EINFÜGEN (Abbildung 19.23).

- SEITENTITEL: Dieser wird über den Verzweigungsschaltflächen angezeigt.

- INHALT DER SEITE: Hier informieren Sie die Lernenden über die nachfolgenden Links.

- VERZWEIGUNGSBUTTONS HORIZONTAL IM SLIDESHOW-MODUS EINRICHTEN?: Mit JA werden die Schaltflächen horizontal angezeigt, mit NEIN vertikal. Bei der horizontalen Anzeige werden die Schaltflächen nicht in gleicher Reihenfolge angezeigt wie bei der Erfassung.

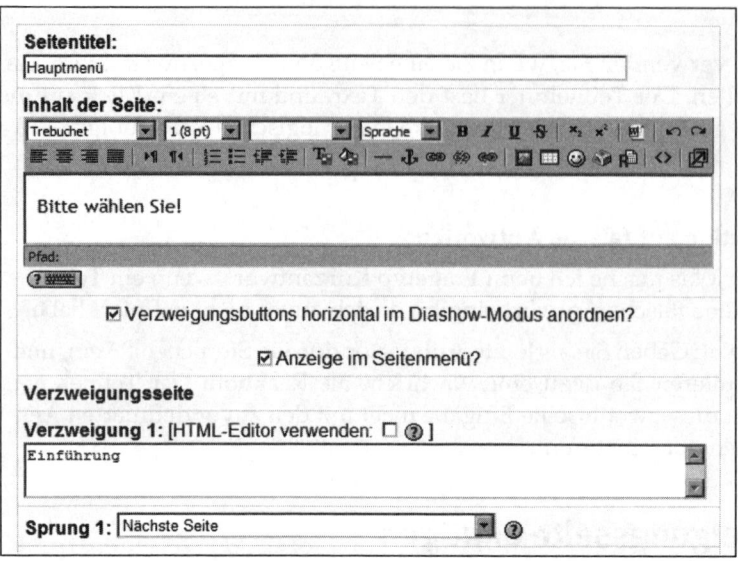

Abbildung 19.23: Das Formular Verzweigungsseite einfügen

- ANZEIGE IM SEITENMENÜ? Mit JA wird links ein Menü angezeigt, das den Links der Verzweigungsseiten entspricht, mit NEIN nicht.

Die Anzahl der nachfolgenden Kombinationen von Eingabefeldern (BESCHREIBUNG # und SPRUNG #) entspricht dem Wert in HÖCHSTZAHL DER ANTWORTEN/VERZWEIGUNGEN, den Sie in den Einstellungen der Lektion festlegen.

- VERZWEIGUNG #: Hier erfassen Sie den Text, der auf der Schaltfläche erscheinen soll.

- SPRUNG #: Hier definieren Sie, wo die Lektion weitergeht, wenn der Teilnehmer die dazugehörige Schaltfläche auswählt. Das Listenfeld zeigt den SEITENTITEL aller im Ablaufplan vorhandenen Elemente als Ziel an. Neben den bereits von der Frageseite bekannten Links NÄCHSTE SEITE, VORHERIGE SEITE und ENDE DER LEKTION installiert die Verzweigungsseite die Sprünge NICHT GESEHENE FRAGE IN EINER VERZWEIGUNG, ZUFALLSFRAGE INNERHALB EINER VERZWEIGUNG und ZUFÄLLIGE VERZWEIGUNGSSEITE.

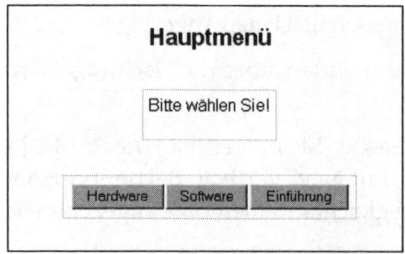

Abbildung 19.24: Verzweigungsseite in horizontaler Anordnung

Tipp

Wo kann ich den HTML-Editor zuschalten?

Wenn Sie in den Formularen der Lektion das Auswahlkästchen HTML-EDITOR BENUTZEN vermissen, gibt es eine einfache Lösung: Speichern Sie das Formular! Beim erneuten Öffnen wird diese Option bestimmt angezeigt.

Tipp

Vorsicht bei Verzweigungen mit dem HTML-Editor

Bitte seien Sie vorsichtig bei der Verwendung des HTML-Editors für Verzweigungen. In den meisten Fällen sollte es keine Probleme geben, seien Sie aber dennoch gewarnt:

Weil die Beschreibungen in Verzweigungsseiten für Schaltflächen benutzt werden, können bestimmte Formatierungen zu unerwarteten Ergebnissen führen. Sollten Sie solche beobachten, schalten Sie den HTML-Editor einfach wieder aus, und der reine Text wird angezeigt.

19.6.1 Verzweigungsende einfügen

Mit einem Klick auf VERZWEIGUNGSENDE EINFÜGEN vor oder nach einem Block im Ablaufplan (Abbildung 19.11) wird das Verzweigungsende eingefügt, das standardmäßig auf die dazugehörende Verzweigungsseite zurückspringt (Abbildung 19.25). Mit einem Klick auf AKTUALISIEREN können Sie diese Vorgabe ändern und wie in der Verzweigungsseite jedes andere Sprungziel definieren.

Fragen importieren | Cluster hinzufügen | Ende zum Cluster hinzufügen | Verzweigungsseite einfügen
Fragenseite einfügen hier

Ende der Verzweigung ↯ ✎ ✕	
Ende der Verzweigung	
Ende der Verzweigung	
Sprung 1: Hauptmenü	

Fragen importieren | Cluster hinzufügen | Ende zum Cluster hinzufügen | Verzweigungsseite einfügen
Fragenseite einfügen hier

Abbildung 19.25: Der Block Verzweigungsende

19.7 Cluster hinzufügen

Cluster sind vergleichbar mit Zufallsfragen in einem Test. Sie fügen nach dem Cluster einige Fragen ein, die Sie mit einem Clusterende abschließen. Der Teilnehmer erhält eine zufällig aus dem Cluster ausgewählte Frage vorgelegt. Mit einem Klick auf CLUSTER HINZUFÜGEN vor oder nach einem Block im Ablaufplan wird ein Cluster mit dem vordefinierten Sprung NOCH NICHT GESEHENE FRAGE IN EINEM CLUSTER eingefügt. Es ist möglich, diesen Sprung zu verändern, macht aber keinen Sinn.

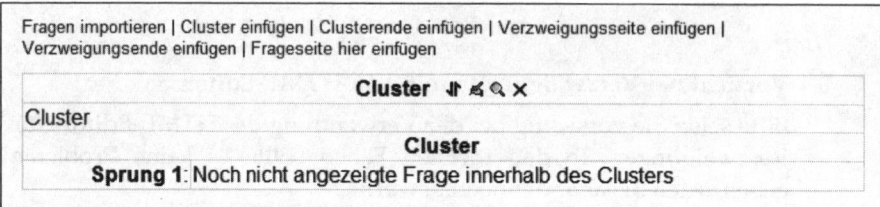

Abbildung 19.26: Der Block Cluster

19.7.1 Ende zum Cluster hinzufügen

Mit einem Klick auf ENDE ZUM CLUSTER HINZUFÜGEN vor oder nach einem Block im Ablaufplan wird das Clusterende mit dem vordefinierten Sprung NÄCHSTE SEITE eingefügt. Diesen können Sie mit einem Klick auf AKTUALISIEREN ändern.

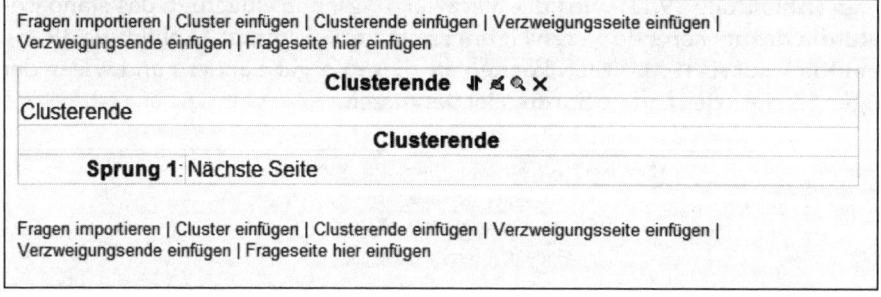

Abbildung 19.27: Clusterende

19.8 Statistik

Das Ergebnis einer Lektion wird in die Bewertungen des Kurses aufgenommen. Zusätzlich können die Lernenden und Trainer statistische Auswertungen abrufen.

19.8.1 Für Lernende

Hat der Lernende alle Fragen durchgearbeitet, wird ihm das bisherige Ergebnis angezeigt, zusammen mit Hinweisen, bei welchen Fragen noch Punkte zu holen sind (Abbildung 19.28). Es ist von den Lektionseinstellungen abhängig, inwieweit er Fragen wiederholen kann und wann die Lektion endet.

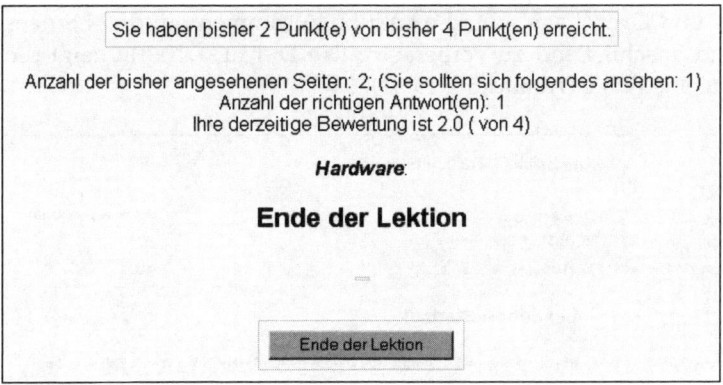

Abbildung 19.28: Statistische Auswertung, bisheriges Ergebnis

Hat der Lernende das Lektionsende erreicht, erhält er die Bewertung und weiterführende Links angezeigt (Abbildung 19.29). Sind seine Antworten so gut, dass er mit seinem Ergebnis die Liste der 10 besten Bewertungen erreicht, kann er über KLICKEN SIE HIER, UM IHRE BEWERTUNG AUF DER ÜBERSICHT ZU VERÖFFENTLICHEN sein Ergebnis unter einem Pseudonym in die Liste eintragen. LISTE DER BESTEN BEWERTUNGEN ANZEIGEN öffnet diese Bestenliste. HAUPTMENÜ führt ins Hauptmenü der Lektion oder auf die Kursoberfläche zurück. BEWERTUNGEN ANZEIGEN führt in die Bewertungen des Kurses, was dem Link PUNKTE im Block ADMINISTRATION entspricht.

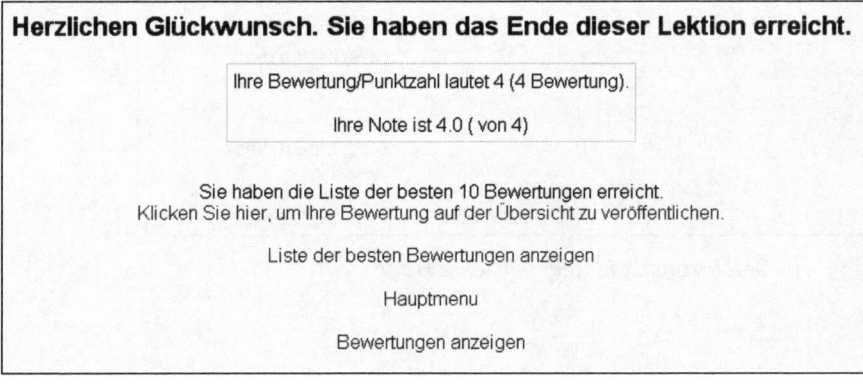

Abbildung 19.29: Auswertung am Ende einer Lektion

19.8.2 Für Trainer

Die Lektion zeigt Ihnen in einer Tabelle ÜBERBLICK die Ergebnisse der Teilnehmenden (Abbildung 19.30). Mit der Lektionen-Statistik können Sie auf einfache und schnelle Art den Erfolg Ihrer Lektion auswerten. Allein die Werte DURCHSCHNITTLICHE PUNKTZAHL und ZEIT geben Ihnen Hinweise dazu, wie die Lernenden die Lektion bearbeitet haben. Stimmen diese Ergebnisse mit Ihren Erwartungen überein? Diese Zahlen können Anlass und Grundlage sein, die Lektion zusammen mit den Lernenden zu besprechen und anschließend zu verbessern. Die DETAILSTATISTIK zeigt die Ergebnisse für jede einzelne Frage (Abbildung 19.31).

	Überblick Detailstatistik		
Teilnehmer/in Name	**Versuche**		**Höchste Punktzahl**
Ritter, Christa	50% Donnerstag, 1 Dezember 2005, 08:31, (7 Sekunden)		50%
Ruprecht, Corinne	100% Donnerstag, 1 Dezember 2005, 08:25, (8 Sekunden)		100%

			Lektionen-Statistik			
Durchschnittliche Punktzahl	**Durchschnittliche Zeit**	**Höchste Punktzahl**	**Niedrige Bewertung**	**maximale Zeit**	**Wenig Zeit (low time)**
75.00	8 Sekunden	100	50	8 Sekunden	7 Sekunden

Abbildung 19.30: Die Ergebnisse der Teilnehmer im Überblick als Liste

Überblick Detailstatistik

Multiple-Choice: Frage	**Statistik**
Frage:	
Maus, Tastatur und Scanner sind Eingabegeräte. Ist diese Aussage richtig?	
Antwort:	
■	50% haben diese gewählt.
Richtig	
■	50% haben diese gewählt.
Falsch	

Abbildung 19.31: Detailstatistik für jede einzelne Frage

19.9 Lektion entwickeln

Sie kennen jetzt die verfügbaren Elemente und haben wahrscheinlich schon eine erste Lektion mit zwei oder drei Frageseiten erstellt. Oder etwa nicht? Dann wird es aber höchste Zeit – nur vom Lesen allein werden Sie die LEKTION nie bewältigen ;-). Sie werden beim Zusammenklicken von FRAGESEITE, VERZWEIGUNGSSEITE und CLUSTER schnell einmal merken, dass die Übersicht verloren geht. Für mittelgroße und große Lektionen sollten Sie unbedingt zuerst ein Kozept auf Papier skizzieren und erst danach auf der Lernplattform die Elemente nach und nach hinzufügen. Es ist viel einfacher, wenn Sie von Anfang an wissen, wie die Lektion ablaufen soll.

Als Anleitung zeige ich Ihnen einige einfache Grundstrukturen, die mit den vorhandenen Elementen möglich sind. Vielleicht bauen Sie diese Sequenzen als Übung zuerst einzeln nach und kombinieren sie anschließend nach Ihren eigenen Ideen und für Ihre Unterrichtssituation passend.

19.9.1 Programmierter Unterricht

Der programmierte Unterricht ist eine Lehrmethode, bei der sich die Lernenden einen in einzelne Teile zerlegten Unterrichtsstoff selbstständig erarbeiten und ihren Lernfortschritt auch selbst kontrollieren. Erst wenn ein Teilschritt erfolgreich absolviert ist, wird der nächste Schritt begonnen. Im programmierten Unterricht wird die Rolle des Lehrers weitgehend von Lehrprogrammen übernommen.

Die in Moodle erstellten Lektionen entsprechen weitgehend diesem Modell. Die Lernaktivität LEKTION ist damit ein Widerspruch zu den Ideen und Zielen des Moodle-Chefentwicklers Martin Dougiamas, der mit Moodle das konstruktivistische Lernen fördern will.

En Garde! – Setzen Sie die Lektion dennoch ein! Ich bin mir sicher, dass Sie nicht übertreiben und die anderen Lernaktivitäten nicht vergessen werden. Das Erstellen von guten Lektionen ist nämlich sehr zeitaufwendig …

Lektion mit mehreren Seiten

Wir beginnen mit einem ganz einfachen Ablaufplan, der aus drei Frageseiten besteht (Abbildung 19.32). Jede Seite enthält nur den Inhalt-Teil, aber keine Frage. Die Teilnehmenden lesen den Text einer Seite und gelangen mit einem Klick auf die Schaltfläche WEITER zur nächsten Seite. Sie verwenden dazu drei FRAGESEITEN vom Fragentyp TEXT.

Diese Sequenz eignet sich beispielsweise für eine Schritt-für-Schritt-Anleitung, die den Lehrstoff in angenehmen Portionen anbietet. Vielleicht fordern Sie den Lernenden am Ende einer Seite auf, sich zu einem bestimmten Aspekt Gedanken zu machen oder eine Skizze zu erstellen, bevor er die nächste Seite abruft. Diese Aufgaben löst der Lernende selbstverantwortlich.

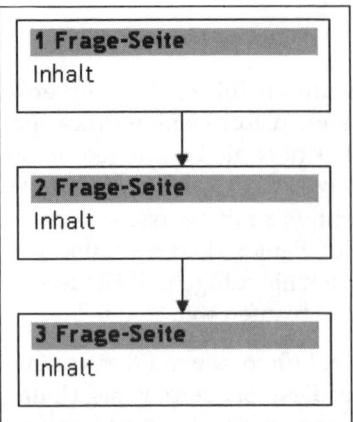

Abbildung 19.32: Drei Frageseiten nur mit Inhalt

Lektion mit Kontrollfragen

Dieser Ablaufplan besteht aus drei FRAGESEITEN, je mit Inhalt und einer Frage als Lernkontrolle, die jeden Fragentyp außer TEXT verwenden kann (Abbildung 19.33). Wenn der Teilnehmer die Frage richtig beantwortet [R], gelangt er auf die nächste Seite, im Fehlerfall [F] bleibt er auf der gleichen Seite. Kann der Teilnehmer die Frage innerhalb der HÖCHSTZULÄSSIGE ZAHL DER VERSUCHE nicht richtig beantworten, gelangt er dennoch auf die nächste Seite.

Diese Sequenz eignet sich, wenn die angebotenen Teilschritte klein sind und sich keine alternativen Erläuterungen anbieten. Der Lernende legt nach jedem Teilschritt eine Lernkontrolle ab. Hat er den Lehrstoff nicht begriffen, wird er auf die gleiche Seite zurückverwiesen.

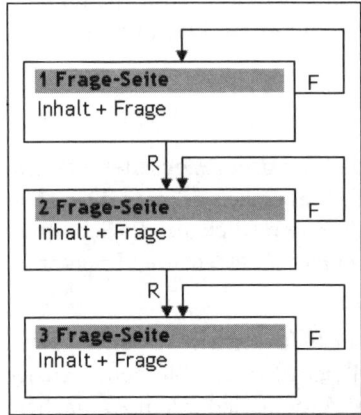

Abbildung 19.33: Drei Frageseiten mit Inhalt und Fragen

Lektion mit Zusatzschleife

Dieser Ablaufplan besteht aus drei FRAGESEITEN, je mit Inhalt und einer Frage als Lernkontrolle (Abbildung 19.34). Wenn der Teilnehmer die Frage auf Seite 1 falsch beantwortet, erhält er auf Seite 2 zusätzliche Informationen. Eine solche Zusatzschleife wird in der Praxis aus mehreren Seiten bestehen, die den auf Seite 1 dargebotenen Stoff in kleineren Schritten aufarbeiten.

Diese Sequenz eignet sich, wenn die Teilnehmenden unterschiedliches Wissen mitbringen. Lernende ohne Vorwissen müssen alle Seiten durcharbeiten, und Lernende mit bereits guten Kenntnissen können gewisse Lektionsteile überspringen.

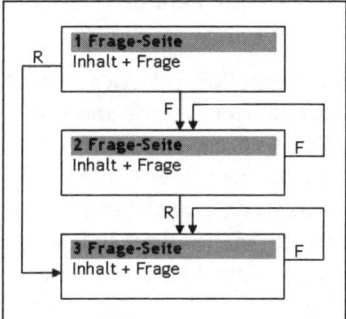

Abbildung 19.34: Drei Frageseiten, Zusatzschleife

Lektion mit Verzweigungsseite

Dieser Ablaufplan zeigt, wie Sie mit einer VERZWEIGUNGSSEITE ein Inhaltsverzeichnis [1] einrichten. Der Teilnehmer klickt dort auf eine Schaltfläche und wird beispielsweise ins erste Kapitel [2] weitergeleitet, das mehrere Seiten umfasst. Nach der letzten FRAGESEITE dieses Kapitels folgt das VERZWEIGUNGSENDE [3], das den Teilnehmer zurück ins Inhaltsverzeichnis [1] führt.

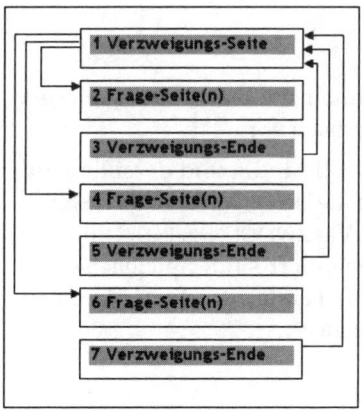

Abbildung 19.35: Lektion mit Verzweigungsseite

19.9.2   Lernkartei

Mit der Lernaktivität LEKTION können Sie die von Sebastian Leitner 1973 in seinen Schlüsselwerk »So lernt man lernen« (heutiger Titel) vorgestellte Lernkartei nachbilden. Mit einer Lernkartei können die Lernenden Fakten systematisch lernen.

Die klassische Lernkartei besteht aus einem Karteikasten, der in die drei Fächer A, B und C aufgeteilt ist. Auf die Karteikarten schreiben Sie auf der Vorderseite die Frage und auf die Rückseite die Lösung, die zu lernen ist. Die Karten im Fach A wiederholen Sie täglich, die Karten im Fach B jeden zweiten Tag und die Karten im Fach C jeden vierten. Richtig gelöste Karten legen Sie ins nächste Fach und Karten mit Fragen, die Sie nicht beantworten konnten, ins erste Fach. Am Anfang befinden sich alle Karten im Fach A.

Die Lernkartei in Moodle funktioniert ähnlich. Über die Einstellung AKTION NACH DER RICHTIGEN ANTWORT machen Sie die Lektion zum Karteikartensystem und erfassen mit Frageseiten alle Karteikarten, die zu lernen sind. ZEIGE EINE NOCH NICHT GESEHENE SEITE achtet darauf, keine Seite doppelt anzuzeigen, auch wenn der Teilnehmer die Frage falsch beantwortet hat. ZEIGE EINE NOCH NICHT BEANTWORTETE SEITE wählt aus den Seiten aus, die der Teilnehmer noch nicht oder falsch beantwortet hat. Diese Option entspricht am ehesten der klassischen Lernkartei. Die Anzahl Karten bestimmen Sie in ANZAHL DER ANGEZEIGTEN SEITEN (KARTEN).

19.10   Lektion testen

Die Lektion ist eine komplexe Lernaktivität. Das Zusammenspiel aller Einstellungen ist nicht ohne Weiteres richtig zu deuten. Es ist deshalb unumgänglich – Sie müssen die Lektion ausgiebig testen! Melden Sie sich dazu als Teilnehmer an, und spielen Sie die Lektion mehrmals in allen Varianten durch. Protokollieren Sie die Testergebnisse. Damit stellen Sie sicher, dass Sie alle Fehlverhalten erkennen.

Übung 40

Programmierter Unterricht

Erstellen Sie eine Lektion nach der Lehrmethode des programmierten Unterrichts, und gehen Sie dabei methodisch vor:

Planen: Skizzieren Sie den Ablaufplan vollständig und detailliert auf Papier. Es ist vorteilhaft, wenn alle Inhalte, Fragen (FRAGESEITE) und Entscheidungen (VERZWEIGUNGSSEITE, VERZWEIGUNGSENDE) für den Verlauf der Lektion im Voraus dokumentiert sind. Spielen Sie auf dem Papier alle Varianten durch. Es ist viel einfacher, den Ablaufplan auf dem Papier zu ändern als in der LEKTION.

Entwickeln: Setzen Sie den auf Papier geplanten Ablaufplan in der Lektion 1:1 um.

Testen: Verhält sich die Lektion wie geplant? Melden Sie sich wiederholt als fiktiver Teilnehmer an, und testen Sie jeden Zweig, jeden einzelnen Abschnitt der Lektion.

Übung 41

Lernkartei

Erstellen Sie eine LEKTION nach dem Prinzip der Lernkartei. Melden Sie sich als fiktiver Teilnehmer an, und testen Sie gründlich. Sie erkennen bereits an dieser Übungsanweisung, dass die Lernkartei mit weniger Aufwand verbunden ist. Einzig die Frageseiten müssen Sie erfassen – da gibt es nichts zu planen.

19.11 Rollen

Auf dem Register ROLLEN (Abbildung 19.1) finden Sie die Links ROLLEN ZUWEISEN und ROLLEN ÜBERSCHREIBEN, die zu den entsprechenden Formularen führen. Mit einem Klick auf das Register ROLLEN wird standardmäßig das Formular ROLLEN ZUWEISEN angezeigt.

19.11.1 Rollen zuweisen

Auf dem Formular ROLLEN ZUWEISEN werden alle zur Verfügung stehenden Rollen mit einer Beschreibung angezeigt – hier die Basisrollen (Abbildung 19.36). Als KURS-VERWALTER oder TRAINER sind Sie berechtigt, dem Kontext LEKTION Rollen zuzuweisen. Lesen Sie mehr dazu in Kapitel 11, *Rollen*.

	Bearbeiten	Rollen	
	Rollen zuweisen	Rollen überschreiben	

Rollen zuweisen ⊘

Rollen	Beschreibung	Nutzer/innen
Administrator/in	Administrator/innen haben normalerweise alle Rechte auf der Website und in allen Kursen.	0
Kursverwalter/innen	Kursersteller/innen dürfen neue Kurse anlegen und in ihnen unterrichten.	0
Trainer/in	Trainer/innen dürfen in einem Kurs alles tun, incl. der Veränderung von Aktivitäten und der Beurteilung von Teilnehmer/innen.	0
Trainer/in ohne Editorrecht	Trainer/innen ohne Bearbeitungsrecht dürfen in Kursen unterrichten und Teilnehmer/innen bewerten, aber sie können nichts verändern.	0
Teilnehmer/in	Teilnehmer/innen haben in einem Kurs grundsätzlich weniger Rechte.	0
Gast	Gäste haben minimale Rechte und können normalerweise nirgends Texte eingeben.	0

Abbildung 19.36: Formular Rollen zuweisen

19.11.2 Rollen überschreiben

Mit einem Klick auf den Link ROLLEN ÜBERSCHREIBEN wird das entsprechende Formular angezeigt (Abbildung 19.37). Der ADMINISTRATOR darf als einzige Basisrolle ROLLEN ÜBERSCHREIBEN. Lesen Sie mehr dazu in Kapitel 11, *Rollen*.

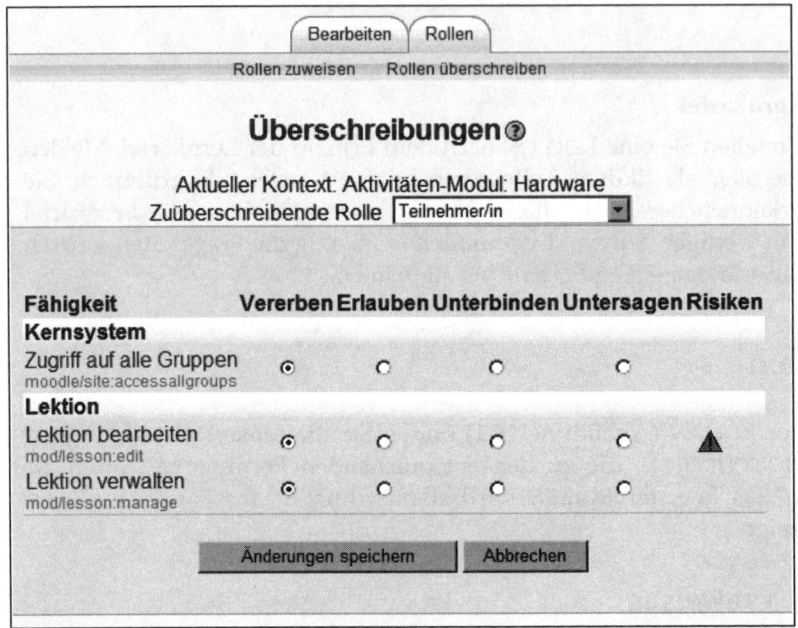

Abbildung 19.37: Zugriffsrechte der Basisrolle Teilnehmer/in in der Lektion

Die nachstehende Tabelle zeigt, welche Fähigkeiten den BASISROLLEN im KONTEXT LEKTION erlaubt sind (Abbildung 19.38).

Lektion Fähigkeiten	Administrator	Kursverwalter	Trainer	Trainer ohne Editorrecht	Teilnehmer	Authentifizierte Nutzer	Gast
Zugriff auf alle Gruppen	✗		✗	✗			
Lektion bearbeiten	✗		✗				
Lektion verwalten	✗		✗	✗			

Abbildung 19.38: Die Rechte der Basisrollen im Kontext Lektion

Sie haben Recht: Das war ein happiger Brocken! Zum Glück haben Sie am Anfang nicht gewusst, worauf Sie sich einlassen ... – hätten Sie das Kapitel konsequent durchgearbeitet, wenn Sie von Anfang an den ganzen Berg gesehen hätten? Nein? Dann kennen Sie das *Chunking down* nicht.

Chunking im NLP (Neurolinguistisches Programmieren) bezeichnet die Organisation und Zusammenfassung menschlicher Erfahrungen in einzelne Einheiten oder Chunks. Im großen Chunk ist der Fokus auf allgemeine und abstrakte Informationen gerichtet, im kleinen Chunk auf spezifische und konkrete Informationen. Chunking down und Chunking up bezeichnen den Prozess, bei dem der Fokus von gross zu klein, bzw. vom Kleinen zum Großen wandert. Im Chunking down wird eine große Menge an Informationen in kleinere und handlichere Einheiten zerlegt und im Detail studiert. Im Chunking up werden kleinere Einheiten zu grösseren zusammengefasst und in einem grösserem Kontext studiert.

Chunking down ist oft eine angemessene Strategie, um komplexe und schwierige Aufgaben zu bewältigen. Die bewusste Konzentration auf kleine Chunks kann für große Ziele und langfristige Projekte hilfreich sein. Chunking up hilft in machen Fällen, aus einem blockierten Zustand herauszukommen und das Problem auf einer höheren Ebene, in einem grösseren Zusammenhang zu studieren. (Quelle: www.nlp.at)

Falls Ihnen Moodle mit all seinen vielen Möglichkeiten dereinst als riesiger, unüberwindbarer Berg erscheint, erinnern Sie sich an das Chunking down. Zerlegen Sie Moodle in kleinere und handlichere Einheiten (aber bitte nicht dieses Buch!). Und nehmen Sie sich Zeit, Schritt für Schritt jede einzelne Chance, die in Moodle steckt, zu entdecken. Lassen Sie sich beflügeln, und lesen Sie weiter in Kapitel 20, *Test – ich lieb' dich, ich lieb' dich nicht* ...

20 Test – ich lieb' dich, ich lieb' dich nicht ...

Die Lernaktivität TEST ermöglicht es, Fragen in einer Fragenliste einmal zu erfassen und in beliebig vielen Tests zu verwenden. Der Zugang zur Fragenliste erfolgt über eine Lernaktivität TEST oder über den Link FRAGEN im Block ADMINISTRATION.

Sie erfahren in diesem Kapitel mehr über das Konzept der Fragenliste und lernen, wie man daraus einen Test mit Fragen füllt. Neben den verschiedenen Fragentypen lernen Sie auch die unterschiedlichen Einstellungen des Tests kennen, den Sie damit zur Übung, Lernkontrolle oder Notenarbeit tunen.

Der TEST ist ein sehr starkes und flexibles Werkzeug, mit dem Sie den Lernfortschritt der Lernenden feststellen und überwachen können. Sind die Fragen erfasst und der Test erstellt, übernimmt er für Sie das Korrigieren, das Bewerten und das Feedback geben. So aktivieren Sie die Lernenden und machen den Kurs, ohne zusätzlichen Aufwand, attraktiver.

Selbstverständlich braucht es Übung, bis Sie den Test wirkungsvoll einsetzen können. Weshalb also warten – packen Sie's an!

20.1 Konzept

Bevor Sie beginnen, Tests zu erstellen und Fragen zu erfassen, möchte ich Ihnen kurz das Konzept vorstellen. Es ist hilfreich, wenn Sie das System zuerst ganzheitlich verstehen, ohne dass Sie alle Einstellungen im Detail kennen. Ideal ist, wenn Sie nach dem Durcharbeiten des ganzen Kapitels noch einmal zu diesem Abschnitt zurückkehren – zusammen mit den erworbenen Detailkenntnissen werden Sie im zweiten Anlauf das Konzept noch besser verstehen.

Abbildung 20.1 zeigt das Lernportal mit dem Hauptkurs und zwei weiteren Kursen. Der Hauptkurs wird bereits bei der Installation erstellt, es gibt also keine Moodle-Lernplattform ohne Hauptkurs. Im Hauptkurs befindet sich beispielsweise die Frontseite.

Sobald Sie einen Kurs erstellen, wird auch eine dazu gehörende Fragenliste erstellt, die in diesem Kurs gespeichert ist. In jedem Kurs gibt es nur eine Fragenliste.

Ein Test ist ein Container, der die Fragen aus der Fragenliste bezieht und in dem Sie gewisse Testbedingungen festlegen können – beispielsweise, dass der Teilnehmer die Fragen innerhalb von 10 Minuten beantworten muss.

Die Fragenliste ermöglicht es, die Fragen in Kategorien einzuteilen. Die Kategorie STANDARD ist immer vorhanden und kann nicht entfernt werden. Am besten legen Sie Ihre Fragen von Anfang an systematisch geordnet in Kategorien an.

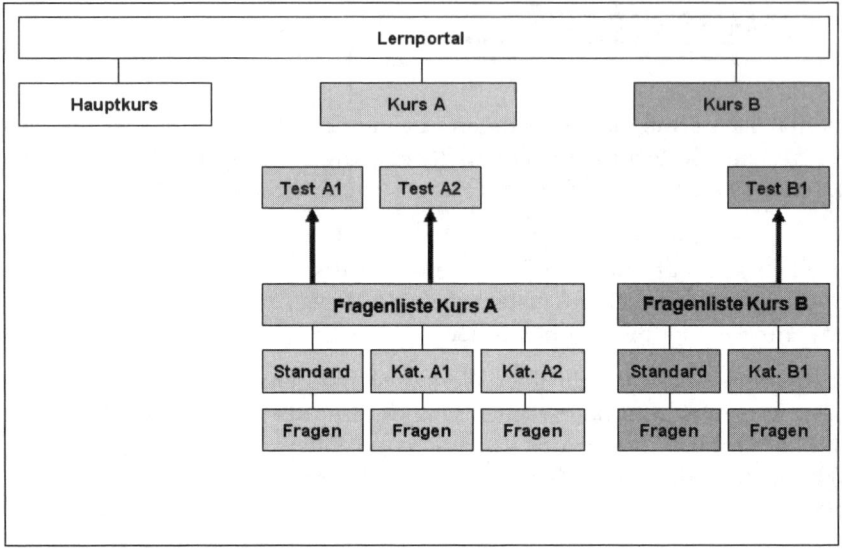

Abbildung 20.1: Konzept, erster Teil

Will ein Kursverwalter einen Test mit Fragen füllen, stehen ihm grundsätzlich nur die Fragen aus der Fragenliste desselben Kurses zur Auswahl. Diese Regel kann er umgehen, wenn er eine Kategorie veröffentlicht. In Abbildung 20.2 hat der Kursverwalter *Kurs A* die *Kategorie A2* veröffentlicht. Sie steht damit in sämtlichen Kursen des Lernportals zur Verfügung. Der Kursverwalter *Kurs B* verwendet in seinem *Test B1* Fragen aus seiner Fragenliste *Kurs B* und aus der *Kategorie A2* aus der Fragenliste *Kurs A*. Das ist nur möglich, weil der Kursverwalter *Kurs A* die *Kategorie A2* veröffentlicht hat. Dabei spielt es keine Rolle, ob in beiden Kursen derselbe Benutzer Kursverwalter ist oder nicht.

Außer dem Veröffentlichen gibt es weitere Möglichkeiten, die Fragen aus *Kurs A* im *Kurs B* zu verwenden. Als Kursverwalter in beiden Kursen können Sie die Tests aus *Kurs A* über KURSDATEN IMPORTIEREN in *Kurs B* importieren. Oder Sie können als Kursverwalter von *Kurs A* eine Kurssicherung erstellen (die nur die Tests enthält) und diese ZIP-Datei dem Kursverwalter von *Kurs B* übergeben. Dieser überträgt die Sicherung mit WIEDERHERSTELLEN in seinen Kurs. Allerdings entstehen in beiden Fällen von allen Fragen Kopien, die zu den ursprünglichen Fragen in *Kurs A* keine Verbindung mehr haben.

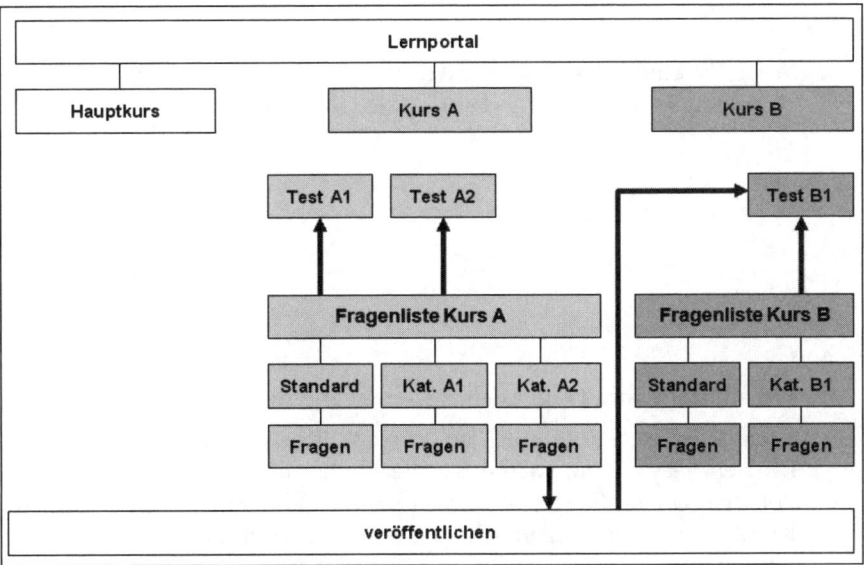

Abbildung 20.2: Konzept, zweiter Teil

Was geschieht, wenn der Kursverwalter *Kurs A* seinen Kurs löscht? Die veröffentlichten und in einem Test verwendeten Fragen werden im Hauptkurs gesichert (Abbildung 20.3). Der Test *B1* im *Kurs B* kann weiterhin auf die Fragen der *Kategorie A2* zugreifen. Alle Fragen im *Kurs A*, die in keinem Test verwendet werden, sind endgültig gelöscht.

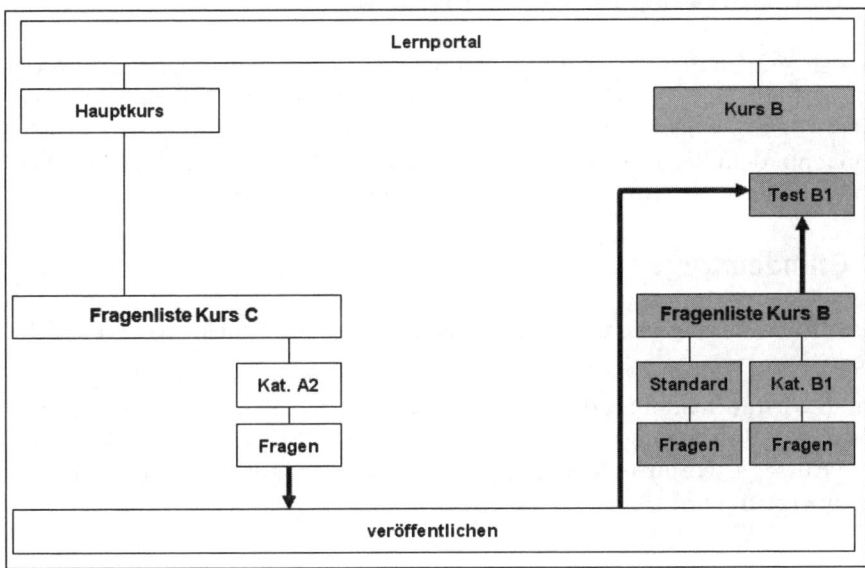

Abbildung 20.3: Konzept, dritter Teil

Achtung

Wenn Sie einen Kurs löschen, werden alle Testfragen, die im zugehörigen Fragepool gespeichert sind, ebenfalls gelöscht.

Tipp

Erstellen Sie Ihre Fragenliste in einem eigenen Kurs

Sobald Sie in veröffentlichten Fragen Bilder, Audio- oder Video-Dateien verwenden, sollten Sie die Fragen in einem Kurs erstellen, der allen zugänglich ist. Sonst werden die Teilnehmenden in anderen Kursen wohl die Fragen sehen, aber keine Töne hören, Bilder oder Filme sehen.

Am besten erstellen Sie Ihre Fragenliste in einem Kurs, der für alle registrierten Teilnehmenden offen ist. Diesen verwenden Sie nur als Zugang zur Fragenliste. Sollten sich Teilnehmende in diesen Kurs »verirren«, sehen sie nur einen leeren Kurs.

20.2   Test hinzufügen und bearbeiten

Setzen Sie den Kurs in den **Bearbeitungsmodus**, und klicken Sie im Listenfeld AKTIVITÄT ANLEGEN auf TEST. Es öffnet sich das Formular BEARBEITE TEST mit dem Titel FÜGE TEST ZU THEMA # HINZU. Wenn Sie ein bestehendes Forum bearbeiten, erscheint das Formular auf dem Register BEARBEITEN mit dem Titel BEARBEITE TEST IN THEMA #, zusätzlich wird das Register ROLLEN angezeigt (Abbildung 20.4).

20.2.1   Grundeinträge

■ NAME: Wählen Sie eine aussagekräftige Bezeichnung. Sie erscheint als Link auf der Kursseite.

■ EINFÜHRUNG: Informationen, die der Teilnehmer vor dem Start des Tests lesen soll, beispielsweise Bearbeitungshinweise und Bewertungskriterien oder einfach auch nur eine Aussage, worum es in diesem Test geht, wozu er gut ist, welcher Wissensbereich überprüft wird etc.

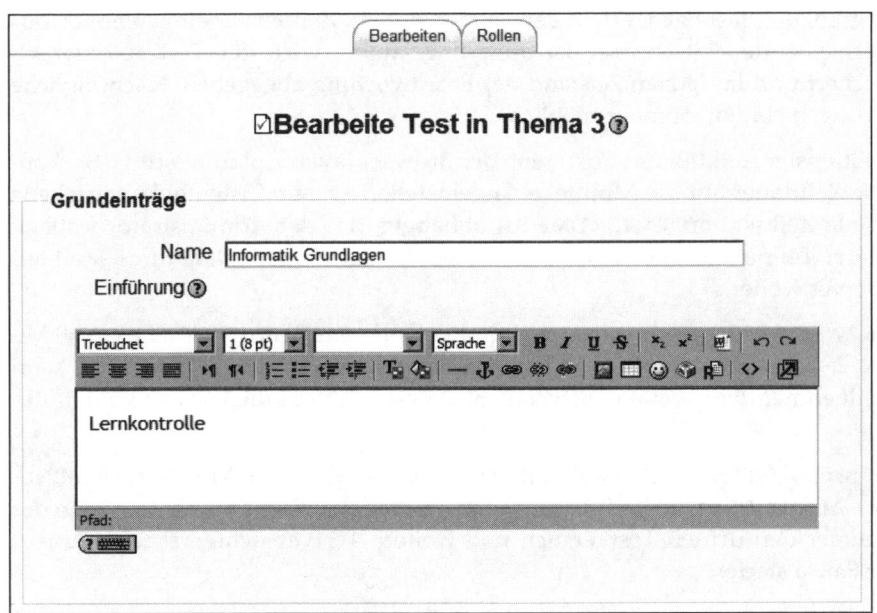

Abbildung 20.4: Abschnitt Grundeinträge

20.2.2 Zeitsteuerung

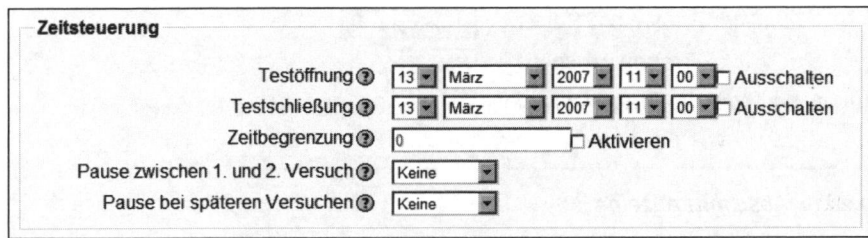

Abbildung 20.5: Abschnitt Zeitsteuerung

- TESTÖFFNUNG: Ab diesem Zeitpunkt ist der Test verfügbar. Gewisse Einstellungen verwenden das Zeitfenster, das Sie hier zusammen mit TESTSCHLIESSUNG definieren, beispielsweise VERSUCHE und WAS SOLLEN DIE TEILNEHMER/INNEN ZU WELCHEM ZEITPUNKT SEHEN. Wenn Sie das Auswahlkästchen AUSSCHALTEN aktivieren, ist die TESTÖFFNUNG ausgeschaltet und der Test ist offen bis zur TESTSCHLIESSUNG.

- TESTSCHLIESSUNG: Bis zu diesem Zeitpunkt ist der Test verfügbar. Wenn Sie das Auswahlkästchen AUSSCHALTEN aktivieren, ist die TESTSCHLIESSUNG ausgeschaltet und der Test läuft als Open-End-Veranstaltung.

- ZEITBEGRENZUNG: In der Grundeinstellung hat der Teilnehmer unbegrenzt Zeit, den Test abzuschließen. Wenn Sie das Auswahlkästchen AKTIVIEREN und eine

Zeitbegrenzung festlegen, erhält der Teilnehmer ein Zeitfenster eingeblendet, das die verbleibende Zeit anzeigt. Ist diese abgelaufen, wird der Test automatisch gespeichert und im letzten Zustand der Beantwortung abgegeben. Nachträgliche Änderungen sind nicht mehr möglich.

Das Zeitfenster funktioniert nur, wenn der Browser Javascript unterstützt. Sie können die Zeitdauer auf die Minute genau einstellen. Die im Listenfeld angegebene maximale Zeit ist von SESSIONTIMEOUT abhängig, das der Administrator festlegt. Wenn der Teilnehmer den Test während des Versuchs verlässt, läuft die Zeit auf dem Server weiter.

- PAUSE ZWISCHEN 1. UND 2. VERSUCH: mit den Optionen KEINE, 30 MINUTEN, 60 MI-NUTEN, 2 – 24 STUNDEN UND 2 – 7 TAGE. Wenn Sie hier eine Pause einrichten, kann der Teilnehmer den zweiten Testversuch erst nach Ablauf dieser Pause durchführen.

- PAUSE BEI SPÄTEREN VERSUCHEN: mit den Optionen KEINE, 30 MINUTEN, 60 MINU-TEN, 2 – 24 STUNDEN UND 2 – 7 TAGE. Wenn Sie hier eine Pause einrichten, kann der Teilnehmer den dritten Testversuch und weitere Testversuche erst nach Ablauf dieser Pause starten.

20.2.3 Anzeige

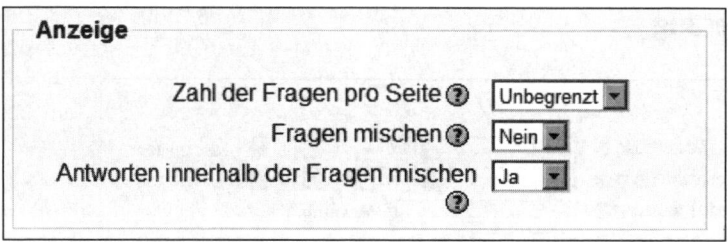

Abbildung 20.6: Abschnitt Anzeige

- ZAHL DER FRAGEN PRO SEITE: mit den Optionen UNBEGRENZT und 1 – 50. Bei Tests mit vielen Fragen ist es sinnvoll, diese auf mehrere Seiten zu verteilen. Wenn Sie hier die Anzahl der Fragen je Seite einschränken, wird Moodle die Fragen automatisch auf entsprechend viele Seiten aufteilen. Diese Aufteilung können Sie später auf dem Register TEST BEARBEITEN von Hand verändern. Mit UNBEGRENZT werden alle Fragen auf einer Seite angezeigt.

- FRAGEN MISCHEN: Mit JA werden die Fragen für jeden Teilnehmer in zufälliger Reihenfolge angezeigt. Diese Maßnahme will zusammen mit ANTWORTEN MISCHEN das gegenseitige Abschreiben (Betrug) erschweren.

- ANTWORTEN INNERHALB DER FRAGEN MISCHEN: Mit JA werden die Antworten innerhalb einer Frage für jeden Teilnehmer in zufälliger Reihenfolge angezeigt.

20.2.4 Versuche

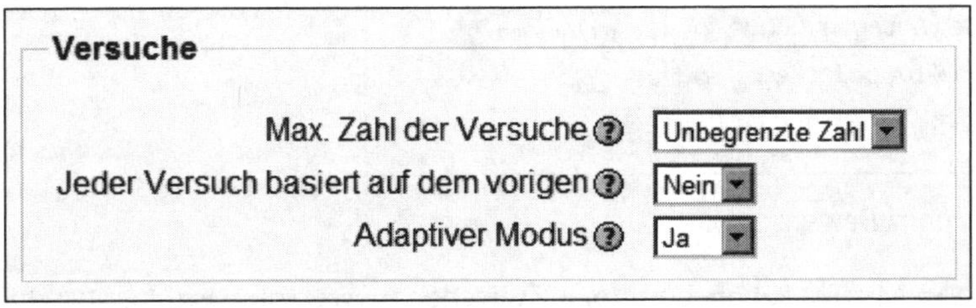

Versuche

Max. Zahl der Versuche ⑦	Unbegrenzte Zahl ▾
Jeder Versuch basiert auf dem vorigen ⑦	Nein ▾
Adaptiver Modus ⑦	Ja ▾

Abbildung 20.7: Abschnitt Versuche

- MAX. ZAHL DER VERSUCHE: Hier legen Sie fest, wie oft der Teilnehmer den Test wiederholen darf: UNBEGRENZTE ZAHL oder 1 VERSUCH bis 6 VERSUCHE. Wenn Sie den Test als Übung einsetzen, ist es sinnvoll, mehrere Versuche zu erlauben. Zusammen mit JEDER VERSUCH BASIERT AUF DEM VORIGEN und ADAPTIVER MODUS lassen sich interessante Übungsanlagen – unter Umständen mit zwei Versuchen und sehr schwierigen Fragen auch Testaufgaben – verwirklichen.

- JEDER VERSUCH BASIERT AUF DEM VORIGEN: Diese Einstellung setzt voraus, dass mehrere Versuche erlaubt sind. Mit JA enthalten die Wiederholungsversuche die Antworten des vorangegangenen Versuchs. Der Teilnehmer kann den Test über mehrere Versuche verbessern. Zusammen mit der Einstellung WAS SOLLEN DIE TEILNEHMER/INNEN ZU WELCHEM ZEITPUNKT SEHEN lassen sich interessante Übungs- oder Testanlagen verwirklichen. So könnte beispielsweise am Anfang einer Lernsequenz ein sehr schwieriger Test als Herausforderung stehen, ein bestimmtes Wissensgebiet selbstständig zu erarbeiten. Hat der Lernende das Wissen zu einer bestimmten Frage erarbeitet, beantwortet er diese und erhält sofort ein Feedback. Mit der BEWERTUNGSMETHODE DURCHSCHNITT wird jener, der das Wissen vorher erarbeitet, bedeutend mehr Punkte erhalten als derjenige, der den Test mit Versuch und Irrtum mehrfach löst.

- ADAPTIVER MODUS: Mit JA erscheint neben jeder Frage die Schaltfläche ABSCHICKEN. Damit kann der Teilnehmer diese Frage während des laufenden Versuchs auswerten. Dabei geht für jede falsche Antwort der Abzugsfaktor verloren, der in der Frage definiert ist.

20.2.5 Bewertung

- BEWERTUNGSMETHODE: Wenn mehrere Versuche erlaubt sind, gibt es unterschiedliche Vorgehensweisen, um die Bewertungen der einzelnen Versuche in die Bewertung des Kurses zu übernehmen. Mit BESTER VERSUCH wird die beste Bewertung, mit DURCHSCHNITT der durchschnittliche Wert aller Versuche und mit ERSTER VERSUCH oder LETZTER VERSUCH die Bewertung eines bestimmten Versuchs übernommen.

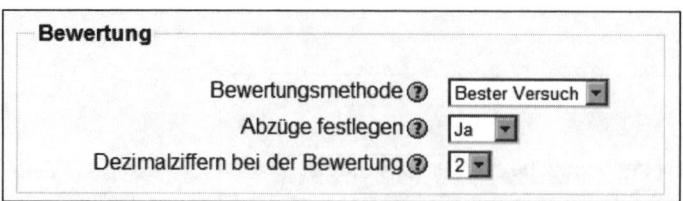

Abbildung 20.8: Abschnitt Bewertung

- ABZÜGE FESTLEGEN: Mit JA gehen bei einer Zwischenauswertung im ADAPTIVEN MODUS die dafür in der Frage definierten Punkte verloren, wenn die Antwort falsch ist.

- DEZIMALZIFFERN BEI DER BEWERTUNG: Hier bestimmen Sie, wie viele Dezimalstellen die Bewertung haben soll.

20.2.6 Was sollen die Teilnehmer/innen zu welchem Zeitpunkt sehen

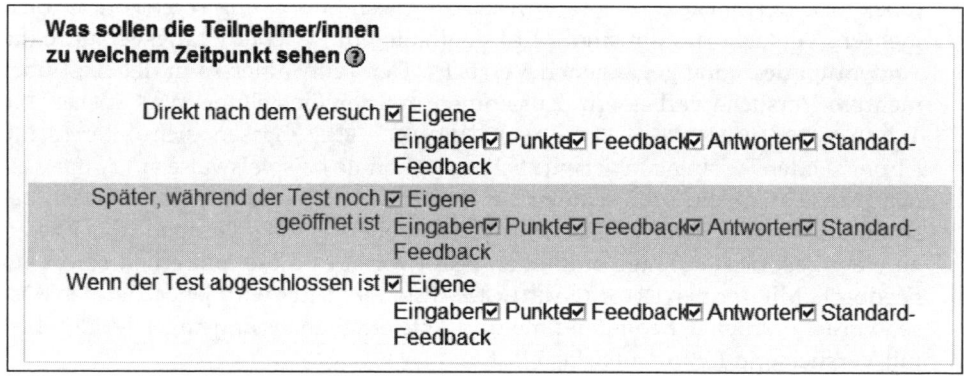

Abbildung 20.9: Abschnitt Was sollen die Teilnehmer/innen zu welchem Zeitpunkt sehen

Hier bestimmen Sie, wann und mit welchen Informationen die Teilnehmenden den abgelegten Test wieder anschauen dürfen. Die verschiedenen Optionen werden in einer Tabelle angezeigt.

- **Die Zeilen beziehen sich auf den Zeitpunkt**: DIREKT NACH DEM VERSUCH, SPÄTER WÄHREND DER TEST NOCH GEÖFFNET IST und WENN DER TEST ABGESCHLOSSEN IST. Während des Zeitfensters, das mit TEST BEGINNEN und TEST BEENDEN definiert ist, gilt der Test als geöffnet; nachher ist der Test geschlossen.

- **Die Spalten beziehen sich auf die Informationen**: die EIGENE EINGABEN, die erzielten PUNKTE (Bewertung), das FEEDBACK, die richtigen ANTWORTEN und das STANDARD-FEEDBACK. Ist das Auswahlkästchen markiert, werden die Informationen als Rückmeldung angezeigt.

20.2.7 Sicherheit

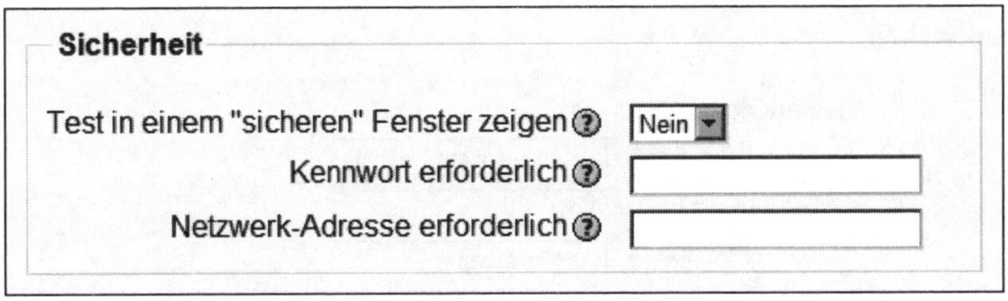

Sicherheit

Test in einem "sicheren" Fenster zeigen ⑦   Nein ▾

Kennwort erforderlich ⑦

Netzwerk-Adresse erforderlich ⑦

Abbildung 20.10: Abschnitt Sicherheit

▪ TEST IN EINEM »SICHEREN« FENSTER ZEIGEN: Mit JA wird der Test in einem neuen Fenster angezeigt. Einige Optionen des Browsers und der Maus werden unterbunden, so ist etwa das Markieren der Seite mit Maus und Tastatur nicht mehr möglich. Damit kann man das Kopieren von Testfragen und Antworten erschweren, aber nicht verhindern.

▪ KENNWORT ERFORDERLICH: Dieses Passwort wird vor jedem Versuch abgefragt. Die Teilnehmenden können den Test also erst ausführen, wenn sie das Passwort eingegeben haben. Damit können Sie den Personenkreis oder den Testzeitpunkt einschränken. Es ist denkbar, dass Sie das Passwort erst bekannt geben, nachdem die Teilnehmenden eine bestimmte Aufgabe gelöst haben.

▪ NETZWERK-ADRESSE ERFORDERLICH: Wenn Sie möchten, dass die Teilnehmenden den Test nur im Schulungsraum absolvieren können, geben Sie hier die IP-Adresse der Schulrechner ein. Der Test ist dann nur noch auf diesen Geräten verfügbar.

20.2.8 Weitere Modul-Einstellungen

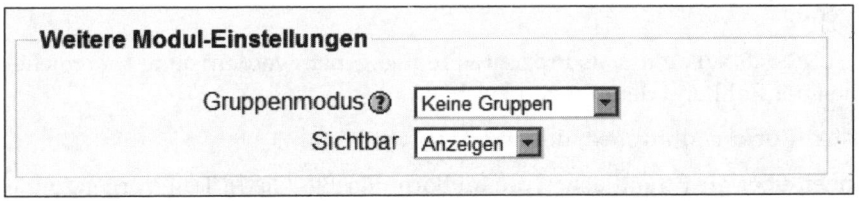

Abbildung 20.11: Abschnitt Weitere Modul-Einstellungen

▪ GRUPPENMODUS: Listenfeld mit den Optionen KEINE GRUPPEN, GETRENNTE GRUPPEN und SICHTBARE GRUPPEN.

▪ SICHTBAR: Listenfeld mit den Optionen ANZEIGEN und VERBERGEN.

20.2.9 Gesamt-Feedback

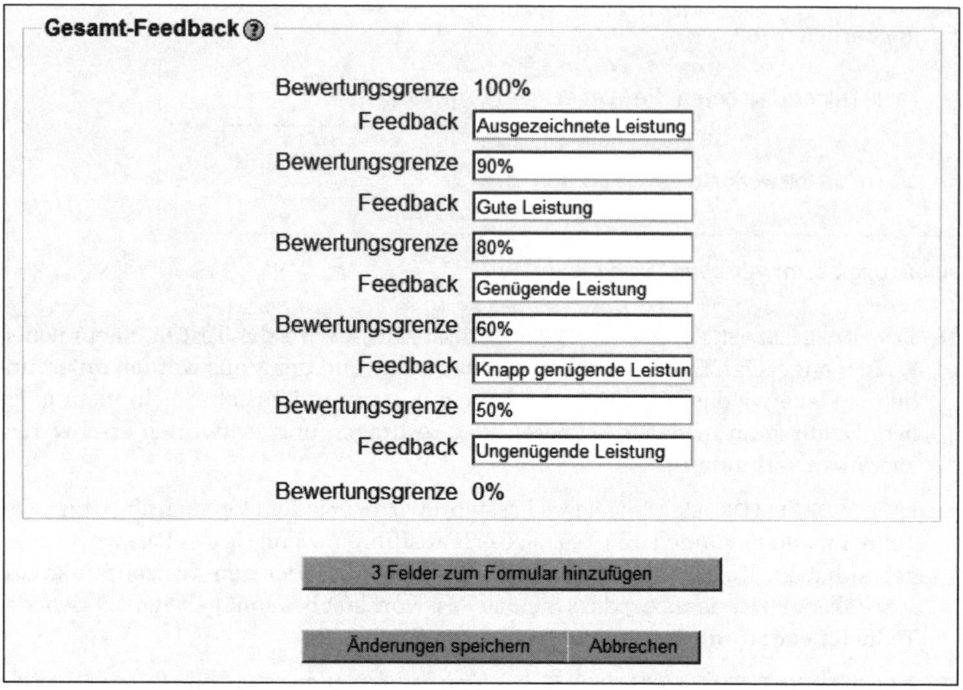

Gesamt-Feedback ⑦

Bewertungsgrenze	100%
Feedback	Ausgezeichnete Leistung
Bewertungsgrenze	90%
Feedback	Gute Leistung
Bewertungsgrenze	80%
Feedback	Genügende Leistung
Bewertungsgrenze	60%
Feedback	Knapp genügende Leistun
Bewertungsgrenze	50%
Feedback	Ungenügende Leistung
Bewertungsgrenze	0%

3 Felder zum Formular hinzufügen

Änderungen speichern   Abbrechen

Abbildung 20.12: Abschnitt Gesamt-Feedback

Das GESAMT-FEEDBACK wird am Ende eines Testversuchs angezeigt. Der Text kann je nach Ergebnis unterschiedlich lauten. Mit einem Klick auf die Schaltfläche können Sie 3 FELDER ZUM FORMULAR HINZUFÜGEN, falls das vorgegebene Raster Ihren Bedürfnissen nicht genügt.

▪ BEWERTUNGSGRENZE: muss als Prozentwert angegeben werden, ohne Leerzeichen zwischen der Zahl und dem Prozentzeichen.

▪ FEEDBACK: Rückmeldungstext, der angezeigt wird.

▪ Sie können über die Schaltflächen die im Formular BEARBEITE TEST vorgenommenen ÄNDERUNGEN SPEICHERN oder die Bearbeitung ABBRECHEN.

▪ Nach dem Speichern der Test-Einstellungen gelangen Sie automatisch auf das Register BEARBEITEN, auf dem Sie rechts in der FRAGENLISTE die Fragen erfassen und im linken Bereich FRAGEN IN DIESEM TEST diese zum Test hinzufügen können. Weil die FRAGELISTE dem Register FRAGEN entspricht, wechseln wir in dieses Register, um die ersten Fragen zu erfassen.

20.3 Register Fragen

Das Register FRAGEN BEARBEITEN gehört zum Register BEARBEITEN und zeigt die Fragenliste dieses Kurses. Dieser ist ebenfalls über den Link FRAGEN im Block ADMINISTRATION verfügbar.

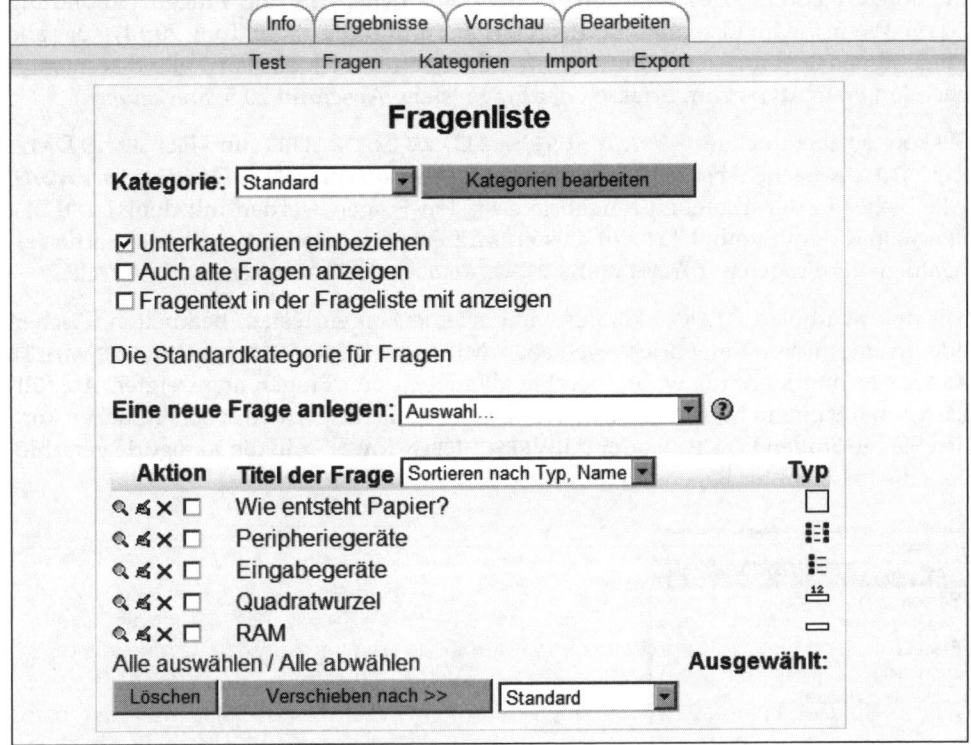

Abbildung 20.13: Das Register Fragen (Fragenliste)

Unterstützen Sie Ihre Lernenden mit vielfältigen Lernkontrollen, und entlasten Sie sich durch automatisch korrigierte Tests. Grundlage dazu ist eine breit angelegte Fragensammlung, die Ihren Lehrbereich möglichst lückenlos und vielfältig abdeckt. Dieses Ziel erreichen Sie eher, wenn Sie systematisch vorgehen und Kolleginnen und Kollegen desselben Fachbereichs zur Mitarbeit motivieren.

Im oberen Teil des Registers wählen Sie die Einstellungen zur Kategorie (Abbildung 20.13). Das Listenfeld KATEGORIE zeigt alle von Ihnen definierten Kategorien und alle von anderen Trainern veröffentlichten Kategorien. Mit diesem Listenfeld bestimmen Sie, welche Fragen im darunter liegenden Bereich angezeigt werden. Grundsätzlich werden nur die Fragen aus der ausgewählten Kategorie angezeigt. Wenn Sie allerdings das Ausfüllkästchen UNTERKATEGORIEN EINBEZIEHEN aktivieren, werden die Unterkategorien auch angezeigt. Ist das Ausfüllkästchen AUCH ALTE FRA-

GEN ANZEIGEN aktiviert, werden vorher gelöschte und im System noch vorhandene alte Fragen auch angezeigt und können mit Kopieren und Einfügen gerettet werden.

Ein Klick auf die Schaltfläche KATEGORIEN BEARBEITEN wechselt auf das Register KATEGORIEN, das zum Register BEARBEITE gehört und selbstverständlich auch darüber aufgerufen werden kann (siehe Abschnitt 20.6, *Das Register Kategorien*).

Im unteren Bereich des Registers FRAGEN bearbeiten Sie die Fragen (Abbildung 20.13). Wenn Sie im Listenfeld EINE NEUE FRAGE ANLEGEN (Abbildung 20.14) – das alle Fragentypen anzeigt – einen Eintrag auswählen, öffnet sich das Formular des entsprechenden Fragentyps zum Erfassen der Frage (siehe Abschnitt 20.5, *Fragentypen*).

Sie können aber auch EINE FRAGE AUS EINER DATEI IMPORTIEREN und FRAGEN IN DATEI EXPORTIEREN (siehe Abschnitt 20.7, *Das Register Import*, und 20.8, *Das Register Export*). Alle bisher in der aktuellen Kategorie erfassten Fragen werden mit dem TITEL DER FRAGE und dem Symbol TYP aufgelistet. Im Listenfeld bestimmen Sie die Sortierreihenfolge der Fragen mit ALPHABETISCH SORTIEREN oder SORTIEREN NACH ALTER.

Mit den Symbolen AKTION können Sie einzelne Fragen testen, bearbeiten, löschen oder in eine andere Kategorie verschieben. Mit ALLES AUSWÄHLEN und AUSGEWÄHLTE ABWÄHLEN markieren bzw. löschen Sie alle neben den Fragen angezeigten Ausfüllkästchen mit einem Mausklick. Mit den darunter angezeigten zwei Schaltflächen können Sie die Fragen LÖSCHEN oder mit VERSCHIEBEN NACH>> in die Kategorie verschieben, die im darunter liegenden Listenfeld ausgewählt ist.

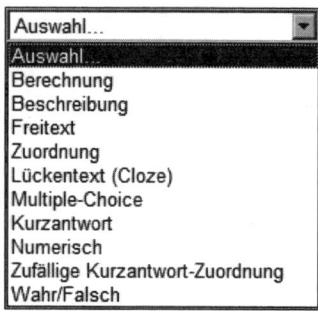

Abbildung 20.14: Das Listenfeld Eine neue Frage anlegen

20.4 Register Test

Das Register TEST gehört zum Register BEARBEITEN. Es hat zwei Gesichter und sieht in der Entwicklungsphase des Tests anders aus als in der Anwendungsphase, die genau dann beginnt, wenn der erste Teilnehmer den Test ablegt.

In der *Entwicklungsphase* zeigt das Register TEST links den Bereich FRAGEN FÜR DIESEN TEST, der alle Testfragen dieses Tests anzeigt, und rechts den Bereich FRAGENLISTE, in dem Sie Fragen bearbeiten und verwalten (Abbildungen 20.15 und 20.16). Der Bereich

Fragenliste entspricht mehrheitlich dem Register FRAGEN und ist dort, wie auch über den Link FRAGEN im Block ADMINISTRATION, unabhängig von den hier beschriebenen Phasen verfügbar.

In der *Anwendungsphase* können Sie keine Fragen hinzufügen oder entfernen, deshalb wird der Bereich FRAGENLISTE auf dem Register TEST nicht mehr angezeigt (Abbildung 20.17). Einzig während der Entwicklungsphase stehen die beiden Blöcke nebeneinander, weil der Bereich FRAGEN FÜR DIESEN TEST die Fragen aus der FRAGENLISTE bezieht. Wenn Sie bei einem Test in der Anwendungsphase alle abgelegten Tests löschen, dann befindet sich diese wieder in der Entwicklungsphase.

20.4.1 Entwicklungsphase

Wenn Sie einen neuen Test hinzufügen und das Formular BEARBEITE TEST speichern, öffnet Moodle das Register FRAGEN, das zu diesem Zeitpunkt aussieht wie in Abbildung 20.15.

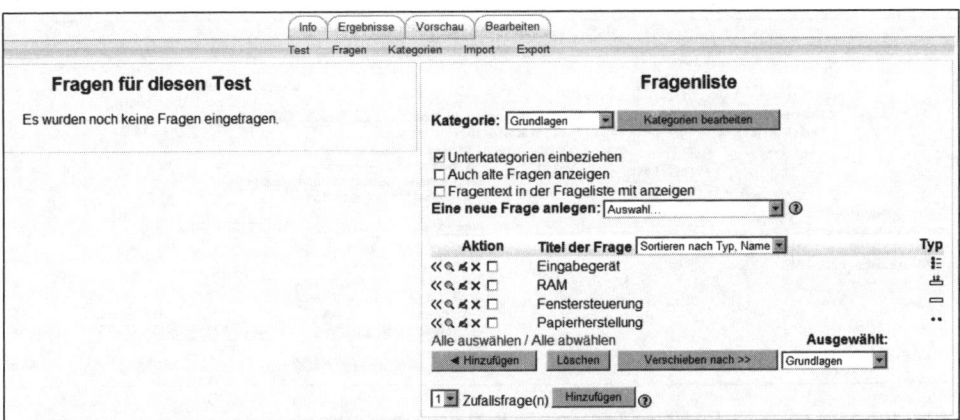

Abbildung 20.15: Das Formular Bearbeite Test, Register Fragen

Weil Sie die Fragen bereits in der FRAGENLISTE erfasst und in der Kategorie GRUNDLAGEN abgelegt haben ;-), wählen Sie die Kategorie GRUNDLAGEN (Abbildung 20.16), und alle Fragen dieser Kategorie werden in der FRAGENLISTE angezeigt.

Im nächsten Schritt geht es darum, den Test mit Fragen aus der Fragenliste zu füllen und gegebenenfalls nach falscher Zuordnung wieder aus dem Test zu entfernen. Verwenden Sie dazu die Symbole in der Spalte AKTION, die im Bereich FRAGENLISTE (rechts) wie auch im Bereich FRAGEN FÜR DIESEN TEST (links) verfügbar ist.

Die Symbole der Spalte Aktion

↓	Frage nach unten verschieben
↑	Frage nach oben verschieben
⚲	Öffnet ein Popup-Fenster, in dem Sie die Frage testen können
✍	Frage aktualisieren, bearbeiten
«	Frage dem Test hinzufügen
»	Frage aus dem Test entfernen
×	Frage löschen

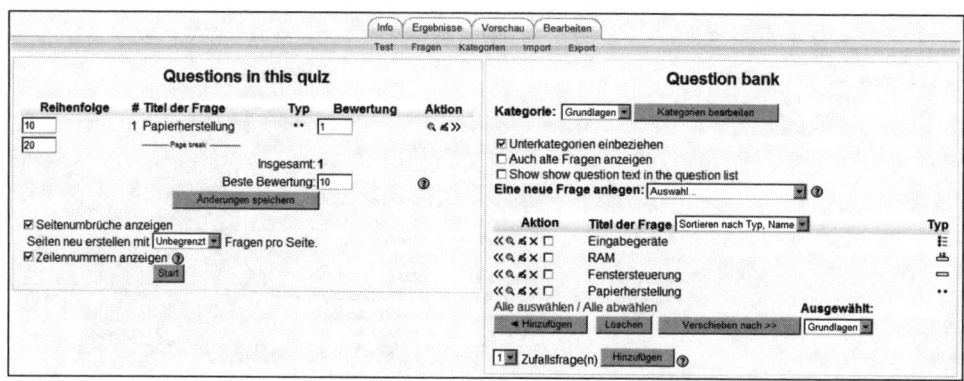

Abbildung 20.16: Das Register Test in der Entwicklungsphase

Wenn Sie mehrere Fragen gleichzeitig aus der Fragenliste in den Test verschieben wollen, sind folgende Bedienelemente im Bereich Fragenliste hilfreich:

▪ Mit einem Klick auf die Schaltfläche ◄ HINZUFÜGEN können Sie die in der Fragenliste markierten Fragen nach links zu den Testfragen hinzufügen.

▪ Mit ALLE AUSWÄHLEN und ALLE ABWÄHLEN markieren bzw. löschen Sie alle Ausfüllkästchen mit einem Mausklick.

Wenn Sie die Reihenfolge der Fragen und die Seitenumbrüche im Test festlegen wollen, sind folgende Bedienelemente im Bereich Testfragen hilfreich:

▪ Ist das Auswahlkästchen SEITENUMBRÜCHE ANZEIGEN aktiviert, können Sie in einem zusätzlichen Listenfeld die SEITE NEU ERSTELLEN MIT [UNBEGRENZT, 1 – 50] FRAGEN PRO SEITE, und die Seitenumbrüche werden mit dem Symbol PAGE BREAK angezeigt.

■ Ist das Auswahlkästchen ZEILENNUMMERN ANZEIGEN aktiviert, werden in der Spalte REIHENFOLGE Textfelder angezeigt, in denen Sie die neue Reihenfolge mit einer aufsteigenden Zahlenfolge definieren. Das ist dann sinnvoll, wenn Sie in einem großen Test Umstellungen vornehmen wollen, die über die Pfeiltasten zu zeitraubend wären.

Beide Zusatzfunktionen werden erst aktiviert/deaktiviert, wenn Sie auf die Schaltfläche START klicken.

Über die Schaltfläche HINZUFÜGEN im Bereich FRAGENLISTE wird die im Listenfeld angegebene Anzahl an ZUFALLSFRAGE(N) eingebaut, die für jeden Teilnehmenden eine andere Frage aus dieser Kategorie nach dem Zufallsprinzip auswählt. Wenn Sie einen Test mit beispielsweise zehn zufälligen Fragen erstellen, wird möglicherweise jeder Lernende bei jedem Testversuch ein komplett anderes Set von zehn Fragen vorfinden. Und wenn Sie sicherstellen wollen, dass bestimmte Fragen immer enthalten sind, können Sie zufällige und nicht-zufällige Fragen mischen.

20.4.2 Anwendungsphase

In der Anwendungsphase erscheint auf dem Register FRAGEN nur noch der Bereich FRAGEN FÜR DIESEN TEST (Abbildung 20.17). Mit einem Klick auf # TEILNEHMER/INNEN HABEN # VERSUCHE DURCHGEFÜHRT gelangen Sie zu den Auswertungen (siehe Abschnitt 20.12, *Das Register Übersicht*). Der Link informiert auch über die Anzahl abgelegter Tests und die Anzahl beteiligter Lernender. Mit einem Klick auf die Schaltfläche BEARBEITEN in der Spalte AKTION öffnet sich das gleichnamige Formular.

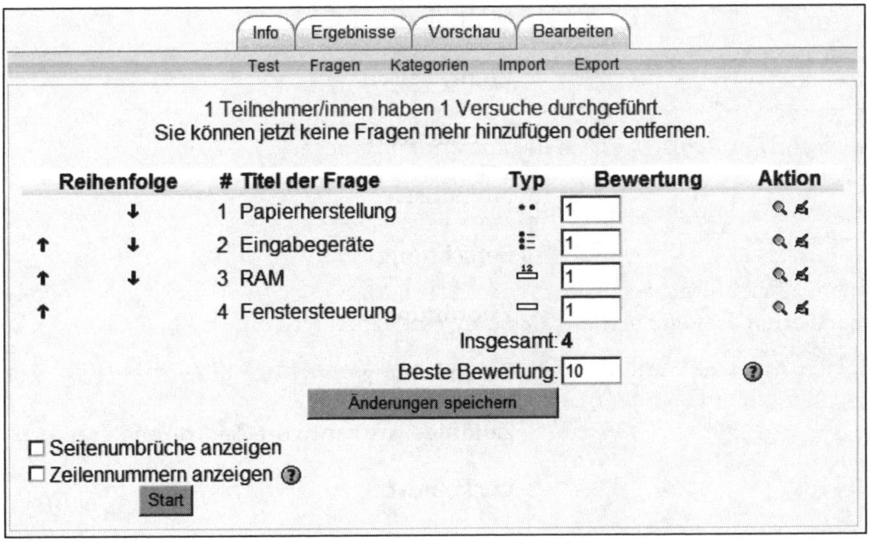

Abbildung 20.17: Das Formular Bearbeite Test, Register Fragen, in der Anwendungsphase

- REIHENFOLGE: Hier bestimmen Sie die Reihenfolge der Fragen. Das ist nur sinnvoll, wenn Sie die Einstellung FRAGEN MISCHEN auf NEIN setzen.

- TITEL DER FRAGE: informiert den Trainer, wo die Frage hinzielt. Es handelt sich dabei um eine »interne« Information, die dem Lernenden nirgends angezeigt wird.

- TYP: als Symbol angezeigt.

- BEWERTUNG: Tragen Sie hier die Punkte ein, die der Teilnehmer für die richtige Lösung erhält.

- AKTION: Auswahl der möglichen Aktionen als Symbol angezeigt. In der Anwendungsphase stehen noch BEARBEITEN und VORSCHAU zur Verfügung.

- INSGESAMT: ... sind in diesem Test so viele Punkte möglich.

- BESTE BEWERTUNG: Hier tragen Sie die Note ein, die ein Teilnehmer erhalten soll, wenn er INSGESAMT Punkte errreicht, also alle Fragen richtig beantwortet. Die erreichte Punktzahl wird auf diese Note umgerechnet. Die Dezimalstellen haben Sie bereits in DEZIMALZIFFERN BEI DER BEWERTUNG in den Test-Einstellungen definiert.

- SEITENUMBRÜCHE ANZEIGEN: Ist das Auswahlkästchen aktiviert, können Sie in einem zusätzlichen Listenfeld die SEITEN NEU ERSTELLEN MIT [UNBEGRENZT, 1 - 50] FRAGEN PRO SEITE, und die Seitenumbrüche werden mit dem Symbol PAGE BREAK angezeigt. Sie können diese Aufteilung von Hand verändern.

- ZEILENNUMMERN ANZEIGEN: Ist dieses Auswahlkästchen aktiviert, werden in der Spalte REIHENFOLGE Textfelder angezeigt, in denen Sie die neue Reihenfolge mit einer aufsteigenden Zahlenfolge definieren.

▤	Multiple-Choice
••	Wahr/Falsch
▭	Kurzantwort
12	Numerisch
2+2 =?	Berechnung
▤▤	Zuordnung
▦	Beschreibung
?▦	Zufällige Kurzantwort-Zuordnungsfrage
▦	Lückentext
□	Essay

Tabelle 20.1: Die Symbole für die zehn Fragentypen

20.5 Fragentypen

Sie erfahren hier alles über die zehn Fragentypen, die in Moodle implementiert sind. Weil deren Erfassungsformular für die ersten fünf Einstellungen (fast) gleich aussieht, stelle ich diesen ersten Teil hier voran und bespreche bei den einzelnen Fragentypen nur noch den zweiten Teil (Abbildung 20.18).

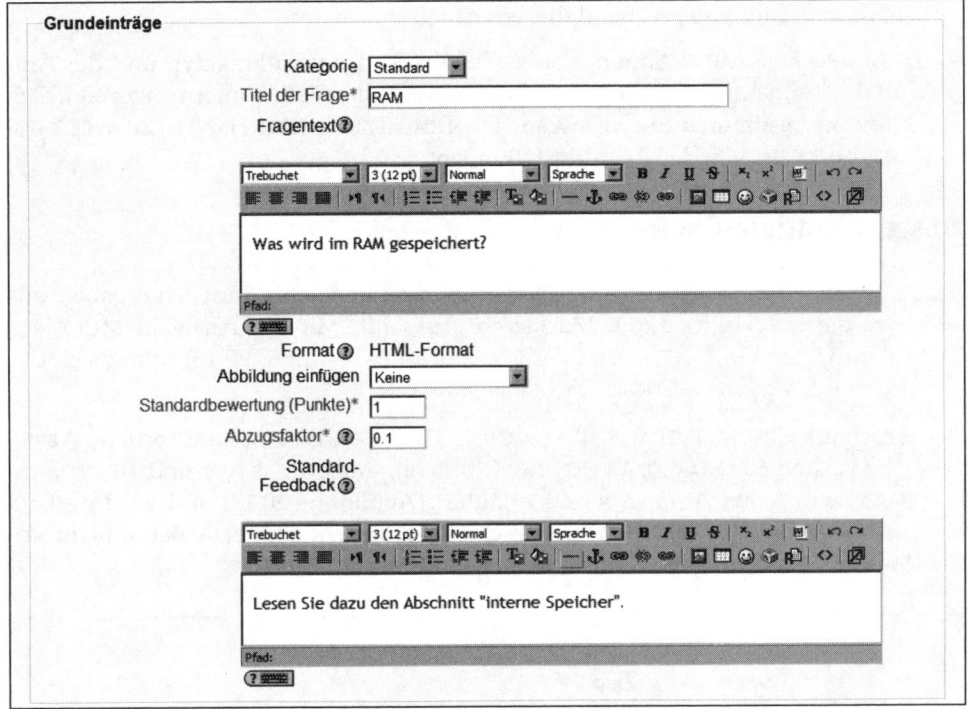

Abbildung 20.18: Das Formular zur Fragenerfassung, erster Teil – bei allen Fragentypen gleich

■ KATEGORIE: In diesem Listenfeld bestimmen Sie, zu welcher Kategorie die Frage gehört. Als Vorgabewert erscheint die momentan im Bereich Fragenliste eingestellte Kategorie.

■ TITEL DER FRAGE: Nur für den internen Gebrauch, die Teilnehmenden sehen ihn nicht.

■ FRAGENTEXT: Formulieren Sie hier die Frage in einfacher, verständlicher Sprache.

■ FORMAT: Die Texte werden im HTML-Format gespeichert.

■ ABBILDUNGEN EINFÜGEN: Das Listenfeld enthält alle in den Kurs hochgeladenen Bilder zur Auswahl. Dabei spielt es keine Rolle, in welchen Verzeichnissen sich diese befinden.

■ STANDARDBEWERTUNG (PUNKTE): Wie viele Punkte soll der Teilnehmer für die richtige Beantwortung dieser Frage erhalten? Setzen Sie die Punktzahl je nach Schwierigkeitsgrad und Zeitaufwand für die Beantwortung zwischen 1 und 5. Sie können diesen Wert bei den einzelnen Tests noch verändern, er wird nur als Vorgabe verwendet.

■ ABZUGSFAKTOR: Er spielt nur eine Rolle, wenn Sie den Test im ADAPTIVEN MODUS anbieten. Für jedes Abschicken einer falschen Lösung verringert sich die Punktzahl dieser Frage entsprechend diesem Anteil.

■ STANDARD-FEEDBACK: Anders als das Feedback, das vom Fragetyp und der Antwort des Teilnehmers abhängt, wird dieser Text allen Teilnehmern angezeigt. Den Zeitpunkt bestimmen Sie in WAS SOLLEN DIE TEILNEHMER/INNEN ZU WELCHEM ZEITPUNKT SEHEN in den Test-Einstellungen.

20.5.1 Multiple-Choice

Der Lernende erhält außer der Frage zwischen zwei und zehn Antwortvorgaben, aus denen er die richtige(n) durch Markieren auswählt. Mit der Auswahl MULTIPLE-CHOICE im Listenfeld EINE NEUE FRAGE ANLEGEN (Abbildung 20.16) öffnet sich das Formular EINE MULTIPLE-CHOICE-FRAGE BEARBEITEN.

Der Abschnitt GRUNDEINTRÄGE (KATEGORIE, TITEL DER FRAGE, FRAGENTEXT, ABBILDUNG EINFÜGEN, STANDARDBEWERTUNG (PUNKTE), ABZUGSFAKTOR und STANDARD-FEEDBACK) wurde am Anfang bereits erläutert (Abbildung 20.18) und wird deshalb hier nicht mehr erklärt. Bei der Multiple-Choice-Frage enthält der Abschnitt GRUNDEINTRÄGE zusätzlich folgende Einstellungen (Abbildung 20.19).

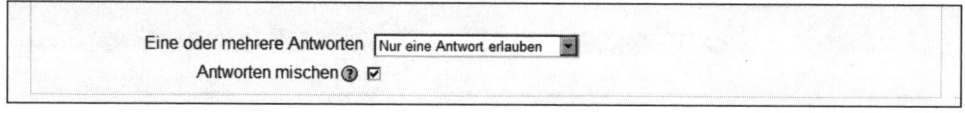

Abbildung 20.19: Multiple-Choice-Fragen, Zusatz im Abschnitt Grundeinträge

■ EINE ODER MEHRERE ANTWORTEN?: Mit NUR EINE ANTWORT ERLAUBEN (Abbildung 20.22) kann der Lernende nur eine und mit MEHRERE ANTWORTEN ERLAUBEN (Abbildung 20.23) kann er mehrere Antworten markieren.

■ ANTWORTEN MISCHEN: Ist dieses Auswahlkästchen aktiviert, wird die Antwortreihenfolge für jeden Teilnehmer und jeden Versuch zufällig gemischt. Hierfür muss die Einstellung ANTWORTEN MISCHEN in den Test-Einstellungen auf JA eingestellt sein. Damit soll das Abschreiben untereinander erschwert werden.

Nach dem Abschnitt GRUNDEINTRÄGE folgen die fünf Abschnitte AUSWAHL 1 bis AUSWAHL 5 zum Erfassen der Auswahlantworten. Felder, die Sie leer lassen, erscheinen im Test nicht. Sie müssen aber mindestens zwei Antworten erfassen (Abbildung 20.20).

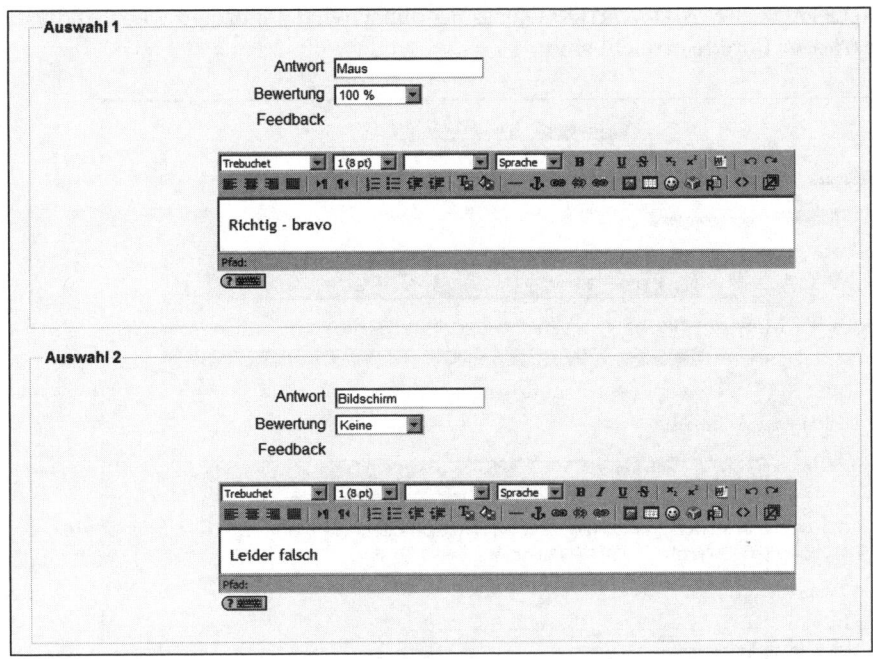

Abbildung 20.20: Multiple-Choice-Fragen, Abschnitt Auswahl 1 bis Auswahl 5
(aus Platzgründen sind nur zwei Abschnitte abgebildet))

■ ANTWORT: Hier formulieren Sie die Antwort als AUSWAHL #.

■ BEWERTUNG: Definieren Sie hier den Punkteanteil, den der Lernende für die Auswahl dieser Antwort erhält. Ist NUR EINE ANTWORT ERLAUBEN aktiviert, sollten Sie bei der richtigen Antwort 100 % und bei den übrigen KEINE wählen. Ist MEHRERE ANTWORTEN ERLAUBEN, sollten die Summen der Punkteanteile aller richtigen Antworten 100 % und die Summen aller falschen Antworten -100 % ergeben. Das Listenfeld gibt Ihnen alle sinnvollen Varianten in diesem Bereich vor, nimmt Ihnen aber nicht die Kontrolle über die Gesamtprozentzahl ab (Abbildung 20.24).

■ FEEDBACK: Das entsprechende Feedback wird angezeigt, wenn der Lernende diese Antwort markiert hat. Diese Funktion ist abhängig von WAS SOLLEN DIE TEILNEHMER/INNEN ZU WELCHEM ZEITPUNKT SEHEN? in den Kurseinstellungen.

Nach dem Abschnitt AUSWAHL 5 folgt der Abschnitt GESAMT-FEEDBACK (Abbildung 20.21). Mit einem Klick auf die Schaltfläche LEERFELDER FÜR 3 WEITERE AUSWAHL, die nach dem letzten Auswahl-Abschnitt angezeigt wird, können Sie die Anzahl der Auswahl-Antworten jeweils um drei weitere erhöhen.

■ FÜR ALLE RICHTIGEN ANTWORTEN: Dieses Feedback wird angezeigt, wenn in dieser Frage 100% der Punkte erreicht sind.

■ FÜR ALLE TEILRICHTIGEN ANTWORTEN: Dieses Feedback wird angezeigt, wenn in dieser Frage mehr als 0%, aber nicht 100% der Punkte errreicht sind.

■ FÜR ALLE FALSCHEN ANTWORTEN: Dieses Feedback wird angezeigt, wenn in dieser Frage 0% der Punkte erreicht sind.

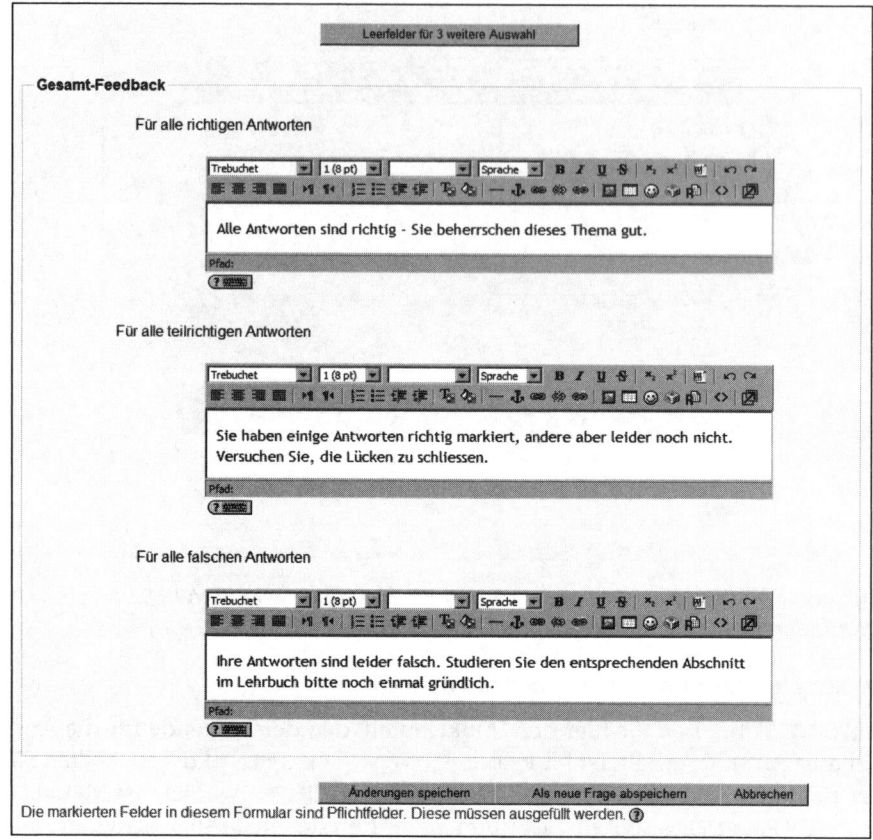

Abbildung 20.21: Multiple-Choice-Fragen, Abschnitt Gesamt-Feedback

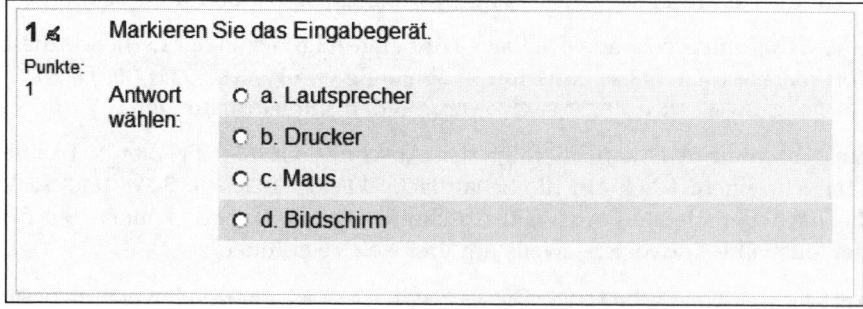

Abbildung 20.22: Multiple-Choice-Frage, nur eine Antwort, aus der Sicht des Teilnehmers

1 ✍ Markieren Sie die Eingabegeräte.

Punkte:
1

Antwort(en) ☐ a. Tastatur
wählen:
☐ b. Bildschirm

☐ c. Drucker

☐ d. Maus

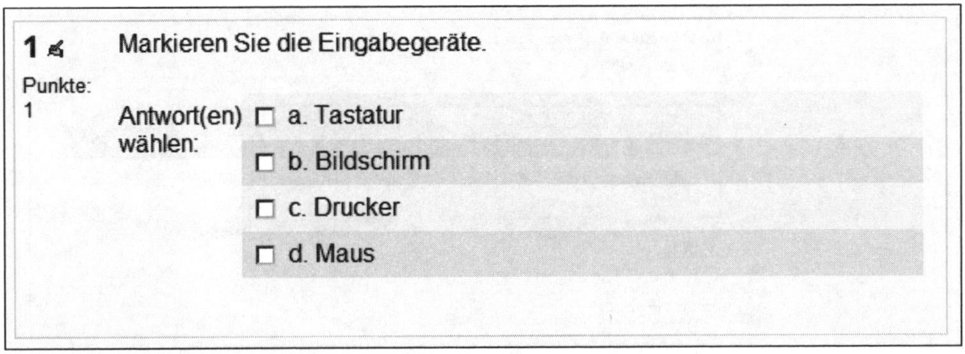

Abbildung 20.23: Multiple-Choice-Frage, mehrere Antworten erlaubt, aus der Sicht des Teilnehmers

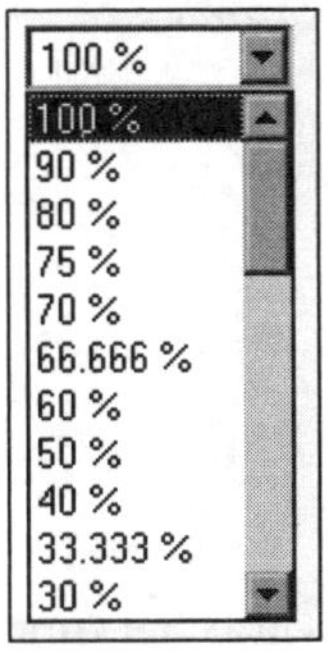

100 % ▼
100 % ▲
90 %
80 %
75 %
70 %
66.666 %
60 %
50 %
40 %
33.333 %
30 % ▼

Abbildung 20.24: Das Listenfeld Punkt

20.5.2 Wahr-Falsch

Der Lernende erhält außer der Frage die zwei Optionsschaltflächen WAHR und FALSCH und hat sich für eine zu entscheiden (Abbildung 20.26). Mit diesem Fragentyp erstellen Sie einfache bis sehr schwierige Fragen, die immer nur WAHR sind, wenn sämtliche darin enthaltenen Aussagen zutreffen. Schwierige Fragen stellen hohe sprachliche Anforderungen an den Lernenden und enthalten oft mit dem Wort *weil* eine kausale Verbindung zweier Aussagen.

Mit der Auswahl WAHR/FALSCH im Listenfeld EINE NEUE FRAGE ANLEGEN (Abbildung 20.16) öffnet sich das Formular EINE WAHR-FALSCH-FRAGE BEARBEITEN.

Der Abschnitt GRUNDEINTRÄGE (KATEGORIE, TITEL DER FRAGE, FRAGENTEXT, ABBIL-DUNG EINFÜGEN, STANDARDBEWERTUNG (PUNKTE), ABZUGSFAKTOR und STANDARD-FEEDBACK) wurde am Anfang bereits erläutert (Abbildung 20.18) und wird deshalb hier nicht mehr gezeigt und erklärt. Bei der Wahr-Falsch-Frage enthält der Abschnitt GRUNDEINTRÄGE zusätzlich folgende Einstellungen (Abbildung 20.25).

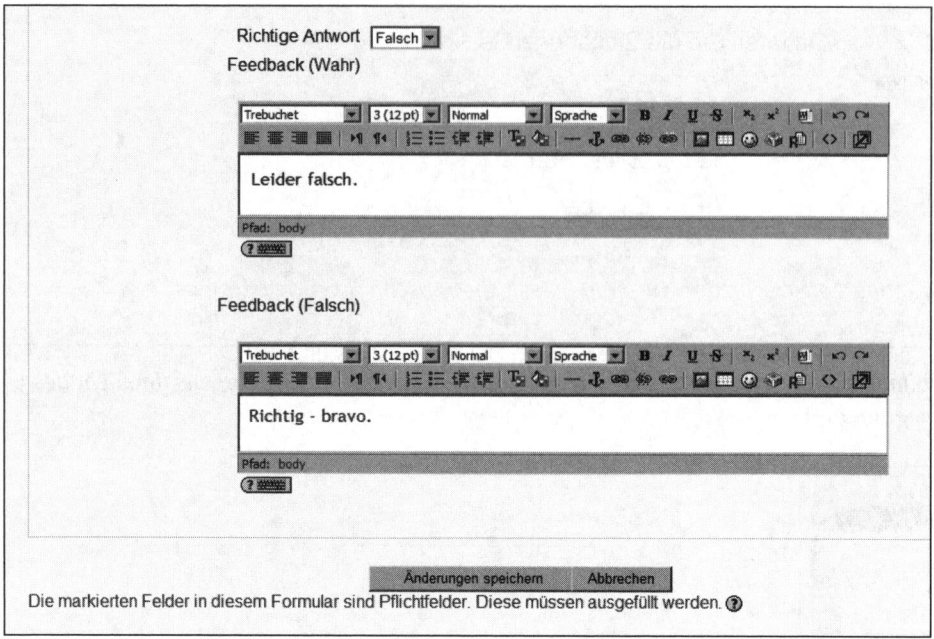

Abbildung 20.25: Wahr-Falsch-Frage, Zusatz im Abschnitt Grundeinträge

▓ RICHTIGE ANTWORT: Wählen Sie im Listenfeld WAHR oder FALSCH.

▓ FEEDBACK (WAHR): wird angezeigt, wenn der Lernende WAHR gewählt hat, und FEEDBACK (FALSCH) wird angezeigt, wenn er sich für FALSCH entschieden hat.

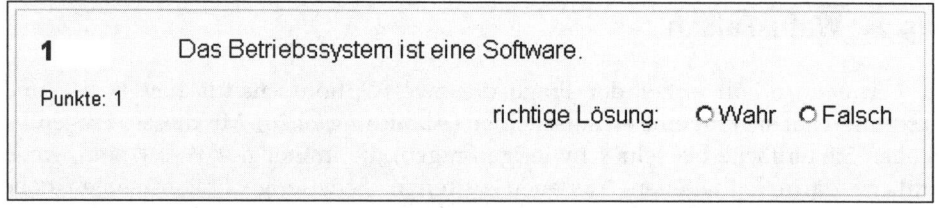

Abbildung 20.26: Wahr/Falsch-Frage aus der Sicht des Teilnehmers

20.5.3 Kurzantwort

Der Lernende beantwortet die Frage mit einer kurzen Antwort, die er in ein Eingabefeld eintippt (Abbildung 20.30). Mit diesem Fragentyp sollten Sie möglichst nur einzelne Wörter oder Begriffe erfragen. Die Antwort kann aus mehreren Wörtern bestehen, wenn diese so als Begriff bekannt oder gelernt sind.

Mit der Auswahl KURZANTWORT im Listenfeld EINE NEUE FRAGE ANLEGEN (Abbildung 20.16) öffnet sich das Formular EINE KURZANTWORT-FRAGE BEARBEITEN.

Der Abschnitt GRUNDEINTRÄGE (KATEGORIE, TITEL DER FRAGE, FRAGENTEXT, ABBIL-
DUNG EINFÜGEN, STANDARDBEWERTUNG (PUNKTE), ABZUGSFAKTOR und STANDARD-
FEEDBACK) wurde am Anfang bereits erläutert (Abbildung 20.18) und wird deshalb
hier nicht mehr gezeigt und erklärt. Bei der Kurzantwort-Frage enthält der Abschnitt
GRUNDEINTRÄGE zusätzlich folgende Einstellung (Abbildung 20.27).

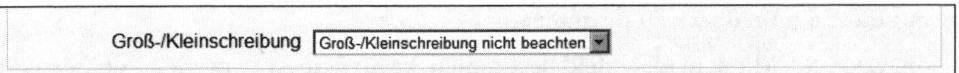

Abbildung 20.27: Kurzantwort-Frage, Zusatz im Abschnitt Grundeinträge

■ GROSS-/KLEINSCHREIBUNG: Mit GROSS-/KLEINSCHREIBUNG NICHT BEACHTEN werden Lösungen, die in der Großschreibung nicht übereinstimmen, dennoch als richtig bewertet. Mit GROSS-/KLEINSCHREIBUNG BEACHTEN gibt es keine Toleranz.

Nach dem Abschnitt GRUNDEINTRÄGE folgen die Abschnitte ANTWORT 1 bis ANTWORT
3 (Abbildung 20.28).

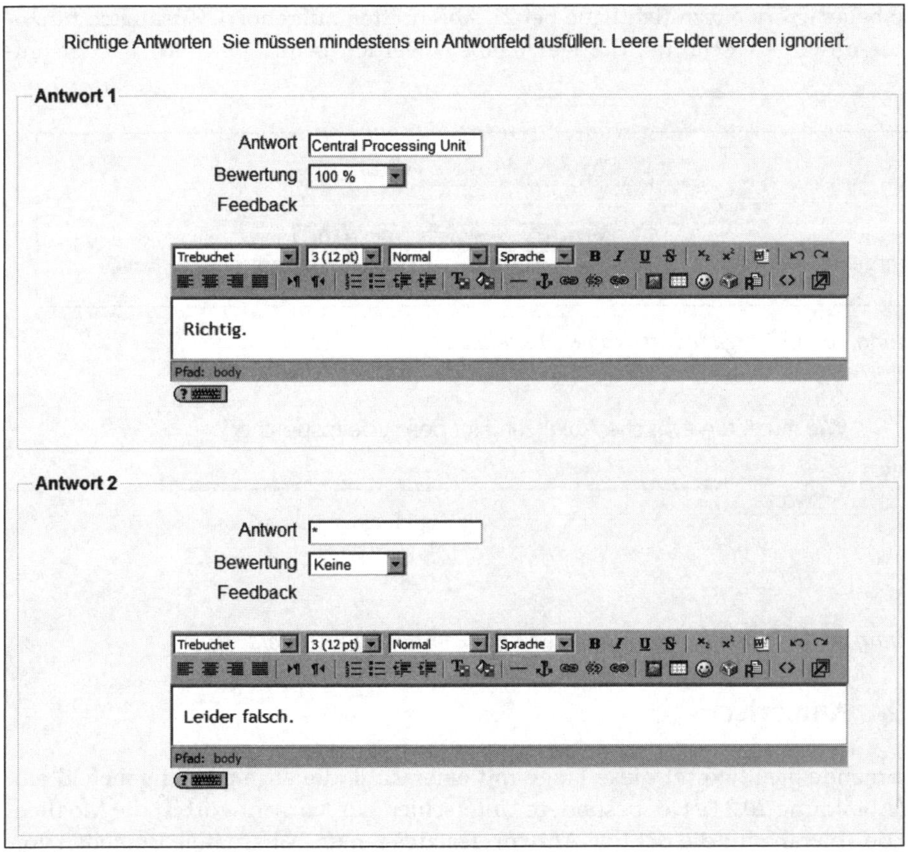

Richtige Antworten Sie müssen mindestens ein Antwortfeld ausfüllen. Leere Felder werden ignoriert.

Antwort 1

Antwort `Central Processing Unit`
Bewertung `100 %`
Feedback

| Trebuchet | 3 (12 pt) | Normal | Sprache | B *I* U S | ×₂ x² | ✎ | ↶ ↷ |

Richtig.

Pfad: body

Antwort 2

Antwort `*`
Bewertung `Keine`
Feedback

| Trebuchet | 3 (12 pt) | Normal | Sprache | B *I* U S | ×₂ x² | ✎ | ↶ ↷ |

Leider falsch.

Pfad: body

Abbildung 20.28: Kurzantwort-Frage, Abschnitte Antwort 1 bis Antwort 3

■ ANTWORT: Tragen Sie hier alle Lösungen ein, die Sie bewerten wollen. Es ist denkbar, dass Sie außer den hundertprozentig richtigen Antworten eine Lösung erfassen, für die Sie 50 % der Punkte geben wollen. Oder Sie geben zu erwartende falsche Lösungen ein, für die Sie ein zutreffendes Feedback geben wollen. Wenn Sie in der letzten Lösung ein Sternchen * eintragen, wird Moodle diese Vorgabe für alle nicht voraussehbaren (falschen) Lösungen verwenden. Es ist damit möglich, für diese ein Feedback zu formulieren.

■ BEWERTUNG: Mit dem Listenfeld bestimmen Sie für jede Antwort den Punkteanteil in Prozent, den Sie geben wollen (Abbildung 20.24). Bei diesem Fragentyp werden Sie normalerweise bei der richtigen Antwort 100 % einstellen und bei allen anderen NICHTS.

■ FEEDBACK: Hier geben Sie das Feedback ein, das Sie für diese Antwort vorsehen.

Das Formular KURZANTWORT-FRAGE, das standardmäßig die Abschnitte ANTWORT 1 bis ANTWORT 3 vorgibt, zeigt unter dem letzten Abschnitt die Schaltfläche LEERFELDER FÜR 3 WEITERE ANTWORTEN (Abbildung 20.29). Damit können Sie dem Formular drei weitere Antwort-Abschnitte hinzufügen. Die Liste bewerteter Antworten lässt sich so beliebig erweitern (ich habe bei 21 Abschnitten aufgehört). Zusätzlich hinzugefügte Antwort-Abschnitte, die leer bleiben, werden beim Speichern wieder entfernt.

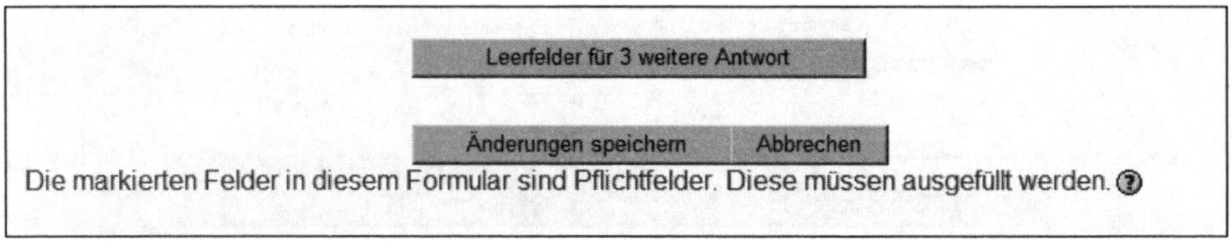

Abbildung 20.29: Kurzantwort-Frage, Abschluss

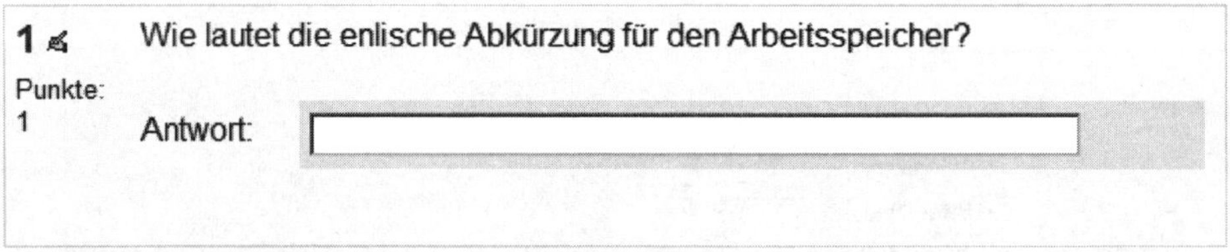

Abbildung 20.30: Kurzantwort-Frage aus der Sicht des Teilnehmers

20.5.4 Numerisch

Der Lernende beantwortet diese Frage mit einer Zahl, die er in ein Eingabefeld eintippt (Abbildung 20.34). Der besondere Unterschied zur Kurzantwort ist die Möglichkeit, eine Toleranz für die richtige Antwort festzulegen und alternative Einheiten vorzusehen.

Mit der Auswahl NUMERISCH im Listenfeld EINE NEUE FRAGE ANLEGEN (Abbildung 20.16) öffnet sich das Formular EINE NUMERISCHE FRAGE BEARBEITEN.

Der Abschnitt GRUNDEINTRÄGE (KATEGORIE, TITEL DER FRAGE, FRAGENTEXT, ABBIL-DUNG EINFÜGEN, STANDARDBEWERTUNG (PUNKTE), ABZUGSFAKTOR und STANDARD-FEEDBACK) wurde am Anfang bereits erläutert (Abbildung 20.18) und wird deshalb hier nicht mehr gezeigt und erklärt.

Nach dem Abschnitt GRUNDEINTRÄGE folgen die Abschnitte ANTWORT 1 bis ANTWORT 3 (Abbildung 20.31).

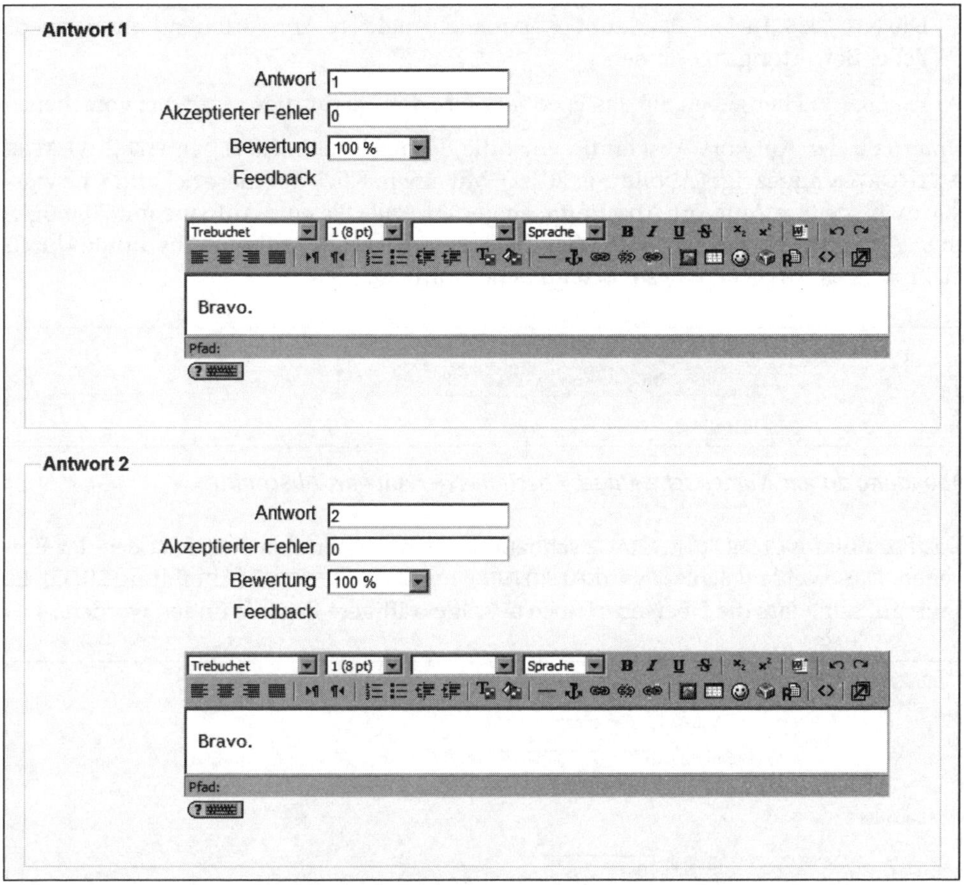

Abbildung 20.31: Numerische Frage, Abschnitte Antwort 1 bis Antwort 3

■ ANTWORT: wird als Zahl ohne Einheit angegeben. Numerische Fragen können auch nicht-numerische Antworten haben, bei denen auf die Groß- und Kleinschrei-bung geachtet wird. Dies ist immer dann hilfreich, wenn die Antwort auf eine numerische Frage so etwas wie N/A, +inf, -inf, NaN etc. ist.

■ AKZEPTIERTER FEHLER: Geben Sie hier die Toleranz ein. Bei einer richtigen Lösung von 30 und einem akzeptierten Fehler von 5 wird jede Zahl zwischen 25 und 35 als richtig gewertet.

■ BEWERTUNG: Mit dem Listenfeld bestimmen Sie für jede Antwort den Punkteanteil in Prozent, den Sie geben wollen (Abbildung 20.24). Bei diesem Fragentyp werden Sie normalerweise bei der richtigen Antwort 100 % eintragen. Es ist auch möglich, mehrere Antworten mit 100% zu bewerten. Bei der folgenden Aufgabe beispielsweise, sind die Antworten 1 und 2 richtig:

Geben Sie eine Lösung dieser Gleichung an: $x^2 - 3x + 2 = 0$

Die NUMERISCHE FRAGE erlaubt es aber auch, mehrere Antworten mit unterschiedlicher Bewertung zu erfassen.

■ FEEDBACK: Hier geben Sie das Feedback ein, das Sie für diese Antwort vorsehen.

Unterhalb der Antwort-Abschnitte wird die Schaltfläche LEERFELDER FÜR 2 WEITERE ANTWORTEN angezeigt (Abbildung 20.32). Mit einem Klick auf diese Schaltfläche werden zwei weitere Antwort-Abschnitte eingefügt. Falls Sie eine Aufgabe mit 20 möglichen Antworten kennen, können Sie die entsprechenden Antwort-Abschnitte durch mehrmaliges Anklicken dieser Schaltfläche einfügen.

Leerfelder für 2 weitere Antwort

Abbildung 20.32: Numerische Frage, Abschluss der Antwort-Abschnitte

Das Formular NUMERISCHE FRAGE schließt mit den Abschnitten zum Erfassen der Einheiten. Diese heißen nichtssagend ABSCHNITT 1 und ABSCHNITT 2 (Abbildung 20.33). Es kann gut sein, dass die Übersetzer noch aussagekräftigere Begriffe finden werden ;-).

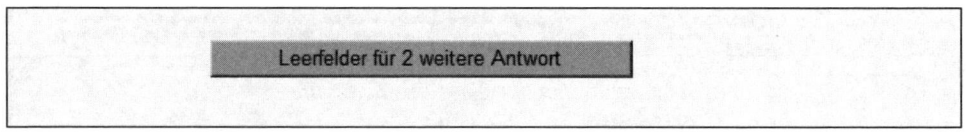

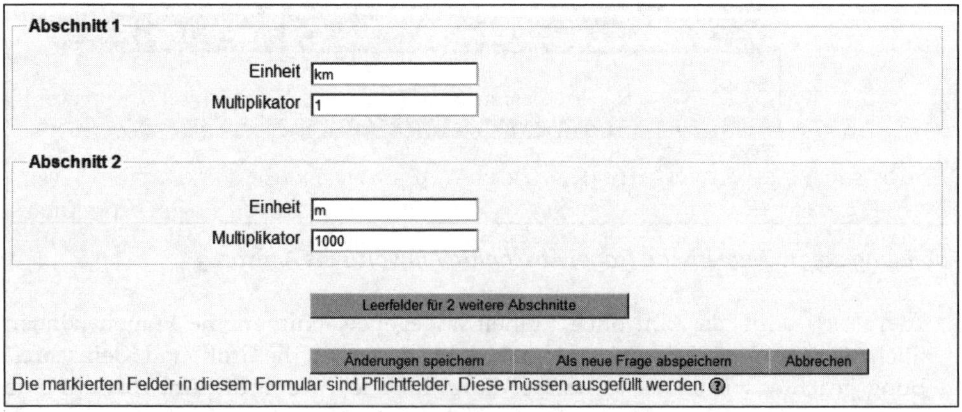

Abschnitt 1

Einheit: km
Multiplikator: 1

Abschnitt 2

Einheit: m
Multiplikator: 1000

Leerfelder für 2 weitere Abschnitte

Änderungen speichern   Als neue Frage abspeichern   Abbrechen

Die markierten Felder in diesem Formular sind Pflichtfelder. Diese müssen ausgefüllt werden. ⑦

Abbildung 20.33: Numerische Frage, Abschnitte zum Erfassen der Einheiten

- EINHEIT: Geben Sie hier die Einheit ein, die dem MULTIPLIKATOR entspricht.

- MULTIPLIKATOR: Geben Sie hier den Faktor ein, der der Einheit entspricht.

    Anwendungsbeispiel: Angenommen, die richtige Lösung Ihrer Aufgabe sei 100 km.

    – Tragen Sie im Abschnitt ANTWORT 1 als ANTWORT 100 ein.

    – Erfassen Sie als EINHEIT **km** mit dem MULTIPLIKATOR **1**.

    – Erfassen Sie die EINHEIT **m** mit dem MULTIPLIKATOR **1000**.

    Moodle wird nun **1 km** und **1000 m** als richtig werten.

Mit einem Klick auf die Schaltfläche LEERFELDER FÜR 2 WEITERE ABSCHNITTE können Sie das Formular um zwei Einheitsabschnitte erweitern.

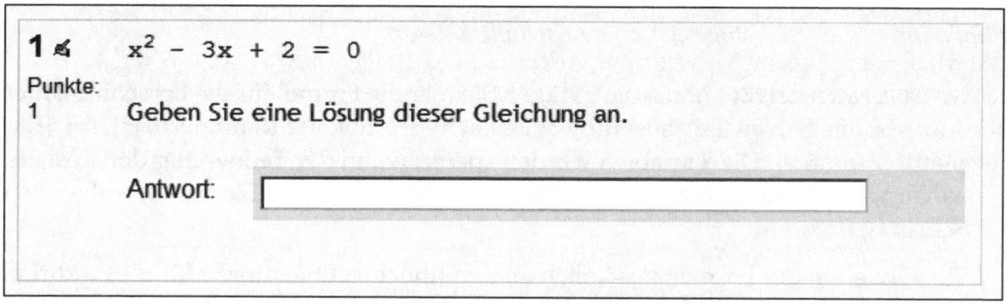

Abbildung 20.34: Numerische Frage aus der Sicht des Teilnehmers

20.5.5 Berechnung

Der Lernende beantwortet diese Frage mit einer Zahl, die er in ein Eingabefeld eintippt (Abbildung 20.38). Im Unterschied zur numerischen Frage erhält der Lernende bei jedem Versuch andere Zahlen vorgelegt. Dazu beschreiben Sie eine mathematische Aufgabe mit mehreren Variablen, die von Moodle später durch Zahlenwerte ersetzt werden. Die Lösung definieren Sie als Formel zur Berechnung der richtigen Lösung. Anschließend legen Sie für jede Variable die Wertebereiche fest (Abbildung 20.37).

Mit der Auswahl BERECHNUNG im Listenfeld EINE NEUE FRAGE ANLEGEN (Abbildung 20.16) öffnet sich das Formular EINE BERECHNUNGSFRAGE BEARBEITEN.

Der Abschnitt GRUNDEINTRÄGE (KATEGORIE, TITEL DER FRAGE, FRAGENTEXT, ABBILDUNG EINFÜGEN, STANDARDBEWERTUNG (PUNKTE), ABZUGSFAKTOR und STANDARDFEEDBACK) wurde am Anfang bereits erläutert (Abbildung 20.18) und wird deshalb hier nicht mehr gezeigt und erklärt.

Nach dem Abschnitt GRUNDEINTRÄGE folgt der Abschnitt ANTWORT (Abbildung 20.35). Verwenden Sie in der Frage dieselben Variablen wie in der FORMEL FÜR RICHTIGE ANTWORT. Beispiel: Wie viel Tageszins erhalten Sie für ein Kapital von {K} bei einem Zinssatz von {Z} %?

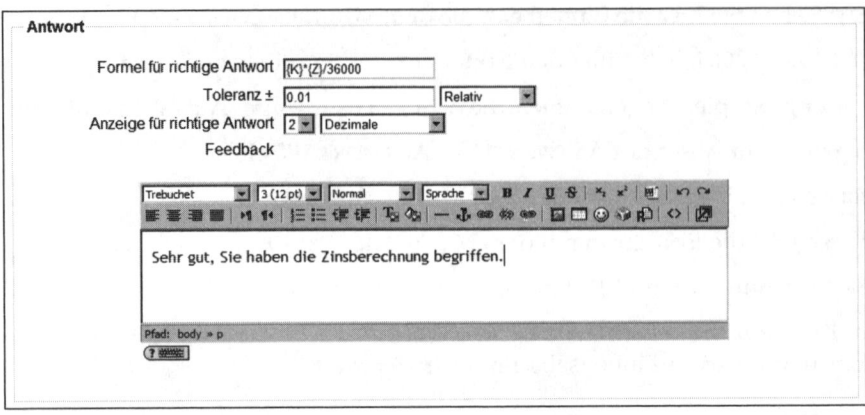

Abbildung 20.35: Berechnungsfrage, Abschnitt Antwort

- FORMEL FÜR RICHTIGE ANTWORT: Tragen Sie hier die Formel für die Berechnung der Aufgabe ein. Setzen Sie dabei die Variablen in geschweifte Klammern: {a}, {b}, {Kapital}, {Zinssatz}. Die Variablen werden später, wenn der Teilnehmer den Test absolviert, durch entsprechende Zahlen ersetzt. Diese werden Sie im nachfolgenden Schritt definieren.

  Sie können in der Formel, zusätzlich zu den üblichen Operatoren für die Addition +, Subtraktion -, Multiplikation *, Division / und % Modulo, auch Funktionen verwenden: ABS, ACOS, ACOSH, ASIN, ASINH, ATAN, ATANH, CEIL, COS, COSH, DEG2RAD, EXP, EXPML, FLOOR, LOG, LOG10, LOGLP, RAD2DEG, ROUND, SIN, SINH, SPRT, TAN, TANH, ATAN2, POW, MIN und MAX. Detaillierte Informationen darüber, wie diese Funktionen zu verwenden sind, finden Sie in PHP-Dokumentationen. Moodle greift hier nämlich auf dessen Mathe-Bibliothek zurück ;-).

- TOLERANZ: Angenommen, die korrekte Antwort beträgt 200 und die TOLERANZ ist auf 0.5 eingestellt, dann arbeiten die drei Toleranz-Typen wie folgt:

  - RELATIV: Die korrekte Antwort wird mit dem Toleranzwert multipliziert (200*0.5=100). Jede Zahl im Bereich 200 plusminus 100, also zwischen 100 und 300, wird als richtig bewertet.

  - NOMINAL: Die korrekte Antwort muss zwischen 199.5 und 200.5 liegen.

  - GEOMETRISCH: Hier wird der Toleranzwert nach oben gleich berechnet wie bei RELATIV (200+0.5*200). Nach unten wird der Toleranzwert mit der Formel 200/(1+0.5) berechnet, was in unserem Beispiel den Bereich zwischen 133 und 300 ergibt. Diese Form ist hilfreich, wenn mit der RELATIV-Berechnung die Null immer als richtige Antwort gilt.

- ANZEIGE FÜR RICHTIGE ANTWORT: Hier definieren Sie, wie die korrekte Antwort in der Auswertung angezeigt werden soll.

- FEEDBACK: Hier geben Sie das Feedback ein, das Sie für diese Antwort vorsehen.

Es folgt der ABSCHNITT 1 zum Erfassen der EINHEIT (Abbildung 20.36). EINHEIT und MULTIPLIKATOR funktionieren hier genau gleich wie bei NUMERISCHE FRAGE. Mit der Schaltfläche LEERFELDER FÜR 2 WEITERE ABSCHNITTE können Sie dem Formular weitere Abschnitte hinzufügen.

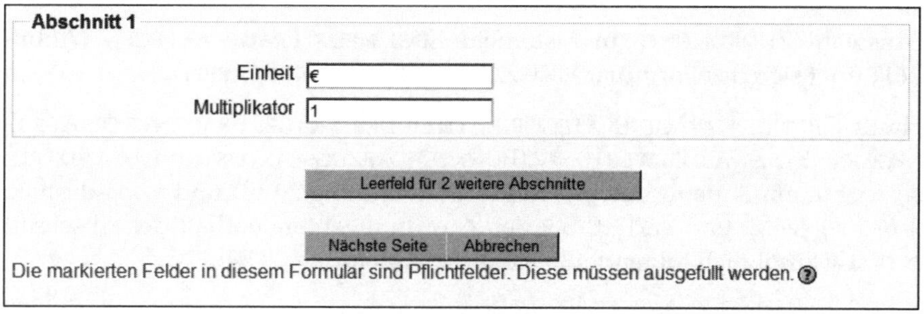

Abschnitt 1

Einheit €

Multiplikator 1

Leerfeld für 2 weitere Abschnitte

Nächste Seite   Abbrechen

Die markierten Felder in diesem Formular sind Pflichtfelder. Diese müssen ausgefüllt werden. ⑦

Abbildung 20.36: Berechnungsfrage, Abschnitt Abschnitt 1 zum Erfassen der Einheit

Nach dem Speichern des Formulars EINE BERECHNUNGSFRAGE BEARBEITEN bestimmen Sie in einem weiteren Formular die Wertebereiche, die für die Variablen eingesetzt werden Abbildung 20.37. Mit jedem Klick auf die Schaltfläche HINZUFÜGEN werden neue Werte generiert.

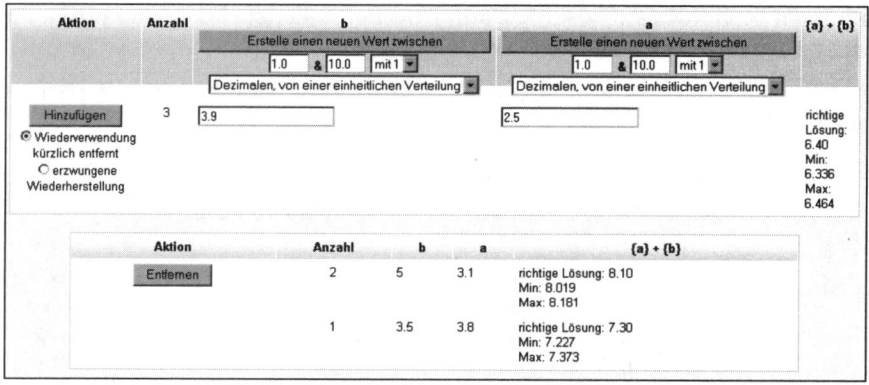

Abbildung 20.37: Definition der Wertebereiche für die Variablen

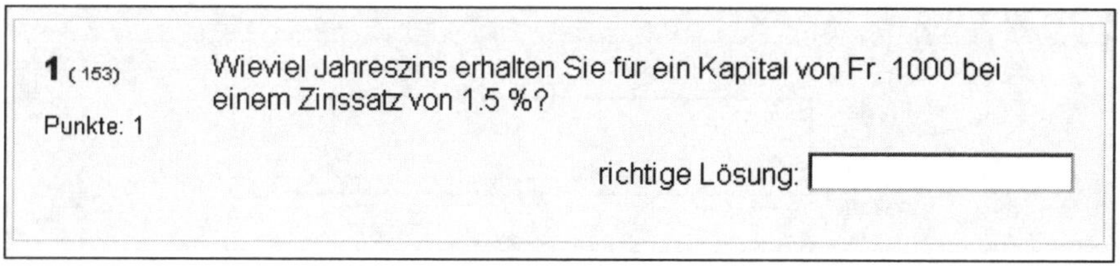

---

1 (153)

Punkte: 1

Wieviel Jahreszins erhalten Sie für ein Kapital von Fr. 1000 bei einem Zinssatz von 1.5 %?

richtige Lösung:

Abbildung 20.38: Frage vom Typ Berechnung

20.5.6 Zuordnung

Der Lernende erhält außer der Frage mindestens drei Unterfragen mit einem Listenfeld, das die durcheinandergewürfelten Antworten enthält. Er beantwortet die Fragen, indem er im Listenfeld die passende Antwort auswählt (Abbildung 20.41).

Mit der Auswahl ZUORDNUNG im Listenfeld EINE NEUE FRAGE ANLEGEN (Abbildung 20.16) öffnet sich das Formular EINE ZUORDNUNGSFRAGE BEARBEITEN.

Der Abschnitt GRUNDEINTRÄGE (KATEGORIE, TITEL DER FRAGE, FRAGENTEXT, ABBIL-
DUNG EINFÜGEN, STANDARDBEWERTUNG (PUNKTE), ABZUGSFAKTOR und STANDARD-
FEEDBACK) wurde am Anfang bereits erläutert (Abbildung 20.18) und wird deshalb
hier nicht mehr gezeigt und erklärt. Bei der Zuordnungsfrage enthält der Abschnitt
GRUNDEINTRÄGE zusätzlich folgende Einstellung (Abbildung 20.39).

Abbildung 20.39: Zuordnung, Zusatz im Abschnitt Grundeinträge

■ MISCHEN: Mit JA wird die Reihenfolge der Frage-Antwort-Paare bei jedem Aufruf
der Frage zufällig gemischt. Diese Einstellung funktioniert nur, wenn in den Test-
Einstellungen ANTWORTEN MISCHEN auf JA eingestellt ist. Die Antworten im
Listenfeld werden immer gemischt.

Dem Abschnitt GRUNDEINTRÄGE folgen die Abschnitte FRAGE 1 bis FRAGE 3
(Abbildung 20.40).

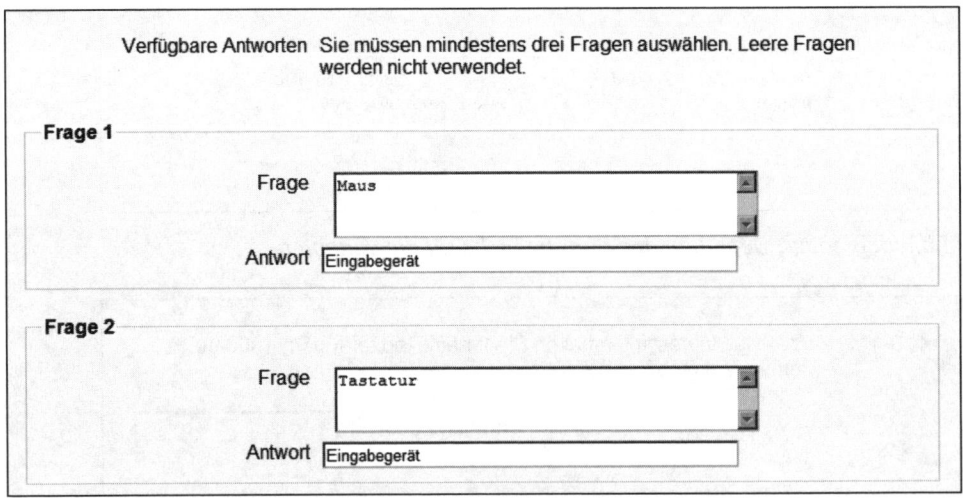

Abbildung 20.40: Zuordnungsfrage, Abschnitte Frage 1 bis Frage 3

▪ FRAGE #: Hier erfassen Sie die feststehende Unterfrage, die als längerer Text formuliert sein kann, häufig aber auch nur aus einem Wort besteht.

▪ ZUGEORDNETE ANTWORT #: Diese erscheint im Listenfeld und soll deshalb möglichst kurz sein, meistens genügt ein Wort. Wenn Sie Antworten mehrfach eintragen, müssen diese identisch geschrieben sein.

Wenn Sie eine Frage aufnehmen, für die keine Zuordnung besteht, wird es anspruchsvoller. Beispielsweise könnten Sie für die Frage mit den Peripheriegeräten (Abbildung 20.41), zusätzlich als FRAGE # die »Festplatte« aufführen und als ZUGEORDNETE ANTWORT # »Passende Antwort fehlt« oder »???«. Wie Sie in der Abbildung erkennen, werden gleiche Antwortvorgaben in der Auswahlliste nur einmal angezeigt. Je zwei Fragen haben als Antwort »Eingabegerät« respektive »Ausgabegerät«.

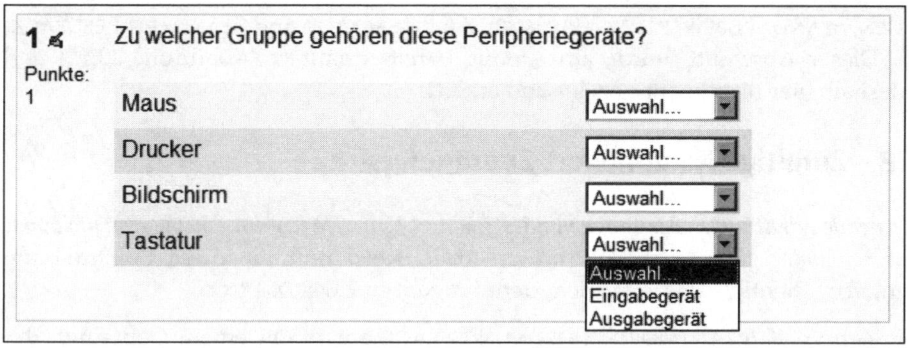

Abbildung 20.41: Zuordnungsfrage aus der Sicht des Teilnehmers

Unterhalb der Frage-Abschnitte wird die Schaltfläche 3 WEITERE LEERFELDER angezeigt (Abbildung 20.42). Mit einem Klick auf diese Schaltfläche werden drei weitere Frage-Abschnitte eingefügt.

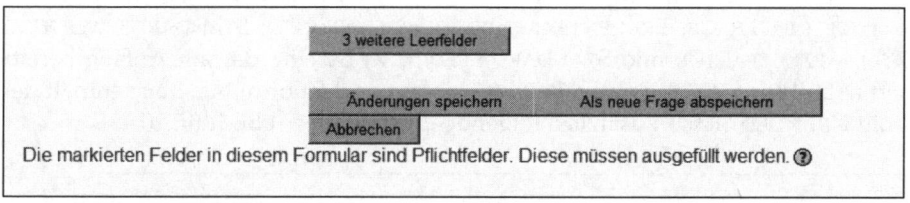

Abbildung 20.42: Zuordnungsfrage, Abschluss des Formulars

20.5.7 Beschreibung

Der Lernende erhält hier keine Frage. Dieser Fragentyp zeigt nur eine Information an, ohne vom Lernenden eine Antwort zu erwarten. Benutzen Sie ihn beispielsweise, um eine detaillierte PC-Konfiguration anzuzeigen, auf die sich die nachfolgenden fünf Kurzantwort-Fragen beziehen.

Achtung

Das ist allerdings nur sinnvoll, wenn Sie in den Test-Einstellungen FRAGEN MISCHEN auf NEIN setzen. Sonst wird auch diese BESCHREIBUNG mitgemischt.

Mit der Auswahl BESCHREIBUNG im Listenfeld EINE NEUE FRAGE ANLEGEN (Abbildung 20.16) öffnet sich das Formular EINE BESCHREIUNG BEARBEITEN, das einzig den Abschnitt GRUNDEINTRÄGE (KATEGORIE, TITEL DER FRAGE, FRAGENTEXT, ABBILDUNG EINFÜGEN, STANDARDBEWERTUNG (PUNKTE), ABZUGSFAKTOR und STANDARD-FEEDBACK) enthält. Dieser Abschnitt wurde am Anfang bereits erläutert (Abbildung 20.18) und wird deshalb hier nicht mehr gezeigt und erklärt.

20.5.8 Zufällige Kurzantwort-Zuordnungsfrage

Der Lernende erhält außer der Frage mindestens drei Unterfragen mit einem Listenfeld, das die durcheinander gewürfelten Antworten enthält. Kommt Ihnen diese Beschreibung bekannt vor? Richtig – das entspricht dem Fragentyp ZUORDNUNG.

Der Fragentyp KURZANTWORT-ZUORDNUNGSFRAGE entspricht einem Container, der eine Anzahl Fragen vom Fragentyp KURZANTWORT aus der aktuellen Kategorie auswählt und diese als Zuordnungsfrage anzeigt. Jeder Test wird unterschiedliche Fragen und Antworten enthalten.

Mit der Auswahl ZUFÄLLIGE KURZANTWORT-ZUORDNUNG im Listenfeld EINE NEUE FRAGE ANLEGEN (Abbildung 20.16) öffnet sich das Formular EINE ZUFÄLLIGE KURZANT-WORT-ZUORDNUNG BEARBEITEN, das einzig aus dem Abschnitt GRUNDEINTRÄGE (KATE-GORIE, TITEL DER FRAGE, FRAGENTEXT, ABBILDUNG EINFÜGEN, STANDARDBEWERTUNG (PUNKTE), ABZUGSFAKTOR und STANDARD-FEEDBACK) besteht, der am Anfang bereits erläutert (Abbildung 20.18) wurde. Bei der Kurzantwort-Zuordnungsfrage enthält der Abschnitt GRUNDEINTRÄGE zusätzlich folgende Einstellung (Abbildung 20.43).

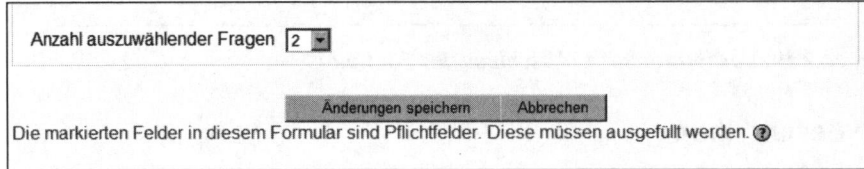

Abbildung 20.43: Zufällige Kurzantwort-Zuordnungsfrage, Zusatz Abschnitt Grundeinträge

ANZAHL AUSZUWÄHLENDER FRAGEN: Das Listenfeld zeigt als tiefsten Wert 2 und als höchsten Wert die Anzahl der Fragen vom Typ KURZANTWORT an, die in der aktuellen Kategorie vorhanden sind (höchstens aber 10). Sie muss also mindestens zwei solche Fragen enthalten, damit ZUFÄLLIGE KURZANTWORT-ZUORDNUNG funktionieren kann.

20.5.9 Lückentext

Der Lernende erhält bei diesem Fragentyp einen Text mit Lücken, die er ergänzen muss. Anstelle der Lücken werden Listenfelder oder Eingabefelder angezeigt (Abbildung 20.44). Der Lernende wählt aus dem Listenfeld den passenden Eintrag aus oder tippt seine Lösung im Eingabefeld ein.

Mit der Auswahl LÜCKENTEXT im Listenfeld EINE NEUE FRAGE ANLEGEN (Abbildung 20.16) öffnet sich das Formular EINE LÜCKENTEXT-FRAGE BEARBEITEN, das einzig den Abschnitt GRUNDEINTRÄGE (KATEGORIE, TITEL DER FRAGE, FRAGENTEXT, ABBILDUNG EINFÜGEN, STANDARDBEWERTUNG (PUNKTE), ABZUGSFAKTOR und STANDARD-FEEDBACK) enthält. Dieser Abschnitt wurde am Anfang bereits erläutert (Abbildung 20.18) und wird deshalb hier nicht mehr gezeigt und erklärt.

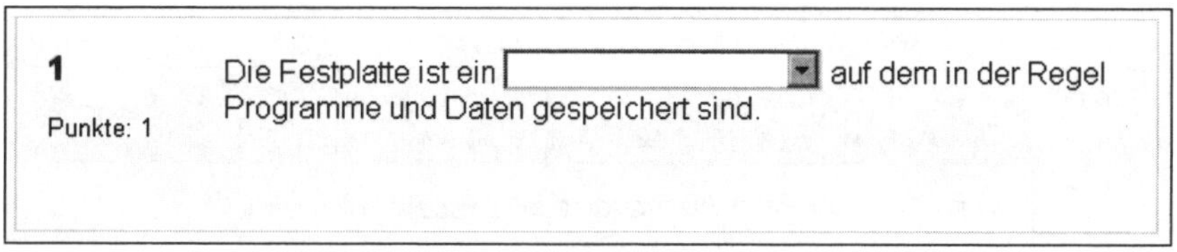

1	Die Festplatte ist ein [▾] auf dem in der Regel
Punkte: 1	Programme und Daten gespeichert sind.

Abbildung 20.44: Frage vom Typ Lückentext

Erfassen Sie im Eingabefeld FRAGE den Text zuerst ohne Lücken, und markieren Sie jene Stellen fett, die sich als Lücken eignen. Ersetzen Sie jetzt schrittweise die fett markierten Wörter durch den entsprechenden Codeblock, der beim Anzeigen der Frage durch ein Listenfeld oder Eingabefeld ersetzt wird (Abbildung 20.45).

Codeblock Listenfeld

```
{1:MULTICHOICE:falsche Antwort#Feedback falsche Antwort
~=richtige Antwort#Feedback richtige Antwort
~%50%halbrichtige Antwort#Feedback halbrichtige Antwort}
```

Beginnen Sie den Codeblock {1:MULTICHOICE:. Die Zahl nach der geschweiften Klammer gibt an, wie viele Punkte für die richtige Antwort vergeben werden. Die falsche Antwort und das Feedback dazu trennen Sie mit #. Wenn Sie mehrere falsche Antworten erfassen wollen, trennen Sie diese mit dem Zeichen ~. Die richtige Antwort beginnt mit dem Trennzeichen zur falschen Antwort und einem Gleichheitszeichen ~=. Teilweise richtige Antworten folgen nach der richtigen Antwort unter Angabe des Prozentanteils ~%50%. Nach dem Feedback der letzten teilweise richtigen Antwort schließen Sie den Block mit einer geschweiften Klammer ab }.

Codeblock Kurzantwort

Dieser Codeblock ist ähnlich aufgebaut wie der Codeblock Listenfeld. Wenn Sie ein Feedback für alle falschen, nicht voraussehbaren Antworten eintragen wollen, geben Sie als falsche Antwort das Sternchen * ein.

```
{1:SHORTANSWER:falsche Antwort#Feedback falsche Antwort
~=Richtige Antwort#Feedback richtige Antwort
~%50%halbrichtige Antwort#Feedback halbrichtige Antwort}
```

Eine besondere Form der Kurzantwort ist die numerische Kurzantwort. Die numerische Kurzantwort beginnt mit der richtigen Antwort (es gibt hier keine falsche Antwort). Trennen Sie die Antwort und die Toleranz mit einem Doppelpunkt, also 23.8:0.

```
{2:NUMERICAL:=23.8:0.1#Feedback richtige Antwort
~%50%23.8:2#Feedback für halbrichtige Antwort}
```

Damit Sie nach dem Abschicken der Frage das Feedback zu einem einzelnen Eingabefeld lesen können, fahren Sie mit dem Mauszeiger darauf, und es wird Ihnen in einem Popup-Fensterchen angezeigt (Abbildung 20.46).

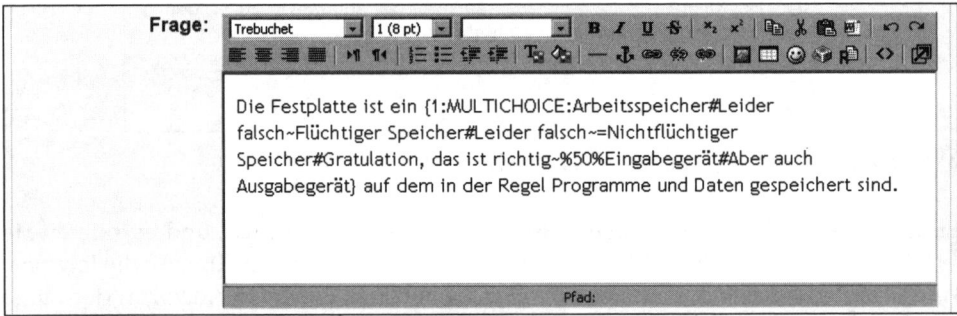

Abbildung 20.45: Definition der Lücken im Eingabefeld Frage

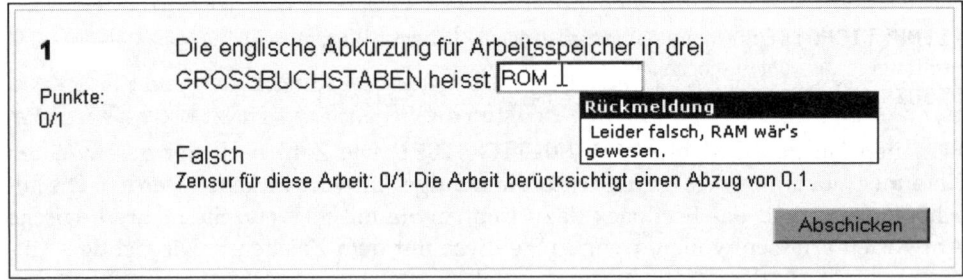

Abbildung 20.46: Feedback in einer Lückentext-Frage

20.5.10 Freitext

Der Lernende erhält bei diesem Fragentyp eine offene Aufgabe, die er in einem WYSI-WYG-Editor frei beantworten kann (Abbildung 20.47). Diese Antwort kann nicht automatisch bewertet werden, der Trainer muss sie manuell bewerten (siehe Abschnitt 20.14, *Das Register Freitext-Bewertung*).

Mit der Auswahl FREITEXT im Listenfeld EINE NEUE FRAGE ANLEGEN (Abbildung 20.16) öffnet sich das Formular EINE FREITEXT-FRAGE BEARBEITEN, das einzig den Abschnitt GRUNDEINTRÄGE (KATEGORIE, TITEL DER FRAGE, FRAGENTEXT, ABBILDUNG EINFÜGEN, STANDARDBEWERTUNG (PUNKTE), ABZUGSFAKTOR und STANDARD-FEED-BACK) enthält. Dieser Abschnitt wurde am Anfang bereits erläutert (Abbildung 20.18) und wird deshalb hier nicht mehr gezeigt und erklärt.

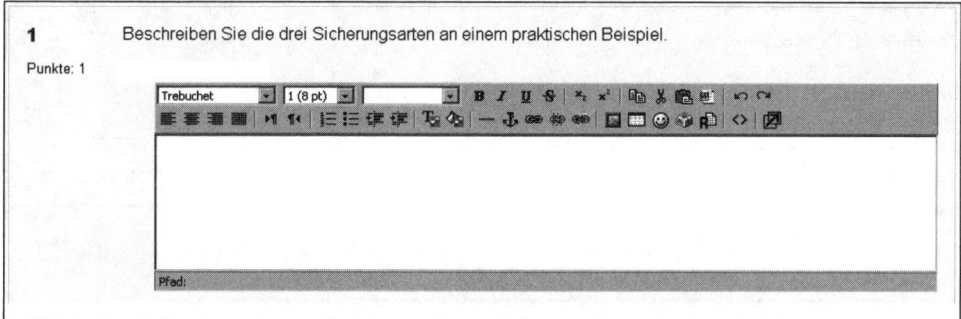

Abbildung 20.47: Freitext-Frage aus der Sicht des Teilnehmers

20.6 Das Register Kategorien

Bereits bei wenigen Testfragen ist es sinnvoll, wenn Sie ein Kategoriensystem zur Ablage aufbauen. Ihre persönliche Fragenliste wird nach und nach wachsen – und schon nach kurzer Zeit sind Sie froh, die Fragen damit einfacher verwalten zu können. Sie können die Kategorien mit HAUPTKATEGORIE und UNTERKATEGORIE verschachteln und so ein ausgeklügeltes und logisches Kategoriensystem aufbauen.

Das Register KATEGORIEN ist in die BEREICHE KATEGORIE HINZUFÜGEN und KATEGORIE BEARBEITEN aufgeteilt. Mit einem Klick auf die Schaltfläche HINZUFÜGEN wird die nebenstehend erfasste neue Kategorie hinzugefügt.

- HAUPTKATEGORIE: Das Listenfeld enthält alle Kategorien und Unterkategorien. Hier bestimmen Sie, zu welcher Kategorie die neue Kategorie gehören soll. Wenn Sie hier die Kategorie SPITZE wählen, setzen Sie die neue Kategorie auf die erste Ebene.

- KATEGORIE: Die Bezeichnung der Kategorie.

- KATEGORIE-INFORMATION: Zusätzliche Beschreibung.

open source library

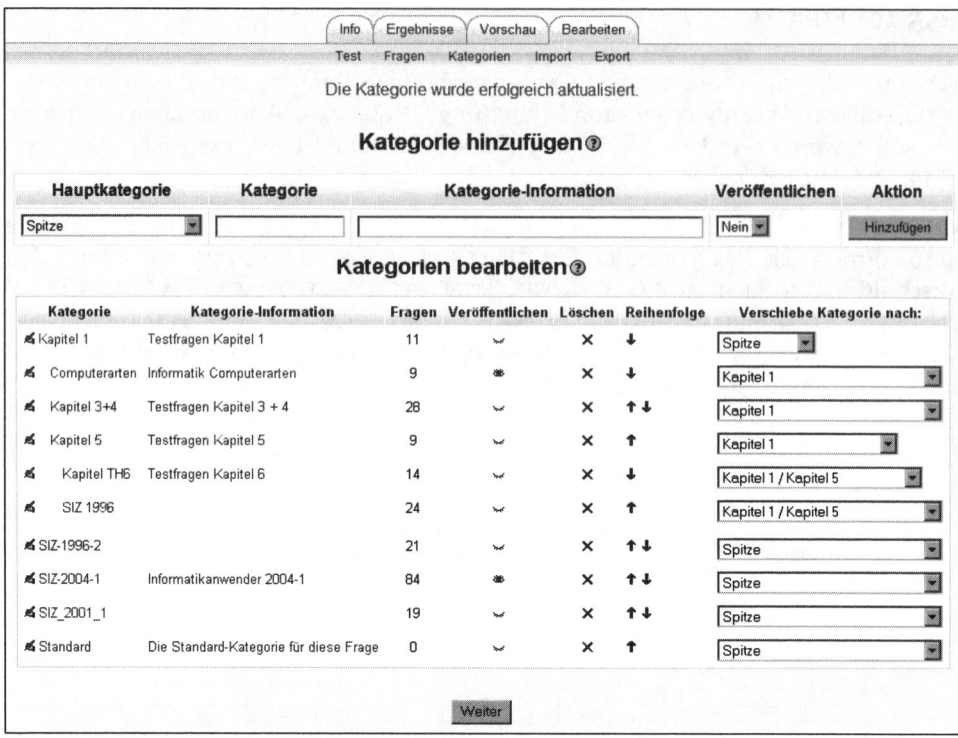

Abbildung 20.48: Das Register Kategorien

▨ FRAGEN: Anzahl der erfassten Fragen in dieser Kategorie.

▨ VERÖFFENTLICHEN: Mit einem offenen Auge ist die Kategorie veröffentlicht. Das bedeutet, die Fragen dieser Kategorie stehen Ihnen und allen Trainern in allen Kursen zur Verfügung.

▨ LÖSCHEN: Die Kategorie samt allen enthaltenen Fragen wird gelöscht.

▨ REIHENFOLGE: Mit den Pfeilen ordnen Sie die Reihenfolge der Kategorien.

▨ VERSCHIEBE KATEGORIE NACH: Mit diesem Listenfeld ändern Sie die hierarchische Ordnung der Kategorien. Das Listenfeld zeigt an, welcher Kategorie diese zugeordnet ist. Bei Kategorien auf der äußersten Ebene ist das die Kategorie SPITZE.

20.7   Das Register Import

Das Register IMPORT gehört zum Register BEARBEITEN und kann auch über den Link EINE FRAGE AUS EINER DATEI IMPORTIEREN im Bereich FRAGENLISTE geöffnet werden (Abbildung 20.49).

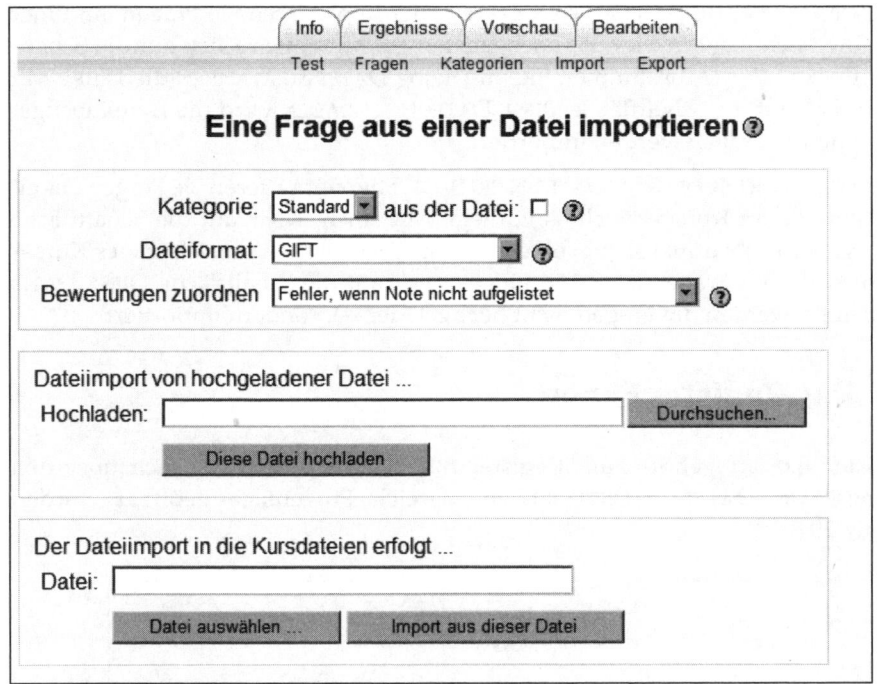

Abbildung 20.49: Das Register Import

▪ KATEGORIE: Dieses Listenfeld zeigt alle verfügbaren Kategorien an. Bestimmen Sie hier jene, der die importierten Fragen zugeordnet werden sollen.

▪ AUS DER DATEI: Einige Importformate (GIFT- und XML-Format) enthalten zusätzlich zu den Fragen auch die Angabe der Kategorie. Ist AUS DER DATEI aktiviert, übernimmt Moodle diese aus der Importdatei. Und wenn die Kategorie nicht schon besteht, wird sie neu angelegt. Ist AUS DER DATEI deaktiviert, werden die Fragen in die im Listenfeld KATEGORIE ausgewählte Kategorie eingetragen.

▪ DATEIFORMAT: In welchem Dateiformat liegen die zu importierenden Fragen vor? Dieses Listenfeld zeigt alle Formate, die Moodle derzeit unterstützt: AIKEN, AON, BLACKBOARD (LERNMANAGEMENTSYSTEM), BLACKBOARD V6+, GIFT, KURSTEST MANAGERFORMAT, LÜCKENTEXT, LEARNWISE, MOODLE XML und WEBCT.

▪ BEWERTUNGEN ZUORDNEN: Die Bewertungen importierter Fragen müssen dem Bewertungsraster von Moodle entsprechen: 100%, 90%, 80%, 75%, 70%, 66.666%, 60%, 50%, 40%, 33.333%, 30%, 25%, 20%, 16.666%, 14.2857%, 12.5%, 11.111%, 10%, 5%, 0% oder dieselben negativen Werte. Bestimmen Sie in diesem Listenfeld, wie Moodle vorgehen soll, wenn die importierten Bewertungen nicht diesem Raster entsprechen. FEHLER, WENN NOTE NICHT AUFGELISTET oder NÄCHSTLIEGENDE BEWERTUNG, NOTE NICHT AUFGELISTET.

■ DATEIIMPORT VON HOCHGELADENER DATEI: Hier importieren Sie Fragen aus einer Datei, die noch nicht in Moodle hochgeladen ist. Mit einem Klick auf die Schaltfläche DURCHSUCHEN bestimmen Sie im Dialog DATEI AUSWÄHLEN die Datei. Mit einem Klick auf die Schaltfläche DIESE DATEI HOCHLADEN wird die Datei hochgeladen, und die Fragen werden importiert.

■ DER DATEIIMPORT IN DIE KURSDATEIEN ERFOLGT: Hier importieren Sie Fragen aus einer Datei, die im Kursverzeichnis vorliegt. Mit einem Klick auf die Schaltfläche DATEI AUSWÄHLEN öffnet sich in einem Popup-Fenster das Verzeichnis des Kurses zur Auswahl der Fragendatei. Mit einem Klick auf die Schaltfläche DIESE DATEI HOCHLADEN werden die Fragen nicht hochgeladen ;-), sondern importiert.

20.8 Das Register Export

Das Register EXPORT gehört zum Register BEARBEITEN und kann auch über den Link FRAGEN IN DATEI EXPORTIEREN im Bereich Fragenliste geöffnet werden (Abbildung 20.50).

Abbildung 20.50: Das Register Export

■ KATEGORIE: Das Listenfeld zeigt alle verfügbaren Kategorien an. Sie können alle Fragen der hier bestimmten Kategorie exportieren.

■ DATEIFORMAT: Hier bestimmen Sie, in welchem Format die Fragen exportiert werden. Moodle unterstützt derzeit die folgenden Dateiformate: GIFT, IMS QTI 2.0, MOODLE XML und XHTML.

■ DATEINAME: Der Name der Exportdatei.

■ Mit einem Klick auf die Schaltfläche FRAGEN IN DATEI EXPORTIEREN startet der Exportvorgang, und auf einem Formular wird mit der Meldung DIE FRAGEN WURDEN IN EINE EXPORTDATEI ÜBERTRAGEN der Vollzug gemeldet. Über den angebotenen Link KLICK ZUM DOWNLOAD DER EXPORTIERTEN KATEGORIEN können Sie die Datei herunterladen.

Tipp

Vorsicht ist die Mutter der Porzellankiste

Importieren Sie Testfragen immer in einen leeren Kurs, und überprüfen Sie alle Fragen eingehend. Sind diese fehlerhaft importiert worden, korrigieren Sie jene Fragen manuell, oder löschen Sie einfach den Kurs.

20.9 Das Register Vorschau

Mit einem Klick auf das Register VORSCHAU startet der Test, und Sie können ihn als Trainer überprüfen. Neben der Frage wird in Klammern die ID-Nummer der Frage als Link angezeigt. Klicken Sie darauf, öffnet sich in einem Popup-Fenster das BEARBEITEN-Formular für diese Frage. Haben Sie eine Frage geändert, müssen Sie den Test mit einem Klick auf die Schaltfläche ERNEUT STARTEN.

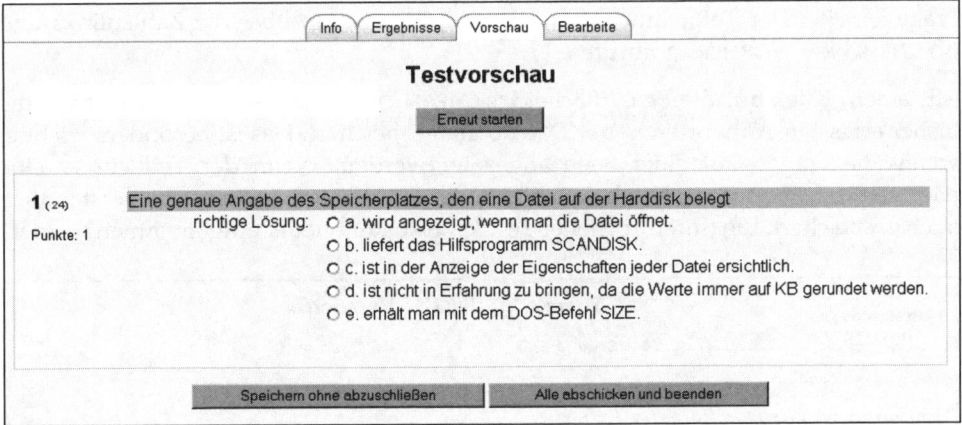

Abbildung 20.51: Das Register Vorschau

20.10 Test absolvieren

Wie sieht ein Test aus der Sicht der Teilnehmenden aus? Diese Frage will ich Ihnen in diesem Abschnitt beantworten. Der Teilnehmer klickt im Kursraum auf den Link des Tests, den er absolvieren will. Ist er verfügbar, wird ihm die Startseite angezeigt, und er kann mit einem Klick auf die Schaltfläche TEST JETZT DURCHFÜHREN beginnen (Abbildung 20.52). Ist der Test nicht verfügbar, wird dies dem Teilnehmer mit einem entsprechenden Text angezeigt. Falls Sie in den Kurs-Einstellungen in ERFORDERT EIN PASSWORT ein Passwort definiert haben, muss der Teilnehmer dieses in einem nächsten Formular eintippen.

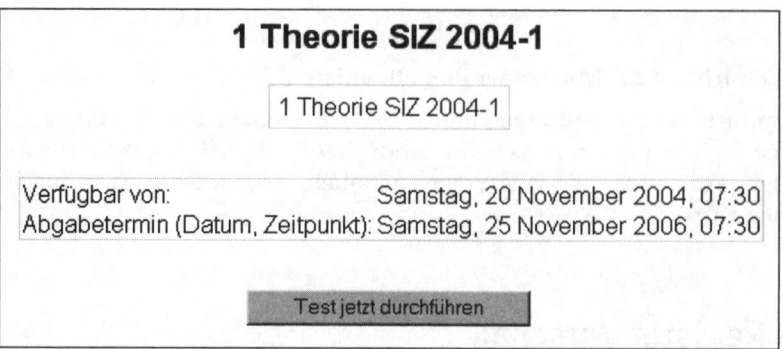

1 Theorie SIZ 2004-1

1 Theorie SIZ 2004-1

Verfügbar von: Samstag, 20 November 2004, 07:30
Abgabetermin (Datum, Zeitpunkt): Samstag, 25 November 2006, 07:30

Test jetzt durchführen

Abbildung 20.52: Startseite eines Tests

Dem Teilnehmer werden die Fragen entsprechend Ihren Kurs-Einstellungen HÖCHST-
ZAHL DER FRAGEN/SEITE, FRAGEN MISCHEN, ANTWORTEN MISCHEN und ADAPTIVER
MODUS vorgelegt. Wenn Sie eine ZEITBEGRENZUNG definiert haben, erscheint eine
über dem Browser schwebende, rückwärts zählende Stoppuhr (die einen unter Druck
setzt und sehr nervös machen kann!). Abbildung 20.53 zeigt einen Test mit nur einer
Frage je Seite. Der Teilnehmer kann die einzelnen Seiten über die Zahlenlinks und
NÄCHSTE bzw. VORHERIGE abrufen.

Mit einem Klick auf die Schaltfläche SPEICHERN OHNE ABZUSCHLIESSEN werden die
bisher erfassten Antworten in der Datenbank gespeichert. Das ist besonders wichtig,
wenn alle Fragen auf einer Seite angezeigt werden. Wenn der Teilnehmer eine
nächste Seite über die Zahlenlinks abruft, werden die Antworten selbstverständlich
auch gespeichert. Ein unterbrochener Test kann später wieder aufgenommen werden.

Verbleibende Zeit 0:09:28	**1 Theorie SIZ 2004-1 - Versuch 4** Seite: **1** 2 3 4 5 6 7 8 9 10 (Nächste)

2 ✎
Punkte: 1

Markieren Sie das Eingabegerät.

○ a. Drucker
○ b. Bildschirm
○ c. Maus
○ d. Lautsprecher

Speichern ohne abzuschließen   Alle abschicken und beenden

Seite: **1** 2 3 4 5 6 7 8 9 10 (Nächste)

Abbildung 20.53: Ein Test mit nur einer Frage je Seite

Mit einem Klick auf die Schaltfläche ALLE ABSCHICKEN UND BEENDEN wird nach dem
Speichern der Antworten der Test abgeschlossen. Entsprechend Ihren Einstellungen
in WAS SOLLEN DIE TEILNEHMER/INNEN ZU WELCHEM ZEITPUNKT SEHEN sieht der Teil-

nehmer die Auswertung seines Tests DIREKT NACH DEM VERSUCH, SPÄTER, WÄHREND DER TEST NOCH GEÖFFNET IST und/oder WENN DER TEST ABGESCHLOSSEN IST (Abbildung 20.54). Dabei werden ihm seine EINGABE, die PUNKTE, das FEEDBACK und die RICHTIGE LÖSUNG (grün hinterlegt) angezeigt.

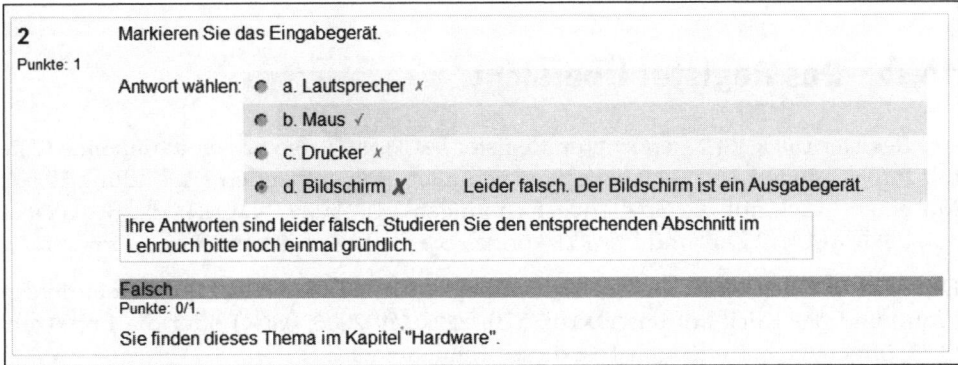

Abbildung 20.54: Eine Testfrage wird ausgewertet.

Hat ein Teilnehmer einen Test bereits abgelegt, erscheinen seine bisherigen Versuche auf der Startseite aufgelistet (Abbildung 20.55). Entsprechend den Kurs-Einstellungen kann er diese WÄHREND DER TEST NOCH GEÖFFNET IST und/oder WENN DER TEST ABGESCHLOSSEN ist öffnen und anschauen. Dazu muss er auf einen Eintrag in der Spalte VERSUCH klicken.

Abbildung 20.55: Die bisherigen Testversuche

20.11 Das Register Ergebnisse

Auf dem Register ERGEBNISSE stehen Ihnen auf vier Registern leistungsfähige Funktionen zur Auswertung, Analyse und Verwaltung der abgelegten Tests zur Verfügung.

20.12 Das Register Übersicht

Das Register ÜBERSICHT gehört zum Register ERGEBNISSE. Sie finden darauf eine Liste mit Informationen über jeden Testversuch aller Teilnehmenden (Abbildung 20.56). Mit einem Klick auf die Spaltenbezeichnungen VORNAME/NACHNAME, BEGONNEN AM, VERBRAUCHTE ZEIT und PUNKTE können Sie die Listen entsprechend sortieren.

Der Klick auf den Namen eines Teilnehmers (ALAIN ETIENNE RITTER) öffnet dessen Profil, und der Klick auf das DATUM (20. FEBRUAR 2006, 08:34) oder die Punktzahl (3.33) öffnet den betreffenden Test dieses Teilnehmers.

Über die Auswahlkästchen neben dem Teilnehmerbild können Sie einzelne Testversuche markieren und mit den Links ALLES AUSWÄHLEN oder AUSGEWÄHLTE ABWÄHLEN alle Auswahlkästchen aktivieren oder deaktivieren. Wozu das? Das nebenstehende Listenfeld enthält die Einträge AUSGEWÄHLT und LÖSCHEN. Wenn Sie in diesem Listenfeld den Eintrag LÖSCHEN wählen, werden alle markierten Tests gelöscht.

Über die ANZEIGEOPTIONEN können Sie die Anzeige der Testversuche beeinflussen. Im Textfeld VERSUCHE, DIE PRO SEITE ANGEZEIGT WERDEN bestimmen Sie den Seitenwechsel.

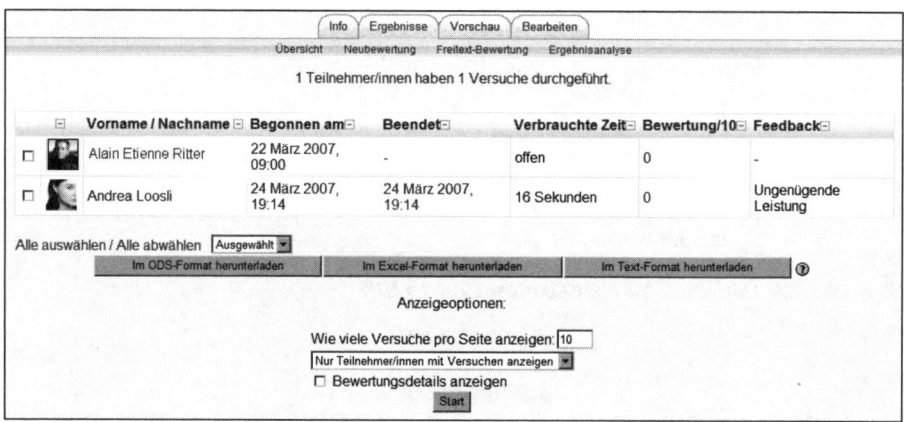

Abbildung 20.56: Das Register Übersicht

Im Listenfeld darunter bestimmen Sie die anzuzeigenden INFORMATIONEN: NUR TEIL-
NEHMER/INNEN MIT VERSUCHEN ANZEIGEN, NUR TEILNEHMER/INNEN OHNE VERSUCHE
ANZEIGEN, ALLE TEILNEHMER/INNEN ANZEIGEN oder ALLE VERSUCHE ANZEIGEN.

Ist das Auswahlkästchen NOTENDETAILS ANZEIGEN markiert, dann wird die Liste um
so viele Spalten erweitert, wie der Test Fragen enthält. In diesen Spalten werden die
erzielten Punkte je Frage angezeigt.

Klicken Sie auf die Schaltfläche START, um die Liste zu aktualisieren.

Mit einem Klick auf die Schaltflächen können Sie die angezeigte Liste IM EXCEL-FOR-
MAT HERUNTERLADEN oder IM TEXT-FORMAT HERUNTERLADEN.

20.13 Das Register Neubewertung

Das Register NEUBEWERTUNG gehört zum Register ERGEBNISSE. Mit einem Klick auf
das Register werden alle Bewertungen zu den Testversuchen neu erstellt
(Abbildung 20.57). Keine Angst also, die bereits erfassten Antworten der Teilnehmenden werden dabei nicht gelöscht.

Angenommen, Ihre Lernenden haben einen Test bereits abgelegt und Sie entdecken,
dass bei drei Fragen eine falsche Antwort als richtig bewertet wurde. Oder Sie stellen
fest, dass einzelne schwierige Fragen zu wenig gewichtet werden. Nachdem Sie die
falschen Antworten korrigiert und die Gewichtung geändert haben, klicken Sie auf
NEUBEWERTUNG. Moodle wird nun die Bewertungen der Testversuche löschen und
nach den neuen Vorgaben neu bewerten.

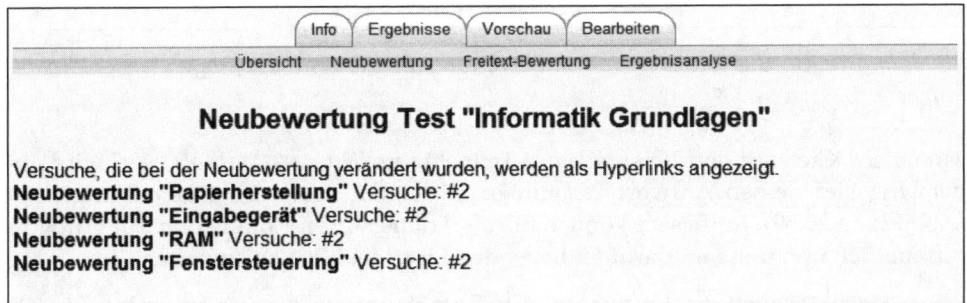

Abbildung 20.57: Das Register Neubewertung

20.14 Das Register Freitext-Bewertung

Das Register FREITEXT-BEWERTUNG gehört zum Register ERGEBNISSE (Abbildung 20.58).
Es zeigt für alle im Test vorhandenen Freitext-Fragen einen Link an.

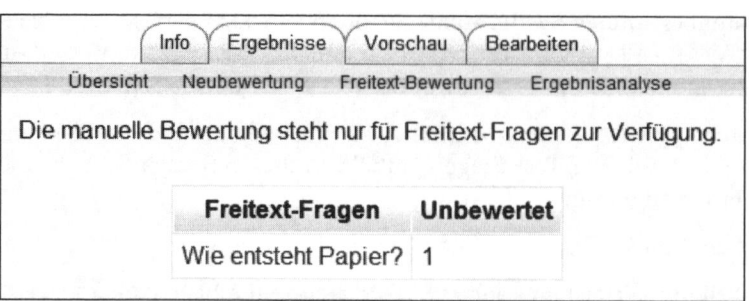

Abbildung 20.58: Das Register Freitext-Bewertung

Mit einem Klick auf beispielsweise auf WIE ENTSTEHT PAPIER? zeigt das Register eine Liste aller abgegebenen Antworten für diese Frage (Abbildung 20.59).

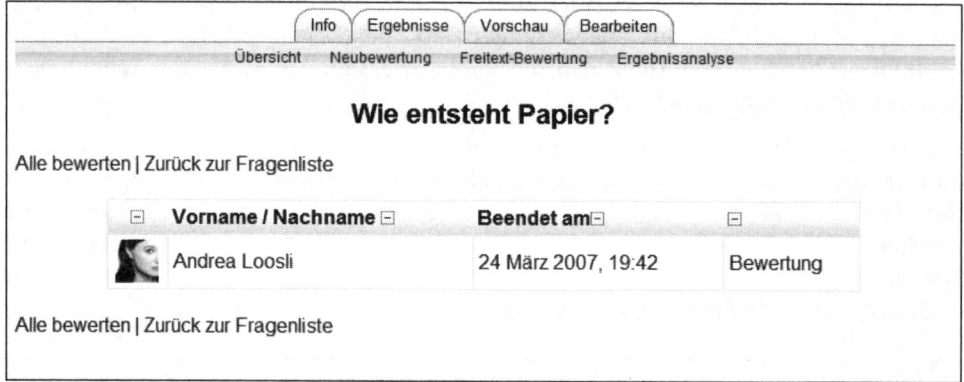

Abbildung 20.59: Das Register Freitext-Bewertung mit der Liste zur Frage »Wie entsteht Papier?«

Mit einem Klick auf den Versuch eines Teilnehmers WIE ENTSTEHT PAPIER? wird auf dem Register dessen Antwort zusammen mit einem Editor-Eingabefeld angezeigt (Abbildung 20.59). In diesem können Sie als Trainer Ihren Kommentar zur Antwort formulieren und diese im darunter liegenden Listenfeld PUNKT bewerten.

ALLE BEWERTEN zeigt die Antworten aller Teilnehmer gleichzeitig an, sodass Sie alle auf dem gleichen Formular kommentieren und bewerten können.

ZURÜCK ZUR FRAGELISTE führt Sie zurück zum Register aus Abbildung 20.58.

20.15 Das Register Ergebnisanalyse

Das Register ERGEBNISANALYSE gehört zum Register ERGEBNISSE. Weil die Tabelle in jedem Fall breiter als der Bildschirm angezeigt wird, zeige ich Ihnen hier nur einen Ausschnitt (Abbildung 20.61).

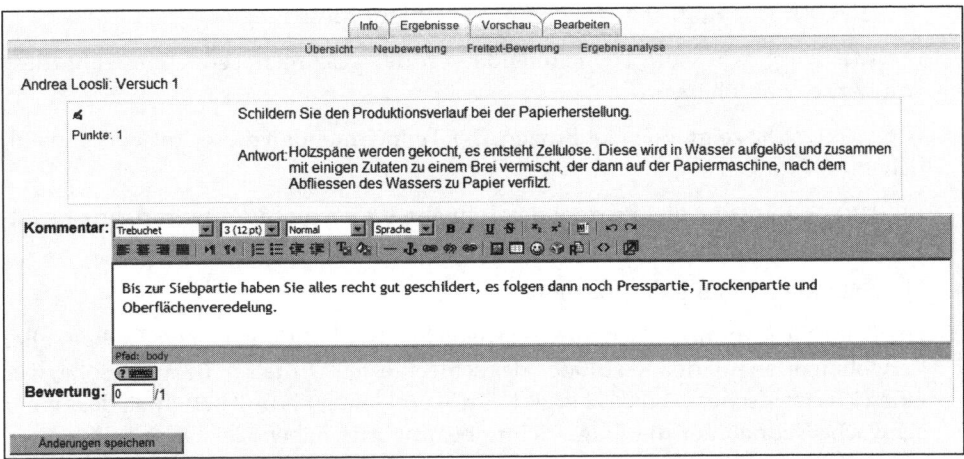

Abbildung 20.60: Das Register Freitext-Bewertung, Bewertung einer Antwort

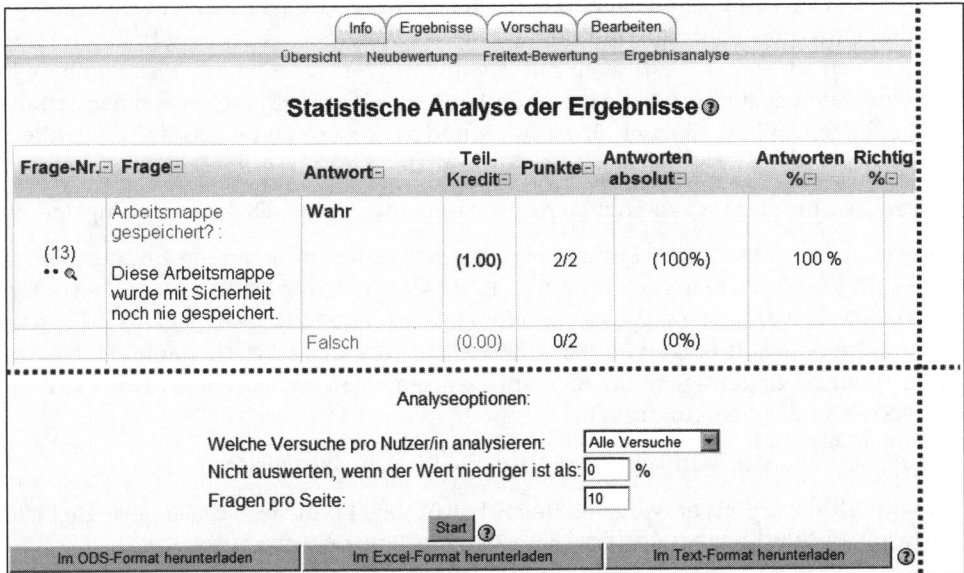

Abbildung 20.61: Das Register Ergebnisanalyse

Über die als Link angezeigten Spaltentitel können Sie die Tabelle entsprechend sortieren. Die Tabelle enthält die folgenden Spalten:

▪ FRAGE-NR.: Fragen-ID als Link zum Editieren der Frage.

▪ FRAGE, ANTWORT: Das ist selbsterklärend.

- TEIL-KREDIT: Die mögliche Maximalpunktzahl für diese Frage.

- PUNKTE: zeigt, wie viele Teilnehmende von der gesamten Teilnehmerzahl diese Antwort gewählt haben.

- ANTWORTEN %: zeigt, wie viel Prozent der Teilnehmenden diese Antwort gewählt haben.

- RICHTIG %: zeigt wie viel Prozent der Teilnehmenden diese Antwort richtig beantwortet haben. Dieser Wert gilt als Indiz für die Schwierigkeit der Frage.

- SD: zeigt die Streuung der Resultate.

- DI: Beim Diskriminierungsindex werden die Resultate des besten Drittels aller Teilnehmenden mit den Resultaten des schlechtesten Drittels in Bezug gesetzt, was einen Wert zwischen +1 und -1 ergibt. Ein Wert kleiner als null bedeutet, dass mehr schwache Teilnehmer die Frage richtig beantwortet haben als starke Teilnehmer. Solche Fragen sollten Sie überprüfen und korrigieren oder aus der Fragenliste entfernen, sie verfälschen sonst die Aussage des ganzen Tests.

- DC: Der Diskriminierungskoeffizient zeigt die Korrelation zwischen dem Ergebnis einer einzelnen Testfrage und dem gesamten Testergebnis und ergibt einen Wert zwischen +1 und -1. Testfragen mit negativem Wert wurden am besten von Teilnehmenden beantwortet, die im gesamten Test schlecht abgeschlossen haben. Solche Fragen sollten Sie auch überprüfen und korrigieren oder aus der Fragenliste entfernen, sie verfälschen sonst die Aussage des ganzen Tests.

  Der Diskriminierungskoeffizient reagiert sensitiver als der Diskriminierungsindex.

Über die ANALYSEOPTIONEN können Sie die Analyse beeinflussen. Bestimmen Sie im Listenfeld die VERSUCHE, DIE PRO NUTZER/IN ANALYSIERT WERDEN: ALLE VERSUCHE, HÖCHSTBEWERTUNG, ERSTER VERSUCH oder LETZTER VERSUCH. Oder legen Sie Folgendes fest: Moodle soll Fragen NICHT AUSWERTEN, WENN DER WERT NIEDRIGER IST ALS die im Textfeld eingetragene Prozentzahl. Bestimmen Sie außerdem im Textfeld FRAGEN PRO SEITE den Seitenumbruch.

Klicken Sie auf die Schaltfläche START, um die Liste zu aktualisieren.

Mit einem Klick auf die entsprechenden Schaltflächen können Sie die angezeigte Liste IM EXCEL-FORMAT HERUNTERLADEN oder IM TEXT-FORMAT HERUNTERLADEN.

20.16 Das Register Info

Das Register INFO zeigt die BESCHREIBUNG und, falls Testversuche vorhanden sind, einen Link, der auf das Register BERICHTE weiterführt.

20.17 Rollen

Auf dem Register ROLLEN (Abbildung 20.62) finden Sie die Links ROLLEN ZUWEISEN und ROLLEN ÜBERSCHREIBEN, die zu den entsprechenden Formularen führen. Mit einem Klick auf das Register ROLLEN wird standardmässig das Formular ROLLEN ZUWEISEN angezeigt.

20.17.1 Rollen zuweisen

Auf dem Formular ROLLEN ZUWEISEN werden alle zur Verfügung stehenden Rollen mit einer Beschreibung angezeigt – hier die Basisrollen (Abbildung 20.62). Als KURS-VERWALTER oder TRAINER sind Sie berechtigt, dem Kontext TEST Rollen zuzuweisen. Lesen Sie mehr dazu in Kapitel 11, *Rollen*.

Bearbeiten	Rollen	
Rollen zuweisen	Rollen überschreiben	

Rollen zuweisen ⑦

Rollen	Beschreibung	Nutzer/innen
Administrator/in	Administrator/innen haben normalerweise alle Rechte auf der Website und in allen Kursen.	0
Kursverwalter/innen	Kursersteller/innen dürfen neue Kurse anlegen und in ihnen unterrichten.	0
Trainer/in	Trainer/innen dürfen in einem Kurs alles tun, incl. der Veränderung von Aktivitäten und der Beurteilung von Teilnehmer/innen.	0
Trainer/in ohne Editorrecht	Trainer/innen ohne Bearbeitungsrecht dürfen in Kursen unterrichten und Teilnehmer/innen bewerten, aber sie können nichts verändern.	0
Teilnehmer/in	Teilnehmer/innen haben in einem Kurs grundsätzlich weniger Rechte.	0
Gast	Gäste haben minimale Rechte und können normalerweise nirgends Texte eingeben.	0

Abbildung 20.62: Formular Rollen zuweisen

20.17.2 Rollen überschreiben

Mit einem Klick auf den Link ROLLEN ÜBERSCHREIBEN wird das entsprechende Formular angezeigt (Abbildung 20.63). Der ADMINISTRATOR darf als einzige Basisrolle ROLLEN ÜBERSCHREIBEN. Lesen Sie mehr dazu in Kapitel 11, *Rollen*.

Die nachstehende Tabelle zeigt, welche Fähigkeiten den BASISROLLEN im KONTEXT TEST erlaubt sind (Abbildung 20.64).

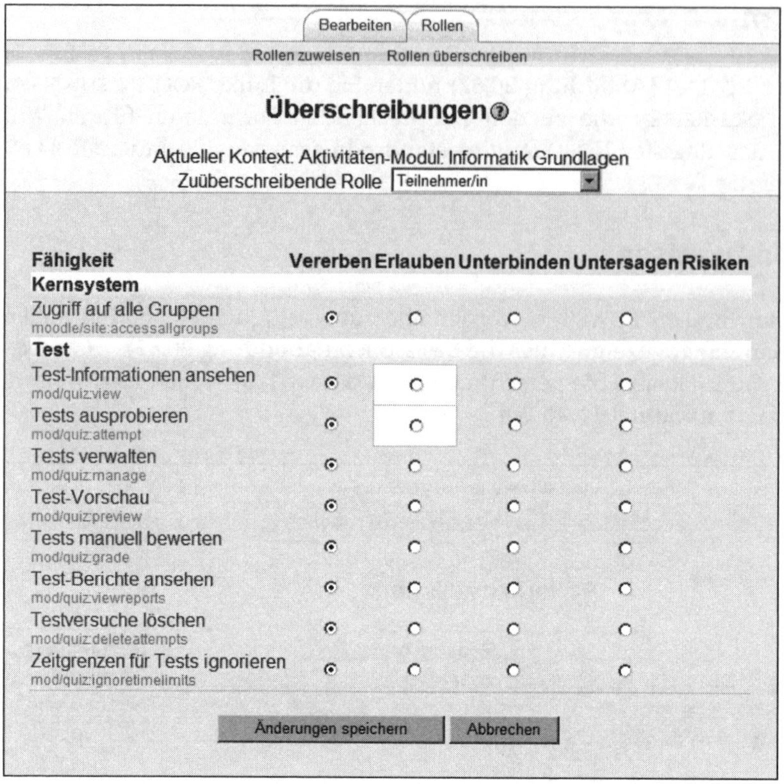

Bearbeiten | Rollen

Rollen zuweisen   Rollen überschreiben

Überschreibungen⑦

Aktueller Kontext: Aktivitäten-Modul: Informatik Grundlagen
Zuüberschreibende Rolle [Teilnehmer/in ▾]

Fähigkeit	Vererben	Erlauben	Unterbinden	Untersagen	Risiken
Kernsystem					
Zugriff auf alle Gruppen moodle/site:accessallgroups	⊙	○	○	○	
Test					
Test-Informationen ansehen mod/quiz:view	⊙	○	○	○	
Tests ausprobieren mod/quiz:attempt	⊙	○	○	○	
Tests verwalten mod/quiz:manage	⊙	○	○	○	
Test-Vorschau mod/quiz:preview	⊙	○	○	○	
Tests manuell bewerten mod/quiz:grade	⊙	○	○	○	
Test-Berichte ansehen mod/quiz:viewreports	⊙	○	○	○	
Testversuche löschen mod/quiz:deleteattempts	⊙	○	○	○	
Zeitgrenzen für Tests ignorieren mod/quiz:ignoretimelimits	⊙	○	○	○	

[Änderungen speichern]   [Abbrechen]

Abbildung 20.63: Zugriffsrechte der Basisrolle Teilnehmer/in

Test
Fähigkeiten

Fähigkeiten	Administrator	Kursverwalter	Trainer	Trainer ohne Editorrecht	Teilnehmer	Authentifizierte Nutzer	Gast
Zugriff auf alle Gruppen	✗		✗	✗			
Test-Informationen ansehen	✗		✗	✗	✗		✗
Tests ausprobieren					✗		
Tests verwalten	✗		✗				
Test-Vorschau	✗		✗	✗			
Tests manuell bewerten	✗		✗	✗			
Test-Bericht ansehen	✗		✗	✗			
Testversuche löschen	✗		✗				
Zeitgrenze für Tests ignorieren							

Abbildung 20.64: Die Rechte der Basisrollen im Kontext Test

Übung 42

Testen Sie den Test: Die Fragen

Weil der Test ein komplexes Gebilde ist, führe ich Sie mit mehreren Übungen – gleichsam in mehreren Schritten – in die verschiedenen Bereiche ein. In dieser ersten Übung geht es um das Erfassen und Testen einzelner Fragen.

- Erstellen Sie einen neuen Kurs KURS_A mit fiktiven Teilnehmenden.

- Erstellen Sie in diesem Kurs einen neuen Test, TEST_A1, und erfassen Sie in der Fragenliste für jeden Fragentyp eine in Ihrer Unterrichtssituation brauchbare Frage. Das ist wahrscheinlich für viele eine große Herausforderung. Je nach Fachbereich, in dem Sie unterrichten, kann das sehr schwierig werden. Also gut – ich erlaube es Ihnen: Wenn Sie zu einem bestimmten Fragentyp auch nach Einsatz aller Gehirnwindungen keine brauchbare Frage finden, dann dürfen Sie eine Dummy-Frage erfassen, einfach so, nur zum Testen.

- Testen Sie jede einzelne Frage mit einem Klick auf die Schaltfläche LUPE in der Einzel-Vorschau.

- Übertragen Sie alle Fragen aus der Fragenliste in den TEST_A1.

- Testen Sie den Test als Trainer auf dem Register VORSCHAU.

Übung 43

Testen Sie den Test: Der Container

Sie haben in Ihrem KURS_A eine erste Fragenliste erstellt. In dieser zweiten Übung geht es nur um den Container. Wie können Sie das Verhalten des Tests über dessen Einstellungen verändern?

- Erstellen Sie im KURS_A einen neuen Test, TEST_A2, und füllen Sie ihn mit einzelnen Testfragen aus der Fragenliste.

- Testen Sie den Test als Teilnehmer. Wechseln Sie über die Schaltfläche LOGIN ALS in die Rolle eines fiktiven Teilnehmers, und absolvieren Sie den Test.

- Nach dem Versuch wechseln Sie in die Rolle des Trainers und ändern eine der Einstellungen im TEST_A2, beispielsweise die ZEITBEGRENZUNG. Beobachten Sie die Wirkung.

- Verfahren Sie so mit jeder einzelnen Einstellung im TEST_A2. Wechseln Sie immer wieder in die Rolle eines anderen Teilnehmers, absolvieren Sie den Test, und beobachten Sie die Wirkung.

Das ist ein wichtiger Schritt! Sie werden das komplexe Werkzeug Test mit jedem Versuch besser kennenlernen. Auch bei Moodle gilt: Nur wer sein Werkzeug kennt, setzt es richtig ein ;-).

Übung 44

Testen Sie den Test: Die Kategorien

In dieser dritten Übung geht es um die Kategorien und deren Veröffentlichung.

- Erstellen Sie in der Fragenliste im KURS_A die zwei Kategorien KATEGORIE_A1 und KATEGORIE_A2, und verschieben Sie in jede Kategorie fünf Fragen.

- Erstellen Sie einen neuen KURS_B, und erstellen Sie in ihm einen neuen Test TEST_B1.

- Erstellen Sie im TEST_B1 zwei Fragen in der Kategorie STANDARD. Welche anderen Kategorien sind sonst noch sichtbar?

- Veröffentlichen Sie im KURS_A die KATEGORIE_A2.

- Wie viele Kategorien sind jetzt in der Fragenliste TEST_B1 sichtbar? Fügen Sie die Fragen aus der KATEGORIE_A2 in den Test ein.

Sie sollten den Test in Ihren Kursen möglichst oft einsetzen. Er aktiviert die Teilnehmenden, gibt ihnen und Ihnen Feedback ;-) und schult die Teilnehmenden, Entscheidungen zu treffen.

Leben heißt aktiv sein und Entscheidungen treffen. Das gilt auch für den Bereich der Ernährung – und die ist besonders wichtig, wenn man sich einem so harten Training unterzieht, wie Sie das momentan tun! Auch wenn Ihnen die Beschäftigung mit Moodle nicht allzu viel Freiraum für den Einkauf von Lebensmitteln sowie für die Zubereitung der Mahlzeiten lässt, können Sie gesund und abwechslungsreich essen ...

Gesunde Ernährung muss nicht zeitaufwendig sein, sondern lässt sich mit ein paar Tricks und etwas Hintergrundwissen in kurzer Zeit verwirklichen. Beispielsweise mit Kartoffeln – einer von Natur aus wertvollen Knolle. Sie enthält nur wenige Kalorien und so gut wie kein Fett, dafür Stärke, Ballaststoffe, hochwertiges Eiweiß, Vitamine, Mineralstoffe und sekundäre Pflanzenstoffe. Essen Sie beispielsweise *baked potatoes* – oder – lesen Sie weiter in Kapitel 21, *Hot Potatoes Test* ☺.

21 Hot Potatoes Test – eine heiße Sache

Die Lernaktivität HOT POTATOES TEST gehört nicht zur Moodle-Standard-Installation, wird aber von vielen Moodlern als willkommene Ergänzung eingesetzt. Sie steht hier als Beispiel für alle die zusätzlich verfügbaren Elemente (CONTRIB, DEVELOPMENT), die Sie auf *www.moodle.org* und im World Wide Web finden. Sollte die Lernaktivität HOT POTATOES TEST auf Ihrer Moodle-Seite nicht installiert sein, erfahren Sie im Anhang A, Moodle erweitern, wie man das macht. Auf *www.moodlepraxisbuch.info* ist die Lernaktivität HOT POTATOES TEST verfügbar.

Die Lernaktivität HOT POTATOES TEST ermöglicht es, webbasierte interaktive Übungen, die mit der Autorensoftware HOT POTATOES erstellt wurden, in Moodle zu integrieren. Obschon wir uns in diesem Buch vor allem mit Moodle befassen, erhalten Sie am Anfang dieses Kapitels einen kleinen Überblick über HOT POTATOES. Einfach so viel, dass Sie die Rolle der Lernaktivität HOT POTATOES TEST erkennen und motiviert sind, sich mit der Autorensoftware HOT POTATOES näher zu befassen. Anschließend erfahren Sie, wie die HOT-POTATOES-Übungen in Moodle eingebaut werden und welche Auswertungsmöglichkeiten es gibt.

Achtung

HotPotatoes ist keine Freeware, kann aber von Bildungsinstitutionen und Individuen kostenlos verwendet werden, solange diese keinen Profit erwirtschaften. Bitte lesen Sie dazu die Lizenbedingungen auf den unten aufgeführten Webseiten.

21.1 Hot Potatoes

HOT POTATOES (Abbildung 21.1), das von der Firma *Half Baked Software* (*www.half-bakedsoftware.com*) hergestellt wird, war ursprünglich für den Einsatz im Sprachunterricht gedacht. Es eignet sich aber auch für viele andere Einsatzgebiete und didaktische Konzepte, so wie die Lernaktivität TEST in Moodle. Die Software, die Sie von der deutschen Webseite *www.hotpotatoes.de* kostenlos herunterladen können, besteht aus diesen fünf Modulen:

- **JClose**Lückentext
- **JCross**Kreuzworträtsel
- **JMatch**Zuordnung
- **JMix**Schüttelsatz, Schüttelwort
- **JQuiz**Kurzantwort und Multiple-Choice

LÜCKENTEXT, ZUORDNUNG, KURZANTWORT und MULTIPLE-CHOICE sind in der Lernaktivität TEST in Moodle ebenfalls enthalten, wenn auch nicht genau gleich. So ist beispielsweise der Lückentext *JClose* viel einfacher zu erstellen als der Lückentext in Moodle. Er ermöglicht die Definition der Lücken durch einfaches Markieren und das Erfassen der alternativ richtigen Lösungen in einem Dialog.

Die Zuordnung *JMatch* bietet in der DHTML-Version, wo die Begriffe mit Drag & Drop zusammengeführt werden können, eine motivierendere Oberfläche als die Zuordnung in Moodle. DHTML läuft allerdings nur in entsprechend eingestellten Browsern.

JMix (Schüttelsatz) und *JCross* (Kreuzworträtsel) gibt es in Moodle nicht – schon allein deshalb ist es wertvoll, wenn Sie sich mit HOT POTATOE näher befassen.

Mit dem Modul *Masher,* das allerdings nur gegen Lizenzgebühr erhältlich ist, können die in den anderen Modulen erzeugten Fragen zu einem Test zusammengeführt werden.

Abbildung 21.1: Hot Potatoes, die Autorensoftware

Wollen Sie in HOT POTATOES Übungen erstellen, starten Sie das entsprechende Modul, beispielsweise *JCross* (Abbildung 21.2). Alle Module haben eine ähnliche Benutzerführung und sind dadurch in kurzer Zeit zu erlernen. Haben Sie alle Fragen erfasst, produziert HOT POTATOES Mit einem Klick auf das Symbol EINE HOT POTATOES WEBSEITE ERSTELLEN eine HTML-Webseite, die alle Fragen, alle Antworten und die ganze Funktionalität enthält. Dies ist die HTML-Seite, die Sie mit der Lernaktivität HOT POTATOES TEST hochladen werden. Die Lernaktivität HOT POTATOES TEST sorgt dafür, dass der HOT POTATOES-Test in Moodle-Manier ausgeführt wird, und dass die erzielten Punkte in die Bewertung übernommen werden.

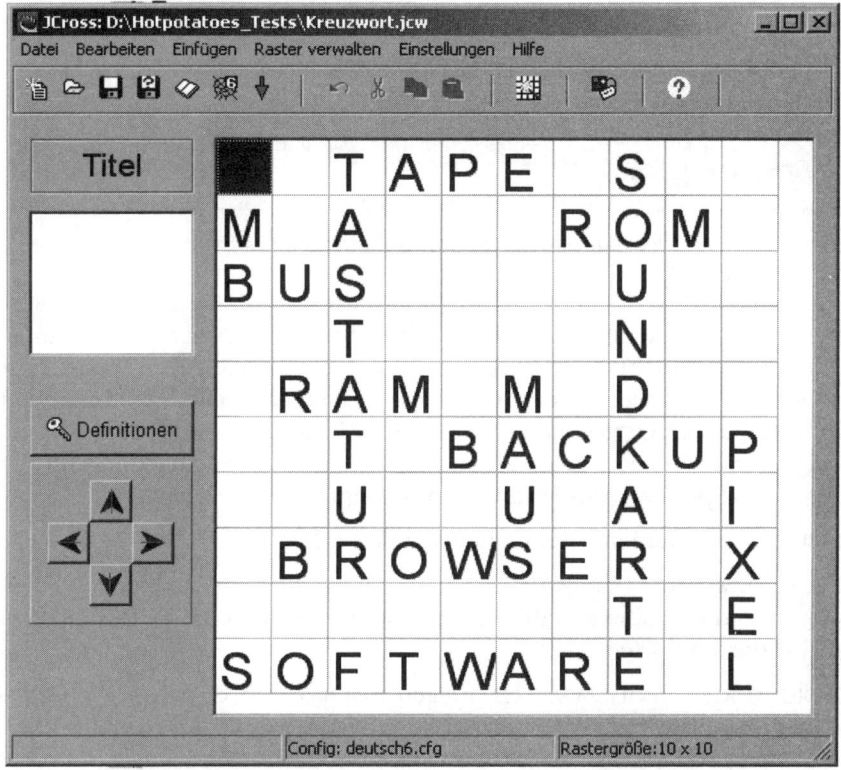

Abbildung 21.2: Das Modul JCross

21.2 Hot Potatoes Test hinzufügen und bearbeiten

Setzen Sie den Kurs in den **Bearbeitungsmodus**, und klicken Sie im Listenfeld LERNAKTIVITÄT HINZUFÜGEN auf HOT POTATOES TEST. Es öffnet sich das Formular BEARBEITE HOT POTATOES TEST (Abbildungen 21.3 und 21.4).

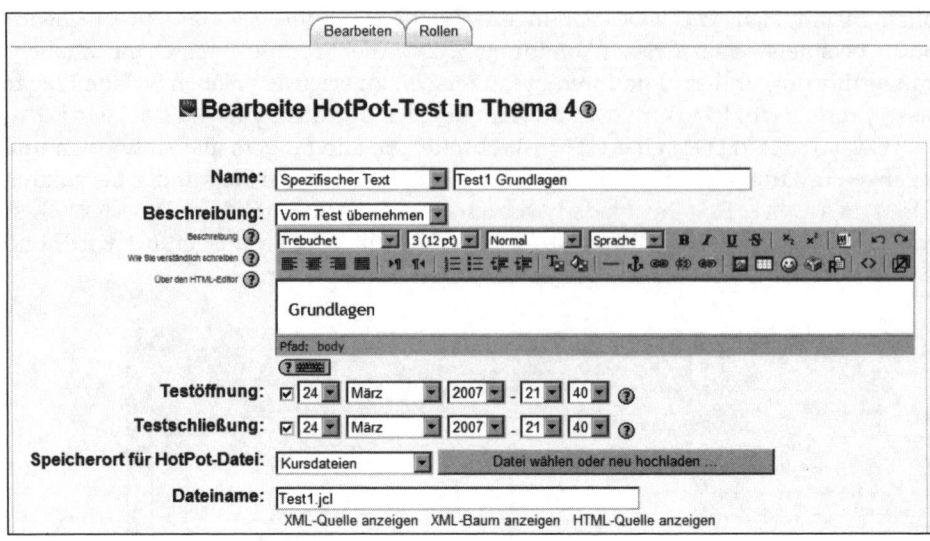

Abbildung 21.3: Das Formular Bearbeite Hot Potatoe Test, ester Teil

- NAME: Listenfeld mit den Optionen VOM TEST ÜBERNEHMEN, DATEINAME ANGEBEN, DATEIPFAD ANGEBEN und SPEZIFISCHER TEXT. Wenn Sie einen neuen Namen eingeben wollen und SPEZIFISCHER TEXT wählen, erscheint ein zusätzliches Textfeld zur Eingabe. Der Name wird als Link auf der Kursseite angezeigt. Die Abbildung zeigt eine Fotomontage: Das Listenfeld und die Register Bearbeiten und Rollen sind nie gleichzeitig sichtbar. Die Register werden erst nach, das Listenfeld jedoch nur vor dem erstmaligen Speichern des Formulars angezeigt.

- BESCHREIBUNG: Listenfeld mit vier Optionen, wie bei NAME.

- TESTÖFFNUNG und TESTSCHLIESSUNG: Sind die Auswahlkästchen aktiviert, können Sie mit den Listenfeldern das Zeitfenster bestimmen, in dem die Teilnehmenden den Test absolvieren dürfen.

- SPEICHERORT FÜR HOTPOT-DATEI: Hier legen Sie fest, wo die HOT POTATOES-HTML-Datei gespeichert ist. Sie können diese entweder mit KURSDATEIEN im aktuellen Kurs oder mit DATEIEN DER SEITE im Hauptkurs speichern, was den Vorteil hat, dass alle Kursverwalter darauf zugreifen können. Der Nachteil ist, dass weltweit alle Internet-Benutzer ebenfalls darauf zugreifen können. Ich empfehle Ihnen, die Hot Potatoe-HTML-Dateien – sofern es sich um Notenarbeiten handelt – im Kurs zu speichern. Mit einem Klick auf die Schaltfläche DATEI WÄHLEN ODER NEU HOCHLADEN öffnet sich ein Popup-Fenster mit den Verzeichnissen des aktuellen Kurses oder des Hauptkurses.

- DATEINAME: und Pfad der HOT POTATOE-HTML-Datei. Über die drei Links können Sie die XML-QUELLE ANZEIGEN, den XML-TREE ANZEIGEN oder die HTML-QUELLE ANZEIGEN. Mit einem Klick darauf wird die entsprechende Quelle in einem neuen Browser-Fenster angezeigt (Abbildung 21.5).

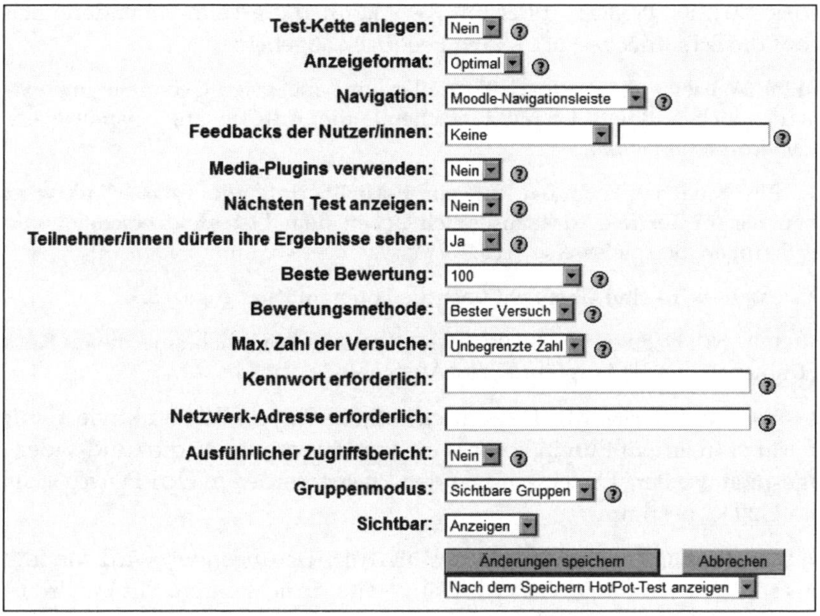

Abbildung 21.4: Das Formular Bearbeite Hot Potatoe Test, zweiter Teil

▨ TESTKETTE ANLEGEN: Mit JA können Sie mehrere zusammengehörende Tests hinzufügen. Wenn Sie in DATEINAME eine Datei angeben, wird diese als Beginn einer Reihe von Tests interpretiert. Wennn Sie in DATEINAME einen Ordner angeben, werden alle Tests innerhalb dieses Ordners als Reihe interpretiert. In beiden Fällen wird die ganze Test-Reihe mit den gleichen Einstellungen zum Kurs hinzugefügt. Mit NEIN wird nur ein Test zum Kurs hinzugefügt.

▨ ANZEIGEFORMAT: Der Test wird mit BESTE im besten Format des Browsers, mit V6+ im Drag&Drop-Format für Browser in der Version 6+ und mit V6 für Browser in der Version 6 angezeigt.

▨ NAVIGATION: Hier können Sie unterschiedliche Navigationshilfen vorgeben. Die folgenden Optionen zeigen die Moodle-Navigationsleiste mit kleinen Unterschieden:

MOODLE-NAVIGATIONSLEISTE: Die Standardnavigationsleiste erscheint wie gewohnt im gleichen Fenster. MOODLE-NAVIGATIONSRAHMEN: Die Standardnavigationsleiste wird in einem separaten Rahmen angezeigt. EINGEBETTER RAHMEN: Der Test wird in der aktuellen Seite eingebettet angezeigt.

Die folgenden Optionen zeigen die Moodle-Navigationsleiste nicht:

BUTTONS DES HOTPOT-TESTS: zeigt nur diese Schaltflächen. »ABBRECHEN«-BUTTON: mit nur dieser Schaltfläche. KEINE: Der Test wird ohne Navigationshilfen angezeigt. Wenn alle Fragen richtig beantwortet sind, kehrt Moodle entweder zur Kursseite oder zeigt den nächsten HOT POTATOE-Test an. Dies hängt davon ab, was Sie bei NÄCHSTEN TEST ZEIGEN? eingestellt haben.

▦ FEEDBACK DER NUTZER/INNEN: Außer mit KEIN können die Teilnehmenden nach dem Klick auf die Schaltfläche PRÜFEN ein Feedback abgeben:

PER WEBSEITE: Eine Webseite mit Feedback-Formular wird angezeigt. Geben Sie im Textfeld, das zusätzlich neben dem Listenfeld erscheint, die Adresse an, beispielsweise *http://myserver.com/feedbackform.html*.

PER FORMULAR: Ein Feedback-Formular für ein E-Mail-Script, wie `formmail.pl` wird angezeigt. Geben Sie im Textfeld, das zusätzlich neben dem Listenfeld erscheint, die Adresse für das Script an, beispielsweise `http://myserver.com/cgi-bin/formmail.pl`

PER MOODLE-FORUM: Es wird eine Übersicht über die Foren im Kurs angezeigt.

PER MOODLE-MITTEILUNG: Das Popup-Fenster MITTEILUNGEN öffnet sich, und die im Kurs eingetragenen Trainer stehen als Empfänger zur Auswahl.

▦ MEDIA PLUGINS VERWENDEN: Mit JA wird ein Media Player Plugin aktiviert, mit NEIN nicht. Mit aktiviertem Plugin können im Test eingebaute Audio- und Video-Dateien abgespielt werden. Die einzufügenden Player werden in HOT POTATOE als MULTIMEDIA OBJEKT bestimmt.

▦ NÄCHSTEN TEST ANZEIGEN: Wird der HOT POTATOES TEST beendet, wird Moodle das Ergebnis speichern und mit NEIN zur Hauptseite zurückkehren. Mit JA wird es den nächsten HOT POTATOES TEST aus diesem Bereich anzeigen. Ist kein weiterer Test vorhanden, kehrt Moodle zur Hauptseite zurück.

▦ TEILNEHMER/INNEN DÜRFEN IHRE ERGEBNISSE SEHEN: Mit JA können die Teilnehmenden den Test, sobald er abgeschlossen ist, einsehen, mit NEIN nicht.

▦ BESTE BEWERTUNG: Diese erhält ein Teilnehmer, wenn er alle Fragen richtig beantwortet. Bei falsch beantworteten Fragen wird die Note entsprechend linear heruntergesetzt.

▦ BEWERTUNGSMETHODE: Wenn mehrere Versuche erlaubt sind, gibt es unterschiedliche Vorgehensweisen, um die Bewertungen der einzelnen Versuche in die Bewertung des Kurses zu übernehmen. Mit BESTER VERSUCH wird die beste Bewertung, mit DURCHSCHNITT der durchschnittliche Wert aller Versuche und mit ERSTER VERSUCH oder LETZTER VERSUCH die Bewertung eines bestimmten Versuchs übernommen.

▦ MAX. ZAHL DER VERSUCHE: Hier legen Sie fest, wie oft der Teilnehmer den Test wiederholen darf: UNBEGRENZTE ZAHL oder 1 VERSUCH bis 10 VERSUCHE. Wenn Sie den Test als Übung einsetzen, ist es sinnvoll, mehrere Versuche zu erlauben.

▦ KENNWORT ERFORDERLICH: Dieses Passwort wird vor jedem Versuch abgefragt. Die Teilnehmenden können den Test also erst ausführen, wenn sie das Passwort eingegeben haben. Damit können Sie den Personenkreis oder den Testzeitpunkt einschränken. Es ist denkbar, dass Sie das Passwort erst bekannt geben, nachdem die Teilnehmenden eine bestimmte Aufgabe gelöst haben.

▦ NETZWERK-ADRESSE ERFORDERLICH: Wenn Sie möchten, dass die Teilnehmenden den Test nur im Schulungsraum absolvieren können, geben Sie hier die IP-Adresse der Schulrechner ein. Der Test ist dann nur noch auf diesen Geräten verfügbar.

▨ AUSFÜHRLICHER ZUGRIFFSBERICHT: Mit JA wird ein ausführlicher Zugriffsbericht erstellt, der jeden Klick auf Auswertungsschaltflächen festhält. Beachten Sie bitte, dass solche Protokolle in der Datenbank sehr viel Platz beanspruchen. Mit NEIN wird ein einfacher Zugriffsbericht erstellt.

▨ GRUPPENMODUS: KEINE GRUPPEN, GETRENNTE GRUPPEN UND SICHTBARE GRUPPEN.

▨ SICHTBAR: ANZEIGEN ODER VERBERGEN.

```
XML-Quelle anzeigen: mc.htm

XML-Quelle anzeigen  XML-Tree anzeigen  HTML-Quelle anzeigen  Kopie in Zwischenablage

<?xml version="1.0"?>
    <!DOCTYPE html PUBLIC "-//W3C//DTD XHTML 1.1//EN" "xhtml11.dtd">
    <html xmlns="http://www.w3.org/1999/xhtml"
        xml:lang="en"><head><meta name="author" content="Created with

<link rel="schema.DC" href="http://purl.org/dc/elements/1.1/" />
<meta name="DC:Creator" content="UNREGISTERED" />
<meta name="DC:Title" content="Eingabeger&#x00E4;te" />


<meta http-equiv="Content-Type" content="text/html; charset=iso-8859-1" />
```

Abbildung 21.5: XML-Quelle

21.3   Hot Potatoe Test absolvieren

Der HOT POTATOE TEST erscheint in Moodle entsprechend den Einstellungen in NAVIGATION (Abbildung 21.6).

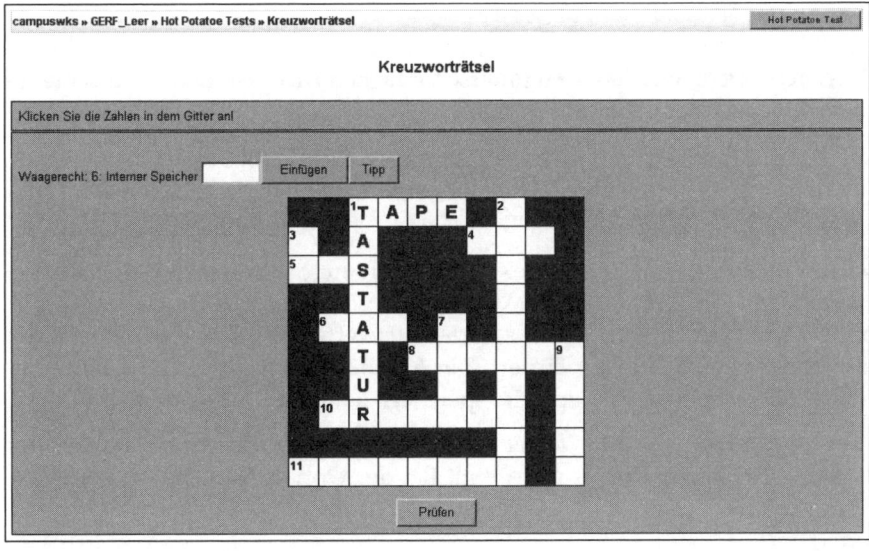

Abbildung 21.6: Hot Potatoe-Kreuzworträtsel

379

21.4 Hot Potatoe Test auswerten

Mit einem Klick auf HOT POTATOE TESTS in der Navigationsleiste (Abbildung 21.6) öffnet sich das gleichnamige Formular (Abbildung 21.7). Nach dem Klick auf einen HOT POTATOE TEST beginnt dieser – anders als bei der Lernaktivität TEST – sofort. Trainer und Teilnehmende gelangen nur über die Navigationsleiste auf das Formular HOT POTATOE TESTS, das die bisher absolvierten Tests anzeigt.

Mit einem Klick auf die Schaltfläche ALLE VERSUCHE NEU BEWERTEN werden die Versuche mit der aktuellen Version der Hot Potatoe-HTML-Datei neu bewertet.

Wenn Sie auf die Schaltfläche AKTUALISIEREN klicken, öffnet sich das Formular BEARBEITE HOT POTATOE TEST (Abbildung 21.3). Der NAME, beispielsweise KREUZWORTRÄTSEL A, funktioniert als Link und öffnet den entsprechenden HOT POTATOE TEST. In der Spalte VERSUCHE zeigen die Links, wie viele Versuche die angegebene Anzahl BENUTZER/INNEN bereits absolviert haben. Über diese Links erhalten Sie Zugang zu den entsprechenden Auswertungen.

Woche	Aktualisieren	Name	Test endet	Beste Punkte	Versuche
2	Aktualisieren	Kreuzworträtsel A	Samstag, 9 Dezember 2006, 01:00	98 / 100	Berichte ansehen für 1 Versuche (1 Benutzer/innen)
	Aktualisieren	Kreuzworträtsel B	Samstag, 9 Dezember 2006, 01:00	100 / 100	Berichte ansehen für 5 Versuche (4 Benutzer/innen)

Abbildung 21.7: Das Formular Hot Potatoe Tests

Die HOT POTATOES TESTS werden nach unterschiedlichen Kriterien und in verschiedenen Formaten ausgewertet (Abbildung 21.8).

Bestimmen Sie im Listenfeld den INHALT: ÜBERSICHT, EINFACHE STATISTIK oder AUSFÜHRLICHE STATISTIK, und legen Sie in den weiteren Listenfeldern die Auswahlkriterien fest:

- EINEN KURS AUSWÄHLEN: Mit DIESER KURS werden nur die Versuche dieses Kurses ausgewertet. Mit ALLE MEINE KURSE werden alle Versuche, die für diesen Test in einem Ihrer Kurse absolviert wurden, in die Auswertung einbezogen. Dazu muss der Test in der Hauptseite gespeichert sein (damit ist er weltweit für jedermann zugänglich). Dateien in der Hauptseite speichern kann nur der Administrator.

- TEILNEHMER AUSWÄHLEN: Mit der ersten Option werden nur die Versuche der TEILNEHMER/INNEN des Kurses angezeigt. Bei der Option ALLE TEILNEHMER/INNEN kommen die Versuche von Gästen, Administratoren, Kursverwaltern und Trainern dazu.

- BEWERTUNG AUSWÄHLEN: Mit BESTER VERSUCH wird von jedem Teilnehmer nur der beste Versuch in die Auswertung aufgenommen. Die zweite Option zeigt von jedem Teilnehmer ALLE VERSUCHE.

Bestimmen Sie im Listenfeld das FORMAT: HTML wird auf diesem Formular angezeigt, EXCEL und TEXT sind als Datei zum Herunterladen verfügbar.

Mit einem Klick auf die Schaltfläche BERICHT ERSTELLEN wird der Bericht entsprechend Ihrer Wahl generiert.

Das Formular ÜBERSICHT zeigt NAME, PUNKT, VERSUCHE, ZEIT, VERBRAUCHTE ZEIT und GROBE PUNKTZAHL für jeden Test-Versuch. Es ist möglich, die markierten Versuche mit einem Klick auf die Schaltfläche AUSGEWÄHLTE LÖSCHEN zu entfernen (Abbildung 21.8). Ein Klick auf die Schaltfläche ALLES LÖSCHEN entfernt alle Versuche – seien Sie bitte vorsichtig ;-).

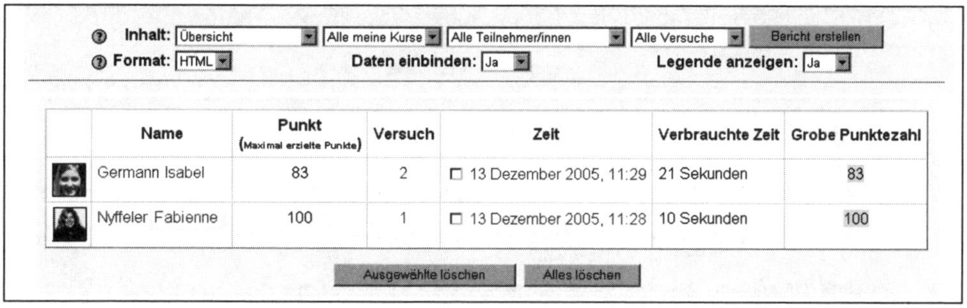

	Name	Punkt (Maximal erzielte Punkte)	Versuch	Zeit	Verbrauchte Zeit	Grobe Punktezahl
	Germann Isabel	83	2	☐ 13 Dezember 2005, 11:29	21 Sekunden	83
	Nyffeler Fabienne	100	1	☐ 13 Dezember 2005, 11:28	10 Sekunden	100

Abbildung 21.8: Das Formular Übersicht

Das Formular EINFACHE STATISTIK zeigt NAME, PUNKTE, VERSUCH, in den Spalten Q1 bis Q3 die erzielten Punkte für jede Frage und die GROBE PUNKTZAHL für jeden Versuch. In der untersten Zeile wird der entsprechende DURCHSCHNITT angezeigt (Abbildung 21.9).

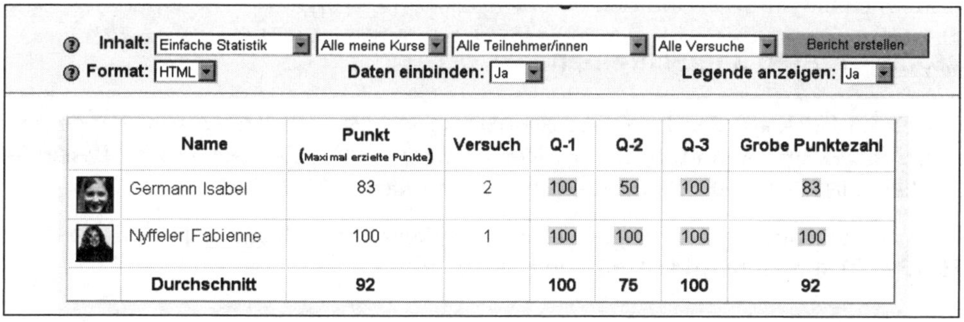

	Name	Punkt (Maximal erzielte Punkte)	Versuch	Q-1	Q-2	Q-3	Grobe Punktezahl
	Germann Isabel	83	2	100	50	100	83
	Nyffeler Fabienne	100	1	100	100	100	100
	Durchschnitt	**92**		**100**	**75**	**100**	**92**

Abbildung 21.9: Das Formular Einfache Statistik

21.5 Rollen

Auf dem Register ROLLEN (Abbildung 21.10) finden Sie die Links ROLLEN ZUWEISEN und ROLLEN ÜBERSCHREIBEN, die zu den entsprechenden Formularen führen. Mit einem Klick auf das Register ROLLEN wird standardmäßig das Formular ROLLEN ZUWEISEN angezeigt.

21.5.1 Rollen zuweisen

Auf dem Formular ROLLEN ZUWEISEN werden alle zur Verfügung stehenden Rollen mit einer Beschreibung angezeigt – hier die Basisrollen (Abbildung 21.10). Als KURS-VERWALTER oder TRAINER sind Sie berechtigt, dem Kontext HOTPOT-TEST Rollen zuzuweisen. Lesen Sie mehr dazu in Kapitel 11, *Rollen*.

Rollen	Beschreibung	Nutzer/innen
Administrator/in	Administrator/innen haben normalerweise alle Rechte auf der Website und in allen Kursen.	0
Kursverwalter/innen	Kursersteller/innen dürfen neue Kurse anlegen und in ihnen unterrichten.	0
Trainer/in	Trainer/innen dürfen in einem Kurs alles tun, incl. der Veränderung von Aktivitäten und der Beurteilung von Teilnehmer/innen.	0
Trainer/in ohne Editorrecht	Trainer/innen ohne Bearbeitungsrecht dürfen in Kursen unterrichten und Teilnehmer/innen bewerten, aber sie können nichts verändern.	0
Teilnehmer/in	Teilnehmer/innen haben in einem Kurs grundsätzlich weniger Rechte.	0
Gast	Gäste haben minimale Rechte und können normalerweise nirgends Texte eingeben.	0

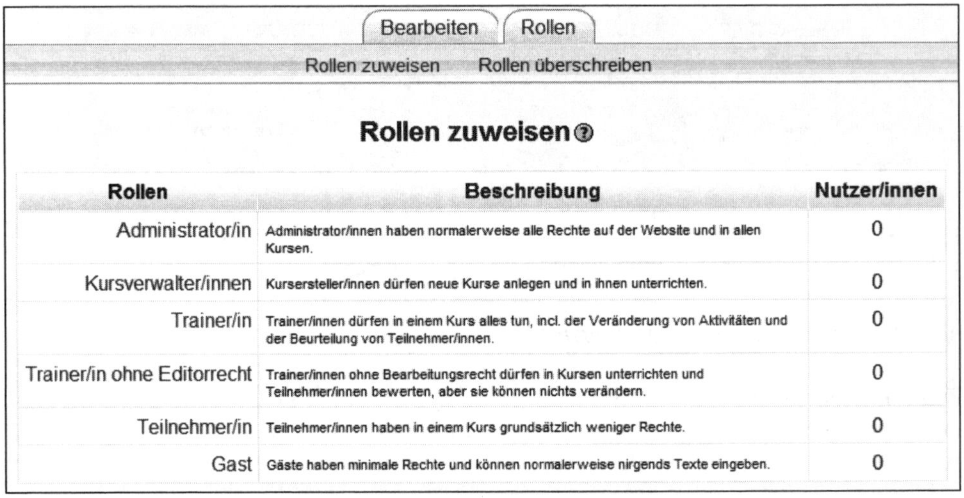

Abbildung 21.10: Formular Rollen zuweisen

21.5.2 Rollen überschreiben

Mit einem Klick auf den Link ROLLEN ÜBERSCHREIBEN wird das entsprechende Formular angezeigt (Abbildung 21.11). Der ADMINISTRATOR darf als einzige Basisrolle ROLLEN ÜBERSCHREIBEN. Lesen Sie mehr dazu in Kapitel 11, *Rollen*.

Die nachstehende Tabelle zeigt, welche Fähigkeiten den BASISROLLEN im KONTEXT HOTPOT-TEST erlaubt sind (Abbildung 21.12).

Bearbeiten | Rollen

Rollen zuweisen   Rollen überschreiben

Überschreibungen ⓘ

Aktueller Kontext: Aktivitäten-Modul: Test1 Grundlagen
Zuüberschreibende Rolle | Teilnehmer/in   ▼ |

Fähigkeit	Vererben	Erlauben	Unterbinden	Untersagen	Risiken
Kernsystem					
Zugriff auf alle Gruppen moodle/site:accessallgroups	⦿	○	○	○	
HotPot-Test					
HotPot-Test durchführen mod/hotpot:attempt	⦿	○	○	○	
Ergebnisse ansehen mod/hotpot:viewreport	⦿	○	○	○	
Bewertungen ändern mod/hotpot:grade	⦿	○	○	○	
Versuche löschen mod/hotpot:deleteattempt	⦿	○	○	○	

Änderungen speichern | Abbrechen

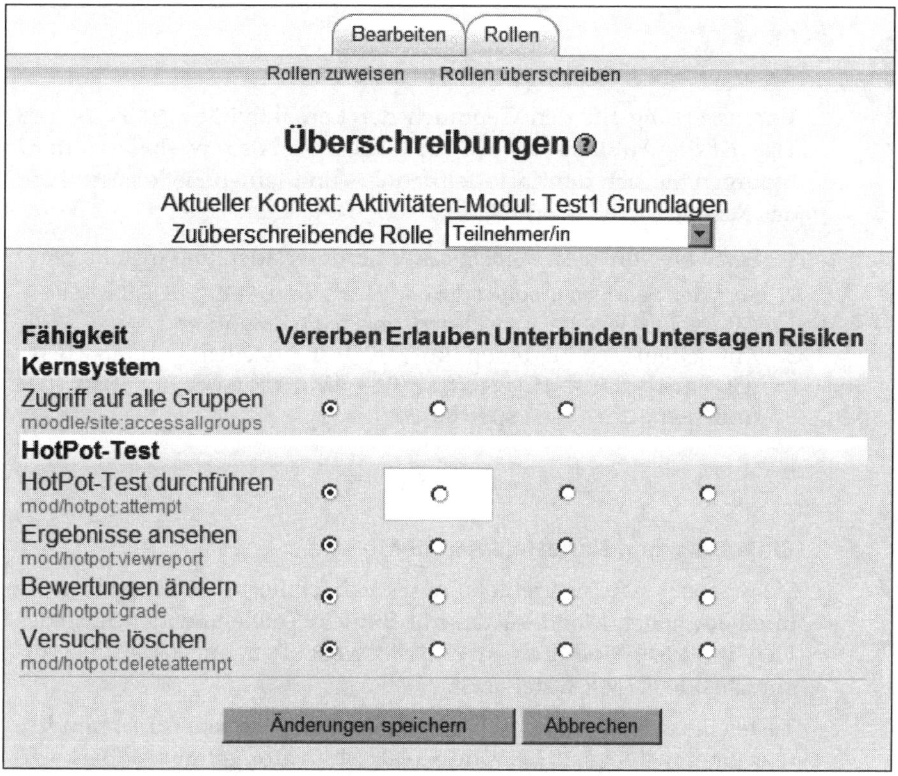

Abbildung 21.11: Zugriffsrechte der Basisrolle Teilnehmer/in

HotPot-Test Fähigkeiten	Administrator	Kursverwalter	Trainer	Trainer ohne Editorrecht	Teilnehmer	Authentifizierte Nutzer	Gast
Zugriff auf alle Gruppen	✖		✖	✖			
HotPot-Test durchführen	✖		✖	✖	✖		
Ergebnisse ansehen	✖		✖	✖			
Bewertungen ändern	✖		✖	✖			
Versuche löschen	✖		✖				

Abbildung 21.12: Die Rechte der Basisrollen im Kontext HotPot-Test

Übung 45

Besorgen Sie sich die Kartoffelpfanne

Voraussetzung für den Gebrauch der Lernaktivität HOT POTATOES TEST ist die Autorensoftware HOT POTATOE. Also, weshalb warten? Besorgen Sie sich die Kartoffelpfanne – und lernen Sie kochen! Hier das Rezept:

1. Software von *www.hotpotatoes.de* herunterladen und installieren.
2. Auf der Seite *www.hotpotatoes.de* HILFE/TUTORIALS, BEISPIELE, VORLAGEN, DIE MODULE usw. lesen, anschauen, zuhören…
3. Mit jedem Modul einen kurzen Test erstellen und als TEST_JCLOSE.HTM, TEST_JCROSS.HTM, TEST_JMATCH.HTM, TEST_JMIX.HTM und TEST_JQUIZ. HTM speichern.

Übung 46

Einladung zum Kartoffelessen in Moodle

Sie wissen genau, was jetzt kommt – hab ich Recht? Jetzt erstellen Sie in einem neuen Moodle-Kurs mit fiktiven Teilnehmenden für jedes HOT POTATOE-Modul einen HOT POTATOE TEST und laden die entsprechende HTML-Datei hoch.

Testen Sie ausgiebig! Jeder fiktive Teilnehmer soll jeden Test mindestens einmal ablegen. Hier sind Sie als Motivator gefragt ;-). Beobachten Sie genau, und interpretieren Sie die detaillierten Auswertungen.

Hetzen Sie auch Ihrem täglichen Zeitplan hinterher? Lesen Sie dieses Buch im Zug, ohne die Übungen zu machen, weil Sie zu Hause keine Zeit finden? Haben Sie kürzlich zwei Kollegen sagen hören »… er hat keine Zeit mehr für uns«? Sind Sie dabei, das Dringende zu tun – und das Wichtige zu vergessen? Ist das Ihr Problem? Die Lösung ist ganz einfach; zumindest jene, die ich im Internet gefunden und sofort ausprobiert habe:

Wer sich täglich bewegt, hat weniger Stress und ist sozial besser integriert.

Ich bin momentan arg im Stress mit diesem Buch, das können Sie mir glauben. Aber dieser Satz half mir auf die Sprünge, ich ging also mit dem Hund joggen … – und oh Wunder: zurück am Pult, ist der Stress weg! Und sozial besser integriert bin ich auch, denn eben ruft meine Frau aus der Küche I-S-S-W-O-S?! Und jetzt geh' ich zu ihr und ess' was!

Vorher schreibe ich aber noch schnell, schnell, wikiwiki, das nächste Kapitel. Lesen Sie bitte weiter in Kapitel 22, *Wiki*.

22 Wiki – gemeinsam statt einsam

Ein Wiki, auch WikiWiki und WikiWeb genannt, ist eine im World Wide Web verfügbare Seitensammlung, die von den Benutzern nicht nur gelesen, sondern auch online geändert werden kann. Wikis ähneln damit Content Management Systemen. Der Name stammt von wikiwiki, dem hawaiianischen Wort für »schnell«. Wie bei Hypertexten üblich, sind die einzelnen Seiten und Artikel eines Wikis durch Querverweise (Links) miteinander verbunden. Dazu gibt es in der Regel eine Bearbeitungsfunktion, die ein Eingabefenster öffnet, in dem der Text des Artikels bearbeitet werden kann. (aus www.wikipedia.org)

Diesen Text habe ich im wahrscheinlich größten Wiki der Welt gefunden – in Wikipedia, der freien Enzyklopädie in mehr als 100 Sprachen. Wikipedia wird nicht von einer bezahlten Redaktion, sondern von freiwilligen Autoren verfasst, und jeder kann mit seinem Wissen beitragen und Artikel eintragen oder verbessern.

Die Lernaktivität WIKI erlaubt die gemeinsame Bearbeitung und Erstellung von Inhalten innerhalb eines Moodle-Kurses. Sie erfahren in diesem Kapitel, wie Sie ein Wiki einrichten, welcher Typ für Ihre Übung passt und wie Sie ein Wiki mit sehr vielen Seiten verwalten können.

22.1 Wiki hinzufügen und bearbeiten

Setzen Sie den Kurs in den **Bearbeitungsmodus**, und klicken Sie im Listenfeld AKTIVITÄT ANLEGEN auf WIKI. Es öffnet sich das Formular BEARBEITE FORUM mit dem Titel FÜGE WIKI ZU THEMA # HINZU. Wenn Sie ein bestehendes Forum bearbeiten, erscheint das Formular auf dem Register BEARBEITEN mit dem Titel BEARBEITE WIKI IN THEMA #, zusätzlich wird das Register ROLLEN angezeigt (Abbildung 22.1).

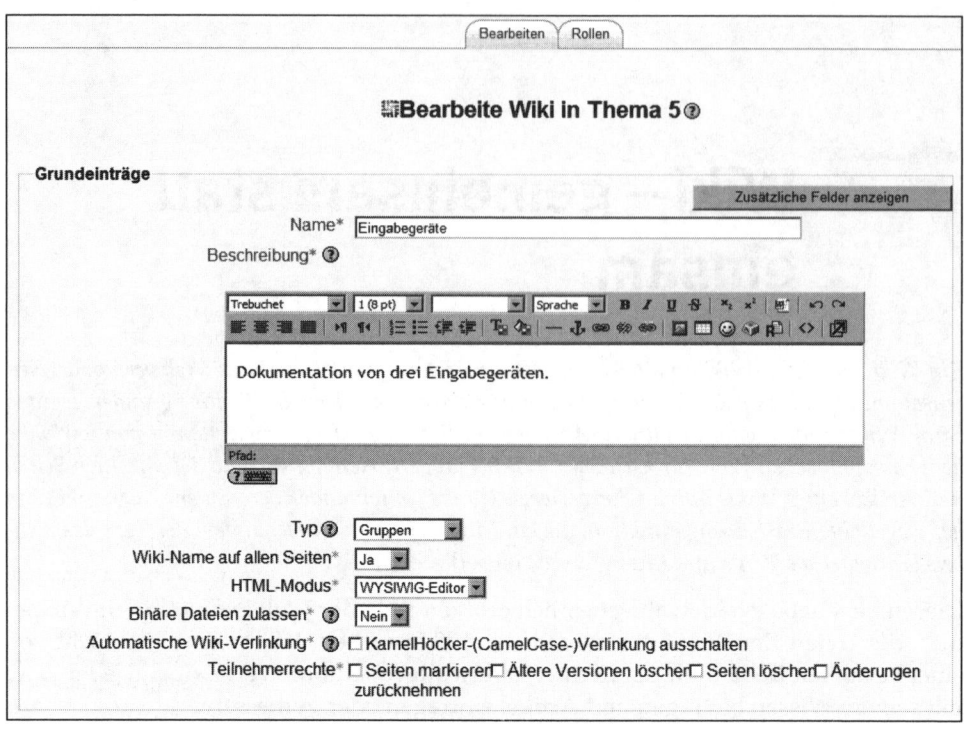

Abbildung 22.1: Aktivität Wiki, Abschnitt Grundeinträge

22.1.1 Grundeinträge

Der Abschschnitt GRUNDEINTRÄGE verfügt über die Schaltfläche ZUSÄTZLICHE FELDER ANZEIGEN. Mit einem Klick darauf werden die mit einem grünen Stern markierten Felder angezeigt.

■ NAME: Er erscheint als Link auf der Kursseite.

■ BESCHREIBUNG: Sie wird in der Übersicht der Aktivitäten angezeigt.

■ TYP: Hier legen Sie die Bearbeitungsrechte TRAINER/IN, GRUPPEN oder TEILNEH-MER/IN fest. Zusammen mit dem GRUPPENMODUS (KEINE GRUPPEN, GETRENNTE GRUPPEN, SICHTBARE GRUPPEN), den Sie bei den Kurseinstellungen und beim Wiki einstellen, ergeben sich neun Varianten. Der Trainer kann unabhängig von allen Einstellungen die Wikis **immer** bearbeiten und lesen. Die Abbildung 22.1 zeigt eine konstruierte Situation. Nach dem ersten Speichern des Formulars ist die Einstellung TYP nicht mehr editierbar.

	Keine Gruppen	Getrennte Gruppen	Sichtbare Gruppen
Trainer/in	Nur der Trainer kann das Wiki bearbeiten, der Teilnehmer kann den Text lesen.	Jede Gruppe hat ein eigenes Wiki, das nur der Trainer bearbeiten kann. Der Teilnehmer kann nur das Wiki der eigenen Gruppe lesen.	Jede Gruppe hat ein eigenes Wiki, das nur der Trainer bearbeiten kann. Der Teilnehmer kann alle Wikis aller Gruppen lesen. Mit einem Listenfeld wählt er, welches Wiki er sehen will.
Kurs/Gruppe	Der Teilnehmer kann das Wiki bearbeiten.	Jede Gruppe hat ein eigenes Wiki. Der Teilnehmer kann nur das Wiki der eigenen Gruppe sehen und bearbeiten.	Jede Gruppe hat ein eigenes Wiki, das der Teilnehmer bearbeiten kann. Die Wikis der anderen Gruppen kann er sehen. Mit einem Listenfeld wählt er, welches Wiki er sehen will.
Teilnehmer/innen	Jeder Teilnehmer hat ein eigenes Wiki, das er bearbeiten kann. Die Wikis der übrigen Teilnehmenden kann er nicht sehen.	Jeder Teilnehmer hat ein eigenes Wiki, das er bearbeiten kann. Die Wikis der anderen Teilnehmenden, die in derselben Gruppe sind, kann er sehen. Mit einem Listenfeld wählt er, welches Wiki er sehen will.	Jeder Teilnehmer hat ein eigenes Wiki und kann die Wikis aller anderen Teilnehmenden aller Gruppen sehen. Mit einem Listenfeld wählt er, welches Wiki er sehen will.

- WIKINAMEN AUF ALLEN SEITEN: Mit JA wird der Titel des Wikis auf jeder Seite angezeigt, mit NEIN nicht.

- HTML-MODUS: Hier legen Sie fest, wie Wikitexte formatiert werden. KEIN HTML formatiert die Texte ausschließlich nach den Formatierungsregeln des Wiki. Diese Einstellung ist sinnvoll, wenn Sie solche Wikis importieren. Die Wiki-Formatierungsregeln sind in der Moodle-Hilfe besschrieben. Weitere Informationen dazu finden Sie unter *http://erfurtwiki.sourceforge.net*. SICHERES HTML erlaubt die Formatierung mit einigen HTML-Formatierungen. Ich empfehle Ihnen, mit WYSIWYG-EDITOR den üblichen Moodle-Editor zu verwenden.

- BINÄRE DATEIEN ZULASSEN: Mit JA können die Teilnehmenden Bilder in die Wikiseite einfügen. Dazu werden beim Bearbeiten einer Seite zusätzliche Bedienelemente angezeigt (Abbildung 22.2). Nach dem Klick auf die Schaltfläche DURCHSUCHEN wählen Sie im Dialog DATEI ÖFFNEN die Datei aus, die Sie anschließend mit einem Klick auf die Schaltfläche UPLOAD hochladen. Verläuft das Hochladen erfolgreich, erhalten Sie in einem neuen Browser-Fenster beispielsweise die Quittung: YOUR UPLOADED FILE WAS SAVED AS: [INTERNAL://BOUNCE.GIF]. Wenn Sie den Ausdruck [INTERNAL://BOUNCE.GIF] in Ihrem Wiki eintragen, wird nach dem Speichern das Bild angezeigt.

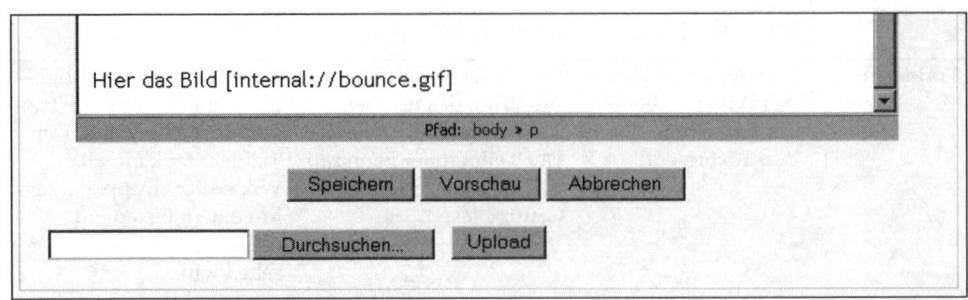

Abbildung 22.2: Bilder ins Wiki hochladen

- AUTOMATISCHE WIKI-VERLINKUNG: Ist dieses Ausfüllkästchen aktiviert, werden KAMELHÖCKER-Wörter nicht automatisch verlinkt. Das sind Wörter, die mit zwei nicht aufeinander folgenden Großbuchstaben geschrieben werden, beispielsweise HardWare, SoftWare und PeripherieGeräte. Diese Schreibweise heißt im Englischen CAMELCASE, weil zwei Großbuchstaben in einem Wort wie Kamelhöcker aussehen.

  Wenn diese Option deaktiviert ist, können Sie Verlinkungen erzeugen, indem Sie ein [WORT] in eckige Klammern setzen.

  Beachten Sie, dass KAMELHÖCKER eine Standardoption von Wikis sind. Das Deaktivieren kann dazu führen, dass andere – importierte – Wikis nicht wie erwartet laufen. Deaktivieren Sie diese Option nur, wenn es unbedingt nötig ist.

  Lesen Sie mehr dazu in Abschnitt 22.3, *Das Register Bearbeiten*.

- TEILNEHMERRECHTE: Hier bestimmen Sie, welche Bearbeitungsoptionen Sie dem Teilnehmer gewähren wollen. Markierte Auswahlkästchen aktivieren die entsprechende Option: ERLAUBT DAS MARKIEREN VON SEITEN, ERLAUBT DAS ZERLEGEN VON SEITEN, ERLAUBT DAS ENTFERNEN VON SEITEN, ERLAUBT DAS AUFHEBEN EINER MENGE VON ÄNDERUNGEN.

22.1.2 Optional

Die Funktion der Schaltfläche ZUSÄTZLICHE FELDER VERBERGEN bleibt unklar. Mit einem Klick darauf werden alle Felder des Abschnitts OPTIONAL ausgeblendet.

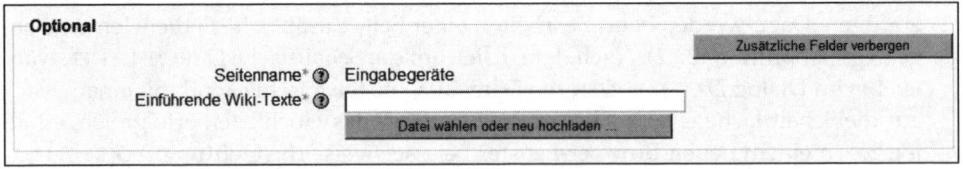

Abbildung 22.3: Aktivität Wiki, Abschnitt Optional

■ SEITENNAME: legt den Namen der Startseite Ihres Wikis fest.

■ EINFÜHRENDE WIKI-TEXTE: Wollen Sie eine einführende Seite mit Informationen über den Umgang mit Wikis bereitstellen, erstellen Sie eine Textdatei und laden diese ins Kursverzeichnis. Wenn Sie diese Seite hier angeben, wird deren Inhalt im Wiki als Startseite eingefügt.

22.1.3 Weitere Modul-Einstellungen

Weitere Modul-Einstellungen

Gruppenmodus ⑦ [Getrennte Gruppen ▼]
Sichtbar [Anzeigen ▼]

Änderungen speichern   Abbrechen

Die markierten Felder in diesem Formular sind Pflichtfelder. Diese müssen ausgefüllt werden.

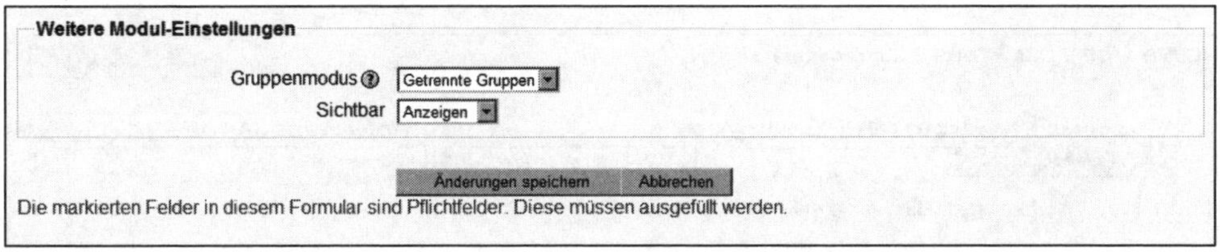

Abbildung 22.4: Aktivität Wiki, Abschnitt Weitere Modul-Einstellungen

■ GRUPPENMODUS: Mit JA ist der Gruppenmodus für diese Aktivität aktiviert, mit NEIN nicht. Lesen Sie mehr dazu in Kapitel 9, *Gruppen*.

■ SICHTBAR: Mit ANZEIGEN ist das Wiki für die Teilnehmer sichtbar, mit VERBERGEN nicht.

Sie können über die Schaltflächen die im Formular BEARBEITE WIKI vorgenommenen ÄNDERUNGEN SPEICHERN oder die Bearbeitung ABBRECHEN.

22.2 Das Register Anzeigen

Nach einem Klick auf den Wiki-Link im Kursraum öffnet sich standardmäßig das Register ANZEIGEN (Abbildung 22.6) und zeigt die erste Seite an. Hier erscheinen Text und Bilder in formatierter Form. Der Leser gelangt über die im Text eingefügten Links oder über die Einträge im Listenfeld WIKI LINKS AUSWÄHLEN auf die weiteren Wiki-Seiten.

Mit einem Klick auf die Schaltfläche WIKI BEARBEITEN gelangen Sie auf das Formular BEARBEITE WIKI (Abbildung 22.1).

Mit WIKI DURCHSUCHEN können Sie in einem größeren Wiki einen bestimmten Eintrag suchen. Geben Sie den Suchbegriff ins Eingabefeld ein, und klicken Sie auf die Schaltfläche. Auf einer Suchseite werden alle Seiten, die den Begriff enthalten, als Link angezeigt. Auf den einzelnen Wiki-Seiten erscheint der Suchbegriff grün hinterlegt.

Die Listenfelder WIKI LINKS AUSWÄHLEN (siehe Abschnitt 22.7) und ADMINISTRATION (siehe Abschnitt 22.8) erläutere ich später.

Die Schaltfläche WIKI DURCHSUCHEN und die zwei Listenfelder WIKI LINKS AUSWÄH-LEN und ADMINISTRATION sind unabhängig von der Wahl des Registers; sie stehen Ihnen also immer zur Verfügung.

Abhängig vom TYP des Wikis und den Gruppeneinstellungen entstehen innerhalb einer Aktivität WIKI mehrere Wikis. Das Listenfeld ANDERE WIKIS zeigt jene Wikis, für die Sie berechtigt sind. Als Trainer haben Sie immer Zugriff auf alle Wikis der Gruppen oder Teilnehmer. Ist ein Teilnehmer in mehr als einer Gruppe, dann hat auch er Zugriff auf mehrere Wikis.

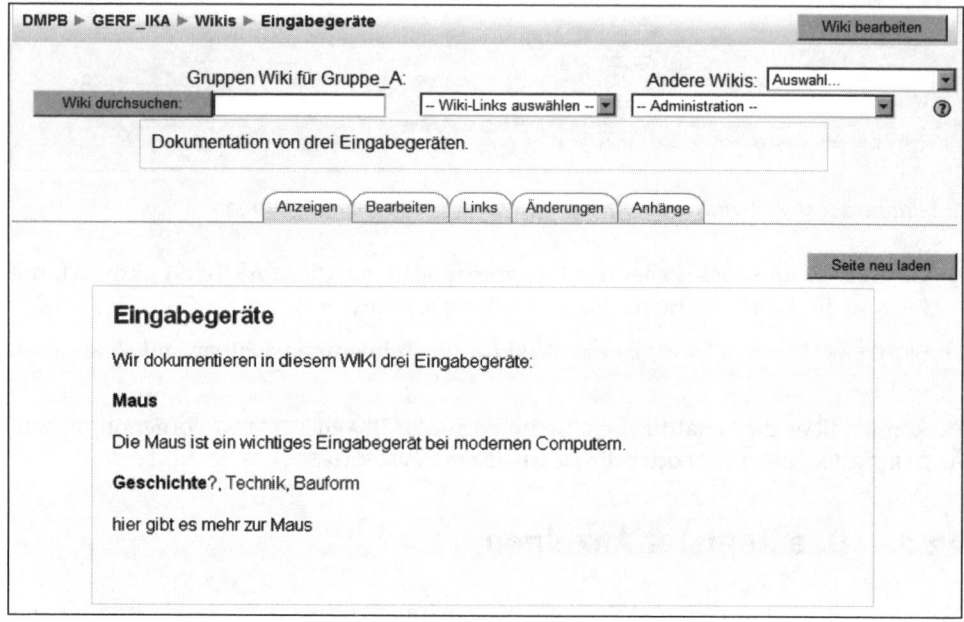

Abbildung 22.5: Das Register Anzeigen

22.3   Das Register Bearbeiten

Auf dem Register BEARBEITEN können Sie den Wiki-Text, je nach Einstellung in HTML-MODUS, in einem Text-Eingabefeld ohne Symbolleisten oder im bekannten Moodle-WYSIWYG-EDITOR bearbeiten (Abbildung 22.7).

Nach dem SPEICHERN wechselt das Wiki auf das Register ANZEIGEN. Mit einem Klick auf die Schaltfläche VORSCHAU wird oberhalb des Wiki-Formulars der aktuell erfasste Text als Vorschau angezeigt, ohne dass er gespeichert ist.

Wenn Sie mit dem WYSIWYG-Editor arbeiten, brauchen Sie sich grundsätzlich nicht um die Wiki-Formatierungen zu kümmern. Eine Ausnahme allerdings gibt es:

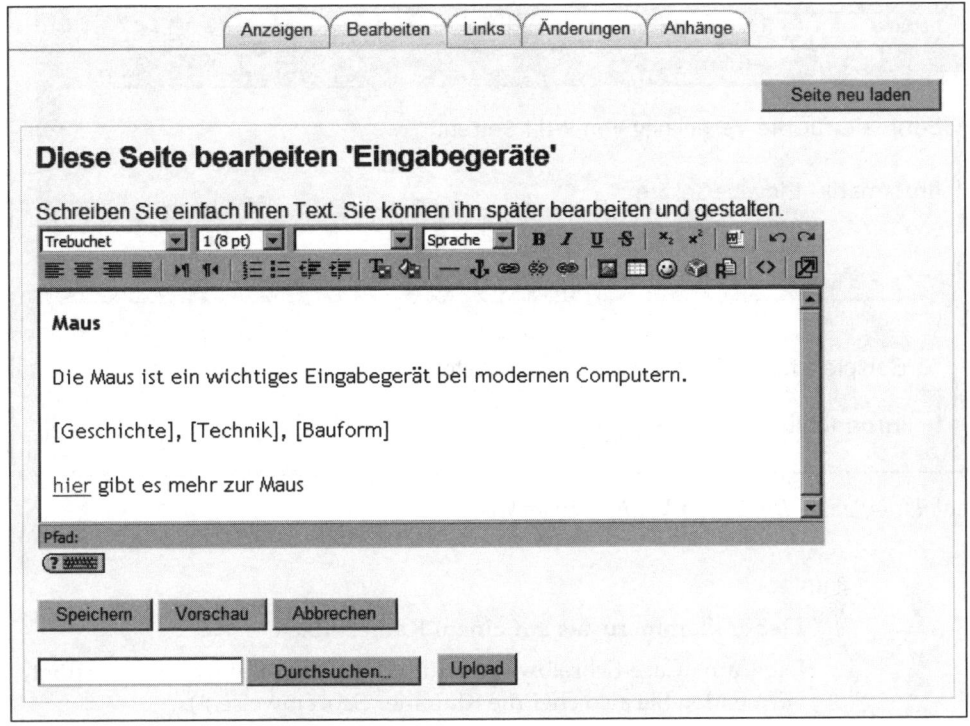

Abbildung 22.6: Das Register Bearbeiten mit WYSIWYG-Editor

22.3.1 Neue Seite einfügen

Der Name der neuen Seite wird auf einer bestehenden Seite von eckigen Klammern umgeben [Hardware] oder mit zwei nicht aufeinander folgenden Großbuchstaben geschrieben HardWare. Diese Schreibweise heißt im Englischen *CamelCase*, weil zwei Großbuchstaben in einem Wort wie Kamelhöcker aussehen.

Nach dem Speichern – auf dem Register ANZEIGEN – wird am Ende des neuen Seiten-namens ein Fragezeichen »?« angezeigt, das als Link funktioniert. Mit einem Klick darauf gelangen Sie in den Bearbeitungsmodus für diese neue Seite. Geben Sie Ihren Text ein, speichern Sie – und schon haben Sie eine neue Wikiseite erstellt. Der Name für diese neue Seite wird jetzt als Link und ohne Fragezeichen angezeigt.

Abbildung 22.7 zeigt im Editor die neue Seite [INFORMATIK] in Klammern und EINGA-BEGERÄTE als KamelHöcker. Der darunter liegende Ausschnitt zeigt, wie die zwei Begriffe nach dem Speichern aussehen. Die Seite INFORMATIK? besteht noch nicht, deshalb wird das Fragezeichen angezeigt. Die Seite EINGABEGERÄTE ist entweder mit einem Klick auf das Fragezeichen erfasst worden oder war bereits vorhanden. Begriffe, die einem Seitennamen entsprechen, erkennt das Wiki selbstständig und verlinkt automatisch dorthin.

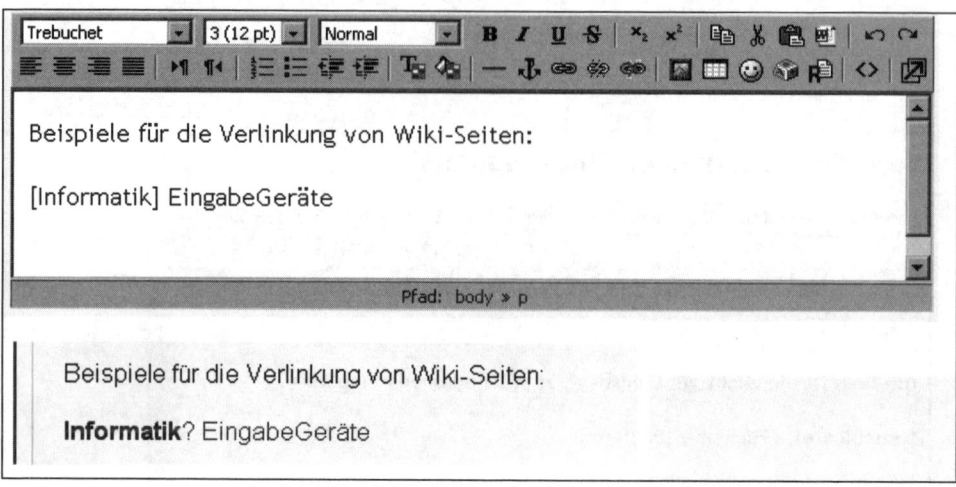

Abbildung 22.7: Die Seiten-Verlinkung im Wiki

Tipp

Lieber klammern, als auf einem Kamel sitzen

Die CamelCase-Schreibweise ist im deutschen Sprachraum verpönt, verwenden Sie also eher die Klammer-Schreibweise ;-).

22.4   Das Register Links

Das Register LINKS zeigt alle Links, die auf die aktuelle Seite verweisen. Bei großen und stark verlinkten Wikis sind diese Informationen eine wertvolle Navigationshilfe (Abbildung 22.8).

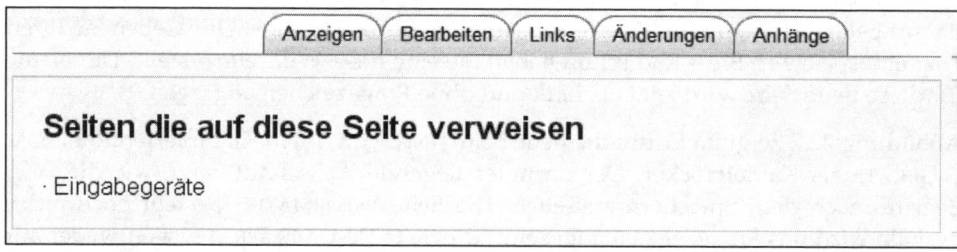

Abbildung 22.8: Das Register Links

22.5 Das Register Änderungen

Auf dem Register ÄNDERUNGEN finden Sie das Protokoll für die aktuelle Wiki-Seite. Bei jedem Speichern entsteht eine neue VERSION, und es werden AUTOR/IN, ERSTELL- UND VERÄNDERUNGSDATEN und die REFERENZEN (Links) festgehalten (Abbildung 22.9).

Mit den drei Links DURCHSUCHEN, ZURÜCK HOLEN und UNTERSCHIEDE können Sie die Versionen verwalten.

Abbildung 22.9: Das Register Änderungen

- DURCHSUCHEN: Der Wiki-Text wird in der entsprechenden Version angezeigt. So können Sie in einer älteren Version über die Links von Seite zu Seite springen, ohne diese wiederherzustellen.

- ZURÜCKHOLEN: Mit einem Klick machen Sie die entsprechende Version zur aktuellen Version und können damit ungewollte Änderungen verwerfen.

- UNTERSCHIEDE: zeigt die Unterschiede zwischen dieser und der vorherigen Version. Hinzugefügte Texte werden grün mit einem Pluszeichen und gelöschte Texte rot mit einem Minuszeichen angezeigt (Abbildung 22.10).

> **Unterschiede zwischen Version 4 und 3 von Wiki**
>
> -Tastatur und Maus sind Eingabegeräte
> +Tastatur, Maus und Scanner sind Eingabegeräte

Abbildung 22.10: Wiki-Unterschiede

22.6 Das Register Anhänge

Auf dem Register ANHÄNGE können Sie Dateien hochladen (Abbildung 22.11). Diese werden einer bestimmten Wiki-Seite zugeordnet und können von den Teilnehmenden jederzeit heruntergeladen werden. Dieses Register ist nur verfügbar, wenn Sie in den Einstellungen BINÄRE DATEIEN ZULASSEN.

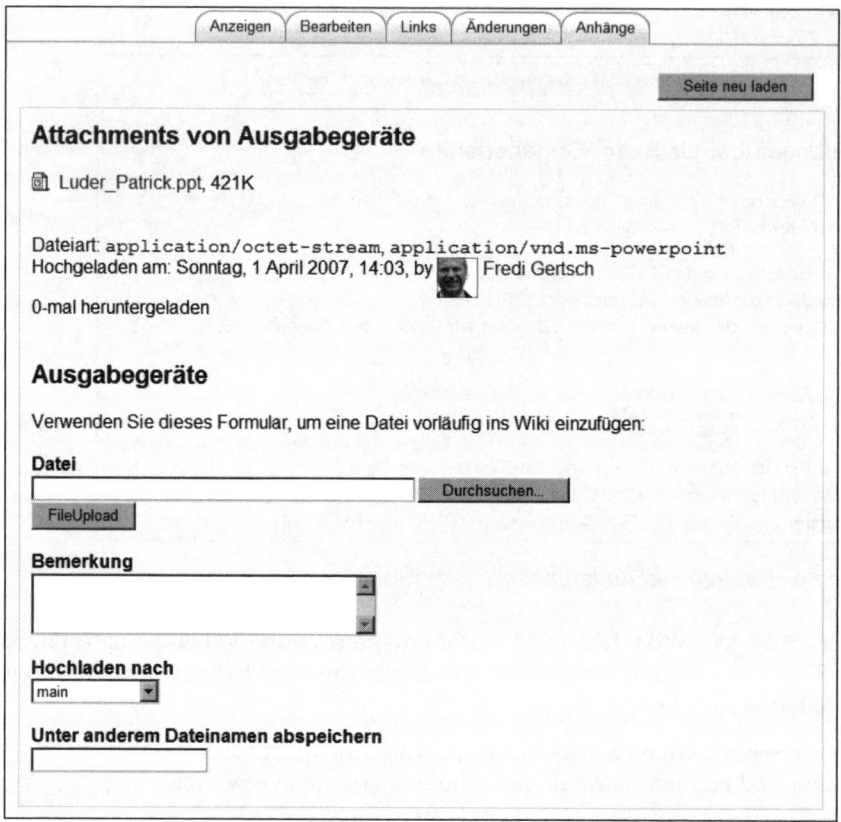

Abbildung 22.11: Das Register Anhänge

- DATEI: enthält den Pfad der hochzuladenden Datei. Mit einem Klick auf die Schaltfläche DURCHSUCHEN öffnet der Dialog Datei auswählen, in dem Sie die Datei bestimmen. Und mit Klick auf die Schaltfläche FileUpload wird die Datei hochgeladen.

- BEMERKUNGEN: die Sie hier erfassen, werden zusätzlich zum Datei-Link angezeigt.

- HOCHLADEN NACH: in diesem Listenfeld bestimmen Sie die Wiki-Seite.

- UNTER ANDEREM DATEINAMEN ABSPEICHERN: Wenn Sie einen anderen Namen angeben, wird die Datei unter diesem Namen angezeigt.

22.7 Wiki Links auswählen

Das Listenfeld WIKI LINKS AUSWÄHLEN, das auch den Teilnehmenden zur Verfügung steht, hilft dabei, größere Wikis, die schnell wachsen und von vielen Autoren bearbeitet werden, zu verwalten. Die in den Listen aufgeführten Seiten werden als Links angezeigt (Abbildung 22.12).

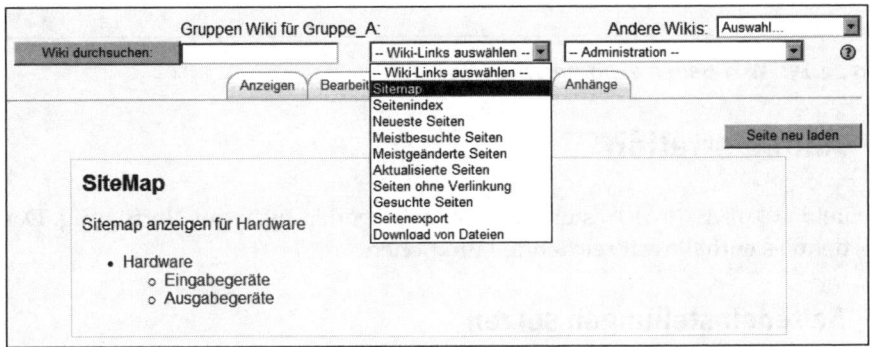

Abbildung 22.12: Das Listenfeld Wiki Links auswählen

■ SITEMAP: zeigt die Seiten-Struktur des Wikis hierarchisch gegliedert (Abbildung 22.12).

■ SEITENINDEX: zeigt sämtliche Seiten des Wikis in alphabetischer Reihenfolge.

■ NEUESTE SEITEN, MEIST VERÄNDERTE SEITEN und AKTUALISIERTE SEITEN zeigen die erwarteten Informationen mit dem letzten Änderungsdatum.

■ MEIST BESUCHTE SEITEN: Sie werden mit der Anzahl an Zugriffen angezeigt.

■ ISOLIERTE SEITEN (KEINE VERLINKUNGEN): zeigt Seiten, auf die kein Link mehr verweist; normalerweise wird hier nur die Startseite aufgeführt. Über diese Auflistung finden Sie Seiten, die auf anderem Weg nicht mehr zu erreichen sind. Entweder holen Sie diese »verlorenen« Seiten mit einem Verweis ins Wiki zurück oder Sie löschen sie.

■ GESUCHTE SEITEN: Das sind Seiten, für die ein Link definiert, aber noch keine Seite gespeichert ist.

■ SEITENEXPORT: Hier können Sie die Wiki-Seiten im HTML-FORMAT exportieren und dabei auch die WIKI-LINKS EINBINDEN. Im Listenfeld EXPORT NACH geben Sie als Ziel entweder DOWNLOADBARE ZIP-DATEI oder ein Kursverzeichnis, beispielsweise MODULVERZEICHNIS: WIKI_EXPORT, an. Die ZIP-Datei können Sie unmittelbar herunterladen. Für jede Wiki-Seite wird eine HTML-Seite gespeichert (Abbildung 22.13).

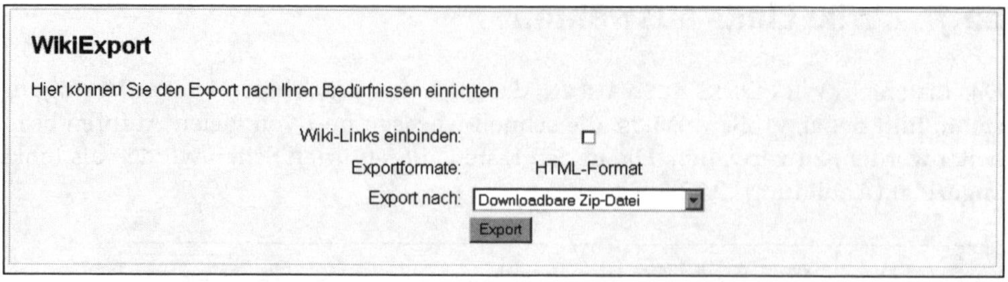

WikiExport

Hier können Sie den Export nach Ihren Bedürfnissen einrichten

Wiki-Links einbinden: ☐

Exportformate: HTML-Format

Export nach: | Downloadbare Zip-Datei ▾ |

Export

Abbildung 22.13: Wiki-Seiten exportieren

22.8 Administration

Das Listenfeld ADMINISTRATION steht den Teilnehmenden nicht zur Verfügung. Das ist gut so, denn es enthält weit reichende Funktionen.

22.8.1 Seiteneinstellungen setzen

Mit einem Klick auf SEITENEINSTELLUNGEN SETZEN öffnet sich das gleichnamige Formular (Abbildung 22.14).

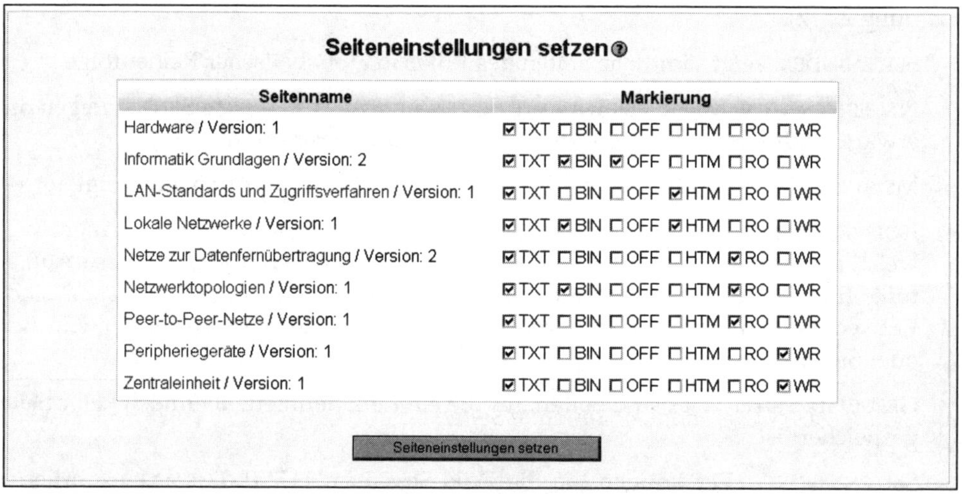

Seiteneinstellungen setzen⑦

Seitenname	Markierung
Hardware / Version: 1	☑TXT ☐BIN ☐OFF ☐HTM ☐RO ☐WR
Informatik Grundlagen / Version: 2	☑TXT ☑BIN ☑OFF ☐HTM ☐RO ☐WR
LAN-Standards und Zugriffsverfahren / Version: 1	☑TXT ☐BIN ☐OFF ☑HTM ☐RO ☐WR
Lokale Netzwerke / Version: 1	☑TXT ☑BIN ☐OFF ☑HTM ☐RO ☐WR
Netze zur Datenfernübertragung / Version: 2	☑TXT ☐BIN ☐OFF ☐HTM ☑RO ☐WR
Netzwerktopologien / Version: 1	☑TXT ☑BIN ☐OFF ☐HTM ☑RO ☐WR
Peer-to-Peer-Netze / Version: 1	☑TXT ☐BIN ☐OFF ☐HTM ☑RO ☐WR
Peripheriegeräte / Version: 1	☑TXT ☐BIN ☐OFF ☐HTM ☐RO ☑WR
Zentraleinheit / Version: 1	☑TXT ☐BIN ☐OFF ☐HTM ☐RO ☑WR

Seiteneinstellungen setzen

Abbildung 22.14: Das Formular Seiteneinstellungen setzen

Jeder Wiki-Seite sind Markierungen zugewiesen, die den Seitentyp beschreiben. Sie können sie in diesem Formular verändern und so das Verhalten der Seite anpassen. Wenn Sie ein Auswahlkästchen markieren, ist die entsprechende Eigenschaft aktiviert, sonst deaktiviert.

- TXT: Diese Seite kann Text enthalten.

- BIN: Diese Seite kann binäre Daten enthalten.

- OFF: Diese Seite ist ausgeschaltet.

- HTM: Auf dieser Seite ist HTML-Code erlaubt (die Wiki-Einstellungen werden aber vorrangig behandelt).

- RO: Diese Seite ist nur lesbar.

- WR: Diese Seite kann verändert werden.

22.8.2 Entfernte Seiten

Mit einem Klick auf ENTFERNTE SEITEN öffnet sich das gleichnamige Formular (Abbildung 22.15), das alle »verlorenen« Seiten anzeigt, für die keine Referenzen vorliegen. Mit einem Klick auf die Schaltfläche AUSGEWÄHLTE SEITEN ENTFERNEN löschen Sie die markierten Seiten unwiderruflich.

Bitte seien Sie vorsichtig! Überlegen Sie es sich zweimal, ob Sie eine Seite entfernen wollen. Sie können die »verlorene Seite« zurückholen, indem Sie auf einer anderen Seite den Seitennamen eintippen. Das Wiki wird diesen automatisch mit der dazugehörenden Seite verlinken.

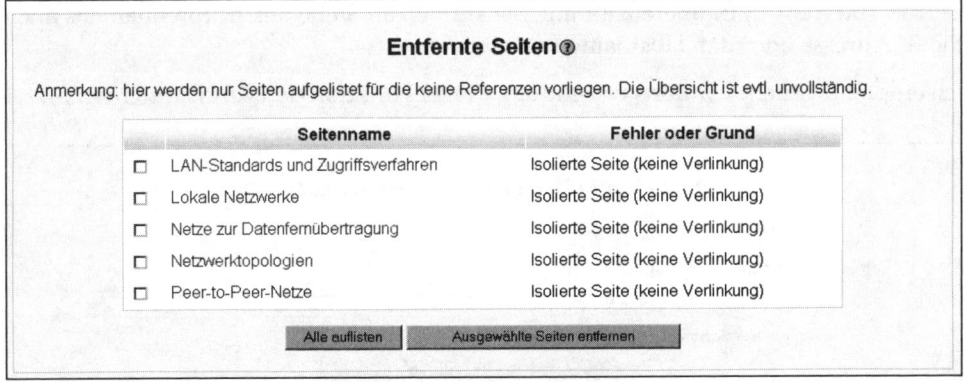

Abbildung 22.15: Das Formular Entfernte Seiten

22.8.3 Seiten entfernen

Mit einem Klick auf SEITEN ENTFERNEN öffnet sich das gleichnamige Formular (Abbildung 22.16), das jede Seite mit der aktuellen Version anzeigt. Im Eingabefeld ANZAHL VERSIONEN ZUM LÖSCHEN werden die alten Versionen aufgeführt. Dabei bedeutet beispielsweise die Angabe 1-2, dass Version 1 bis 2 gelöscht werden könnten. Sie können diese Vorgabe ändern, beispielsweise auf 1-1, dann wird nur die erste Version gelöscht.

Mit einem Klick auf die Schaltfläche SEITEN ENTFERNEN werden die markierten Seiten entsprechend den Angaben im Feld ANZAHL VERSIONEN ZUM LÖSCHEN endgültig gelöscht. Bitte seien Sie vorsichtig!

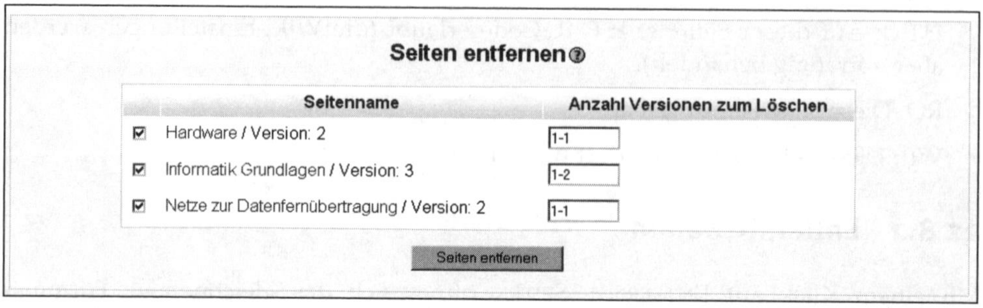

Abbildung 22.16: Das Formular Seiten entfernen

22.8.4 Veränderungen rückgängig machen

Mit einem Klick auf MEHRERE VERÄNDERUNGEN RÜCKGÄNGIG MACHEN öffnet sich das gleichnamige Formular (Abbildung 22.17). Hat jemand viele Seiten in Ihrem Wiki gelöscht, können Sie solche Veränderungen mit dieser Funktion automatisch rückgängig machen. Dieses Programm löscht alle Versionen, deren Autor mit ANZEIGE-OPTION FÜR AUTOR/IN übereinstimmt. Sie können an Stelle des Autorennamens auch die IP-Adresse oder den Hostnamen verwenden.

Ich empfehle Ihnen, vor der Verwendung dieser Funktion den Kurs zu sichern ;-).

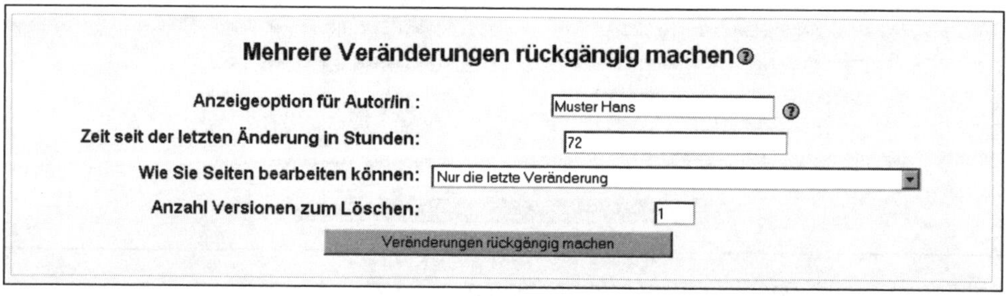

Abbildung 22.17: Das Formular Mehrere Veränderungen rückgängig machen

22.9 Rollen

Auf dem Register ROLLEN (Abbildung 22.18) finden Sie die Links ROLLEN ZUWEISEN und ROLLEN ÜBERSCHREIBEN, die zu den entsprechenden Formularen führen. Mit einem Klick auf das Register ROLLEN wird standardmäßig das Formular ROLLEN ZUWEISEN angezeigt.

22.9.1 Rollen zuweisen

Auf dem Formular ROLLEN ZUWEISEN werden alle zur Verfügung stehenden Rollen
mit einer Beschreibung angezeigt – hier die Basisrollen (Abbildung 22.18). Als KURS-
VERWALTER oder TRAINER sind Sie berechtigt, dem Kontext FORUM Rollen zuzuweisen. Lesen Sie mehr dazu in Kapitel 11, *Rollen*.

	Bearbeiten	Rollen	
	Rollen zuweisen	Rollen überschreiben	

Rollen zuweisen ⑦

Rollen	Beschreibung	Nutzer/innen
Administrator/in	Administrator/innen haben normalerweise alle Rechte auf der Website und in allen Kursen.	0
Kursverwalter/innen	Kursersteller/innen dürfen neue Kurse anlegen und in ihnen unterrichten.	0
Trainer/in	Trainer/innen dürfen in einem Kurs alles tun, incl. der Veränderung von Aktivitäten und der Beurteilung von Teilnehmer/innen.	0
Trainer/in ohne Editorrecht	Trainer/innen ohne Bearbeitungsrecht dürfen in Kursen unterrichten und Teilnehmer/innen bewerten, aber sie können nichts verändern.	0
Teilnehmer/in	Teilnehmer/innen haben in einem Kurs grundsätzlich weniger Rechte.	0
Gast	Gäste haben minimale Rechte und können normalerweise nirgends Texte eingeben.	0

Abbildung 22.18: Formular Rollen zuweisen

22.9.2 Rollen überschreiben

Mit einem Klick auf den Link ROLLEN ÜBERSCHREIBEN wird das entsprechende Formular angezeigt (Abbildung 22.19). Der ADMINISTRATOR darf als einzige Basisrolle
ROLLEN ÜBERSCHREIBEN. Lesen Sie mehr dazu in Kapitel 11, *Rollen*.

Die nachstehende Tabelle zeigt, welche Fähigkeiten den BASISROLLEN im KONTEXT
WIKI erlaubt sind (Abbildung 22.20).

Übung 47

Online-Hausarbeit in einem Wiki

Erstellen Sie einen neuen Kurs mit sechs fiktiven Teilnehmenden, die
Sie in drei Zweiergruppen aufteilen. Jede Gruppe erhält den Auftrag,
über zwei Begriffe (aus Ihrem Unterrichtsthema) eine Webseite zu
erstellen, die Bilder und weiterführende Links enthält. Die Teilnehmenden erstellen die Webseite von zu Hause aus, können aber die
Arbeit der übrigen Gruppen nicht sehen. Nach Abschluss dieser
Online-Phase stellen Sie das Wiki so ein, dass alle Teilnehmenden alle
Wiki-Seiten sehen und bearbeiten können. Die Teilnehmenden korrigieren und ergänzen die Seiten aller Gruppen.

Spielen Sie das Szenario mit den fiktiven Teilnehmenden durch! Auch wenn es Sie ein wenig Zeit kostet – es ist wichtig, dass Sie für Übungen mit realen Teilnehmenden sattelfest sind.

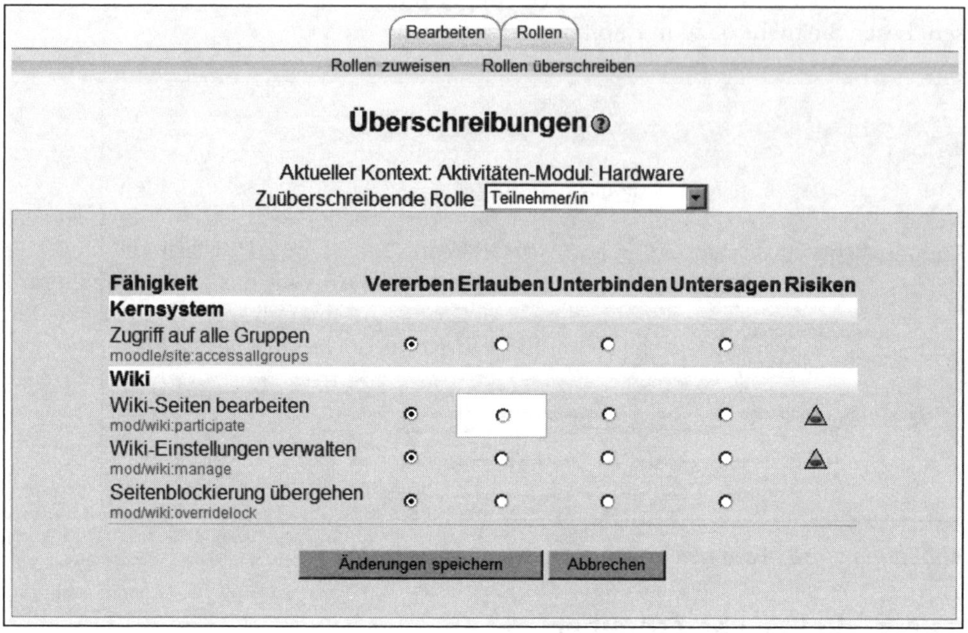

Bearbeiten | Rollen

Rollen zuweisen | Rollen überschreiben

Überschreibungen ②

Aktueller Kontext: Aktivitäten-Modul: Hardware
Zuüberschreibende Rolle | Teilnehmer/in

Fähigkeit	Vererben	Erlauben	Unterbinden	Untersagen	Risiken
Kernsystem					
Zugriff auf alle Gruppen moodle/site:accessallgroups	⊙	○	○	○	
Wiki					
Wiki-Seiten bearbeiten mod/wiki:participate	⊙	○	○	○	⚠
Wiki-Einstellungen verwalten mod/wiki:manage	⊙	○	○	○	⚠
Seitenblockierung übergehen mod/wiki:overridelock	⊙	○	○	○	

Änderungen speichern | Abbrechen

Abbildung 22.19: Zugriffsrechte der Basisrolle Teilnehmer/in im Wiki

Wiki Fähigkeiten	Administrator	Kursverwalter	Trainer	Trainer ohne Editorrecht	Teilnehmer	Gast
Zugriff auf alle Gruppen	✗		✗	✗		
Wiki-Seite bearbeiten	✗		✗	✗	✗	
Wiki-Einstellungen verwalten	✗		✗	✗		
Seitenblockierung übergehen	✗		✗	✗		

Abbildung 22.20: Die Rechte der Basisrollen im Kontext Wiki

Es gibt Dinge im Leben, die sollte man nicht alleine tun – das Wiki gehört dazu. Ein Wiki ist nur sinnvoll, wenn mehrere Personen die anstehende Arbeit aufteilen, sich gegenseitig unterstützen, korrigieren, ergänzen und helfen, wenn Menschen in einer Win-Win-Beziehung zusammenarbeiten wollen.

Moodle gehört ebenfalls zu diesen Dingen – in den erfolgreichsten Kursen kommunizieren die Teilnehmenden intensiv miteinander und erarbeiten den Lernstoff gemeinsam.

Wenn Sie alle Übungen in diesem Buch durchgearbeitet haben – das haben Sie doch? –, sind Sie für die Moodle-Praxis bestens vorbereitet. Und stehen doch ganz am Anfang. Denn Sie beherrschen zwar das Werkzeug Moodle, aber es fehlen Ihnen die Kursinhalte. Auch als Trainer werden Sie erfolgreicher sein, wenn Sie in einem kooperativen Umfeld moodlen können. Gibt es in Ihrer Unterrichtssituation eine solche Moodle-Gemeinschaft, die Kursinhalte in einer Win-Win-Beziehung gemeinsam erstellt? Ja? Toll, machen Sie mit! Nein? Dann ist es an Ihnen: Bringen Sie Licht in den dunklen Kreis der Jeder-arbeitet-nur-für-sich-Kollegen. Jetzt. Wikiwiki!

Lesen Sie weiter in Kapitel 23, *Workshop*.

23 Workshop – Tischlein deck dich

Welcher Mensch könnte das *Tischlein deck dich* nicht gebrauchen. Jeder will regelmäßig essen und wäre froh, wenn sich der Tisch von selbst mit leckeren Speisen deckte.

Der Workshop scheint mir das *Tischlein deck dich* für unterrichtende Menschen zu sein. Als Lehrperson müssen Sie regelmäßig Arbeiten bewerten und den Lernenden Feedback geben. Der Workshop unterstützt Sie in der Organisation von Peer-Assessments. Dabei gibt der Lernende seine Arbeit in einen Pool, von wo sie der Workshop einem anderen Teilnehmer zur Bewertung vorlegt. Die Teilnehmenden lernen beim Bewerten die Kriterien kennen, die für das erfolgreiche Lösen ähnlicher Aufgaben entscheidend sind. Und sie erhalten viel mehr Feedbacks, als das durch die Lehrperson allein möglich wäre.

Die Erfahrung zeigt, dass sich die Lernenden nach etwa drei Workshops in ihrer neuen Rolle zurechtfinden. Beim ersten Durchlauf bewerten die meisten Teilnehmenden ihre Mitlernenden viel zu positiv. Nach einem korrigierenden Feedback des Trainers schlägt das Pendel beim zweiten Durchlauf in die entgegengesetzte Richtung, was ein weiteres Trainer-Feedback nötig macht. Beim dritten Durchlauf pendeln sich die Bewertungen im realistischen Bereich ein. Der Trainer überwacht fortan die Peer-Assessments und bespricht nur noch diejenigen, die aus der normalen Bandbreite fallen.

Der Schlüssel für ein erfolgreiches Peer-Assessment sind die vom Trainer vorgegebenen Bewertungsrichtlinien. Gute Bewertungsrichtlinien bestehen aus einer Reihe von sehr konkreten Fragen zur Arbeit, die zu bewerten ist. Es ist viel einfacher, zu einer konkreten Frage Ja oder Nein zu sagen, als eine allgemein formulierte Frage auf einer 10er Skala zu bewerten.

Sie erfahren in diesem Kapitel alles, um einen einfachen Workshop in Ihrer Unterrichtssituation durchzuführen. Nebst dem Einrichten des Workshops lernen Sie die fünf Beurteilungsstrategien kennen, und Sie erfahren, was Teilnehmer und Trainer in den verschiedenen Phasen des Workshops zu tun haben.

23.1 Workshop hinzufügen und bearbeiten

Setzen Sie den Kurs in den **Bearbeitungsmodus**, und klicken Sie im Listenfeld LERN-AKTIVITÄT HINZUFÜGEN auf WORKSHOP. Es öffnet sich das Formular BEARBEITE WORK-SHOP (Abbildungen 23.1 bis 23.3).

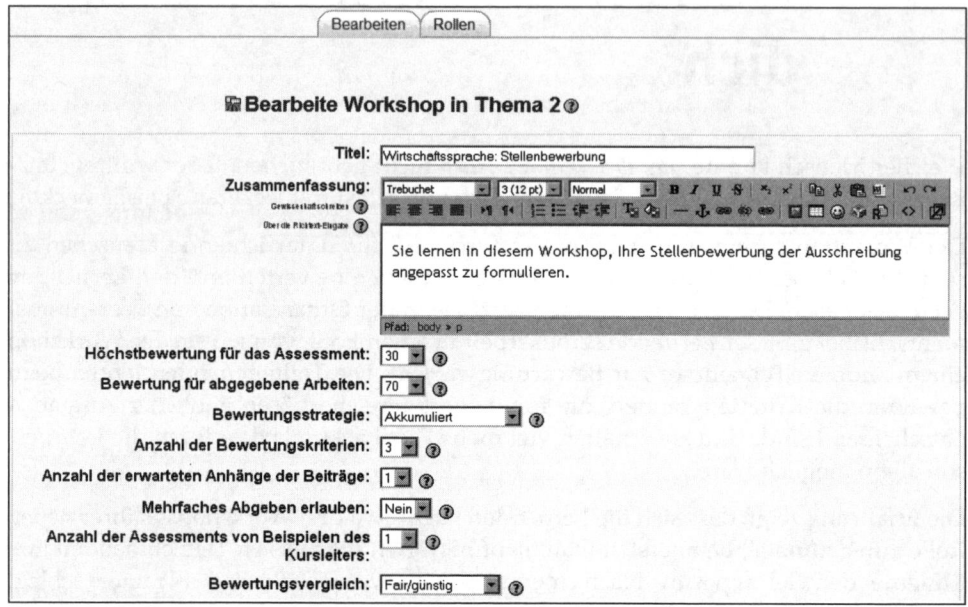

Abbildung 23.1: Das Formular Bearbeite Workshop, erster Teil

- TITEL: Die Bezeichnung des Workshops erscheint als Link auf der Kursseite.

- ZUSAMMENFASSUNG: Informieren Sie hier die Teilnehmenden ausführlich über die Aufgabe, schildern Sie den Ablauf der verschiedenen Phasen übersichtlich und verständlich. Auf diesen Text können die Lernenden während des ganzen Workshops zurückgreifen.

  Mit den zwei folgenden Einstellungen definieren Sie die Gesamtnote für den Workshop. Diese entsteht aus der *Note für die Arbeit* und der *Note für die Bewertung*.

- HÖCHSTBEWERTUNG FÜR DAS ASSESSMENT: 0–100; Dies ist die höchste *Note für die Bewertung* der Arbeiten. Zum einen erhält ein Teilnehmer eine Note für die Bewertung der eigenen Arbeit (Selbstbewertung) und zum andern für seine Bewertung der Arbeiten anderer Teilnehmender. Diese Note wird aus dem Vergleich der Bewertungen mit der besten Bewertung der gleichen Arbeit berechnet. Die beste Bewertung ist jene, die dem Mittelwert aller Bewertungen am nächsten kommt. Wenn nur eine Bewertung vorliegt, wird diese als beste angenommen. Wenn zwei Bewertungen vorliegen, werden beide als beste angenommen. Nur wenn drei oder mehr Bewertungen vorliegen, greift der Berechnungsmodus.

■ BEWERTUNG FÜR ABGEGEBENE ARBEITEN: 0–100; dies ist die höchste *Note für die Arbeit*. Eingereichte Arbeiten können vom Teilnehmer selbst, vom Trainer und von anderen Teilnehmenden bewertet werden.

■ BEWERTUNGSSTRATEGIE: Wählen Sie eine der fünf Bewertungsstrategien: NICHT BEWERTET, AKKUMULIERT, SUMME DER FEHLER, BEWERTUNGSKRITERIUM und RUBRIK. Lesen Sie mehr dazu in Abschnitt 22.3, Aufgabe einrichten.

■ ANZAHL DER BEWERTUNGSKRITERIEN: 0–20; Hier legen Sie – abhängig von der BEWERTUNGSSTRATEGIE – die Anzahl der Kriterien, Beurteilungselemente und Kommentare fest. In der Regel hat eine Prüfung 5 bis 15 Elemente. Alle Bewertungen haben ein Kommentarfeld. Mit 0 wird nur das allgemeine Kommentarfeld angezeigt.

■ ANZAHL DER ERWARTETEN ANHÄNGE DER BEITRÄGE: 0 – 5; Der Teilnehmer kann bei Abgabe der Aufgabe einen freien Text erfassen und Dateien hochladen. Dazu wird ihm als »Hochlade-Element« ein Eingabefeld und eine DURCHSUCHEN-Schaltfläche angeboten, über die er die hochzuladende Datei bestimmen kann. Sie bestimmen in dieser Einstellung, wie viele solche Elemente angezeigt werden. Diese Zahl hat keinen Einfluss auf die Anzahl der Dateien, die der Teilnehmer hochladen kann oder muss. Mit 0 kann der Teilnehmer keine Datei hochladen.

■ MEHRFACHES ABGEBEN ERLAUBEN: Mit NEIN, der Grundeinstellung, kann der Teilnehmer nur eine Arbeit, mit JA kann er mehrere Arbeiten einreichen. Das ist sinnvoll, wenn diese in einem iterativen Prozess laufend verbessert werden sollen. Für die Gesamtbewertung wird die beste Bewertung verwendet.

■ ANZAHL DER ASSESSMENTS VON BEISPIELEN DES KURSLEITERS: 0–20; Wenn diese Zahl größer ist als null, muss der Teilnehmer die entsprechende Anzahl Beispielaufgaben des Trainers bewerten und kommentieren, bevor er seine eigene Arbeit abgeben kann. Hat der Trainer mehr Beispielaufgaben hochgeladen, als der Teilnehmer lösen muss, werden die Aufgaben zufällig ausgewählt. Der Trainer kann die bewerteten Beispielaufgaben des Teilnehmers ebenfalls bewerten und kommentieren, damit der Teilnehmer daraus lerne.

■ BEWERTUNGSVERGLEICH: Üblicherweise werden die Arbeiten in einem Workshop vom Trainer und den Teilnehmern bewertet. Für die Gesamtbewertung ist der Grad der Übereinstimmung maßgebend. Der Bewertungsvergleich definiert, wie dieser zu verstehen ist.

Damit Sie sich die Wirkung vorstellen können, seien die Optionen an einem (sehr einfachen) Beispiel demonstriert, bei dem 10 Ja/Nein-Fragen bewertet werden:

Mit der Einstellung SEHR LAX und bei vollständiger Übereinstimmung zwischen den Bewertungen des Teilnehmers und des Trainers beträgt das Ergebnis 100 %. Für jede Frage, die abweichend bewertet wurde, sinkt das Ergebnis um 10 %. Diese Bewertung erscheint sehr logisch – weshalb aber wird sie als SEHR LAX bezeichnet? Stellen Sie sich einen Teilnehmer vor, der nach dem Zufallsprinzip bewertet. Er wird wahrscheinlich zur Hälfte richtig bewerten und damit 50 % als Ergebnis erzielen. Mit LAX wird der Zufallsfaktor auf 20 % gesetzt, mit FAIR auf 0. In diesem Level wird das Ergebnis 50 % betragen, wenn zwei Bewertungen von zehn nicht übereinstimmen. Die Einstellung STRICT führt im gleichen Fall zum Ergebnis 40 % und SEHR STRICT zu 35 % bei einer Nichtübereinstimmung.

Während des Fortschreitens des Workshops können Sie abschätzen, ob die Bewertungen zu hoch oder zu niedrig sind. Die Benotungen sehen Sie auf der Administrationsseite des Workshops. Sie können jederzeit im Verlauf des Workshops diese Einstellung ändern und mit einem Klick auf NOCHMALIGE BEURTEILUNG DER TEILNEHMERINNEN ASSESSMENTS die Noten neu berechnen.

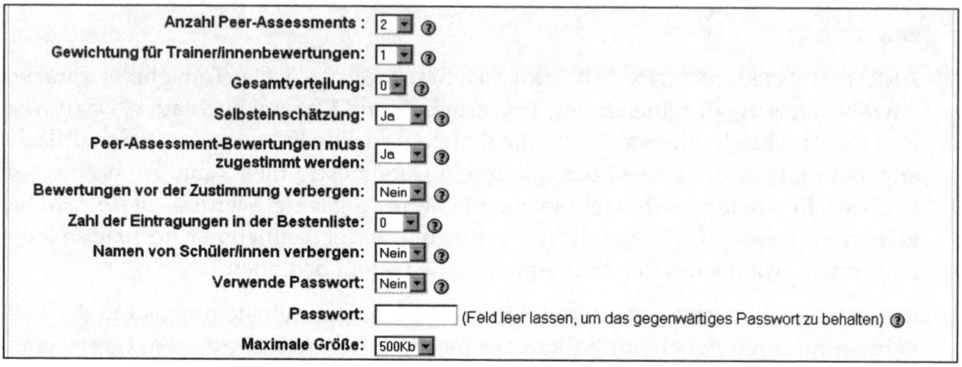

Abbildung 23.2: Das Formular Bearbeite Workshop, zweiter Teil

- ANZAHL PEER-ASSESSMENTS: Legen Sie hier fest, wie viele Arbeiten von anderen Teilnehmenden der Teilnehmer bewerten muss.

- GEWICHTUNG FÜR TRAINER/INNENBEWERTUNGEN: Mit der Einstellung 1 wird die Bewertung des Trainers gleich gewichtet wie die Bewertung der anderen Teilnehmenden. Wenn die Teilnehmenden zu gute oder zu schlechte Bewertungen abgeben, können Sie mit einer größeren Zahl die Bewertung des Trainers höher gewichten. Mit dem Wert 5 beispielsweise erhält der Trainer dasselbe Gewicht wie fünf Teilnehmende. Bewertungen von Teilnehmenden, die von jener des Trainers stark abweichen, werden nicht berücksichtigt. Sie können diese Einstellung jederzeit ändern.

- GESAMTVERTEILUNG: Im Peer-Assessment, der gegenseitigen Bewertung unter den Teilnehmenden, werden die zu bewertenden Arbeiten automatisch zugewiesen. Dabei sollten alle Arbeiten gleich häufig zum Peer-Assessment vorgelegt werden. Die Einstellung GESAMTVERTEILUNG definiert, welche Abweichung zulässig ist. Der Wert 0 bedeutet, dass alle Arbeiten gleich häufig bewertet werden. Der Wert 1 bedeutet, dass eine Arbeit einmal mehr oder weniger als andere Arbeiten bewertet wird. Das Gleiche gilt für den Wert 2. Wenn Sie ein Ungleichgewicht in der Zahl der Bewertungen zulassen (Wert 1 oder 2), kann ein Teilnehmer die vorgesehene Anzahl an Bewertungen erreichen, bevor alle Teilnehmenden die eigene Arbeit eingereicht haben.

- SELBSTEINSCHÄTZUNG: Mit JA muss der Teilnehmer seine eigene Arbeit bewerten, mit NEIN nicht.

- PEER-ASSESSMENT-BEWERTUNG MUSS ZUGESTIMMT WERDEN: Mit JA muss der Teilnehmer, dessen Arbeit beurteilt wird, mit der Bewertung des Bewerters einverstanden sein. Ist er das nicht, weist er diese zur Neubeurteilung an den Bewerter zurück. Können sich die zwei Teilnehmenden bis zum Ablauf der Phase nicht einigen, wird die Bewertung nicht berücksichtigt. Wenn Sie diese Option aktivieren, sollten Sie auch die BEWERTUNGEN VOR DER ZUSTIMMUNG VERBERGEN. Die Teilnehmenden sehen dann nur noch die Kommentare, was die Zustimmung erleichtern wird.

- BEWERTUNGEN VOR DER ZUSTIMMUNG VERBERGEN: Mit JA sehen die Teilnehmenden von den Bewertungen nur noch die Kommentare, mit NEIN auch die Bewertungen.

- ZAHL DER EINTRAGUNGEN IN DER BESTENLISTE: 0–20, 50, 100; Der Workshop führt eine Bestenliste der besten Ergebnisse – Sie kennen das von den Spielautomaten. Mit 0 wird die Bestenliste nicht angezeigt, mit 50 werden die besten 50 Arbeiten angezeigt. Die Einstellung NAMEN VON SCHÜLER/INNEN VERBERGEN wirkt auch in dieser Liste.

- NAMEN VON SCHÜLER/INNEN VERBERGEN: Mit JA erfolgt die Bewertung anonym, der Bewerter sieht Name und Foto des Teilnehmers nicht. Weil er aber die Dateinamen der eingereichten Arbeit sehen kann, sollten Sie für diese anonyme Vorgaben abgeben. Sonst nützt das Verbergen der Namen nichts. Der Trainer bewertet nie anonym.

  Mit NEIN erfolgt die Bewertung nicht anonym, Name und Foto des Teilnehmers werden angezeigt. Dies kann zu Verzerrungen bei der Bewertung führen.

- VERWENDE PASSWORT: und PASSWORT: Mit JA wird der Workshop durch das PASSWORT geschützt, mit NEIN nicht.

- MAXIMALE GRÖSSE: definiert die maximale Größe der Dateien, die hochgeladen werden. Die im Listenfeld angezeigte Maximalgröße ist von den Einstellungen des Administrators abhängig.

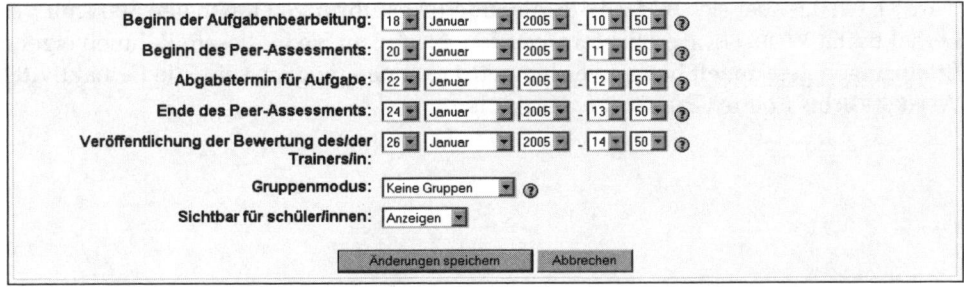

Abbildung 23.3: Das Formular Bearbeite Workshop, dritter Teil

Der Workshop verläuft nach den Einrichtungsarbeiten in fünf Phasen, deren Beginn Sie mit den folgenden Einstellungen definieren. Die Reihenfolge der Einstellungen entspricht dem Verlauf des Workshops.

- BEGINN DER AUFGABENBEARBEITUNG: Datum.

- BEGINN DES PEER-ASSESSMENTS: Datum.

- ABGABETERMIN FÜR AUFGABE: Datum.

- ENDE DES PEER-ASSESSMENTS: Datum.

- VERÖFFENTLICHUNG DER BEWERTUNG DES/DER TRAINERS/IN: Datum.

- GRUPPENMODUS: KEINE GRUPPEN, SICHTBARE GRUPPE und GETRENNTE GRUPPE.

- SICHTBAR FÜR SCHÜLER/INNEN: ANZEIGEN und VERBERGEN.

23.2 Die Phasen des Workshops

Sofort nach dem Hinzufügen beginnt auch schon die erste Phase AUFGABE EINRICH-TEN. Wann die einzelnen Phasen beginnen und welches die aktuelle Phase ist, wird im Formular WORKSHOP angezeigt (Abbildung 23.4).

Aktuelle Phase: Aufgabe einrichten
Beginn der Aufgabenbearbeitung: Donnerstag, 22 Dezember 2005, 14:30 (21 Stunden 58 Minuten)
Abgabetermin für Aufgabe: Samstag, 24 Dezember 2005, 14:30 (2 Tage 21 Stunden)
Beginn des Peer-Assessments: Freitag, 23 Dezember 2005, 14:30 (1 Tag 21 Stunden)
Ende des Peer-Assessments: Sonntag, 25 Dezember 2005, 14:30 (3 Tage 21 Stunden)

Beste Note: 200 (Bewertungskriterien (Übersicht) ◀)

Abbildung 23.4: Die Phasen des Workshops

Sie lernen diese Phasen in den nächsten Abschnitten beispielhaft kennen. Das Modul WORKSHOP ist so komplex, dass es in diesem Rahmen leider nicht möglich ist, Ihnen alle Feinheiten und Möglichkeiten aufzuzeigen – was methodisch auch nicht klug wäre ;-). Ich bin aber sicher, dass die folgenden Ausführungen Ihnen den Start mit der Lernaktivität WORKSHOP erleichtern werden. Nachdem Sie in diesem Rahmen eigene Erfahrungen gesammelt haben werden, wird es Ihnen möglich sein, die Lernaktivität WORKSHOP bis in ihre Grundzüge auszuloten.

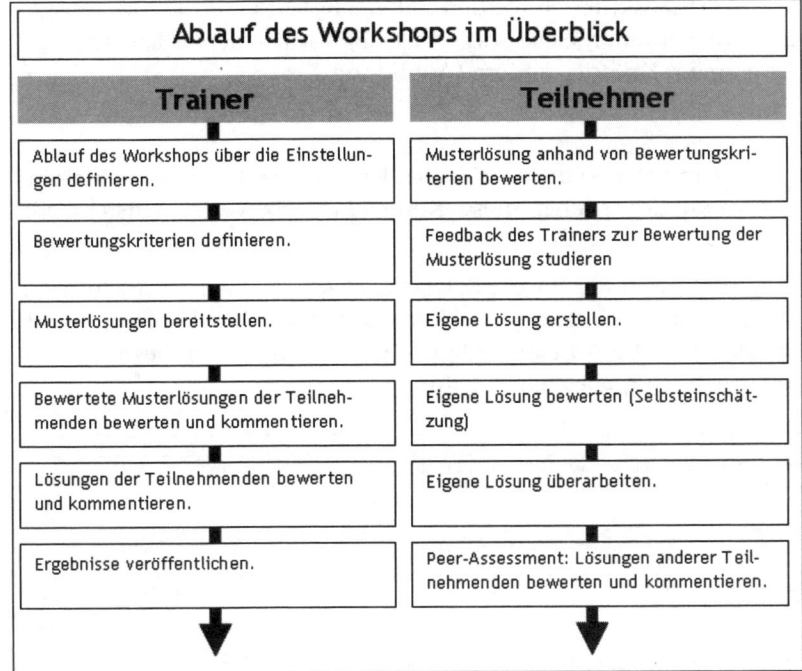

Abbildung 23.5: Ablauf des Workshops

23.3 Aufgabe einrichten

Die Phase AUFGABE EINRICHTEN beginnt unmittelbar, nachdem Sie den Workshop hinzugefügt haben, und endet mit dem BEGINN DER AUFGABENBEARBEITUNG.

Bevor die Lernenden mit dem Workshop arbeiten können, müssen Sie ihn einrichten. Den ersten Schritt haben Sie in Abschnitt 23.1, *Workshop hinzufügen und bearbeiten*, bereits gemacht. Die dort gewählten Einstellungen beeinflussen teilweise die weiteren Schritte.

23.3.1 Bewertungsrichtlinien definieren

Unmittelbar nach dem Speichern des Formulars BEARBEITE WORKSHOP (Abbildung 23.1) öffnet sich das Formular BEWERTUNGSKRITERIEN BEARBEITEN, das abhängig von den Werten in BEWERTUNGSSTRATEGIE und ANZAHL DER BEWERTUNGSKRITERIEN anders aussieht.

Sie lernen hier alle diese Formulare kennen, deren Aussehen vor allem von der BEWERTUNGSSTRATEGIE abhängig ist. Die ANZAHL DER BEWERTUNGSKRITERIEN bestimmt nur, wie oft die Eingabefelder wiederholt werden. Gleichzeitig erfahren Sie mehr über die Bewertungsstrategien.

Einmal definierte Bewertungskriterien werden mit einem Klick auf BEWERTUNGSKRI-
TERIEN (ÜBERSICHT) im Formular WORKSHOP angezeigt. Mit einem Klick auf ✍
können Sie die Assessment-Kriterien ändern (Abbildung 23.4).

Nicht bewertet

Die Teilnehmenden kommentieren die vorgelegten Kriterien lediglich, vergeben aber
keine Noten. Nur wenn der Trainer diese Kommentare bewertet, entsteht eine
Gesamtnote.

Abbildung 23.6 zeigt das Formular für die BEWERTUNGSSTRATEGIE: NICHT BEWERTET.
Jedes Beurteilungselement enthält einzig das KRITERIUM # zur Beschreibung der zu
bewertenden Aspekte. Weil die Arbeiten lediglich mit Kommentaren bewertet werden, entfallen hier jegliche Vorgaben zur Benotung.

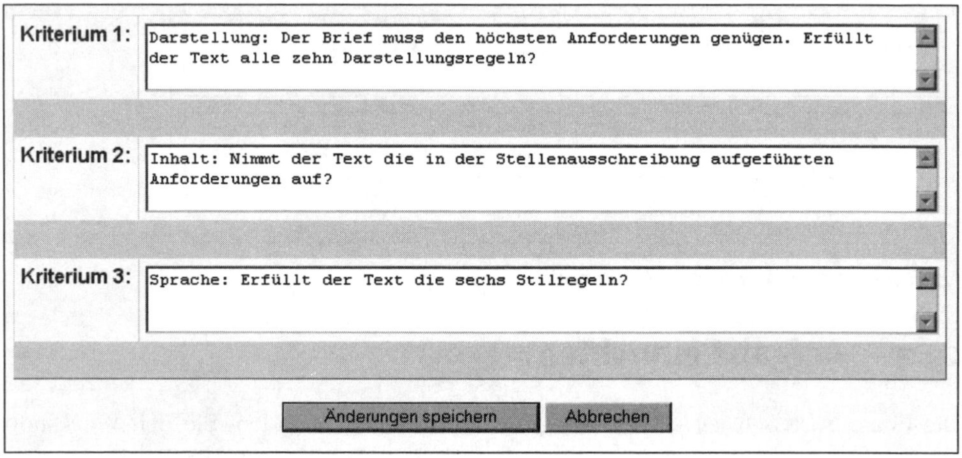

Abbildung 23.6: Die Bewertungsstrategie Nicht bewertet

Abbildung 23.7 zeigt die BEWERTUNGSSTRATEGIE NICHT BEWERTET in Aktion. Der
Bewerter erhält jedes KRITERIUM vorgelegt und formuliert im Textfeld RÜCKMELDUNG
seinen Kommentar. Der ALLGEMEINE KOMMENTAR schließt die Bewertung ab.

Als Trainer können Sie häufig verwendete Kommentare im Formular speichern und
fortan mit einem Mausklick abrufen. Wenn Sie einen solchen Kommentar im Textfeld
erfassen und auf die Schaltfläche KOMMENTAR HINZUFÜGEN klicken, wird er unterhalb des Textfeldes angezeigt, beispielsweise <<GRATULIERE, DER TEXT IST PERFEKT.>>
<- LÖSCHEN. Mit einem Klick auf GRATULIERE, DER TEXT IST PERFEKT wird dieser Text
am Ende des vorhandenen Textes in die Textbox kopiert. Mit einem Klick auf
LÖSCHEN wird er aus der Liste der Vorgaben gelöscht.

	Bewertung von Gertsch Fredi Mittwoch, 20 Dezember 2006, 22:23
Kriterium 1:	Darstellung: Der Brief muss den höchsten Anforderungen genügen. Erfüllt der Text alle zehn Darstellungsregeln?
Rückmeldung:	Stichwortangaben ohne Doppelpunkt, fett, und zwei Zeichen Abstand zum Text.
Kommentar hinzufügen ⑦	<<Gratuliere, der Text ist perfekt.>> <--Löschen <<Ränder links und/oder rechts sind falsch>> <--Löschen <<Stichwortangaben ohne Doppelpunkt, fett, und zwei Zeichen Abstand zum Text.>> <--Löschen
Allgemeiner Kommentar:	Sie haben eine gute Stellenbewerbung erstellt – gut gemacht. Achten Sie beim nächsten Mal auf die hier besprochenen Mängel, dann wird Ihre Stellenbewerbung erfolgreich sein.
Kommentar hinzufügen ⑦	
	Meine Bewertung speichern

Abbildung 23.7: Die Bewertungsstrategie Nicht bewertet in Aktion

Akkumuliert

Das ist die Standardeinstellung. Teilnehmer und Trainer bewerten und kommentieren eine Reihe von Kriterien, die je einen Teilaspekt der Anforderungen abdecken. So entsteht bei den meisten Aufgaben aus 5 bis 15 Elementen die Gesamtbeurteilung.

Abbildung 23.8 zeigt das Formular für die BEWERTUNGSSTRATEGIE AKKUMULATIV. Jedes Beurteilungselement besteht aus drei Teilen:

▪ KRITERIUM #: legen Sie hier klar fest, welche Aspekte bewertet werden. Vielleicht zeigen Sie beispielhaft, was eine hervorragende, eine durchschnittliche und eine schlechte Lösung ist.

▪ SKALENTYP: Wählen Sie hier aus einer Reihe von vordefinierten Skalen aus. Sie reichen von einfachen Ja/Nein-Skalen über Mehrpunkt-Skalen bis zu Prozent-Skalen. Jedes Element der Beurteilung hat seinen eigenen Skalentyp, der vor Beginn der Bewertungen festgelegt sein muss.

▪ GEWICHTUNG: In der Grundeinstellung haben alle Elemente die gleiche Bedeutung für die Note. Das können Sie über die Gewichtung, die auch negative Werte umfassen kann, verändern.

Abbildung 23.9 zeigt die BEWERTUNGSSTRATEGIE AKKUMULIERT in Aktion. Der Bewerter vergibt für jedes KRITERIUM Punkte und formuliert im Textfeld RÜCKMELDUNG seinen Kommentar. Beachten Sie, dass bei dieser BEWERTUNGSSTRATEGIE der SKALENTYP für die PUNKT-Bewertung für jedes Kriterium definiert werden kann. Es kann also vorkommen, dass der Bewerter bei jedem Kriterium eine andere Skala vorfindet. Mit den Schaltflächen KOMMENTAR HINZUFÜGEN können Sie die Liste der Vorgaben erweitern. Der ALLGEMEINE KOMMENTAR schließt die Bewertung ab.

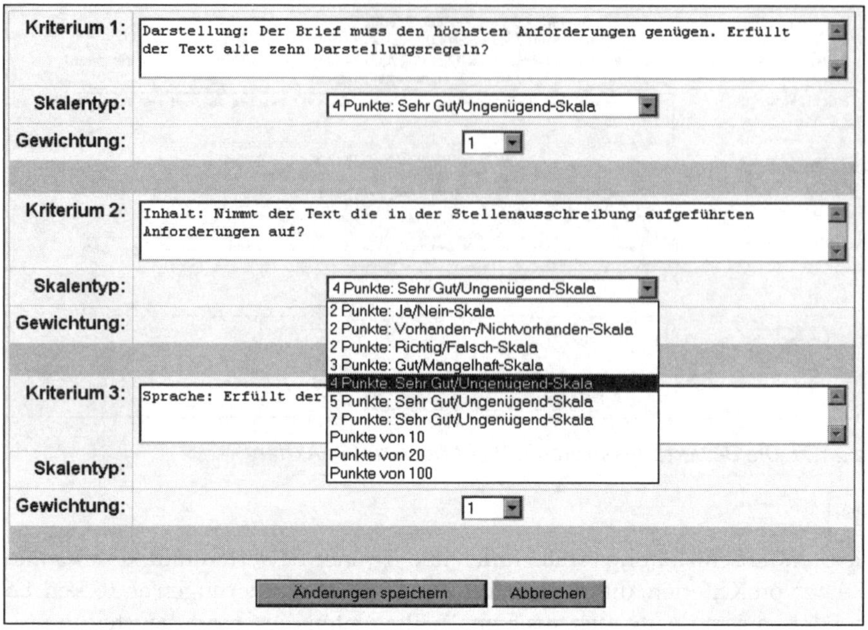

Abbildung 23.8: Die Bewertungsstrategie Akkumuliert

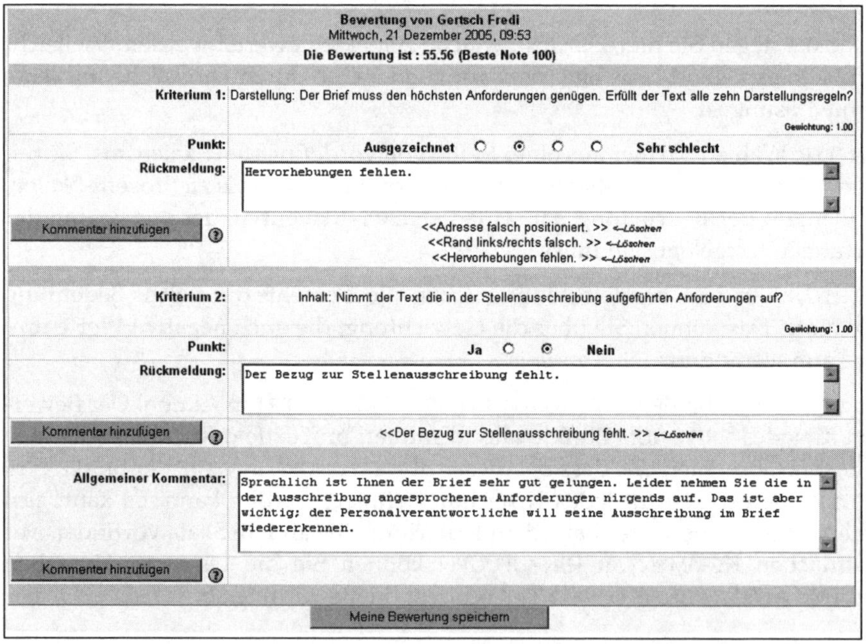

Abbildung 23.9: Die Bewertungsstrategie Akkumuliert in Aktion

Summe der Fehler

Teilnehmer und Trainer bewerten und kommentieren die Arbeit mit einer Reihe von Ja/Nein-Kriterien. Die Bewertung erfolgt aufgrund einer Bewertungstabelle, in der die Note entsprechend der Nein-Antworten definiert ist.

Abbildung 23.10 zeigt das Formular für die BEWERTUNGSSTRATEGIE: SUMME DER FEHLER. Jedes Element enthält das KRITERIUM #, in dem Sie die mit JA oder NEIN zu beantwortende Frage formulieren. Mit dem Listenfeld GEWICHTUNG, das die Werte 4 BIS -4 enthält, können Sie die einzelnen Elemente unterschiedlich gewichten.

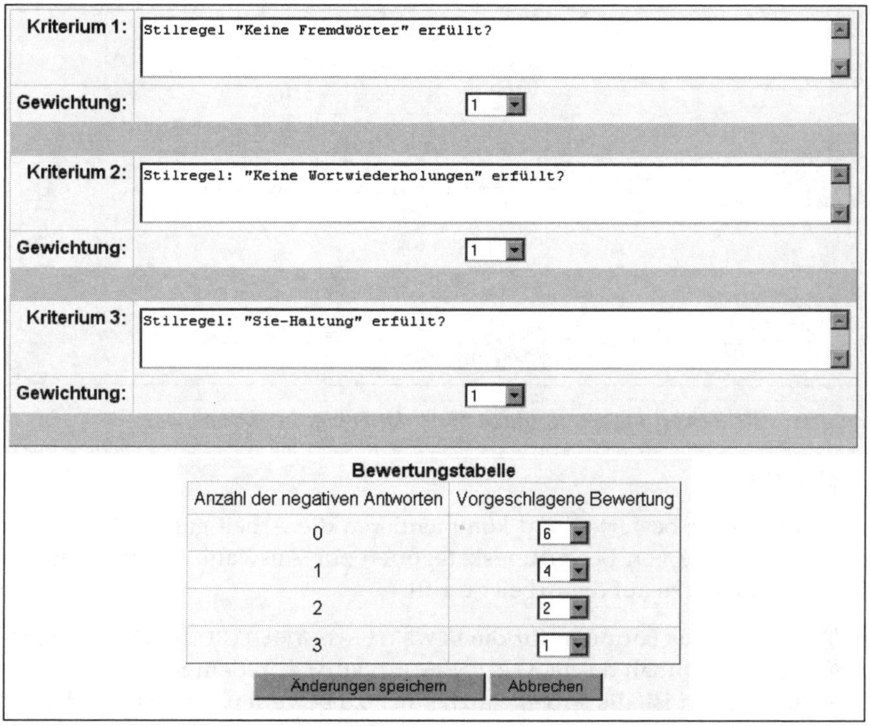

Abbildung 23.10: Die Bewertungsstrategie Summe der Fehler

Abbildung 23.11 zeigt das Formular für die BEWERTUNGSSTRATEGIE: SUMME DER FEHLER in Aktion. Der Bewerter entscheidet sich bei jedem KRITERIUM für JA oder NEIN und formuliert in RÜCKMELDUNG seinen Kommentar. Nach dem Speichern zeigt der Pfeil in der Bewertungstabelle die erreichte Note. Mit den Schaltflächen KOMMENTAR HINZUFÜGEN können Sie sich die Arbeit des Kommentierens wesentlich erleichtern. Der ALLGEMEINE KOMMENTAR stellt das Listenfeld OPTIONALE BEWERTUNG zur Verfügung, mit dem Sie dem Teilnehmer zusätzlich Punkte zuschanzen oder wegnehmen können – Sympathiepunkte ;-).

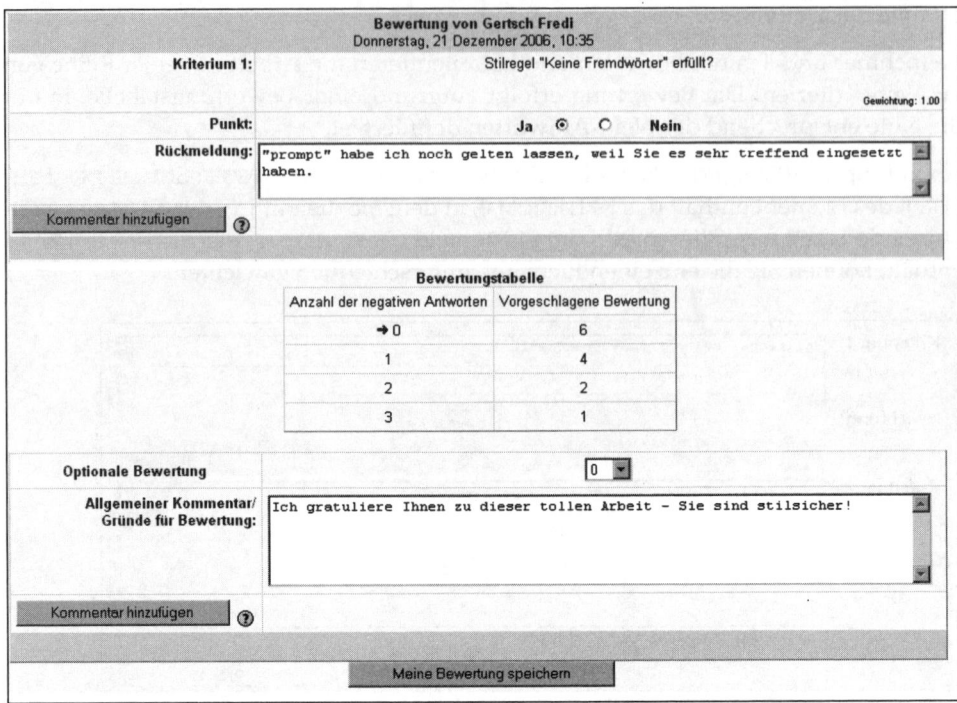

Abbildung 23.11: Die Bewertungsstrategie Summe der Fehler in Aktion

Bewertungskriterium

Teilnehmer und Trainer bewerten und kommentieren die Arbeit ganzheitlich. Dem Bewerter steht eine Liste von Bewertungskategorien zur Auswahl. Er prüft, welche dieser Aussagen am besten auf die Arbeit zutrifft.

Abbildung 23.12 zeigt das Formular für die BEWERTUNGSSTRATEGIE: BEWERTUNGSKRITERIUM. Jedes Element enthält das BEWERTUNGSKRITERIUM #, in dem Sie eine Aussage formulieren, die geeignet ist, die Arbeit ganzheitlich zu bewerten. Im Listenfeld VORGESCHLAGENE BEWERTUNG bestimmen Sie, wie viel Prozent der maximalen Punktzahl der Teilnehmer für diese Bewertung erhält.

Abbildung 23.13 zeigt das Formular für die BEWERTUNGSSTRATEGIE: BEWERTUNGSKRITERIUM in Aktion. Für den Bewerter ist das vordergründig einfach – er bewertet die ganze Arbeit mit einem einzigen Mausklick. Im Textfeld ALLGEMEINER KOMMENTAR formuliert er seine GRÜNDE FÜR DIE BEWERTUNG oder für die OPTIONALE BEWERTUNG. Wenn er mit der Schaltfläche KOMMENTAR HINZUFÜGEN eine Liste möglicher Kommentare erstellt, kann er nach kurzer Zeit sämtliche Arbeiten mit zwei Mausklicks bewerten und kommentieren ;-).

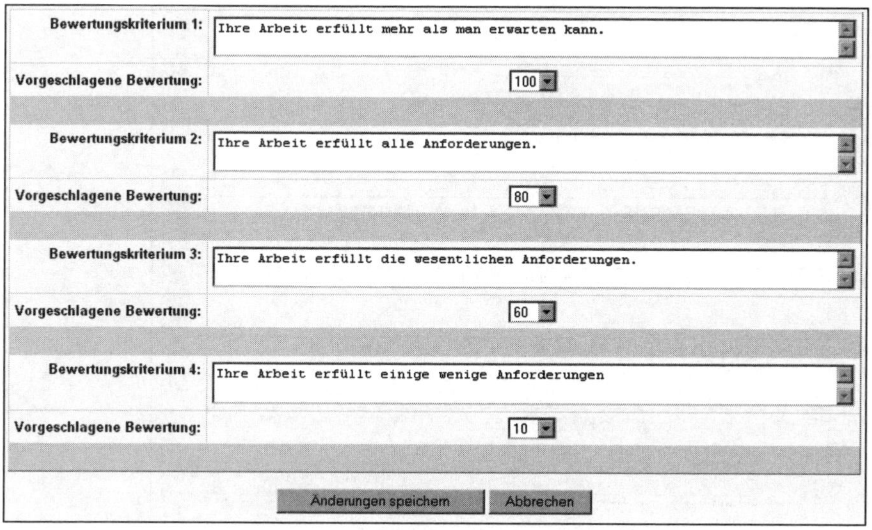

Abbildung 23.12: Die Bewertungsstrategie Bewertungskriterium

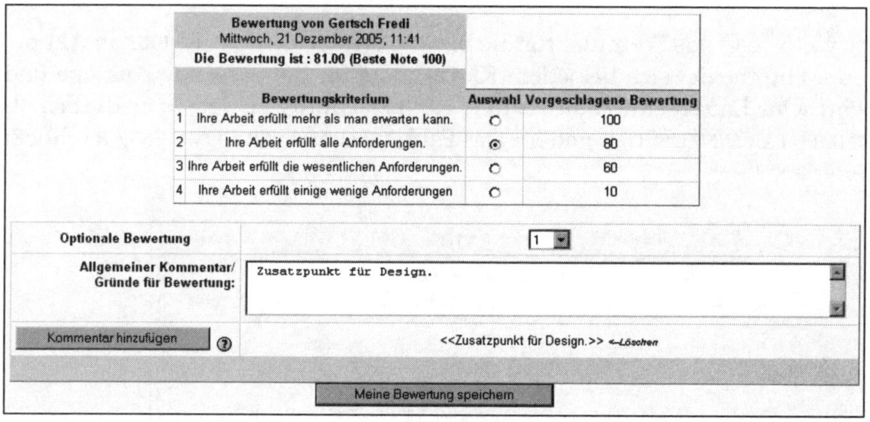

Abbildung 23.13: Die Bewertungsstrategie Bewertungskriterium in Aktion

Rubrik

Diese BEWERTUNGSSTRATEGIE entspricht vom Aufbau her der Strategie BEWERTUNGS-KRITERIUM. Während bei diesem nur ein Kriterium bereitgestellt wird, können bei RUBRIK bis zu 20 Kriterien eingestellt und untereinander gewichtet werden.

Abbildung 23.14 zeigt das Formular für die BEWERTUNGSSTRATEGIE: RUBRIK. Jedes Element enthält das KRITERIUM #, in dem Sie einen Aspekt der Arbeit definieren, der zu bewerten ist. In den fünf Textfeldern BEWERTUNG 0 bis BEWERTUNG 4 formulieren Sie Aussagen, die geeignet sind, diesen Aspekt ganzheitlich zu bewerten. Im Listenfeld GEWICHTUNG können Sie dieses Kriterium in einer Bandbreite von +4 bis -4 gewichten.

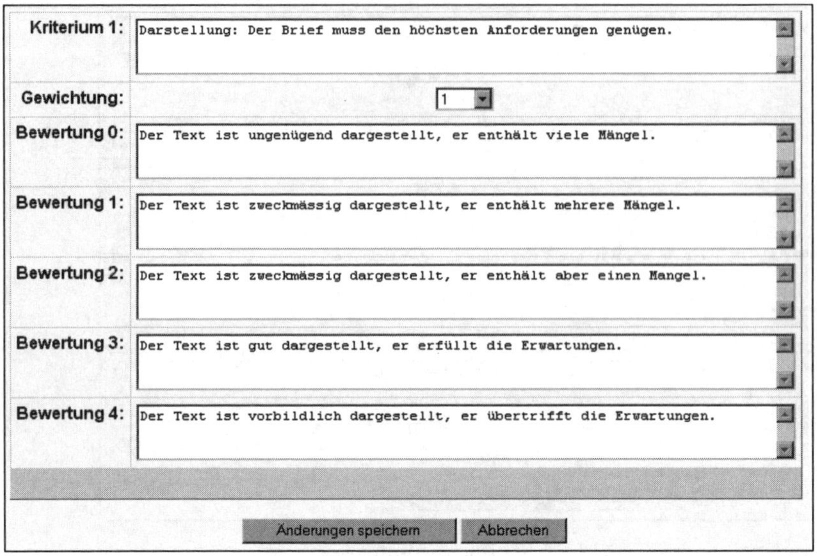

Kriterium 1:	Darstellung: Der Brief muss den höchsten Anforderungen genügen.
Gewichtung:	1 ▾
Bewertung 0:	Der Text ist ungenügend dargestellt, er enthält viele Mängel.
Bewertung 1:	Der Text ist zweckmässig dargestellt, er enthält mehrere Mängel.
Bewertung 2:	Der Text ist zweckmässig dargestellt, er enthält aber einen Mangel.
Bewertung 3:	Der Text ist gut dargestellt, er erfüllt die Erwartungen.
Bewertung 4:	Der Text ist vorbildlich dargestellt, er übertrifft die Erwartungen.

Änderungen speichern   Abbrechen

Abbildung 23.14: Die Bewertungsstrategie Rubrik

Abbildung 23.15 zeigt das Formular für die BEWERTUNGSSTRATEGIE: RUBRIK in Aktion. Der Bewerter entscheidet sich bei jedem KRITERIUM # für die passende Aussage und kommentiert seine Entscheidung im Textfeld RÜCKMELDUNG, zu dem auch die Schaltfläche KOMMENTAR HINZUFÜGEN gehört. Das Feld ALLGEMEINER KOMMENTAR schließt das Formular ab.

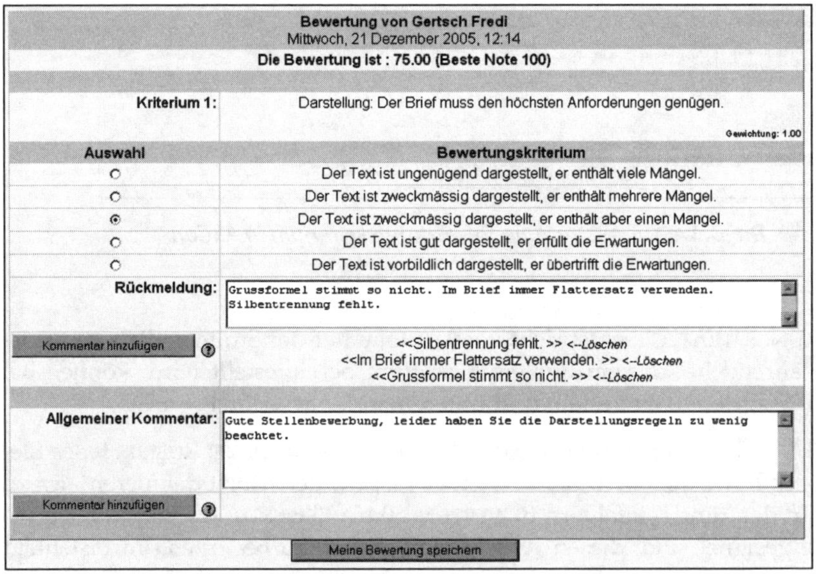

Bewertung von Gertsch Fredi
Mittwoch, 21 Dezember 2005, 12:14
Die Bewertung ist : 75.00 (Beste Note 100)

Kriterium 1:	Darstellung: Der Brief muss den höchsten Anforderungen genügen.
	Gewichtung: 1.00

Auswahl	Bewertungskriterium
○	Der Text ist ungenügend dargestellt, er enthält viele Mängel.
○	Der Text ist zweckmässig dargestellt, er enthält mehrere Mängel.
◉	Der Text ist zweckmässig dargestellt, er enthält aber einen Mangel.
○	Der Text ist gut dargestellt, er erfüllt die Erwartungen.
○	Der Text ist vorbildlich dargestellt, er übertrifft die Erwartungen.

Rückmeldung:	Grussformel stimmt so nicht. Im Brief immer Flattersatz verwenden. Silbentrennung fehlt.

Kommentar hinzufügen ⑦
<<Silbentrennung fehlt. >> <–Löschen
<<Im Brief immer Flattersatz verwenden. >> <–Löschen
<<Grussformel stimmt so nicht. >> <–Löschen

Allgemeiner Kommentar:	Gute Stellenbewerbung, leider haben Sie die Darstellungsregeln zu wenig beachtet.

Kommentar hinzufügen ⑦

Meine Bewertung speichern

Abbildung 23.15: Die Bewertungsstrategie Rubrik in Aktion

23.3.2 Musterlösungen hochladen und bewerten

Wenn Sie in ANZAHL DER ASSESSMENTS VON BEISPIELEN DES KURSLEITERS eine Zahl größer als 0 eingeben, müssen die Teilnehmenden ANZAHL Musterlösungen bewerten, bevor sie ihre eigenen Arbeiten abgeben. Als Trainer stellen Sie dazu mindestens ANZAHL Musterlösungen bereit. Wenn Sie mehr Musterlösungen hochladen, werden dem Teilnehmer die Aufgaben nach dem Zufallsprinzip zugewiesen.

Mit einem Klick auf MUSTERLÖSUNG EINGEBEN im Formular WORKSHOP (Abbildung 23.16) öffnet sich das Formular MUSTER EINREICHEN (Abbildung 23.17), mit dem Sie eine Musterlösung bereitstellen können. Erfassen Sie im EDITOR eine Erläuterung oder – je nach Art der Aufgabe – die Musterlösung selbst. In diesem Beispiel enthält die Word-Datei VORGABE_A.DOC die zu bewertende Musterlösung. Entsprechend der in ANZAHL DER ERWARTETEN ANHÄNGE DER BEITRÄGE eingetragenen Zahl, erscheint hier das Textfeld ANHANG # mit der dazugehörenden Schaltfläche DURCHSUCHEN für das Hochladen von Dateien. Sie können diesen Vorgang beliebig oft wiederholen und so mehrere Dokumente hochladen.

Die Musterlösungen des Trainers werden im Formular WORKSHOP (Abbildung 23.16) angezeigt. Mit einem Klick auf BEWERTE sollten Sie diese jetzt bewerten, bevor die Teilnehmenden damit beginnen. Die Bewertungen der Teilnehmenden werden später mit dieser Vorgabe verglichen, ohne dass sie diese je sehen können.

Mit den EDITIEREN- und den LÖSCHEN-Symbolen können Sie die Musterlösungen und die bereits erfassten Bewertungen ändern oder löschen.

Mit dem Bewerten solcher positiven und negativen Musterlösungen üben die Teilnehmenden das Bewerten innerhalb der ganzen Bewertungsskala. Durch den Vergleich mit der Trainer-Bewertung und die von ihm erhaltenen Kommentare darauf, lernen die Teilnehmenden aber auch die Aspekte kennen, die für das erfolgreiche Lösen einer ähnlichen Aufgabe entscheidend sind.

Workshopaufgabe anzeigen		
Musterlösungen	**Bewertung von Lehrer/innen**	**Bewertung von Schüler/innen**
Vorgabe A ✎✗	[47] ✎✗	
Vorgabe B ✎✗	[39] ✎✗	
Vorgabe C ✎✗	Bewerte	
Musterlösung eingeben ⑦		

{} Bewertung von Schüler/in;   [] Bewertung von Lehrer/in;   <> Herausgefallene Assessments;   <<>> Assessment noch nicht zugestimmt;
() Automatische Beurteilung des Assessments;   [] Lehrer/in TrainerIn-Beurteilung des Assessments.
Bewertungen für Beiträge sind außerhalb von 70 ;   Bewertungen für Assessments sind außerhalb von 30 .

Abbildung 23.16: Musterlösungen bereitstellen

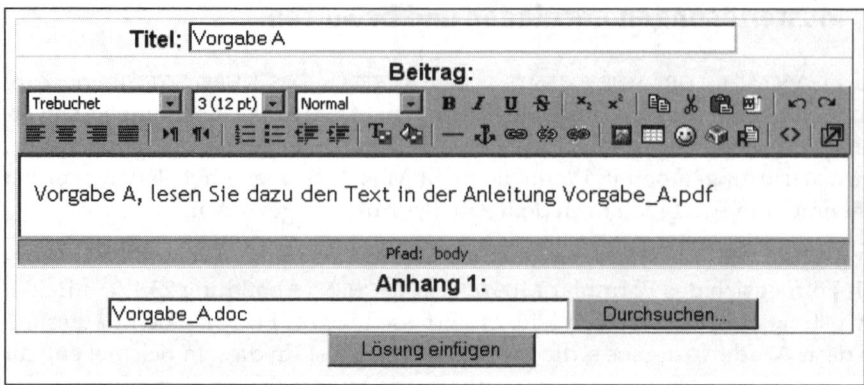

Abbildung 23.17: Das Formular Muster einreichen

23.4   Aufgabe bearbeiten und abgeben

Mit dem Erreichen des Termins BEGINN DER AUFGABENBEARBEITUNG beginnt die
Phase AUFGABE BEARBEITEN UND ABGEBEN.

Teilnehmer

Wenn in ANZAHL DER ASSESSMENTS VON BEISPIELEN DES KURSLEITERS die 1 erfasst ist,
muss der Teilnehmer zuerst eine Musterlösung des Trainers bewerten. Mit einem
Klick auf den Workshop wird ihm in der Liste BITTE BEWERTEN SIE DIESES BEISPIEL VON
LEHRER/IN die Musterlösung vorgelegt, die er mit einem Klick auf BEWERTE öffnet
(Abbildung 23.18).

Bitte bewerten Sie dieses Beispiel von Lehrer/in		
Titel	**Aktion**	**Kommentar**
Vorgabe B	Bewerte	

Abbildung 23.18: Das Formular Workshop vor dem Bewerten der Musterlösung

Abbildung 23.19 zeigt das Formular WORKSHOP, nachdem der Teilnehmer die Musterlösung bewertet hat. Diese wird jetzt in der Liste IHRE ASSESSMENT Z.B. VON LEH-
RER/IN angezeigt. Der Kommentar ERWARTE BENOTUNG VON LEHRER/IN weist darauf
hin, dass die Bewertung des Trainers noch aussteht. Der Teilnehmer sollte diese
abwarten, bevor er seine Arbeit abgibt. Möglicherweise gibt ihm die Bewertung des
Trainers noch Hinweise, wie er seine Arbeit noch verbessern kann.

Der Teilnehmer wird mit REICHEN SIE IHRE AUFGABE EIN, UNTER VERWENDUNG DIESER
VORLAGE aufgefordert, seine Arbeit abzugeben. Muss der Teilnehmer keine Musterlösung bewerten, wird er beim ersten Klick auf den Workshop nur diese Aufforderung vorfinden. In diesem Beispiel wird erwartet, dass er dazu eine Datei hochlädt.

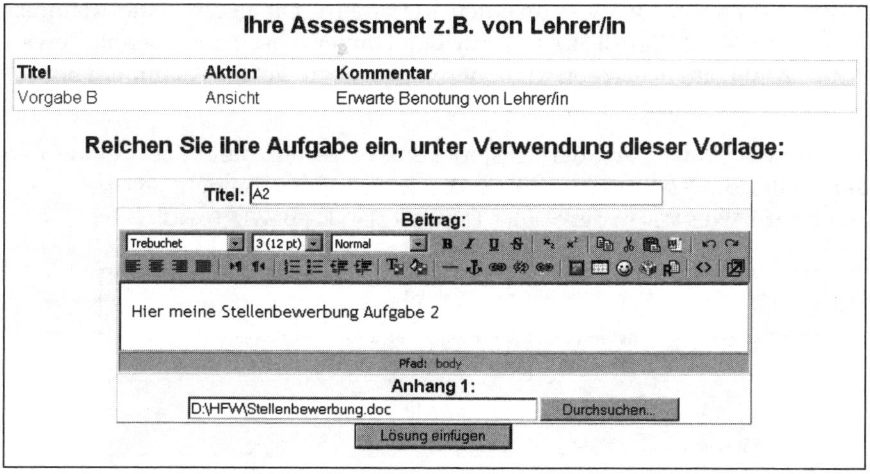

Ihre Assessment z.B. von Lehrer/in

Titel	Aktion	Kommentar
Vorgabe B	Ansicht	Erwarte Benotung von Lehrer/in

Reichen Sie ihre Aufgabe ein, unter Verwendung dieser Vorlage:

Titel: A2

Beitrag:

Trebuchet · 3 (12 pt) · Normal · B I U S ×₂ ×² ▣ ✂ ▣ 🗐 ↶ ↷
▤ ▤ ▤ ▤ ¶¹ ¹¶ ≣ ≣ 垂 垂 🆃₂ ◊ — ⚓ ∞ ⑳ ⊕ 🔲 🖼 😊 😵 ▤ ◇ 🖾

Hier meine Stellenbewerbung Aufgabe 2

Pfad: body

Anhang 1:

D:\HFW\Stellenbewerbung.doc   Durchsuchen...

Lösung einfügen

Abbildung 23.19: Das Formular Workshop vor dem Einreichen der eigenen Arbeit

Abbildung 23.20 zeigt das Formular WORKSHOP, nachdem der Teilnehmer seine Arbeit abgegeben hat. In diesem Beispiel wurde mit dem JA in SELBSTEINSCHÄTZUNG bestimmt, dass der Teilnehmer seine eigene Arbeit bewerten soll. Mit einem Klick auf BEWERTE in der Liste BITTE BEWERTEN SIE IHRE EINREICHUNG(EN) kann er seine Arbeit A2 bewerten. Mit NEIN in SELBSTEINSCHÄTZUNG fällt dieser Schritt weg.

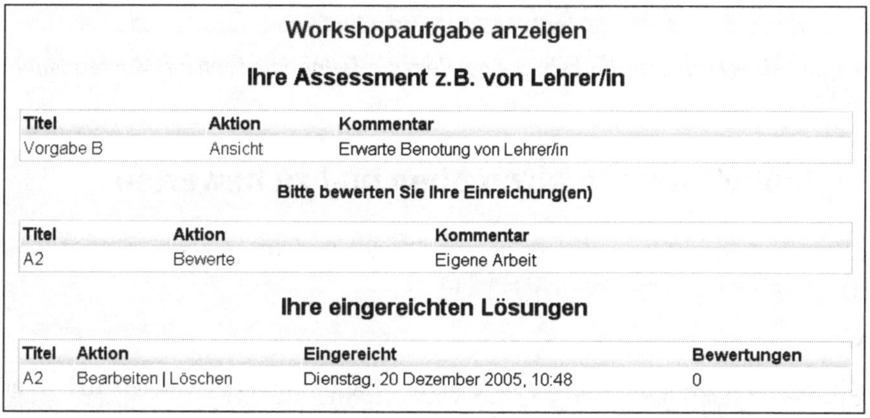

Workshopaufgabe anzeigen

Ihre Assessment z.B. von Lehrer/in

Titel	Aktion	Kommentar
Vorgabe B	Ansicht	Erwarte Benotung von Lehrer/in

Bitte bewerten Sie Ihre Einreichung(en)

Titel	Aktion	Kommentar
A2	Bewerte	Eigene Arbeit

Ihre eingereichten Lösungen

Titel	Aktion	Eingereicht	Bewertungen
A2	Bearbeiten | Löschen	Dienstag, 20 Dezember 2005, 10:48	0

Abbildung 23.20: Das Formular Workshop vor dem Bewerten der eigenen Arbeit

Trainer

Abbildung 23.21 zeigt das Formular WORKSHOP, nachdem die Teilnehmenden die Musterlösungen bewertet haben und ihre Arbeiten abgegeben und bewertet haben.

Die Teilnehmenden haben hier ihre eigene Arbeit abgegeben, obschon der Trainer ihre Bewertung der Musterlösung noch nicht bewertet hat. Beachten Sie in der Spalte

BEWERTUNGEN die Zahl in den geschweiften Klammern. Die geschweifte Klammer steht für BEWERTUNG VON SCHÜLER/IN. Hätte der Trainer diese Arbeit bereits bewertet, wäre seine Punktzahl in eckigen Klammern angegeben. Eckige Klammern bedeuten BEWERTUNG VON LEHRER/IN.

Will der Trainer eine Bewertung der Musterlösung bewerten, dann klickt er auf den Link in der Spalte BEWERTUNGEN. Will er die Arbeit eines Teilnehmers bewerten, dann klickt er auf BEWERTEN in der Spalte TRAINER/INNEN BEWERTUNG.

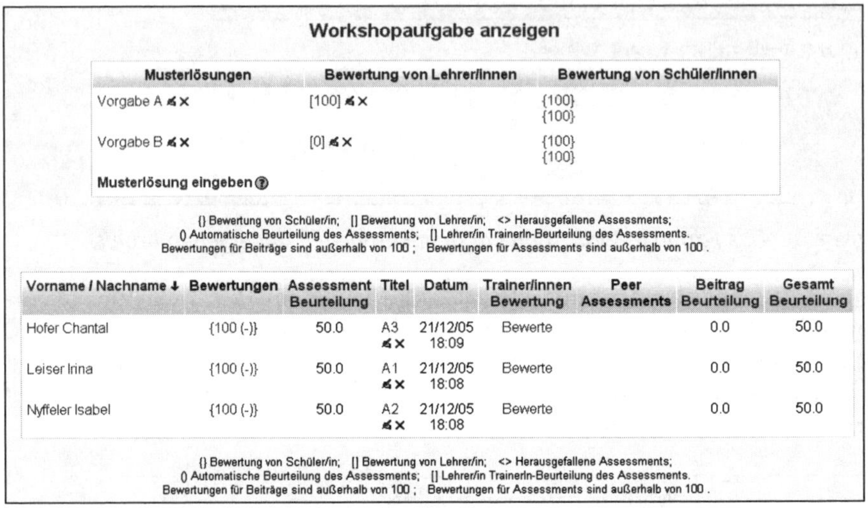

Abbildung 23.21: Das Formular Workshop, nachdem die Teilnehmenden die Musterlösung bewertet haben

23.5 Erlaube Arbeiten abzugeben und zu bewerten

Mit dem Erreichen des Termins BEGINN DES PEER-ASSESSMENT beginnt die Phase ERLAUBE ARBEITEN ABZUGEBEN UND ZU BEWERTEN.

Teilnehmer

Der Teilnehmer kann während dieser Phase seine Arbeit immer noch abgeben, falls er das nicht schon in der vorherigen Phase gemacht hat.

Mit JA in der Einstellung MEHRFACHES ABGEBEN ERLAUBEN ist es möglich, die Arbeit wiederholt abzugeben. Das ist dann sinnvoll, wenn der Teilnehmer seine Arbeit auf Grund der erhaltenen Bewertungen immer wieder verbessert und neu einreicht. Dieser iterative Prozess kann den Teilnehmer zur Höchstform seiner Leistungsfähigkeit motivieren, wenn er sich ehrlich darum bemüht, die erhaltenen Feedbacks zu verstehen und in einer Neuauflage seiner Arbeit umzusetzen.

Sobald genügend Arbeiten eingereicht sind, beginnt das Peer-Assessment. In der vorliegenden Konstellation gilt diese Besonderheit: Jene Teilnehmer, die ihre Arbeit frühzeitig einreichen, erhalten Arbeiten von Teilnehmern zur Bewertung zugewiesen, die ihre Arbeit auch frühzeitig eingereicht haben. Späte Einreicher erhalten Arbeiten von späten Einreichern zugewiesen.

Möchten Sie, dass die Zuteilung der Arbeiten unabhängig vom Zeitpunkt des Einreichens und damit wirklich zufällig erfolgt? Dann müssen Sie den ABGABETERMIN FÜR DIE AUFGABE vor den BEGINN DES PEER-ASSESSMENTS setzen. Andernfalls kann es sein, dass sich immer dieselben Teilnehmenden gegenseitig korrigieren: jene, die ihre Arbeit frühzeitig abgeben, und jene, die knapp vor dem Einreichetermin abgeben. Und oft sind es doch dieselben Teilnehmenden, die frühzeitig oder knapp vor dem Einreichetermin abgeben ;-).

Sobald genügend Arbeiten abgegeben sind, erhält der Teilnehmer die Arbeiten zugewiesen, die er bewerten muss. Im Formular WORKSHOP findet er die Liste BITTE BEWERTEN SIE DIESE SCHÜLER/IN BEITRÄGE, die ANZAHL PEER-ASSESSMENTS enthält.

Bitte bewerten Sie diese Schüler/in Beiträge		
Titel	**Aktion**	**Kommentar**
A2	Bewerte	

Abbildung 23.22: Peer-Assessment

Trainer

Der Trainer hat in dieser Phase noch Zeit, Arbeiten von Teilnehmenden zu bewerten, vor allem dann, wenn diese in einem iterativen Prozess arbeiten.

23.6 Erlaube Bewertungen vorzunehmen

Mit dem Erreichen des Termins ABGABETERMIN FÜR AUFGABE beginnt die Phase ERLAUBE BEWERTUNGEN VORZUNEHMEN.

Es ist denkbar – anders, als wir es im hier geschilderten Beispiel getan haben – den BEGINN DES PEER-ASSESSMENT zeitlich hinter den ABGABETERMIN FÜR AUFGABE zu setzen. Wie Sie auch vorgehen, sobald beide Termine erreicht sind, beginnt die hier beschriebene Phase.

Die Teilnehmenden bewerten die zugewiesenen Aufgaben im Peer-Assessment.

23.7 Berechnung der Abschluss-Bewertung

Mit dem Erreichen des Termins ENDE DES PEER-ASSESSMENTS beginnt die Phase BERECHNUNG DER ABSCHLUSS-BEWERTUNG.

Teilnehmer

Mit einem Klick auf den WORKSHOP sieht der Teilnehmer die ANZEIGE DER END-BEWERTUNG (Abbildung 23.23). Für die Interpretation der Zahlenwerte ist es wichtig, die Einstellungen des Workshops zu kennen: HÖCHSTBEWERTUNG FÜR DAS ASSESSMENT (*Note für die Bewertung*): 50 und BEWERTUNG FÜR ABGEGEBENE ARBEITEN (*Note für die Arbeit*): 100.

- In der Spalte BEITRÄGE erscheint der Titel der Arbeit.

- Die Spalte ASSESSMENTS ERLEDIGT zeigt die Bewertungen, die der Teilnehmer für Arbeiten von anderen Teilnehmenden abgegeben hat.

  {50 (36)} für diese Arbeit gab der Teilnehmer 50 Punkte (von 100); es handelt sich dabei um die *Note für die Arbeit*. Der Teilnehmer erhielt für diese Bewertung 36 Punkte (von 50); es handelt sich dabei um die *Note für die Bewertung*. Diese automatische Bewertung des Assessments zeigt, dass der Teilnehmer mit seiner Bewertung für die vorliegende Arbeit von der Mehrheit der anderen Bewerter abweicht. Bei der zweiten bewerteten Aufgabe {33 (50)} dagegen stimmt seine Bewertung mit der Mehrheit überein, weshalb er die Maximalpunktzahl 50 als Note für die Bewertung erhalten hat.

- In der Spalte HÖCHSTBEWERTUNG FÜR DAS ASSESSMENT wird die *Note für die Bewertung* angezeigt, die der Teilnehmer für diesen Workshop erhält.

- Die Spalte LEHRER/IN/TRAINER/IN-BEWERTUNG bleibt leer, weil der Trainer diese Arbeit nicht bewertet hat.

- Die Spalte SCHÜLER/IN ASSESSMENTS zeigt die Bewertungen, die der Teilnehmer von anderen Teilnehmenden erhalten hat.

  {83 (47)} bedeutet, dass der Teilnehmer 83 Punkte (von 100) erhält; es handelt sich dabei um die *Note für die Arbeit*. Der bewertende Teilnehmer erhält dafür 47 Punkte (von 50 Punkten) als *Note für die Bewertung*. Der zweite bewertende Teilnehmer {67 (50)} erhält für seine Bewertung 50 Punkte, weil er mit 67 vergebenen Punkten nahe beim Mittelwert liegt.

- In der Spalte BEWERTUNG FÜR ABGEGEBENE ARBEITEN wird die *Note für die Arbeit* angezeigt, die der Teilnehmer für diesen Workshop erhält.

- In der Spalte GESAMTBEWERTUNG werden die *Note für die Bewertung* und die *Note für die Arbeit* als Gesamtnote angezeigt.

Trainer

Mit einem Klick auf den Workshop sehen Sie als Trainer diese Endbewertung (Abbildung 23.24). Mit einem Klick auf die BEWERTUNGEN, TITEL oder PEER ASSESSMENTS können Sie die entsprechenden Dokumente und Bewertungen einsehen. Die Interpretation der Zahlenwerte entspricht der Beschreibung zu Abbildung 22.23.

Anzeige der Endbewertung

Beiträge	Assessments erledigt	Höchstbewertung für das Assessment	Lehrer/in Trainer/in- Bewertung	Schüler/in Assessments	Bewertung für abgegebene Arbeiten	Gesamtbewertung
50-jähriges Jubiläum	{50 (36)} {33 (50)} {0 (50)}	45.3		{83 (47)} {67 (50)} {50 (47)}	66.7	112.0

{} Bewertung von Schüler/in; [] Bewertung von Lehrer/in; <> Herausgefallene Assessments;
() Automatische Beurteilung des Assessments; [] Lehrer/in TrainerIn-Beurteilung des Assessments.
Bewertungen für Beiträge sind außerhalb von 100 ; Bewertungen für Assessments sind außerhalb von 50 .

Abbildung 23.23: Endbewertung aus Teilnehmersicht

Vorname / Nachname ↓	Bewertungen	Assessment Beurteilung	Titel	Datum	Trainer/innen Bewertung	Peer Assessments	Beitrag Beurteilung	Gesamt Beurteilung
Blaser Yanick	{50 (36)} {33 (50)} {0 (50)}	45.3	50-jähriges Jubiläum ✎✗	20/03/06 23:42	Bewerte	{83 (47)} {67 (50)} {50 (47)}	66.7	112.0
Kessler Nina	{0 (50)} {83 (50)} {50 (47)}	48.8	Kein Titel ✎✗	20/03/06 22:38	Bewerte	{83 (50)} {83 (50)} {50 (36)}	72.2	121.0
Magurno Ester	{67 (50)} {83 (50)} {83 (47)}	48.8	Aufgabe 29 Tana AG ✎✗	19/03/06 21:17	Bewerte	{83} {83 (47)} {67 (50)}	77.8	126.6

Abbildung 23.24: Endbewertung aus Trainersicht

23.8 Administration

Auf der Seite ADMINISTRATION, die der Trainer über den gleichnamigen Link auf der Seite WORKSHOP erreicht, lassen sich alle während der Phasen ablaufenden Vorgänge verfolgen und verwalten (Abbildungen 23.25 bis 23.27).

Lehrer/in Beiträge

Titel	eingereicht von	Aktion
Vorgabe A	Lehrer/in	Titel ändern | Erneut bewerten | Erhaltene Bewertungen | Löschen
Vorgabe B	Lehrer/in	Titel ändern | Erneut bewerten | Erhaltene Bewertungen | Löschen

Schüler/in Assessments [4]

Name	Titel	Aktion
Germann Fabienne	Vorgabe A {100 (100)}	Bewertungen, die er/sie durchgeführt hat (1)
Hofer Chantal	Vorgabe B {100 (100)}	Bewertungen, die er/sie durchgeführt hat (1)
Leiser Irina	Vorgabe B {100 (100)} A2 {100 (100)}	Bewertungen, die er/sie durchgeführt hat (2)
Nyffeler Isabel	Vorgabe A {100 (100)} A1 {0 (100)}	Bewertungen, die er/sie durchgeführt hat (2)

{} Bewertung von Schüler/in; [] Bewertung von Lehrer/in; <> Herausgefallene Assessments;
() Automatische Beurteilung des Assessments; [] Lehrer/in TrainerIn-Beurteilung des Assessments.
Bewertungen für Beiträge sind außerhalb von 100 ; Bewertungen für Assessments sind außerhalb von 100 .

Abbildung 23.25: Administration, erster Teil

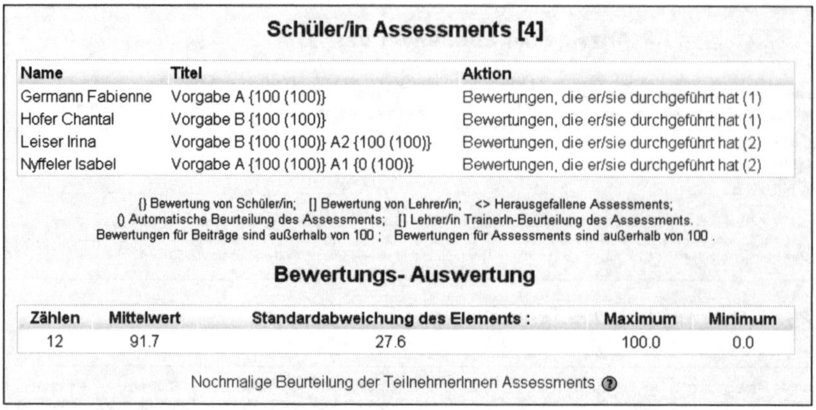

Schüler/in Assessments [4]

Name	Titel	Aktion
Germann Fabienne	Vorgabe A {100 (100)}	Bewertungen, die er/sie durchgeführt hat (1)
Hofer Chantal	Vorgabe B {100 (100)}	Bewertungen, die er/sie durchgeführt hat (1)
Leiser Irina	Vorgabe B {100 (100)} A2 {100 (100)}	Bewertungen, die er/sie durchgeführt hat (2)
Nyffeler Isabel	Vorgabe A {100 (100)} A1 {0 (100)}	Bewertungen, die er/sie durchgeführt hat (2)

{} Bewertung von Schüler/in; [] Bewertung von Lehrer/in; <> Herausgefallene Assessments;
() Automatische Beurteilung des Assessments; [] Lehrer/in TrainerIn-Beurteilung des Assessments.
Bewertungen für Beiträge sind außerhalb von 100 ; Bewertungen für Assessments sind außerhalb von 100 .

Bewertungs- Auswertung

Zählen	Mittelwert	Standardabweichung des Elements :	Maximum	Minimum
12	91.7	27.6	100.0	0.0

Nochmalige Beurteilung der TeilnehmerInnen Assessments ⓘ

Abbildung 23.26: Administration, zweiter Teil

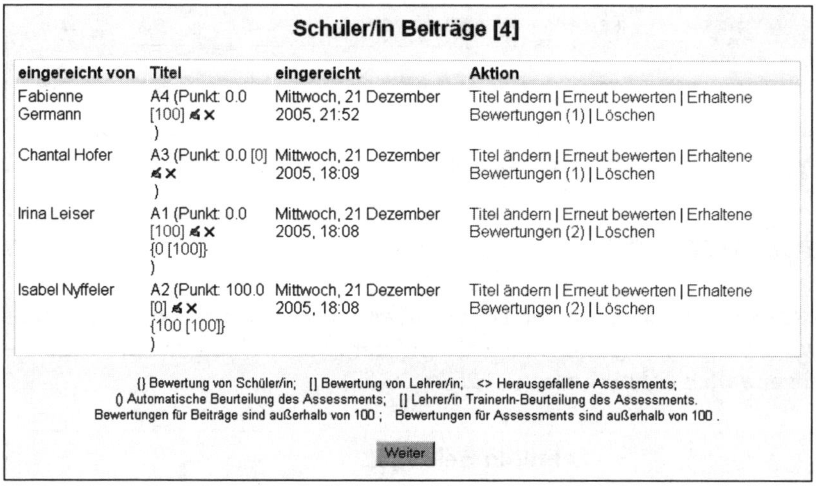

Schüler/in Beiträge [4]

eingereicht von	Titel	eingereicht	Aktion
Fabienne Germann	A4 (Punkt: 0.0 [100] ✍ ✗)	Mittwoch, 21 Dezember 2005, 21:52	Titel ändern | Erneut bewerten | Erhaltene Bewertungen (1) | Löschen
Chantal Hofer	A3 (Punkt: 0.0 [0] ✍ ✗)	Mittwoch, 21 Dezember 2005, 18:09	Titel ändern | Erneut bewerten | Erhaltene Bewertungen (1) | Löschen
Irina Leiser	A1 (Punkt: 0.0 [100] ✍ ✗ {0 [100]})	Mittwoch, 21 Dezember 2005, 18:08	Titel ändern | Erneut bewerten | Erhaltene Bewertungen (2) | Löschen
Isabel Nyffeler	A2 (Punkt: 100.0 [0] ✍ ✗ {100 [100]})	Mittwoch, 21 Dezember 2005, 18:08	Titel ändern | Erneut bewerten | Erhaltene Bewertungen (2) | Löschen

{} Bewertung von Schüler/in; [] Bewertung von Lehrer/in; <> Herausgefallene Assessments;
() Automatische Beurteilung des Assessments; [] Lehrer/in TrainerIn-Beurteilung des Assessments.
Bewertungen für Beiträge sind außerhalb von 100 ; Bewertungen für Assessments sind außerhalb von 100 .

Weiter

Abbildung 23.27: Administration, dritter Teil

23.9 Rollen

Auf dem Register ROLLEN (Abbildung 23.1) finden Sie die Links ROLLEN ZUWEISEN und ROLLEN ÜBERSCHREIBEN, die zu den entsprechenden Formularen führen. Mit einem Klick auf das Register ROLLEN wird standardmäßig das Formular ROLLEN ZUWEISEN angezeigt.

23.9.1 Rollen zuweisen

Auf dem Formular ROLLEN ZUWEISEN werden alle zur Verfügung stehenden Rollen mit einer Beschreibung angezeigt – hier die Basisrollen (Abbildung 23.28). Als KURS-

VERWALTER oder TRAINER sind Sie berechtigt, dem Kontext FORUM Rollen zuzuweisen. Lesen Sie mehr dazu in Kapitel 11, *Rollen*.

	Bearbeiten	Rollen	
	Rollen zuweisen	Rollen überschreiben	

Rollen zuweisen ⑦

Rollen	Beschreibung	Nutzer/innen
Administrator/in	Administrator/innen haben normalerweise alle Rechte auf der Website und in allen Kursen.	0
Kursverwalter/innen	Kursersteller/innen dürfen neue Kurse anlegen und in ihnen unterrichten.	0
Trainer/in	Trainer/innen dürfen in einem Kurs alles tun, incl. der Veränderung von Aktivitäten und der Beurteilung von Teilnehmer/innen.	0
Trainer/in ohne Editorrecht	Trainer/innen ohne Bearbeitungsrecht dürfen in Kursen unterrichten und Teilnehmer/innen bewerten, aber sie können nichts verändern.	0
Teilnehmer/in	Teilnehmer/innen haben in einem Kurs grundsätzlich weniger Rechte.	0
Gast	Gäste haben minimale Rechte und können normalerweise nirgends Texte eingeben.	0

Abbildung 23.28: Formular Rollen zuweisen

23.9.2 Rollen überschreiben

Mit einem Klick auf den Link ROLLEN ÜBERSCHREIBEN wird das entsprechende Formular angezeigt (Abbildung 23.29). Der ADMINISTRATOR darf als einzige Basisrolle ROLLEN ÜBERSCHREIBEN. Lesen Sie mehr dazu in Kapitel 11, *Rollen*.

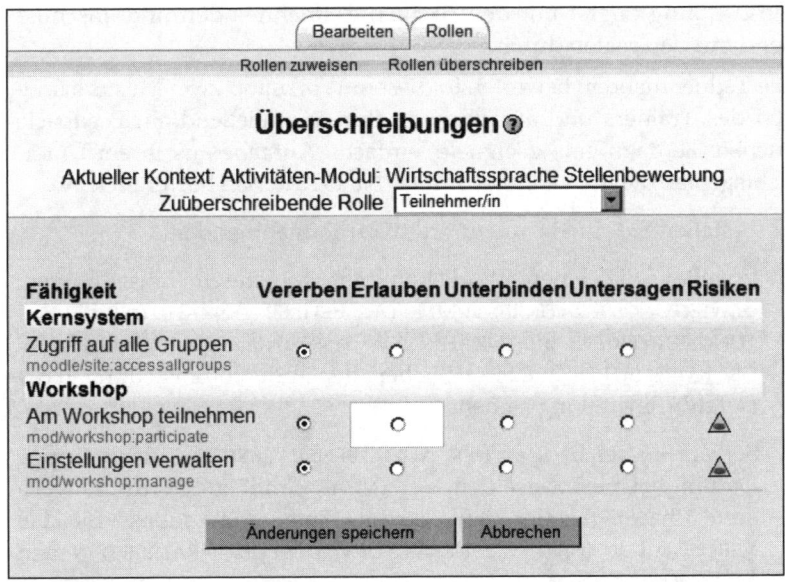

Abbildung 23.29: Zugriffsrechte der Basisrolle Teilnehmer/in im Workshop

Die nachstehende Tabelle zeigt, welche Fähigkeiten den BASISROLLEN im KONTEXT WORKSHOP erlaubt sind (Abbildung 23.20).

Workshop Fähigkeiten	Administrator	Kursverwalter	Trainer	Trainer ohne Editorrecht	Teilnehmer	Gast
Zugriff auf alle Gruppen	✖		✖	✖		
Am Workshop teilnehmen					✖	
Einstellungen verwalten	✖		✖	✖		

Abbildung 23.30: Die Rechte der Basisrollen im Kontext Workshop

Übung 48

Das Bewerten üben – einfach und zurück

Sie sollten sich in kleinen Schritten mit dem Workshop vertraut machen. Hier auf dem »sicheren« Übungsgelände mit den fiktiven Teilnehmenden und in der Realität in Ihrer Unterrichtssituation. Beachten Sie, dass auch Ihre realen Teilnehmenden den Workshop am besten in sicheren, kleinen Schritten kennenlernen. Führen Sie diese Übung zuerst mit den fiktiven Teilnehmenden und anschließend mit den realen durch.

Die Teilnehmenden bewerten in diesem Workshop zwei Musterlösungen des Trainers und erhalten von ihm anschließend ein Feedback. Suchen Sie dazu eine geeignete, einfache Aufgabe aus Ihrem Unterrichtsgebiet, die man anhand von Ja/Nein-Kriterien bewerten kann.

1. Erstellen Sie einen Kurs mit fiktiven Teilnehmenden.

2. Erstellen Sie einen Workshop mit folgenden Einstellungen: BEWERTUNGSSTRATEGIE: SUMME DER FEHLER; ANZAHL DER BEWERTUNGSKRITERIEN: 6; ANZAHL VON ASSESSMENTS VON BEISPIELEN DES KURSLEITERS: 2. Lassen Sie bei allen anderen Einstellungen die Default-Einstellung stehen.

3. Setzen Sie bei BEGINN DER AUFGABENBEARBEITUNG das morgige Datum, beispielsweise den 10. JANUAR. Erhöhen Sie für die weiteren Phasen-Termine jeweils um einen Tag, sodass Sie bei VERÖFFENTLICHUNG DER BEWERTUNG DES/DER TRAINERS/IN den 14. JANUAR einsetzen.

4. Stellen Sie mindestens zwei Musterlösungen – eine positive und eine negative – bereit, und spielen Sie die Phasen durch, indem Sie deren Starttermine in der richtigen Reihenfolge auf den heutigen Tag und die aktuelle Zeit verändern. Gehen Sie langsam vor, und beobachten Sie die Veränderungen, wenn Sie die Aufgaben in der Rolle des Trainers und des Teilnehmers lösen.

Tipp

Der Workshop nimmt sich Zeit – wikiwiki kennt er nicht!

Die Bewertung eines Teilnehmers erscheint nicht sofort in der Übersicht des Trainers. Oder die von einem Teilnehmer abgegebene Aufgabe wird den anderen Teilnehmenden nicht sofort zum Peer-Assessment zugewiesen. Das ist normal. Die Lernaktivität WORKSHOP wird zu gewissen Vorgängen von einem Prozess (cron-job) auf dem Server angestoßen. Dieser wird nur von Zeit zu Zeit, beispielsweise alle 5 Minuten, durchgeführt. Diese Verzögerungen fallen Ihnen beim Durchspielen von Szenarien mit fiktiven Teilnehmenden besonders auf, weil Sie die entsprechende Reaktion immer sofort erwarten. Haben Sie bitte Geduld – trinken Sie einen Kaffee –, der Workshop braucht Zeit!

Übung 49

Peer-Assessment – das volle Programm

Selbstverständlich können Sie zwischen dem ersten kleinen Schritt in Übung 48 und dieser Übung Zwischenschritte einbauen, ohne das volle Programm zu fahren. Ich überlasse es Ihnen, diese Schritte zu definieren – hier das volle Waschprogramm:

Bewertungsstrategie

- nicht bewertet
- akkumuliert
- Summe der Fehler
- Bewertungskriterium
- Rubrik

Musterlösungen

- keine
- eine oder mehrere bestimmte (genauso viel bereitstellen wie verlangen)
- eine oder mehrere zufällig (mehr bereitstellen als verlangen)

- mit individuellem Feedback mit Bewertung und Kommentar

- mit allgemeinem Feedback, Selbstbeurteilung des Trainers bekannt geben

Aufgabe

- nur Textaufgabe

- Aufgabe mit einem oder mehreren Datei-Anhängen

- nur einmal abgeben

Methode

- mehrfach abgeben, als iterativer Prozess

- Peer-Assessment

- Selbsteinschätzung

Wetten, dass Sie es nicht schaffen, für sämtliche Möglichkeiten in diesem Raster einen Workshop zu erstellen? Bleiben Sie also auf dem Boden – Ihre Aufgabe sieht so aus:

1. Erstellen Sie fünf Workshops, für jede Bewertungsstrategie einen.

2. Gestalten Sie jeden dieser Workshops bezüglich Musterlösungen, Aufgaben und Methoden anders.

3. Spielen Sie die Phasen durch, indem Sie deren Starttermine in der richtigen Reihenfolge auf den heutigen Tag und die aktuelle Zeit verändern. Gehen Sie langsam vor, und beobachten Sie die Veränderungen, wenn Sie die Aufgaben in der Rolle des Trainers und des Teilnehmers lösen.

Sie haben eben das komplexeste Werkzeug von Moodle erarbeitet. Ich nehme an, dass Sie dafür einige Zeit gebraucht haben, zuerst um die Informationen aufzunehmen, dann aber auch, um die Übungen durchzuspielen. Hat der Workshop Sie dabei hin und wieder genervt? Mussten Sie als fiktiver Teilnehmer auf die Vorlage der eingereichten Arbeiten für das Peer-Assessment warten? Oder haben Sie als Trainer während längerer Zeit den Nachtrag der Ergebnisse vermisst? Wunderbar! Der Workshop hat Sie entschleunigt. Er hat Sie dazu gebracht, Geduld zu haben, und das können Sie brauchen.

Ich nehme an, dass Sie nicht der letzte Mohikaner an Ihrer Bildungseinrichtung sind, der sich mit Moodle beschäftigt. Wahrscheinlicher ist, dass Sie zu jenen gehören, die vorangehen und den anderen voraus sind. Viele Kolleginnen und Kollegen finden Moodle zwar toll, haben aber doch nicht genügend Zeit, sich eingehend damit zu beschäftigen oder um mitzuhelfen, Inhalte bereitzustellen. Haben Sie Geduld mit Ihnen! Zeigen Sie ihnen weiterhin, was Sie mit Moodle machen, und berichten Sie von Ihren Erfahrungen.

Das Gras wächst nicht schneller, wenn man daran zieht.

Lesen Sie bitte weiter in Kapitel 24, *SCORM/AICC*.

24 SCORM/AICC

SCORM und AICC sind internationale E-Learning-Standards für den Austausch von Lernaktivitäten zwischen Lernprogrammen:

- **SCORM (Sharable Content Object Reference Model)** ist eine vom ADL-Konsortium entwickelte Spezifikation zur Standardisierung modularer, webbasierter Lerninhalte (Projekthomepage: *www.adlnet.org*).

- **AICC (Aviation Industry CBT Committee)** ist ein Gremium der amerikanischen Luftfahrtindustrie, das Richtlinien für die Entwicklung, die Verbreitung und die Evaluation von E-Learning-Angeboten entwickelt. Dieses Gremium hat vor allem durch die sogenannten CMI-Richtlinien (Computer Managed Instruction) auch außerhalb der Luftfahrtindustrie Beachtung gefunden (*www.aicc.org*).

Viele Lernplattformen und Autorenprogramme können ihre Lernaktivitäten in SCORM- oder AICC-Paketen exportieren. Diese Dateien mit der Endung ZIP oder PIF kann Moodle mit der Lernaktivität SCORM/AICC integrieren.

Ein solches Paket ist ein Bündel von Online-Lerninhalten und kann alles enthalten, was in einem Webbrowser dargestellt werden kann: Webseiten, Grafiken, Javascript-Programme, Flash-Präsentationen usw.

Lerninhalte, die mit einem Autorentool hergestellt und als SCORM-Datei in Moodle hochgeladen werden, sind unabhängig von Moodle und können ohne Weiteres auch in anderen Lernplattformen eingesetzt werden, die SCORM unterstützen. Das kann für Sie interessant sein, wenn Sie von Moodle möglichst unabhängig bleiben wollen – beispielsweise weil Sie als freiberuflicher Trainer mit verschiedenen Lernplattformen arbeiten müssen. Allerdings verzichten Sie damit auch auf gewisse Vorteile der jeweiligen Lernplattform, denn SCORM intergriert nur den kleinsten gemeinsamen Nenner.

24.1 SCORM-Paket erstellen mit eXe

Möchten Sie einmal ein solches Autorentool kennenlernen? Unter *www.exelearning.org* können Sie kostenlos das Authoring-Tool EXE herunterladen. Nach dem Installieren startet EXE im Browser (Abbildung 24.1). In diesem Beispiel habe ich eine Lerneinheit über die Moodle-Roadmap zusammengestellt. Links im Rahmen ÜBERSICHT erkennen Sie die drei Seiten (ROADMAP, VERSION 1.6 und VERSION 2.0), die ich über SEITE HINZU-

FÜGEN erstellt habe. Darunter im Rahmen IDEVICES erkennen Sie die Elemente, die Ihnen für die Zusammenstellung der Lerneinheit zur Verfügung stehen. Bei einigen Bezeichnungen werden Sie Ähnlichkeiten mit den Moodle-Lerneinheiten feststellen. Rechts in Abbildung 24.1 erkennen Sie das Element BILD MIT TEXT im Editiermodus und in Abbildung 24.2 in der Ansicht.

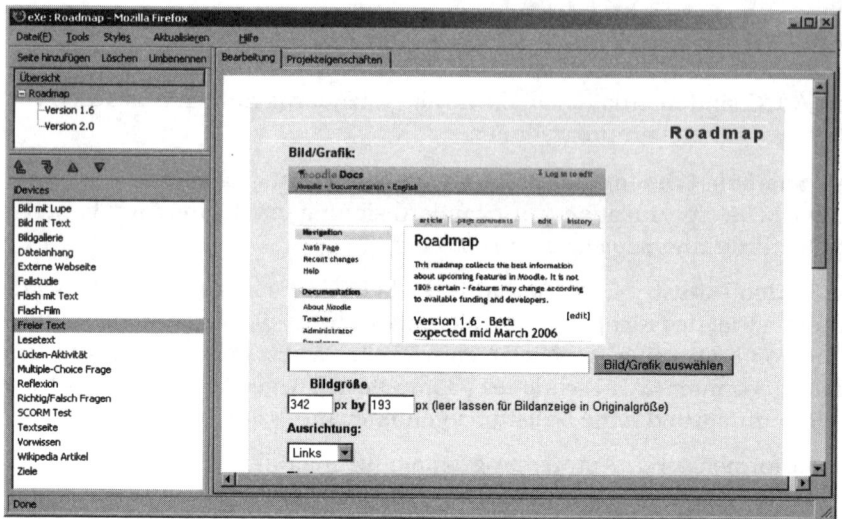

Abbildung 24.1: Das Autorentool eXe

Nachdem Sie alle Elemente im Autorentool EXE zusammengestellt haben, werden Sie die Lerneinheit in eine ZIP-Datei exportieren, die sämtliches Material enthält. Nach dem Hochladen in Moodle können Sie diese ZIP-Datei als SCORM-Lernaktivität in einen Kurs einfügen (Abbildung 24.2). Moodle zeigt links die Kursstruktur als Navigationshilfe und protokolliert in den Ausfüllkästchen den Besuch jeder Seite. Dieses Protokoll ist dem Trainer mit detaillierten Zeitangaben zugänglich (Abbildung 24.3).

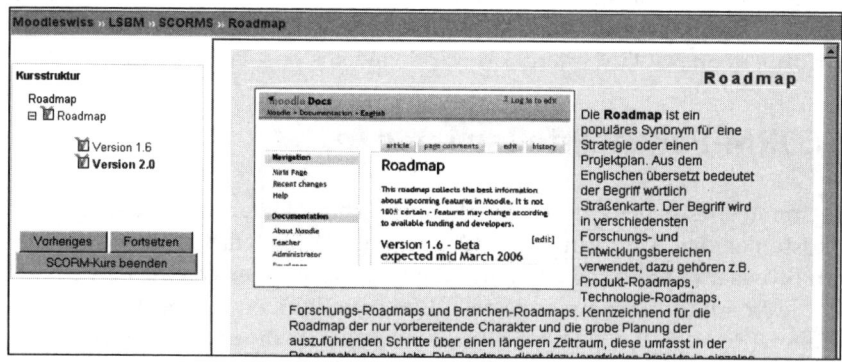

Abbildung 24.2: SCORM-Lerneinheit in Aktion

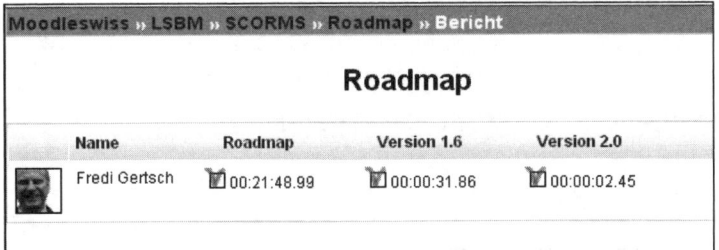

Abbildung 24.3: Bericht in der SCORM-Lerneinheit

24.2 SCORM/AICC hinzufügen und bearbeiten

Setzen Sie den Kurs in den **Bearbeitungsmodus**, und klicken Sie im Listenfeld AKTI-VITÄT ANLEGEN auf SCORM/AICC. Es öffnet sich das Formular BEARBEITE SCORM/AICC mit dem Titel FÜGE SCORM/AICC ZU THEMA # HINZU. Wenn Sie ein bestehendes Forum bearbeiten, erscheint das Formular auf dem Register BEARBEITEN mit dem Titel BEARBEITE SCORM/AICC IN THEMA #, und zusätzlich wird das Register ROLLEN angezeigt (Abbildung 24.4).

24.2.1 Grundeinträge

■ NAME: Der Name des Links, der auf der Kursseite erscheint.

■ BESCHREIBUNG: Hier beschreiben Sie den Lerninhalt.

■ KURSPAKET: Name der Datei, die das Paket enthält. Mit einem Klick auf die Schaltfläche DATEI WÄHLEN ODER NEU HOCHLADEN… öffnet sich in einem Popup-Fenster das Kursverzeichnis, in dem Sie die ZIP- oder PIF-Datei hochladen und auswählen können.

Ein SCORM-Paket muss im Basisverzeichnis eine Datei mit Namen IMSMANIFEST.XML enthalten. Sie definiert die SCORM-Kursstruktur, den Ablageort für Ressourcen und andere Dinge.

Ein AICC-Paket besteht aus verschiedenen Dateien (von 4 bis 7). Die Dateiendungen haben diese Bedeutungen:

■ CRS – Kursbeschreibung (erforderlich)

■ AU – Assignable Unit file (erforderlich)

■ DES – Descriptor file (erforderlich)

■ CST – Kursstruktur (erforderlich)

■ ORE – Objective Relationship file (optional)

■ PRE – Voraussetzungen (optional)

■ CMP – Completition Requirements file (optional)

431

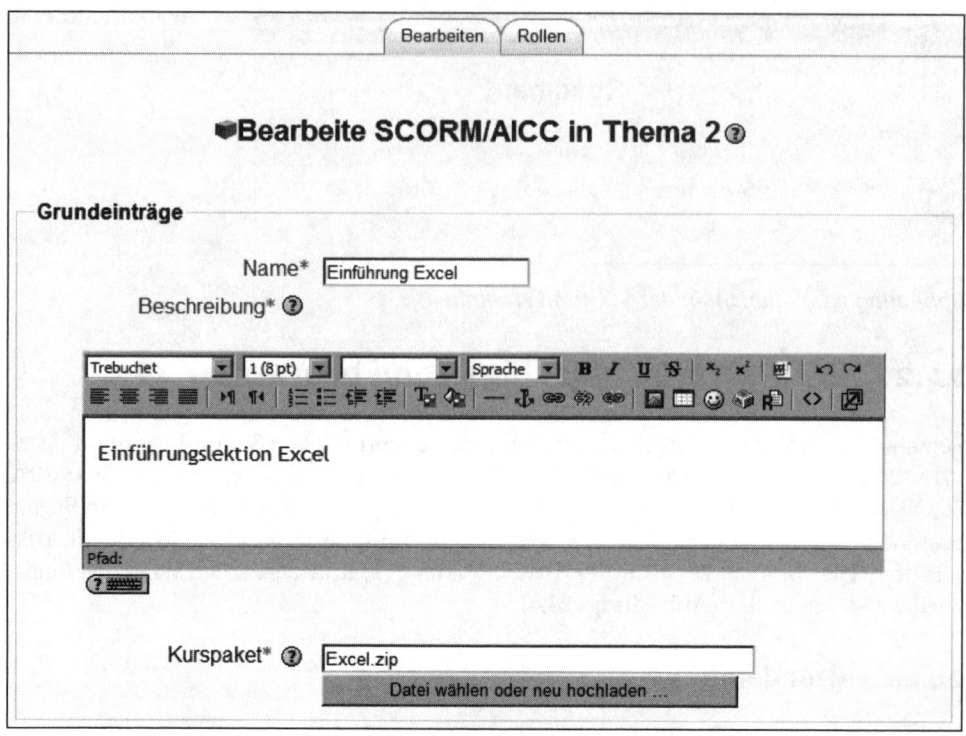

Abbildung 24.4: *Das Formular Bearbeite SCORM/AICC*

Dem Abschnitt GRUNDEINTRÄGE folgt der Abschnitt OTHERSETTINGS (Weitere Einstellungen). Mit einem Klick auf ZUSÄTZLICHE FELDER ANZEIGEN werden alle Einstellungen sichtbar, und die Schaltfläche ändert sich in ZUSÄTZLICHE FELDER VERBERGEN (Abbildung 24.5).

24.2.2 Weitere Einstellungen

In der Abbildung 24.5 erkennen Sie einige Feldnamen, die von zwei eckigen Klammern umrahmt sind, beispielsweise [[updatefreq]]. So zeigt Moodle Feldnamen an, deren Übersetzung in der gewählten Sprache nicht vorhanden ist. Der Administrator kann diese Begriffe selber übersetzen und in die entsprechende Sprachdatei eintragen. Lesen Sie dazu bitte mehr in Kapitel 31, *Moodle-Administration*, Abschnitt 31.16.2 *Texte bearbeiten*.

■ BEWERTUNGSMETHODE: Hier bestimmen Sie, welches Ergebnis aus der Bearbeitung der SCORM/AICC-Aktivität in Moodle übernommen wird. SCO SITUATION: die Anzahl der gesehenen/bearbeiteten Lernobjekte (SCOes); HÖCHSTNOTE: die höchste Bewertung; DURCHSCHNITT: die durchschnittliche Bewertung; SUMME: die Summe aller Punkte.

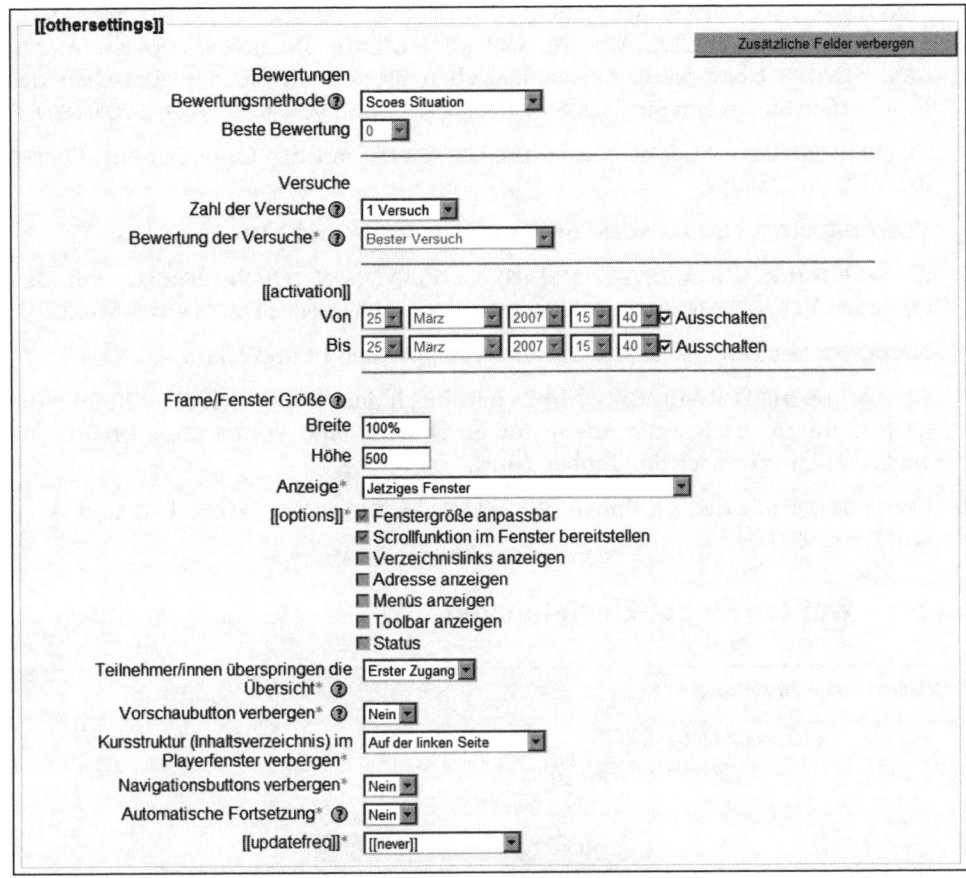

Abbildung 24.5: Abschnitt Weitere Einstellungen

- BESTE BEWERTUNG: 1–100; für die bestmögliche Bewertung wird diese Note erteilt.

- ZAHL DER VERSUCHE: mit den Optionen 1 VERSUCH bis 6 VERSUCHE.

- BEWERTUNG DER VERSUCHE: Dieses Listenfeld ist nur verfügbar, wenn in ZAHL DER VERSUCHE mindestens 2 Versuche eingestellt sind. Es sind folgende Optionen verfügbar: BESTER VERSUCH, DURCHSCHNITTLICHER VERSUCH, ERSTER VERSUCH und LETZTER VERSUCH.

- ACTIVATION (Verfügbar): Hier können Sie über die Listenfelder den Zeitraum bestimmen, während dessen die SCORM-Lernaktivität für die Teilnehmenden verfügbar ist. Sind die Auswahlkästchen AUSSCHALTEN aktiviert, bleibt der Zeitraum in eine oder beide Richtungen offen.

- FRAME/FENSTER GRÖSSE: die Anzeige-Größe in Prozent oder in Pixel.

- ANZEIGE: Listenfeld mit den Optionen JETZIGES FENSTER und DIESES LERNOBJEKT IN EINEM NEUEN FENSTER ÖFFNEN.

- Fenstergrösse anpassbar, Scrollfunktion im Fenster bereitstellen, Verzeichnislinks anzeigen, Adresse anzeigen, Menüs anzeigen, Toolbar anzeigen, Status: Über diese Auswahlkästchen bestimmen Sie das Aussehen des Browserfensters, wenn Sie Dieses Lernobjekt in einem neuen Fenster öffnen.

- Teilnehmer/innen überspringen die Übersicht: mit den Optionen Nie, Erster Zugang und Immer.

- Vorschaubutton verbergen: mit den Optionen Ja und Nein.

- Kursstruktur (Inhaltsverzeichnis) im Playerfenster verbergen: mit den Optionen Verborgen, Auf der linken Seite und In einem Dropdown-Menü.

- Navigationsbuttons verbergen: mit den Optionen Ja und Nein.

- Automatische Fortsetzung: Mit Ja wird nach dem Bearbeiten einer Einheit die nächste automatisch aufgerufen, mit Nein wird eine Fortsetzen-Schaltfläche angezeigt, die zur nächsten Einheit führt.

- Updatefreq: mit den Optionen Bei allen Änderungen, Jeden Tag und Alle Nutzungszeiten.

24.2.3 Weitere Modul-Einstellungen

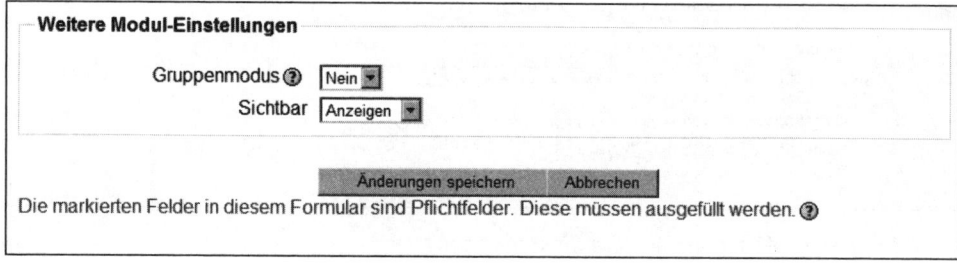

Abbildung 24.6: Abschnitt Weitere Modul-Einstellungen

- Gruppenmodus: Mit Ja ist der Gruppenmodus für diese Aktivität aktiviert, mit Nein nicht. Lesen Sie mehr dazu in Kapitel 9, *Gruppen*.

- Sichtbar: Mit Anzeigen ist das Forum für die Teilnehmer sichtbar, mit Verbergen nicht.

Sie können über die Schaltflächen die im Formular Bearbeite SCORM/AICC vorgenommenen Änderungen speichern oder die Bearbeitung Abbrechen.

24.3 Rollen

Auf dem Register ROLLEN (Abbildung 24.7) finden Sie die Links ROLLEN ZUWEISEN und ROLLEN ÜBERSCHREIBEN, die zu den entsprechenden Formularen führen. Mit einem Klick auf das Register ROLLEN wird standardmäßig das Formular ROLLEN ZUWEISEN angezeigt.

24.3.1 Rollen zuweisen

Auf dem Formular ROLLEN ZUWEISEN werden alle zur Verfügung stehenden Rollen mit einer Beschreibung angezeigt – hier die Basisrollen (Abbildung 24.7). Als KURS-VERWALTER oder TRAINER sind Sie berechtigt, dem Kontext SCORM/AICC Rollen zuzuweisen. Lesen Sie mehr dazu in Kapitel 11, *Rollen*.

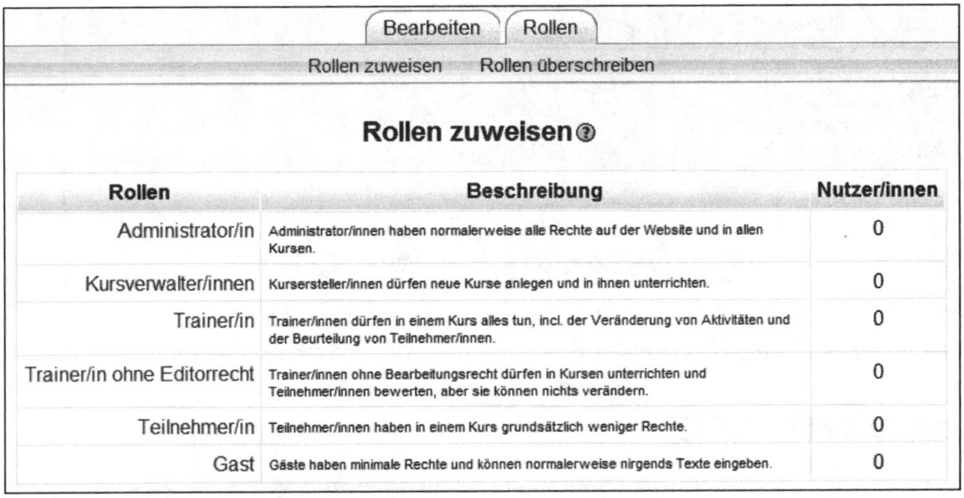

Rollen	Beschreibung	Nutzer/innen
Administrator/in	Administrator/innen haben normalerweise alle Rechte auf der Website und in allen Kursen.	0
Kursverwalter/innen	Kursersteller/innen dürfen neue Kurse anlegen und in ihnen unterrichten.	0
Trainer/in	Trainer/innen dürfen in einem Kurs alles tun, incl. der Veränderung von Aktivitäten und der Beurteilung von Teilnehmer/innen.	0
Trainer/in ohne Editorrecht	Trainer/innen ohne Bearbeitungsrecht dürfen in Kursen unterrichten und Teilnehmer/innen bewerten, aber sie können nichts verändern.	0
Teilnehmer/in	Teilnehmer/innen haben in einem Kurs grundsätzlich weniger Rechte.	0
Gast	Gäste haben minimale Rechte und können normalerweise nirgends Texte eingeben.	0

Abbildung 24.7: Formular Rollen zuweisen

24.3.2 Rollen überschreiben

Mit einem Klick auf den Link ROLLEN ÜBERSCHREIBEN wird das entsprechende Formular angezeigt (Abbildung 24.8). Der ADMINISTRATOR darf als einzige Basisrolle ROLLEN ÜBERSCHREIBEN. Lesen Sie mehr dazu in Kapitel 11, *Rollen*.

Die nachstehende Tabelle zeigt, welche Fähigkeiten den BASISROLLEN im KONTEXT SCORM/AICC erlaubt sind (Abbildung 24.9).

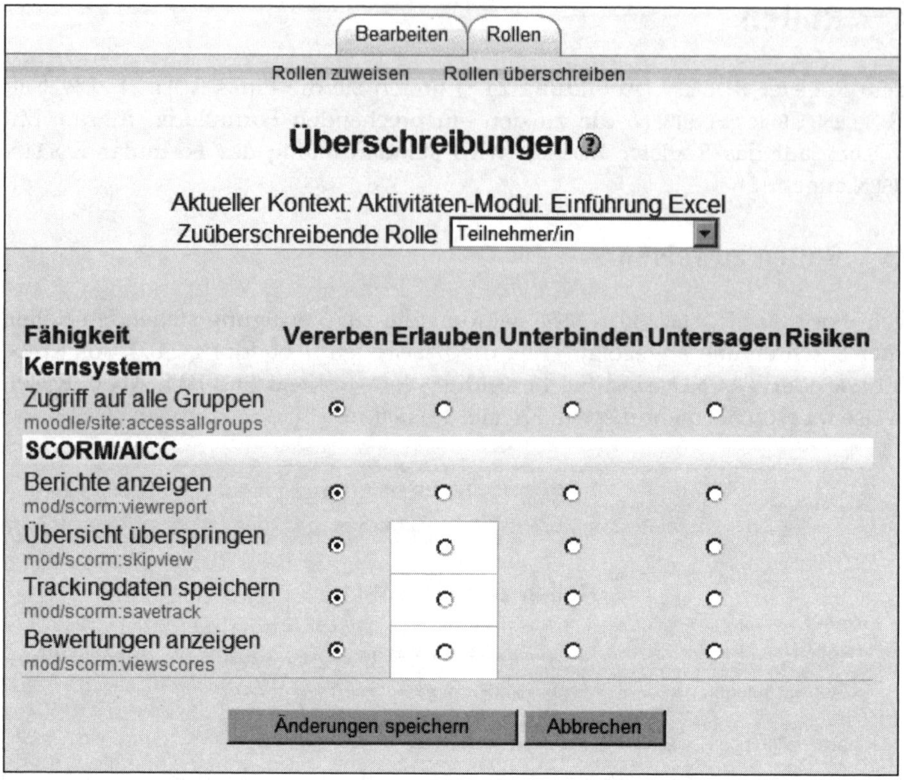

Abbildung 24.8: Zugriffsrechte der Basisrolle Teilnehmer/in bei SCORM/AICC

SCORM/AICC Fähigkeiten	Administrator	Kursverwalter	Trainer	Trainer ohne Editorrecht	Teilnehmer	Gast
Zugriff auf alle Gruppen	✖		✖	✖		
Berichte anzeigen	✖		✖	✖		
Übersicht überspringen					✖	
Trackingdaten speichern	✖		✖	✖	✖	
Bewertungen anzeigen	✖		✖	✖	✖	

Abbildung 24.9: Die Rechte der Basisrollen im Kontext SCORM/AICC

Übung 50

SCORM in Aktion

Ich gratuliere Ihnen – Sie haben in eben diesem Moment die 50. Übung erreicht. Sie sind ein toller Hecht und dürfen stolz auf sich sein. Feiern Sie diesen Augenblick mit besinnlichen fünf Minuten, gönnen Sie sich eine Nackenmassage, ein Glas Wein oder eine süße Frucht.

Wenn beim Lesen dieser Zeilen ein ungutes Gefühl in Ihnen hochsteigt, dann haben Sie nicht unrecht. Es hat natürlich seinen Grund, dass ich Sie so überschwenglich beglückwünsche. Die 50. Übung verlangt von Ihnen eine besondere Anstrengung. Und falls Ihnen das zu viel des Guten ist, verstehe ich das, und Sie lassen es bei der Nackenmassage bewenden.

Für diejenigen, die sich der Herausforderung stellen wollen:

Laden Sie auf *www.exelearning.org* das Programm eXe herunter. Nach dem Installieren machen Sie sich in einer Selbstlernphase ;-) damit vertraut und erstellen ein erstes klitzekleines SCORM-Paket. Integrieren Sie dieses anschließend mit der Lernaktivität SCORM/AICC in Moodle. Hat's gefunkt? Jetzt haben Sie verdient, was Ihnen in meiner Liste fehlte – tun Sie's JETZT!

SCORM – AICC – eXe – höre ich da nebst dem Surren des PC-Ventilators ein leises, aber bestimmtes Zischen aus Ihrem Mund? »Bitte jetzt keine komplizierten, weit hergeholten Geschichtchen!« Gut – kein Problem, ich wünsche Ihnen eine schöne, erholsame Pause und sehe Sie gleich wieder beim nächsten Kapitel, da geht es um – äh – eh – öh – LAMS. Bin ja schon weg!

Lesen Sie bitte weiter in Kapitel 25, *LAMS*.

25 LAMS – sich mit fremden Federn schmücken

LAMS (Learning Activity Management System) ist ein eigenständiges Werkzeug zur Erstellung und Nutzung von kollaborativen Lernaktivitäten, das mit der Moodle-Version 1.6 über das KURS-FORMAT LAMS und die LERNAKTIVITÄT LAMS integriert ist. LAMS wird als Open Source-Software von der *LAMS Foundation* (Macquarie University, Australien) entwickelt und kann auch dort heruntergeladen werden (*www.lamsfoundation.org*).

Damit Sie LAMS in Ihrer Moodle-Lernplattform nutzen können, benötigen Sie einen LAMS-Server und die Verbindungseinstellungen dazu. Ihr Administrator muss diese Voraussetzungen schaffen und Moodle mit LAMS verbinden, bevor Sie die ersten Sequenzen erstellen können.

Die Lernaktivitäten in LAMS sind ähnlich wie in Moodle, aber nicht so komplex. In der Autoren-Ebene können diese, als Sequenzen zusammengebaut, in einem Repository gespeichert werden. Der Trainer ordnet anschließend diese Lernprozesse einer Lerngruppe zu und beobachtet deren Bearbeitungsverlauf auf der Monitoring-Ebene.

Es ist momentan noch nicht absehbar, wie weit sich die LAMS-Integration in Moodle durchsetzen wird. Immerhin benötigt man dazu neue Server-Ressourcen und zusätzliche Schulung der Trainer und Lernenden.

25.1 LAMS-Lernaktivitäten

Die Liste der in LAMS angebotenen Lernaktivitäten lässt Ähnlichkeiten und Überschneidungen mit Moodle erahnen: SUBMIT FILES, CHAT, NOTICEBOARD, JOURNAL, GROUPING, Q&A (FRAGE UND ANTWORT), SURVEY, VOTING, FORUM, MULTIPLE-CHOICE, SHARE RESOURCES, CHAT & SCRIBE, RESOURCES + FORUM, Q&A + FORUM, VOTING + JOURNAL, CHAT & SCRIBE + JOURNAL.

25.2 Das LAMS Kursformat

Ein Kurs im LAMS KURSFORMAT dient als Rahmen für LAMS-Lernaktivitäten. Außer dem LAMS-Logo werden im ersten Kurs-Block zwei Links angezeigt. LAMS MONITOR ÖFFNEN zeigt in einem Popup-Fenster den Monitoring-Bildschirm (Abbildung 25.2), und LAMS AUTORENUMGEBUNG ÖFFNEN zeigt in einem Popup-Fenster den Autoren-Bildschirm (Abbildung 25.3).

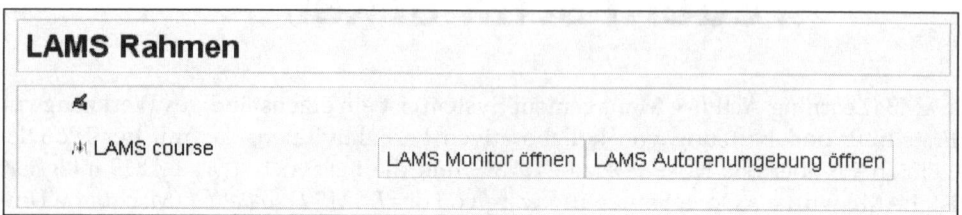

Abbildung 25.1: Ein Kurs im Format LAMS Kursformat

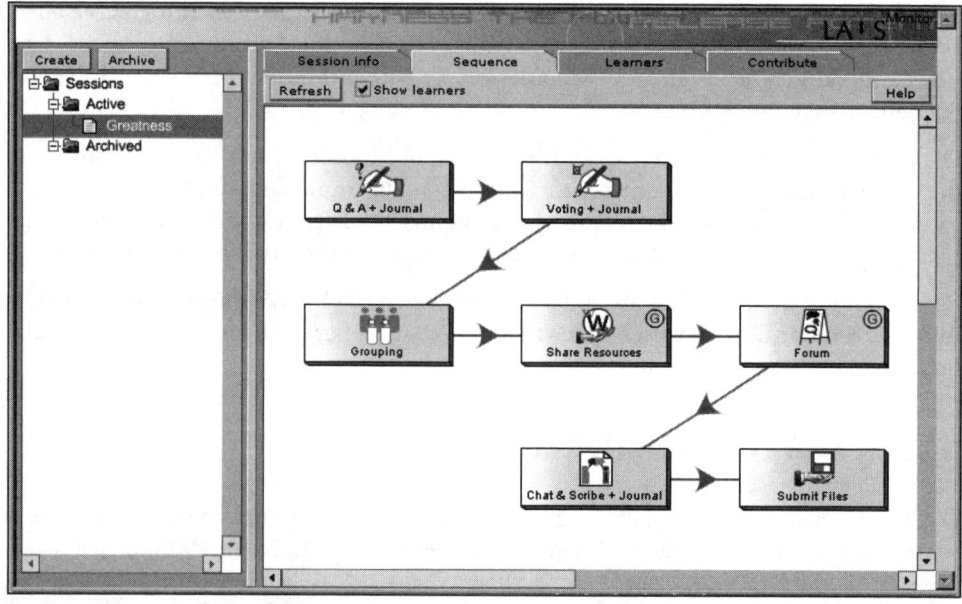

Abbildung 25.2: Der LAMS-Monitor

25.3 LAMS hinzufügen und bearbeiten

Setzen Sie den Kurs in den **Bearbeitungsmodus**, und klicken Sie im Listenfeld LERN-AKTIVITÄT HINZUFÜGEN auf LAMS. Es öffnet sich das Formular BEARBEITE LAMS (Abbildungen 25.4).

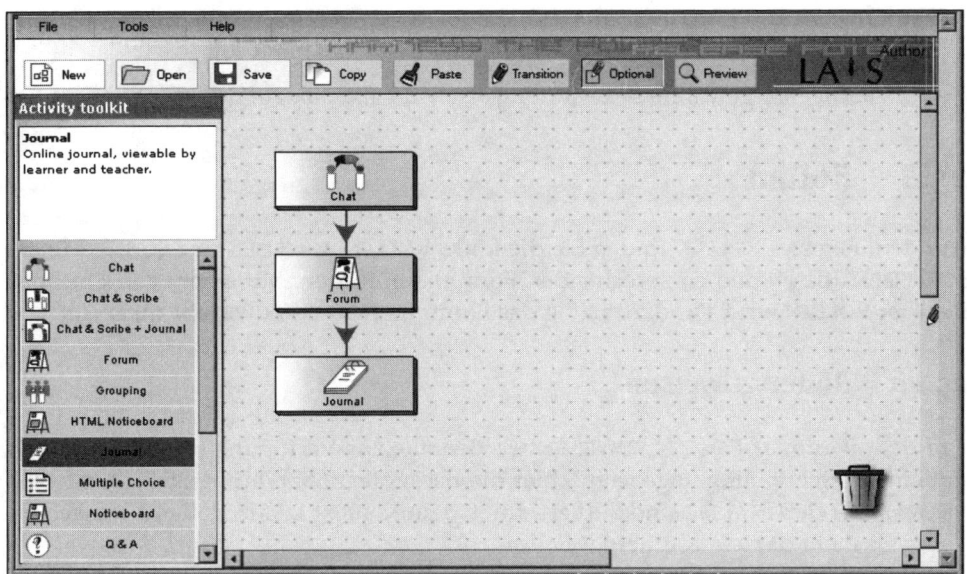

Abbildung 25.3: Die LAMS-Autorenumgebung

Mit einem Klick auf die Schaltfläche LISTE DER SEQUENZEN AKTUALISIEREN werden die Listenfelder ARBEITSPLATZ AUSWÄHLEN und LERNSEQUENZ AUSWÄHLEN aktualisiert. Die in diesen Listenfeldern gewählte Sequenz wird mit einem Klick auf die Schaltfläche DIE AUSGEWÄHLTE SEQUENZ VERWENDEN für diese LAMS-Lernaktivität ausgewählt. Mit einem Klick auf die Schaltfläche AUSGEWÄHLTE SEQUENZ BEARBEITEN öffnet sich der Autoren-Bildschirm (Abbildung 25.3) zum Bearbeiten der aktuellen Sequenz. Im gleichen Bildschirm können Sie nach einem Klick auf die Schaltfläche eine NEUE SEQUENZ ERSTELLEN.

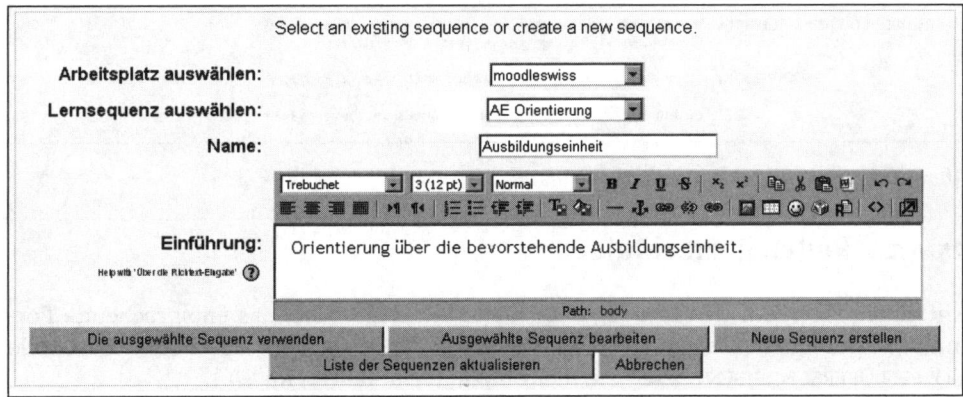

Abbildung 25.4: Bearbeite LAMS

- ARBEITSPLATZ AUSWÄHLEN und LERNSEQUENZ AUSWÄHLEN: Hier bestimmen Sie die Lernsequenz, die in dieser LAMS-Lernaktivität ablaufen soll.

- NAME: Die hier gewählte Bezeichnung erscheint als Link auf der Kursseite.

25.4 Rollen

Auf dem Register ROLLEN finden Sie die Links ROLLEN ZUWEISEN und ROLLEN ÜBER-SCHREIBEN, die zu den entsprechenden Formularen führen. Mit einem Klick auf das Register ROLLEN wird standardmäßig das Formular ROLLEN ZUWEISEN angezeigt.

25.4.1 Rollen zuweisen

Auf dem Formular ROLLEN ZUWEISEN werden alle zur Verfügung stehenden Rollen mit einer Beschreibung angezeigt – hier die Basisrollen (Abbildung 25.5). Als KURS-VERWALTER oder TRAINER sind Sie berechtigt, dem Kontext LAMS Rollen zuzuweisen. Lesen Sie mehr dazu in Kapitel 11, *Rollen*.

	Bearbeiten	Rollen	

Rollen zuweisen   Rollen überschreiben

Rollen zuweisen ⓘ

Rollen	Beschreibung	Nutzer/innen
Administrator/in	Administrator/innen haben normalerweise alle Rechte auf der Website und in allen Kursen.	0
Kursverwalter/innen	Kursersteller/innen dürfen neue Kurse anlegen und in ihnen unterrichten.	0
Trainer/in	Trainer/innen dürfen in einem Kurs alles tun, incl. der Veränderung von Aktivitäten und der Beurteilung von Teilnehmer/innen.	0
Trainer/in ohne Editorrecht	Trainer/innen ohne Bearbeitungsrecht dürfen in Kursen unterrichten und Teilnehmer/innen bewerten, aber sie können nichts verändern.	0
Teilnehmer/in	Teilnehmer/innen haben in einem Kurs grundsätzlich weniger Rechte.	0
Gast	Gäste haben minimale Rechte und können normalerweise nirgends Texte eingeben.	0

Abbildung 25.5: Formular Rollen zuweisen

25.4.2 Rollen überschreiben

Mit einem Klick auf den Link ROLLEN ÜBERSCHREIBEN wird das entsprechende For-mular angezeigt (Abbildung 25.6). Der ADMINISTRATOR darf als einzige Basisrolle ROLLEN ÜBERSCHREIBEN. Lesen Sie mehr dazu in Kapitel 11, *Rollen*.

Die nachstehende Tabelle zeigt, welche Fähigkeiten den BASISROLLEN im KONTEXT LAMS erlaubt sind (Abbildung 25.7).

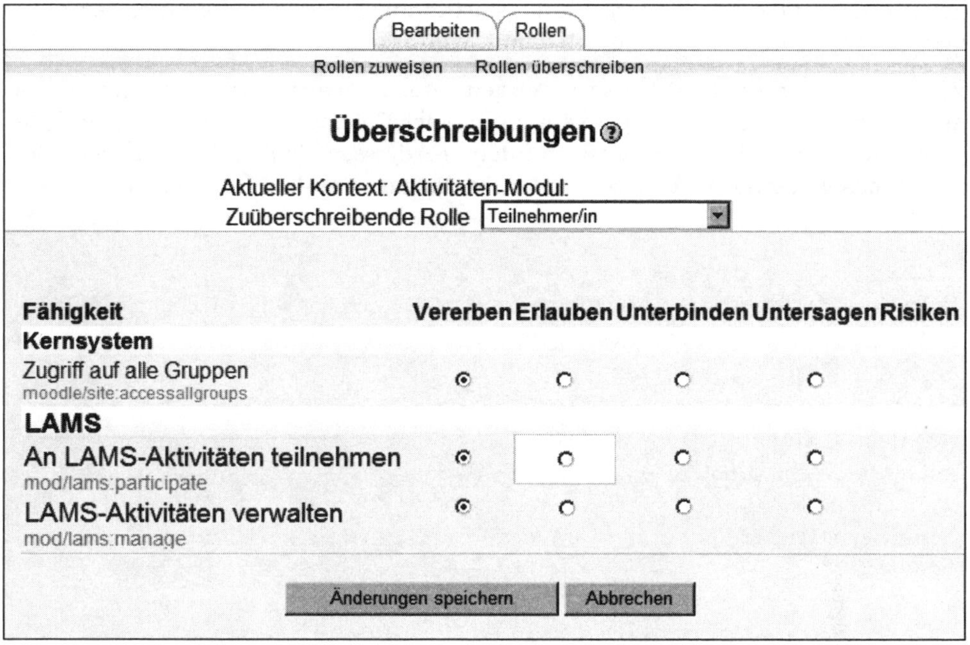

Abbildung 25.6: Zugriffsrechte der Basisrolle Teilnehmer/in im LAMS

LAMS Fähigkeiten	Administrator	Kursverwalter	Trainer	Trainer ohne Editorrecht	Teilnehmer	Authentifizierte Nutzer	Gast
Zugriff auf alle Gruppen	✗		✗	✗			
An LAMS-Aktivitäten teilnehmen					✗		
LAMS-Aktivitäten verwalten		✗	✗	✗			

Abbildung 25.7: Die Rechte der Basisrollen im Kontext LAMS

Wer schmückt sich nicht gern mal mit fremden Federn? Moodle macht's mit LAMS, und im Moodle-Lernportal an Ihrer Bildungsinstitution sollten Sie das auch dürfen – vorausgesetzt, Sie geben die Quelle an. Überhaupt macht Moodle vor allem dann Sinn, wenn die Kollaboration auf die Lehrenden übergreift und diese die Inhalte gemeinsam oder füreinander entwickeln. Moodle bietet über das Sichern und Wiederherstellen alle dafür nötigen Werkzeuge. Stellen Sie sich einmal die riesige Menge Federn vor, die so entstehen könnte? Es muss jemand damit beginnen, den ersten Schritt tun. Neil Armstrong hat ihn am 21. Juli 1969 auf dem Mond für die Menschheit getan, tun Sie ihn JETZT für Ihre Bildungsinstitution. Stellen Sie Ihre Kurse den Kollegen zur Verfügung – mögen sie sich damit schmücken.

Was tun, wenn noch keine Kurse entwickelt sind, die man austauschen könnte? Tragen Sie vorhandenes Wissen gemeinsam in einer Datenbank zusammen: Jede Lehrperson trägt die fünf interessantesten Internet-Adressen ein oder lädt ihre zehn besten Arbeitsblätter hoch. Lesen Sie bitte mehr dazu im Kapitel 26, *Datenbank*.

26 Datenbank – die Sammelstelle

Mit der Lernaktivität DATENBANK ist es möglich, den Teilnehmenden eine Sammelstelle für Daten zur Verfügung zu stellen. Diese besteht aus einer Tabelle, deren Datenfelder Sie als Kursverwalter definieren.

26.1 Datenbank hinzufügen und bearbeiten

Setzen Sie den Kurs in den **Bearbeitungsmodus**, und klicken Sie im Listenfeld AKTIVITÄT ANLEGEN auf DATENBANK. Es öffnet sich das Formular BEARBEITE DATENBANK mit dem Titel FÜGE DATENBANK ZU THEMA # HINZU. Wenn Sie ein bestehendes Forum bearbeiten, erscheint das Formular auf dem Register BEARBEITEN mit dem Titel BEARBEITE DATENBANK IN THEMA #, zusätzlich wird das Register ROLLEN angezeigt (Abbildung 26.1).

26.1.1 Grundeinträge

- NAME: Der Name der Datenbank erscheint als Link auf der Kursseite.

- EINFÜHRUNG: Sie erscheint auf der Auflistung der Aktivitäten.

- VERFÜGBAR AB und VERFÜGBAR BIS: Innerhalb dieses Zeitfensters können die Teilnehmer die Datenbank bearbeiten.

- SICHTBAR VON und SICHTBAR BIS: Innerhalb dieses Zeitfensters sind die Daten abrufbar.

- ERFORDERLICHE EINTRÄGE: Listenfeld mit den Optionen KEINE und 1–50. Hier geben Sie die Anzahl der Einträge an, die je Teilnehmer erwartet werden. Solange der Teilnehmer diese Anzahl Einträge noch nicht erreicht hat, wird ihm eine Erinnerungsnachricht angezeigt, und die Aufgabe gilt als noch nicht erfüllt. Im Listenfeld geben Sie an, wie viele Beiträge erforderlich sind, bevor die Einträge der anderen Teilnehmenden sichtbar werden.

- EINTRÄGE (HÖCHSTZAHL): So viele Einträge sind maximal möglich. Das Listenfeld hat die Optionen KEINE BEGRENZUNG und 1–50.

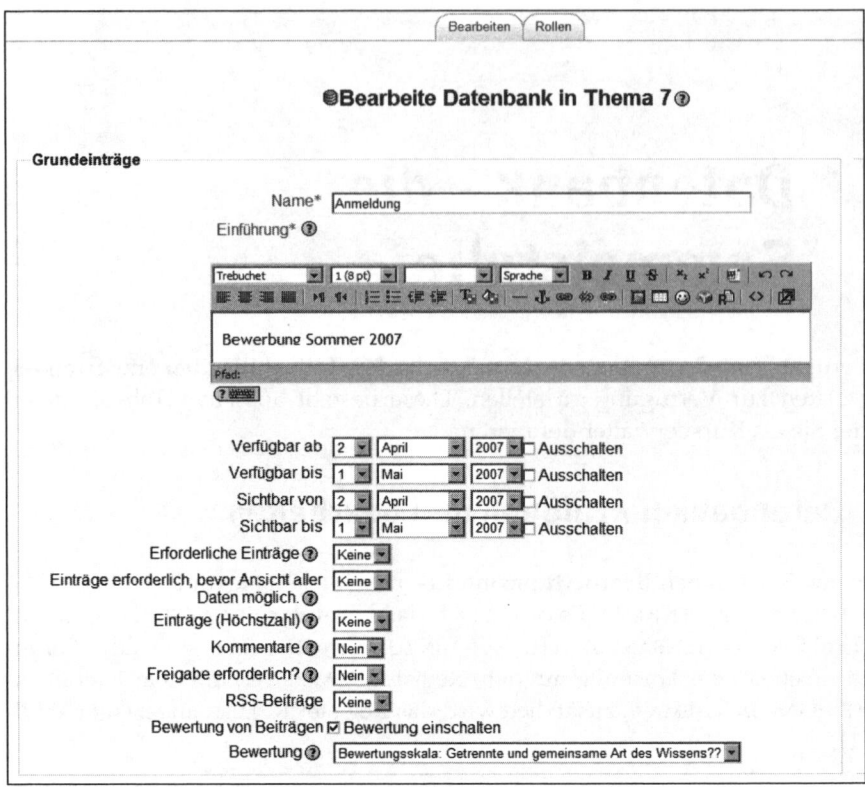

Abbildung 26.1: Bearbeite Datenbank, Abschnitt Grundeinträge

- KOMMENTARE: Mit JA ist es erlaubt, Kommentare einzufügen.

- FREIGABE ERFORDERLICH?: Mit JA muss ein Beitrag vom Trainer bestätigt werden, bevor er für die übrigen Teilnehmenden sichtbar ist.

- BEWERTUNG VON BEITRÄGEN: Wenn Sie das Auswahlkästchen aktivieren, ist die Bewertung eingeschaltet.

- BEWERTUNG: In diesem Listenfeld bestimmen Sie einen vorher definierten Bewertungsraster oder ein Punkte-Maximum.

26.1.2 Weitere Modul-Einstellungen

- GRUPPENMODUS: Mit JA ist der Gruppenmodus für diese Aktivität aktiviert, mit NEIN nicht. Lesen Sie mehr dazu in Kapitel 9, *Gruppen*.

- SICHTBAR: Mit ANZEIGEN ist das Forum für die Teilnehmer sichtbar, mit VERBERGEN nicht.

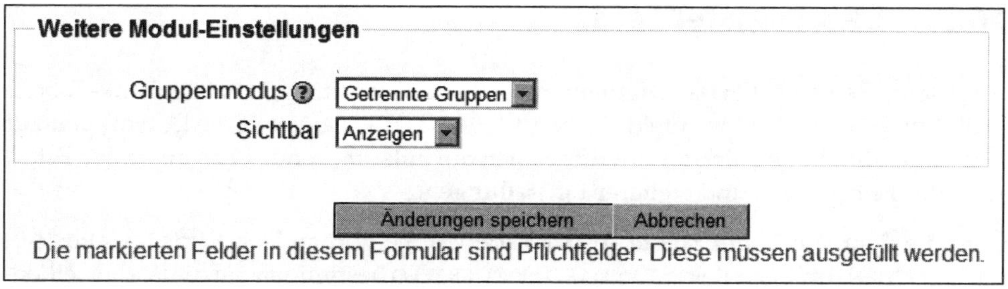

Weitere Modul-Einstellungen

Gruppenmodus ⑦ | Getrennte Gruppen ▾ |
Sichtbar | Anzeigen ▾ |

Änderungen speichern   Abbrechen

Die markierten Felder in diesem Formular sind Pflichtfelder. Diese müssen ausgefüllt werden.

Abbildung 26.2: Abschnitt Weitere Modul-Einstellungen

Sie können über die Schaltflächen die im Formular BEARBEITE WIKI vorgenommenen ÄNDERUNGEN SPEICHERN oder die Bearbeitung ABBRECHEN.

Nach dem Speichern der Grundeinträge besitzen Sie eine leere Datenbank, für die Sie im nächsten Schritt die Datenstruktur definieren müssen (Abbildung 26.3). Dazu wählen Sie einen VORLAGENSATZ oder fügen aus dem Listenfeld EIN NEUES FELD ERSTELLEN das erste Datenbankfeld ein.

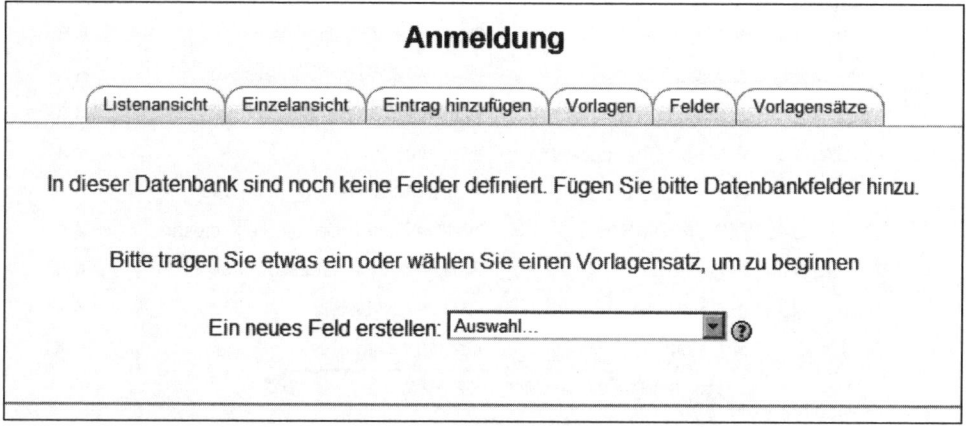

Abbildung 26.3: Datenbank nach dem Speichern der Grundeinstellungen

Mit einem Klick auf den Link DATENBANK im Kursraum öffnet sich die Lernaktivität DATENBANK mit den Registern LISTENANSICHT, EINZELANSICHT, EINTRAG HINZUFÜGEN, VORLAGEN, FELDER und VORLAGENSÄTZE, die in den folgenden Abschnitten beschrieben werden.

Bevor Sie Daten sammeln können, müssen Sie deren Struktur vorgeben. Dazu öffnen Sie das Register FELDER.

26.2 Das Register Felder

Auf dem Register FELDER definieren Sie die Struktur der Datenbank-Tabelle (Abbildung 26.4). Das Listenfeld EIN NEUES FELD ERSTELLEN stellt die Datentypen zur Auswahl. Mit einem Klick darauf öffnet sich ein entsprechendes Formular zur Erfassung des Feldnamens und weiterer Einstellungen.

Über die Symbole in der Spalte AKTION können Sie vorhandene Felder BEARBEITEN und LÖSCHEN. Im Listenfeld STANDARD SORTIERFELD bestimmen Sie die Sortierreihenfolge, die mit Klick auf die Schaltfläche START aktiviert wird.

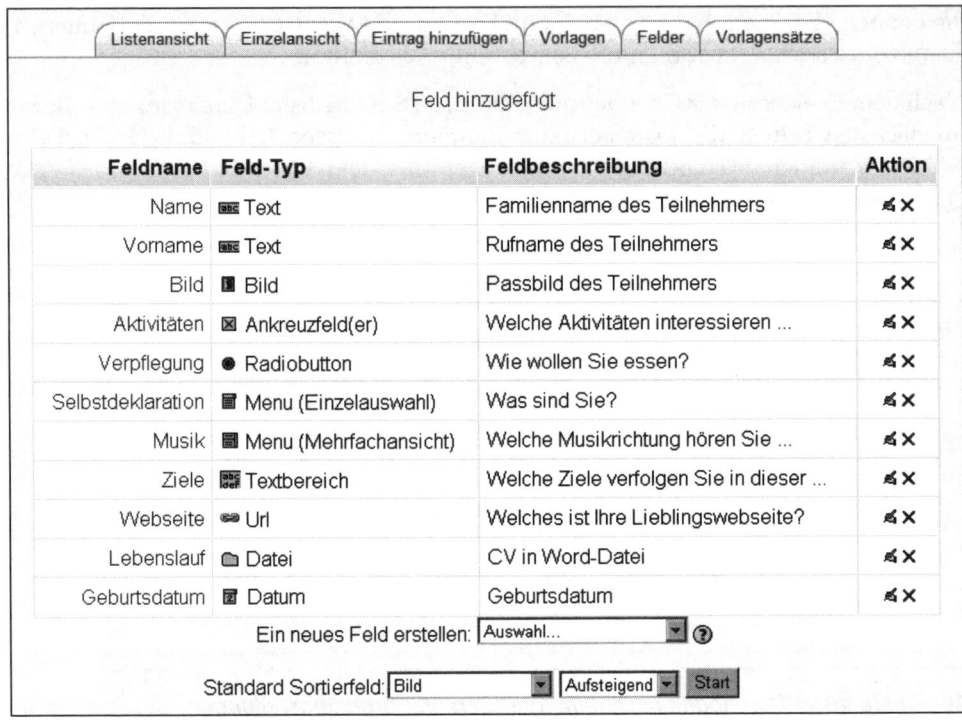

Abbildung 26.4: Das Register Felder

26.2.1 Textzeilenfeld

Wenn Sie im Listenfeld EIN NEUES FELD ERSTELLEN (Abbildung 26.4) den Typ TEXT wählen, öffnet sich das entsprechende Formular, in dem Sie mit NAME, FELDBESCHREIBUNG und AUTOLINK ZULASSEN das TEXTZEILENFELD definieren (Abbildung 26.5). Beim TEXTZEILENFELD handelt es sich um eine einzeilige Texteingabe ohne Zeilenumbruch.

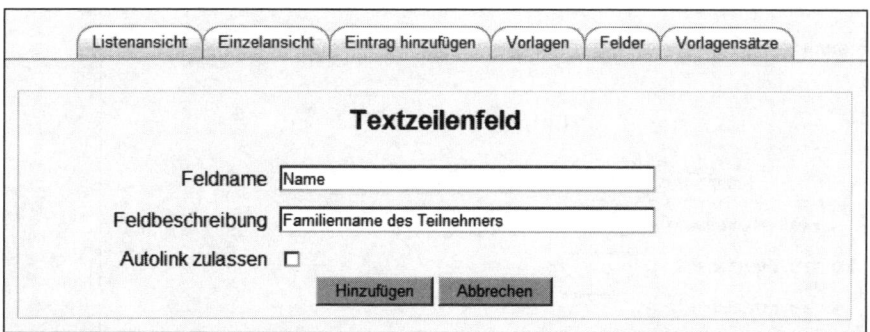

Abbildung 26.5: Textzeilenfeld

26.2.2 Textbereichsfeld

Wenn Sie im Listenfeld EIN NEUES FELD ERSTELLEN (Abbildung 26.4) den Typ TEXTBE-REICH wählen, öffnet sich das entsprechende Formular, in dem Sie mit FELDNAME, FELD-BESCHREIBUNG, BREITE und HÖHE das TEXTBEREICHSFELD definieren (Abbildung 26.6). Die BREITE geben Sie durch die Anzahl der Zeichen und die HÖHE durch die Anzahl der Zeilen an. Das TEXTBEREICHSFELD erlaubt mehrzeilige Texte mit Zeilenumbruch.

Abbildung 26.6: Textbereichsfeld

26.2.3 Bildfeld

Wenn Sie im Listenfeld EIN NEUES FELD ERSTELLEN (Abbildung 26.4) den Typ BILD wäh-len, öffnet sich das entsprechende Formular, in dem Sie mit FELDNAME, FELDBESCHREI-BUNG, BREITE IN EINZELANSICHT, HÖHE IN EINZELANSICHT, BREITE IN LISTENANSICHT, HÖHE IN LISTENANSICHT und GRÖSSE (MAX.) das BILDFELD definieren (Abbildung 26.7). In ein BILDFELD kann der Teilnehmer ein Bild mit der MAXIMALEN GRÖSSE hochladen, das in der BREITE und HÖHE angezeigt wird.

Bildfeld

Feldname	Bild
Feldbeschreibung	Passbild des Teilnehmers
Breite in Einzelansicht	20
Höhe in Einzelansicht	20
Breite in Listenansicht	10
Höhe in Listenansicht	10
Größe (max)	15.3MB ▾

Listenansicht Einzelansicht Eintrag hinzufügen Vorlagen Felder Vorlagensätze

Hinzufügen Abbrechen

Abbildung 26.7: Bildfeld

26.2.4 Dateifeld

Wenn Sie im Listenfeld EIN NEUES FELD ERSTELLEN (Abbildung 26.4) den Typ DATEI wählen, öffnet sich das entsprechende Formular, in dem Sie mit FELDNAME und FELD-BESCHREIBUNG das DATEIFELD definieren (Abbildung 26.8). Das DATEIFELD erlaubt das Hochladen einer Datei in die Datenbank.

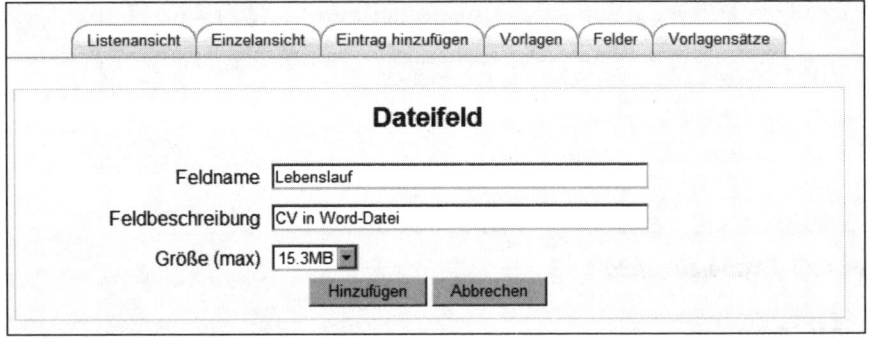

Abbildung 26.8: Dateifeld

26.2.5 URL-Feld

Wenn Sie im Listenfeld EIN NEUES FELD ERSTELLEN (Abbildung 26.4) den Typ URL wählen, öffnet sich das entsprechende Formular, in dem Sie mit FELDNAME, FELD-BESCHREIBUNG, NAMENSEINTRAG FÜR DEN LINK ERZWINGEN UND AUTOMATISCHE VER-LINKUNG DER URL das URL-FELD definieren (Abbildung 26.9). Dieses erlaubt es, eine

URL zu erfassen, die als Link angezeigt wird. Wenn Sie im Feld NAMENSEINTRAG FÜR DEN LINK ERZWINGEN beispielsweise »*Meine Homepage*« eingeben, wird dieser Eintrag als Link angezeigt, der auf die eingetragene URL verbindet.

```
┌──────────────────────────────────────────────────────────────────┐
│ Listenansicht  Einzelansicht  Eintrag hinzufügen  Vorlagen  Felder  Vorlagensätze │
│                                                                    │
│                          URL-Feld                                  │
│                                                                    │
│              Feldname  │Webseite                          │        │
│      Feldbeschreibung  │Welches ist Ihre Lieblingswebseite?│       │
│ Namenseintrag für den Link erzwingen │                   │        │
│  Automatische Verlinkung der URL  ☑                                │
│                    [ Hinzufügen ]  [ Abbrechen ]                   │
└──────────────────────────────────────────────────────────────────┘
```

Abbildung 26.9: URL-Feld

26.2.6 Menü-Feld (Mehrfachauswahl)

Wenn Sie im Listenfeld EIN NEUES FELD ERSTELLEN (Abbildung 26.4) den Typ MENÜ (MEHRFACHANSICHT) wählen, öffnet sich das entsprechende Formular, in dem Sie mit FELDNAME, FELDBESCHREIBUNG und den OPTIONEN das MEHRFACHAUSWAHL-FELD definieren (Abbildung 26.10). Die eingetragenen Optionen werden als Auswahlkästchen angezeigt – der Teilnehmer kann mehrere auswählen –, und die vorgenommenen Markierungen werden in der Datenbank gespeichert.

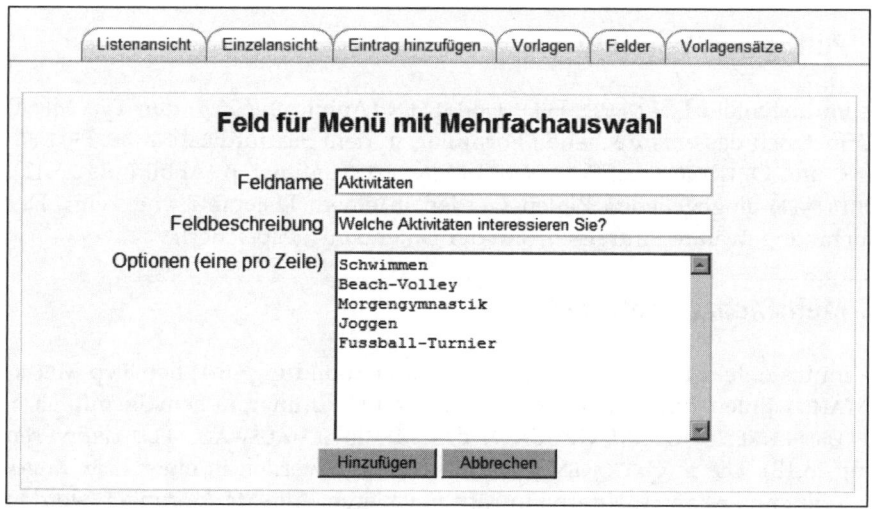

Abbildung 26.10: Menüfeld (Mehrfachauswahl)

26.2.7 Radiobutton-Feld (Einfachauswahl)

Wenn Sie im Listenfeld EIN NEUES FELD ERSTELLEN (Abbildung 26.4) den Typ RADIOBUT-TON wählen, öffnet sich das entsprechende Formular, in dem Sie mit FELDNAME, FELD-BESCHREIBUNG und OPTIONEN das RADIOBUTTON-Feld definieren (Abbildung 26.11). Die eingetragenen Zeilen werden als Optionen angezeigt – der Teilnehmer kann nur eine auswählen –, und die vorgenommene Auswahl wird in der Datenbank gespeichert.

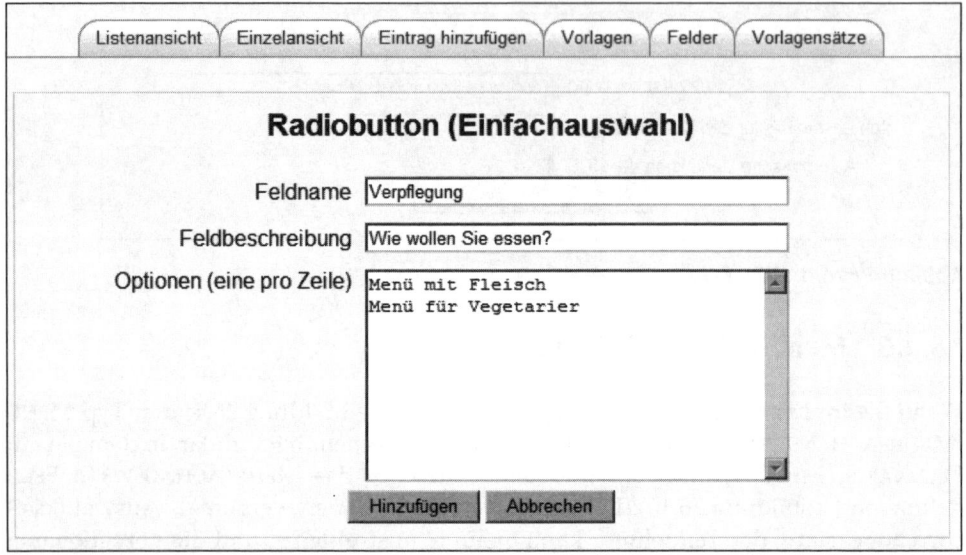

Abbildung 26.11: Radiobutton (Einfachauswahl)

26.2.8 Pulldown-Menüfeld

Wenn Sie im Listenfeld EIN NEUES FELD ERSTELLEN (Abbildung 26.4) den Typ MENÜ wählen, öffnet sich das entsprechende Formular, in dem Sie mit FELDNAME, FELDBE-SCHREIBUNG und OPTIONEN das PULLDOWN-MENÜFELD definieren (Abbildung 26.12). Die in OPTIONEN eingegebenen Zeilen werden in einem Listenfeld angezeigt. Der vom Teilnehmer gewählte Eintrag wird in der Datenbank gespeichert.

26.2.9 Mehrfachauswahlfeld

Wenn Sie im Listenfeld EIN NEUES FELD ERSTELLEN (Abbildung 26.4) den Typ MEHR-FACHAUSWAHL wählen, öffnet sich das entsprechende Formular, in dem Sie mit FELD-NAME, FELDBESCHREIBUNG und OPTIONEN das MEHRFACHAUSWAHLFELD definieren (Abbildung 26.13). Die in OPTIONEN erfassten Einträge werden in einer Liste ange-zeigt. Der Teilnehmer kann mehrere Einträge markieren. Alle Markierungen werden in der Datenbank gespeichert.

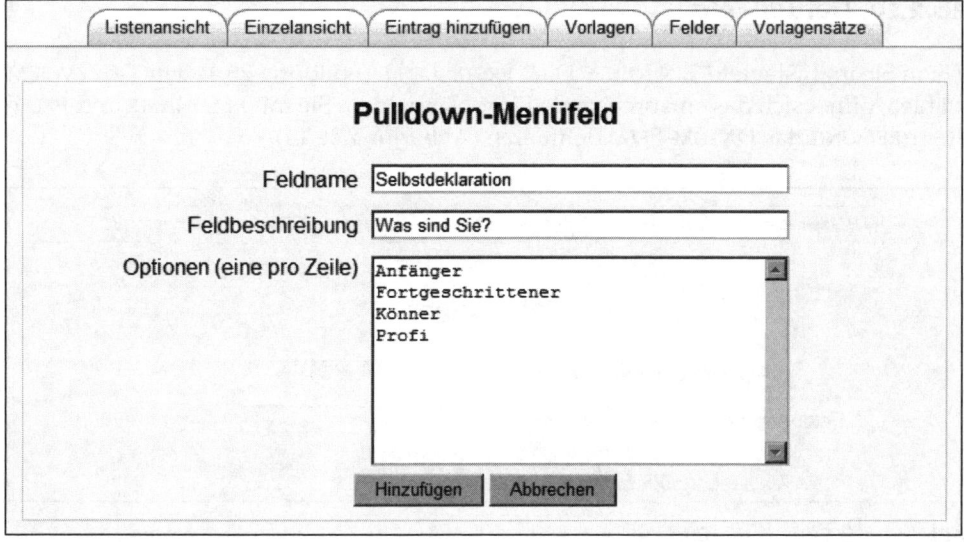

Abbildung 26.12: Pulldownmenüfeld

Abbildung 26.13: Mehrfachauswahlfeld

26.2.10 Datum-Feld

Wenn Sie im Listenfeld EIN NEUES FELD ERSTELLEN (Abbildung 26.4) den Typ DATUM wählen, öffnet sich das entsprechende Formular, in dem Sie mit FELDNAME und FELD-BESCHREIBUNG das DATUM-FELD definieren (Abbildung 26.14).

Abbildung 26.14: Datenfeld

26.2.11 Zahlenfeld

Wenn Sie im Listenfeld EIN NEUES FELD ERSTELLEN (Abbildung 26.4) den Typ ZAHL wählen, öffnet sich das entsprechende Formular, in dem Sie mit FELDNAME und FELD-BESCHREIBUNG das ZAHLENFELD definieren (Abbildung 26.15).

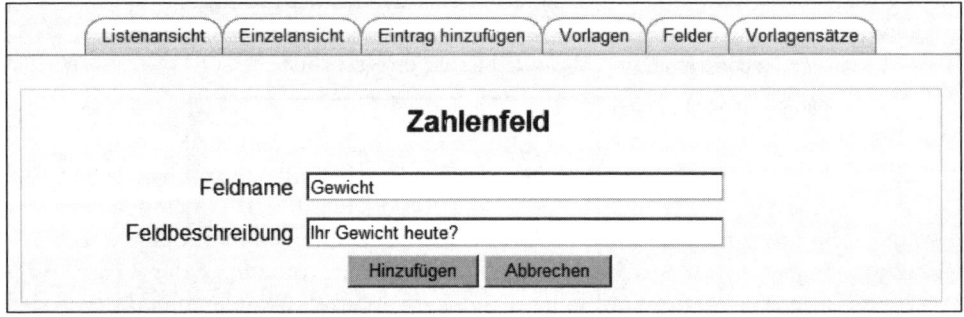

Abbildung 26.15: Zahlenfeld

26.2.12 Feld für Längen- und Breitengrad

Wenn Sie im Listenfeld EIN NEUES FELD ERSTELLEN (Abbildung 26.4) den Typ GEO-GRAFISCHE BREITE UND LÄNGE wählen, öffnet sich das entsprechende Formular, in dem Sie mit FELDNAME, FELDBESCHREIBUNG, LINKS ZU DIENSTEN ZUM ANZEIGEN GEORGR. DATEN und WIE SOLLEN ZIELE IN KML-DATEIEN BEZEICHNET WERDEN? das FELD FÜR LÄNGEN- UND BREITENGRAD definieren (Abbildung 26.16).

Abbildung 26.16: Feld für Längen- und Breitengrad

26.3 Das Register Vorlagen

Nachdem Sie die Datenfelder Ihrer Datenbank definiert haben, ist es möglich, neue Daten zu erfassen, zu editieren und zu löschen. Die Daten werden dazu in einer Maske oder einer Liste angezeigt, können aber zusätzlich auch in einem RSS-Feed angezeigt werden. Wie soll die Maske, die Liste und das RSS-Feed aussehen? Diese Frage beantworten Sie mit der Definition der entsprechenden Templates auf dem Register VORLAGEN (Abbildung 26.17).

Das Formular VORLAGE FÜR LISTE verfügt über je ein Editorfeld für KOPFZEILE, FUSS-ZEILE und WIEDERHOLTER EINTRAG. Deren Aussehen gestalten Sie mit statischen Texten und Platzhaltern aus dem Listenfeld VERFÜGBARE ELEMENTE. Bei diesen Definitionen geben Sie die Position eines Feldes mit dessen Feldnamen in doppelten, eckigen Klammern an: [[Vorname]]. An deren Stelle werden beim Aufbereiten der Liste die entsprechenden Daten aus dem aktuellen Datensatz angezeigt. Sie kennen das von den Serienbriefen.

Die Platzhalter ##BEARBEITEN##, ##WEITERE##, ##LÖSCHEN##, ##ZULASSEN## und ##KOMMENTAR##, die Sie unten im Listenfeld VERFÜGBARE ELEMENTE finden, werden im Formular durch entsprechend funktionierende Schaltflächen ersetzt.

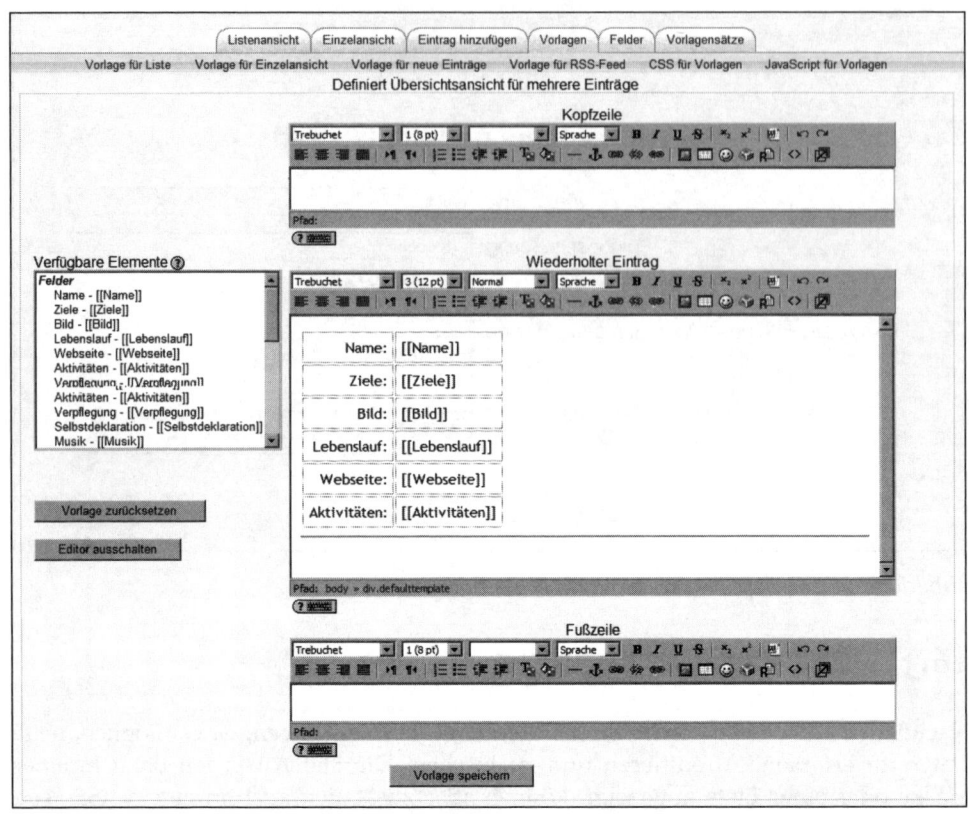

Abbildung 26.17: Vorlage für Liste auf dem Register Vorlagen

Auf weiteren Unterregistern des Registers VORLAGEN definieren Sie, wie die Daten in verschiedenen Situationen angezeigt werden sollen:

- VORLAGE FÜR EINZELANSICHT: definiert die Bildschirmmaske für das Anzeigen eines einzelnen Datensatzes.

- VORLAGE FÜR NEUE EINTRÄGE: definiert die Bildschirmmaske für das Erfassen eines neuen Datensatzes.

- VORLAGE FÜR RSS-FEED: definiert die Anzeige als RSS-Feed.

- CSS FÜR VORLAGEN: definiert lokale CSS-Styles für die anderen Vorlagen.

- JAVA-SCRIPT FÜR VORLAGEN: definiert allgemeines JavaScript für die anderen Vorlagen.

26.4 Das Register Eintrag hinzufügen

Auf dem Register EINTRAG HINZUFÜGEN wird das Eingabeformular entsprechend der VORLAGE FÜR NEUE EINTRÄGE angezeigt. Hier können die Teilnehmenden einen neuen Eintrag erfassen und in der Datenbank speichern (Abbildung 26.18).

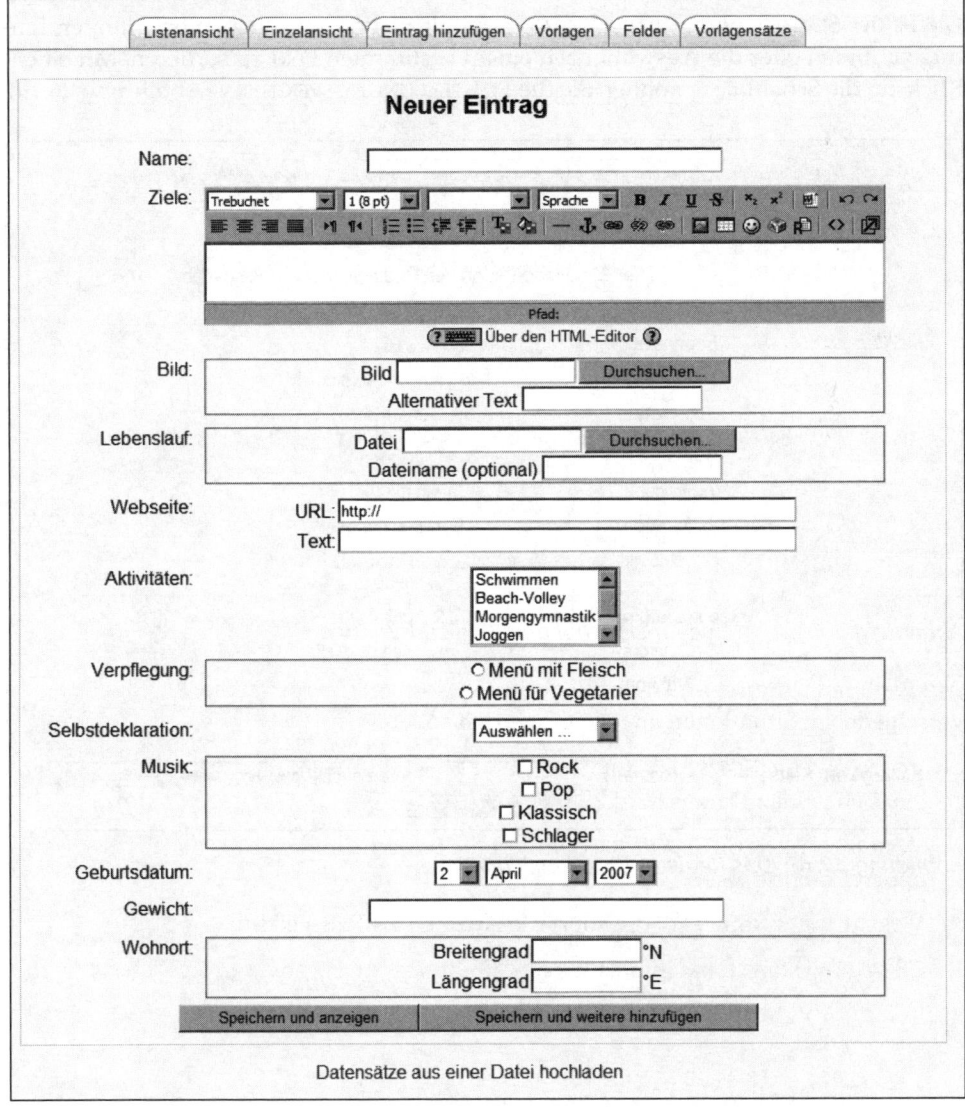

Abbildung 26.18: Das Register Eintrag hinzufügen in der Teilnehmersicht

457

26.5   Das Register Einzelansicht

Das Register EINZELANSICHT zeigt die Datensätze mit der VORLAGE FÜR EINZEL-ANSICHT an. Die im Listenfeld EINTRÄGE PRO SEITE angegebene Anzahl Datensätze wird nacheinander angezeigt. Sie können über die Seitennavigation auf die nächste Seite springen.

Die Felder SUCHEN und SORTIERT NACH ermöglichen es Ihnen, einen bestimmten Eintrag zu finden oder die Auswahl nach einem bestimmten Feld zu sortieren. Mit einem Klick auf die Schaltfläche können Sie die EINSTELLUNGEN SPEICHERN (Abbildung 26.19).

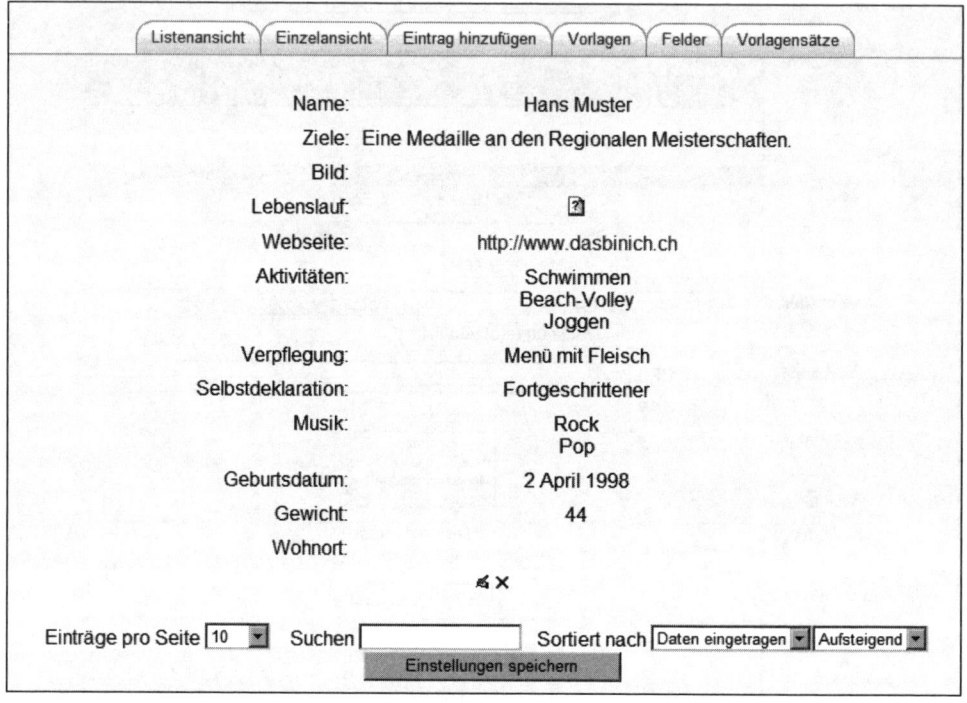

Abbildung 26.19: Das Register Einzelansicht

26.6   Das Register Listenansicht

Auf dem Register LISTENANSICHT werden die Datensätze entsprechend der VORLAGE FÜR LISTE als Liste angezeigt (Abbildung 26.20).

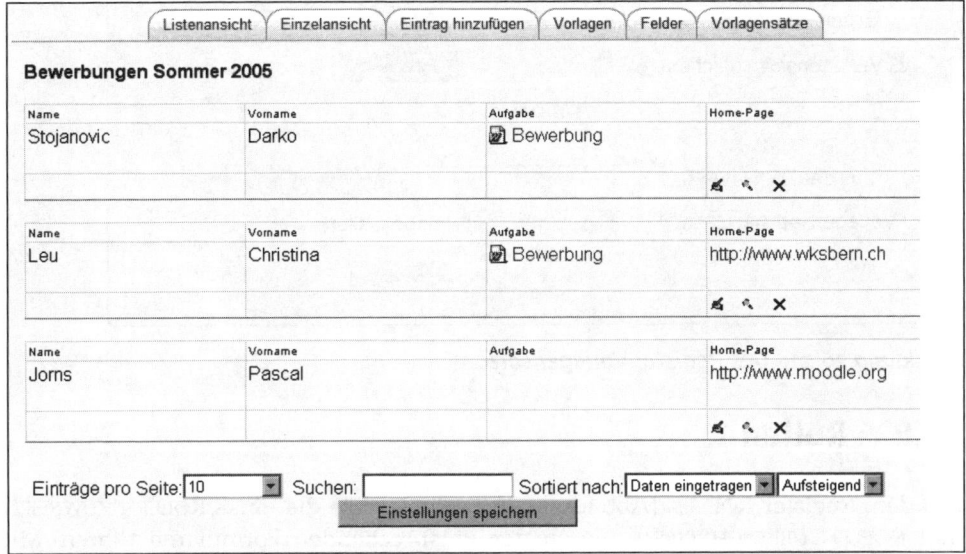

Abbildung 26.20: Das Register Listenansicht

26.7   Das Register Vorlagensätze

Das Register VORLAGENSÄTZE bietet Ihnen Funktionen für Austausch, Import und Export von Vorlagen (Abbildung 26.21).

Mit EXPORTIEREN ALS ZIP können Sie den Vorlagensatz auf Ihren Computer herunterladen, um ihn später als »Import aus einer ZIP-Datei« in eine andere Moodle-Installation hochzuladen und dort für Ihre Datenbank zu nutzen.

Wenn Sie die Vorlagen ALS VORLAGENSATZ SPEICHERN, können ihn alle Nutzer/innen des Lernportals sehen und verwenden. Er erscheint dann in der Liste der Vorlagensätze, wo Sie ihn auch jederzeit wieder entfernen können.

Mit AUS DER ZIP-DATEI können Sie Vorlagensätze importieren, die auf Ihrem Computer als ZIP-Datei vorhanden sind. Mit einem Klick auf die Schaltfläche DATEI WÄHLEN bestimmen Sie im Dialog DATEI AUSWÄHLEN die hochzuladende Datei, die Sie anschließend mit Klick auf IMPORT ins Lernportal importieren.

Um einen vorhandenen Vorlagensatz zu verwenden, wählen Sie in der Liste VORLAGENSATZ BENUTZEN Ihren Favoriten und klicken auf AUSWAHL.

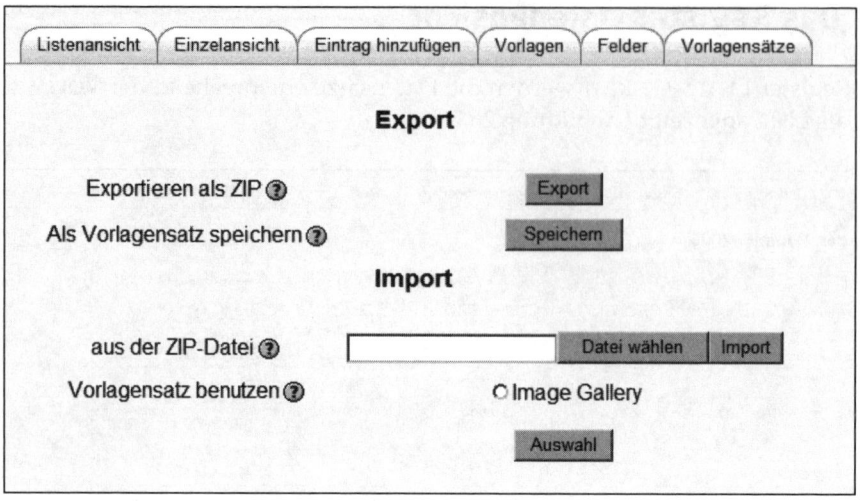

Abbildung 26.21: Das Register Vorlagensätze

26.8   Rollen

Auf dem Register ROLLEN (Abbildung 26.22) finden Sie die Links ROLLEN ZUWEISEN und ROLLEN ÜBERSCHREIBEN, die zu den entsprechenden Formularen führen. Mit einem Klick auf das Register ROLLEN wird standardmäßig das Formular ROLLEN ZUWEISEN angezeigt.

26.8.1   Rollen zuweisen

Rollen	Beschreibung	Nutzer/innen
Administrator/in	Administrator/innen haben normalerweise alle Rechte auf der Website und in allen Kursen.	0
Kursverwalter/innen	Kursersteller/innen dürfen neue Kurse anlegen und in ihnen unterrichten.	0
Trainer/in	Trainer/innen dürfen in einem Kurs alles tun, incl. der Veränderung von Aktivitäten und der Beurteilung von Teilnehmer/innen.	0
Trainer/in ohne Editorrecht	Trainer/innen ohne Bearbeitungsrecht dürfen in Kursen unterrichten und Teilnehmer/innen bewerten, aber sie können nichts verändern.	0
Teilnehmer/in	Teilnehmer/innen haben in einem Kurs grundsätzlich weniger Rechte.	0
Gast	Gäste haben minimale Rechte und können normalerweise nirgends Texte eingeben.	0

Abbildung 26.22: Formular Rollen zuweisen

Auf dem Formular ROLLEN ZUWEISEN werden alle zur Verfügung stehenden Rollen mit einer Beschreibung angezeigt – hier die Basisrollen (Abbildung 26.22). Als KURS-VERWALTER oder TRAINER sind Sie berechtigt, dem Kontext DATENBANK Rollen zuzu-weisen. Lesen Sie mehr dazu in Kapitel 11, *Rollen*.

26.8.2 Rollen überschreiben

Mit einem Klick auf den Link ROLLEN ÜBERSCHREIBEN wird das entsprechende For-mular angezeigt (Abbildung 26.23). Der ADMINISTRATOR darf als einzige Basisrolle ROLLEN ÜBERSCHREIBEN. Lesen Sie mehr dazu in Kapitel 11, *Rollen*.

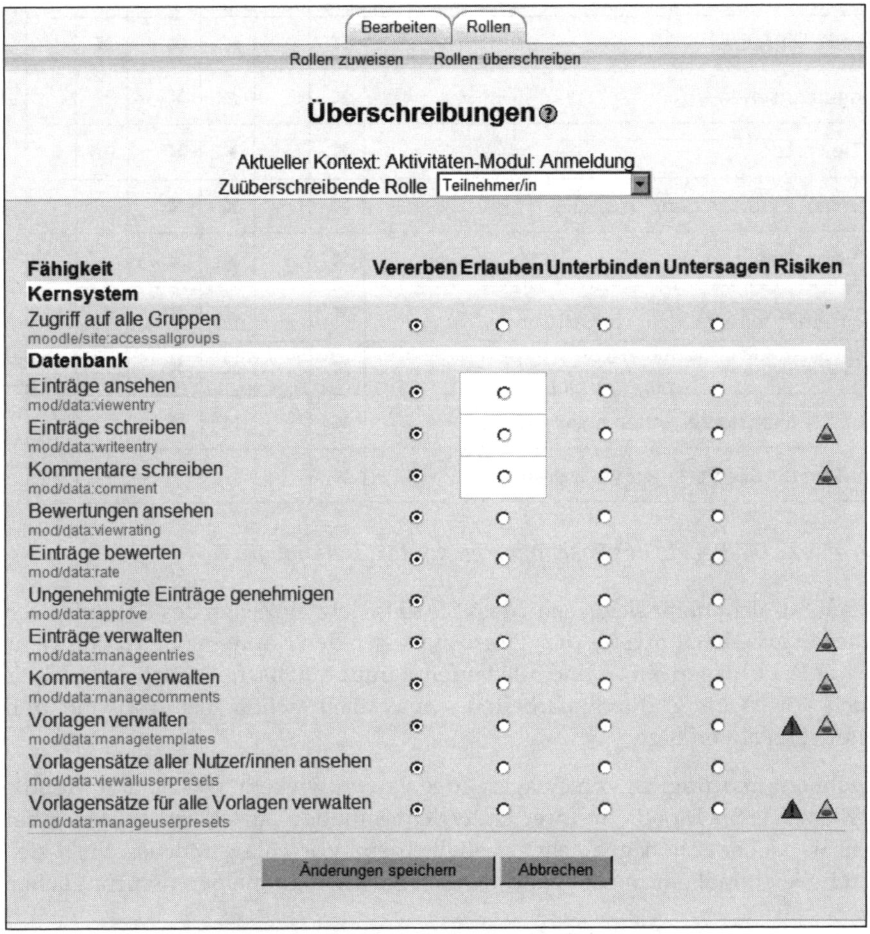

Abbildung 26.23: Zugriffsrechte der Basisrolle Teilnehmer/in in der Datenbank

Die nachstehende Tabelle zeigt, welche Fähigkeiten den BASISROLLEN im KONTEXT DATENBANK erlaubt sind (Abbildung 26.24).

open source library

Datenbank Fähigkeiten	Administrator	Kursverwalter	Trainer	Trainer ohne Editorrecht	Teilnehmer	Gast
Zugriff auf alle Gruppen	✖		✖	✖		
Einträge ansehen	✖		✖	✖	✖	✖
Einträge schreiben	✖		✖	✖	✖	
Kommentare schreiben	✖		✖	✖	✖	
Bewertungen ansehen	✖		✖	✖		
Einträge bewerten	✖		✖	✖		
Ungenehmigte Einträge genehmigen	✖		✖	✖		
Einträge verwalten	✖		✖	✖		
Kommentare verwalten	✖		✖	✖		
Vorlagen verwalten	✖		✖	✖		
Vorlagensätze aller Nutzer/innen ansehen	✖		✖	✖		
Vorlagensätze für alle Vorlagen verwalten	✖					

Abbildung 26.24: Die Rechte der Basisrollen im Kontext Datenbank

Ich kann mir gar nicht mehr sicher sein, dass Sie diese letzten Zeilen des Kapitels noch lesen. Dauernd gebe ich Ihnen für die »Pause zwischen den Kapiteln« Zusatzaufträge, decke Sie mit Ratschlägen ein … und alle laufen darauf hinaus, noch mehr zu tun, als dieses Buch von A bis Z durchzuarbeiten – was allein schon viel Aufwand und Durchhaltewillen abverlangt.

Ich wollte Ihnen ursprünglich vorschlagen, Ideen zu entwickeln, was Sie mit Moodle alles anstellen, wie Sie Moodle in Ihrer Unterrichtssituation einsetzen könnten. Aber das haben Sie sicher schon gemacht. Deshalb mein Vorschlag: Machen Sie's sich bequem, tun Sie einmal gar nichts – und denken Sie nicht an meinen ursprünglichen Vorschlag!

Lesen Sie bitte weiter in Kapitel 26, *Praxisbeispiele*, und erfahren Sie, welche Ideen andere Moodler hatten.

27 Praxisbeispiele

Im August 2005 suchte ich im deutschen Moodle auf *www.moodle.org* Mit-Autoren, die bereit waren, ihre Praxiserfahrungen in dieses Buch einzubringen (Abbildung 27.1). Spontan meldeten sich über ein Dutzend Autoren aus den verschiedensten Moodle-Situationen. Die erste Zusage erhielt ich von der einzigen Autorin, von Renate Jirmann: stellvertretend für alle Frauen, die in diesem Buch (zu) wenig angesprochen werden, erhält sie hier einen Ehrenplatz ;-).

Ich danke allen Autoren herzlich für die unkomplizierte, von einem positiven Geist getragene Zusammenarbeit.

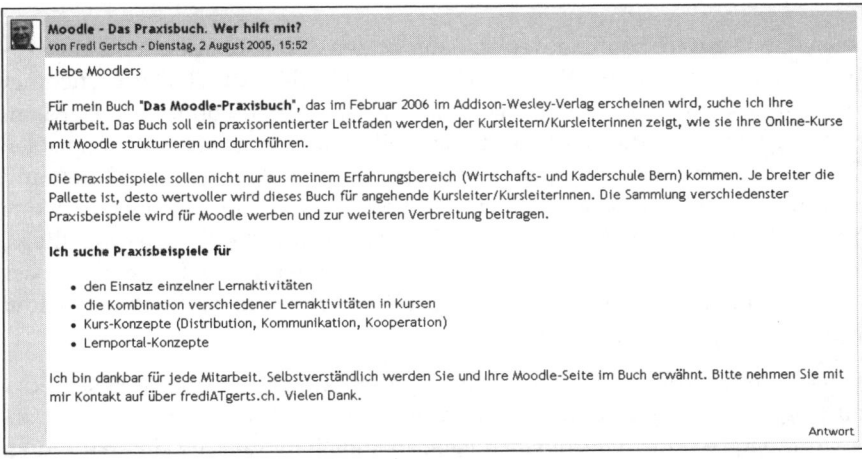

Abbildung 27.1: Aufruf in der Moodle-Community

27.1 Von den Flitterwochen in die Ehe

Renate Jirmann, DIALOGE Beratungsgesellschaft

Für die berufliche Fortbildung geben Unternehmen und öffentliche Verwaltungen jedes Jahr Milliarden aus. Der größte Teil der Seminare und Workshops findet nach wie vor in Präsenzveranstaltungen statt. Wir ergänzen unsere Präsenzveranstaltung in Qualifizierung und Beratung seit einigen Jahren um online-unterstütztes Lernen.

Dies bedeutet, dass Umsetzung und Anwendung von Erkenntnissen aus Seminar oder Beratung durch eine längerfristige virtuelle Zusammenarbeit ergänzt wird.

Dass der Transfer von Gelerntem in den beruflichen Alltag überhaupt erst stattfindet, ist eine der größten Herausforderungen bei der Gestaltung von Veranstaltungen. Wie sorge ich als Trainerin optimal dafür, dass die Teilnehmer die neuen Erkenntnisse auch im Alltag umsetzen? Es gibt eine Reihe von Maßnahmen, mit denen wir die Inhalte in Seminaren so gestalten können, dass die Wahrscheinlichkeit und die Qualität des Transfers möglichst hoch sind:

- Die Inhalte des Seminars werden konsequent an den beruflichen Situationen der Teilnehmer orientiert, und es werden Beispielsituationen (etwa für Rollenspiele) aus der beruflichen Realität der Teilnehmer genommen.

- Die Teilnehmer werden vor dem Seminar befragt, welche Fragen und Probleme sie mit dem Besuch des Seminars lösen wollen. Sie setzen sich Ziele und beraten, wie sie diese am Arbeitsplatz umsetzen wollen. Sie werden aufgefordert, mit ihren Vorgesetzten ein Gespräch über die Inhalte des Seminars zu führen – und gemeinsam erarbeiten sie eine Strategie, wie sie ihre Ideen im Kollegenkreis umsetzen können.

Doch ganz egal, wie gut im Seminar der Transfer in den Alltag überlegt und vorweggenommen wird: Es ist immer ein Schonraum, eine spezielle Realität. Die Teilnehmer befinden sich sozusagen in den Flitterwochen, sie sind abgeschottet vom »Klein-Klein« des Alltags. In den Flitterwochen ist man voller Ideen, was man alles anpacken könnte – und es scheint leicht, etwa das Gespräch mit dem Kollegen zu planen, mit dem man Konflikte hat. Aber alle Maßnahmen dieses Seminars haben einen Haken: Es sind Trockenübungen. Zurück am Arbeitsplatz zeigen sich die Mühen des Alltags, der Mief einer tristen Ehe. Wie oft haben wir nach einem Seminar schon gehört, dass man sich zwar vorgenommen hätte, mit Kollegin X zu sprechen, dass sich aber leider keine Gelegenheit dazu geboten habe...

Die Arbeit nach dem Seminar, die Unterstützung der Teilnehmer über Wochen oder Monate hinweg, ist uns sehr wichtig. Jetzt brauchen sie Mut, einen langen Atem, Durchhaltevermögen – und weiterhin fachliche, aber auch moralische Unterstützung. In den ersten Wochen, wenn der überfüllte Schreibtisch fast erdrückt, werfen viele das Handtuch: Sie merken, dass sie die wenigsten Seminarinhalte einfach so anwenden können, ohne gleichzeitig auch ihre Gewohnheiten zu ändern.

Damit Investitionen nicht versanden, muss – stärker als in der Vergangenheit – die Umsetzung der neuen Inhalte oder Verhaltensweisen im System »Arbeitsalltag« verankert werden. Wir als Trainer oder Berater können viele Dinge anregen, nicht aber die Vorgesetzten oder Kolleginnen verpflichten, gemeinsam Neues auszuprobieren und zu implementieren. Wir können jedoch weiterhin begleiten und unsere Teilnehmer online mit Moodle unterstützen.

Ein Beispiel für die Transferbegleitung wollen wir hier vorstellen: die Arbeit mit dem »Journal«, einer Art Lerntagebuch, das wir mit der LERNAKTIVITÄT AUFGABE (Online-Aktivität) realisieren. Im Journal beschreibt ein Teilnehmer, was er sich konkret vorgenommen hat – ich gebe als Trainerin Anregungen oder Kommentare. Daraufhin und nach ersten Schritten in der Praxis führt der Teilnehmer sein Journal fort. Die Inhalte des Journals können nur der jeweilige Teilnehmer und ich sehen. Wir führen also im virtuellen Kursraum einen separaten Dialog unter vier Augen.

Als Beispiel hier ein Auszug aus Journaleinträgen nach einem Seminar zum Thema »Einführung und Verbesserung von Teamarbeit« im Juli 2005 (Abbildung 27.2).

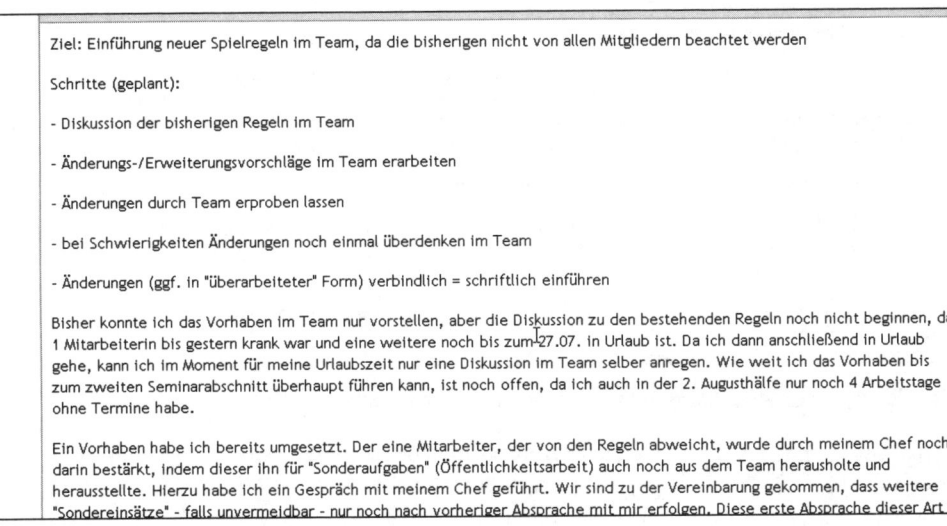

Abbildung 27.2: Journaleintrag eines Teilnehmers

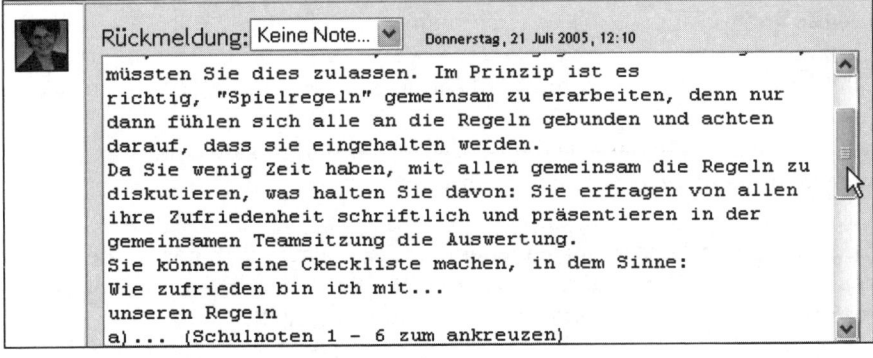

Abbildung 27.3: Kommentar der Trainerin

Zusätzlich zur individuellen Begleitung der Transfervorhaben der Teilnehmer gab es verschiedene Foren, in denen die Teilnehmer spezielle Fragen miteinander besprechen konnten – zum Beispiel über die offenen, die gemeinsam abgestimmten oder geheimen Spielregeln der jeweiligen Teams.

Zum abgebildeten Journaleintrag hier noch eine Abschlussbemerkung des Teilnehmers in einem Forum, in dem die anderen Seminarteilnehmer von der erfolgreichen Umsetzung der geplanten Maßnahmen informiert werden (im September 2005, siehe Abbildung 27.4).

Hallo zusammen,

hier der Kurzbericht zu meiner Teamsitzung.

Nach eingehender Diskussion und Beschluss des Teams, welche gemeinsamen Arbeitsgrundlagen (Musterverträge, -anschreiben etc.) künftig verpflichtend zur Vereinheitlichung der Vorgangsbearbeitung durch alle zu verwenden sind, wurde noch – wieder gemeinschaftlich – die Verantwortung für die Verwaltung und Pflege dieser Grundlagen sowie aller auf dieser Basis erstellten Dokumente im Sachbereichspool auf die Teammitglieder verteilt.

Das Ergebnis erfüllt inhaltlich zu 100 % das von mir angestrebte Ziel.

Bei der IT-mäßigen Umsetzung sind wir bisher allerdings gescheitert, da die gewählte Lösung gegenseitige Zugriffsrechte der Teammitglieder untereinander (die ebenfalls abgestimmt wurden im Team) erfordern, die bisher im Sachbereichspool noch nicht eingerichtet wurden.

An diesem neuen Problem arbeite ich nun (mit den Systemverwaltern, ein etwas anderes Team).

Gruß

Abbildung 27.4: Abschlussbemerkung eines Teilnehmers

Re: Ich bin gespannt
von Renate Jirmann - Freitag, 30 September 2005, 10:59

Hallo Tobias

das ist ja toll, dass es so gut geklappt hat mit der Arbeitsverteilung in Ihrem Team! Das freut mich.

Viele Grüße

Renate Jirmann

P.S. Ich bin nächste Woche in Urlaub.

Abbildung 27.5: Meine Reaktion

Für die Begleitung von Umsetzungsmaßnahmen nach einem Seminar reichen meist das Journal und einige Kommunikationsforen. Weitere Unterlagen wie Fotoprotokolle werden ebenfalls auf der Plattform zur Verfügung gestellt.

Wir beobachten immer wieder, wie gut es ehemaligen Seminarteilnehmern tut, wenn sie sich mit anderen austauschen können – und wenn sie dabei begleitet werden, Unterstützung und Feedback erhalten, gemeinsam Erfolge feiern. Wie in einer guten Ehe ...

Renate Jirmann ist geschäftsführende Gesellschafterin der *DIALOGE Beratungsgesellschaft*. Organisationsberaterin, Führungskräftetrainerin, Coach und Moderatorin. Diplom-Pädagogin. Aus- und Fortbildung u.a. in Gruppendynamik, Gestalttherapie, Themenzentrierter Interaktion (TZI), systemischer Organisationsberatung, Großgruppenmethoden, Dialog-Facilitator. Autorin verschiedener Fachpublikationen.

RENATE JIRMANN

27.2 Ein Schreibkurs auf der Lernplattform Moodle

Otto Kruse, Zürcher Hochschule Winterthur

27.2.1 Ziel und Organisation des Kurses

Dieser Bericht zeigt, wie Foren zur Kommunikation über Texte eingesetzt werden können, und er beschreibt, was sie dabei leisten und was nicht.

Der dargestellte Kurs ist eine Einführung ins wissenschaftliche Schreiben für Studierende des Faches »Übersetzen« an der Zürcher Hochschule Winterthur. Im 4. Semester ist »Theoriegestützte Textproduktion« als Pflichtkurs zu absolvieren. Die Studierenden haben hohe Sprachkompetenz in mehreren Sprachen. Aber sie sind im Schreiben ungeübt, müssen sie doch im Verlauf der ersten drei Semester nur eine einzige schriftliche Arbeit machen. Daher muss der Kurs anfangs darauf abzielen, Schreibängste und -blockaden zu überwinden, sodass sich die Teilnehmenden trauen, Texte herzustellen und auszutauschen. Er muss zudem vertieftes linguistisches Wissen anbieten, damit er an die Lerninhalte des Studiums angebunden wird und sich die Teilnehmenden nicht unterfordert fühlen.

In einem Papier-und-Bleistift-Kurs im Präsenzmodus schreiben die Teilnehmenden ihre Texte auf Papier und überarbeiten sie, indem sie Wörter durchstreichen und ersetzen. Sie kommunizieren ihre Texte, indem sie das Blatt anderen zum Lesen geben oder vorlesen, und sie stellen neue Versionen her, indem sie den Text auf ein neues Blatt schreiben. Wenn statt auf Papier am Computer geschrieben wird, vereinfacht sich das Überarbeiten, weil das Durchstreichen und Neuschreiben entfällt, die Kommunikation aber bleibt ähnlich. Das Blatt wird ausgedruckt und vorgelesen oder anderen für ein Feedback vorgelegt. Kommentare werden handschriftlich aufs Blatt geschrieben oder mündlich mitgeteilt.

In einem E-Learning-Kurs verändert sich das: Die Teilnehmenden sitzen nur noch ausnahmsweise im gleichen Raum (nur in den Präsenzsitzungen), sie können also nicht mehr mündlich kommunizieren. Das Papier hat ausgedient (obwohl wir nicht wissen, ob einige nicht trotzdem ihre Texte zum Lesen und Überarbeiten ausdrucken), und der Kontakt mit dem eigenen und mit fremden Texten findet ausschließlich über den Bildschirm statt. Im vorliegenden Kurs hatten die Teilnehmenden nur noch bei kooperativen Schreibaufgaben die Wahl zwischen einer virtuellen und einer realen Zusammenarbeit.

In einem E-Learning-Schreibkurs müssen wir als Erstes den Austausch von Texten und das Geben und Nehmen von Feedback organisieren. Dazu definieren wir auf einer Lernplattform einen entsprechenden Raum, in dem wir Texte speichern können; und wir regeln, wer welche Texte liest und kommentiert. Feedback für Texte ist das Schlüsselelement jedes Schreibkurses. Das macht jeden Online-Schreibkurs zu einer Veranstaltung, die relativ eng betreut wird. Dabei müssen wir das Feedback sorgfältig einführen und fachlich wie psychologisch gut gestalten – sonst hören die Teilnehmenden auf zu schreiben. Der Aufwand des Kursleiters kann reduziert werden, wenn sich die Teilnehmenden gegenseitig Feedback geben können. Das hat den positiven Nebeneffekt, dass sie nicht nur Texte schreiben, sondern auch beurteilen lernen.

Ein Kurs, der ins wissenschaftliche Schreiben einführen soll, bildet eine Kette zusammenhängender Erfahrungen. Jede Seminararbeit verlangt eine Sequenz von Handlungen, von denen jede von der vorhergehenden abhängig ist, und das spiegelt sich auch in einem entsprechenden Kurs. Die Teilnehmenden dürfen die einzelnen Lerneinheiten nicht beliebig durchlaufen – sie müssen die vorgesehene Reihenfolge einhalten. Moodle unterstützt diese Sequenzierung mit seinem Kalender in idealer Weise. Allerdings können die Teilnehmenden ihre Zeit nicht nach Gutdünken einteilen... – ich werde am Ende erläutern, was wir unternehmen können, damit wir die Vorteile des *anytime* and *anywhere* im E-Learning auch ausnutzen können!

27.2.2 Eingangsphase im Präsenzmodus

In einem Schreibkurs muss eine gute Atmosphäre geschaffen werden, damit die Teilnehmenden ihre anfänglichen Widerstände und Ängste überwinden können und zu kooperativer, offener Arbeit an Texten bereit sind. Wir hielten deshalb vorab drei Präsenzsitzungen ab: In der ersten konnten sich alle kennenlernen und ihre Erwartungen äußern; in einer zweiten lotsten wir die Teilnehmenden durch eine längere Sequenz von Schreibübungen, in der es darum ging, die grundlegenden Schritte der Textproduktion nachzuvollziehen.

Nach der zweiten Sitzung erhielten alle den Zugangsschlüssel für die Lernplattform, mussten sich anmelden, eine Personenbeschreibung formulieren, ein Bild hochladen und einen kurzen Kommentar im Diskussionsforum eingeben. Die dritte Sitzung fand im Computerraum statt, wo die Teilnehmenden auf der Lernplattform arbeiten und Fragen dazu stellen konnten.

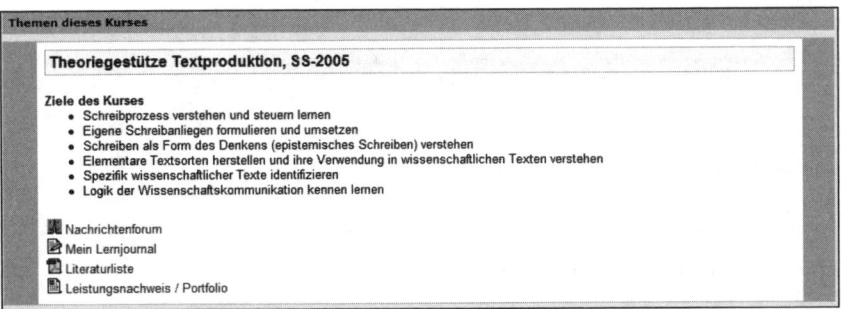

Abbildung 27.6: Eingangsbeschreibung des Kurses mit Nachrichtenforum, Lernjournal, Literatur und Definition der Leistungsnachweise

Für das Hochladen der Texte erwies sich das Forum als ideales Werkzeug, weil es in dieser Lernaktivität einfach ist, Feedback zu geben. Ungünstig an Foren ist, dass die mit einem Textverarbeitungsprogramm geschriebenen und mit Kopieren und Einfügen geposteten Beiträge die Formatierung verlieren. Dennoch hat kaum ein Teilnehmer seine Texte direkt im Editor des Forums geschrieben (wohl aber die Kommentare zu den Texten). Ungünstig ist weiterhin, dass es beim Feedback nicht möglich ist, direkt zu den in Frage stehenden Textstellen etwas zu schreiben (wie man das auf Papier oder auch in der Kommentarfunktion in Word kann). Man kann nur allgemeine Kommentare darunter setzen. Später arbeiteten wir auch mit Texten, die als Attachment zu Forumsbeiträgen hochgeladen wurden. Hier konnten wir mit der Kommentarfunktion von Word differenzierte Rückmeldung zu einzelnen Textstellen geben und den kommentierten Text wieder ins Forum hochladen.

27.2.3 Ein Beispiel für den Einsatz von Foren

In der dritten Lerneinheit (Abbildung 27.7), die noch im Präsenzmodus stattfindet, müssen die Teilnehmenden eine erste Aufgabe auf der Lernplattform lösen. Die Struktur aller späteren Aufgaben ist ähnlich:

- Einführung in die Aufgabe, die das Thema/Problem beschreibt
- konkrete Aufgabe
- Textvorgabe (hier ein Text, der zusammengefasst werden soll)
- ein Forum, um Zusammenfassungen zu posten
- weitere Hilfe zur Auswertung, die vertiefte Lernerfahrungen ermöglichen soll

Abbildung 27.8 enthält die Einträge im Forum der dritten Lerneinheit und zeigt, wie die Teilnehmenden sie genutzt haben. Auf einige der Beiträge gibt es mehrere, auf andere nur eine Rückmeldung. Das bedeutet, dass einige Empfänger geantwortet haben, andere nicht. Erst später nutzten die Teilnehmenden die Foren dazu, ihre Texte tatsächlich zu diskutieren – und nicht nur dazu, eine Bewertung abzugeben oder einzuheimsen.

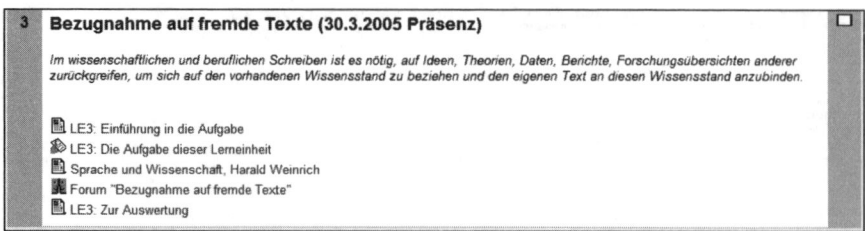

3 Bezugnahme auf fremde Texte (30.3.2005 Präsenz)

*Im wissenschaftlichen und beruflichen Schreiben ist es nötig, auf Ideen, Theorien, Daten, Berichte, Forschungsübersichten anderer
zurückzugreifen, um sich auf den vorhandenen Wissensstand zu beziehen und den eigenen Text an diesen Wissensstand anzubinden.*

LE3: Einführung in die Aufgabe
LE3: Die Aufgabe dieser Lerneinheit
Sprache und Wissenschaft, Harald Weinrich
Forum "Bezugnahme auf fremde Texte"
LE3: Zur Auswertung

Abbildung 27.7: Übersicht zu Lerneinheit 3

Forum zur Publikation und Feedback in der Lerneinheit 3: Bezugnahme auf fremde Texte

Jede/r darf in diesem Forum ein neues Diskussionsthema beginnen.

Ein neues Diskussionsthema hinzufügen...

Diskussion		Beginnt mit	Antworten	Letzter Beitrag
Zusammenfassung und Kommentar		Tobias Meier	3	Mit, 13 Apr 2005, 14:52
Zusammenfassung&Kommentar		Bente Ansorge	2	Mit, 6 Apr 2005, 14:55
Zusammenfassung und Kommentar		Stefanie Liechti	1	Die, 5 Apr 2005, 18:35

Abbildung 27.8: Forum für die Texte der Aufgabe aus Lerneinheit 3

Ein Forum hat verschiedene Gegebenheiten. Erstens sind Einträge für alle Teilnehmenden sichtbar, und jeder kann auf jeden Eintrag antworten. Dabei weiß man nicht, wie genau die Beiträge und wie viele gelesen werden. Man kann also nicht davon ausgehen, dass die veröffentlichten Texte allen bekannt sind. Die Originaltexte selbst kann man nicht verändern, wohl aber die Texte kopieren, im Editor bearbeiten und wieder posten. So können Texte nach dem Feedback wiederholt überarbeitet werden.

Ein Forum ist erfahrungsgemäß nur effektiv, wenn die Beiträge automatisch als Mails verschickt werden; andernfalls besuchen die Teilnehmenden Foren viel zu selten. Deshalb ist es wichtig, dass in den Einstellungen des Forums JEDE/N ZWINGEND IN DIESEM FORUM EINTRAGEN? auf JA gestellt ist. Damit die Teilnehmenden nicht von Mails überflutet werden, sollten sie im Profil E-MAIL-ZUSAMMENFASSUNG auf VOLLSTÄNDIG (TÄGLICHE E-MAIL MIT ALLEN BEITRÄGEN) setzen.

Neben den Foren werden auch Wikis eingesetzt, um Texte herstellen zu lassen. Wikis sind vor allem gut, wenn es um kooperatives Schreiben geht. Man muss sie – anders als die selbstinstruierenden Foren – zunächst erläutern, damit die Teilnehmenden nicht an technischen Problemen scheitern.

27.2.4 Abschließende Gedanken

Bei der Arbeit mit Foren ist es wichtig, den Auftrag klar zu definieren. Die Teilnehmenden müssen wissen,

- was sie im Startbeitrag formulieren sollen und wie lang dieser Text sein soll,

- welche Aspekte diskutiert werden sollen,

- welche Art von Feedback von wem/für wen gegeben werden soll und

- wie die Beiträge bewertet werden und ob sie als Kursleistung anerkannt werden.

Allgemein gehaltene Aufträge (z.B. »Diskutieren Sie die Lernerfahrung bei dieser Aufgabe«) werden erfahrungsgemäß nur von einer kleinen Gruppe genutzt.

Neben den Lernforen sollte es ein Kommunikationsforum geben, in dem die Teilnehmenden selbst Themen ansprechen und nicht nur auf Vorgaben antworten dürfen.

Allgemeines Forum			
Forum	**Beschreibung**	**Diskussionen**	**Alle Beiträge in diesem Forum per Email?**
Nachrichtenforum	Nachrichten und Ankündigungen zur Schreibwerkstatt	25	Ja
Trainer/innen-Forum	Ein Forum ausschliesslich für Anmerkungen und Diskussionen der Trainer/innen	3	Ja
Lernforum			
Forum	**Beschreibung**	**Diskussionen**	**Alle Beiträge in diesem Forum per Email?**
3 Forum "Bezugnahme auf fremde Texte"	Forum zur Publikation und Feedback in der Lerneinheit 3: Bezugnahme auf fremde Texte	13	Ja
6 LE 6: Forum: Diskussion zum Diskurs	Dieses Forum dient dazu, Ihre Gedanken zum Thema "wissenschaftlicher Diskurs" aufzufangen. Was haben Sie als Teilnehmer/in dieses Diskurses erlebt? Welche Erkenntnisse über Diskurse haben Sie gewonnen? Wo sind offene Fragen, Unklarheiten? Nutzen Sie dieses Forum bitte so, wie sie eine mündliche Diskussion dazu nutzen würden, um ihre Erfahrungen mit Hilfe von etwas Theorie besser verstehen zu lernen.	5	Ja
7 LE 7 Forum	In dieses Forum werden die Ergebnisse der Aufgaben LE 7 eingetragen.	15	Ja
9 LE 9 Forum	Bitte posten Sie hier Ihre Aufgaben aus LE 9!	23	Ja
10 Forum LE 10	Bitte stellen Sie die Ergebnisse der Recherche zu Ihrem Thema in dieses Forum.	5	Ja
11 LE 11 Forum	Bitte posten Sie in diesem Forum Ihren Text zum Stand der Forschung.	2	Ja
15 Portfolio	Bitte laden Sie Ihr Portfolio hier herauf und schreiben Sie uns einen Abschlusskommentar zu dem Seminar.	13	Ja

Abbildung 27.9: Übersicht über die Nutzung der Foren

Abbildung 27.9 zeigt, dass Lernforen mit klaren Instruktionen und einem verpflichtenden Charakter am beliebtesten waren. Das Forum von Lerneinheit 6, das nur eine allgemeine Aufforderung enthielt, wurde nur von wenigen genutzt. Die Foren 10 und 11 konnten auf freiwilliger Basis genutzt werden: Sie waren nicht obligatorisch, weil die Teilnehmenden in einer Zwischenauswertung moniert hatten, sie würden durch die Kursorganisation zeitlich zu sehr an die Kandare genommen. Sie wünschten sich komplexere Aufgaben, für die sie entsprechend mehr Zeit forderten. Deshalb wurde ihnen schließlich freigestellt, die Aufgaben zwischendurch zur Diskussion zu stellen oder sie erst am Kursende abzugeben. Hier sieht man, dass ohne Verpflichtung nur wenige die

Gelegenheit genutzt haben, ihren Text früher einzureichen. Und was für die Teilnehmenden galt, erlaubten sich auch die Kursgestalter – das Trainer/innen-Forum, das unter »allgemeinen Foren« aufgeführt ist, blieb jedenfalls weitgehend ungenutzt.

Otto Kruse ist Professor am Department *Angewandte Linguistik und Kulturwissenschaften* der Zürcher Hochschule Winterthur und leitet dort das Zentrum für Professionelles Schreiben. Er promovierte und habilitierte in Psychologie an der Technischen Universität in Berlin und arbeitete u.a. als Studienberater (an der Freien Universität Berlin) und als Professor für Psychologie (an der Fachhochschule Erfurt), ehe er sich auf Schreibdidaktik und Schreibberatung spezialisierte. Arbeitsschwerpunkte: Geschichte des wissenschaftlichen Schreibens, Methoden der Schreibberatung, WAC-Modelle, Online-Schreiben.

OTTO KRUSE

27.3 Neue Sachgebiete erarbeiten und Lernerfolg sichern

Andreas König, Zürcher Hochschule Winterthur

Das Praxisbeispiel führt aus, wie das Moodle-Glossar eingesetzt werden kann, um Lernenden den Einstieg in ein neues Fachgebiet zu erleichtern. Anhand verschiedener selbst gewählter Quellen erarbeiten die Teilnehmer ein Fachgebiet und fassen in eigenen Worten Schlüsselbegriffe daraus zusammen.

27.3.1 Voraussetzungen, Ressourcen

■ Besonders geeignet ist die Methode für Fachgebiete, die sich gut über Begriffe strukturieren lassen und in denen bestimmte Schlüsselbegriffe besonders wichtig sind. Dies trifft für viele Fachgebiete im Bereich der Natur- und Geisteswissenschaften zu.

■ Der Dozent legt vorab eine Reihe Schlüsselbegriffe des Fachgebietes fest. Mindestens diese müssen erarbeitet werden.

■ Gruppengröße: 12–15 Teilnehmer

■ Lernmaterial: kurze Handouts von Texten, Zugang zu Online-Lexika

■ Technisches Material: Beamer, Rechner mit Internetzugang; während des Unterrichts und im Klassenzimmer Zugriff auf die Moodle-Lernplattform

27.3.2 Das Praxisbeispiel: Kurs, Thema, Teilnehmer, Lernziele

Das Praxisbeispiel stammt aus dem Nachdiplomstudium *Human Systems Engineering* des Zentrums *Human Capital Management* an der Zürcher Hochschule Winterthur. Dieses Studium führt Berufstätige in die psychologischen, soziologischen und kulturellen Aspekte sozialer Beziehungssysteme ein, mit dem Ziel, Organisationen auf dieser

Grundlage steuern und beeinflussen zu können. Die Teilnehmer lernen die Gesetzmäßigkeiten sozialer Systeme kennen. Mit diesem systemischen Wissen können sie sogenannte weiche Aspekte der Unternehmenskultur gezielt beeinflussen und strukturieren.

Das Studium erfordert, dass sich die Studenten in einem Modul mit den verschiedenen Realitätsbegriffen der Philosophie, der Physik und der Geisteswissenschaften auseinander setzen. Für den Unterricht heißt das, die Teilnehmer müssen sich in kurzer Zeit in ein neues und komplexes Sachgebiet mit wissenschaftlichen Grundlagen einarbeiten. Für diesen Zweck arbeiten sie ausgewählte Schlüsselbegriffe mit eigenen Zusammenfassungen auf. Dafür können sie jede beliebige Quelle verwenden.

Ein Lernziel des Moduls lautet: »Die Teilnehmer sind nach Abschluss des Moduls in der Lage, den Realitätsbegriff aus Sicht verschiedener Wissenschaften ... in eigenen Worten zu formulieren und dabei auf Unterschiede zwischen den verschiedenen Auffassungen hinzuweisen.«

27.3.3 Das Vorgehen im Kurs

Die Teilnehmer arbeiten in einem dreitägigen Seminar an den Realitätsbegriffen verschiedener Wissenschaften. Dazu müssen sie spezifische Fachgebiete im Überblick erfassen und einige konkrete Fragen mit eigenen Worten beantworten können. Das Ziel des Moduls besteht darin, dass die Teilnehmer Grundlagen des jeweiligen Gebietes kennengelernt und eine erste Orientierung darin erreicht haben.

Zu Beginn des Kurses stellt der Dozent das neue Gebiet im Überblick dar. Das Fachgebiet wird über Schlüsselbegriffe so gegliedert, dass die Teilnehmer vom Einfachen zum Komplexen fortschreiten. Vorab hat der Dozent bestimmte Schlüsselbegriffe ausgewählt, die für das Verständnis des Fachgebietes zentral sind. Diese Liste stellt er den Teilnehmern zu Kursbeginn vor. Jeder einzelne Teilnehmer übernimmt eine eigene »Begriffspatenschaft«: Er ist über den ganzen Kurs hinweg dafür verantwortlich, wichtige Erkenntnisse und Diskussionsbeiträge zu erfassen und zu dokumentieren.

Anhand verschiedener Quellen (ausgewählte Texte des Dozenten, eigenes Material der Teilnehmer, Online-Material) erarbeitet die Plenargruppe zunächst ein erstes Teilgebiet. Als Quellenmaterial dienen dabei auch online verfügbare Lexika wie die Encyclopedia Britannica, der Brockhaus und insbesondere die Wikipedia.

Im nächsten Schritt klären die Teilnehmer in einer moderierten Gruppendiskussion offene Fragen. Der »Begriffspate« tritt mit dem Dozenten als Co-Moderator auf. Zugleich protokolliert er stichwortartig die Ergebnisse. Sein Ergebnis präsentiert er der Gruppe und stimmt mit ihr ab, ob bereits alle wichtigen Aspekte eingeflossen sind. Die Herausforderung der Dokumentation besteht darin, den jeweiligen Begriff so klar und einfach wie möglich zu beschreiben, sodass die anderen Kursteilnehmer anhand des Glossareintrags

- ein einfaches, erstes Verständnis dieses Begriffs erlangen können,

- sich an die gemeinsame Diskussion und Denkarbeit während des Moduls erinnern können.

Die Gruppe liest das Ergebnis erneut und legt fest, ob der Begriff damit bereits ausreichend geklärt ist oder ob weitere Fragen beantwortet werden müssen. Sobald die wichtigsten Fragen geklärt sind, wird der Glossareintrag vorläufig abgeschlossen und das nächste Fachgebiet über einen Schlüsselbegriff erarbeitet.

27.3.4   Die Umsetzung im Moodle-Glossar

Die Teilnehmer starten parallel zur Textarbeit einige Rechner mit Internetzugang. Sie können jedes beliebige Lernmaterial nutzen, das sie finden; und es steht ihnen frei, weiteres eigenes Material hinzuzuziehen. Ihr Ziel ist ausdrücklich, Texte nicht zusammenzukopieren, sondern über das Schreiben einer kurzen Zusammenfassung und das Formulieren in eigenen Worten zu zeigen, dass sie sich die Thematik angeeignet haben.

Die »Begriffspaten« melden sich während der Arbeit am Begriff bei der Lernplattform Moodle in ihrem Kursbereich an und öffnen das Glossar. Dort halten sie zunächst stichwortartig wichtige Punkte ihrer Lektüre oder des Lerngesprächs mit den anderen Teilnehmern fest. Sobald sich in der Gruppendiskussion eine erste Auffassung des Schlüsselbegriffs herausgebildet hat, trägt der »Begriffspate« sie in das Glossar ein. Selbstverständlich kann er dem Glossareintrag auch Bilder, URLs, Dateianhänge usw. hinzufügen.

Wenn er dabei im neu entstandenen Glossareintrag das Feld EINTRAG AUTOMATISCH VERBINDEN anklickt, werden zugleich alle Instanzen dieses jeweiligen Eintrags im ganzen Kursraum mit einem Hyperlink versehen. Auf diese Art entsteht ein rasch wachsender Wissensbestand der jeweiligen Teilnehmergruppen, den sie selbst erstellt haben und von überall im Lernraum aus wieder leicht anspringen können.

Weil das Lernziel lautet, Grundlagen eines Fachgebietes zu erarbeiten, besteht die Lernerfolgskontrolle darin, dass die Teilnehmer diese Grundlagen eigenständig formulieren. Der schriftliche Eintrag im Glossar ist daher in mehrfacher Weise nützlich:

- Er stellt eine *Lernerfolgskontrolle* dar, denn er zeigt genau, welcher Teilnehmer welchen Begriff wie formuliert und dokumentiert. Prinzipiell kann diese Leistung dem Dozenten auch als Beurteilungsbasis dienen.

- Die Teilnehmer müssen das Quellenmaterial zunächst gelesen und verstanden haben, bevor sie selbst darüber schreiben. Der Glossareintrag ist also zugleich eine *Lernerfolgssicherung.*

- Der Glossareintrag erfasst auch spezifische Gruppenergebnisse und bildet damit auszugsweise ein *Protokoll des Lernwegs.*

- Auf dem bestehenden Wissensfundus kann die Gruppe jederzeit aufbauen.

27.3.5   Alternative Form der Umsetzung

Die vorgestellte Form basiert wesentlich auf der gemeinsamen Arbeit einer Plenargruppe mit jeweils einem Co-Moderator und »Begriffspaten«. Damit die gleiche Aufgabe auch in größeren Gruppen mit 15–30 Teilnehmern leicht umsetzbar ist, werden sie in Arbeitsgruppen von 2–4 Teilnehmern eingeteilt. Diese sind dann jeweils für ein Fachgebiet und einen oder einige Schlüsselbegriffe zuständig, die sie selbstständig erarbeiten müssen. Sobald alle Gruppen ihre Begriffe im Glossar dokumentiert haben, präsentieren sie diese über einen Beamer der Plenargruppe, ergänzen aus der Diskussion heraus offene Fragen und fehlende Informationen und tragen diese im Glossar nach. Diese Arbeitsweise erlaubt auch ein exploratives Lernen an verschiedenen Themen oder Aspekten gleichzeitig. Die folgende mündliche Präsentation bringt die Teilnehmer dann in die Rolle des Experten, der zu seinem eigenen Spezialthema der Gruppe Frage und Antwort stehen muss.

ANDREAS KÖNIG

Andreas König ist Leiter des Bereichs Neue Lehr-Lernmedien an der *School of Management* der Zürcher Hochschule Winterthur und Dozent für Human Resource Management. Er berät interne wie externe Kunden im Einsatz neuer Medien und bildet diese auch zu dem Thema weiter. Er absolvierte ein berufsbegleitendes Studium an der FH Furtwangen (D) zum Experten für Neue Lehr- und Lernmedien und ist zertifizierter Telecoach (Deutscher Industrie- und Handelstag). Vor seiner Dozentur an der ZHW arbeitete er für internationale Handelsunternehmen am Aufbau und der Implementierung von Lernmanagementsystemen.

27.4 Kann Moodle auf Abschlussprüfungen vorbereiten?

Mike Baselt, Unesco-Schule Kamp-Lintfort

27.4.1 Ein Pilotprojekt von vier nrw-Schulen, die neue Wege bei der Prüfungsvorbereitung gehen.

In vielen deutschen Bundesländern gehören zentrale Abschlussprüfungen am Ende der Schullaufbahn schon lange zum pädagogischen Alltag. Nicht so in Nordrhein-Westfalen: Hier werden im Schuljahr 2006/07 erstmalig allgemein verbindliche, schriftliche Prüfungen in den Hauptfächern Deutsch, Mathematik und Englisch abgelegt.

Wir sind eine kleine Projektgruppe mit Hauptfachlehrern von zwei Gesamt- und zwei Realschulen und wollen unsere Schüler mit Hilfe der Lernplattform Moodle auf diese Prüfungen vorbereiten. Vor anderthalb Jahre begannen wir mit einem Vorprojekt, das uns die drängendsten Fragen beantworten sollte.

27.4.2 Ausgangsfragen

Aus der Leitfrage »*Können sich die Schüler mit Moodle auf zentrale Abschlussprüfungen vorbereiten?*« ergaben sich diese Teilfragen:

1. In welchem Ausmaß nehmen Schüler das Lernportal Moodle an?
2. Können die Schüler mit online verfügbaren Materialien lernen?
3. Welche technischen Voraussetzungen muss ein Moodle-Server erfüllen?
4. Welche Möglichkeiten der Evaluation bietet Moodle, und wie können sie genutzt werden?
5. Worauf ist zu achten, wenn viele Schüler auf den Kurs zugreifen?
6. Zu welchem Zeitpunkt greifen sie hauptsächlich zu?
7. Wie lange verweilen sie durchschnittlich?
8. Welche Test-Arten rufen sie bevorzugt auf, welche weniger oder gar nicht?
9. Worauf ist bei der Präsentation der Tests zu achten?

27.4.3 Anforderungen an das Testcenter

Unsere Vorstellungen, was ein solches Testcenter leisten soll, waren schnell formuliert: Die Schüler der 9. Klasse sollen die Möglichkeit haben,

- ihr aktuelles Wissen selbstständig und selbstkorrigierend zu überprüfen,

- jederzeit und ortsunabhängig auf Materialien zurückgreifen und bereits erworbenes Wissen und erlernte Fertigkeiten wiederholen zu können,

- von ihren Eltern im Lernprozess unterstützt und begleitet zu werden und

- sich in den Fächern Mathematik, Deutsch und Englisch vorzubereiten.

Wir konnten den Bereich »Deutsch« in unserem Projekt leider nicht berücksichtigen, da wir in unserem Team keinen ausgebildeten Deutschlehrer hatten. Keines unserer Teammitglieder traute sich zu, für dieses Fach qualifizierte und interessante Tests zu erarbeiten, die Modellcharakter für weitere Arbeiten hätten.

Uns war klar, dass die beteiligten Lehrer lediglich eine kleine Auswahl von Testaufgaben erstellen konnten, und entsprechend wählten wir den Übungszeitraum.

27.4.4 Wie soll der Kurs in den Schulalltag eingebettet werden?

Wir merkten bald, dass ein Pilotprojekt nicht einfach »aus Spaß« durchgeführt werden kann: Ein Testcenter, das auf Freiwilligkeit beruht und nicht auf eine konkrete Situation oder Prüfung vorbereitet, würde von einem Großteil der Schüler nicht benutzt werden. Deshalb bedurfte es eines Anlasses, der von Schülern und Eltern als Ernstfall verstanden werden würde.

Seit dem Schuljahr 2004/05 werden zu Beginn des 9. Schuljahres Lernstandserhebungen durchgeführt. Diese zentral vorgegebene Überprüfung findet in den drei Hauptfächern jeweils in einem Zeitraum von zwei bis drei Stunden statt. Die Ergebnisse der einzelnen Schüler werden nicht bewertet, es erfolgt aber eine zentrale Auswertung. Dabei werden die Leistungen jedes einzelnen Schülers sowie der Klassen, Kurse und Schulen des jeweiligen Bundeslandes detailliert erfasst.

Als Vorbereitung auf diese Lernstandserhebung wollten wir die Schüler mit unserem Testcenter in eine prüfungsähnliche Situation bringen.

27.4.5 Voraussetzung für die Teilnahme am Pilotprojekt

Um ein Testcenter in dieser Dimension – 4 Schulen, 17 Klassen, 422 Schüler – technisch und administrativ bewältigen zu können, mussten wir die Voraussetzungen definieren:

- Die Teilnahme der Schüler erfolgt freiwillig und ohne Konsequenzen.

- Nach Ablauf des Testcenters erfährt jede Klasse, wie viele Schüler teilgenommen und wie viele Tests sie in den zwei Fächern bearbeitet haben. Es gibt keine detaillierte, schülerbezogene Auswertung (Freiwilligkeitsprinzip).

- Weitergehende Auswertungen scheinen uns nicht nötig. Im Vordergrund unseres Projekts steht die Umsetzung eines online-basierten Lerncenters. Die qualitative Erfassung des Wissenserwerbs steht nicht im Mittelpunkt dieses Pilotprojekts.

- Die Teilnehmer werden vom Administrator mit Hilfe einer csv-Datei registriert und im Kurs angemeldet. Der Kurs ist passwortgeschützt und für Gäste nicht zugelassen.

  Wir gehen davon aus, dass nicht mehr als 30 Schüler gleichzeitig auf das System zugreifen. Der Moodle-Server muss keine besonderen Parameter erfüllen.

- Die Schüler benötigen nur einen Zugang zum Internet und einen gängigen Browser. Alle Tests sind so konzipiert, dass sie mit den Standardbrowsern funktionieren.

- Bei der Bereitstellung von Kursmaterial wird darauf geachtet, dass keine Ansprüche durch Dritte bestehen, insbesondere im Fach Englisch, wo viel Material aus dem Internet vorhanden ist.

27.4.6 Umsetzung des Projekts

Nachdem wir den äußeren Rahmen abgesteckt hatten, ging es an die Umsetzung des Pilotprojekts. Dazu erstellten wir den Kurs *Testcenter*. Bei dessen Kursgestaltung folgten wir dem Motto *weniger ist mehr* und ließen lediglich drei Blöcke auf der linken Seite:

- Neueste Nachrichten
- Zur Zeit online
- Administration

Weil wir auf Blöcke der rechten Seite verzichteten, wurde der Kurs übersichtlicher. Die Lernenden konnten die Dokumenteninformationen so auch bei einer Bildschirmauflösung unter 1280 x 1024 ohne Scrollen lesen. Das war uns wichtiger als die Informationen der Blöcke in der rechten Spalte.

Wir achteten sehr darauf, den Kurs *Testcenter* übersichtlich zu gestalten und die zwei Fächer farblich zu unterscheiden. Er enthielt für Mathematik und Englisch fächerbezogene Bereiche mit mehreren Themenfeldern, die mit Fotos, Bildern und Grafiken auf die inhaltlichen Schwerpunkte aufmerksam machten.

Bei der Erstellung der Testfragen war uns wichtig, dass sehr unterschiedliche Testformen zum Einsatz kamen. Die Spanne reichte von WAHR/FALSCH über AUSWAHL bis hin zu MULTIPLE-CHOICE-Fragen.

Von der Bestimmung der Funktionsgleichung mit dem freien Geometrieprogramm »GeoGebra« (*www.geogebra.at*) bis hin zu englischen Hörverstehensaufgaben gab es sehr abwechslungsreiche Aufgabentypen. Der Schwierigkeitsgrad variierte von Test zu Test.

Bei der Erstellung der Tests benutzten wir zunächst häufig die Lernaktivität HOT POTATOES, wechselten später aber immer häufiger zur Moodle-eigenen Lernaktivität TEST, weil diese die Auswertung der Ergebnisse in einer Übersicht anzeigt. Für die Lernaktivität HOT POTATOES steht in der Moodle-Version 1.5.2.+ nur eine Hot Potatoes-eigene Auswertung zur Verfügung.

Die Ergebnisse beider Testmodi (Moodle und Hot Potatoes) stehen zwar in der Excel-Datei zur Verfügung, müssen hier aber auch noch den individuellen Anforderungen angepasst werden (beispielsweise stimmt die Gesamtpunktzahl nicht, da nur die Moodle-internen Tests gezählt werden).

Innerhalb von rund sechs Wochen intensiver Arbeit waren über 60 Tests in unseren Kurs *Testcenter* integriert.

27.4.7 Der Einstieg

Vor dem offiziellen Start informierten wir die betroffenen Eltern im Rahmen von Klassenpflegschaftssitzungen. Die beteiligten Schüler wurden im Rahmen des Unterrichts informiert und eingewiesen.

Das Testcenter stand den Schülern in der Zeit vom 26. September bis zum 9. November 2005 zur Verfügung. Der Starttermin lag unglücklicherweise in der letzten Schulwoche vor den Herbstferien, als einige Klassen auf Klassenfahrt waren. So konnten wir sie erst nach den Ferien einweisen.

Es ist sehr wichtig, die Schüler bei den ersten Schritten in dieser ungewohnten Umgebung zu begleiten. Beispielsweise aktualisierten wir gemeinsam das Profil für jeden einzelnen Schüler und übten die ersten Schritte bei der Handhabung der Tests. Auftretende Probleme konnten wir so unmittelbar vor Ort klären.

27.4.8 Das Testcenter in Zahlen

Während 17 Tagen nahmen 40 Prozent aller Schüler am Projekt teil. Sie absolvierten über 1000 Tests, davon rund 700 mathematische und 300 englische. Im Durchschnitt bearbeitete ein Schüler sechs unterschiedliche Tests. Der Übungscharakter zeigte sich darin, dass alle Tests mehrfach wiederholt wurden.

Mädchen wie Jungen machten gleichermaßen Gebrauch vom Angebot; und auch hinsichtlich der Arbeitsintensität und der erzielten Ergebnisse konnten wir keinen geschlechtsspezifischen Unterschied feststellen.

Die Schüler nutzten die Lernplattform überwiegend nachmittags während ihrer Freizeit; dazu verzeichneten wir eine erhebliche Anzahl von Zugriffen nach 22 Uhr und am Wochenende.

Während die eigentliche Testdauer zwischen einer und zwanzig Minuten variierte, lag die Verweildauer im Testcenter pro Sitzung deutlich höher. Dies ist nicht verwunderlich, da die Schüler sich zunächst einen Überblick über die einzelnen Aufgaben verschafften sowie die Möglichkeiten der Kommunikation (Messenger, Forum) mit anderen Schülern und Lehrern nutzten.

Bemerkenswert erscheint uns, dass auch während der Ferienzeit 15 bis 20 Prozent der Schüler verschiedene Tests ausprobierten.

27.4.9 Beobachtungen

Die neue Präsentationsform von Unterrichtsmaterialien in dieser Lernumgebung kam bei den Schülern gut an: Sie erhielten damit eine weitere Möglichkeit, selbstverantwortlich zu lernen und individuell zu entscheiden, wann und was sie lernen, wie lange und wie oft sie sich mit den einzelnen Fragen beschäftigen wollten. Besonders die Möglichkeit zur Wiederholung nutzten sie häufig – in der Regel lösten sie schwierige Aufgaben erst nach drei Versuchen richtig.

Die Schüler empfanden den etwas besonderen Kursaufbau, der aus einer Aneinanderreihung von Tests bestand, nicht als störend – wahrscheinlich deshalb, weil die Tests nicht nur zur Wissensüberprüfung dienten, sondern vor allem den Prozess der Wissensvermittlung unterstützten. Fragen und Antworten erhielten die Schüler zufällig geordnet vorgelegt; nach Abschluss des Tests konnten sie ihre Antworten mit den richtigen Lösungen vergleichen.

Die unterrichtenden Kolleginnen und Kollegen berichteten mehrfach, dass Schüler ein positives Feedback über einen erfolgreich bestandenen Test gaben oder dass sie gezielt nach Lösungsansätzen (nicht Lösungen) fragten.

Auch die Eltern äußerten sich positiv: Sie sahen hier ein gelungenes Instrument, mit dem sie ihre Kinder unterstützen konnten – denn sie erhielten Unterrichtsmaterial, das von der jeweiligen Lehrperson individuell angefertigt und konkret auf die Lehrsituation ihres Kindes abgestimmt war.

Das ursprüngliche Konzept, alle Tests von Anfang an zur Verfügung zu stellen, hat sich als ungünstig erwiesen. Die Schüler waren von der Fülle und Vielfalt teilweise erschlagen und verzettelten sich zuerst oft. Es wäre besser, beim Start je Themenfeld nur ein bis zwei Tests anzubieten, und diese wöchentlich mit neuen Tests zu ergänzen, die auf der Startseite jeweils angekündigt werden. Ein entsprechender Versuch zeigte, dass die Schüler auf die Verkaufsform »Diese Woche neu« ansprechen – und die angekündigten Tests unmittelbar danach bearbeiteten.

Über den gesamten Zeitraum traten keine technischen Probleme auf. Ein normaler Webspace reichte aus, um das Projekt in dieser Form und in diesem Umfang den Schülern bereitzustellen.

27.4.10 Antworten auf die Ausgangsfragen

Nach Schließung des Testcenters am 9. November 2005 konnten wir die eingangs formulierten Fragen beantworten:

1. *In welchem Ausmaß nehmen Schüler das Lernportal Moodle an?*

    Die Auswertung der statistischen Daten, wonach mehr als 40 Prozent aller Schüler freiwillig an diesem Projekt teilgenommen haben, lässt die Aussage zu: *Die Schüler haben dieses LMS angenommen.*

    Diese Aussage wird durch viele positive Rückmeldungen von Schülern und Eltern bestätigt – aber auch von Lehrkräften, deren Schüler dieses Testcenter für die Unterrichtsvorbereitung nutzten.

2. *Können die Schüler mit online verfügbaren Materialien lernen?*
    Ja. Die Schüler nutzten das System 24 Stunden an 7 Tagen in der Woche. Sie allein entschieden, wann, womit und wie lange sie sich mit dem Stoff auseinander setzen wollen. Der Lernstoff war ganz gezielt auf diese Schüler abgestimmt, und sie konnten auf vertraute Frageformen und Informationspräsentationen zurückgreifen.

3. *Welche technischen Voraussetzungen muss ein Moodle-Server erfüllen?*
    Unser Moodle-Server bereitete uns keine Probleme. Ein normaler Webspace reichte für unsere Anforderungen völlig aus.

4. *Welche Möglichkeiten der Evaluation bietet Moodle, und wie können sie genutzt werden?*
    Die Lehrkraft weiß, wer sich mit welchem Unterrichtsmaterial beschäftigt und wie lange er sich damit auseinander gesetzt hat. So kann sie auch feststellen, welches Material angenommen und welches abgelehnt wird. Gute Ansätze kann sie wiederverwenden, ungeeignete ersetzen. Die Schüler können über die kommunikativen Elemente (Forum, Messenger, Abstimmung) in den Lernprozess aktiv eingebunden werden. Schüler helfen Schülern beim Lernen, und Stärken und Schwächen können anhand gesicherter Ergebnisse überprüft und abgelesen werden.

5. *Worauf ist zu achten, wenn viele Schüler auf den Kurs zugreifen?*
    Die Anmeldung der Schüler erfolgte zentral mit Hilfe einer csv-Datei. Dazu haben wir aus Vornamen, Namen und einem gültigen Webmail-Zusatz für jeden Schüler eine E-Mail-Adresse generiert. Diese mussten die Schüler in ihrem Profil durch die persönliche E-Mail-Adresse ersetzen. Es war sehr hilfreich, dass wir die Schüler entsprechend ihrer Klassenzugehörigkeit in Gruppen einteilten.

6. *Zu welchem Zeitpunkt greifen sie hauptsächlich zu?*
    Rund um die Uhr und an jedem Wochentag, vor allem aber vor den Lernstandsüberprüfungen. Dieses Lernverhalten ist als normal zu bezeichnen. Offenbar sind die Schüler noch nicht fähig, sich längerfristig und eigenverantwortlich vorzubereiten.

7. *Wie lange verweilen sie durchschnittlich?*

Im Durchschnitt verweilten die Schüler 15 Minuten im Testscenter. Manche Schüler schauten nur mal kurz rein, ob sich etwas verändert hatte, andere waren mehr als 60 Minuten im Testcenter und absolvierten mehrere Tests.

8. *Welche Test-Arten rufen sie bevorzugt auf, welche weniger oder gar nicht?*

Die Schüler nutzten alle Testformen. Tests mit dem Zusatzprogramm GEOGEBRA wählten sie zwar aus, führten sie aber oft nicht bis zum Ende durch. Das mag daran liegen, dass viele das zeitintensive Einarbeiten in dieses Hilfsmittel scheuten. Besonders häufig nutzten sie Tests mit Multiple-Choice-Fragen, wo sie oft durch das Ausschlussverfahren auf die richtige Antwort schließen konnten. Dieser Fragentyp spielt in der Erfahrungswelt der Jugendlichen eine entscheidende Rolle (Fahrschule, Eignungstest, Gameshows).

9. *Worauf ist bei der Präsentation der Tests zu achten?*

Weniger ist mehr – und es ist sinnvoller, aus den einzelnen Themenfeldern am Anfang nur zwei bis drei Tests anzubieten. Zudem ist es für den Schüler übersichtlicher, wenn er für jedes Fach einen eigenen Kurs angeboten erhält, in dem nur dieses Fach ausgewertet wird.

Viele Schüler vermissten eine »Nachschlage-Ecke«, in der sie sich über thematische Sachzusammenhänge, Regeln oder Ähnliches zusätzlich informieren könnten. Im Fach Englisch bauten wir nachträglich einen Link zu einem Online-Wörterbuch ein, damit die Schüler unbekannte Vokabeln nachschlagen konnten.

27.4.11 Fazit

Moodle ist ein geeignetes Instrument, um die Schüler auf die teilzentralen Abschlussprüfungen in den Fächern Deutsch, Mathematik und Englisch vorzubereiten.

Die hohe Akzeptanz bei Schülern und Kollegen, diese Art des Lernens in Unterricht und Freizeit einzusetzen, bestärkt uns in der Ansicht, ein weiteres wichtiges Lernwerkzeug gefunden zu haben. Mit Hilfe einer auf Moodle basierenden Lernplattform ist es möglich, fachliche Kenntnisse zu überprüfen – und sie eigenverantwortlich und selbstständig auszubauen und zu erweitern.

Die selbstverständliche Nutzung der kommunikativen Elemente (Messenger, Forum usw.) müssen wir zielorientierter für den Lernprozess einsetzen. Hier wird ein Schwerpunkt bei der Vorbereitung zukünftiger Testcenter liegen. Für die weitere Nutzung von Moodle-Testcenter spricht auch der moderate Aufwand bei der Erstellung der verschiedenen Testaufgaben und -formen. Zudem ist es vorteilhaft, dass Testfragen in andere Lernportale exportiert werden können.

Es wäre schön, wenn das Lernwerkzeug Moodle an Schulen vermehrt eingesetzt würde – sodass alle Schüler von einem virtuellen Lerncenter profitieren könnten.

Das Testcenter deutet die Möglichkeiten eines Moodle-orientierten Lerncenters nur ansatzweise an. Weitere Einsatzgebiete sind denkbar.

Ein erfolgreiches Abschneiden bei den teilzentralen Abschlussprüfungen wird dann wahrscheinlich, wenn sich traditionelle Unterrichtsformen und Moodle-basierte Lerncenter ergänzen.

 Mike Baselt ist Lehrer (Sek I) an der *Unesco-Schule Kamp-Lintfort* und unterrichtet schwerpunktmäßig die Fächer Mathematik und Physik. Im Rahmen der Lehrerfortbildungen für die Bezirksregierung Düsseldolf führt er Moodle-Schulungen durch. Er ist Mitbegründer der bundesweiten Lehrer-Initiative zur Förderung des Einsatzes von moodle in Schulen, moodleSCHULE.de.

MIKE BASELT

27.5   Erfahrungsbericht zu Moodle

Boris Hegermann, Berufskolleg für Technik und Medien

27.5.1   Warum Moodle?

Als ich eine geeignete Lernplattform suchte, hatte ich von Anfang an den Anspruch, ein einfaches und günstiges System zu finden, das ich selbst auch verändern könnte. Deshalb kamen vor allem Open Source-Projekte in die Auswahl.

Weil die Mehrheit unserer Schüler in der englischen Sprache zu wenig sicher ist, kam nur eine Lernplattform in Frage, die in deutscher Sprache verfügbar ist. Diese Vorgabe schränkte meine Auswahl erheblich ein.

Ich entschied mich für Moodle, weil es alle diese Anforderungen erfüllte und in offiziellen Vergleichen in Österreich sehr gut abschnitt. Und glücklicherweise war es bisher nicht nötig, in die Programmierung einzugreifen.

27.5.2   Schüler

Am Berufskolleg unterrichten wir Lernende im Alter von 16 bis 50 Jahren in den verschiedensten Formen, vom Blockunterricht über den Teilzeitunterricht bis hin zum Abendunterricht.

Am Anfang probierte ich Moodle in allen Schulformen aus. Der größte Erfolg stellte sich jedoch bei erwachsenen Schülern ein, die sich nach einem strengen Arbeitstag freiwillig in Abendkursen weiterbilden. Hier unterrichten wir ausländische Schüler, die auf die Anerkennung ihres Wissens angewiesen sind. Sie erreichen in diesem Teilzeitkurs mit weniger Stunden den gleichen Abschluss wie in der Vollzeit-Ausbildung. Diese Lernenden sind offenbar sehr motiviert, die Angebote auf der Lernplattform zu nutzen.

27.5.3 Erfahrungsbericht bei e-lernen.net

Diese Moodle-Seite habe ich auf private Initiative erstellt, nutze sie aber ausschließlich für meine Arbeit als Lehrer am Berufskolleg. Die meisten Kurse sind im Wochenformat erstellt und nach Bildungsgängen geordnet. Einzig jene Kurse, die ich übergreifend für alle Schüler anbiete, sind als Ergänzungskurse thematisch gegliedert. Moodles Möglichkeit, die Lernenden je nach Kurs anders anzusprechen, ist bei dem heterogenen Teilnehmerkreis am Berufskolleg sehr hilfreich.

27.5.4 Link auf Datei

Am häufigsten verwende ich den Link auf eine Datei, den man in Moodle – anders als bei *lo-net.de* oder BSCW – wunderbar dem Unterrichtsinhalt anpassen und für die Schüler strukturiert anbieten kann.

Weshalb ist es sinnvoll, die Unterlagen für die nächste Unterrichtsstunde auf der Lernplattform bereitzustellen?

1. Die Schüler lesen den Text vor dem Unterricht bei sich zu Hause, wo es ruhiger ist und sie sich besser konzentrieren können.
2. Langsam lesende Schüler stehen zu Hause nicht unter dem Druck der schnell lesenden Schüler, was beim Lesen während des Unterrichts unvermeidlich ist.
3. Schüler mit sprachlichen Schwierigkeiten können sich zu Hause mehr Zeit nehmen und den Text gegebenenfalls mit Hilfe von Wörterbüchern übersetzen.

Mit diesem Vorgehen lagern wir die Einzelarbeit »Lesen« nach Hause aus und haben während des Unterrichts vermehrt Zeit, die Themen in Gruppen zu diskutieren.

27.5.5 Wiki

Das Wiki verwende ich zur Nachbearbeitung von Referaten, die die Studenten, eingeteilt in mehrere Gruppen, im Präsenzunterricht gehalten haben. Diese stellten dabei über einige Wochen die verschiedenen Komponenten des Computers vor. Um dieses Wissen nachhaltig zu festigen und um überprüfen zu können, dass die Studenten die Referate verstanden haben, erhielten die Lernenden die Aufgabe, arbeitsteilig zu jedem Referat eine Zusammenfassung zu erstellen.

Die Lernaktivität Wiki eignete sich dazu besonders gut, weil es möglich ist, mit Hilfe von Hyperlinks übersichtliche Dokumente zu erstellen, und weil mehrere Lernende asynchron am gleichen Text arbeiten können.

In einer Schlussrunde kontrollierten die jeweiligen Referenten die Zusammenfassung ihres Themas und korrigierten die Texte da und dort in der Rolle des Experten. Für die Studenten entstand damit ein wertvolles Nachschlagewerk über Referatsthemen.

Boris Hegermann ist Lehrer am *Berufskolleg für Technik und Medien* in Mönchengladbach. Vor seiner Tätigkeit als Lehrer war er lange Jahre im Software-Bereich für Human Ressource Management sowohl in Deutschland wie auch in der Schweiz tätig, u.a. bei Peoplesoft. Seit dieser Zeit beschäftigt er sich sowohl mit dem Einsatz von Lernsoftware bei großen Unternehmen, die E-Learning einsetzen wollen, aber auch im Bereich der beruflichen Bildung.

BORIS HEGERMANN

27.6 Moodle im Fremdsprachenunterricht

Timo Kozlowski, Goethe-Institut Bangkok

27.6.1 Rahmenbedingungen

Eingesetzt habe ich Moodle im Bereich *Deutsch als Fremdsprache* im Rahmen meiner Arbeit am Goethe-Institut Bangkok.

27.6.2 Problem

Ich wollte folgendes Problem mit Hilfe eines Learning Management Systems (LMS) angehen: Die Kursteilnehmer der Wochenendkurse sind oft berufstätig und haben deshalb von Montag bis Freitag keine oder zu wenig Zeit, sich mit dem Gelernten aus dem Kurs zu beschäftigen. Da es in Thailand nicht so einfach ist, im alltäglichen Leben mit Deutsch in Berührung zu kommen, haben die Kursteilnehmer oft so gut wie keine Gelegenheit, unter der Woche auf Deutsch zu kommunizieren.

27.6.3 Lösungsansatz

Gefordert ist also eine Lösung, die eine Kommunikation zwischen den Kursteilnehmern ermöglicht, aber auf der anderen Seite von ihnen auch ohne großen Zeitaufwand bearbeitet werden kann. Das Internet ist in Bangkok weit verbreitet. Ein Zugang ist möglich über eigene Computer, Computer im Büro und vor allem in Internetcafés. Es lag also nahe, das Internet als Kommunikationsmittel zu benutzen.

Mein erster Ansatz war ein einfaches Webforum (phpBulletin), das ich auf meiner Website installiert hatte. Öffentliche Chaträume waren ebenfalls schnell gefunden. Allerdings erwiesen sich diese ersten Schritte letztlich als unzureichend: Alle Kommunikationskanäle des Internets unter einem Dach vereint – das schwebte mir als ideale Lösung vor! Ich schaute mir verschiedene Open Source-LMS-Projekte an und entschied mich schließlich dafür, es mit Moodle zu versuchen.

27.6.4 Eingesetzte Moodle-Funktionen

Interessant sind für mich in erster Linie die kommunikativen Funktionen eines LMS. Ziel war ja von Anfang an, die Kursteilnehmer zu animieren, auch unterhalb der Woche etwas auf Deutsch zu schreiben und beim Lernen zusammenzuarbeiten.

27.6.5 Glossar

Das Glossar verwendete ich in erster Linie als ein *Kurswörterbuch*, das von den Kursteilnehmern gemeinsam erstellt wird. Hausaufgabe sollte es sein, dass jeder Kursteilnehmer unterhalb der Woche zwei bis drei Wörter, die in der letzten Unterrichtsstunde für ihn neu waren, ins Kurstagebuch schreibt. Je nach Kurslevel (Grundstufe oder Mittelstufe) sind Übersetzungen nach Englisch oder Thai bzw. Beschreibungen auf Deutsch möglich.

Allerdings habe ich mit dieser Art der Aufgabenstellung nicht ganz zufrieden stellende Ergebnisse bekommen. In der Regel wurden nur von einer relativ kleinen Anzahl Kursteilnehmern am Anfang des Kurses Wörter ins Kurswörterbuch eingetragen.

Der Grund dafür lag wohl in der unspezifischen Aufgabenstellung, die die Kursteilnehmer nicht den Sinn eines solchen Kurswörterbuchs sehen ließ.

Alternative Vorschläge für den Einsatz des Glossars:

- Der Trainer stellt den Teilnehmern ein *Glossar mit grammatischen Begriffen* zur Verfügung. Durch die automatische Verlinkung verweisen grammatische Phänomene in Grammatikerklärungen oder Aufgabenstellungen per Link auf eine kurze Definition.

■ Arbeit an einem Text im Kurs: Aufgabe ist es, *bestimmte Wörter aus dem Text zu erklären* und ins Glossar zu schreiben. Anschließend können die Teilnehmer in einem Forum über die einzelnen Beiträge diskutieren und sie gemeinsam verbessern.

27.6.6 Wiki

Wikis eignen sich hervorragend zur gemeinsamen Arbeit an Texten. Eingesetzt habe ich bisher folgende drei Szenarien:

■ **Materialsammlung für Unterrichtsprojekte**: Aufgabe ist es, zusammen mit anderen Kursteilnehmern und in Anlehnung an eine Lektion des Lehrwerks *Abschlusskurs* einen kleinen Vortrag über einen Künstler zu verfassen. Da die Teilnehmer weit von einander entfernt wohnen, können sie ihre Arbeit gruppenweise im Wiki koordinieren und Informationen sammeln, die für alle anderen Gruppenmitglieder ebenfalls zugänglich sind.

■ **Online-Gruppenarbeit an Texten**: Gruppenschreibaufgaben aus dem Lehrbuch, die bisher während des Präsenzunterrichts gelöst wurden, können durch Wikis in die Online-Phase zwischen zwei Präsenzveranstaltungen verlagert werden.

■ **Texte umschreiben**: Ein großes Problem beim Verfassen von Texten in einer Fremdsprache ist, dass man an sehr viele Dinge gleichzeitig denken muss – grob eingeteilt in *Inhalt (was?)* und die *dazu passende Ausdrucksform (wie?)*. Es empfiehlt sich dabei, immer wieder kreative Wiederholungsübungen zu verwenden, um die verschiedenen einzelnen grammatischen Strukturen in verschiedenen Kontexten einzusetzen. Eine solche Übungsform ist, einen Text nur in Hauptsätzen vorzugeben und die Kursteilnehmer aufzufordern, diesen Text in Satzgefüge mit Haupt- und Nebensätzen umzuformulieren. Der Vorteil bei dieser Übungsform ist, dass die Schreibarbeit durch die Vorgabe des Inhalts entlastet wird. Die Kursteilnehmer können sich also ganz auf das *Wie* beim Schreiben konzentrieren und produzieren in der Regel grammatisch korrektere Texte. Für derartige Schreibübungen eignen sich Wikis ebenfalls sehr gut. Sie bieten außerdem den Vorteil, dass die Texte auch nach dem Unterricht erhalten bleiben und später erneut eingesehen werden können.

27.6.7 Forum

Foren eignen sich in erster Linie dazu, die Kursteilnehmer, dazu zu provozieren, etwas auf Deutsch zu schreiben. Der Erfolg hängt dabei in erster Linie von den Kursteilnehmern selbst ab und von dem Verhältnis der Leute zueinander.

Eine weitere Möglichkeit des Einsatzes eines Forums ist ein *Lerntagebuch*. Einer der Kursteilnehmer erhält jede Woche den Auftrag, eine Art Protokoll der Unterrichtssitzung in einer Woche zu schreiben. Anhand bestimmter Leitfragen (z.B. *Was fanden Sie besonders lustig? Was war besonders schwer?* etc.) soll ein kurzer Text mit dem Ablauf der letzten Sitzung verfasst werden, den die anderen ebenfalls nachlesen können. Am Ende des Kurses ist es somit für alle möglich, noch einmal den Verlauf des Kurses nachzuvollziehen.

27.6.8 Hot Potatoes-Test

Hot Potatoes ist ein weit verbreitetes Programm zur Erstellung browserbasierter Aufgaben. Dazu gehören Quiz, Kreuzworträtsel, Satzstellungsübungen, Zuordnungsübungen etc. *Hot Potatoes*-Dateien können ohne großen Aufwand in Moodle eingebunden werden: Datei auf den Server laden, *Hot Potatoes*-Test in der Kursübersicht einbinden, Datei auswählen – fertig.

Hot Potatoes steht natürlich in gewisser Weise etwas in Konkurrenz zu Moodle selbst, da das Test-Modul fast alle Funktionen von Hot Potatoes ebenfalls anbietet. Das *Hot Potatoes*-Modul empfiehlt sich dann,

- wenn eine größere Anzahl an Hot Potatoes-Dateien schon vorhanden sind. Man muss die bereits erstellten Aufgaben nicht aufwendig von Hand in Moodle übertragen, sondern kann komfortabel bereits erstelltes Material weiterverwenden.

- wenn die Internetanbindung am Arbeitsplatz langsam ist, sodass die Erstellung von Aufgaben über ein Webinterface zur Qual wird.

- wenn die Erstellung von Tests über ein Webinterface umständlich, wenig komfortabel oder für technisch weniger versierte Lehrer:) zu umständlich ist. Beispielsweise ist das Erstellen von Lückentexten in Moodle eine recht technische Angelegenheit, während das Interface von Hot Potatoes in dieser Hinsicht benutzerfreundlicher ist.

27.6.9 Test

In einem Vorbereitungskurs für den *TestDaF*[1] habe ich den Teilnehmern Übungen zum Lese- und Hörverstehen zum Üben zur Verfügung gestellt. Die Tests bestehen in erster Linie aus Multiple-Choice-Aufgaben, die mit dem Moodle-Test-Modul leicht nachgebaut werden können.

Vorteile:

- Multiple-Choice-Aufgaben in Moodle sind *selbstkorrigierend*. Für den Lehrer bedeutet dies eine Entlastung auf langfristige Sicht.

- Man kann die *Ausgabe* von Moodle *bei einer falschen Antwort steuern*. Dadurch kann der Kursteilnehmer bei einem Fehler einen Hinweis auf die richtige Lösung erhalten.

---

1   *Der TestDaF ist eine Sprachprüfung der Fern-Universität Hagen, die die Aufnahme eines Studiums an einer deutschen Universität erlaubt.*

■ Zeitbeschränkungen können den Kursteilnehmern ein *Gefühl für die verstrichene Zeit* geben, die ja auch in der Prüfung beachtet werden muss.

Nachteile:

■ Die *Erstellung* eines guten Tests kann *sehr viel Zeit* erfordern, da die Standardausgabe bei einer falschen Antwort dem Kursteilnehmer keinen Hinweis darauf gibt, wo er einen Fehler gemacht hat. Hier muss also der Aufwand mit dem erwarteten Resultat in Einklang gebracht werden.

27.6.10 Reaktionen

Moodle wurde von den Kursteilnehmern im Allgemeinen sehr positiv aufgenommen. Als positiv wurden vor allem das ansprechende Design der Seite genannt und die Tatsache, dass man eine Sitzung verpassen kann und trotzdem nicht den Anschluss an den Kurs verliert.

Zu letzterem Punkt ist anzumerken, dass die Anwesenheit der Kursteilnehmer seit Moodle angestiegen ist, sprich: Pro Sitzung fehlen weniger Teilnehmer.

Mit Moodle kann also der Zusammenhalt innerhalb einer Gruppe gesteigert und das Zusammenarbeiten gefördert werden.

Abhängig ist der Erfolg allerdings auch von den Kursteilnehmern selbst: Nicht alle Gruppen sprechen im selben Maße auf Moodle an.

Insgesamt gesehen ist Moodle ein flexibles Werkzeug, um den traditionellen Unterricht zu ergänzen. Besonders positiv ist hervorzuheben, dass Moodles kommunikativer Ansatz Lehrer und Kursteilnehmer als Individuen hervortreten lässt.

Timo Kozlowski unterrichtet Deutsch als Fremdsprache am *Goethe-Institut Bangkok*, u.a. als Tutor des Blended Learning-Kurses »redaktion-D«.

TIMO KOZLOVSKI

27.7 Praxisbeispiele Arbeitsunterlagen

Max Woodtli, klick informatik metakommunikation Zug / Kaufmännisches Bildungszentrum Zug

Am Kaufmännischen Bildungszentrum in Zug erarbeiten die Lernenden sich ihren Lernstoff zu großen Teilen selbstständig mittels sogenannten Kompetenzrastern. Diese definieren Inhalte und Qualitätsmerkmale eines Fachgebiets in Form von »Ich-kann-Formulierungen«. Die Idee basiert auf dem »Raster zur Selbstbeurteilung« des Europäischen Sprachenportfolios. Das Raster hat die Form einer Matrix. In der Vertikalen sind die Kriterien aufgeführt, die das Fachgebiet inhaltlich bestimmen (Was wird gelernt?), und in der Horizontalen werden die Kriterien in Niveaustufen (A1, A2, B1, B2, C1, C2), also in 6 aufsteigenden Niveaus unterteilt. Hier geht es um das *Wie?* (Abbildung 27.10).

Auf diese Weise kann der Lehrplan für ein bestimmtes Fachgebiet übersichtlich und prozessartig dargestellt werden. Jedes Feld im Kompetenzraster wird mittels Checkliste präzisiert. Checklisten definieren detailliert, welche Kompetenzen erreicht sein müssen, damit ein Lernender die Kompetenzstufe erreicht hat. Hinter den Checklisten finden die Lernenden verschiedene Materialien wie Werkstätten, Tests, Links usw., um ihre Kompetenzen erweitern zu können. Das Kaufmännische Bildungszentrum hat dazu einen internetbasierten Kompetenzraster entwickelt, der problemlos in Moodle integriert werden kann (Arbeitsunterlage LINK AUF DATEI oder WEBSEITE). Lernende haben so jederzeit und an jedem Ort den Überblick über die geforderten Lernleistungen.

Moodle ist unter anderem ein wichtiges Coachinginstrument, um die Lernenden in ihrem Lernprozess von Kompetenzstufe zu Kompetenzstufe optimal begleiten und unterstützen zu können, auch außerhalb des Präsenzunterrichts. Moodle erlaubt es, sämtliche im Internet zu findenden Ressourcen und in unserem Fall auch Eigenentwicklungen (Online-Kompetenzraster) auf der Lernplattform zu vereinen und zu verknüpfen.

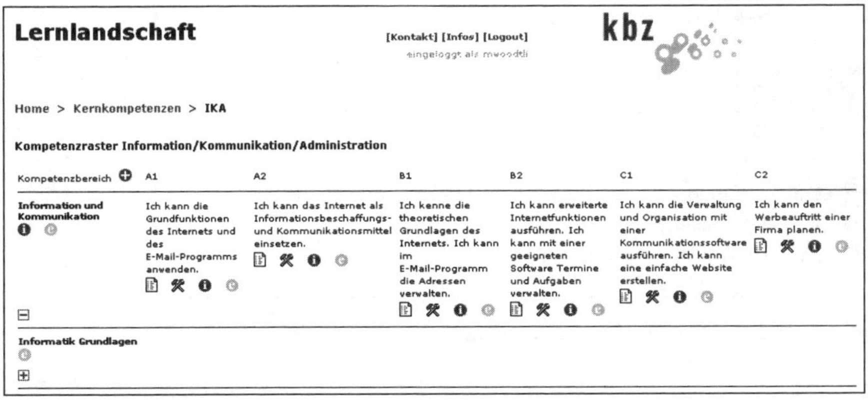

Abbildung 27.10: Lernlandschaft

Im Kompetenzbereich TEXTE ERSTELLEN, GESTALTEN UND VERARBEITEN greifen die Lernenden z.B. über den Link LERNFILME (Arbeitsunterlage LINK AUF DATEI oder WEBSEITE) auf externe Ressourcen zu – hier beispielsweise auf Word-Lernfilme der PC-Uni, die sie individuell und unabhängig vom Unterricht immer wieder anschauen können (Abbildung 27.11).

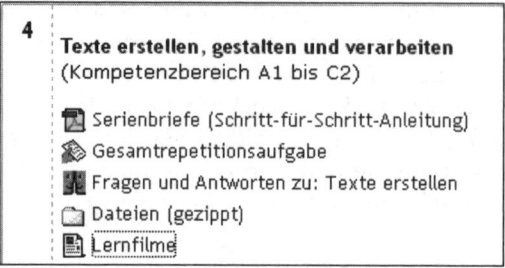

Abbildung 27.11: Link auf Videos

Nach Andreas Müller sind Lernjobs speziell konstruierte Aufgaben. Sie laden dazu ein, auf eigenen Wegen entdeckend dem Wissen auf die Spur zu kommen. Sie lassen viel konstruktiven Spielraum und vermitteln gleichwohl eine strukturelle Sicherheit. Die Lernenden laden die Lernjobs im PDF-Format herunter, drucken sie aus und bearbeiten sie offline. Anschließend posten sie die gefundenen Antworten in einem Forum oder lösen eine dazugehörende Lernkontrolle auf der Lernplattform (Abbildung 27.12).

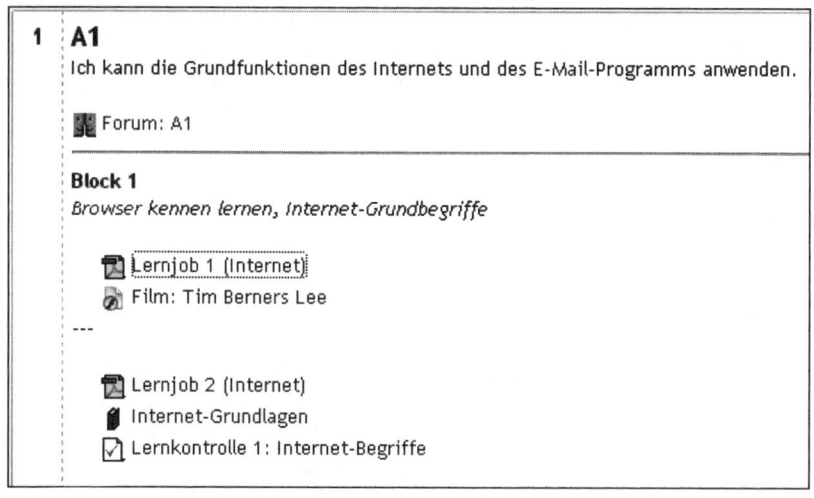

Abbildung 27.12: Lernjobs im Moodle-Kursraum

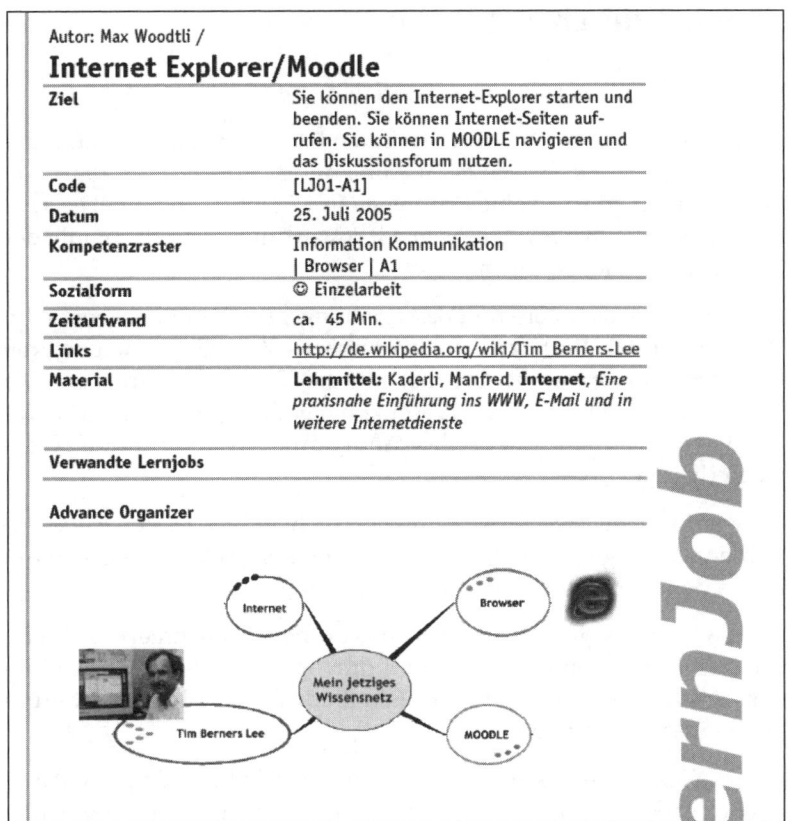

Autor: Max Woodtli /	
Internet Explorer/Moodle	
Ziel	Sie können den Internet-Explorer starten und beenden. Sie können Internet-Seiten aufrufen. Sie können in MOODLE navigieren und das Diskussionsforum nutzen.
Code	[LJ01-A1]
Datum	25. Juli 2005
Kompetenzraster	Information Kommunikation | Browser | A1
Sozialform	☺ Einzelarbeit
Zeitaufwand	ca. 45 Min.
Links	http://de.wikipedia.org/wiki/Tim_Berners-Lee
Material	**Lehrmittel:** Kaderli, Manfred. **Internet**, *Eine praxisnahe Einführung ins WWW, E-Mail und in weitere Internetdienste*
Verwandte Lernjobs	
Advance Organizer	

Abbildung 27.13: Lernjob, PDF-Datei

MAX WOODTLI

Max Woodtli ist Medienpädagoge und Kommunikationstrainer an diversen Schulen und Instituten sowie an der ETH (Eidgenössische Technische Hochschule) Zürich. Er ist Inhaber des Instituts *klick informatik metakommunikation und eLearn.ch*. Er absolvierte am *Institute of Educational Technology* der *Open University*, UK, das Studium zum *Master of Arts in Online and Distance Education*. Als Train-the-Trainer ist er zudem in der Aus- und Weiterbildung von ErwachsenenbildnerInnen und von Lehrpersonen tätig und bildet diese unter anderem zu E-ModeratorInnen und E-Coaches aus. Er ist E-Learning-Verantwortlicher am *Kaufmännischen Bildungszentrum* in Zug und berät Schulen, Institutionen und Firmen in den Bereichen E-Education, E-Coaching und Medienpädagogik.

27.8 Assessment durch Feedback

Michael Schulte-Mecklenbeck, Columbia Business School, New York

In diesem Beitrag wird das Assessment von Studierenden unter Zuhilfenahme der Lernaktivität TEST beschrieben. Da es sich beim Kurs, der diesem Beitrag zugrunde liegt, um eine Übung handelt, gibt es keine Prüfungen im eigentlichen Sinn. Die Teilnehmer erfüllen durch die regelmäßige Anwesenheit sowie durch die Erbringung der geforderten Leistungen alle Anforderungen.

Es wird der Jahrgang 2003/04 als Daten- und Beschreibungsgrundlage verwendet. Im Kurs gab es 12 (Wintersemester, WS) bzw. 16 (Sommersemester, SS) Teilnehmer, die je zwei Semesterwochenstunden (sechs Credits) für die Teilnahme erhielten. Die Übung *Experimentelle Übungen* ist an sich als Präsenzkurs gedacht, es gibt jedoch größere Abschnitte, in denen die Teilnehmer selbstständig arbeiten und nur auf Nachfrage Unterstützung erhalten.

Im Wintersemester werden jeweils zwei Experimente durchgeführt. Das erste Experiment wird vom Lehrenden vorgegeben, das zweite ist eine Replikation des ersten mit Ergänzungen, die von den Teilnehmern eingebracht wurden.

Im Sommersemester wird ein »großes« Experiment von den Teilnehmern in Kleingruppen mit drei bis vier Personen entwickelt und durchgeführt. Beim ersten Kurstermin war ein zentrales Ziel, den Teilnehmern einen Eindruck von den Anforderungen zu vermitteln und Lernziele zu definieren.

Zlokovich[2] betont die Wichtigkeit des Selbstassessment von Studierenden. Die Autorin zählt verschiedene Merkmale auf, die beim Assessment beachtet werden sollen:

- Lernen soll auf verschiedene Art gemessen werden. Beispiele sind Multiple-Choice-Tests, schriftliche Arbeiten, mündliche Prüfungen oder kleine Forschungsprojekte.

- Feedback des Assessments sollte prompt, begleitend und fortlaufend sein, dadurch wird ein gutes Zeitmanagement garantiert.

- Der Lehrende sollte überlegen, ob mehrere Assessments die Leistung der Studierenden besser messen können. Dieser Punkt wird allerdings kritisch kommentiert, da einerseits ein größerer Arbeitsaufwand notwendig ist und anderseits die Bewertung der verschiedenen Prüfungsteile unterschiedlich ausfallen könnte (von Seite der Studierenden aus).

Um die oben genannten Punkte erfüllen zu können (vor allem fortlaufend, promptes Feedback sowie verschiedene Arten des Assessments), entschied ich mich für die Lernaktivität TEST, die alle Anforderungen erfüllt.

---

2 ZLOKOVICH, M. S. (2004). *Grading for optimal student learning*. In: B. Perlman, L. I. McCann, and S. H. McFadden (Eds.), *Lessons learned: Practical advice for the teaching of Psychology* (Vol. 2, p. 255-264). Washington: American Psychological Association.

27.8.1 Online-Assessment

Horton[3] führt auf verschiedenen Ebenen aus, warum man online testen sollte und was dabei zu beachten ist. Diese Ebenen sind:

1. Warum testen?
2. Was soll gemessen werden?
3. Die Benotung
4. Wann gibt es Feedback?

Anhand dieser vier Ebenen möchte ich kurz erläutern, wie die Auswahl der beschriebenen Tests zustande gekommen ist. Warum möchte ich den Studierenden ein Assessment anbieten (Ebene 1)? Horton nennt folgende »gute Gründe« für ein Assessment:

■ Der Studierende erfährt den erreichten Lernfortschritt.

■ Die Lehrperson zeigt auf, was in der Lehrveranstaltung wichtig ist.

■ Die Anwendung von Lernstoff vertieft das Wissen und die Erinnerung.

■ Assessment hat eine »Monitoring«-Funktion, die es dem Lehrveranstaltungsleiter ermöglicht, Schwachpunkte in der Gruppe oder bei einzelnen offen zu legen.

Diesen guten Gründen werden folgende »schlechten Gründe« für Assessment gegenüber gestellt:

■ Assessment folgt oft dem Stereotyp: Es ist ein Kurs – daher gibt es eine Prüfung.

■ Dem Kursleiter wird Macht verliehen.

■ Prüfungen folgen oft dem Grundsatz, dass Lernen mit Qual verbunden sein soll.

■ Vermittlung des Bildes eines »laufenden Kurses« nach Außen – es ist alles in Ordnung, wenn Prüfungen funktionieren.

Im später vorgestellten Test sollten vor allem die »guten Gründe« verwirklicht werden. Der Test wurde in den ersten Wochen des Kurses (wöchentlich) freigeschaltet und sollte es den Studierenden zuerst ermöglichen, eine Positionierung bezüglich zentraler Voraussetzungen für die Übung zu erlangen. Dafür wurden vor allem Themen aus der Methodenlehre und Statistik behandelt. Im weiteren Verlauf wurden dann auch inhaltliche Punkte des Kurses aufgenommen.

Die zweite Ebene, die Horton behandelt, widmet sich der Frage, was gemessen werden soll. Verschiedene Ziele können hier genannt werden: Wissen, Fähigkeiten oder Meinungen. Generell kann man zu dieser Unterteilung anmerken, dass sie vom Einfachen (Meinungen) zum Schwierigen (Wissen) gestaffelt ist. In dieser Reihenfolge wurde sie auch im Moodle-Test eingesetzt. Anfangs sollte der Umgang mit der Lernaktivität TEST gelernt werden, und die Fragen waren eher allgemein und in Richtung Meinung gehalten. Später, als der Umgang gut funktionierte, wurde eine Phase der

---

3 HORTON, W. (2000). *Designing Web-Based Training. New York: Wiley.*

Wissensabfrage eingeleitet. Die dritte Gruppe, Fähigkeiten, ist eminent in einer Übung vorhanden und wird dauernd geprüft – ein Übungsteil wird erst dann als abgeschlossen angesehen, wenn die gewünschte Fähigkeit ausreichend gut durchgeführt werden kann.

Die dritte Ebene nach Horton ist die Frage nach der Art und Weise der Benotung. Der Autor evaluiert hierfür verschiedenen Benotungsarten und Beurteilungsmethoden, die nun kurz ausgeführt werden sollen.

- Werden die Antworten automatisiert von einem Script gegeben, findet die Evaluation sofort statt und die Beurteilung wird objektiv von einem Computer durchgeführt. Ein Nachteil dieser Beurteilungsart sind gewisse Limits, die durch die heutigen Computerprogramme gegeben sind – die Methode eignet sich daher nur für einfache Frage-Antwort-Konstrukte.

- Werden die Fragen an einen Server übermittelt, so verliert man die Unmittelbarkeit der Beantwortung, gewinnt allerdings die Möglichkeit, dass der Lehrende die Fragen durchsieht und bei etwaigen Problemen korrigierend eingreift.

- Bei der Selbstevaluation wird eine Beurteilungsmethode vorgegeben, die von den Lernenden dann auf ihre Arbeit angewendet wird. Als Vorteil dieser Methode ist die nochmalige Beschäftigung mit den Lerninhalten zu nennen. Oft wird dieser Prozess wiederum viel Zeit kosten, und die Lerner könnten ihn daher als wenig hilfreich ansehen.

- Die Peer-Evaluation setzt einen Kontrapunkt zu den obigen Methoden. Pluspunkte sind das Lernen des »Beurteilens«, wobei es oft zu Situation kommen wird, in denen die Peers nicht über genügend Wissen verfügen, um qualitativ hochwertige Feedbacks zu geben.

In Bezug auf diesen Kurs wurde auf automatisiertes und damit promptes Feedback gesetzt. Die Studierenden sollten sofort einen Eindruck davon bekommen, wo Defizite vorherrschen. Mit dem Wissen um die Defizite sollte dann die Beschäftigung mit den Inhalten vertieft werden.

Die vierte und letzte Ebene bezieht sich auf den Zeitpunkt des Feedback. In einem Online-Assessment sind viele Variationen des Feedback-Zeitpunktes möglich. Nach der Willkommensseite werden zuerst die Regeln beschrieben, die für das folgende Assessment gelten. Es folgen die Frage-Antwort-Blöcke (Question-Answer (Q-A)). Jeder Q-A-Block enthält zwei Wege, die nach der Antwort eintreten können. Gibt die TeilnehmerIn die richtige Antwort, dann wird diese im Feedback gekennzeichnet. Im negativen Fall kann im Feedback für die falsche Antwort entweder die richtige eingeblendet werden oder aber auch ein Hinweis gegeben werden, wo die Lösung zu finden ist. Es wird nun näher auf verschiedene Fragetypen im Modul TEST eingegangen.

27.8.2 Das Quiz in Moodle als Assessment-Tool

Der Test in Moodle ist für die Durchführung von Quizzes vorgesehen. Neben der einfachen Erstellung von Fragen, der Durchführung und der Kontrolle der Ergebnisse gibt es eine Vielzahl von Optionen, die sich auf den Zeitpunkt der Durchführung sowie auf die Bewertung beziehen. Abbildung 27.14 zeigt die Basisangaben, die für ein Quiz notwendig sind.

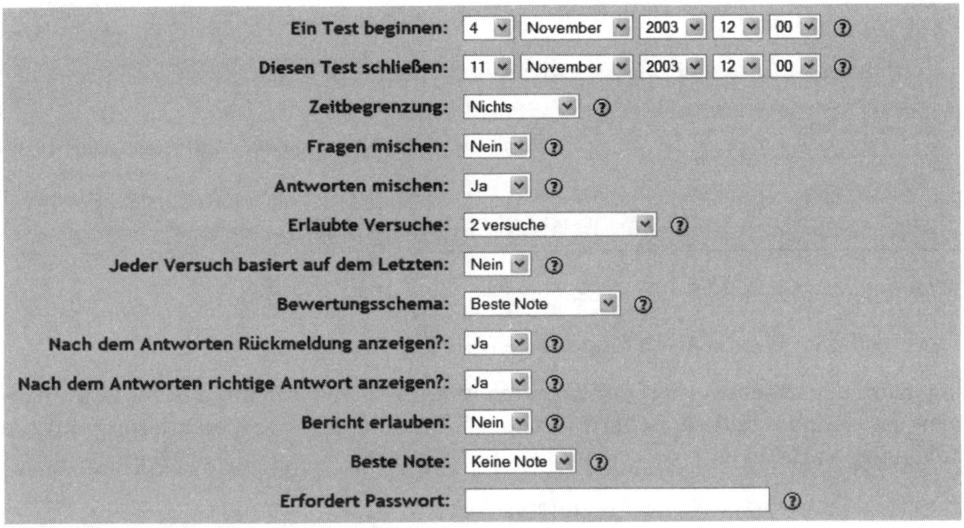

Ein Test beginnen:	4 ▾	November ▾	2003 ▾	12 ▾	00 ▾	⑦
Diesen Test schließen:	11 ▾	November ▾	2003 ▾	12 ▾	00 ▾	⑦
Zeitbegrenzung:	Nichts ▾	⑦				
Fragen mischen:	Nein ▾	⑦				
Antworten mischen:	Ja ▾	⑦				
Erlaubte Versuche:	2 versuche ▾	⑦				
Jeder Versuch basiert auf dem Letzten:	Nein ▾	⑦				
Bewertungsschema:	Beste Note ▾	⑦				
Nach dem Antworten Rückmeldung anzeigen?:	Ja ▾	⑦				
Nach dem Antworten richtige Antwort anzeigen?:	Ja ▾	⑦				
Bericht erlauben:	Nein ▾	⑦				
Beste Note:	Keine Note ▾	⑦				
Erfordert Passwort:		⑦				

Abbildung 27.14: Moodle-Test-Einstellungen

Neben dem Namen und einem kurzen Begrüßungstext sollte man für jeden Test eine Bearbeitungszeit festlegen. Dieses Feature ermöglicht eine längerfristige Planung, da ein einmal definiertes Quiz automatisch freigeschaltet wird (EINEN TEST BEGINNEN) und auch wieder automatisch endet (DIESEN TEST SCHLIESSEN). Weitere wichtige Optionen sind noch ERLAUBTE VERSUCHE und das automatisierte Feedback, das auch schon bei der Fragengestaltung (siehe unten) eine Rolle spielt.

27.8.3 Beispiele für Testfragen

Es soll nun anhand einiger Beispiele gezeigt werden, welche verschiedenen Arten von Quizfragen eingesetzt wurden. Die Quiz-Elemente sind alle wie folgt aufgebaut: Fragennummer mit Fragenname, die eigentliche Frage und dann die möglichen Antworten. (Den Antworten wird mittels »~« und »=« ein Wahrheitswert zugeordnet, der dann von Moodle automatisch ausgelesen und als Feedback verwendet wird. Das Feedback zu den einzelnen Antworten wird mittels »#« gekennzeichnet.)

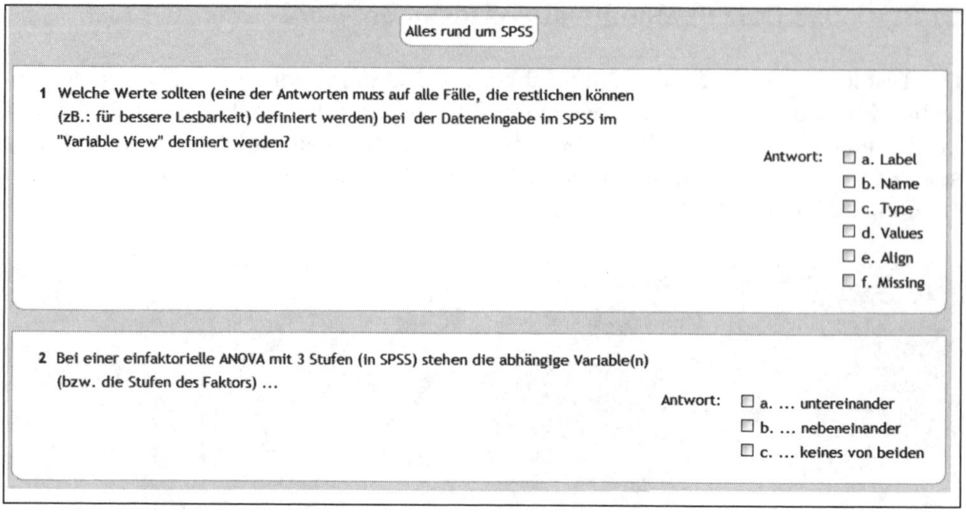

Abbildung 27.15: Moodle-Test, Beispiel SPSS

Frage 1: Name: Wahr/Falsch response – Teile Experiment

In einem Experiment variiert der Experimentator systematisch mindestens eine unabhängige Variable und registriert, welchen Effekt diese aktive Veränderung auf die abhängige Variable hat.

```
{TRUE#Sorry, die Aussage war richtig!#Sehr gut!}
```

Frage 2: Name: Multiple-Choice-Frage – universelle Hypothese

Eine universelle Hypothese kann ich nur ... (unter der Annahme, dass ein Teil der Grundgesamtheit untersucht wird).

```
{
    ~verifizieren#nein, leider falsch (vielleicht mal bei Huber nachlesen)
    =falsifizieren#sehr gut!
    ~weder verifizieren noch falsifizieren#nein, leider falsch
}
```

Frage 3: Name: Frage nach genauem Wert – Goodhead

Wie lange (maximal, in Sekunden) beschreibt Jared Goodhead (auf ihrer Homepage) die Short Term Memory Duration nach Atkinson and Shiffrin (1968) sowie Hebb (1949)?

```
{
    \#30..30\#Ausgezeichnet - Richtige Antwort
}
```

Frage 4: Name: Multiple-Choice-Frage – Baddeley 2003

Auf welche zwei Autoren verweist Baddeley (2003) als Vorgänger zu Peterson und Peterson (1959)?

```
{
    ~%50%Hebb#richtig
    ~Cooper#leider falsch
    ~Anderson#leider falsch, Tip: Baddeley, A. (2003).
    Working memory and language: An overview. Journal of
    Communication Disorders, 36, 198-208.
    ~%50%Brown#richtig
    ~Ebbinghaus#leider falsch, Tip: Baddeley, A. (2003).
    Working memory and language: An overview. Journal of
    Communication Disorders, 36, 198-208.
}
```

Frage 5: Name: Frage nach genauem Wert – Sperling 1960

Wie viele Buchstaben konnten die Versuchspersonen bei Sperling (1960) im Schnitt reproduzieren? (Bitte nur eine Zahl angeben.)

```
{
    #4..6#sehr gut!!
}
```

Frage 6: Name: Multiple-Choice-Frage – ANOVA einf

Bei einer einfaktoriellen ANOVA mit 3 Stufen (in SPSS) stehen die abhängige Variable(n) (bzw. die Stufen des Faktors) ...

```
{
    ~... nebeneinander#leider falsch
    =... untereinander#richtig!
    ~... keines von beiden#eines ist schon richtig!
}
```

Frage 7: Name: Multiple-Choice-Frage – Welche Methode (ANOVA, Messw)

In einer Studie über Gewichtsreduktion (Diätstudie) wird jede Woche über den Zeitraum von 5 Wochen das Gewicht der TeilnehmerInnen gemessen. Außer diesen fünf Werten pro Person ist noch das Geschlecht (m/w) bekannt. Von Interesse ist, ob es Unterschiede zwischen den Männern und Frauen im Verlauf der 5 Wochen im Gewicht gibt. Die statistische Methode, um dies festzustellen, ist:

```
{
    ~t-Test#nein
    ~zweifaktorielle ANOVA#leider falsch
    =einfaktorielle ANOVA mit Messwiederholung#genau - sehr gut!
    ~zweifaktorielle ANOVA mit Messwiederholung#nein - leider falsch
}
```

```
~Faktorenanalyse#nein
~keine der Antworten#nein - eine Antwort ist richtig
}
```

27.8.4   Feedback, Ende und Auswertung

Wie schon in Bezug auf Horton erläutert, spielt das Feedback beim Online-Assessment eine wichtige Rolle. Da die Reaktion auf eine Antwort sofort erfolgen kann, wird der StudentIn ermöglicht, unmittelbar nach der Beantwortung für falsche Items weitere Informationen zu suchen. In Abbildung 27.16 sind Beispiele für Antwortmöglichkeiten in Moodle abgebildet.

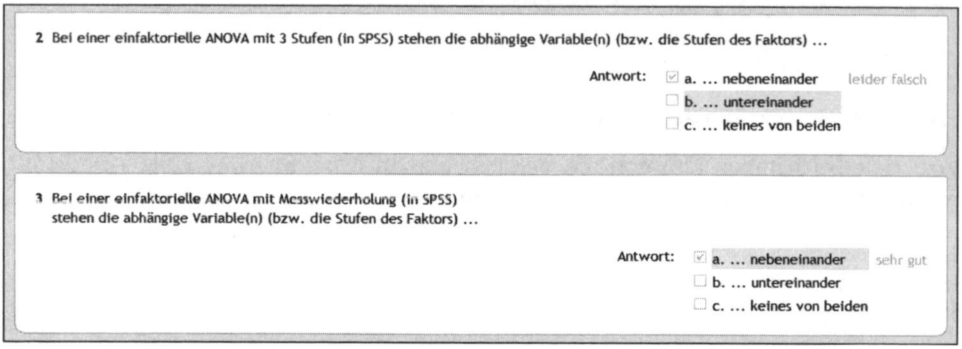

Abbildung 27.16: Moodle-Test, Beispiel SPSS-Auswertung

Die Antwort bei Frage 3 bestätigt die Richtigkeit, während die beiden anderen Antworten als falsch benannt werden und die richtige Antwort jeweils grün unterlegt ist. Dies ist aber nur eine Möglichkeit des Feedback. Oft ist es sinnvoll, eine Leseanleitung für die richtige Beantwortung der Frage zu geben. Die Studenten können dann mit den neuen Informationen einen zweiten Versuch der Beantwortung starten (siehe Frage 2 oben).

Nach Abschluss des Tests kann der Leiter sich einen einfachen Überblick über die Resultate verschaffen. Einerseits ist die Betrachtungszeit angegeben (Abbildung 27.17). Diese ist allerdings oft mit Vorsicht zur Beurteilung heranzuziehen, da sie bei einer Online-Befragung nur wenig über die eigentliche Bearbeitungszeit aussagt. Die Teilnehmer könnten während der Beantwortung abgelenkt werden oder eine Internet-Suche starten, um eine Antwort zu finden.

Über die ganze Gruppe gibt das letzte Beispiel Auskunft (Abbildung 27.17). Der Leiter erhält einen Überblick über den Zeitpunkt der Testdurchführung und die verbrauchte Zeit. Weiter werden die richtigen bzw. falschen Antworten je Frage abgetragen. Diese Daten können nach Excel oder SPSS exportiert und ausgewertet werden.

Quiz Woche 04.11. - 11.11.

Diese mal gehts etwas genauer um Peterson und Peterson (1959).

Erlaubte Versuche: 2

Bewertungsschema: Beste Note

Versuch	Verbrauchte Zeit	Beendet
1	12 Minuten 45 Sekunden	Tuesday, 4 November 2003, 08:20
2	8 Sekunden	Tuesday, 4 November 2003, 08:20

Dieser Test ist verfügbar bis: Tuesday, 11 November 2003, 12:00

Kein Versuch mehr zugelassen

Abbildung 27.17: Überblick über die Auswertung

Zusammenfassend wurde der Test von den Studierenden gut aufgenommen. Die Teilnehmenden haben vor allem die Wiederholung des Stoffes geschätzt und die Hinweise, die sie dadurch auf etwaige Lücken erhalten haben. Von meiner Seite ergaben sich vor allem zwei positive Punkte – der Test eignet sich gut, um die Teilnehmer mit Moodle vertraut zu machen und zu einem regelmäßigen Einstieg zu bewegen. Die Generierung der Fragen ist vor allem bei der ersten Verwendung aufwendig, doch das lohnt sich durch die leichte Wiederverwendung der Fragen in zukünftigen Assessments.

Michael Schulte-Mecklenbeck ist Postdoctoral Fellow an der *Columbia Business School* in New York. Er ist zertifizierter Hochschullehrer der Universität Bern, hat mehrere Jahre Lehrerfahrung an österreichischen und Schweizer Universitäten und forscht in den Bereichen Online Research und Entscheiden.

MICHAEL SCHULTE-
MECKLENBECK

27.9 Einsatz des Wikis in einer Realschule

Marc Lachmann, Realschule Alpen

Nachdem ich Moodle bisher in meinem Unterricht als Informations- und Testplattform benutzte, setzte ich die Lernaktivität WIKI erstmals im Fach »Freiarbeit« an der Realschule Alpen ein, um die Schüler produktiv arbeiten zu lassen.

27.9.1 Erstellung eines interaktiven Krimis

Bei der Erstellung eines interaktiven Krimis hat eine Schülergruppe der Klasse 8a mit dem WIKI gearbeitet. Die anderen Schüler arbeiteten entweder mit dem Microsoft-Programm PowerPoint oder mit dem Präsentationsprogramm Impress (StarOffice).

Bei einem interaktiven Krimi geht es darum, dass eine Geschichte erzählt wird, deren Fortgang der Leser selbst mitbestimmen kann. Der Leser übernimmt dazu den Charakter des Kriminalkommissars, der Schritt für Schritt bzw. Klick für Klick versucht, das Verbrechen aufzuklären.

Um die Geschichte abwechslungsreich und spannend aufzubauen, hat der Leser/Kommissar nach der Vorstellung der Ausgangssituation, z.B. einem Mord, mehrere Auswahlmöglichkeiten, wie die Geschichte weitergehen könnte.

Selbstverständlich führt nur ein Lösungsweg zum Ziel, sodass sich durch genaues Lesen, Kombinieren, Ausprobieren und eine Portion detektivisches Gespür das Verbrechen aufklären lässt.

Die Arbeit an diesem Projekt umfasste drei Arbeitsphasen:

1. Schreiben der Geschichte, Ausdenken der Irrwege, Skizze der Krimiwege
2. Eingabe des Textes ins Wikisystem
3. Testen der Geschichte und Formatierung der Wikiseiten

Phase I

Die Schüler mussten zunächst die Handlung erfinden. Diese zeichneten sie dann in Form einer Krimiwege-Skizze auf mehrere zusammengeklebte Blätter (Abbildung 27.18). Nachdem der zentrale Handlungsstrang aufgezeichnet war, wurden die Sackgassen, Irrwege und Umwege eingebaut.

Phase II

Die Einweisung der Schüler in die elementarsten Funktionsweisen des WIKIS dauerte nur eine Viertelstunde. Danach begannen mehrere Schüler an unterschiedlichen Computern den Text einzugeben. Es war erstaunlich, wie zügig die Schüler den Text in das Wikisystem eintippten. Von großem Vorteil war es, dass alle (drei Schüler-paare) gleichzeitig am Wiki-Dokument arbeiten konnten. Im Vergleich dazu gab es erhebliche Probleme bei einer anderen Schülergruppe, die statt des WIKIS ein Präsentationsprogramm benutzte. Hier waren genauere Absprachen notwendig, die kreative Erweiterungen allerdings kaum zuließen.

Phase III

Ein schnelles Erfolgserlebnis und viel Spaß hatte die Schülergruppe beim Test der eigenen Geschichte. Es stellte sich heraus, dass manche Formulierungen nicht stimmig waren und überarbeitet werden mussten. Der Lesespaß sollte erhöht werden, indem weitere Irrwege und Sackgassen eingebaut wurden.

Die Formatierung des Textes wurde bei der Verwendung von Bildern eingeschränkt. Vor allem die Tatsache, dass die Bilder zunächst auf den Server geladen werden mussten, um sie dann in das Dokument einzubinden, empfanden die Schüler als unbequem. An dieser Stelle war die Schülergruppe mit dem Präsentationsprogramm deutlich im Vorteil.

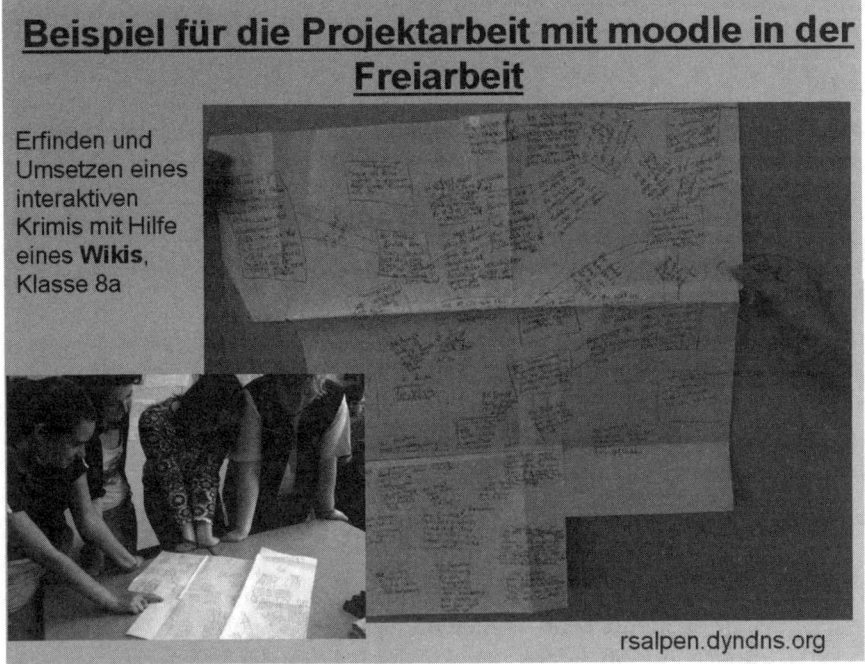

Beispiel für die Projektarbeit mit moodle in der Freiarbeit

Erfinden und Umsetzen eines interaktiven Krimis mit Hilfe eines **Wikis**, Klasse 8a

rsalpen.dyndns.org

Abbildung 27.18: Die Krimiwege-Skizze

27.9.2 Zusammenfassung

Aus pädagogischer Sicht bewerte ich das Arbeiten mit dem WIKI als sehr positiv. Es unterstützt die Kooperationsbereitschaft und fördert die Teamfähigkeit der Schülerinnen und Schüler. Das WIKI ist meines Erachtens gut geeignet, um kreativ zusammenzuarbeiten. Es ermöglicht die Umsetzung eigener Ideen und verzeiht größere und kleinere Fehler durch die Möglichkeit, alte Zustände wiederherstellen zu können.

Diese positiven Erfahrungen ermutigen mich, das WIKI auch im Englischunterricht einzusetzen.

In Verbindung mit dem Einsatz des Moodle-Forums können nicht nur einzelne Schülergruppen, sondern ganze Schulklassen in solchen Projekten kooperativ und konstruktiv zusammenarbeiten.

Lehrer für Englisch, Informatik, Erdkunde und Freiarbeit an der *Realschule Alpen*

Marc Lachmann

27.10 Verwendung der Lernaktivität Wiki

Harald Lohmann, Arnold-Janssen-Gymnasium, Neuenkirchen

Das WIKI eignet sich besonders im Bereich des kollaborativen Arbeitens in Gruppen. Gerade die Besonderheit der gegenseitigen Editierfunktion kann die gemeinsame Arbeit an einem Produkt unterstützen – und somit die Entwicklung einer sozial ausgerichteten Lerngemeinschaft fördern. Die methodischen Möglichkeiten sind vielfältig. Ich habe Wikis bisher in folgenden Bereichen eingesetzt:

Jahrgangsstufe 7, drittes Lernjahr Englisch, Schulform Gymnasium in NRW, Deutschland

- Einteilung der Klasse in Gruppen, jede Gruppe bekam ein WIKI (GRUPPEN, GETRENNTE GRUPPEN). Anschließend stellten die Schüler (etwa fünf je Gruppe) Fragen im Wiki, die sich auf inhaltliche Aspekte der Lektion des Lehrwerks beziehen sollten. Im Anschluss daran machte ich die Wikis für andere Gruppen sichtbar (GRUPPEN, SICHTBARE GRUPPEN) und wies jeder Gruppe eine andere Gruppe zu. Die Schüler mussten die Antworten dort aufschreiben, ohne die Fragen zu löschen. Abschließend konnte die Gruppe Fehler korrigieren. So entstanden Fragen- und Antwortenkataloge, die im Unterricht aufgegriffen werden konnten.

- Fortsetzungsgeschichte: Ich schrieb einen Satz ins WIKI »*It was last year in December*« (GRUPPEN, KEINE GRUPPEN) und forderte alle Schüler auf, die Geschichte weiterzuschreiben. Bedingung: Sie sollte inhaltlich logisch aufgebaut und mit etwas Spannung versehen sein, und als Zeitform sollte das Past Tense verwendet werden. Die Schüler konnten sich über den Zeitraum einer Woche einloggen und einen entsprechenden Text eintragen.

- Schüler führen ein Lerntagebuch, indem sie ein eigenes WIKI bekommen (TEILNEHMER, KEINE GRUPPEN), das nur sie selbst editieren und auch lesen können. Dort können sie in einem festgelegten Modus Einträge vornehmen (eigentlich die Alternative zum Weblog, das in Moodle voraussichtlich erst ab Version 1.7 angeboten wird). Als Lehrer kann ich das WIKI ebenfalls editieren und an geeigneter Stelle pädagogische Hinweise geben.

In allen drei Wikis habe ich bei den Einstellungen folgende Möglichkeit deaktiviert: BINÄRE DATEIEN ZULASSEN und KAMELHÖCKER-VERLINKUNG. Die Admin-Funktionen auf Schülerseite habe ich ebenfalls vollständig deaktiviert. Diese restriktiven Einstellungen waren nötig, weil bei dieser Lerngruppe die Gefahr bestand, dass sie Inhalte irrtümlich löschen würde. Gerade die KAMELHÖCKER-VERLINKUNG aber ist für andere Lerngruppen mit anderen Aufgaben wohl unverzichtbar.

Der besondere Vorteil eines WIKI liegt zweifelsohne in den schnell erlernten Editiermöglichkeiten. Die Einfachheit des Systems ist für Ungeübte sehr hilfreich. Der Lernende kann sofort anfangen und Texte online stellen. Die Verlinkung habe ich bei dieser Lerngruppe nicht eingeführt, weil die Zeit dazu nicht ausreichte.

Mit der Verlinkung eröffnen sich zusätzliche Möglichkeiten. Die Lernenden können eine individuelle Sammlung von Inhalten anlegen, beispielsweise für ein Referat oder ein Projekt. Oder mehrere Lernende erstellen das Wiki gemeinsam, indem sie gleichzeitig an verschiedenen, durch Links verbundenen Seiten arbeiten. Ein Wiki wird so zur idealen Sammelstelle für Texte, Bilder oder auch Links, die in einer Gruppenarbeit bedeutsam ist. Alle Gruppenmitglieder können auf die gemeinsamen Inhalte zugreifen.

Für den Sprachunterricht setze ich Wikis auch deswegen gerne ein, weil die Korrektur durch Mitschüler optimiert wird. Damit kann die Kooperationsfähigkeit gesteigert werden, kollaboratives Arbeiten wird so sehr gut umgesetzt. Allerdings suche ich noch nach geeigneten Methoden, die Hemmungen bei der Bearbeitung der Texte von Mitschülern abzubauen. Hier kann die Möglichkeit der synchronen Kommunikation noch besser genutzt werden.

Meine bisherigen Erfahrungen mit Moodle sind überaus positiv. Die Schüler scheinen Spaß an den Übungen zu haben, und das überträgt sich auf mich. Moodle wirkt – auch bei den schwächeren Schülern – motivationssteigernd. Binnendifferenzierung und individuelles Lernen lassen sich gut umsetzen. Die Möglichkeit, Übungstempo und Übungszeit selbst bestimmen zu können, wird intensiv genutzt. So lässt sich durch die äußerst umfangreiche Protokollierung aller Aktivitäten im System nachvollziehen, wann welche Schüler was gemacht haben. Sieht man einmal von datenrechtlichen Problemen ab, geben die statistischen Daten dem Lehrer doch reichhaltige Informationen über die Zugriffshäufigkeit einzelner Übungen. Da auch die Eingaben mitprotokolliert werden, lässt sich eine genauere Fehleranalyse vornehmen. Die Reaktion darauf kann individuell erfolgen, z.B. mit einer unmittelbaren Nachricht an den Schüler oder mit ergänzenden oder modifizierten Übungsformen. Gerade in dieser Adaptivität sehe ich den ganz großen Vorteil von Moodle gegenüber vorgefertigten Lernformen.

Moodle zeichnet sich auch im Vergleich mit anderen Produkten durch seine Einfachheit und Flexibilität aus. Die konstruktivistischen Lerntheorien sind durch das Angebot der kooperativen Lernformen schnell und einfach umsetzbar und werden durch die Möglichkeit der synchronen und asynchronen Kommunikation unterstützt. Gerade im Chat war bisher kein pädagogisch effizientes Konzept übertragbar. Die Anwesenheit der Lehrkraft ist in dieser Altersstufe zwingend nötig.

Abschließend kann ich sagen: Ich werde Moodle in Zukunft in weiteren Lerngruppen einsetzen. Durch den bisherigen Zuspruch der Schüler sank auch bei mir persönlich die anfängliche Scheu vor der doch gestiegenen Arbeitsbelastung. Die Inhalte sind nun mal von Hand zu erstellen. Sind sie einmal da, können sie allerdings wegen der übersichtlichen Dokumentenverwaltung schnell in neue Kurse übertragen werden. Hier ist vielleicht nur die Anpassung an die neue Lerngruppe notwendig. Natürlich braucht es noch weitere Erfahrungen bei der didaktisch sinnvollen Strukturierung der Inhalte.

In den folgenden Screenshots wird die Arbeit an einer Fortsetzungsgeschichte dargestellt.

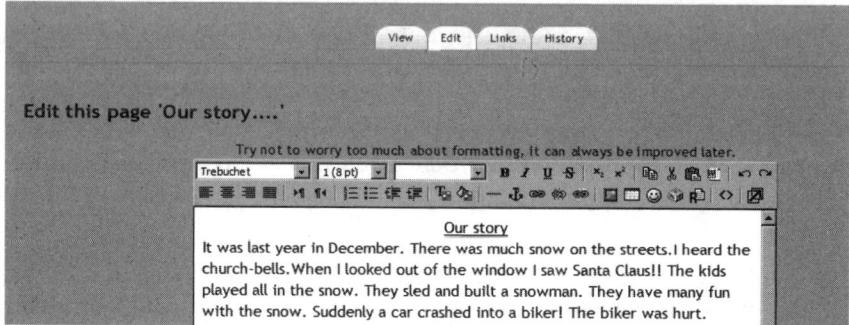

Abbildung 27.19: Im Editiermodus kann der Lernende seinen Text ergänzen, Einträge anderer korrigieren oder auch löschen.

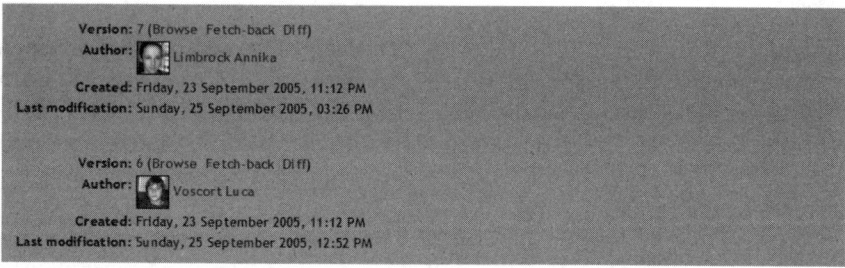

Abbildung 27.20: Im Register History wird erkennbar, welcher Lernende wann geschrieben hat (hier 6 und 7).

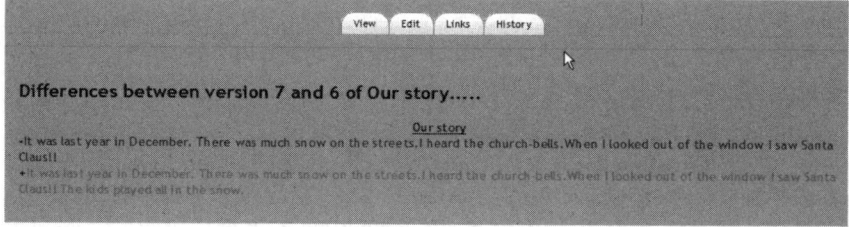

Abbildung 27.21: Die Option Diff gibt die Unterschiede wieder, die dadurch entstanden sind.

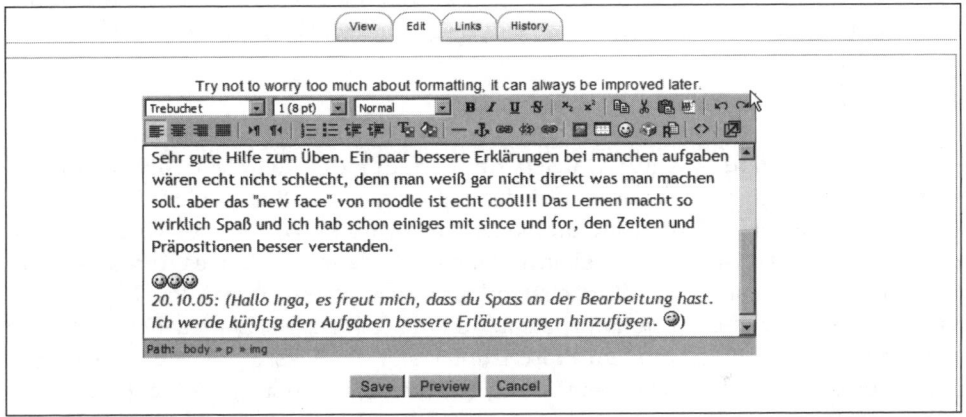

Abbildung 27.22: Die Einstellungen für dieses Wiki

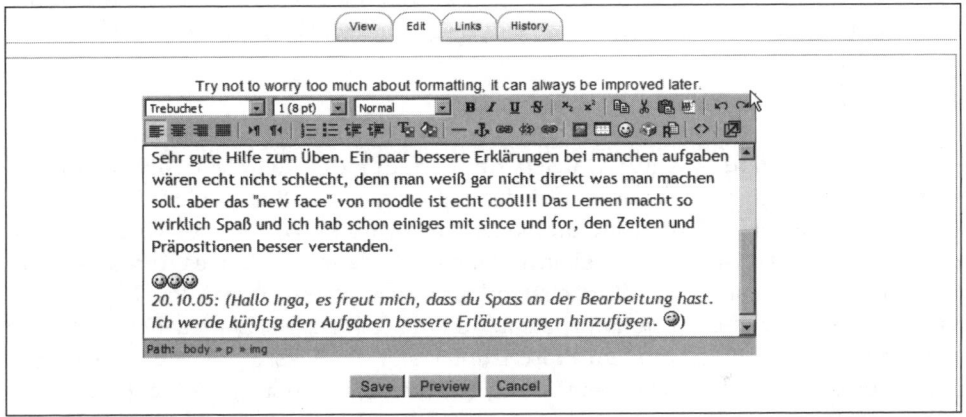

Abbildung 27.23: Lehrerkommentar eines Wiki-Eintrags

Harald Lohmann ist Lehrer am *Arnold-Janssen-Gymnasium*, einem privaten Gymnasium in bischöflicher Trägerschaft in Neuenkirchen, Nordrhein-Westfalen. Er unterrichtet die Fächer Englisch und Katholische Religionslehre und ist als Ausbildungskoordinator für die Betreuung der Praktikanten und Referendare zuständig. Zurzeit schreibt er im berufsbegleitenden Studiengang FESTUM (Fernstudium Medien) an seiner Masterarbeit »Der Einsatz eines Lernmanagement-Systems zur Unterstützung von Lernprozessen im Englischunterricht«.

HARALD LOHMANN

27.11 Chansons-Plausch

Alois Fischer, Wirtschafts- und Kaderschule KV Bern

27.11.1 Ziel

Im Fremdsprachenunterricht fördern wir an unserer Wirtschaftsschule hauptsächlich die vier Grundkompetenzen Leseverstehen, Hörverstehen, mündlicher und schriftlicher Ausdruck. Daneben ist auch von kultureller Kompetenz die Rede, in der Praxis ist sie m. E. jedoch eher ein Stiefkind. Die an unserer Berufsschule im Französisch-Unterricht eingesetzten Lehrmittel sind teilweise von Schweizer Autoren verfasst und aus verständlichen Gründen auf das berufliche Umfeld in der Schweiz ausgerichtet; französische Kultur spielt hier eine untergeordnete Rolle. Die Auseinandersetzung mit ein paar Chansons verstehe ich als Gegengewicht, erfrischende Abwechslung und Ergänzung zum vorwiegend berufsorientierten Französisch. Neben der Förderung der kulturellen Kompetenz haben die Schüler/innen auch Gelegenheit, ihren allgemeinen Wortschatz zu erweitern. Durch die Recherchen im Internet und das Hören der Chansons werden auch das Lese- und Hörverstehen gefördert.

27.11.2 Grundkonzept

Den Lernenden werden Audio-Dateien zur Verfügung gestellt. Mit Hilfe von Links suchen sie in Gruppen im Internet den dazugehörigen Liedtext sowie Informationen zum Interpreten. Für Wortschatzprobleme stehen Links zu Online-Wörterbüchern zur Verfügung. Die Gruppen erstellen anhand des gefundenen Textes Arbeitsunterlagen (Hörverstehensübung, Wortschatzerklärungen, Kurzporträt des Interpreten) nach einer Vorlage, die sie der Lehrperson für ein Feedback hochladen. Die bereinigte Version wird von der Gruppe im Präsenzunterricht der Klasse präsentiert. Kern der Präsentation ist die Hörverstehensübung (Lückentext; kursiv gesetzte Wörter mit orthographischen und grammatischen Fehlern, die zu korrigieren sind). Jede Woche gibt es eine Präsentation. Die vollständigen Arbeitsunterlagen jeder Gruppe werden von der Lehrkraft nach der Präsentation jeweils auf der Lernplattform zur Verfügung gestellt. Den Abschluss bildet ein Test (Hörverstehen und Wortschatz). Jeder Lernende kann sich online mit Hilfe der Arbeitsunterlagen und der Audio-Dateien auf den Test vorbereiten.

27.11.3 Kursablauf

- Die Lehrperson stellt im Präsenzunterricht das Konzept des Kurses und den Gruppenauftrag vor; der Auftrag ist zudem auf *campuswks* jederzeit einsehbar (VORTEIL).

- Hausaufgabe: Die Lernenden bilden im Unterricht Zweier-Gruppen, hören sich die Chansons online an und wählen eines aus.

506

Vorteil dieser Online-Phase: Ohne Moodle wäre es praktisch kaum möglich, jeden Lernenden sein bevorzugtes Lied wählen zu lassen; das Verteilen von Kassetten und CDs entfällt; also weniger Materialaufwand.

- Die Gruppen teilen im Forum ihre Wahl mit; Prinzip: first comes, first served.

Vorteil dieser Online-Phase: Jeder Lernende sieht, welches Lied schon gewählt worden ist; Beschleunigung der Organisation.

- Die vorgegebene Agenda für die wöchentlichen Gruppen-Präsentationen wird im Präsenzunterricht bereinigt, verabschiedet und in *campuswks* gestellt, wo sie jederzeit eingesehen werden kann (Vorteil).

- Der Lehrer macht anhand der Vorlage (Beispiel) auf *campuswks* (Joe Dassin: Les Champs-Elysées) eine Präsentation; das Beispiel kann bei der Vorbereitung der Schüleraufgabe jederzeit auf *campuswks* eingesehen werden (VORTEIL).

- Für den Austausch innerhalb der Gruppe wird noch ein Wiki erstellt (es wird jedoch kaum genutzt).

- Die Gruppe macht sich an die Arbeit:

  - Mit Hilfe des Links wird im Internet nach dem Liedtext und nach Informationen zum Interpreten gesucht.

  - Zum Text-Verständnis sind Links zu zwei Online-Wörterbüchern bereitgestellt.

  - Die Arbeitsunterlagen (einschließlich Lösung) werden nach der Vorlage erstellt.

  - Der terminierte Auftrag wird eingereicht.

  - Der Lehrer gibt seinen Kommentar, in dem er evtl. Verbesserungen anregt.

  - Die Lernenden bereinigen ihr Dokument, laden es nochmals hoch.

  - Für die Präsentation im Präsenzunterricht nehmen die Lernenden alle nötigen Unterlagen mit (einschließlich Lösung für das Hörverstehen auf Folie).

Vorteile dieser Online-Phase: Ohne Moodle wäre der gesamte Ablauf viel schleppender; dank den Links werden die Schüler aktiviert, suchen Liedtext und Informationen selbst (das Überreichen von Blättern entfällt) und finden das Gewünschte auch; ein bisschen Spaß ist sicher auch dabei.

- Für die Präsentation stellt die Lehrkraft eine CD zur Verfügung.

- Nach jeder Präsentation werden die vollständigen Arbeitsunterlagen jeder Gruppe auf *campuswks* zur Verfügung gestellt (dies für den Abschlusstest).

- Der Test wird im Präsenzunterricht durchgeführt: Hörverstehen und Wortschatz.

- Testvorbereitung: Die Lernenden haben nun alles Material an einem Ort; sie können auf *campuswks* die Audio-Datei hören und in einem anderen Fenster den Liedtext dazu lesen oder die Hörverständnisübung wiederholen – auditiv und visuell (Vorteile).

- Zwischendurch gibt es eine Abstimmung: Welches Lied gefällt Ihnen am besten?

- Test im Präsenzunterricht: Ein Novum war hier, dass einige Lernende die Melodie mitgesummt haben.

27.11.4 »Probleme«

- Eine Audio-Datei ist durchschnittlich 4 bis 6 Mbyte groß, fürs Hochladen musste der Administrator bemüht werden.

- Das Wiki wurde zu wenig gebraucht.

- Online wurde nur in kleinen Gruppen oder mit der Lehrperson kommuniziert.

- Da der Kurs über mehrere Wochen lief (jede Woche eine Gruppe) war jeweils nur eine Gruppe wirklich aktiv.

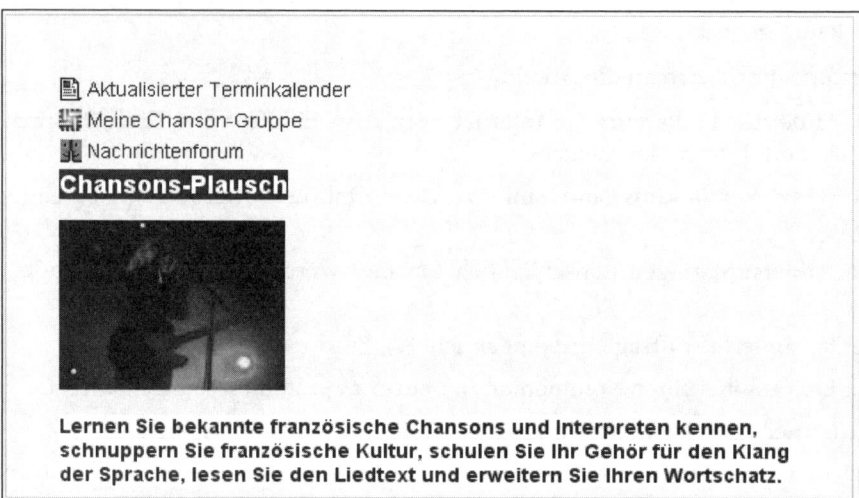

Abbildung 27.24: Chanson-Plausch

Alois Fischer ist Lehrer für Französisch und Deutsch an der *Wirtschafts- und Kaderschule KV Bern*, wo er vor allem Berufsmaturanden unterrichtet. Chansons-Plausch war seine erste eigene Unterrichtseinheit, die er im Rahmen eines Moodle-Einführungskurses entwickelt und durchgeführt hat.

ALOIS FISCHER

27.12 Resümee

Ich bin beeindruckt und begeistert, wenn ich diese Praxisbeispiele lese. Es ist toll zu erfahren, wie vielseitig Moodle in den verschiedensten Fächern von der Unterstufe bis zur Universität eingesetzt wird. Das motiviert mich, die Möglichkeiten von Moodle in meiner Unterrichtssituation auszuloten. Noch inspirierender empfinde ich den Willen, neue Wege zu beschreiten, und das Engagement, für die Lernenden das Beste zu geben. Ich erkenne die große Motivation und die Idee, die dahinter steht.

> *Ein Meister erlangte eines Tages die Erleuchtung. Von da an wollte er ein einfaches Leben führen, weil ihm ein solches zusagte. Die Schüler eiferten ihm nach und versuchten, nach seinem Vorbild ebenfalls ein einfaches Leben zu führen. Doch der Meister lachte nur und sagte: »Ihr Narren! Was nützt es, mein Verhalten nachzuahmen, ohne sich die Motivation zu Eigen zu machen, ohne die Idee, die dahinter steht?« Die Schüler schauten verwirrt. Da fügte der Meister hinzu: »Glaubt Ihr denn, dass eine Ziege ein Rabbi wird, nur weil sie einen Bart trägt?«*
>
> *(aus »Eine Minute Weisheit« von Anthony de Mello, leicht überarbeitet)*

Haben Sie sich die Motivation zu Eigen gemacht, die Idee, die dahinter steht? Nun denn – entwickeln Sie eigene Kurse, geben Sie die Motivation weiter, engagieren Sie sich – und lesen Sie weiter in Kapitel 28, *Kurs-Entwicklung*.

28 Kursentwicklung – die Nagelprobe!

Sie haben alle in der Standard-Version verfügbaren Lernaktivitäten ausprobiert und wissen, wie sie funktionieren. Dabei haben Sie Kurse erstellt und mit einzelnen Lernaktivitäten bestückt. Weiter haben Sie fiktive Teilnehmende in den Kurs geholt, diese in Gruppen eingeteilt und E-Learning gespielt. Es ist Zeit, diese Einzelteile zu einem Ganzen zusammenzubauen, zu einem Kurs, der für reale Teilnehmende einen Mehrwert bedeutet, der sie in ihrer Ausbildung maßgeblich unterstützt.

Ich gehe in diesem Kapitel davon aus, dass Sie Blended Learning-Kurse entwickeln werden, weil die Erfahrungen zeigen, dass diese Form des E-Learning bisher am erfolgreichsten ist.

In Blended Learning-Kursen wird der Präsenzunterricht mit dem Online-Unterricht vermischt. Das erleichtert Ihnen den Einstieg, weil Sie den Präsenzunterricht bereits gut kennen. Alle Aspekte der Unterrichtsplanung bleiben weiterhin gültig und werden hier nicht mehr besprochen.

In diesem Kapitel erfahren Sie, was Sie bei der Planung eines Blended Learning-Kurses in Moodle zusätzlich beachten sollten.

28.1 Präsenzunterricht und Online-Elemente

Bei der Planung eines Blended Learning-Kurses ist die Aufteilung der Offline- und Online-Elemente auf die verfügbare Kurszeit von Bedeutung.

Kürzlich erhielt ich den Auftrag, einen Kurs für die Ausbildung von Lehrpersonen zu Moodle-Kursverwaltern zu entwickeln. Ein solcher Kurs soll ungefähr alles aus dem Buch *Das Moodle-Praxisbuch* vermitteln, das eine Lehrperson wissen muss, um Moodle erfolgreich im Unterricht einsetzen zu können.

Die Lehrpersonen besuchen die Kurse freiwillig und zusätzlich zur normalen beruflichen Belastung. Sie sollen sich deshalb bei der Anmeldung nur für einen überschaubaren Zeitraum verpflichten müssen, und der zusätzliche Aufwand soll sich in Grenzen halten. Deswegen habe ich den Unterrichtsstoff auf drei zehnwöchige Module aufgeteilt, die im Ablauf immer gleich aussehen (Abbildung 28.1). Während den Online-Phasen wird der Aufwand in Stunden (STD) und während den Kurswochen in Lektionen (L) zu 45 Minuten angegeben.

Die Teilnehmenden leisten während der zehn Kurswochen im Schnitt je drei Stunden Kursarbeit. Wer die Belastung als Lehrperson bei einem vollen Pensum kennt, der weiß, dass dies an der oberen Grenze liegt.

1	2	3	4	5	6	7	8	9	10
Online-Phase Selbststudium Das Moodle-Praxisbuch		Kurs	Kurs	Kurs	Online-Phase Gruppenarbeit: Erstellen einer Unterrichtssequenz, Lösen von Online-Aufgaben				Kurs
6 Std		4 L	4 L	4 L	12 Std				4 L

Total 30 Stunden

Abbildung 28.1: Ablaufplan für einen Blended Learning-Kurs

Gehen Sie für Ihren ersten Blended Learning-Kurs genauso vor. Sie kennen die Lernziele, die Situation der Teilnehmenden, die Verfügbarkeit der Informatikzimmer usw., und Sie haben ein Zeitbudget zur Verfügung. Lassen Sie dieses Wissen in Ihre Planung einfließen. Skizzieren Sie einen ersten Ablaufplan, der Offline- und Online-Elemente auf die Kursdauer aufteilt, und definieren sie den zu erwartenden Zeitaufwand. Das sind die Grenzen, innerhalb derer sich Ihr Ausbildungsangebot abspielen wird.

Wenn Sie in Jahreskursen unterrichten, rate ich Ihnen dringend davon ab, Ihren ersten Kurs in dieser Dimension zu planen. Auch wenn Sie die Lernenden einmal oder mehrmals wöchentlich im Präsenzunterricht sehen, sollten Sie für die Online-Phasen genügend Zeit einplanen. Vielleicht betrachten Sie den Blended Learning-Kurs als eigenständige Unterrichtssequenz, die autonom neben dem normalen Präsenzunterricht läuft. Nur hin und wieder gehört eine Lektion des Präsenzunterrichts zum Blended Learning-Kurs.

Viele Blended Learning-Kurse beginnen und enden mit einer Präsenzveranstaltung (Sandwich). Andere entlassen die Lernenden nach der letzten Präsenzveranstaltung in eine abschließende Online-Phase. Diese dient dazu, die Inhalte der Präsenzveranstaltung nachzubereiten oder die Lernenden bei der Umsetzung in die Praxis zu begleiten und zu beraten. Kreieren Sie Ihre eigene Form!

Skizzieren Sie den für Ihre Unterrichtssituation passenden Ablaufplan, und Sie haben den ersten Schritt zu Ihrem Blended Learning-Kurs gemacht. Vielleicht werden Sie die Skizze aufgrund weiterer Überlegungen später noch anpassen. Das ist normal – Planen und Entwickeln ist ein iterativer Prozess.

28.2 Entwicklungs- und Betreuungszeit

Sie haben im Ablaufplan festgehalten, mit welchem Zeitbedarf ein Teilnehmer rechnen muss. Wahrscheinlich hat Sie folgende Frage bei dieser Überlegung beeinflusst: »Wie viel kann ich den Lernenden zumuten?« Nun, Sie sollten sich diese Frage selbst auch stellen. Die Antwort wird Ihnen helfen, sich für das richtige Lernszenario zu entscheiden.

Ich kenne Lehrpersonen, die im ersten Blended Learning-Kurs vorwiegend Übungen eingebaut haben, die ihre volle Aufmerksamkeit für jeden einzelnen Teilnehmer forderten. Und ich kenne andere, die während den Sommerferien eine Simulation in Flash programmiert haben, die von den Teilnehmenden nach drei Minuten abgehakt war. Sie können sich vorstellen, wie lange die Begeisterung dieser Lehrpersonen für Blended Learning anhielt ...

Beachten Sie bitte bei der Entwicklung Ihrer Blended Learning-Kurse von Anfang an die Entwicklungs- und die Betreuungszeit (Abbildung 28.2). Verstehen Sie mich bitte nicht falsch – ich meine damit nicht, dass Sie sich nicht an aufwendige Aufgaben und Projekte wagen sollten; aber bitte tun Sie es nur, wenn Sie die Zeit dazu haben und nicht immer alles auf einmal.

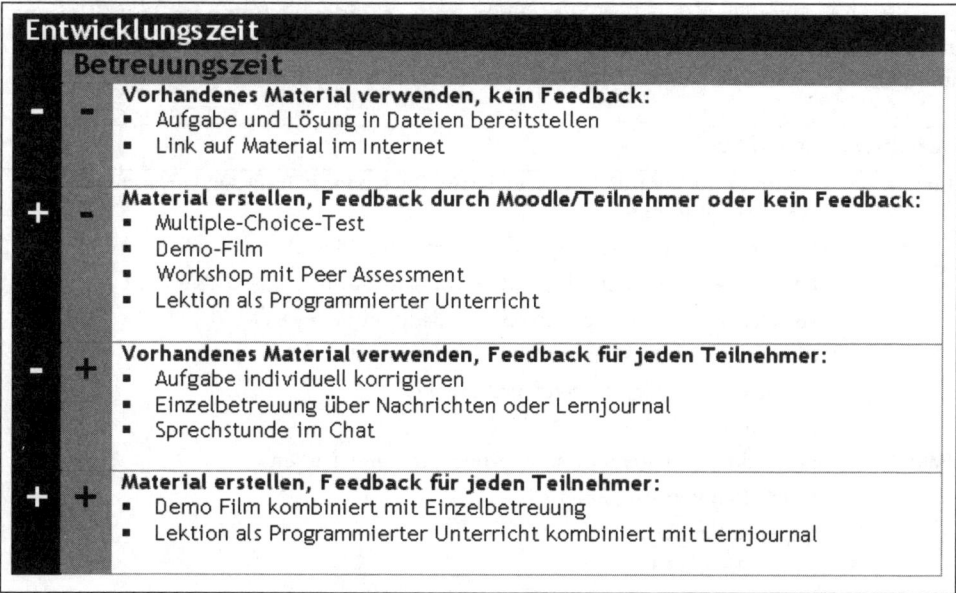

Abbildung 28.2: Der steigende Zeitbedarf verschiedener Lernszenarien, der durch die erforderliche Entwicklungs- und Betreuungszeit entsteht

Vermeiden Sie Lernszenarien, die aufwendige Entwicklung und aufwendige Betreuung kombinieren. Das Erstellen von aufwendigem Lehrmaterial lohnt sich nur, wenn es über mehrere Kurse und/oder von mehreren Lehrpersonen eingesetzt werden kann. Auch hier winkt wieder die Zusammenarbeit ;-). Der ärgste Zeitfresser ist die Betreuung, weil sie immer und immer wieder zu leisten ist. Sie ist aber auch sehr wichtig, weil viele Lernende die Motivation verlieren, wenn sie nicht beachtet werden. Verwenden Sie möglichst Aufgaben, bei denen die Lernenden das Feedback automatisiert von Moodle oder aber von anderen Teilnehmenden erhalten. Wo Ihre Betreuung nötig ist, können Sie den Aufwand reduzieren, indem Sie das Feedback zu Gruppenarbeiten oder als Zusammenfassung abgeben.

28.3 Aktives Lernen mit Aufgaben

Wenn Sie Lernprozesse in Gang setzen wollen, ist es wichtig, die Inhalte didaktisch aufzubereiten. Lernaktivitäten, die eine aktive Auseinandersetzung mit den Inhalten erfordern, setzen Aufgaben voraus, die die Inhalte für Lernende zum Leben erwecken. Sie sind also gefordert, solche Aufgaben für Ihren Blended Learning-Kurs zu komponieren.

Verwenden Sie dazu die vom Präsenzunterricht bekannten Methoden, und passen Sie diese lediglich an die neue Kommunikationssituation an, die meist etwas mehr Zeit braucht. Arbeitsweisen und Lernaktivitäten unterscheiden sich von jenen im Präsenzunterricht nur deshalb, weil die Kommunikation auf Distanz in der Regel schriftlich abläuft.

Sozialform	Lernaktivitäten
Einzel	Lektüre und Verarbeitung von Skript, Buch oder PDF-Datei, Lernaktivität WEBSEITE, Internet-Seite
	Lektüre und Verarbeitung von Powerpoint-Slides
	Bearbeitung einer Lernaktivität LEKTION (Computer Based Training)
	Anschauen und Verarbeiten eines Videodokuments
	Hören und Verarbeiten eines Audiodokuments
	Selbstständiges Bearbeiten von Aufgaben
	Internet-Recherche
Paar	Entwickeln von gemeinsamen Konzepten und Thesen
	Bearbeiten von Aufgaben
	Gegenseitige Beratung
	Sammeln von Ideen
	Gegenseitiger Austausch von Lösungen
	Gegenseitige Korrektur und Bewertung
Gruppe	
Plenum	

Tabelle 28.1: Aktives Lernen mit Aufgaben in verschiedenen Sozialformen

Wir unterscheiden zwischen inputorientierten und handlungsorientierten Methoden. Je nach didaktischem Verständnis und der aktuellen Lehrsituation werden Sie die eine oder andere vorziehen. Bei den Lernenden ist eindeutig die handlungsorientierte Methode beliebter, die zudem einen höheren Lernerfolg verspricht. Sie werden in Ihrem Blended Learning-Kurs wahrscheinlich beide Varianten mischen und dabei hoffentlich darauf achten, dass die Lernenden aktiv bleiben ;-).

28.3.1 Inputorientierte Methoden

Hinter diesen Lernszenarien stehen Muster wie »Vorlesung« oder »Lehrvortrag«, in dem die Lehrperson im Zentrum steht. Dabei beziehen die Lernenden das Wissen und/oder die Erfahrungen der Lehrperson als Input für weitere Aktivitäten.

Präsentation, Kurzreferat, Lehrtext oder Lehrfilm

Sie geben den Lernenden in einer Datei oder über einen Link (ARBEITSUNTERLAGE LINK AUF DATEI ODER WEBSEITE) den Input, allenfalls begleitet von Leitfragen (ARBEITSUNTERLAGE WEBSEITE), beispielsweise als Powerpoint-Präsentation, Text eines Referats, Text aus einem Fachbuch, Audiodokument oder Videodokument.

Die Teilnehmenden erschließen sich den Input und beantworten die Leitfragen. Vielleicht erfassen die Lernenden die Antworten auf dem Lernportal (LERNAKTIVITÄT AUFGABE, Online-Aufgabe), sozusagen als Quittung ihrer Lernarbeit. Als Trainer können Sie diese dort kommentieren und/oder bewerten.

Es ist auch denkbar, dass die Teilnehmenden anschließend eine Lernkontrolle ablegen (LERNAKTIVITÄT TEST) oder die Leitfragen mit den Mitlernenden vergleichen (LERNAKTIVITÄT FORUM). Diese Formen sind für Sie weniger zeitaufwendig, weil die Lernenden sich gegenseitig kontrollieren und ein zusammenfassendes Feedback von Ihnen genügt.

CBT (Computer Based Training)

Sie stellen den Lernenden den Input als Computer Based Training bereit (LERNAKTIVITÄT LEKTION). Die Lernenden bearbeiten den dargebotenen Stoff im eigenen Tempo und erhalten Feedback durch die eingebauten Lernkontrollen.

28.3.2 Handlungsortientierte Methoden

Handlungsorientierte Methoden erfordern mehr Aktivität vom Lernenden. Und weil sich Wissen nicht einfach von einer Person zur anderen »übertragen« lässt, sondern vom Einzelnen erarbeitet werden muss, sind handlungsorientierte Methoden oft der sinnvollere Weg.

Lehrgespräch

Als Trainer formulieren Sie zu einem bestimmten Thema einige zentrale Fragen. Die Lernenden antworten in einem Forum (LERNAKTIVITÄT FORUM) oder einem Chat (LERNAKTIVITÄT CHAT), greifen gewisse Aspekte in den Anworten von Mitlernenden auf und erhalten ein abschließendes Feedback von Ihnen.

Diskussion

Die Lernenden diskutieren eigene Thesen in einem Forum (LERNAKTIVITÄT FORUM) oder einem Chat (LERNAKTIVITÄT CHAT). Dabei greifen sie Aspekte in Beiträgen von Mitlernenden auf, vertiefen diese und erhalten ein abschließendes Feedback von Ihnen. Die Diskussion ist dem Lehrgespräch verwandt, jedoch weniger lehrerzentriert.

Meinungsforum, moderiertes Forum, Debatte

Im *Meinungsforum* diskutieren die Lernenden frei untereinander. Als Trainer greifen Sie dabei überhaupt nicht oder nur sehr zurückhaltend ein. Sie beschränken sich auf das Ordnen, Umbenennen oder Löschen von Beiträgen, der besseren Übersicht wegen. Ein solches Meinungsforum heißt beispielsweise *Kaffee & Kuchen*, *Teestube* oder *Döner Kebap* und dient dem »Klatsch und Tratsch« oder um dem »Ärger Luft zu machen« (LERNAKTIVITÄT FORUM).

Bei der **Moderierten Diskussion** leiten Sie als Trainer die Teilnehmenden dazu an, die Beiträge zu strukturieren. Eine solche Struktur kann vorgeben, dass ein Teilnehmer zuerst auf zwei andere Beiträge antworten muss, bevor er ein eigenes Thema eröffnet. Nutzen Sie den Gestaltungsspielraum aus, und spielen Sie die verschiedensten Regeln durch. Sie werden herausfinden, welche Regeln in Ihrer Unterrichtssituation die besten Ergebnisse bringen. Es ist allerdings wichtig, dass Sie den Lernenden vorab den Strukturierungs- und Verpflichtungsgrad klar mitteilen und dass Sie für deren Einhalten sorgen (LERNAKTIVITÄT FORUM).

Die **Debatte** – der virtuelle Schlagabtausch zwischen zwei Standpunkten – macht Spaß, wenn sie von streitlustigen Gruppen kontrovers geführt wird. Als Trainer legen Sie das Thema und die Gruppen »Pro« und »Kontra« fest. Die Mitglieder jeder Gruppe bereiten sich vor und stimmen sich ab. Bei Beginn der Debatte wird für jede Gruppe ein Diskussionsstrang angelegt, in dem die Gruppenmitglieder alle ihre Argumente zusammentragen. Oft ist es gar nicht möglich, eine abschließende Meinung zu erreichen und auch nicht so wichtig. Es zählt, dass die Teilnehmenden über die Reflexion erkennen, wie die Debatte abgelaufen ist (LERNAKTIVITÄT FORUM oder CHAT).

Einzelauftrag

Hier steht die individuelle Leistung der Lernenden im Vordergrund. Diese bearbeiten selbst und selbstständig Aufgaben und stellen ihre Lösungen auf die Lernplattform (LERNAKTIVITÄTEN AUFGABE, WIKI, FORUM, GLOSSAR und WORKSHOP). Sie sollten auch hier nach Formen suchen, die die Einzelkorrektur der eingereichten Lösungen ersetzen. Wenn Sie ihre Lösungen oder Lösungsvorschläge nach dem Einreichen sichtbar machen, genügt in vielen Fällen ein abschließendes Feedback je Aufgabe. In den Lernaktivitäten WIKI, FORUM, GLOSSAR und WORKSHOP sind auch einfache bis ausgeklügelte Formen des Peer Assessments möglich.

Gruppenauftrag

Der Gruppenauftrag gestaltet sich ähnlich wie der Einzelauftrag. Weil die Teilnehmenden gemeinsam an der Aufgabe arbeiten, kommt zusätzlich die Interaktion innerhalb der Gruppe hinzu. Manchmal erhalten die Lernenden genaue Vorgaben, mit welchen Werkzeugen und in welchen Schritten die Aufgabe zu lösen ist, oder sie müssen sich vollständig selbst organisieren.

Sie sollten bei Online-Gruppenarbeiten die Menge des zu bearbeitenden Stoffes wesentlich geringer ansetzen als im Präsenzunterricht. Die Lernenden benötigen für die Abstimmungsprozesse über Forum, Mitteilungen und E-Mail mehr Zeit. Sie können diesen Nachteil etwas auffangen, indem Sie die Phasen der intensiven Gruppendiskussionen in den Präsenzunterricht verlegen.

Abschließend stellen die Lernenden ihre Ergebnisse als Datei(en) oder Online-Texte aufs Lernportal (LERNAKTIVITÄTEN FORUM, AUFGABE, GLOSSAR und WORKSHOP). Als Trainer können Sie Gruppenaufträge eher individuell korrigieren, kommentieren und bewerten. Der Zeitaufwand wird bei fünf Gruppen im erträglichen Rahmen bleiben. Wenn Sie die Ergebnisse nach Abschluss für die anderen Gruppen freigeben, sind weitere Formen des Vergleichens, Kommentierens und Bewertens denkbar.

Brainstorming

Die Lernenden sammeln gemeinsam Ideen nach den üblichen Brainstorm-Regeln – frei assoziieren, ohne zu werten (LERNAKTIVITÄT FORUM, CHAT und GLOSSAR).

Szenenspiel, Simulation

Den Lernenden wird eine bestimmte Situation vorgegeben, in der sie entsprechend der vorgegebenen Rolle agieren sollen. Dabei lösen sie Aufgaben, schreiben Beiträge und fällen Entscheidungen, die als Dokument oder Online-Beitrag vorliegen (LERNAKTIVITÄTEN FORUM, MITTEILUNG, WIKI, AUFGABE und WORKSHOP).

Fallstudie

Ausgehend von realen Fragestellungen bearbeiten die Lernenden komplexe Themen, um Gelerntes auf die Praxis anzuwenden. Die Schilderung des Falles bildet den Ausgangspunkt der Aufgabe. Es ist sehr wichtig, dass Sie zu Beginn der Fallstudienbearbeitung ein gemeinsames Verständnis des Falles bei den Teilnehmenden erreichen. Es ist sinnvoll, wenn jede Gruppe die Rollen definiert (Wer moderiert? Wer präsentiert? Wer recherchiert? Wer achtet auf die Struktur?). Während der Bearbeitung stehen Sie als Trainer für inhaltliche Fragen zur Verfügung, setzen Impulse oder regen Änderungen im methodischen Vorgehen an. Die Lernenden recherchieren Informationen und erarbeiten gemeinsam Dokumente und Online-Beiträge, für die Sie Gruppenfeedback und Evaluationsmöglichkeiten vorsehen (LERNAKTIVITÄTEN AUFGABE, FORUM, WORKSHOP und ARBEITSUNTERLAGE WEBSEITE).

Teamberatung

Ein Ratsuchender bringt einen Fall als Thema zur Beratung, den er aus eigener Sicht schildert. Das Team versucht, ein klares Bild der Situation zu erhalten, indem es Fragen zur Klärung der Situation stellt. Bei den nun folgenden Phasen verhält sich der Ratsuchende passiv. Das Team tauscht Eindrücke und Assoziationen aus und sucht Handlungsmöglichkeiten und Lösungen. Im letzten Schritt werden die Optionen dem Protagonisten vorgestellt, der diese beurteilt. Zum Schluss bewerten alle Beteiligten die gesamte Beratung.

Eine solche Teamberatung ist höchst anspruchsvoll für alle Beteiligten, kann aber dem Ratsuchenden den Horizont erweitern und die Teammitglieder ermutigen, ihr Wissen aktiv einzusetzen (LERNAKTIVITÄT FORUM und CHAT).

Gruppenperspektive

Die Gruppenperspektive vergleicht die Erfahrungen mehrerer Teilgruppen zu einem bestimmten Thema. Als Trainer geben Sie das Thema exakt und die Struktur zur Bearbeitung relativ straff vor. Geben Sie nebst dem Zeitrahmen auch genau vor, wie die Gruppenergebnisse präsentiert werden müssen. Die einzelnen Gruppen stellen die Resultate ihrer Arbeit auf die Lernplattform und suchen in den Resultaten der anderen Teilgruppen nach Übereinstimmungen und Abweichungen. Im *Gruppenpuzzle* stellen sich die Lernenden nach der ersten Bearbeitungsphase so zusammen, dass in jeder neuen Gruppe ein Vertreter der ersten Bearbeitungsgruppe die anderen über deren Ergebnisse informiert. (LERNAKTIVITÄTEN FORUM, WIKI und GLOSSAR).

Standortbestimmung, Lernkontrolle

Die Lernenden überprüfen oder festigen ihr Wissen anhand eines Tests (LERNAKTIVITÄT TEST).

Praxisbegleitung

Die Lernenden stellen Fragen, schildern problematische Situationen und werden von Ihnen während einer gewissen Zeit betreut (LERNAKTIVITÄT AUFGABE).

Lernpartnerschaft

Die Lernenden schließen sich zu Lernpartnerschaften zusammen und formulieren Erkenntnisse, Geistesblitze und Fragen, die sie an den Lernpartner senden. Sie helfen, unterstützen und motivieren sich gegenseitig online (LERNAKTIVITÄTEN FORUM, WIKI, GLOSSAR und MITTEILUNGEN).

Wissensdepot

Die Lernenden legen selbst Wissensressourcen ab und stellen diese den anderen Mitgliedern der Gruppe zur Verfügung (LERNAKTIVITÄT GLOSSAR, FORUM und WIKI).

WebQuest

Die Lernenden recherchieren nach Anleitung im Internet, in Fachbüchern, Zeitschriften usw. und bereiten die Resultate so auf, dass sie auf der Lernplattform präsentiert werden können (LERNAKTIVITÄTEN WIKI, FORUM UND GLOSSAR).

28.4 Struktur und Layout

Sie haben die ersten Blended Learning-Sequenzen erstellt, sich darauf konzentriert, den Inhalt didaktisch aufzubereiten, und Sie haben passende Aufgaben zusammengestellt, die die Lernenden aktivieren. Spätestens jetzt sollten Sie sich einige Gedanken zur Kursstruktur und zum Layout machen.

Alle Moodler weltweit stellen sich dieselben Fragen:

- Wie groß darf ein Kurs sein, damit er überschaubar und handlich bleibt?

- Welche Informationen nehme ich auf die Kursraum-Ebene? Welche Informationen sind nur über Links zugänglich?

- Wie schaffe ich mit den Gestaltungsmöglichkeiten von Moodle einen attraktiven, motivierenden Kursraum?

- Welche Blöcke sind für den Lernenden wertvoll, welche sind Ballast?

- Wie muss ich die Kurse organisieren, damit ich sie leicht wiederverwenden kann?

- Wie ist es möglich, innerhalb eines Kurses die verschiedensten Gruppenkonzepte zu realisieren?

Leider gibt es nicht zu jeder Frage endgültige Antworten oder Rezepte – zumindest kenne ich sie nicht ;-). Als Starthilfe biete ich Ihnen anhand von Beispielen einige meiner Erfahrungen und Überlegungen an. Werfen Sie einen kurzen Blick in meine Trickkiste, und nehmen Sie, was Sie brauchen können.

Kurs-im-Kurs-Konzept

Den Blended Learning-Kurs *Lernprozesse steuern und begleiten – mit Moodle* habe ich zusammen mit meinem Bruder Martin entworfen. Wir verwenden ihn für die Ausbildung von Lehrpersonen zu Kursverwaltern.

Im Kopfbereich befinden sich jene Foren, die während des ganzen Kursverlaufs als Kommunikationsbrücke für alle Teilnehmenden dienen (Abbildung 28.3). Das NACHRICHTENFORUM dient den Kursleitern als schwarzes Brett, das alle wichtigen Kursinformationen enthält. Von hier aus werden die verschiedenen Kursphasen initiiert oder wichtige Termine in Erinnerung gerufen. Das Forum FRAGEN & ANTWORTEN ist die Drehscheibe für alle Fragen, die die Kursarbeit betreffen. Die Teilnehmenden stellen nicht nur Fragen, sondern beantworten sich diese oft gegenseitig, ohne dass der Trainer gefordert wird. Für gewisse Phasen, beispielsweise für die Projektarbeit, werden eigene Foren eröffnet. Das Forum KAFFEE & KUCHEN dient dem »Klatsch und Tratsch«.

Der Kurs beginnt mit einer Online-Phase, während der sich die Teilnehmenden im Lernportal registrieren und im Kurs anmelden. Weil sie zu diesem Zeitpunkt mit der Lernumgebung noch nicht vertraut sind, werden im Abschnitt ONLINE 1 möglichst alle Anleitungen auf der Ebene Kursraum gegeben und nur drei Links angeboten. Die Teilnehmenden lernen sich im Forum ETIVITY1 – WELCOME DRINK kennen und erhalten über zwei Demos die entsprechenden Anweisungen.

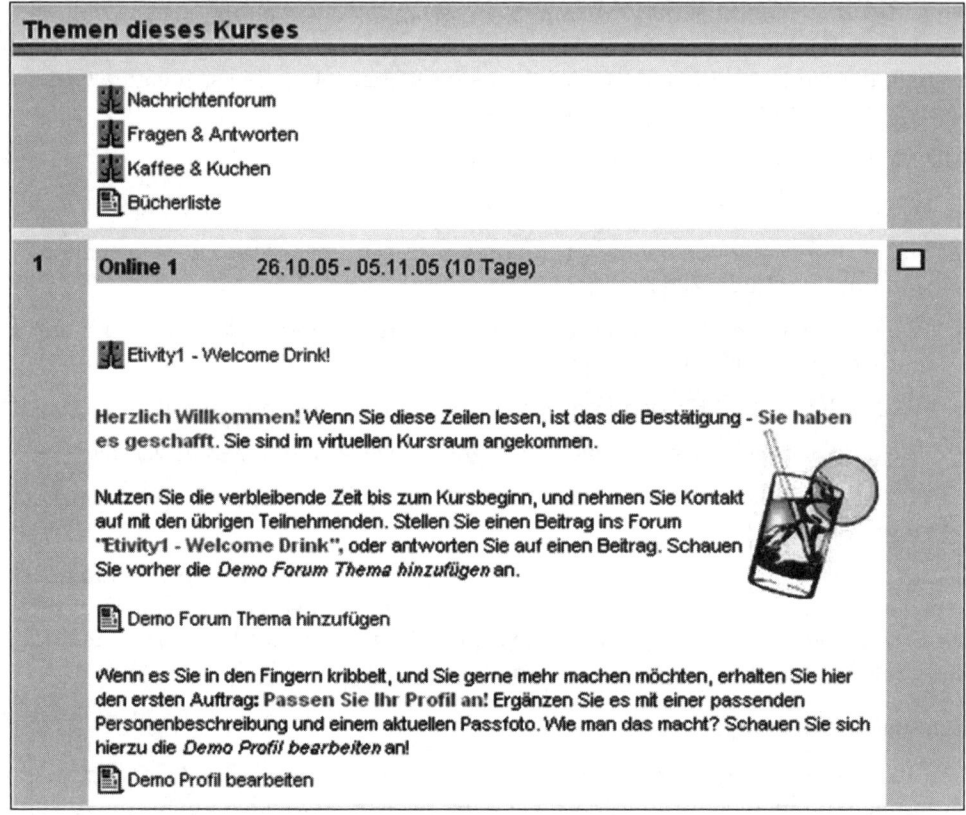

Abbildung 28.3: Kursstart

Es handelt sich beim hier vorgestellten Kurs um den Hauptkurs der ganzen Lehrveranstaltung, den wir mit dem *Kurs-im-Kurs-Konzept* realisert haben. Der Kurs enthält für jeden Präsenztag und die dazwischen liegenden Online-Phasen einen Kurs-Abschnitt, der im Titel Art und Zeitraum deklariert.

Abbildung 28.4 zeigt den Abschnitt für den dritten Präsenztag. Die Kopfbereiche aller Präsenztage sind nach dem gleichen Konzept gestaltet. Das themenbezogene Bild und der nebenstehende Spruch dienen als Anker für diesen Präsenztag und unterbrechen gleichzeitig die einförmige Nur-Text-Ebene des Kursraumes. Alle diese Bilder sind gleich groß und von gleichem Stil. Der Text neben dem Bild nimmt die Grundfarbe des Bildes auf, die in den übrigen Farbelementen des Abschnitts weitergeführt wird (Rechtecke). Alle Texte verwenden die gleiche Schriftart.

Für jedes Thema des Kurstages wird ein Übungskurs bereitgestellt, der vom Hauptkurs aus über einen Link zugänglich ist. Dieser wird unterhalb des Titels und der Beschreibung angezeigt. Das *Kurs-im-Kurs-Konzept* hat hier folgende Vorteile:

- Hauptkurs und Übungskurse werden nicht allzu groß, sie sind damit für den Teilnehmer übersichtlicher. Der Kursverwalter kann solche Kurse leichter sichern und neu zusammenstellen.
- Jeder Übungskurs hat eigene Gruppendefinitionen.
- Jeder Übungskurs hat eigene Bewertungstabellen.

Abbildung 28.4: Präsenzunterricht

Abbildung 28.5 zeigt den Abschnitt der zweiten Online-Phase ONLINE 2. Am Anfang jeder Woche erhalten die Teilnehmenden einige Aufgaben, die bis Ende der Woche zu lösen sind. Die eingereichten Beiträge werden von den Trainern bewertet. Die Bewertungsübersicht gibt Auskunft über die Qualität und die termingerechte Einreichung der Lösungen.

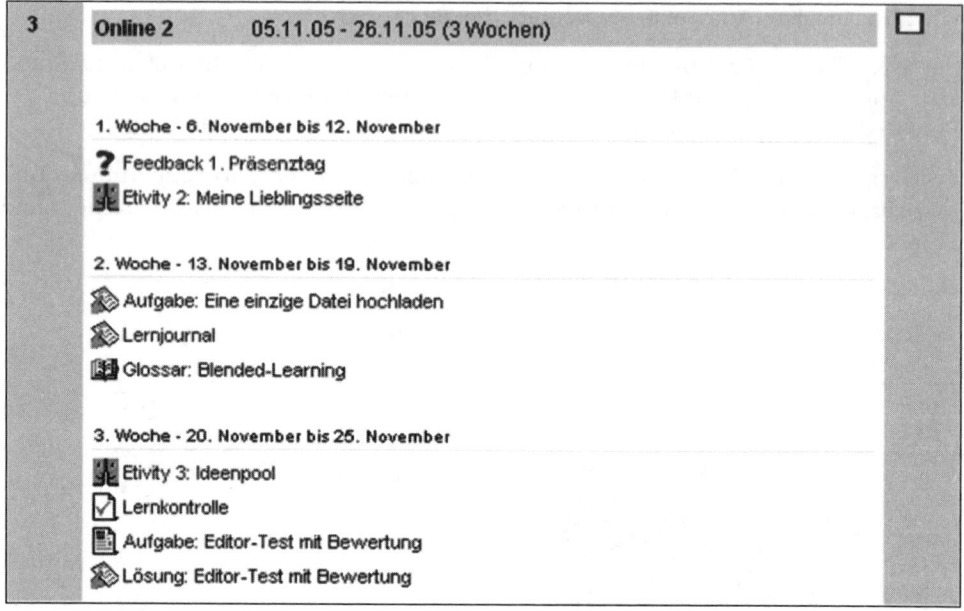

Abbildung 28.5: Online-Phase

Input mit Aufgabe

Durch das *Kurs-im-Kurs-Konzept* ist es in den Übungskursen möglich, mehr Informationen auf der Kursraum-Ebene anzuzeigen, ohne dass der Kurs insgesamt zu groß wird. Für die Teilnehmenden wirkt diese Präsentation übersichtlicher und motivierender. Abbildung 28.6 zeigt einen Ausschnitt aus dem Übungskurs HTML-Editor, in dem der Moodle-Editor behandelt wird.

Für jede Übung wird unterhalb der Bezeichnung in einem Bild angezeigt, welche Elemente des Editors verwendet werden. Die Teilnehmenden erkennen hier bekannte und noch unbekannte Bedienelemente des Editors und können die Übung so einordnen. Jede Übung besteht aus Input und entsprechender Übung. Die Demo zeigt in einem Video Schritt für Schritt, wie die Übung zu lösen ist. Manche Teilnehmenden schauen sich die Demo zunächst an und lösen die Übung aus der Erinnerung; andere lösen die Aufgabe Schritt für Schritt synchron zur Demo, indem sie diese immer wieder anhalten. Die Aufgabe gibt den Rohtext zum Kopieren vor und zeigt das fertige Endprodukt (Abbildung 28.7). Die Teilnehmenden lösen die Aufgaben in einem eigenen Kurs, wo sie von den Trainern korrigiert und bewertet werden.

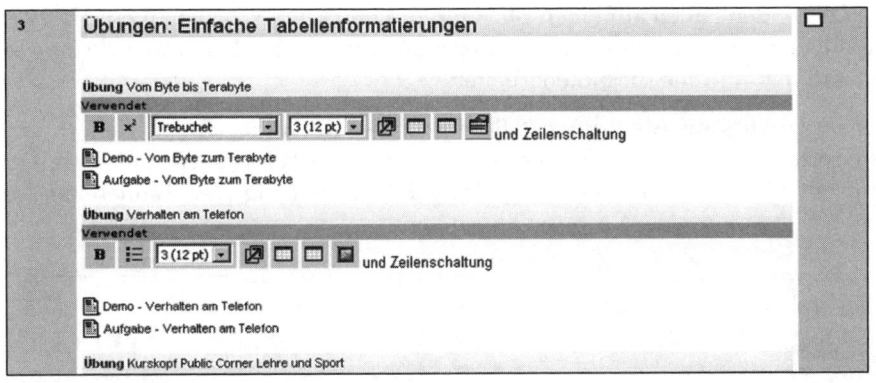

Abbildung 28.6: Input mit anschließender Aufgabe

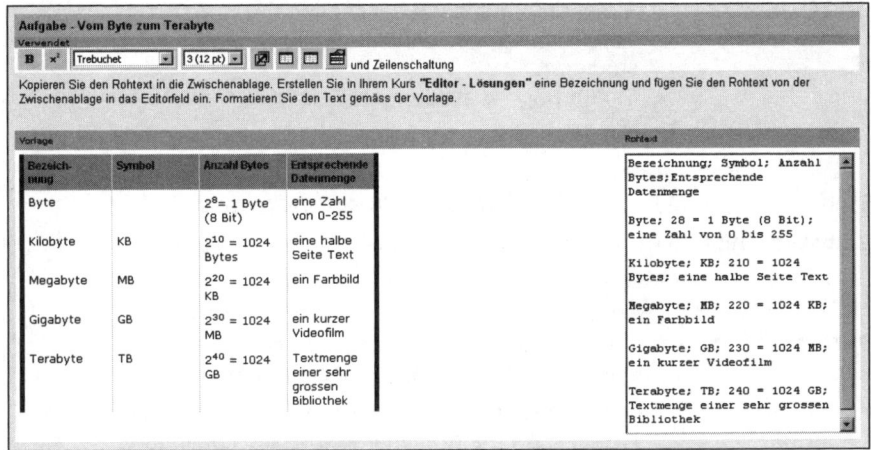

Abbildung 28.7: Online-Aufgabe

Organisation und Inhalt trennen

Ich wollte einmal erstellte Kurse mit möglichst wenig Aufwand wiederverwenden können und damit Zeit für Neuentwicklungen gewinnen. Mein Unterricht, den die Lernenden einmal wöchentlich besuchen, wird von verschiedenen Kursen auf dem Lernportal begleitet. Dazu führe ich für jede Klasse einen Wochenplankurs, in dem die Unterrichtsplanung, die Termine für Notenarbeiten, Hausaufgaben usw. eingetragen werden. Es sind diese organisatorischen Informationen, die sich von Klasse zu Klasse und von Jahr zu Jahr am meisten ändern. Ich betrachte diesen Kurs als »Klassenkurs« und kann darin auf die Eigenheiten dieser Lernenden eingehen und die Planung ad hoc anpassen. Diesen Aufwand kann ich betreiben, weil ich bei allen Klassen die gleichen Fachkurse verwende.

Abbildung 28.8 zeigt einen Wochenplankurs, in dem alle Lehrpersonen dieser Klasse mitmachen. Damit entsteht für alle Beteiligten ein nicht zu unterschätzender Mehrwert: Die Lernenden haben auf einen Blick ihren schulischen Wochenarbeitsplan vor sich, und die Lehrpersonen erkennen die Belastungsspitzen der Lernenden, beispielsweise anhand der Termine für Notenarbeiten.

Der Wochenplankurs aus Abbildung 28.8 zeigt auf der Kursraum-Ebene alle Informationen an, sodass die Teilnehmenden diese ohne weiteres Klicken lesen können. Der Kurs wird mit 52 Abschnitten sehr lang; deshalb ist es wichtig, den Teilnehmenden zu zeigen, wie man nur eine Woche anzeigen kann.

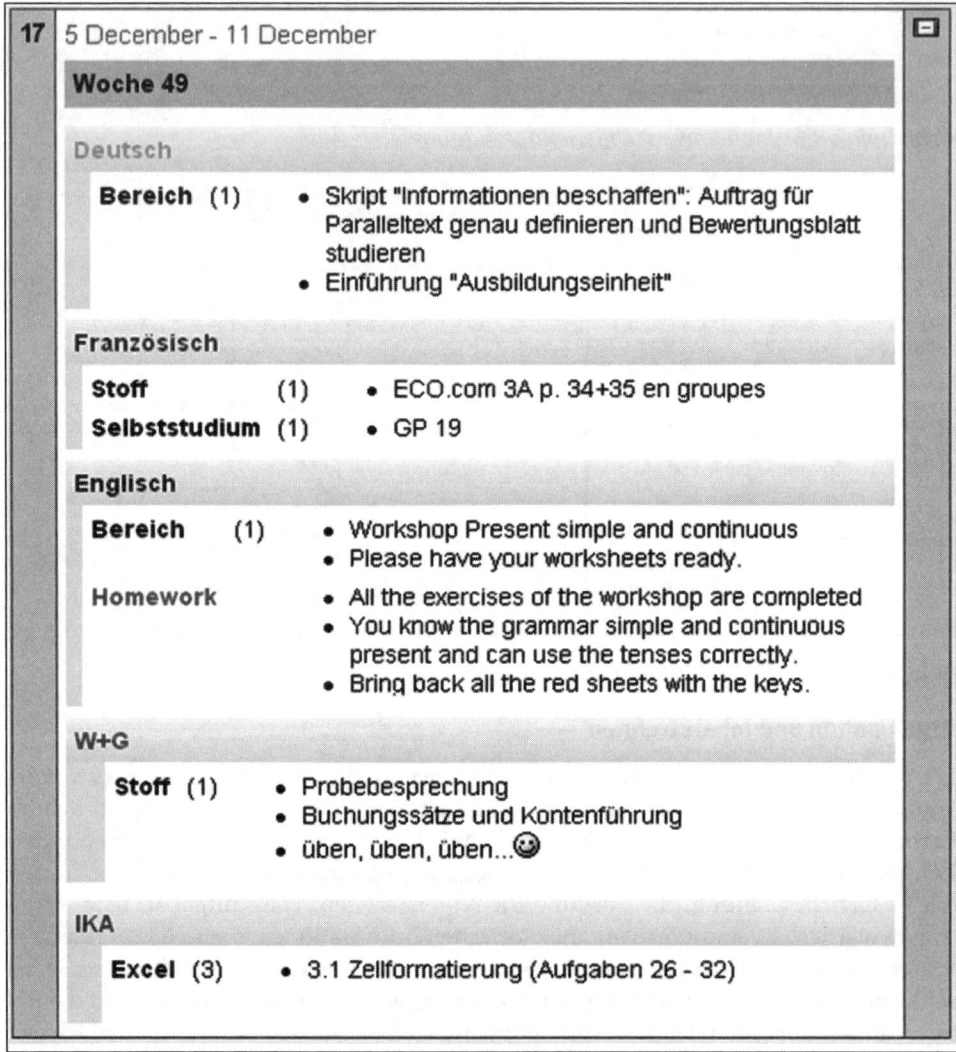

Abbildung 28.8: Wochenplan

Im Fachkurs Excel (Abbildung 28.9) enthält wiederum jeder Abschnitt ein Bild als Anker und eine einleitende Beschreibung, die den Inhalt der Sequenz wiedergibt. Zur besseren Übersicht sind die Links in die Bereiche STUDIUM, ÜBUNGEN, LERNKONTROLLE, PRAXIS und ONLINE-HAUSAUFGABEN unterteilt. Den Ablauf der Bearbeitung symbolisieren die Nummerntafeln, die zusammen mit den Titeln die Grundfarbe des Bildes weiterführen.

Für die Motivation der Teilnehmenden ist es nach meiner Ansicht wichtig, dass die Aufgaben übersichtlich und in einem ansprechenden Layout dargestellt sind (Abbildung 28.10).

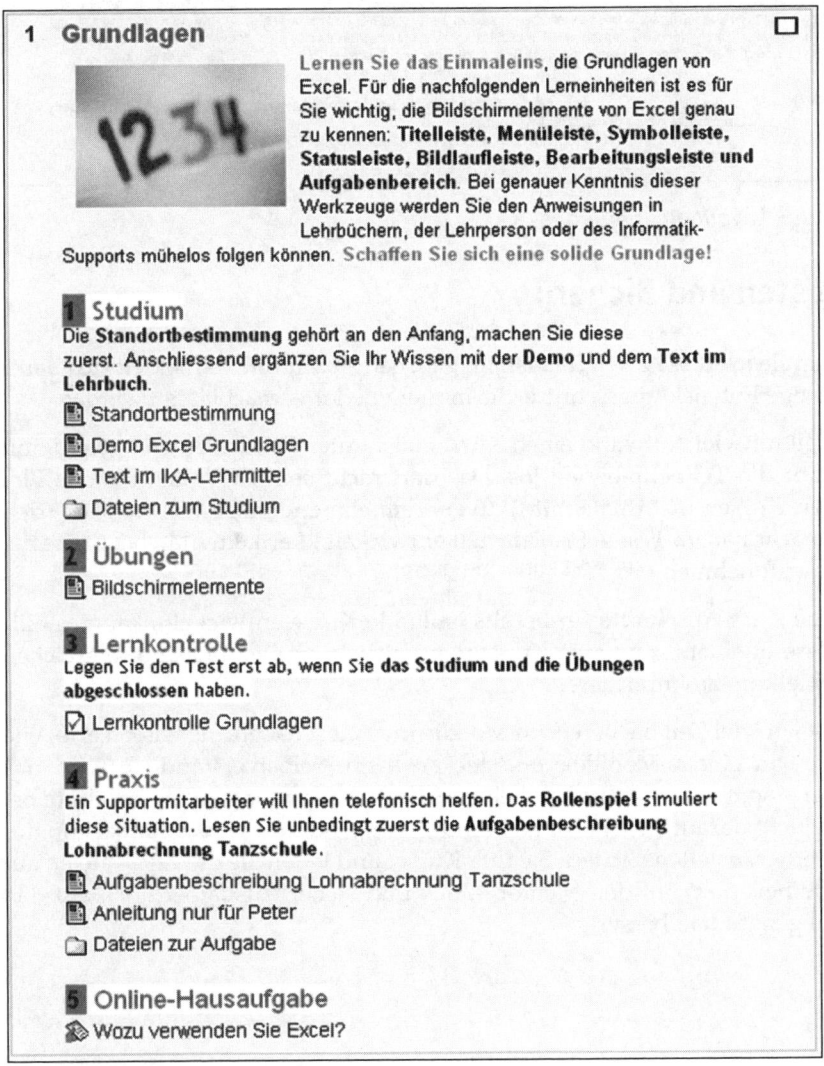

Abbildung 28.9: Inhalt im Fachkurs

Rollenspiel: Susanne ist lernende Kauffrau bei einer Versicherung und besucht regelmässig Kurse der Tanzschule Step by Step. Die Leiterin will ihren USA-Aufenthalt spontan um einen Monat verlängern und bittet Susanne telefonisch, die Lohnabrechnung für den Mai zu machen. Susanne sagt zu - Peter im Hinterkopf, der ihr sicher von seinem Arbeitsplatz in Genf aus **telefonisch** zur Seite stehen wird.

1 **Verteilen Sie die Rollen.** Wer weniger Erfahrung hat, soll die Rolle von Susanne, der Erfahrenere von beiden soll die Rolle von Peter übernehmen. **Hinweis: Peter darf nur soweit helfen, als er das auch telefonisch könnte. Am besten setzt sich Peter so hin, dass er Susannes Bildschirm nicht sehen kann!**

2 Susanne, Sie speichern die Datei `Lohnabrechnung.xls`, die Sie im Verzeichnis **Dateien zur Aufgabe** finden, auf Ihrem lokalen Datenträger und wollen mit dem Erstellen der Lohnabrechnung beginnen. Sie merken bald, dass Ihnen die Kenntnisse dazu fehlen. Die Leiterin der Tanzschule hat das vorausgeahnt und Peter damit beauftragt, sich die nötigen Daten zu beschaffen. **Öffnen Sie die Datei Lohnabrechnung und bitten Sie Peter telefonisch um Hilfe.**

3 Peter, Sie helfen Susanne nur mit sprachlichen Mitteln. Öffnen Sie die Anleitung nur für Peter und folgen Sie den Anweisungen. **Zeigen Sie diese Liste Susanne nicht!**

Abbildung 28.10: Layout einer Aufgabe

28.5 Testen und Sichern

Weshalb behandle ich diese zwei Themen im gleichen Abschnitt? Es handelt sich dabei um zwei wichtige Entwicklungsschritte, die immer wieder vernachlässigt werden.

Man entwickelt mit viel Aufwand einen Kurs, meist unter Zeitdruck, und geht damit unmittelbar auf die Teilnehmenden los. Das darf nicht sein … Testen Sie alle Elemente in Ihren Kursen mehrmals mit fiktiven Teilnehmenden, so wie wir es in den Übungen gemacht haben. Testen Sie jede neu entwickelte Lernaktivität, bevor Sie die nächste in Angriff nehmen.

Wenn Sie neue Kurs-Abschnitte für bereits laufende Kurse entwickeln, kann es hilfreich sein, diese in einem separaten Kurs zu entwickeln und erst nach erfolgreichen Tests in den Zielkurs zu importieren.

Bedenken Sie, wie viel Zeit Sie bereits in Moodle investiert haben. Sie wissen also, wie viel Arbeitszeit in einem Moodle-Kurs stecken kann. Selbstverständlich wird das Lernportal bei einem guten Hoster täglich gesichert. Aber verlassen Sie sich bitte bei Ihren Kursen nicht darauf. Es ist sehr aufwendig, einzelne Kurse aus dem Backup des Hosters wiederherzustellen. Sichern Sie Ihre Kurse, und laden Sie die ZIP-Dateien auf Ihre Festplatte herunter, auf den Memory-Stick und sicherheitshalber noch auf den iPod. Dreimal genäht hält besser!

28.6 Tools

Sie haben schon lange festgestellt, dass Moodle ein tolles Werkzeug ist und dass man damit einfach alles machen kann – fast alles. Für den kleinen Bereich, den Moodle nicht fertigbringt, gibt es hilfreiche Zusatztools ;-). Orientieren Sie sich bitte auf den Webseiten. Einige Tools sind kostenlos, andere doch recht günstig und als Trial erhältlich.

- **Articulate:** *www.articulate.com*, Powerpoint in Flash umwandeln
- **Snagit:** *www.techsmith.com*, Bilder ab Bildschirm (Screenshots)
- **irfanview:** *www.irfanview.com*, Bilder ab Bildschirm (Screenshots)
- **Camtasia:** *www.techsmith.com*, Filme ab Bildschirm (Flash), Powerpoint-Präsentationen als Flash-Datei
- **Mindmanager:** *www.mindjet.com*, Mindmaps
- **Hot-Potatoes:** *www.hotpotatoes.de*, Testfragen
- **eXe:** *www.exelearning.org*, Autorentool
- **CourseGenie:** *http://germany.coursegenie.dk*, Autorentool
- **WBTExpress:** *www.4system.com*, Autorentool
- **Inkscape:** *www.inkscape.org*, für die Erzeugung von (Vektor-) Grafiken

Kurse in Moodle entwickeln heißt, sich weiterentwickeln. Sie werden – nachdem Sie zehn Kurse erstellt und diese mit Teilnehmenden durchgeführt haben – Ihre Moodle-Kurse, Ihren Unterricht, anders angehen. Sie werden die Erkenntnisse aus vergangenen Kursen in die Entwicklung der neuen Kurse einfließen lassen und sich so zum Moodle-Experten für Ihre Unterrichtssituation weiterentwickeln. Ich erahne Ihr Engagement, Ihre Motivation und die Idee, die dahinter steht …

Es wäre schön, wenn Sie mich und alle Leserinnen und Leser dieses Buches daran teilhaben ließen. Motivieren und unterstützen Sie uns mit Ihrem Praxisbeispiel. Schildern Sie Ihre Erfahrungen mit Moodle im Forum PRAXISBEISPIELE auf *www.moodlepraxisbuch.info*. Vielen Dank.

29 Ausblick – in die Zukunft

Moodle wird ständig weiterentwickelt. Noch bevor die aktuelle Version 1.8 fertigge-stellt war, wurde die weitere Entwicklung des Lernportals in der ROADMAP festge-legt.

Die Roadmap gibt an, zu welchem Zeitpunkt welche Teile eines Systems erstellt sein sollen oder welche Meilensteine nacheinander abgearbeitet werden müssen. Weil die Roadmap laufend angepasst wird, sollten Sie hin und wieder die Seite *http://docs.moo-dle.org/en/Roadmap* konsultieren. Nachfolgend wird die Moodle-Roadmap aufgeführt, wie sie Ende März 2007 präsentiert wurde.

29.1 Version 1.9 – wird im Juni 2007 erwartet

GRADEBOOK DEVELOPMENT: Das neue Bewertungssystem soll schneller und flexibler werden. Dazu wird jede Aktivitäten neu ihre Bewertungen an zentraler Stelle spei-chern. Es soll möglich sein, das Verändern von Berwertungen zu sperren, oder sie sollen abrufbar sein, auch wenn die Aktivität bereits gelöscht wurde.

METADATA: Der Administrator erstellt eine Liste aller Kompetenzen, die mit dem Lernportal erreicht werden sollen (Lehrplan, Lernziele). Teile davon können einem Kurs oder einer einzelnen Aktivität zugeordnet werden. Damit werden die verschie-densten Auswertungen möglich sein, beispielsweise kann ein Kursverwalter rasch feststellen, ob sein Kurs alle Lernziele abdeckt oder welche Lernziele ein bestimmter Teilnehmer bereits erfüllt hat.

REPOSITORY API: ermöglicht die Entwicklung von Plugins für verschiedene externe Repositories.

LEARNING DESING EXPORT: ermöglicht es, einen Moodle-Kurs ins IMS LD-Format zu exportieren. Diese Entwicklung wird erst mit der Version 2.0 vollständig abgeschlos-sen sein.

NEW GROUPS: Das neue Gruppenkonzept wird es erlauben, Gruppen für die ganze Moodle-Site zu definieren oder einer Aktivität Gruppen zuzuordnen.

BLOG COMMENTING: ermöglicht das Kommentieren von Blogs.

SCORM 2004?, INGEGRATE NWIKI?, INTEGRATE FEEDBACK MODULE?: Diese Einträge stehen momentan kommentarlos unten auf der Liste. Öffnen Sie die Roadmap-Seite, und lesen Sie nach, wie die Einträge sich heute präsentieren!

29.2   Version 2.0 – wird Ende 2007 erwartet

IMS LEARNING DESING: ermöglicht den Import/Export von Kurse im IMS Learing Design-Format.

CONDITIONAL ACTIVITIES: Es wird möglich sein, den Zugriff auf eine Lernaktivität von Bedingungen abhängig zu machen – beispielsweise muss ein Test abgelegt sein, bevor die nächste Lernaktivität zugänglich ist. Damit ist es möglich, sogenannte »Lernpfade« zu definieren, was bisher ja nur umständlich über Tricks funktionierte.

STUDENT INFORMATION API: Programmierschnittstelle, die Teilnehmerverwaltung in externen Systemen ermöglichen soll.

COMMUNITY HUB: Netzwerk zwischen verschiedenen Moodle-Seiten.

OLD DB INSTALL/UPGRADE SYSTEM REMOVED: Das alte Installations- und Upgrade-System.

29.3   Version 2.1

PORTFOLIO API: Programmierschnittstelle, die die Erstellung von Portfolios zur internen Prüfung und externen Publikation ermöglichen soll.

Eine gute Idee, diese Roadmap – das ist doch auch etwas für Sie! Während der vergangenen Wochen haben Sie sich intensiv mit Moodle beschäftigt, haben dieses Buch durchgearbeitet und dabei sicher viele Ideen für Ihre eigene Unterrichtssituation entwickelt. Notieren Sie diese auf einem Blatt Papier, und legen Sie die Reihenfolge fest, in der Sie sich damit beschäftigen wollen. Bis wann sollen die ersten drei Ideen verwirklicht sein? Diese Meilensteine werden Sie motivieren und auf Kurs halten!

Ich wünsche Ihnen weiterhin viel Spaß mit Moodle und eine erfolgreiche Umsetzung Ihrer persönlichen Roadmap.

30 Moodle-Installation – Sie werden geholfen!

In diesem Kapitel erfahren Sie, wie Moodle auf einem lokalen PC und auf einem gehosteten Server zu installieren ist. Während auf einem gehosteten Server der Webserver und die Datenbank vom Provider bereitgestellt werden, müssen Sie bei einer lokalen Installation diese Komponenten selbst installieren. Dazu werden Sie *XAMPP* verwenden, das den Apache-Webserver mit PHP und die MySQL-Datenbank installieren wird.

Die Installation von Moodle selbst verläuft auf allen System gleich. Sie erfahren, wie Sie Datenverzeichnis und Datenbank anlegen und anschließend die neueste Moodle-Version auf Ihrem PC oder auf dem gehosteten Webserver mit dem eingebauten Installationsscript bequem installieren.

Für die Installation auf Windows- oder Mac OS X-Rechnern stehen *Complete Install Packages* zur Verfügung, die sämtliche Kompenenten (Moodle, Apache, MySQL und PHP) in einem Vorgang installieren.

Alle dazu nötige Software sowie die bei der Drucklegung dieses Buches aktuellste Moodle-Version 1.8 finden Sie auf der Buch-CD.

30.1 Voraussetzungen

Sie können Moodle in wenigen Minuten selbst installieren:

- Auf einem **lokalen Arbeitsplatz-PC**, für Vorbereitungsarbeiten und Software-Tests
- Auf einem **Server im lokalen Netzwerk**, als Angebot im Intranet
- Auf einem **gehosteten Server bei einem Provider**, als Angebot im Internet

Für die Installation von Moodle muss der Server diese Voraussssetzungen erfüllen:

- Webserver: Apache oder IIS
- PHP ab 4.1.0 (Moodle unterstützt PHP 5)
- Datenbank MySQL oder PostgreSQL

Wollen Sie Moodle auf dem Internet bereitstellen, suchen Sie sich einen entsprechenden Provider, am besten einen, der Moodle kennt und der Erfahrungen mit Moodle-Installationen hat. Außer Apache, PHP und MySQL sollte das Angebot folgende Anforderungen erfüllen:

- FTP-Zugang, zum Hochladen von Moodle und Dateien

- Mindestens 500 Mbyte Speicherplatz, der bei Bedarf erweitert werden kann

- Verwaltungsprogramm für die Datenbank (meist phpMyAdmin)

- Mindestens 2.0 GHz Prozessorleistung

- Mindestens 2 Gbyte Arbeitsspeicher (Je mehr Nutzer sich den Server teilen, desto größer muss der Arbeitsspeicher sein – fragen Sie deshalb danach.)

- Die Grafikprogrammbibliothek GD-LIB unter PHP muss verfügbar sein.

- 16 Mbyte Speicher müssen für Moodle verfügbar sein memory_limit in *php.ini*.

- Cron-Jobs müssen für eine vollständige Funktionalität verfügbar sein.

30.2 Moodle herunterladen

Wenn Sie es eilig haben, können Sie diesen Abschnitt überspringen. Die Moodle-Version 1.8 steht auf der Buch-CD zur Verfügung, und Sie brauchen vorerst nichts herunterzuladen. Aber Moodle wird ständig weiterentwickelt, und die Zeit wird kommen, wo Sie Ihre Installation auf den neuesten Stand bringen und die dazu nötige Software herunterladen wollen.

Auf *http://download.moodle.org* finden Sie stets die neueste Version des Programmpakets und der optionalen Zusätze (Abbildung 30.1). Diese Seite erreichen Sie auch über den Link DOWNLOAD auf der Seite *www.moodle.org*.

Wenn Sie nur die neueste Version herunterladen wollen, genügt das Register GENERIC PACKAGES. Damit Ihnen nicht entgeht, welchen Fundus die Moodle-Community hier bereithält, werde ich die übrigen sechs Register ebenfalls kurz erwähnen.

Laufend werden neue Lernaktivitäten und Blöcke entwickelt, und viele davon werden auch von den Entwicklern angeboten. Sie werden aber erst in diese Register übernommen, wenn sie einigermaßen stabil sind und ins Gesamtkonzept von Moodle passen. Sie finden Hinweise auf solche Zusatzfunktionen in den Foren auf *www.moodle.org* im Kurs USING MOODLE.

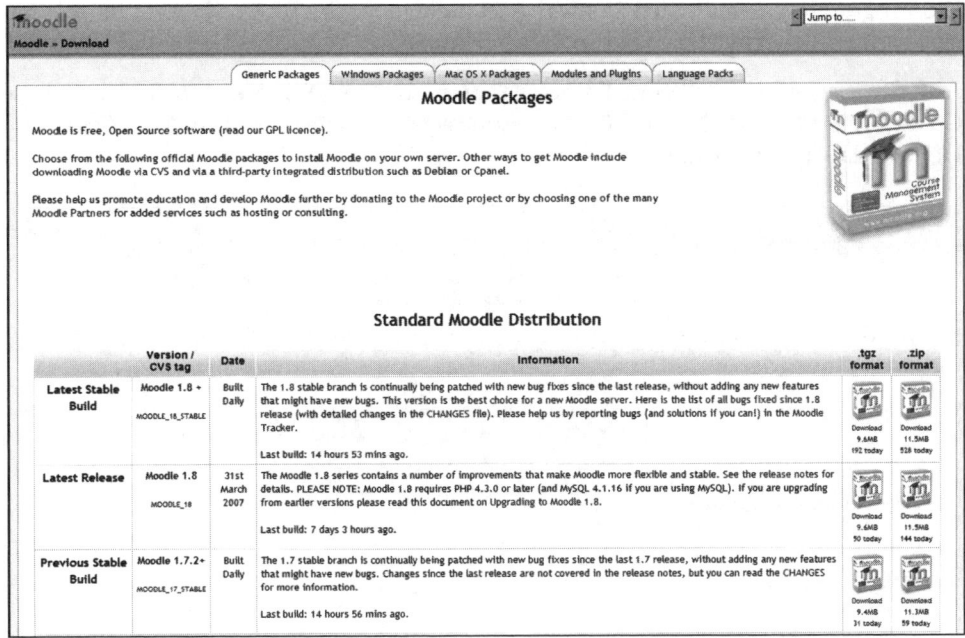

Abbildung 30.1: Das Register Moodle Packages, Standard Moodle Distribution

30.2.1 Generic Packages

Im oberen Bereich des Registers MOODLE PACKAGES finden Sie alle derzeit verfügbaren Releases der STANDARD MOODLE DISTRIBUTION zum Herunterladen bereit (Abbildung 30.1).

- LATEST STABLE BUILD: Das ist die neueste stabile Version. Sie baut auf LATEST RELEASE auf, enthält aber die Korrekturen der Fehler, die seither bekannt wurden, und wird täglich aktualisiert. Diese Version können Sie bedenkenlos einsetzen.

- LATEST RELEASE: Das ist die letzte offizielle aktuelle Version.

- PREVIOUS STABLE BUILD: Das ist die Vorgänger-Version von Latest Release. Sie enthält die aktuellste Version einer früheren Moodle-Version. Obschon die neueren Funktionen fehlen, erfolgt auch hier noch täglich eine Fehlerkorrektur. Verwenden Sie diese Version zur Pflege von Alt-Installationen, solange Sie nicht auf die neueste Version wechseln wollen.

- LATEST DEVELOPMENT BUILD: Das ist die nächste Version, die momentan mitten in der Entwicklung steckt. Sie sollten diese Version nicht für produktive Systeme verwenden. Sie wird täglich aktualisiert und ist für jene gedacht, die entweder beim Testen mithelfen oder einfach kibitzen wollen, was die nächste Version neu bringt. Dazu eignet sich eine lokale Moodle-Installation am besten.

Die Programmdateien liegen in zwei Archivdateien vor, TGZ oder ZIP, die Sie mit einem Klick auf DOWNLOAD herunterladen können.

Auf den Registern WINDOWS PACKAGES und MAC OS X PACKAGES finden Sie die COMPLETE INSTALL PACKAGES für die Betriebssysteme WINDOWS und MAC OS X zum Herunterladen (Abbildung 30.2).

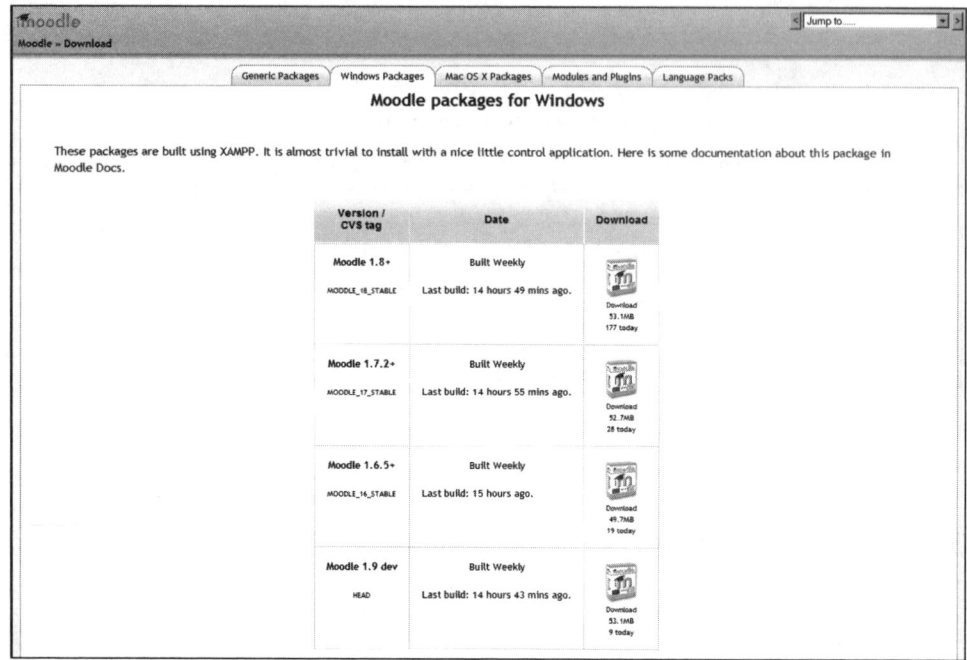

Abbildung 30.2: Register Moodle Packages, Complete Install Packages

30.2.2 Moodle CVS

Auf dem Register MOODLE CVS erhalten Sie Informationen zu diesem System, das den gesamten Quellcode von Moodle enthält. CVS (Concurrent Versions System) heißt das System, das alle Dateien eines Software-Projekts an zentraler Stelle verwaltet. Obschon die Entwickler dabei einzelne Dateien verändern, bleiben alle früheren Versionen erhalten, einsehbar und wiederherstellbar. CVS hilft, den Überblick über die einzelnen Versionen zu behalten, und ermöglicht damit die weltweite Zusammenarbeit der Moodle-Entwickler.

Weltweit hat jederman Lesezugriff und kann Dateien herunterladen. Für den Zugriff auf CVS sind für alle gängigen Betriebssysteme Programme entstanden, beispielsweise MACCVS für den Mac und für Windows WINCVS oder TORTOISECVS (*http://tortoisecvs.org*). Über CVS können Sie Dateien direkt vom Moodle-Server auf Ihren Server übertragen.

30.2.3 Language Packs

Das Register LANGUAGE PACKS enthält eine Liste aller Sprachpakete, mit der E-Mail-Adresse des Verantwortlichen und mit Links auf eine Informationsseite, die in den entsprechenden Bereich im CVS oder in das dazugehörende Forum führen. Moodle enthält momentan 72 Sprachpakete (Abbildung 30.3).

Language	Download	Modified	Contact	Info	CVS	Forum
Afrikaans	af.zip (82.9KB)	2005-02-16	riaan.de.villiers@epiuse.com	info	cvs	
Albanian	sq.zip (286.1KB)	2005-10-28	bejo_duka@yahoo.com	info	cvs	
Arabic	ar.zip (111.7KB)	2005-11-07	abureesh@uqu.edu.sa	info	cvs	forum
Basque	eu.zip (244.5KB)	2005-06-22	txeli@aeknet.net		cvs	

Abbildung 30.3: Ein Teil der Liste der vorhandenen Sprachpakete

30.2.4 Modules and Plugins

Auf dem Register MODULES AND PLUGINS finden Sie eine Datenbank, die alle Zusatz-Aktivitäten (Modules) zum Download auflistet (Abbildung 30.4).

- NAME: Hier finden Sie die englische Bezeichnung, die als Link die Detailseite öffnet (Abbildung 30.5).

- TYPE: Gibt einen Hinweis, worum es sich handelt und wo Sie dieses Modul einsetzen können: BLOCK, MAJOR PATCH, ACTIVITY MODULE, FILTER, SMALL HACK usw.

- REQUIRES: Ab welcher Version kann dieses Modul eingesetzt werden?

- STATUS: STANDARD bedeutet, dass diese Lernaktivität Teil des gesamten Programmpakets ist, das Sie auf dem Register MOODLE PACKAGES herunterladen können, und THIRD PARTY sind zusätzliche Module, die von der Community kostenlos zur Verfügung gestellt werden.

Wie Sie zusätzliche Lernaktivitäten und Blöcke installieren, erfahren Sie in Abschnitt 30.9, *Moodle erweitern*.

	View list	View single			

Page: 1 2 3 4 5 6 7 8 9 10 11 12 13 14 15 16 17 (Next)

Name	Type	Requires	Status	Summary	
Acess Translator Google	Block	Moodle 1.6 or later	Standard	Translator Google	↖
Activity Locking V 2.0 for Moodle 1.6 only	Major Patch	Moodle 1.6	Third-Party	Activity Locking V 2.0 for Moodle 1.6 only	↖
Activity Locking V 2.0 for Moodle 1.7.1 only	Major Patch	Moodle 1.7 or later	Third-Party	Activity Locking V 2.0 for Moodle 1.7.1 only	↖
Activity Podcast v1.0	Activity Module	Moodle 1.6 or later	Third-Party	Make Podcasting simply with Moodle	↖

Abbildung 30.4: Modules and Plugins, Datenbank

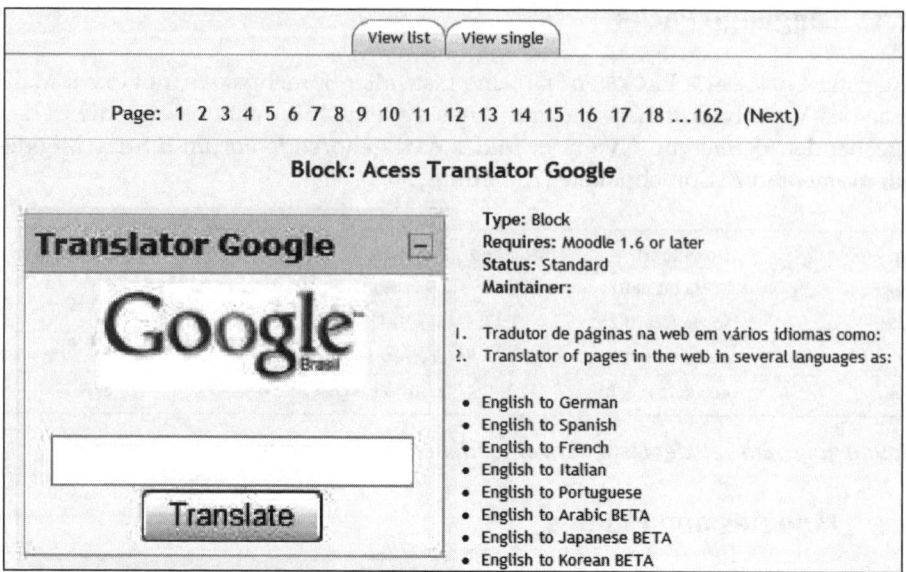

Abbildung 30.5: Modules and Plugins mit Detailansicht für den Block »Access Google Translater«

30.2.5 Suchbegriff »Filter«

Mit dem Suchbegriff »Filter« finden Sie in der Datenbank Modules and Plugins alle derzeit verfügbaren optionalen Zusatzfilter zum Herunterladen (Abbildung 30.6). Filter überarbeiten die Informationen aus der Datenbank vor dem Versenden an den Anwender in einer bestimmten Art. Die Funktion der AUTOMATISCHEN VERLINKUNG VON GLOSSARBEITRÄGEN beispielsweise wird von einem Filter übernommen, der die Texte nach Schlagwörtern des Glossars durchsucht und diese als Link formatiert.

- ALGEBRA: wandelt algebraische Formeln vor dem Anzeigen in GIF-Dateien um. Dieser Filter funktioniert nur in Verbindung mit dem TEX-Filter.

- MEDIAPLUGIN: erkennt in einen Kurs hochgeladene Multimedia-Dateien und startet das entsprechende Programm zum Abspielen der Dateien.

- MULTILANG: erkennt die `<lang>`-Tags in HTML-formatierten Texten. Damit ist es möglich, eine zweisprachige Seite zu entwickeln, die entsprechend der beim Teilnehmer eingestellten Sprache angezeigt wird. Leider interpretieren nicht alle Browser die `<lang>`-Tags korrekt.

- TEX: wandelt den (auch von LaTEX bekannten) TEX-CODE automatisch in GIF-Dateien um und ermöglicht damit die Anzeige komplexer Formeln. Aus `[tex] f(x) = e^{x+1} [/tex]` wird beispielsweise:

  $f(x) = e^{x+1}$

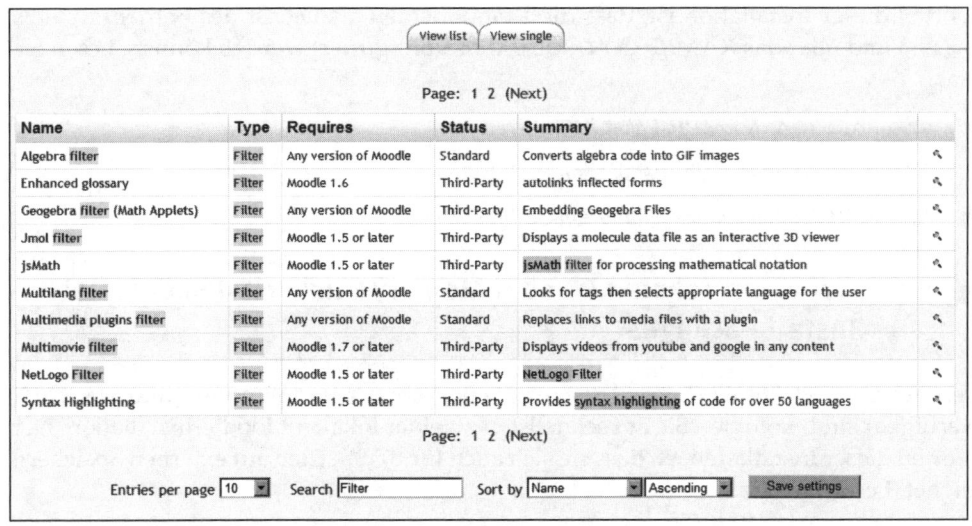

Abbildung 30.6: Ein Teil der Liste der verfügbaren Filter

30.3 Installationspläne

Die einzelnen Schritte der in diesem Kapitel angebotenen Installationsvarianten überschneiden sich teilweise, werden aber nur einmal beschrieben. Damit Sie für die gewünschte Variante die richtigen Texte lesen, hier eine Leseanleitung für die Installation:

30.3.1 Auf einem gehosteten Server

Wir gehen davon aus, dass Apache, PHP und MySQL vom Hoster zusammen mit einem Administrationspanel bereitgestellt werden, sodass die in Abschnitt 30.1, *Voraussetzungen*, geschilderte Umgebung zur Verfügung steht. Lesen Sie dazu:

- Abschnitt 30.6, *Moodle-Installation vorbereiten*
- Abschnitt 30.7, *Moodle-Installationsscript starten*

30.3.2 Auf einem Server im Intranet oder auf einem lokalen PC mit XAMPP

Mit dem XAMPP-Paket installieren Sie ein vollständiges Webserver-Paket mit Apache, PHP, Perl, MySQL, phpMyAdmin und weiteren Tools, das sich für den Betrieb eines Intranet-Servers wie für eine anspruchsvollere Installation auf einem lokalen PC eignet, der beispielsweise für Entwicklungs- oder Testzwecke betrieben wird. Der

Vorteil dieser Installation ist, dass die Komponenten als Dienst des Betriebssystems starten und über das XAMPP CONTROL PANEL konfiguriert werden können. Lesen Sie dazu:

- Abschnitt 30.4, *XAMPP-Paket installieren*

- Abschnitt 30.6, *Moodle-Installation vorbereiten*

- Abschnitt 30.7, *Moodle-Installationsscript starten*

30.3.3 Auf einem lokalen PC oder Memory Stick mit den Complete Install Packages

Mit den *Complete Install Packages*, die für die Betriebssysteme Windows und Mac OS X verfügbar sind, kommen Sie am schnellsten zu einer lokalen Moodle-Installation. Der Vorteil dieser Installation ist, dass sie sich auch für den Betrieb auf externen Speichern eignet. Lesen Sie dazu:

- Abschnitt 30.5, *Die Complete Install Packages installieren*

- Abschnitt 30.7, *Moodle-Installationsscript starten*

30.4 XAMPP-Paket installieren

Weil sich ein Apache-Webserver nicht so einfach installieren lässt, insbesondere, wenn weitere Pakete wie MySQL, PHP oder Perl dazukommen, bin ich sehr froh, die richtigen Freunde zu haben – die *Apache Friends*. (Jetzt lohnt es sich, dass wir einst Winnetou die Daumen drückten ;-).)

Die Apache Friends stellen alle nötigen Software-Komponenten in einem Paket bereit, mit dem Ziel, eine besonders einfache Installation zu erreichen. Für Windows-Systeme gibt es eine Version mit automatischer Installation, für die übrigen unterstützten Betriebssysteme immerhin eine Version mit ausführlicher Installationsanleitung. Mit einigen Mausklicks erhalten wir so ein Server-Werkzeug, das sonst nur mit viel Fachkenntnis und nach aufwendiger Konfiguration zugänglich wäre.

Das XAMPP-Paket steht Ihnen auf der Buch-CD oder als Download auf *www.apachefriends.org/de/* für alle Betriebssysteme zur Verfügung. In XAMPP steht das X für die vier Betriebssysteme Linux, Windows, Mac OS X und Solaris. Die restlichen vier Buchstaben bedeuten Apache, MySQL, PHP und Perl. Zusätzlich enthält das Paket den FTP-Server FileZilla Server, den Mailserver Mercury, phpMyAdmin, Webalizer, OpenSSL und Python.

30.4.1   Windows

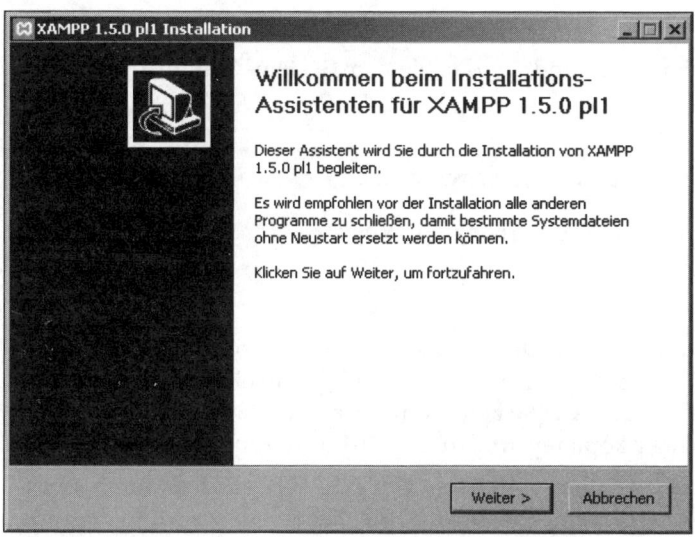

Abbildung 30.7: XAMPP-Installation unter Windows

Am besten installieren Sie XAMPP auf dem Systemlaufwerk in ein eigenes Verzeichnis. Dabei richten Sie den Apache Webserver und die MySQL-Datenbank als Dienst ein – entsprechende Dialoge werden Sie danach fragen. Die Installation mit dem Installations-Assistenten ist so einfach, wie Sie das von anderen Windows-Installationen kennen. Nach erfolgreichem Abschluss sind Apache Webserver und die MySQL-Datenbank gestartet, wie das Control Panel anzeigt (Abbildung 30.8).

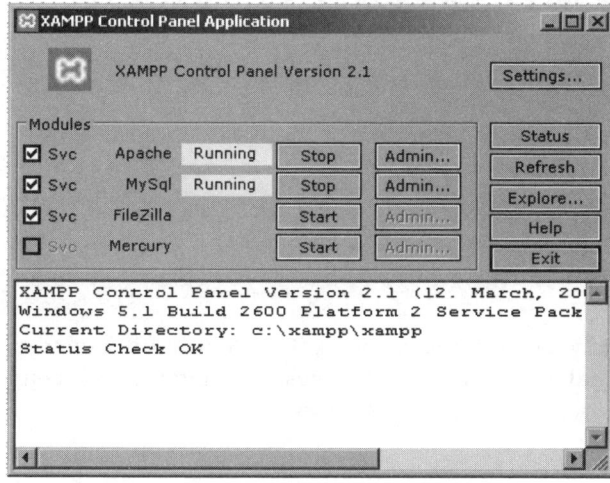

Abbildung 30.8: Das XAMPP Control-Panel

30.4.2 Linux

1. Schritt: Installieren

▨ Rufen Sie eine Linux-Shell auf, und werden Sie zum System-Administrator *root*:

```
su -
```

▨ Packen Sie dann das heruntergeladene Archiv aus:

```
tar xvfz xampp-linux-1.5.0.tar.gz -C /opt
```

Achtung

Bitte benutzen Sie unbedingt dieses Kommando zum Installieren von XAMPP. Verwenden Sie auf keinen Fall irgendwelche Microsoft Windows-Tools zum Auspacken, wenn Sie die Daten dann auf den Linux-Rechner kopieren wollen. Es wird nicht funktionieren.

Eine bereits installierte Version von XAMPP wird dadurch überschrieben. In diesem Fall sollten Sie lieber ein XAMPP-Upgrade (sofern vorhanden) verwenden.

Das war's. XAMPP ist nun im Verzeichnis /opt/lampp installiert.

2. Schritt: Starten

Tippen Sie zum Starten von XAMPP einfach diesen Befehl ein:

```
/opt/lampp/lampp start
```

Auf dem Bildschirm sollten nun folgende Mitteilungen zu sehen sein:

```
Starte XAMPP für Linux 1.5.0...
XAMPP: Starte Apache mit SSL...
XAMPP: Starte MySQL...
XAMPP: Starte ProFTPD...
XAMPP gestartet.
```

30.4.3 Mac OS X

1. Schritt: Installieren

Nach dem Download entpacken Sie einfach das Archiv, z.B. mittels StuffitExpander, und rufen das Paket auf. Der Installer wird automatisch gestartet und benötigt beim 3. Schritt der Installation das Passwort eines Administrators.

Achtung

Eine bereits installierte Version von XAMPP wird dadurch überschrieben.

Das war's. XAMPP ist nun im Verzeichnis /Applications/xampp installiert.

2. Schritt: Starten

■ Um XAMPP starten zu können, müssen Sie *root* sein. Um *root* zu werden, geben Sie
folgenden Befehl und bei der anschliessenden Passwort-Abfrage das Administra-
toren-Passwort ein:

su

■ Starten Sie anschließend XAMPP für MacOS X, indem Sie diesen Befehl in eine Ter-
minal-Shell tippen:

/Applications/xampp/xamppfiles/mampp start

Auf dem Bildschirm sollten nun folgende Mitteilungen zu sehen sein:

```
Starte XAMPP für MacOS X 0.5...
XAMPP: Starte Apache mit SSL...
XAMPP: Starte MySQL...
XAMPP: Starte ProFTPD...
XAMPP gestartet.
```

■ Öffnen Sie nach der erfolgreichen Installation Ihren Browser, und rufen Sie mit der
Adresse *http://localhost* die Startseite XAMPP auf (Abbildung 30.9). Diese zeigt im
Menü links wichtige Links, beispielsweise DOKUMENTATION, PHPINFO() und
PHPMYADMIN.

30.4.4 Installation testen

Sie verfügen jetzt, egal welches Betriebssystem auf Ihrem Rechner läuft, über die von
Moodle verlangten Voraussetzungen. Wir werden nun im nächsten Schritt Moodle
installieren.

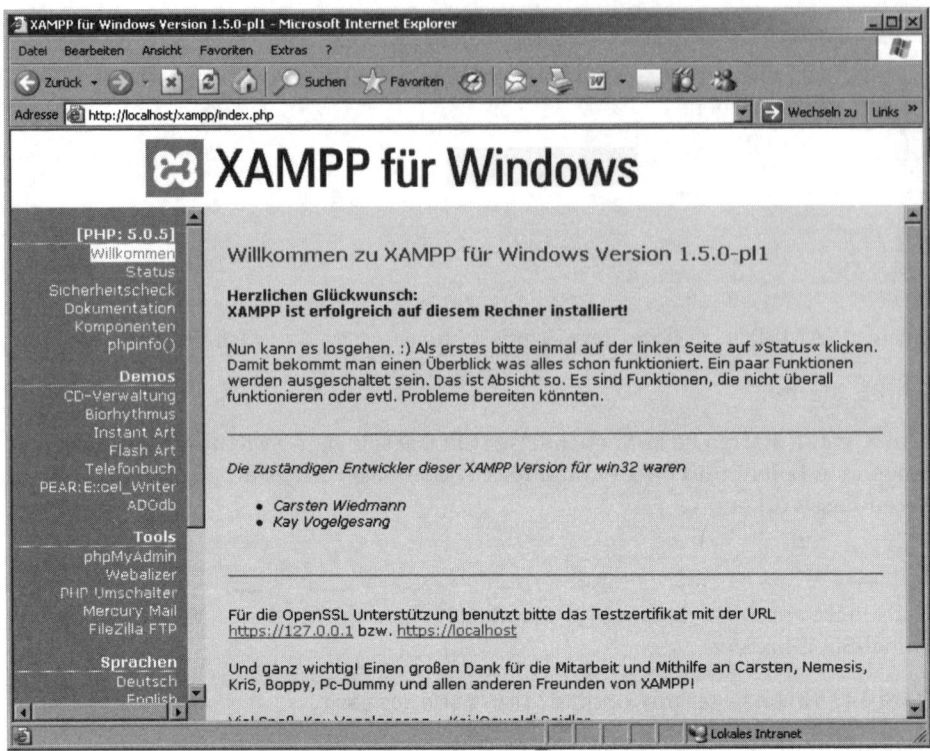

Abbildung 30.9: XAMPP-Startseite

30.5 Die Complete Install Packages installieren

Mit den *Complete Install Packages* für die Betriebssysteme Windows und Mac OS X gelangen Sie in vier einfachen Schritten zu einem funktionierenden Webserver.

1. Schritt: Entpacken Sie die ZIP-Datei (beispielsweise MOODLEWINDOWSINSTALLER-LATEST.ZIP), und Sie erhalten ein Verzeichnis MOODLE, das alle Komponenten bereits enthält: Apache, PHP, MySQL und Moodle (Abbildung 30.10).

2. Schritt: Kopieren Sie das ganze Verzeichnis *moodle* ins Hauptverzeichnis einer Festplatte, auf den Memory-Stick oder auf den iPod.

3. Schritt: Starten Sie das Setup mit dem Programm SETUP_XAMPP.BAT (dieses Programm müssen Sie nur einmal ausführen; Abbildung 30.11).

4. Schritt: Starten Sie den Webserver und MySQL mit xampp_start.exe (dieses Programm müssen Sie nach jedem Neustart des Betriebssystems ausführen oder in den Ordner *Autostart* verschieben). Damit steht der Webserver für die Installation von Moodle bereit (Abbildung 30.12).

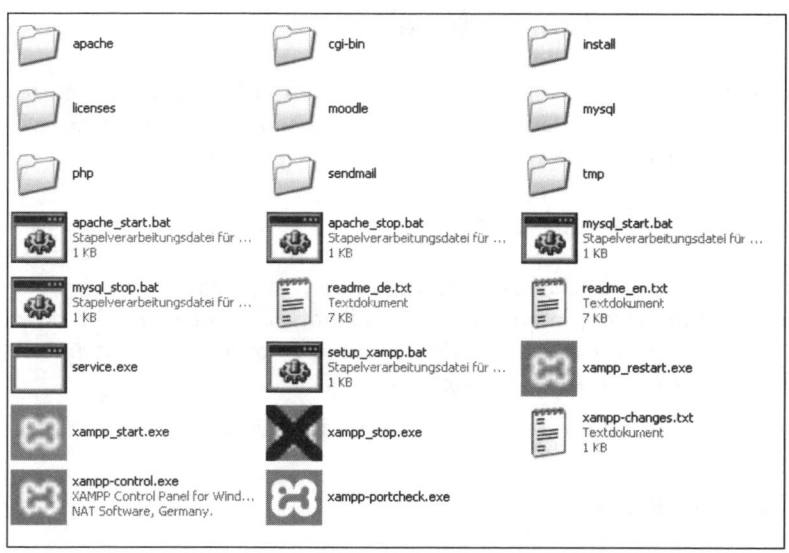

Abbildung 30.10: Das Verzeichnis Moodle am Beispiel Windows

```
C:\WINDOWS\system32\cmd.exe                                    _ [] X

##############################################################
# ApacheFriends XAMPP Lite setup win32 Version 1.5           #
#------------------------------------------------------------#
# Copyright (c) 2002-2005 Apachefriends                      #
#------------------------------------------------------------#
# Authors: Kay Vogelgesang <kvo@apachefriends.org>           #
#          Carsten Wiedmann <webmaster@wiedmann-online.de>   #
##############################################################

Configure for server 1.5.1
Configure XAMPP with awk for 'Windows_NT'
Please wait ...
Enable AcceptEx Winsocks v2 support for NT systems  DONE!


##### Have fun with ApacheFriends XAMPP Lite! #####


Drücken Sie eine beliebige Taste . . .
```

Abbildung 30.11: XAMPP-Setup ausführen

```
C:\moodle\xampp_start.exe                                     _ [] X
Diese Eingabeforderung nicht waehrend des Runnings beenden ...
Zum stoppen bitte die xampp_stop benutzen!
Please do not close this window while running ...
Use the xampp_stop for shutdown!

Please wait [Bitte warten] ...

### APACHE + MYSQL IS STARTING NOW ###
```

Abbildung 30.12: Apache und MySQL sind gestartet.

30.6 Moodle-Installation vorbereiten

Sie verfügen über ein System mit Webserver, Datenbank und PHP und haben das Moodle-Programmpaket heruntergeladen. Jetzt zeige ich Ihnen Schritt für Schritt, wie Sie die Moodle-Installation vorbereiten.

30.6.1 Programmdateien entpacken

Entpacken Sie ihre TGZ- oder ZIP-Datei, entsprechend den Angaben des Komprimierungsprogramms zum Entpacken, in ein leeres Verzeichnis. Die gepackten Moodle-Programmdateien benötigen derzeit etwa 21 Mbyte und beanspruchen nach dem Entpacken ungefähr 54 Mbyte in rund 14 000 Dateien.

Nach dem Entpacken finden Sie im Verzeichnis den Ordner *Moodle* mit diesen Ordnern:

- *admin*: Verwaltung von Moodle
- *auth*: Authentifizierung
- *backup*: Backup, Sicherungen
- *blocks*: Blöcke in den Kursen
- *calendar*: Kalender
- *course*: Darstellung der Kurse
- *doc*: Dokumentation für Moodle, Installationshinweise
- *enrol*: Anmeldeprozesse, einschließlich PayPal-Funktionen
- *error*: Fehlerfunktionen
- *files*: Dateiverwaltung für hochgeladene Dateien
- *filter*: Filterfunktionen
- *grade*: Bewertungen in den Kursen
- *lang*: Sprachdateien, Hilfedateien in allen Sprachen
- *lib*: Programmbibliothek
- *login*: Loginfunktionen
- *message*: Mitteilungen
- *mod*: alle Lernaktivitäten (Module)
- *pix*: Bilddateien, Logos und Icons
- *rss*: RSS-Datenübertragung
- *theme*: Themen, Gestaltung der Seite (Skins, Design)
- *user*: Nutzerverwaltung
- *userpix*: hochgeladene Bilder der Teilnehmer

Sie können den Speicherbedarf für die Moodle-Programmdateien reduzieren, wenn Sie im Ordner *theme* nur jene Designs hochladen, die Sie verwenden wollen. Die lokale Testinstallation eignet sich für diese Nabelschau der Eitelkeiten am besten ;-). Es ist später immer möglich, zusätzliche Designs in den Ordner THEME hochzuladen und auszuwählen. Sie können auch die umgekehrte Strategie wählen: Laden Sie zuerst alle Themes hoch, wählen Sie aus, und löschen Sie die überflüssigen Designs wieder.

30.6.2 Programmdateien auf den Server hochladen

Stellen Sie mit Ihrem FTP-Programm die Verbindung zu Ihrem Server her, und laden Sie entweder den ganzen Ordner *moodle* oder alle darin enthaltenen Dateien und Ordner ins Dokumenten-Verzeichnis Ihres Servers, beispielsweise ins Verzeichnis *…/www/html*. Moodle ist dann erreichbar entweder unter *http://IhrServer.com/moodle* oder unter *http://IhrServer.com*. Dazu ziehen Sie die Dateien vom Datei-Explorer ins Verzeichnis *…/www/html* Ihres FTP-Programms, z.B. SmartFTP (Abbildung 30.13).

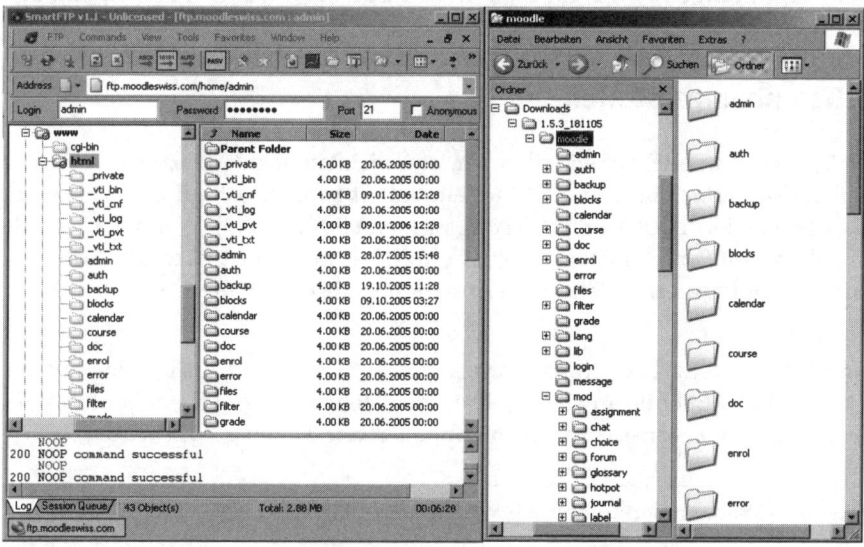

Abbildung 30.13: Mit einem FTP-Programm Dateien hochladen

Hinweis

FTP-Programme kostenlos

- **SmartFTP**: *www.smartftp.com*, für Privatanwender kostenlos
- **Filezilla**: *www.filezilla.de*, frei und kostenlos

open source library

30.6.3 Das Verzeichnis moodledata erstellen

Moodle benötigt zusätzlichen Speicherplatz für Dateien und Bilder, die die Teilneh-menden hochladen werden. Obschon das Installationsscript versucht, dafür ein Ver-zeichnis zu erstellen, empfehle ich Ihnen, dieses vorher manuell anzulegen (beispiels-weise mit dem FTP-Programm). Das Verzeichnis darf direkt übers Web nicht zugreifbar sein. Am besten richten Sie es außerhalb des Programmverzeichnisses ein, oder Sie schützen es mit Hilfe einer *.htaccess*-Datei mit dem Inhalt deny from all (siehe auch *http://httpd.apache.org/docs/trunk/howto/htaccess.html*). Sie erhöhen die Sicherheit, wenn Sie das Verzeichnis **nicht** *moodledata* nennen, weil eventuell auftauchende Moodle-Hacker genau nach diesem suchen werden. Nennen Sie es beispielsweise:

```
/www/my_moodledata
```

Sorgen Sie mit der Server-Verwaltungssoftware (z.B. Cpanel) dafür, dass der Web-server (Apache) für dieses Verzeichnis Schreiberlaubnis hat (0777 oder 00777 bei gesicherten Verbindungen). Falls Sie sich nicht auskennen, wenden Sie sich an den Administrator.

30.6.4 Datenbank erstellen

Als letzten Vorbereitungsschritt erstellen wir jetzt die Datenbank. Dazu rufen Sie auf Ihrem lokalen Computer die XAMPP-Startseite mit *http://localhost* auf und klicken in der Menüspalte bei den TOOLS auf PHPMYADMIN (Abbildung 30.9). Wenn Sie Moodle auf einem gehosteten Server installieren, ist phpMyAdmin meist über die Adminis-trationssoftware aufzurufen. Nähere Informationen dazu erhalten Sie von Ihrem Provider.

Tragen Sie im Feld NEUE DATENBANK ANLEGEN moodle ein, und klicken Sie auf die Schaltfläche ANLEGEN (Abbildung 30.14). Damit entsteht eine leere Datenbank *moodle*, die während des Installationsprozesses mit Tabellen und Daten gefüllt wird.

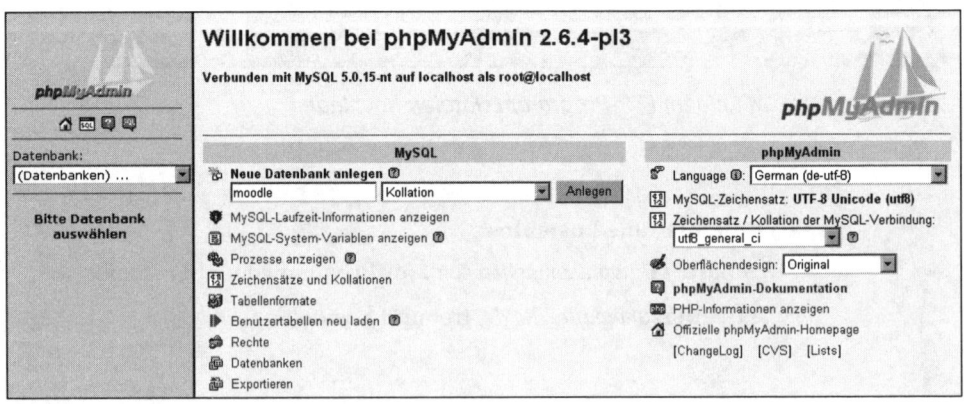

Abbildung 30.14: phpMyAdmin

phpMyAdmin legt für neue Datenbanken standardmäßig den Benutzer ROOT an. Wenn Sie dessen Passwort setzen oder ändern wollen, klicken Sie auf RECHTE (Abbildung 30.14). Auf der BENUTZERÜBERSICHT (Abbildung 30.15) steht bei jedem Benutzer in der hintersten Spalte das Symbol RECHTE ÄNDERN zur Verfügung (Stift). Nach einem Klick darauf gelangen Sie auf das entsprechende Formular BENUTZER *root@localhost*, auf dem Sie das Passwort für diesen Benutzer ändern können (Abbildung 30.16).

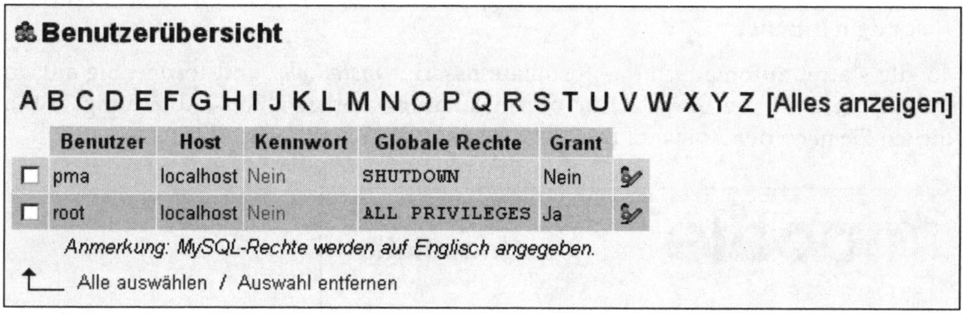

🖧 Benutzerübersicht

A B C D E F G H I J K L M N O P Q R S T U V W X Y Z [Alles anzeigen]

	Benutzer	Host	Kennwort	Globale Rechte	Grant	
☐	pma	localhost	Nein	SHUTDOWN	Nein	🖉
☐	root	localhost	Nein	ALL PRIVILEGES	Ja	🖉

Anmerkung: MySQL-Rechte werden auf Englisch angegeben.

⬑__ Alle auswählen / Auswahl entfernen

Abbildung 30.15: phpMyAdmin-Benutzerübersicht

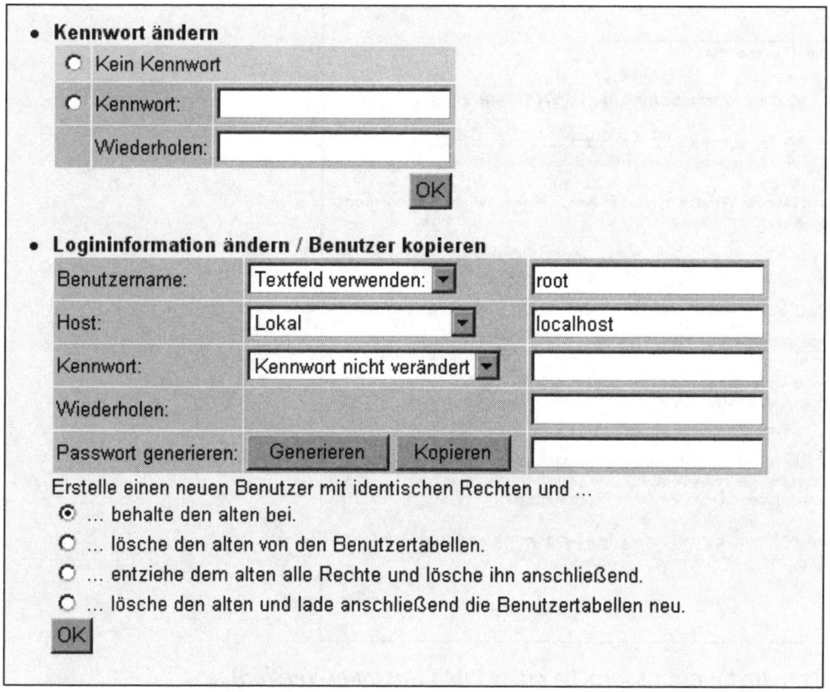

- **Kennwort ändern**
  - ○ Kein Kennwort
  - ○ Kennwort: [_____]
  - Wiederholen: [_____]

  [OK]

- **Logininformation ändern / Benutzer kopieren**

Benutzername:	Textfeld verwenden: ▾	root
Host:	Lokal ▾	localhost
Kennwort:	Kennwort nicht verändert ▾	
Wiederholen:		
Passwort generieren:	[Generieren] [Kopieren]	

  Erstelle einen neuen Benutzer mit identischen Rechten und ...
  - ◉ ... behalte den alten bei.
  - ○ ... lösche den alten von den Benutzertabellen.
  - ○ ... entziehe dem alten alle Rechte und lösche ihn anschließend.
  - ○ ... lösche den alten und lade anschließend die Benutzertabellen neu.

  [OK]

Abbildung 30.16: phpMyAdmin-Benutzerrechte ändern

30.7   Moodle-Installationsscript starten

Jetzt ist es so weit, die Vorbereitungsarbeiten sind abgeschlossen, und Sie können die eigentliche Installation von Moodle starten. Starten Sie Ihren Browser, und geben Sie die URL des Moodle-Verzeichnisses an, beispielsweise:

- *http://localhost/moodle* für eine lokale Lernplattform

- *http://www.IhreDomain* oder *http://www.IhreDomain/moodle* für eine Lernplattform auf dem Internet

Moodle startet automatisch das Installationsscript *install.php* und fordert Sie auf, in einem Listenfeld die Sprache für die Installation auszuwählen (Abbildung 30.17). Klicken Sie nach der Auswahl DEUTSCH (DE) auf die Schaltfläche NÄCHSTE.

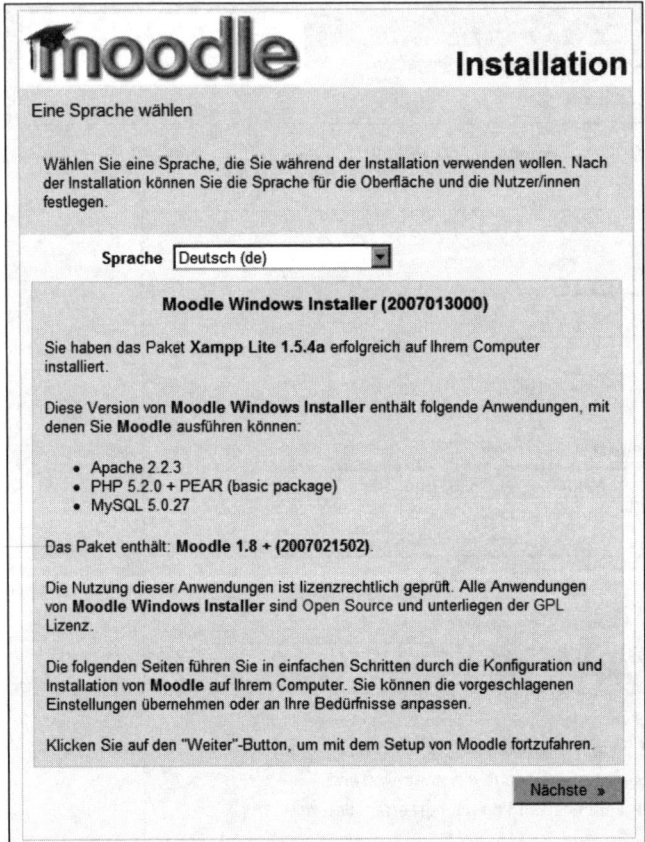

Abbildung 30.17:   Installationssprache auswählen (Installer-Version)

Moodle prüft im nächsten Schritt die PHP-Einstellungen des Webservers (Abbildung 30.18). Eventuell angezeigte Warnungen sollten Sie nicht ignorieren – lesen Sie die Meldungen WARNUNG genau durch, orientieren Sie sich gegebenenfalls in der angebotenen Hilfe, und klicken Sie auf die Schaltfläche FRÜHERE oder brechen Sie die Installation ab. Sobald alle Einstellungen DURCHGANG anzeigen, was bei der lokalen XAMPP-Installation sicher der Fall sein wird, klicken Sie auf die Schaltfläche NÄCHSTE.

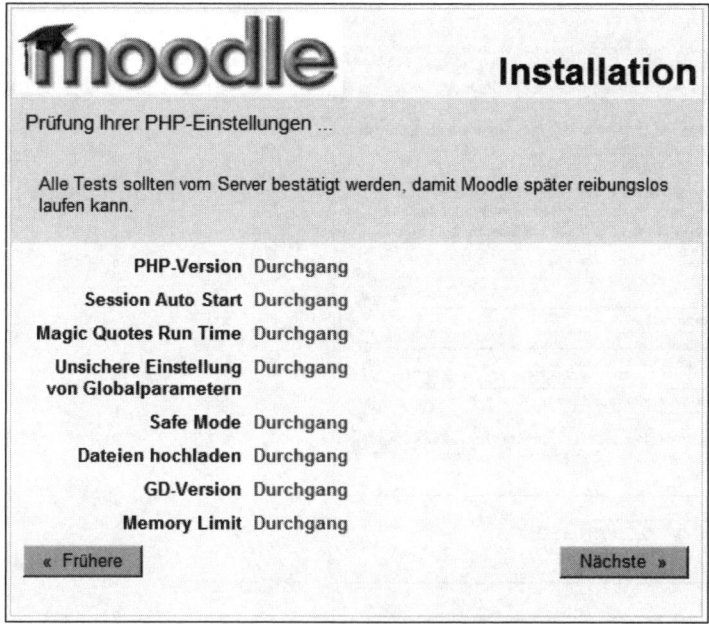

Abbildung 30.18: Prüfung der PHP-Einstellungen

Moodle ermittelt anschließend die URL-ADRESSE, das MOODLE-VERZEICHNIS und das DATENVERZEICHNIS und zeigt diese zur Überprüfung im nächsten Formular an (Abbildung 30.19). Falls die Angaben nicht stimmen, beispielsweise wenn Sie das Datenverzeichnis in *mymoodledata* umbenannt haben, korrigieren Sie die Einträge, bevor Sie auf die Schaltfläche NÄCHSTE klicken.

Bevor Moodle mit dem Anlegen der Tabellen in der Datenbank beginnt, müssen Sie im nächsten Formular die dazu nötigen Informationen angeben: DATENBANKART, NAME DES DATENBANKSERVERS, Name der DATENBANK und NUTZER (Abbildung 30.20). Das PREFIX FÜR ALLE TABELLEN ist ein Kürzel, das jedem Tabellennamen in dieser Datenbank vorangestellt wird. So ist es möglich, in der gleichen Datenbank mehrere Moodle-Installationen oder auch andere Programme, die eine Datenbank benötigen, zu installieren. Wenn es sich hierbei um die erste Installation handelt, übernehmen Sie die Vorgabe, andernfalls setzen Sie ein neues Präfix ein. Bei einem gehosteten Server haben Sie Benutzername und Passwort von Ihrem Provider erhalten, und bei einer lokalen XAMPP-Installation verwenden Sie root mit leerem Passwort, sofern Sie keines gesetzt haben.

Das Installationsscript überprüft das Vorhandensein der notwendigen Komponenten und zeigt deren Status in einem nächsten Formular (Abbildung 30.21).

549

moodle **Installation**

Bestätigen Sie bitte die Verzeichniseinträge für Ihre Moodle-Installation

URL-Adresse: Geben Sie hier die vollständige URL für Ihre Moodle-Installation an. Sollte Ihre Seite über mehrere Adressen erreichbar sein, geben Sie die Adresse an, die am häufigsten genutzt wird. Bitte geben Sie am Ende kein Slash ein.

Moodle-Verzeichnis: Geben Sie den absoluten Pfad für Ihre Moodle-Installation an. Bitte prüfen Sie, ob die Groß- und Kleinschreibung korrekt ist.

Datenverzeichnis: Moodle benötigt ein Verzeichnis, indem hochgeladene Dateien abgelegt werden. Dieses Verzeichnis muss Lese- und Schreibrechte für den web-user des Servers haben. (üblicherweise 'nobody' or 'apache'), aber es sollte nicht direkt über das Internet erreichbar sein.

Web-Adresse	http://localhost
Moodle-Verzeichnis	C:\xampp\moodle\moodle
Datenverzeichnis	C:\xampp\moodle/moodledata

« Frühere   Nächste »

Abbildung 30.19: Moodle-Verzeichnisse

moodle **Installation**

Sie müssen Einstellungen für die Datenbank konfigurieren, in der die meisten Moodle-Daten abgelegt werden. Der Installationsprozess erstellt die Datenbanktabellen automatisch auf der Grundlage der Einstellungen.

Typ: "mysql" vom Installer festgelegt
Host: "localhost" vom Installer festgelegt
Name: Datenbankname, z.B. moodle
User: "root" vom Installer festgelegt
Password: Ihr Datenbankpasswort
Tables Prefix: optionaler Prefix für alle Tabellennamen

Datenbankart	mysql
Name des Datenbankservers	localhost
Datenbank	moodle
Nutzer	root
Kennwort	
Prefix für alle Tabellen	mdl_

« Frühere   Nächste »

Abbildung 30.20: Informationen zur Datenbank

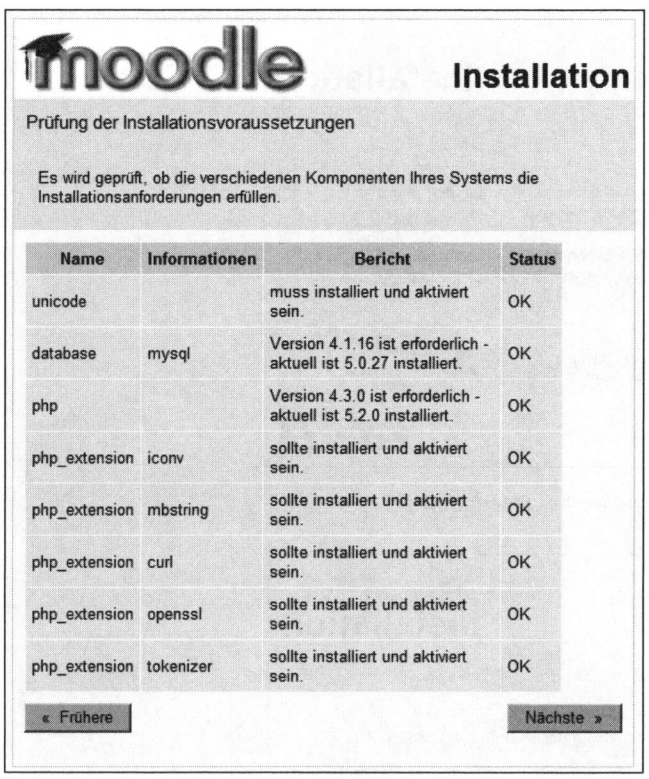

Abbildung 30.21: Prüfung der Umgebung

Im nächsten Installationsschritt können Sie das am Anfang der Installation gewählte aktuelle Sprachpaket herunterladen. Klicken Sie dazu auf die Schaltfläche DOWNLOAD DES SPRACHPAKETES: DEUTSCH (DE), und der Download beginnt (Abbildung 30.22).

Im nächsten Schritt wird der Download des Sprachpakets bestätigt. Mit einem Klick auf NÄCHSTE trägt Moodle die soeben gesammelten Daten in die Konfigurationsdatei *config.php* ein (Abbildung 30.23).

Bestätigen Sie im nächsten Schritt die Lizenz- und Urheberrechtshinweise mit einem Klick auf die Schaltfläche JA (Abbildung 30.24).

Bestätigen Sie den Versionshinweis (Abbildung 30.25) mit einem Klick auf die Schaltfläche WEITER.

Es folgen nun weitere Installationsschritte, die im Browser immer ähnlich angezeigt werden (Abbildung 30.26). Mit ERFOLG in grüner Schrift wird das erfolgreiche Anlegen der Tabelle quittiert, oder es wird eine passende Fehlermeldung in roter Schrift angezeigt. Mit einem Klick auf die Schaltfläche WEITER leiten Sie den nächsten Schritt ein.

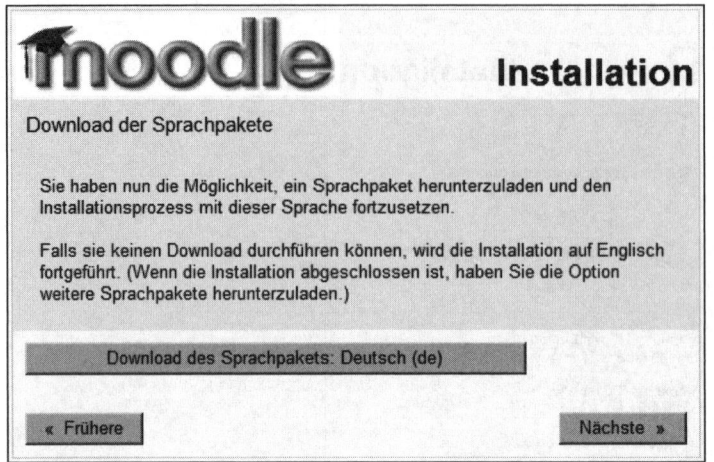

Abbildung 30.22:   Das Sprachpaket herunterladen

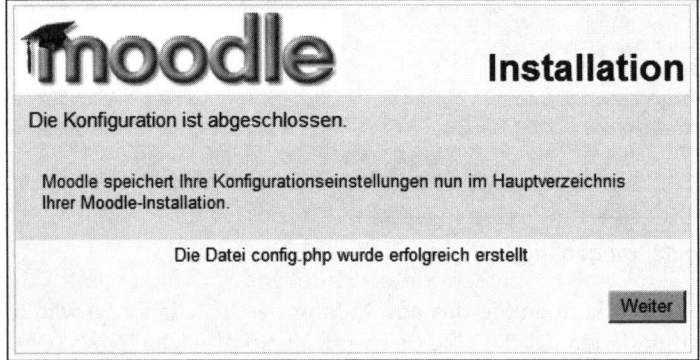

Abbildung 30.23:   Die Konfiguration ist komplett.

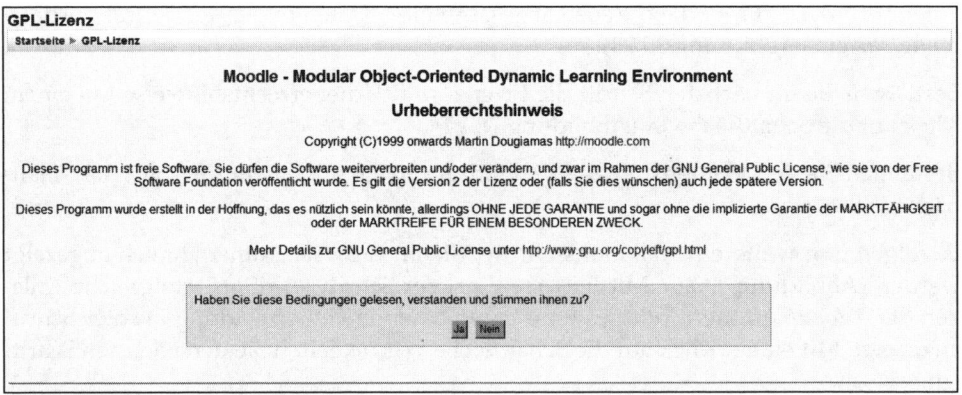

Abbildung 30.24:   GPL-Lizenz

Aktuelle Versionsinformationen

Startseite ▸ Aktuelle Versionsinformationen

Moodle 1.8 +

Weitere Informationen über diese Version finden Sie online: Versionsinformation

☐ Nicht durchgeführte Operation

Weiter

Abbildung 30.25: Versionshinweis

Datenbank einspielen

Startseite ▸▸ Datenbank einspielen

(mysql): CREATE TABLE `mdl_config` (`id` int(10) unsigned NOT NULL auto_increment, `name` varchar(255) NOT NULL default '', `value` text NOT NULL default '', PRIMARY KEY (`id`), UNIQUE KEY `name` (`name`)) TYPE=MyISAM COMMENT='Moodle configuration variables'

Erfolg

(mysql): INSERT INTO mdl_log_display VALUES ('message', 'unblock contact', 'user', 'CONCAT(firstname," ",lastname)')

Erfolg

Datenbank wurde erfolgreich aktualisiert

Weiter

Abbildung 30.26: Eine Datenbank einspielen

Nachdem alle Tabellen in der Datenbank erstellt sind, erfassen Sie im Formular
SETUP ADMINISTRATOR ACCOUNT die Zugangsdaten für den Hauptadministrator
(Abbildung 30.27). Notieren Sie sich ANMELDENAME und NEUES KENNWORT sicherheitshalber auf einem Blatt Papier. Klicken Sie abschließend auf die Schaltfläche
PROFIL AKTUALISIEREN.

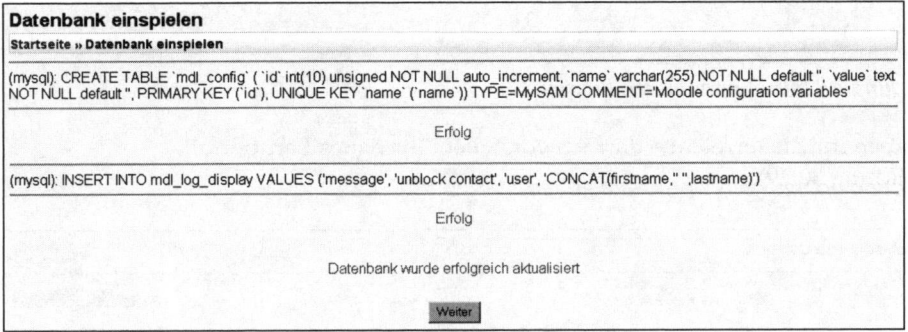

Setup administrator account

Hier sollten Sie den Hauptadmin einrichten, der die vollständige Kontrolle über die Website hat. Achten Sie darauf, unbedingt einen sicheren Benutzernamen samt Kennwort sowie eine gültige E-Mail-Adresse anzugeben. Weitere Administrator/innen können Sie später festlegen.

Erforderlich

Zusätzliche Felder anzeigen

Anmeldename*	admin
Neues Kennwort*	
Kennwortänderung	[ ]
Vorname*	Admin
Nachname*	Nutzer
E-Mail-Adresse*	

Abbildung 30.27: Erfassen des Hauptadministrators

Es folgt das Formular EINSTELLUNGEN, in dem Sie den Namen des Lernportals auf der
Startseite, eine Kurzbezeichnung und eine Beschreibung festlegen (Abbildung 30.28).
Übernehmen Sie bei den übrigen Einstellungen die Vorgabe. Sie können diese später
jederzeit im Block WEBSITE-ADMINISTRATION [STARTSEITE ▶ EINSTELLUNGEN] verändern.

Diese Seite erlaubt es Ihnen, die Startseite und den Namen der Webseite
zu konfigurieren. Sie können jederzeit später alle Einstellungen
bearbeiten.

Einstellungen

Name der gesamten Website
fullname

    Das Moodle-Praxisbuch

Kurzbezeichnung für die Website
shortname

    DMPB

Beschreibung der Website
summary

Abbildung 30.28: Seiteneinstellungen

Sie haben Ihr Ziel erreicht – darf ich vorstellen: Ihr neues Lernportal!
(Abbildung 30.29).

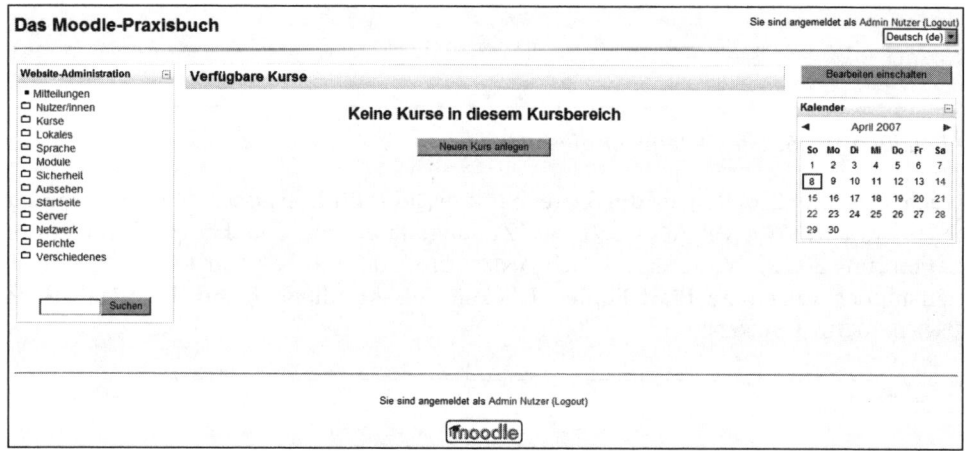

Abbildung 30.29: Das leere Lernportal steht bereit.

30.8 Die Datei config.php

In der Datei CONFIG.PHP stehen Informationen, die für den Programmablauf von
Moodle wichtig sind. Das Installationsscript erstellt aus der Vorlage *conf-dist.php* die
aktuelle Datei *config.php*, indem es die von Ihnen eingegebenen Daten an den entsprechenden Stellen einfügt. Sie können diese Datei später, beispielsweise wenn Sie das
Verzeichnis *moodledata* verschieben oder umbenennen, mit einem Nur-Text-Editor
manuell editieren (Abbildung 30.30).

```
<?php  /// Moodle Configuration File

unset($CFG);

$CFG->dbtype    = 'mysql';
$CFG->dbhost    = 'localhost';
$CFG->dbname    = 'moodle';
$CFG->dbuser    = 'root';
$CFG->dbpass    = '';
$CFG->dbpersist =  false;
$CFG->prefix    = 'mdl_';

$CFG->wwwroot   = 'http://localhost/moodle';
$CFG->dirroot   = 'C:\\xampp\\xampp\\htdocs\\moodle';
$CFG->dataroot  = 'C:\\xampp\\xampp\\htdocs\moodledata';
$CFG->admin     = 'admin';

$CFG->directorypermissions = 00777;  // try 02777 on a server in Safe Mode

require_once("$CFG->dirroot/lib/setup.php");
// MAKE SURE WHEN YOU EDIT THIS FILE THAT THERE ARE NO SPACES, BLANK LINES,
// RETURNS, OR ANYTHING ELSE AFTER THE TWO CHARACTERS ON THE NEXT LINE.
?>
```

Abbildung 30.30: Die Datei config.php

$CFG->dbtype	Datenbank (mySQL, Postgres)
$CFG->dbhost	Hostbezeichnung der Datenbank
$CFG->dbname	Name der Datenbank
$CFG->dbuser	Benutzername für den Zugriff auf die Datenbank
$CFG->dbpass	Passwort für den Zugriff auf die Datenbank
$CFG->dbpersist	Vorhandene Datenbankverbindungen nutzen? Mit TRUE werden vorhandene Verbindungen genutzt, was zu einer verbesserten Leistung führen kann. Die Einstellung FALSE ist jedoch stabiler.
$CFG->prefix	Präfix für die Tabellen in der Datenbank; wird jedem Tabellennamen vorangestellt.
$CFG->wwwroot	Verzeichnis, in dem Moodle installiert ist (als URL)
$CFG->dirroot	Verzeichnis, in dem Moodle installiert ist (als Pfad auf den Server). Diese Angabe ist abhängig vom Betriebssystem des Servers.
$CFG->dataroot	Verzeichnis *moodledata*, in dem die Daten gespeichert werden (als Pfad auf den Server). Diese Angabe ist vom Betriebssystem des Servers abhängig.
$CFG->admin	Name des Ordners, der die Programme für die Administration von Moodle enthält. Gewisse Hosting-Anbieter verbieten die Bezeichung admin für Verzeichnisse. Tragen Sie hier beispielsweise myadmin ein, und ändern Sie auch den Verzeichnisnamen entsprechend.

Tabelle 30.1: Funktion der Optionen in der Datei config.php

open source library

30.8.1 Moodle tunen

In der Datei *conf-dist.php* finden Sie weitere Einstellungen, die nicht über das Installationsscript oder über Menüs zugänglich sind. Falls Sie Moodle tunen wollen, müssen Sie die entsprechenden Einträge in *config.php* eintragen:

- `$->CFG->disableuserimages=true;`

  Jetzt können die Teilnehmenden ihr Profilbild nicht mehr verändern.

- `$->CFG->disablescheduledbackups = true;`

  Damit werden die Backup-Funktion in Kursräumen nicht mehr angezeigt.

- `$->CFG->restrictusers = 'tim, fred, joe';`

  Die Teilnehmenden mit diesen Benutzernamen können als Trainer in Kursen nichts verändern. Diese Einstellung gilt für alle Kurse.

- `$->CFG->filterall = true;`

  Mit dieser Einstellung dürfen die Moodle-Filter sämtliche Begriffe, Namen und Bezeichnungen durchsuchen, was vor allem für den Multilang-Filter sinnvoll sein kann. Diese Einstellung verlangt zusätzliche Serverressourcen.

- `$->CFG->admineditalways = true;`

  Diese Einstellung erlaubt es Administratoren, die Beiträge (beispielsweise in Foren) jederzeit zu bearbeiten.

- `$->CFG->defaultblocks = 'participants, activity_modules';`

  Wenn Sie neue Kurse erstellen, sind bestimmte Blöcke immer bereits aktiviert. Hier können Sie diese Standardvorgabe neu bestimmen.

- `$->CFG->defaultblocks_site ='site_main_menu, admin' ;`

  Blöcke auf der Startseite.

- `$->CFG->defaultblocks_social = 'participants, search_forums, calender_month, calendar_upcoming, social_activities, recent_activity, admin';`

  Blöcke in Kursen im Kommunikationsformat.

- `$->CFG->defaultblocks_topics = 'participants, search_forums, calender_month, calendar_upcoming, social_activities, recent_activity, admin';`

  Blöcke in Kursen im Themenformat.

- `$->CFG->defaultblocks_weeks = 'participants, search_forums, calender_month, calendar_upcoming, social_activities, recent_activity, admin';`

  Blöcke in Kursen im Wochenformat.

- `$->CFG->defaultblocks = 'participants, search_forums, calender_month, calendar_upcoming, social_activities, recent_activity, admin';`

  Grundeinstellung für Blöcke, wenn keine anderen Einstellungen gewählt sind.

■ `$->CFG->filelifetime = 86400;`

Definiert, wie lange (in Sekunden) eine Datei im Cache auf dem Arbeitsplatz des Teilnehmers gespeichert bleibt.

■ `$->CFG->disablemycourses = true;`

Damit wird der Block »Meine Kurse« auf der Startseite nach dem Login des Teilnehmers nicht angezeigt.

■ `$->CFG->tracksessionip = true;`

Weil damit der Teilnehmer innerhalb einer Sitzung anhand der IP-Adresse identifiziert wird, kann so das Hijacking des Zugangs unterbunden werden. Bei Teilnehmern, deren Proxies auch innerhalb der Sitzung wechseln, können allerdings Probleme entstehen.

■ `$->CFG->handlebounces = true;`

`$->CFG->mainbounces = 10;`

`$->CFG->bounceratio = .20;`

Mit diesen Einstellungen beeinflussen Sie das Vorgehen bei fehlerhaften E-Mail-Bounces.

`$->CFG->mailprefix = 'mdl+';`

`$->CFG->mailprefix = 'mdl-';`

`$->CFG->maildomain = 'youremaildomain.com';`

Dies sind weitere Einstellungen für das Vorgehen bei fehlerhaften E-Mail-Bounces: + ist der Separator für Exim und Postfix, - ist der Separator für qmail.

■ `$->CFG->respectsessionsettings = true;`

Damit wird Moodle die Session-Einstellungen aus den Dateien *php.ini, httpd.conf* und *.htaccess* berücksichtigen.

■ `$->CFG->nofixday = true;`

Beeinflusst in einigen Bereichen, beispielsweise in der Statistik, die Darstellung der Tage. Mit TRUE werden die Tage mit führender Null angezeigt und mit FALSE ohne.

■ `$->CFG->preferlinegraphs = true;`

Die Grafiken werden in Linien anstelle von Balken angezeigt.

■ `$->CFG->filtermatchonexpertext = true;`

Der Textfilter wird einen Begriff nur beim ersten Auftauchen im Text und nicht wiederholt markieren.

■ `$->CFG->filtermatchoneperpage = true;`

Wie oben, aber nur einmal je Seite.

■ `$->CFG->forcefirstname 'Homer';`

`$->CFG->forcelastname 'Simpson';`

Mit dieser Einstellung sehen die Trainer für alle Teilnehmenden nur die hier einge-tragenen Vor- und Nachnamen. Die Teilnehmenden bleiben damit anonym.

30.9 Moodle erweitern

Moodle selbst bietet auf der Seite der Community *www.moodle.org* zusätzliche Lernak-tivitäten an, die noch in der Entwicklung oder noch nicht im Standardpaket enthalten sind. Weiter werden Sie im CVS, in Moodle-Foren oder im World Wide Web zusätzli-che Module, Blöcke und Themen finden, mit denen Sie Moodle erweitern können.

Ich rate Ihnen dringend, alle zusätzlichen Elemente in einer lokalen oder nichtproduk-tiven Moodle-Instanz ausgiebig zu testen. Am besten erstellen Sie eine Kopie Ihrer pro-duktiven Seite und benutzen diese als Testumgebung für Moodle-Erweiterungen.

Themen hinzufügen

Kopieren Sie den Ordner mit dem neuen Thema in den Ordner *moodle/theme*, und Moo-dle wird das neue Design bei Ihrem nächsten Login als Administrator installieren.

Blöcke hinzufügen

Kopieren Sie den Ordner mit dem neuen Block in den Ordner *moodle/blocks*, und Moo-dle wird den neuen Block bei Ihrem nächsten Login als Administrator installieren.

Lernaktivitäten hinzufügen

Kopieren Sie den Ordner mit der neuen Lernaktivität in den Ordner *moodle/mod*, und Moodle wird das neue Modul bei Ihrem nächsten Login als Administrator installieren. Unter MODULE VERWALTEN definieren Sie eventuell erforderliche EINSTELLUNGEN.

30.10 Moodle für unterwegs

Für Windows-PCs steht auf der beigelegten CD ein vorinstalliertes Moodle bereit, das den Server gleich mitbringt. Sie müssen die gepackten Dateien lediglich auf einem beschreibbaren Datenträger entpacken. Kopieren Sie den Ordner *moodle-server* an eine beliebige Stelle auf einer internen oder externen Festplatte oder auf einem USB-Stick.

Achtung

Es darf auf diesem Computer kein Laufwerk mit dem Buchstaben W: geben. Sonst müssten Sie es in der Datei *moodle-start.bat* entsprechend ändern. Falls ein anderer Apache-Server bereits läuft, müssten Sie diesen vorher stoppen.

▪ Öffnen Sie den Ordner *moodle-server*, und starten Sie *moodle-start.bat*. Eventuell auftretende Warnmeldungen des IE (DAS AUSFÜHREN VON SKRIPTS…) klicken Sie einfach weg.

▪ Und Moodle läuft! Die Zugangsdaten stehen auf der Begrüßungsseite (Abbildung 30.32).

▪ Nach dem Schließen des Browsers stoppen Sie den Server mit stop.bat.

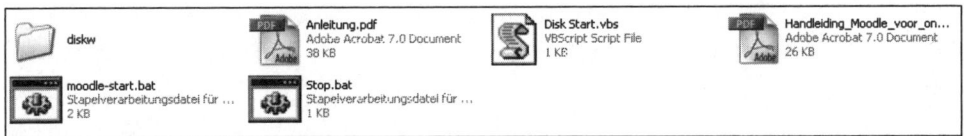

Abbildung 30.31: Das Verzeichnis moodle-server

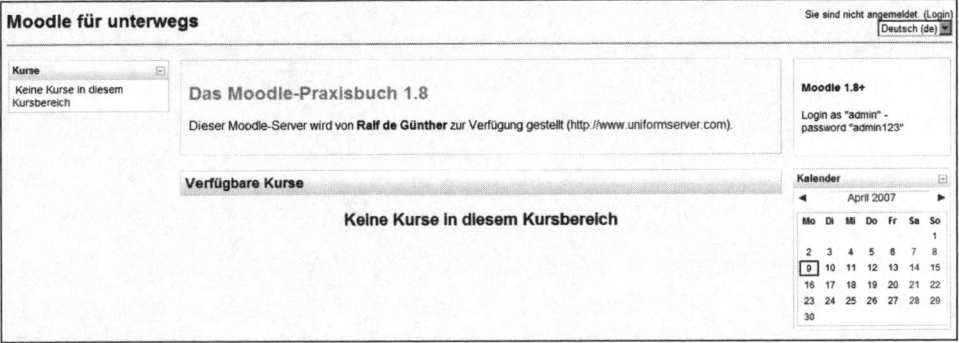

Abbildung 30.32: Moodle für unterwegs, Startseite

31 Moodle-Administration – an den Schalthebeln der Macht

Als Administrator verwalten Sie das Lernportal über den Block WEBSITE-ADMINIST-RATION, der auch nur für Administratoren verfügbar ist. Sie erfahren in diesem Kapitel alles, was Sie als Hausmeister Ihres Lernportals wissen müssen. Das Kapitel ist als Nachschlagewerk konzipiert. Wir folgen dazu dem Aufbau des Blocks WEBSITE-ADMINISTRATION (Abbildung 31.1).

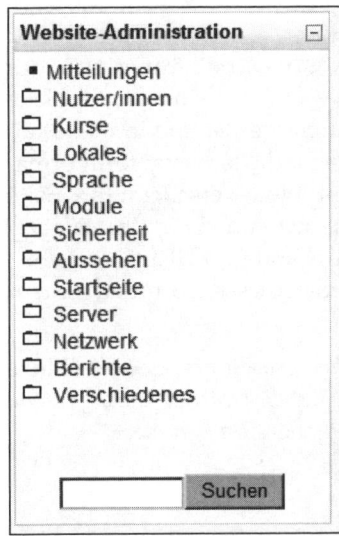

Abbildung 31.1:   Das Reich des Administrators: der Block Website-Administration

31.1   Mitteilungen

Mit einem Klick auf MITTEILUNGEN im Block WEBSITE-ADMINISTRATION (Abbildung 31.1) wird das gleichnamige Formular angezeigt (Abbildung 31.2).

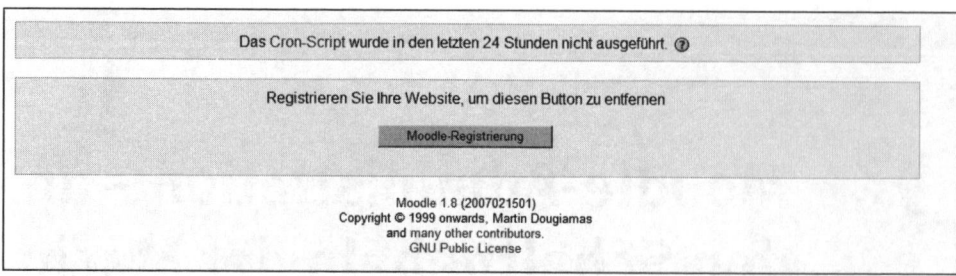

Abbildung 31.2: Mitteilungen

■ Die Meldung DAS CRON-SKRIPT WURDE IN DEN LETZTEN 24 STUNDEN NICHT AUSGE-FÜHRT bedeutet, dass die Datei *cron.php* nicht aufgerufen wurde. Dieses Programm löst die automatische Kurssicherung und den E-Mail-Versand an die Teilnehmen-den aus. Es ist möglich, diese Funktion über die Adresse *.../moodle/admin/cron.php* manuell zu starten. Einfacher ist es, wenn Sie die Datei *cron.php* im Cron-Service des Servers registrieren, damit dieser die Datei in kurzen Zeitabständen automa-tisch aufruft.

■ Mit einem Klick auf die Schaltfläche MOODLE-REGISTRIERUNG öffnet sich das gleichnamige Formular, auf dem Sie das Lernportal auf der Community-Seite *www.moodle.org* kostenlos registrieren können. Dadurch werden Sie in eine Mai-lingliste aufgenommen, deren Mitglieder wichtige sicherheitsrelevante Informa-tionen und Nachrichten über neue Versionen erhalten. Weiter erscheint Ihre Seite auf der öffentlichen Liste aller registrierten Moodle-Seiten auf *http://moodle.org/sites/*, entsprechend Ihren Angaben über Seitennamen, Land und URL. Sie können diese Registrierung jederzeit aktualisieren, indem Sie dieses Formular erneut absenden.

■ Der Link MOODLE führt auf die Community-Seite *www.moodle.org*, und die Links 1.8 und MANY OTHER CONTRIBUTORS und GNU PUBLIC LICENSE öffnen die englische Moodle-Dokumentation Moodle-Docs auf den entsprechenden Seiten.

31.2 Nutzer/innen

Im Hauptbereich NUTZER/INNEN befindet sich die Benutzerverwaltung mit den Berei-chen AUTHENTIFIZIERUNG, NUTZERKONTEN und ZUGRIFFSRECHTE (Abbildung 31.3).

Grundsätzlich bezeichnet der Begriff *Authentifizierung* den Vorgang, die Identität einer Person anhand eines bestimmten Merkmals zu überprüfen. Moodle unterschei-det die interne und die externe Authentifizierung.

■ Bei der internen Authentifizierung werden die Teilnehmerdaten in Moodle erfasst und sind nur in der Moodle-Datenbank gespeichert: E-MAIL BASIERTE AUTHENTIFI-ZIERUNG, NUR MANUELLE ZUGÄNGE und KEINE AUTHENTIFIZIERUNG.

```
📂 Nutzer/innen
   ▪ Authentifizierung
   📂 Nutzerkonten
      ▪ Nutzerliste anzeigen
      ▪ Nutzer/in neu anlegen
      ▪ Nutzer/innen hochladen
      ▪ Nutzerprofilfelder
   📂 Zugriffsrechte
      ▪ Rollen verwalten
      ▪ Globale Rollen zuweisen
      ▪ Nutzereigenschaften
```

Abbildung 31.3: Block Website-Administration, Hauptbereich Nutzer/innen

▪ Bei der externen Authentifizierung bezieht Moodle die Teilnehmerdaten aus externen Datenquellen: EINE EXTERNE DATENBANK BENUTZEN, EINEN IMAP-SERVER VERWENDEN, EINEN LDAP-SERVER VERWENDEN, EINEN NNTP-SERVER VERWENDEN, EINEN POP3-SERVER VERWENDEN, PAM (PLUGGABLE AUTHENTICATION MODULES), SHIBBOLETH, USE A RADIUS-SERVER, CAS-SERVER (SSO) VERWENDEN und VERWENDET EINEN REFERENZ-SERVER.

Die Plugins werden in der hier eingestellten Reihenfolge abgearbeitet. Die AUTHENTIFIZIERUNGSMETHODE kann für einzelne Nutzer in deren PROFIL verändert werden.

Mit einem Klick auf AUTHENTIFIZIERUNG im Block WEBSITE-ADMINISTRATION (Abbildung 31.3) wird das gleichnamige Formular angezeigt. Im ersten Abschnitt aktivieren Sie die für Ihr Lernportal gültigen Plugins zur Authentifikation (Abbildung 31.4). Über die Links EINSTELLUNGEN gelangen Sie zu den zugehörigen Konfigurationsformularen, die nach dem Teil GEMEINSAME EINSTELLUNGEN beschrieben werden.

Bitte wählen Sie die Plugins zur Authentifikation aus, die Sie benutzen möchten, und ordnen Sie diese in eine Reihenfolge. Selbstregistrierung wird durch das Plugin behandelt, das Sie in der Spalte 'Registrierung' ausgewählt haben (normalerweise 'Email').

Name	Aktivieren	Aufwärts/Abwärts	Einstellungen
Nur manuelle Zugänge			Einstellungen
Kein Login			Einstellungen
E-Mail basiert	☀	↓	Einstellungen
Referenz-Server	☀	↑↓	Einstellungen
CAS-Server (SSO)	☀	↑↓	Einstellungen
Externe Datenbank	☀	↑↓	Einstellungen
IMAP-Server	☀	↑↓	Einstellungen
LDAP-Server	☀	↑↓	Einstellungen
Moodle-Netzwerk Authentifizierung	☀	↑↓	Einstellungen
NNTP-Server	☀	↑↓	Einstellungen
Keine Authentifizierung	☀	↑↓	Einstellungen
PAM (Pluggable Authentication Modules)	☀	↑↓	Einstellungen
POP3-Server	☀	↑↓	Einstellungen
RADIUS-Server	☀	↑↓	Einstellungen
Shibboleth	☀	↑	Einstellungen

Abbildung 31.4: Formular Authentifizierung, Plugins

Im zweiten Abschnitt definieren Sie, unabhängig von Ihrer Wahl der Plugins zur Authentifizierung, GEMEINSAME EINSTELLUNGEN (Abbildung 31.5).

Gemeinsame Einstellungen

Selbstregistrierung [E-Mail basiert ▼]
registerauth

Wählen Sie das Authentifizierungsplugin für die Selbstregistrierung aus.

Taste für das Gast- [Anzeigen ▼]
Login
guestloginbutton

Sie können die Gast-Login Schaltfläche auf der Anmeldeseite anzeigen oder verbergen.

Alternative Login- [   ]
URL
alternateloginurl

Wenn Sie hier eine URL eingeben, wird diese als alternative Login-Seite verwandt. Die Seite sollte ein Aktionsfeld (Button)auf **'http://localhost/moodle/login/index.php'** enthalten und Eingabefelder für den **Anmeldenamen** und das **Passwort**.
Seien Sie sorgfältig bei der Eingabe der URL. Mit einer falschen URL schließen Sie sich selber vom Zugriff zur Seite aus.
Lassen Sie das Feld leer, um die Standardanmeldeseite zu verwenden.

Anweisungen
auth_instructions

Hier können Sie Ihren Nutzern Anweisungen geben, welche Nutzernamen und Passworte sie verwenden sollen. Der eingegebene Text erscheint auf der Anmeldeseite. Wenn Sie nichts eingeben, werden keine Anweisungen angezeigt.

[Änderungen speichern]

Abbildung 31.5: Formular Authentifizierung, Gemeinsame Einstellungen

■ SELBSTREGISTRIERUNG: Listenfeld mit den Optionen E-MAIL BASIERT und AUS-SCHALTEN. Wählen Sie hier das Authentifizierungsplugin für die Selbstregistrierung aus. Momentan kann sich ein Teilnehmer nur über die E-Mail basierte Anmeldung selbst registrieren.

■ TASTE FÜR DAS GAST-LOGIN: Mit ANZEIGEN wird auf der Anmeldeseite die Gast-Login-Schaltfläche angezeigt, mit VERBERGEN nicht.

■ ALTERNATIVE LOGIN URL: Diese Seite wird als alternative Login-Seite verwendet. Dazu muss sie eine Aktionsschaltfläche auf *../moodle/login/index.php* und Eingabefelder für den BENUTZERNAMEN und das PASSWORT enthalten. Seien Sie vorsichtig! Mit einer falschen URL schließen Sie sich selbst vom Zugriff auf das Lernportal aus. Wenn Sie das Textfeld leer lassen, verwendet Moodle die Standardanmeldeseite.

■ ANWEISUNGEN: Geben Sie den Teilnehmenden einen Hinweis zu Benutzername und Passwort, beispielsweise »Benutzername: Immatrikulationsnummer (Beispiel: 23-456-453), Passwort: Geburtsdatum + Wohnort (Beispiel: 21121981Bonn)«. Die im Textfeld erfasste Anweisung erscheint auf der Anmeldeseite.

31.2.1 Authentifizierung

Nur manuelle Zugänge

Die Methode NUR MANUELLE ZUGÄNGE verhindert, dass die Teilnehmenden sich selbst registrieren können. Die Teilnehmer müssen von Ihnen als Administrator erfasst werden. Dazu tippen Sie alle Daten eines Teilnehmers ins Formular NUTZER/IN NEU ANLEGEN ein, oder Sie übernehmen die Daten der Teilnehmenden mit NUTZER/INNEN HOCHLADEN aus einer CSV-Datei. Dieses Plugin ist immer aktiv.

In den EINSTELLUNGEN können Sie Nutzerdatenfelder sperren (Abbildung 31.6). In diesem Formularblock können Sie für einige Datenfelder des persönlichen Profils bestimmen, inwieweit der Teilnehmer Zugriff hat. In einem Listenfeld wählen Sie aus, ob das Feld für den Teilnehmer grundsätzlich BEARBEITBAR, nur BEARBEITBAR WENN FELD LEER oder GESPERRT ist.

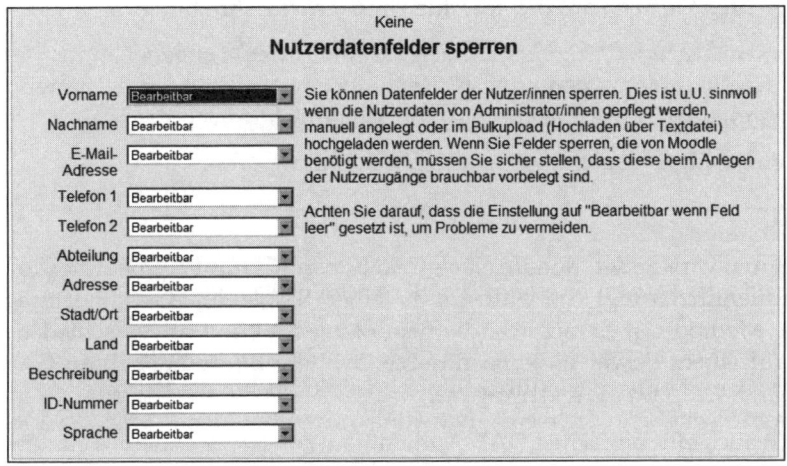

Abbildung 31.6: Nutzerdatenfelder sperren

Kein Login

Dies ist ein Hilfsplugin, das das Login von Nutzern ins System und den Mailversand verhindert. Sie können es verwenden, um einzelne Nutzeraccounts abzuschalten.

E-Mail basiert

Dies ist eine häufig eingesetzte Methode, bei der sich die Teilnehmenden selbstständig registrieren können. Nach dem Ausfüllen des Registrationsformulars erhält der Teilnehmer eine E-Mail mit einem Bestätigungslink, mit dem sichergestellt wird, dass er unter dieser E-Mail-Adresse erreichbar ist. Nach dem Bestätigen ist der Teilnehmer im Lernportal registriert und hat Zugriff auf alle Kurse ohne Zugriffsschlüssel.

In den EINSTELLUNGEN können Sie Nutzerdatenfelder sperren (Abbildung 31.6).

565

Referenz-Server

Bei dieser Methode verwendet Moodle die Benutzerdaten eines Referenz-Servers, um die Gültigkeit von Benutzername und Passwort zu prüfen. Sie müssen folgende EIN-STELLUNGEN definieren:

- HOST: Server-Adresse des Referenz-Servers. Tragen Sie die IP-Adresse oder den DNS-Namen ein.

- PORT: Server-Port, normalerweise 3333 (dec-notes).

- USER ID: Nutzer-ID auf dem Referenz-Server mit der bevorzugten *Subadmin*-Einstellung.

- KENNWORT: Passwort für den Zugang.

- ERSTELLER: Liste der Kursverwalter/innen. Trennen Sie verschiedene Gruppen durch Komma. Namen müssen genau so geschrieben werden wie auf dem Referenz-Server. Achten Sie auch auf die korrekte Groß-/Kleinschreibung.

- URL ZUR KENNWORTÄNDERUNG: Hier können Sie eine Adresse angeben, unter der die Nutzer ihren Benutzernamen oder ihr Kennwort ändern können. Dazu wird den Teilnehmenden auf der Anmeldeseite eine Schaltfläche angeboten.

Zusätzlich können Sie Nutzerdatenfelder sperren (Abbildung 31.6).

CAS-Server (SSO)

Bei diesem Verfahren verwendet Moodle einen CAS-Server (Central Authentification Service) zur Authentifizierung von Nutzern in einer Single-Sign-On-Umgebung (SSO). Mit dieser Methode ist es möglich, die Benutzerverwaltung für verschiedene Anwendungen auf einem Server zu konzentrieren. Weitere Informationen zu CAS finden Sie unter *http://esup-phpcas.sourceforge.net*.

Sie können jedoch auch eine einfache LDAP-Authentifizierung verwenden. Wenn der verwandte Nutzername und das Passwort auf CAS als gültig erkannt werden, erstellt Moodle einen neuen Nutzereintrag in seiner Datenbank und weitere Nutzerdaten von LDAP, falls erforderlich. Bei späteren Logins werden nur der Nutzername und das Passwort geprüft.

CAS-Server-Konfiguration

- CAS VERWENDEN: Mit JA aktivieren Sie die Authentifizierung über CAS.

- HOSTNAME: Geben Sie hier den Hostnamen des CAS-Servers an.

- BASIS URI: URI des Servers (kein Eintrag, falls es keine baseUri gibt), wenn z. B. der CAS-Server unter `host.domaine.fr/CAS/` läuft, dann geben Sie `cas_baseuri = CAS/` an.

- PORT: Port des CAS-Servers.

- VERSION: CAS-Version

■ SPRACHE: Listenfeld mit den Optionen MODERN GREEK, ENGLISH oder FRENCH. Wählen Sie hier die gewünschte Sprache aus.

■ NUTZER/INNEN EXTERN ANLEGEN: Neue (anonyme) Nutzer können Nutzer-Accounts erstellen, die außerhalb der Authentifizierungsquelle liegen und per E-Mail bestätigt werden. Achten Sie darauf, die modulspezifischen Optionen ebenfalls zu konfigurieren.

■ NUTZER ANLEGEN: Mit JA werden CAS-authentifizierte Nutzer in die Moodle-Datenbank eingefügt, mit NEIN können sich nur Nutzer anmelden, die in der Moodle-Datenbank eingetragen sind.

■ URL ZUR KENNWORTÄNDERUNG: Hier können Sie eine Adresse angeben, unter der die Nutzer ihren Benutzernamen oder ihr Kennwort ändern können. Dazu wird den Teilnehmenden auf der Anmeldeseite eine Schaltfläche angeboten.

Die LDAP-Einstellungen sind die gleichen wie im Abschnitt *LDAP-Server*.

Externe Datenbank

Bei dieser Methode benutzt Moodle eine externe Datenbank-Tabelle, um Benutzername und Passwort zu überprüfen. Ist der Zugang neu, werden die Informationen der übrigen Felder zu Moodle hinüber kopiert. Moodle benötigt dazu die vollständigen Angaben zur Datenbank.

Einstellungen

■ HOST: Der Name des Hosts, der die Datenbank bereitstellt, beispielsweise *localhost*, *mysql.moodlepraxisbuch.info.*

■ DATENBANK: In diesem Listenfeld bestimmen Sie den Datenbank-Typ, beispielsweise MYSQL, ACCESS, ORACLE, INFORMIX, POSTGRESQL und weitere.

■ SYBASE ANFÜHRUNGSZEICHEN VERWENDEN: Mit JA werden die Sybase-Anführungszeichen VERWENDET.

■ DB-NAME: Name der Datenbank.

■ DATENBANKNUTZER: Benutzername mit Schreibzugriff auf die Datenbank.

■ KENNWORT: Das Passwort, das zu AUTH_DBNAME gehört.

■ TABELLE: Name der Datenbank-Tabelle.

■ NUTZERNAMENFELD: Name des Feldes, das den Benutzernamen enthält.

■ KENNWORTFELD: Name des Feldes, das das Passwort enthält.

■ KENNWORTFORMAT: Listenfeld mit den Optionen REINER TEXT, MD5-VERSCHLÜSSELUNG, INTERNAL. Bestimmen Sie hier das Format des Passwortfeldes.

■ EXTERNE DB CODIERUNG: beispielsweise utf-8.

- SQL-Setup Kommando: SQL-Kommando für spezielles Datenbanksetup bei Kommunikationscodierung.

- DEBUG ADODB: Debug der ADOdb-Verbindung zu einer externen Datenbank. Diese Funktion kann ausgeführt werden, wenn beim Login eine leere Seite erscheint. Die Funktion sollte nicht auf produktiven Installationen eingesetzt werden.

- URL ZUR KENNWORTÄNDERUNG: Hier können Sie eine Adresse angeben, unter der die Nutzer ihren Benutzernamen oder ihr Kennwort ändern können. Dazu wird den Teilnehmenden auf der Anmeldeseite eine Schaltfläche angeboten.

Die Einstellungen für das Cron-Synchronisierungsscript und das Data mapping sind dieselben wie im Abschnitt *LDAP-Server*.

IMAP-Server

Bei dieser Methode verwendet Moodle einen IMAP-Server (Internet Message Access Protocol), um Benutzername und Passwort zu überprüfen. Dieses Verfahren ist sinnvoll, wenn alle Teilnehmenden bereits über ein IMAP-Postfach auf einem IMAP-Server verfügen. Moodle benötigt dazu folgende Angaben:

- HOST: Geben Sie hier den Namen des IMAP-Servers oder die IP ein. Mehrere Hosts trennen Sie mit Semikolon, beispielsweise `host1.com; host2.com`.

- TYP: Listenfeld mit den Optionen IMAP, IMAPSSL, IMAPCERT, IMAPTLS. IMAP-Server können verschiedene Arten der Authentifizierung und Überprüfung haben. Wählen Sie hier den für Sie zutreffenden Typ aus.

- PORT: IMAP-Serverport-Nummer, normalerweise 143 IMPA oder 993 IMAPS.

- URL ZUR KENNWORTÄNDERUNG: Hier können Sie eine Adresse angeben, unter der die Nutzer ihren Benutzernamen oder ihr Kennwort ändern können. Dazu wird den Teilnehmenden auf der Anmeldeseite eine Schaltfläche angeboten.

Nutzerdatenfelder sperren Sie wie im Abschnitt *Nur manuelle Zugänge* beschrieben.

LDAP-Server

Bei diesem Verfahren verwenden Sie Ihren LDAP-Server zur Verwaltung der Kurszugänge. Wenn der vergebene Nutzername und das Kennwort gültig sind, trägt Moodle den Nutzer in seiner Datenbank ein. Dieses Modul kann Nutzereinträge aus LDAP lesen und gewünschte Felder in Moodle vorbelegen.

LDAP-Server-Einstellungen

- HOST URL: Geben Sie einen LDAP-Server in URL-Form an, wie *ldap://ldap.myorg.de* oder *ldaps://ldap.myorg.de*.

- VERSION: Listenfeld mit den Optionen 2 und 3. Bestimmen Sie hier die Version des LDAP-Protokolls auf Ihrem Server.

▧ LDAP CODIERUNG: Wenn Sie Bind-User verwenden wollen, um Benutzer zu suchen, tragen Sie die Spezifikation in dieses Textfeld ein, normalerweise etwas wie `"cn=ldapuser, ou=public, o=org"`.

Bind-Einstellungen

▧ KENNWÖRTER VERBERGEN: Wählen Sie JA, um Passwörter **nicht** in der Moodle-Datenbank zu speichern.

▧ GEKENNZEICHNETER NAME: Möchten Sie Bind-User für die Nutzersuche verwenden? Tragen Sie hier etwas wie `"cn=ldapuser, ou=public, o=org"` ein,

▧ KENNWORT: Passwort für Bind-User.

Einstellung zur Nutzerüberprüfung (user lookup settings)

▧ NUTZERTYP: Hier bestimmen Sie, wie die Nutzer in LDAP hinterlegt werden. Die Einstellung legt fest, wie der Login-Ablauf, grace Logins und Nutzererstellung ablaufen.

▧ KONTEXTE: Liste der Umgebung, in denen sich Nutzer befinden. Trennen Sie verschiedene Umgebungen durch Komma. Beispiel `"ou=users, o=org, ou=others, o=orf"`.

▧ SUBKONTEXTE SUCHEN: Nutzer in Teilumgebungen suchen.

▧ ALIAS BERÜCKSICHTIGEN: Legt fest, wie Aliasbezeichnungen bei der Suche behandelt werden. Wählen Sie einen der folgenden Werte: »No« (`LDAP_DEREF_NEVER`) or »Yes« (`LDAP_DEREF_ALWAYS`).

▧ NUTZERATTRIBUT: Verwendete Eigenschaften, um Nutzer zu benennen bzw. zu suchen, normalerweise `"cn"`.

▧ MITGLIEDSATTRIBUT: Geben Sie die Mitgliedsoptionen an, wenn Nutzer zu einer Gruppe gehören, normalerweise `"member"`.

▧ MITGLIEDSATTRIBUT VERWENDET DN: überschreibt das Mitgliedsattribut entweder mit 1 oder 0.

▧ OBJEKT CLASS: Filter für die Suche nach Nutzernamen.

Verbindliche Änderung des Passwortes

▧ VERBINDLICHE ÄNDERUNG DES PASSWORTES: Nutzer werden aufgefordert, ihr Passwort beim ersten Login zu ändern.

▧ STANDARDSEITE ZUR PASSWORTÄNDERUNG NUTZEN: Stellen Sie JA ein, wenn das externe Authentifizierungssystem die Änderung des Passwortes durch Moodle zulässt. Die Einstellungen überschreiben PASSWORT-URL ÄNDERN.

▧ PASSWORT-FORMAT: Listenfeld mit den Optionen REINER TEXT, MD5-VERSCHLÜSSELUNG und SHA-1 HASH.

■ URL ZUR KENNWORTÄNDERUNG: Hier können Sie eine Adresse angeben, unter der die Nutzer ihren Benutzernamen oder ihr Kennwort ändern können. Dazu wird den Teilnehmenden auf der Anmeldeseite eine Schaltfläche angeboten.

LDAP Passwortablaufeinstellung

■ ABLAUF: Wählen Sie NEIN, um die Überprüfung abgelaufener Passwörter abzuschalten, oder LDAP, um sie direkt über LDAP abzuwickeln.

■ ABLAUFHINWEIS: Zahl der Tage vor dem Ablauf der Gültigkeit des Passwortes, an denen eine Nachricht versandt wird.

■ ABLAUF-Attribut: Ändert die LDAP-Attribute zur Speicherung der Passwortgültigkeitsdauer.

■ FIRST-LOGIN: Aktiviert LDAP-gracelogin-Unterstützung.

■ GRACE LOGIN ATTRIBUTE: Ändert die gracelogin-Attribute.

Nutzer-Erstellung aktivieren

■ NUTZER EXTERN ANLEGEN: Neue (anonyme) Nutzer können Nutzer-Accounts erstellen und diese außerhalb der Authentifizierungsquelle und per Mail bestätigen.

■ KONTEXTE FÜR NEUE NUTZER: Bestimmen Sie hier, in welchem Kontext neue Nutzer erstellt werden sollen.

Kursverwalter/innen

■ ERSTELLER: Eine Liste von Gruppen, denen es erlaubt ist, neue Kurse zu erstellen.

Cron-Synchronisierungsskript

■ ENTFERNTE EXTERNE NUTZER: Hier legen Sie fest, was mit einem internen Nutzeraccount passieren soll, wenn bei einer Massensynchronisierung dieser Account im externen System entfernt wurde.

Data mapping

Für die Felder VORNAME, NACHNAME, E-MAIL-ADRESSE, TELEFON 1, TELEFON 2, ABTEILUNG, ADRESSE, STADT/ORT, LAND, BESCHREIBUNG, ID-NUMMER und SPRACHE können Sie das Data mapping definieren (Abbildung 31.7). Wenn Sie Felder leer lassen, wird nichts von LDAP transferiert und die Moodle-Voreinstellungen werden verwendet.

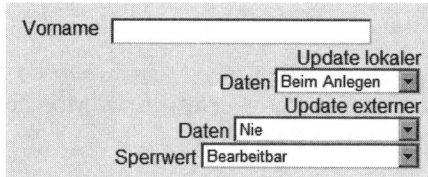

Abbildung 31.7: Data mapping

▓ UPDATE LOKALER DATEN: Listenfeld mit den Optionen BEIM ANLEGEN und BEI JEDEM LOGIN.

▓ UPDATE EXTERNER DATEN: Listenfeld mit den Optionen NIE und BEI DER AKTUALISIERUNG.

▓ SPERRWERT: Listenfeld mit den Optionen BEARBEITBAR, BEARBEITBAR WENN FELD LEER und GESPERRT.

Moodle-Netzwerk Authentifizierung

Bei diesem Verfahren werden Nutzer als vertrauensvoll authentifiziert, wenn sie in den Moodle-Netzwerk-Einstellungen definiert sind.

▓ RPC NEGOTIATION TIMEOUT: Timeout in Sekunden für die Authentifizierung über XMLRPC Transfer.

▓ AUTOMATISCHES HINZUFÜGEN EXTERNER NUTZER: Mit JA wird ein lokaler Datensatz automatisch angelegt, wenn ein Remote-Nutzer sich zum ersten Mal anmeldet.

NNTP-Server

Dieses Verfahren verwendet einen NNTP-Server, um zu prüfen, ob der angegebene Nutzername und das Passwort gültig sind.

▓ HOST: Geben Sie hier die IP des NNTP-Servers und nicht den DNS-Namen an. Mehrere Hosts trennen Sie mit Semikolon, beispielsweise `host1.com; host2.com`.

▓ PORT: NNTP-Serverport-Nummer, normalerweise 119.

▓ URL ZUR KENNWORTÄNDERUNG: Hier können Sie eine Adresse angeben, unter der die Nutzer ihren Benutzernamen oder ihr Kennwort ändern können. Dazu wird den Teilnehmenden auf der Anmeldeseite eine Schaltfläche angeboten.

Nutzerdatenfelder sperren Sie, wie im Abschnitt *Nur manuelle Zugänge* beschrieben.

Keine Authentifizierung

Nutzer können sich ohne Authentifizierung durch einen externen Server und ohne E-Mail-Bestätigung anmelden und gültige Nutzer-Accounts anlegen. Verwenden Sie diese Option vorsichtig, und bedenken Sie mögliche Sicherheits- und Administrationsprobleme.

Nutzerdatenfelder sperren Sie, wie im Abschnitt *Nur manuelle Zugänge* beschrieben.

PAM (Pluggable Authentication Modules)

Bei dieser Methode verwendet Moodle PAM (einen Industriestandard für das Grundgerüst zur Identifikation), um auf dem Server auf die richtigen Benutzernamen zuzugreifen. Dazu muss PHP4 AUTHENTICATION installiert sein.

Statt die Einzelheiten der Authentifizierung in jeder Applikation neu zu formulieren, bietet die PAM-API einen standardisierten Dienst in Form von Modulen an. In einer Konfigurationsdatei kann der Systemadministrator die Authentifizierungsmodule einzelnen Diensten zuordnen, ohne dafür die Software, die diese Dienste realisiert, neu kompilieren zu müssen. Lesen Sie mehr dazu unter *http://de.wikipedia.org/wiki/Pluggable_Authentication_Module.*

Nutzerdatenfelder sperren Sie, wie im Abschnitt *Nur manuelle Zugänge* beschrieben.

POP3-Server

Bei dieser Methode benutzt Moodle einen POP3-Server, um die Gültigkeit von Benutzername und Passwort zu prüfen.

- HOST: Geben Sie hier den Namen des POP3-Servers ein. Es ist möglich, mehrere Hosts mit Semikolon zu trennen: `host1.com;host2.com;host3.com`.

- TYP: Listenfeld mit den Optionen POP3, POP3CERT und POP3NOTLS. Wählen Sie hier den Servertyp.

- PORT: POP3-Serverport-Nummer, normalerweise 110, für SSL 995.

- MAILBOX: Name der Mailbox, mit der eine Verbindung hergestellt werden soll, beispielsweise INBOX.

- URL ZUR KENNWORTÄNDERUNG: Hier können Sie eine Adresse angeben, unter der die Nutzer ihren Benutzernamen oder ihr Kennwort ändern können. Dazu wird den Teilnehmenden auf der Anmeldeseite eine Schaltfläche angeboten.

Nutzerdatenfelder sperren Sie, wie im Abschnitt *Nur manuelle Zugänge* beschrieben.

RADIUS-Server

Bei dieser Methode verwendet Moodle einen RADIUS-Server (Remote Authentication Dial-In User Service), um Benutzername und Passwort zu prüfen. RADIUS ist der De-facto-Standard bei der zentralen Authentifizierung von Einwahlverbindungen über Modem, ISDN, VPN, Wireless LAN oder DSL. Ein spezieller Server-Dienst, der RADIUS-Server, dient dabei zur Authentifizierung von Clientgeräten oder Diensten gegen unterschiedliche Datenbanken, in denen die Zugangsdaten gespeichert sind.

- HOST: Geben Sie hier den Hostnamen ein.

- PORT: Geben Sie hier die Port-Nummer ein.

- GEHEIM: Geben Sie hier das Passwort ein.

- URL ZUR KENNWORTÄNDERUNG: Hier können Sie eine Adresse angeben, unter der die Nutzer ihren Benutzernamen oder ihr Kennwort ändern können. Dazu wird den Teilnehmenden auf der Anmeldeseite eine Schaltfläche angeboten.

Shibboleth

Diese Methode befindet sich noch in der Entwicklung. Sie sollten sie deshalb nur verwenden, wenn Sie sich darin genügend auskennen. Lesen Sie mehr dazu unter *http://shibboleth.internet2.edu*.

- ANMELDENAME: Name der Shibboleth-Umgebungsvariable, die als Moodle-Benutzername verwendet werden soll.

- DATENMODIFIKATION API: Sie können diese API nutzen, um Daten von Shibboleth zu bearbeiten.

- URL ZUR KENNWORTÄNDERUNG: Hier können Sie eine Adresse angeben, unter der die Nutzer ihren Benutzernamen oder ihr Kennwort ändern können. Dazu wird den Teilnehmenden auf der Anmeldeseite eine Schaltfläche angeboten.

Die Einstellungen für das Data mapping sind dieselben wie im Abschnitt *LDAP-Server* beschrieben.

31.2.2 Nutzerliste anzeigen

Mit einem Klick auf NUTZERLISTE ANZEIGEN im Block WEBSITE-ADMINISTRATION (Abbildung 31.3) wird das gleichnamige Formular angezeigt (Abbildung 31.8). Hier können Sie die registrierten Benutzer verwalten. Um einen bestimmten Benutzer zu finden, verwenden Sie die ABC-NAVIGATION, DIE SEITEN-NAVIGATION oder die SUCH-FUNKTION. Angenommen, Sie suchen den Teilnehmer HANS MUSTER, dann klicken Sie auf das H in der Zeile VORNAME und anschließend auf das M in der Zeile NACHNAME. Falls die angezeigte Liste den HANS MUSTER nicht enthält, blättern Sie auf die NÄCHSTE Seite. Oder Sie lassen sich alle MUSTER anzeigen, indem Sie den Namen in das Textfeld eingeben und auf die Schaltfläche SUCHEN klicken.

Mit einem Klick auf die Spaltennamen VORNAME, NACHNAME, E-MAIL-ADRESSE, STADT/ORT, LAND und LETZTER ZUGRIFF werden die Spalten auf- oder absteigend geordnet.

Wird der gesuchte Teilnehmer angezeigt, können Sie dessen Profil mit einem Klick auf BEARBEITEN einsehen und ändern. Mit einem Klick auf LÖSCHEN wird der Teilnehmer nach einer Sicherheitsabfrage endgültig aus dem Lernportal entfernt. Mit einem Klick auf den Link NUTZER/IN NEU ANLEGEN gelangen Sie ins gleichnamige Formular, in dem Sie einen neuen Benutzer manuell erfassen können.

Bei Teilnehmenden, die sich über die E-Mail-Authentifikation selbst registriert, aber die Anmeldung noch nicht bestätigt haben, steht neben BEARBEITEN und LÖSCHEN der Link BESTÄTIGEN. Mit einem Klick darauf können Sie als Administrator diese Teilnehmenden manuell bestätigen. Sie finden solche Teilnehmenden leicht, indem Sie ein- oder zweimal auf LETZTER ZUGRIFF klicken, bis jene zuoberst stehen, die noch nie zugegriffen haben.

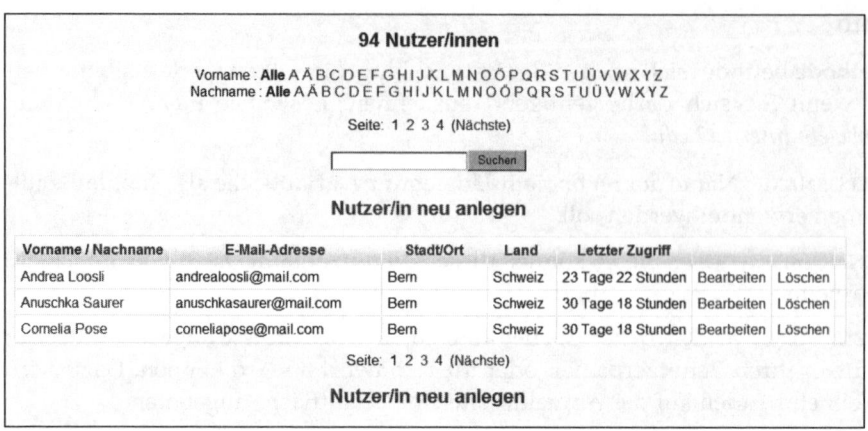

Abbildung 31.8: Das Formular Nutzerliste anzeigen

Wenn Sie als Administrator ein Benutzerprofil bearbeiten, haben Sie zusätzliche Datenfelder zur Verfügung, die der Benutzer in seiner Maske nicht sieht (Abbildung 31.9). Lesen Sie mehr zum Profil aus Benutzer-Sicht in Kapitel 6, *Teilnehmer*.

Als Administrator können Sie den Eintrag ANMELDENAME ändern oder ein NEUES KENNWORT setzen. Damit ist es möglich, einem unbeholfenen Teilnehmer das Passwort mitzuteilen, ohne dass er dieses per E-Mail abrufen muss.

Im Listenfeld AUTHENTIFIZIERUNGSMETHODE können Sie die Authentifizierungsmethode für einzelne Teilnehmende ändern. Wenn Sie KENNWORTÄNDERUNG markieren, wird der Teilnehmer beim nächsten Login aufgefordert, sein Passwort zu ändern.

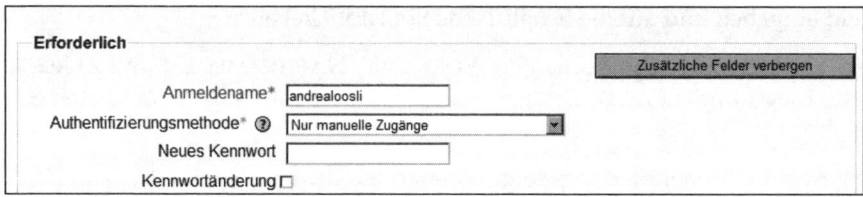

Abbildung 31.9: Profil bearbeiten, zusätzliche Einstellungen

31.2.3 Nutzer/in neu anlegen

Hier können Sie Teilnehmer manuell erfassen. Sie werden diese Funktion wahrscheinlich nur selten benutzen. Schon bei wenigen Teilnehmenden lohnt es sich, diese über die Funktion NUTZER HOCHLADEN einzutragen.

31.2.4 Nutzer/innen hochladen

Mit einem Klick auf NUTZER/INNEN HOCHLADEN im Block WEBSITE-ADMINISTRATION (Abbildung 31.3) wird das gleichnamige Formular angezeigt (Abbildung 31.10). Hier können Sie auf bequeme Art neue Teilnehmer in Ihrem Lernportal registrieren oder in Kurse eintragen. Dazu benötigen Sie eine Datei im CSV-Format, die die nötigen Benutzerdaten enthält.

Mit einem Klick auf DURCHSUCHEN bestimmen Sie die CSV-Datei mit den Daten der Teilnehmenden, die Sie mit einem Klick auf NUTZER/INNEN HOCHLADEN im Lernportal eintragen wollen.

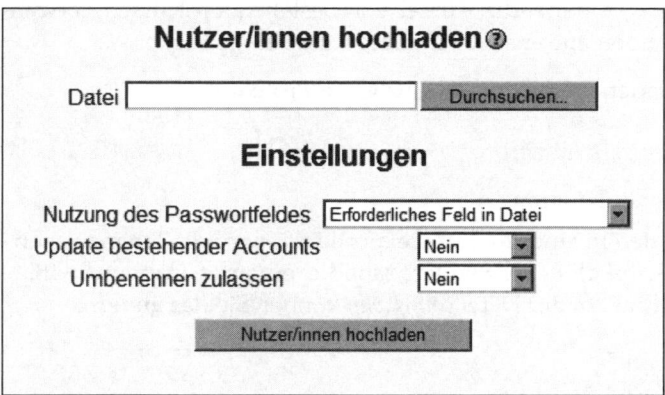

Abbildung 31.10: Formular Nutzer/innen hochladen

- NUTZUNG DES PASSWORTFELDES: Mit ERFORDERLICHES FELD IN DATEI verwendet Moodle den Wert aus der Spalte `password` in der CSV-Datei. Mit FEHLENDEN WERT ANLEGEN generiert Moodle ein Passwort, das der Teilnehmer über die Funktion PASSWORT VERGESSEN? ermitteln kann.

- UPDATE BESTEHENDER ACCOUNTS: Mit JA werden auch existierende Zugänge geändert. Moodle identifiziert die Teilnehmenden anhand der E-Mail-Adresse.

- UMBENENNEN ZULASSEN: Mit JA wird bei existierenden Zugängen auch der BENUTZERNAME entsprechend dem Eintrag in der CSV-Datei geändert.

csv-Datei erstellen

Sie können die CSV-Datei mit einem einfachen Editor erstellen. Schreiben Sie dazu mindestens die Feldnamen `username`, `password`, `firstname`, `lastname`, `email` mit einem Komma getrennt in die erste Zeile. Auf jeder weiteren Zeile tragen Sie die entsprechenden Daten der einzutragenden Teilnehmer ein (Abbildung 30.11). Selbstverständlich ist es auch möglich, die Daten aus einer Datenbank oder aus einer Excel-Tabelle als csv-Datei zu exportieren.

Abbildung 31.11: csv-Datei mit dem Editor erstellen

Sie können weitere Werte übergeben, wenn Sie die entsprechenden Feldnamen in der ersten Zeile anfügen: institution, departement, city, country, lang, timezone, idnumber, icq, phone1, phone2, address, url, description mailformat, maildisplay, htmleditor, autosubscribe, course1, course2, course3 usw.

Wenn Sie in den Spalten course1 usw. die Kürzel von bestehenden Kursen verwenden, werden die Teilnehmenden automatisch in diese Kurse eingetragen.

Moodle quittiert das Hochladen mit einem ausführlichen Protokoll.

Tipp

Semikolon statt Komma

Wenn Sie Daten in eine CSV-Datei exportieren, wird als Trennzeichen meist das Semikolon verwendet. Moodle erwartet standardmäßig aber ein Komma. In der Datei *config.php* können Sie das ändern:

```
$CFG->CSV_DELIMITER=';'
$CFG->CSV_ENCODE='59'
```

31.2.5 Nutzerprofilfelder

Mit einem Klick auf NUTZERPROFILFELDER im Block WEBSITE-ADMINISTRATION (Abbildung 31.3) wird das gleichnamige Formular angezeigt (Abbildung 31.12). Mit dieser Funktion verwalten Sie zusätzliche Datenfelder, die im Profil der Teilnehmer angezeigt werden. Im abgebildeten Beispiel ist bereits die zusätzliche Kategorie LEHRBETRIEB mit den Feldern NAME und AUSBILDNER erfasst.

- PROFILFELD: Hier wird der Name angezeigt.

- BEARBEITEN: Mit diesen Symbolen können Sie bestehende Einträge ändern (HÄNDCHEN), löschen (KREUZ) oder ordnen (PFEIL).

- NEUES PROFILFELD ANLEGEN: Listenfeld mit den Optionen AUSWAHLMENÜ und TEXTEINGABE.

Wenn Sie im Listenfeld NEUES PROFILFELD ANLEGEN eine Option auswählen, öffnet sich das Formular NEUES PROFILFELD anlegen (Abbildung 31.13).

Nutzerprofilfelder

Andere Felder ✎ ✕   ↓

Es wurden keine Felder definiert

Lehrbetrieb ✎ ✕ ↑

Profilfeld	Bearbeiten
Name	✎ ✕ ↓
Ausbildner	✎ ✕ ↑

Neues Profilfeld anlegen: | Auswahl... ▾ |

| Neue Profilkategorie anlegen |

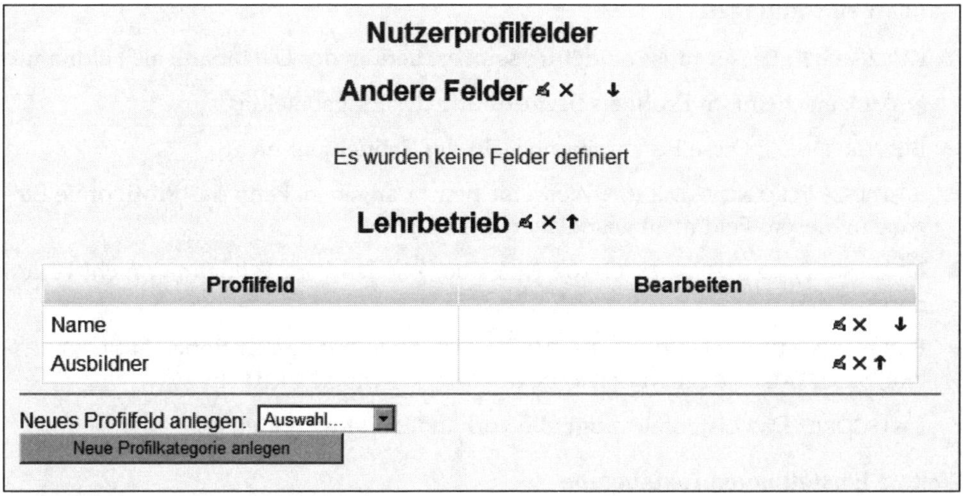

Abbildung 31.12: Formular Nutzerprofilfelder

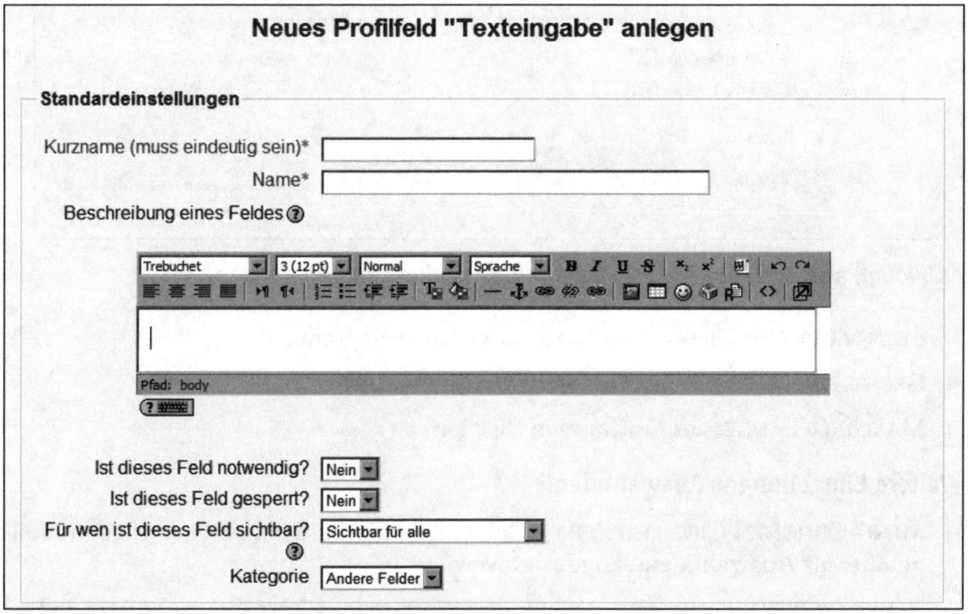

Neues Profilfeld "Texteingabe" anlegen

Standardeinstellungen

Kurzname (muss eindeutig sein)* [   ]

Name* [   ]

Beschreibung eines Feldes ⑦

| Trebuchet ▾ | 3 (12 pt) ▾ | Normal ▾ | Sprache ▾ | **B** *I* U̲ S̶ | x₂ x² | ⊞ | ↶ ↷ |
| ≡ ≡ ≡ ≡ | ¶ ¶ | ≣ ≣ ≢ ≢ T₂ ⬚ | — ⚓ ∞ ⬚ ⬚ | ⬚ ⊞ ☺ ✿ 🄿 | ◇ | ⬚ |

Pfad: body

[? ▦]

Ist dieses Feld notwendig? | Nein ▾ |

Ist dieses Feld gesperrt? | Nein ▾ |

Für wen ist dieses Feld sichtbar? | Sichtbar für alle ▾ |
⑦

Kategorie | Andere Felder ▾ |

Abbildung 31.13: Neues Profilfeld, Standardeinstellungen

Standardeinstellungen

- KURZNAME*: Dieser muss eindeutig sein, er dient in der Datenbank als Feldname.

- NAME*: erscheint im Profil als Bezeichnung des Eingabefeldes.

- BESCHREIBUNG: Diese Beschreibung sieht der Teilnehmer nicht.

- IST DIESES FELD NOTWENDIG?: Wenn Sie hier JA angeben, kann das Profil ohne Eingabe in diesem Feld nicht gespeichert werden.

- IST DIESES FELD GESPERRT?: Gesperrte Felder können vom Teilnehmer nicht verändert werden.

- FÜR WEN IST DIESES FELD SICHTBAR?: Ein Listenfeld mit den Optionen NICHT SICHTBAR, SICHTBAR FÜR TEILNEHMER/INNEN und SICHTBAR FÜR ALLE.

- KATEGORIE: Das Listenfeld zeigt alle vorhandenen Kategorien an.

Weitere Einstellungen Texteingabe

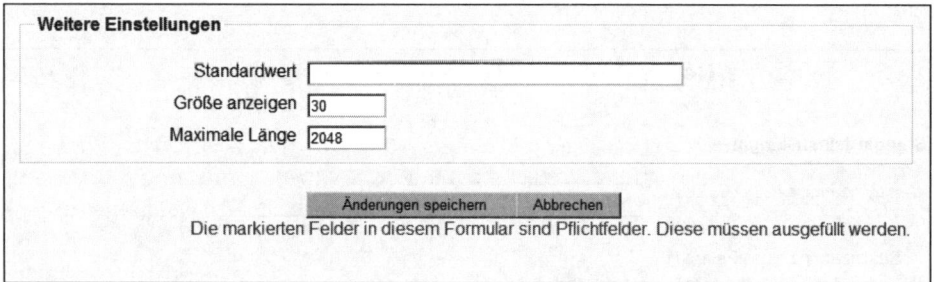

Abbildung 31.14: Neues Profilfeld, Weitere Einstellungen Texteingabe

- STANDARDWERT: Dieser Wert wird als Vorgabe eingetragen.

- GRÖSSE ANZEIGEN: die Größe des Textfeldes in Zeichen.

- MAXIMALE LÄNGE: des Eintrages in Zeichen.

Weitere Einstellungen Auswahlmenü

- MENÜ-OPTIONEN (EINE PRO ZEILE): Geben Sie hier die Optionen an, die dem Teilnehmer als Auswahlmenü angezeigt werden.

- STANDARDWERT: Bestimmen Sie hier den Wert, der als Vorgabe angezeigt wird.

Dem Teilnehmer werden diese zusätzlichen Eingabefelder je Kategorie als Abschnitt zuunterst im Profil angezeigt (Abbildung 31.16).

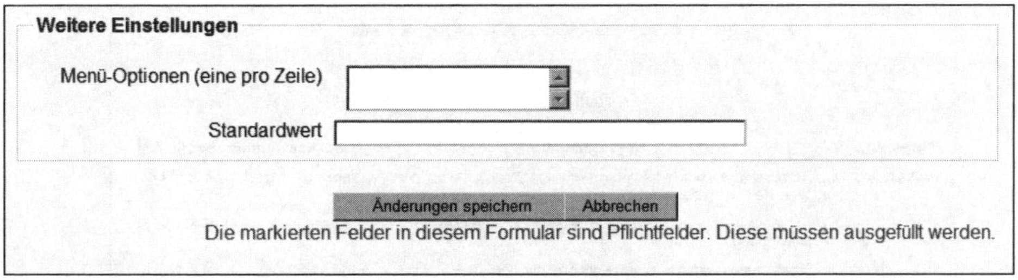

Abbildung 31.15: Neues Profilfeld, Weitere Einstellungen Auswahlmenü

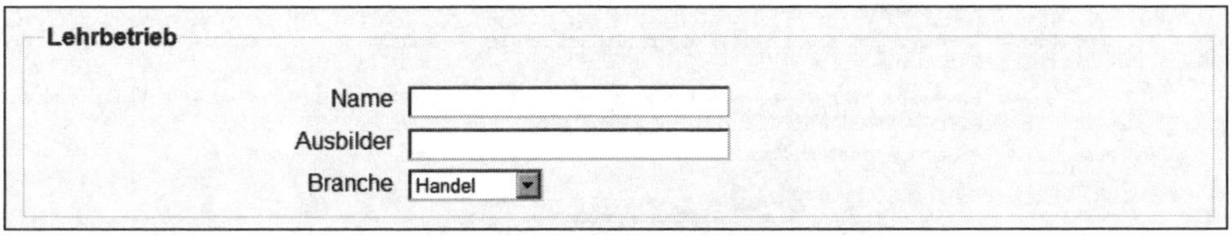

Abbildung 31.16: Zusätzliche Profilfelder der Kategorie Lehrbetrieb

31.2.6 Rollen verwalten

Mit dieser Funktion verwalten Sie das Rollensystem für die ganze Website auf den drei Registern ROLLEN VERWALTEN, RECHTE ZUR ROLLENZUORDNUNG und RECHTE ZUR ROLLENÄNDERUNG. Lesen Sie zum besseren Verständnis des Rollensystems bitte auch das Kapitel 11, *Rollen*.

Register Rollen verwalten

Mit einem Klick auf ROLLEN VERWALTEN im Block WEBSITE-ADMINISTRATION (Abbildung 31.3) wird das gleichnamige Formular angezeigt, das aus den drei Registern ROLLEN VERWALTEN, RECHTE ZUR ROLLENZUORDNUNG und RECHTE ZUR ROLLENÄNDERUNG besteht (Abbildung 31.17).

Das Register ROLLEN VERWALTEN zeigt auf einer Liste alle für diese Website definierten Rollen, hier beispielsweise alle BASISROLLEN mit NAME, BESCHREIBUNG und KURZBEZEICHNUNG. Mit einem Klick auf eines der Symbole in der Spalte BEARBEITEN können Sie die Rollen bearbeiten (HÄNDCHEN), löschen (KREUZ) oder ordnen (PFEIL).

Mit einem Klick auf die Schaltfläche NEUE ROLLE HINZUFÜGEN öffnet sich das gleichnamige Formular (Abbildung 31.18), auf dem Sie nebst NAME, KURZBEZEICHNUNG, BESCHREIBUNG und BASISROLLENTYP alle Fähigkeiten dieser Rolle definieren können. Das Formular umfasst mehrere Bildschirmseiten und zeigt die Fähigkeiten sämtlicher Kontexte an: KERNSYSTEM, RSS-CLIENT, AUTHORIZE.NET KREDITKARTENABRECHNUNG, NUTZER/INNEN, KURSBEREICHE, KURS und sämtliche installierten Aktivitäten.

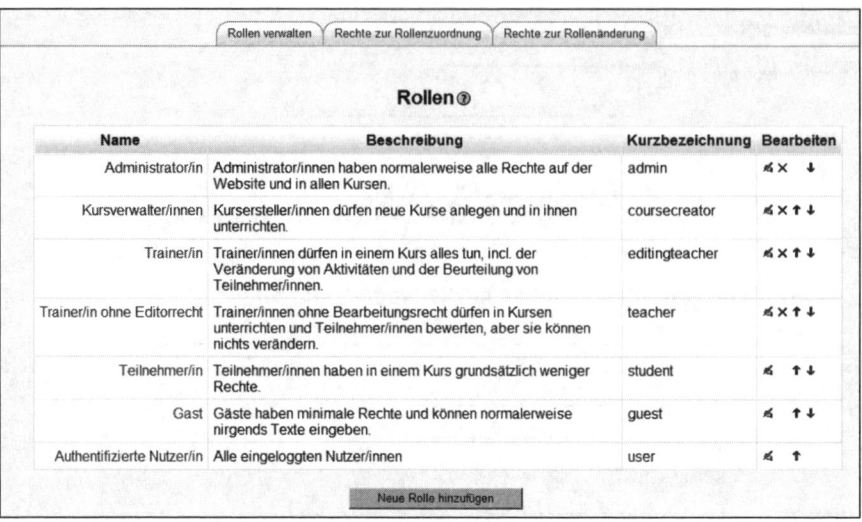

Abbildung 31.17: Rollen verwalten

Die Wahl im Listenfeld BASISROLLENTYP ist entscheidend. Nach dem Speichern werden für alle Fähigkeiten die Rechte der entsprechenden Basisrolle übernommen; ausgenommen davon sind jene Fähigkeiten, deren Rechte Sie bereits manuell geändert haben.

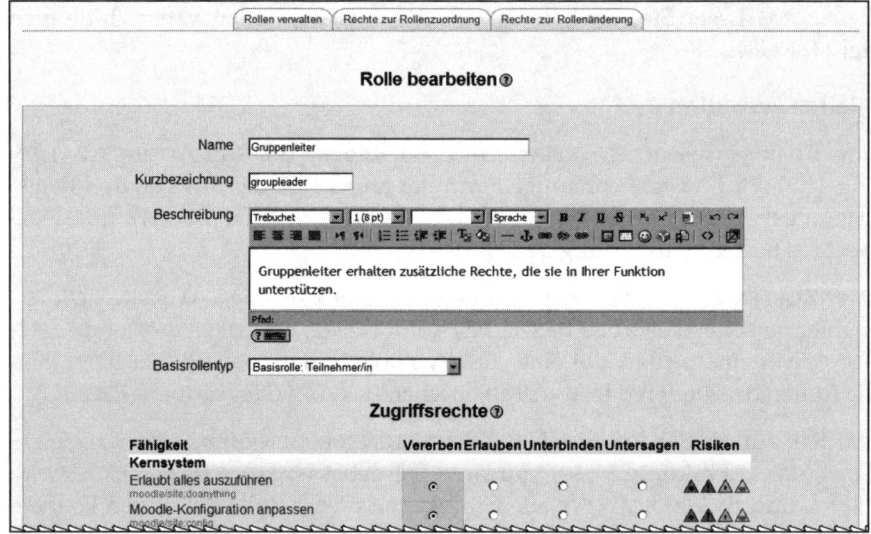

Abbildung 31.18: Formular Rolle bearbeiten

Da die Rechte der Aktivitäten in den entsprechenden Kapiteln aufgelistet sind, werden in den folgenden Abschnitten nur noch die fehlenden Kontexte aufgeführt.

Die in der Spalte Risiken aufgeführten Symbole bedeuten von links nach rechts

- grün: Gefahr für die Konfiguration
- rot: Gefahr für XSS (Cross-Site Scripting)
- blau: Gefahr für die Privatsphäre
- gelb: Gefahr für Spam

Kernsystem

Fähigkeit	Vererben	Erlauben	Unterbinden	Untersagen	Risiken
Kernsystem					
Erlaubt alles auszuführen moodle/site:doanything	●	○	○	○	▲▲▲▲
Moodle-Konfiguration anpassen moodle/site:config	●	○	○	○	▲▲▲▲
Alle Nachrichten des Systems lesen moodle/site:readallmessages	●	○	○	○	▲
Kurserstellung genehmigen moodle/site:approvecourse	●	○	○	○	▲
Import anderer Kurse in den eigenen Kurs moodle/site:import	●	○	○	○	▲▲▲
Kurse sichern moodle/site:backup	●	○	○	○	▲▲▲
Kurse wiederherstellen moodle/site:restore	●	○	○	○	▲▲▲
Systemweite Blöcke verwalten moodle/site:manageblocks	●	○	○	○	▲ ▲
Zugriff auf alle Gruppen moodle/site:accessallgroups	●	○	○	○	
Immer vollständige Nutzernamen sehen moodle/site:viewfullnames	●	○	○	○	
Berichte sehen moodle/site:viewreports	●	○	○	○	▲
Übermittelten Inhalten vertrauen moodle/site:trustcontent	●	○	○	○	▲
Neue Nutzer/innen mittels Datei importieren moodle/site:uploadusers	●	○	○	○	▲▲
Nutzer/innen anlegen moodle/user:create	●	○	○	○	▲▲
Nutzer/innen löschen moodle/user:delete	●	○	○	○	▲
Nutzerprofile aktualisieren moodle/user:update	●	○	○	○	▲▲
Nutzerprofile sehen moodle/user:viewdetails	○	●	○	○	
Verborgene Nutzerdetails sehen moodle/user:viewhiddendetails	●	○	○	○	▲
Rollen an Nutzer/innen zuweisen moodle/role:assign	●	○	○	○	
Rolle überschreiben moodle/role:override	●	○	○	○	▲▲▲
Erstellen und verwalten von Rollen moodle/role:manage	●	○	○	○	▲▲▲
Eigene Rollenzuweisung löschen moodle/role:unassignself	●	○	○	○	
Betrachte versteckte Rollenzuweisungen moodle/role:viewhiddenassigns	●	○	○	○	
Rollen wechseln moodle/role:switchroles	●	○	○	○	▲
Blogeinträge ansehen moodle/blog:view	○	●	○		
Neue Blogeinträge erstellen moodle/blog:create	●	○	○	○	▲
Offizielle Elemente verwalten moodle/blog:manageofficialtags	●	○	○	○	▲
Persönliche Elemente verwalten moodle/blog:managepersonaltags	○	●	○	○	▲
Einträge bearbeiten und verwalten moodle/blog:manageentries	●	○	○	○	▲
Persönliche Kalendereinträge verwalten moodle/calendar:manageownentries	●	○	○	○	▲
Alle Kalendereinträge verwalten moodle/calendar:manageentries	●	○	○	○	▲
Links zu systemfremden Dokumenten anzeigen moodle/site:doclinks	●	○	○	○	
Zu einem anderen Moodle verbinden moodle/site:mnetlogintoremote	●	○	○	○	▲▲

Abbildung 31.19: Zugriffsrechte der Basisrolle Teilnehmer/in im Kernsystem

Die nachstehende Tabelle zeigt, welche Fähigkeiten den BASISROLLEN im KONTEXT KERNSYSTEM erlaubt sind (Abbildung 31.20).

Kernsystem Fähigkeiten	Administrator	Kursverwalter	Trainer	Trainer ohne Editorrecht	Teilnehmer	Auentifizierte Nutzer/in	Gast
Erlaubt alles auszuführen	✗						
Moodle-Konfiguration anpassen	✗						
Alle Nachrichten des Systems lesen	✗		✗				
Kurserstellung genehmigen	✗						
Import anderer Kurse in den eigenen Kurs	✗		✗				
Kurse sichern	✗		✗				
Kurse wiederherstellen	✗		✗				
Systemweite Blöcke verwalten	✗		✗				
Zugriff auf alle Gruppen	✗		✗	✗			
Immer vollständige Nutzernamen sehen	✗		✗	✗			
Berichte sehen	✗		✗	✗			
Übermittelten Inhalten vertrauen	✗		✗				
Neue Nutzer/innen mittels Datei importieren	✗						
Nutzer/innen anlegen	✗						
Nutzer/innen löschen	✗						
Nutzerprofile aktualisieren	✗						
Nutzerprofile sehen	✗		✗	✗	✗		✗
Verborgene Nutzerdetails sehen	✗		✗	✗			
Rollen an Nutzer/innen zuweisen	✗		✗				
Rolle überschreiben	✗						
Erstellen und verwalten von Rollen	✗						
Eigene Rollenzuweisung löschen	✗	✗	✗	✗			
Betrachte versteckte Rollenzuweisungen	✗		✗	✗			
Rollen wechseln	✗		✗				
Blogeinträge ansehen	✗		✗	✗	✗	✗	✗
Neue Blogeinträge erstellen	✗					✗	
Offizielle Elemente verwalten	✗						
Persönliche Elemente verwalten	✗		✗	✗	✗	✗	
Einträge bearbeiten und verwalten	✗		✗	✗			
Persönliche Kalendereinträge verwalten	✗						
Alle Kalendereinträge verwalten	✗		✗	✗			
Links zu systemfremden Dokumenten anzeigen	✗		✗	✗			
Zu einem anderen Moodle verbinden	✗						

Abbildung 31.20: Rechte der Basisrollen im Kontext Kernsystem

RSS-Client

Fähigkeit	Vererben	Erlauben	Unterbinden	Untersagen	Risiken
RSS-Client					
Private RSS-Feeds erstellen block/rss_client:createprivatefeeds	⊙	○	○	○	
RSS-Feeds erstellen und mit anderen teilen block/rss_client:createsharedfeeds	⊙	○	○	○	⚠
Nur eigene RSS-Feeds verwalten block/rss_client:manageownfeeds	⊙	○	○	○	
Alle RSS-Feeds verwalten block/rss_client:manageanyfeeds	⊙	○	○	○	⚠

Abbildung 31.21: Zugriffsrechte der Basisrolle Teilnehmer/in im RSS-Client

Die nachstehende Tabelle zeigt, welche Fähigkeiten den BASISROLLEN im KONTEXT RSS-CLIENT erlaubt sind (Abbildung 31.22).

RSS-Client
Fähigkeiten

	Administrator	Kursverwalter	Trainer	Trainer ohne Editorrecht	Teilnehmer	Authentifiziert Benutzer	Gast
Private RSS-Feeds erstellen	✗		✗	✗			
RSS-Feeds erstellen und mit anderen teilen	✗		✗				
Nur eigene RSS-Feeds verwalten	✗		✗	✗			
Alle RSS-Feeds verwalten	✗						

Abbildung 31.22: Rechte der Basisrollen im Kontext RSS-Client

Authorize.net Kreditkartenabrechnung

Fähigkeit	Vererben	Erlauben	Unterbinden	Untersagen	Risiken
Authorize.net Kreditkartenabrechnung					
Zahlungsmethoden verwalten enrol/authorize:managepayments	⊙	○	○	○	⚠

Abbildung 31.23: Zugriffsrechte der Basisrolle Teilnehmer/in in Authorize.net Kreditkartenabrechnung

Die nachstehende Tabelle zeigt, welche Fähigkeiten den BASISROLLEN im KONTEXT AUTHORIZE.NET erlaubt sind (Abbildung 31.24).

RSS-Client Fähigkeiten	Administrator	Kursverwalter	Trainer	Trainer ohne Editorrecht	Teilnehmer	Authentifizierte Nutzer/in	Gast
Private RSS-Feeds erstellen	✗		✗	✗			
RSS-Feeds erstellen und mit anderen teilen	✗		✗				
Nur eigene RSS-Feeds verwalten	✗		✗	✗			
Alle RSS-Feeds verwalten	✗						

Abbildung 31.24: Rechte der Basisrollen im Kontext Authorize.net

Nutzer/innen

Fähigkeit	Vererben	Erlauben	Unterbinden	Untersagen	Risiken
Nutzer/innen					
CSV-Datei hochladen enrol/authorize:uploadcsv	(•)	( )	( )	( )	▲
Alle Nutzerbeiträge sehen moodle/user:readuserposts	( )	(•)	( )	( )	
Alle Nutzerblogs sehen moodle/user:readuserblogs	( )	(•)	( )	( )	
Nutzerberichte sehen moodle/user:viewuseractivitiesreport	(•)	( )	( )	( )	
Nutzerprofile bearbeiten moodle/user:editprofile	(•)	( )	( )	( )	▲

Abbildung 31.25: Zugriffsrechte der Basisrolle Teilnehmer/in im Kontext Nutzer/innen

Die nachstehende Tabelle zeigt, welche Fähigkeiten den BASISROLLEN im KONTEXT NUTZER/INNEN erlaubt sind (Abbildung 31.26).

Nutzerinnen Fähigkeiten	Administrator	Kursverwalter	Trainer	Trainer ohne Editorrecht	Teilnehmer	Authentifizierte Nutzer/in	Gast
CSV-Dateien hochladen	✗						
Alle Nutzerbeiträge sehen	✗		✗	✗	✗		
Alle Nutzerblogs sehen	✗		✗	✗	✗		
Nutzerberichte sehen	✗		✗	✗			
Nutzerprofile bearbeiten	✗						

Abbildung 31.26: Rechte der Basisrollen im Kontext Nutzer/innen

Kursbereiche

Fähigkeit Kursbereiche	Vererben	Erlauben	Unterbinden	Untersagen	Risiken
Kategorien anlegen moodle/category:create	⊙	○	○	○	
Kategorien löschen moodle/category:delete	⊙	○	○	○	
Kategorien aktualisieren moodle/category:update	⊙	○	○	○	
Verborgene Kategorien einsehen moodle/category:visibility	⊙	○	○	○	
Kurse erstellen moodle/course:create	⊙	○	○	○	⚠

Abbildung 31.27: Zugriffsrechte der Basisrolle Teilnehmer/in im Kontext Kursbereiche

Die nachstehende Tabelle zeigt, welche Fähigkeiten den BASISROLLEN im KONTEXT KURSBEREICHE erlaubt sind (Abbildung 31.28).

Kursbereiche Fähigkeiten	Administrator	Kursverwalter	Trainer	Trainer ohne Editorrecht	Teilnehmer	Authentifizierte Benutzer/in	Gast
Kategorien anlegen	✘						
Kategorien löschen	✘						
Kategorien aktualisieren	✘						
Verborgene Kategorien ansehen	✘						
Kurse erstellen	✘	✘					

Abbildung 31.28: Rechte der Basisrollen im Kontext Kursbereiche

Register Rechte zur Rollenzuordnung

Mit einem Klick auf das Register RECHTE ZUR ROLLENZUORDNUNG öffnet sich das gleichnamige Formular (Abbildung 31.29). Hier können Sie als Administrator festlegen, welche Rollen berechtigt sind, einem Nutzer in einem bestimmten KONTEXT eine Rolle zuzuweisen. Lesen Sie die Tabelle so: Die Rolle links darf einem Nutzer die Rollen in der Horizontalen zuweisen. In unserem Beispiel darf ein TRAINER einem Nutzer die Rollen TRAINER/IN OHNE EDITORRECHT, TEILNEHMER/IN oder GAST zuweisen. Die Rolle AUTHENTIFIZIERTE NUTZER/IN erhält jeder automatisch, der sich registriert.

| 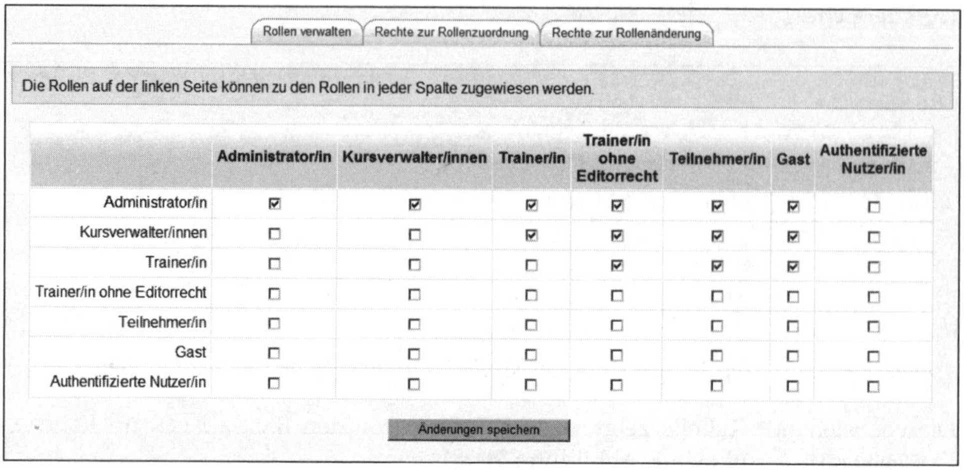 Rollen verwalten | Rechte zur Rollenzuordnung | Rechte zur Rollenänderung |

Die Rollen auf der linken Seite können zu den Rollen in jeder Spalte zugewiesen werden.

	Administrator/in	Kursverwalter/innen	Trainer/in	Trainer/in ohne Editorrecht	Teilnehmer/in	Gast	Authentifizierte Nutzer/in
Administrator/in	☑	☑	☑	☑	☑	☑	☐
Kursverwalter/innen	☐	☐	☑	☑	☑	☑	☐
Trainer/in	☐	☐	☐	☑	☑	☑	☐
Trainer/in ohne Editorrecht	☐	☐	☐	☐	☐	☐	☐
Teilnehmer/in	☐	☐	☐	☐	☐	☐	☐
Gast	☐	☐	☐	☐	☐	☐	☐
Authentifizierte Nutzer/in	☐	☐	☐	☐	☐	☐	☐

[Änderungen speichern]

Abbildung 31.29: Das Register Rechte zur Rollenzuordnung

Register Rechte zur Rollenänderung

Mit einem Klick auf das Register RECHTE ZUR ROLLENÄNDERUNG öffnet sich das gleichnamige Formular (Abbildung 31.30). Hier können Sie als Administrator festlegen, welche Rollen berechtigt sind, die Rollen-Definitionen bestimmter Rollen zu überschreiben. Lesen Sie die Tabelle so: Die Rolle links darf die Definitionen der Rollen in der Horizontalen überschreiben. In unserem Beispiel darf der Administrator alle Rollen überschreiben. Wenn Sie beispielsweise einem Trainer das Recht geben, die Rollen der Teilnehmer/in zu überschreiben, dann kann der Trainer, der diese Rolle nur in einem Kurs hat, die Rollen der Teilnehmenden in diesem Kurs überschreiben.

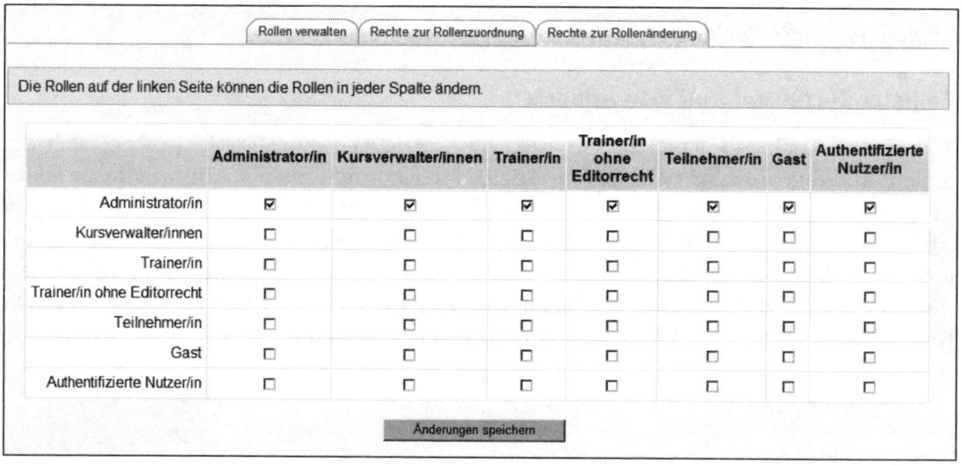

| Rollen verwalten | Rechte zur Rollenzuordnung | Rechte zur Rollenänderung |

Die Rollen auf der linken Seite können die Rollen in jeder Spalte ändern.

	Administrator/in	Kursverwalter/innen	Trainer/in	Trainer/in ohne Editorrecht	Teilnehmer/in	Gast	Authentifizierte Nutzer/in
Administrator/in	☑	☑	☑	☑	☑	☑	☑
Kursverwalter/innen	☐	☐	☐	☐	☐	☐	☐
Trainer/in	☐	☐	☐	☐	☐	☐	☐
Trainer/in ohne Editorrecht	☐	☐	☐	☐	☐	☐	☐
Teilnehmer/in	☐	☐	☐	☐	☐	☐	☐
Gast	☐	☐	☐	☐	☐	☐	☐
Authentifizierte Nutzer/in	☐	☐	☐	☐	☐	☐	☐

[Änderungen speichern]

Abbildung 31.30: Das Register Rechte zur Rollenänderung

31.2.7   Globale Rollen zuweisen

Mit einem Klick auf GLOBALE ROLLEN ZUWEISEN im Block WEBSITE-ADMINISTRATION (Abbildung 31.3) wird das gleichnamige Formular angezeigt (Abbildung 31.31).

In jedem Kontext können Sie einem Nutzer eine Rolle zuordnen, die im Baum der Kontext-Hierarchie weitervererbt wird. Hier befinden wir uns an der Wurzel dieses Baumes. Wer hier einer Rolle zugewiesen wird, der erhält diese Rolle für die gesamte Website. Was bedeutet das? Wer hier beispielsweise die Rolle TEILNEHMER/IN erhält, ist im ganzen Lernportal, in sämtlichen Kursen als Teilnehmer eingetragen. Wollen Sie das? In den meisten Fällen sicher nicht. Es gilt die Faustregel: Tragen Sie Teilnehmer erst im Kontext KURS ein. Grundsätzlich empfehle ich Ihnen, die Rollen im Baum der Kontext-Hierarchie möglichst hoch oben zu vergeben.

Rollen zuweisen⑦

WARNING! Any roles you assign from this page will apply to the assigned users throughout the entire site, including the front page and all the courses.

Rollen	Beschreibung	Nutzer/innen
Administrator/in	Administrator/innen haben normalerweise alle Rechte auf der Website und in allen Kursen.	1
Kursverwalter/innen	Kursersteller/innen dürfen neue Kurse anlegen und in ihnen unterrichten.	0
Trainer/in	Trainer/innen dürfen in einem Kurs alles tun, incl. der Veränderung von Aktivitäten und der Beurteilung von Teilnehmer/innen.	0
Trainer/in ohne Editorrecht	Trainer/innen ohne Bearbeitungsrecht dürfen in Kursen unterrichten und Teilnehmer/innen bewerten, aber sie können nichts verändern.	0
Teilnehmer/in	Teilnehmer/innen haben in einem Kurs grundsätzlich weniger Rechte.	0
Gast	Gäste haben minimale Rechte und können normalerweise nirgends Texte eingeben.	0

Abbildung 31.31: Formular Globale Rollen zuweisen

31.2.8   Nutzereigenschaften

Mit einem Klick auf NUTZEREIGENSCHAFTEN im Block WEBSITE-ADMINISTRATION (Abbildung 31.3) wird das gleichnamige Formular angezeigt. Hier stehen Ihnen die folgenden Einstellungen zur Verfügung:

- ROLLE FÜR BESUCHER/INNEN: Listenfeld, Voreinstellung GAST. Nicht auf der Website eingeloggte Nutzer/innen werden behandelt, als ob sie diese Rolle hätten. Die Rolle »Gast« ist hier meistens brauchbar. Sie können aber auch neue Rollen erstellen, die mehr oder weniger Einschränkungen vornehmen. Aktivitäten, wie das Verfassen von Beiträgen, erfordern allerdings immer eine ordnungsgemäße Anmeldung.

- ROLLE FÜR GÄSTE: Listenfeld, Voreinstellung GAST. Diese Rolle wird automatisch an Gäste zugewiesen. Sie wird ebenfalls vorübergehend an nicht angemeldete

Nutzer/innen vergeben, wenn sie einen Kurs betreten, der Gäste ohne Passwort zulässt. Bitte prüfen Sie, dass die Rolle die Rechte *moodle/legacy:guest* und *moodle/course:view* besitzt.

- STANDARDROLLE FÜR ALLE NUTZER/INNEN: Listenfeld, Voreinstellung AUTHENTIFIZIERTE NUTZER/IN. Wer als Nutzer/in eingeloggt ist, erhält für die gesamte Website automatisch die hier angegebene Rolle zugewiesen, und zwar als Ergänzung zu jeder anderen Rollenzuweisung. Beachten Sie, dass Sie mit Ihrer Einstellung keine Konflikte mit anderen Rollen erzeugen. Standardmäßig ist die Rolle AUTHENTIFIZIERTER NUTZER/IN voreingestellt, was sicherstellt, dass alle Nutzer/innen auf der gesamten Website sinnvolle Dinge tun können.

- STANDARDROLLE FÜR NUTZER/INNEN IN EINEM KURS: Listenfeld, Voreinstellung TEILNEHMER/IN. Nutzer/innen, die den Kurs betreten, erhalten automatisch diese Rolle zugewiesen.

- ROLLE DES KURSVERWALTERS IN NEUEN KURSEN: Listenfeld, Voreinstellung TRAINER/IN. Diese Rolle wird den Kursverwaltern automatisch beim Anlegen des Kurses in dem neu erstellten Kurs zugewiesen. Die Rolle wird nicht zugewiesen, wenn der Kursverwalter die Rechte nur im Elternkontext (parent) hat.

- AUTOMATISCHES LOGIN FÜR GÄSTE: Wenn Sie dieses Auswahlkästchen aktivieren, werden Gäste automatisch eingeloggt, wenn der Kurs den Zugang für Gäste erlaubt.

- ROLLEN, DIE NICHT IN METAKURSE ÜBERNOMMEN WERDEN: Liste aller Rollen, mehrfach markierbar. Standardmäßig werden alle Einschreibungen in Kurse in die zugehörigen Metakurse übernommen. Die hier gewählten Rollen werden nicht in den Synchronisierungsprozess übernommen.

- NUTZERFELDER VERBERGEN: Listenfeld mit allen Profilfeldern, mehrfach markierbar. Markieren Sie die Felder, deren Inhalt vor anderen Nutzern, nicht aber vor Trainern und Administratoren verborgen werden sollen. Dies schützt die Privatsphäre.

31.3 Kurse

Im Hauptbereich KURSE befindet sich die Kursverwaltung mit den Bereichen VERWALTUNG, EINSCHREIBUNG, BEANTRAGUNG und SICHERUNG (Abbildung 31.32).

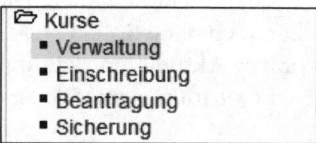

Abbildung 31.32: Block Website-Administration, Hauptbereich Kurse

31.3.1 Verwaltung

Mit einem Klick auf VERWALTUNG im Block WEBSITE-ADMINISTRATION (Abbildung 31.32) werden die Kursbereiche angezeigt (Abbildung 31.33). Das Formular KURS-BEREICHE zeigt die Verzeichnisstruktur des Lernportals.

Wenn Sie in das Textfeld die Bezeichnung eintragen, können Sie mit einem Klick auf die Schaltfläche einen NEUEN KURSBEREICH HINZUFÜGEN.

In der Spalte KURSBEREICHE erkennen Sie alle Verzeichnisse, wobei eventuell vorhandene Unterbereiche eingerückt angezeigt werden. Die Spalte KURSE zeigt an, wie viele Kurse in diesem Verzeichnis angelegt sind. Über die Symbole in der Spalte BEARBEITEN können Sie die Kursbereiche LÖSCHEN, VERBERGEN/ANZEIGEN oder VERSCHIEBEN. Mit den Listenfeldern unter VERSCHIEBE KURSBEREICH NACH lassen sich ganze Bereiche bequem in andere Bereiche verschachteln oder wieder auf die erste Stufe zurück verschieben.

Mit den letzten Schaltflächen können Sie einen NEUEN KURS ANLEGEN oder KURS-ANTRÄGE BEARBEITEN.

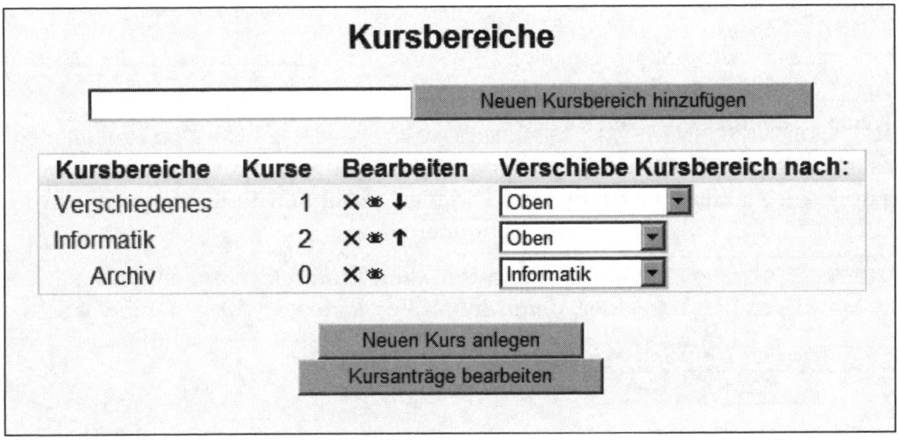

Abbildung 31.33: Formular Kursbereiche

Mit einem Klick auf einen Kursbereich öffnet sich dieser, und die darin enthaltenen Kurse und Unterbereiche werden angezeigt. Wenn Sie auf die Schaltfläche BEARBEITEN EINSCHALTEN klicken, werden die Bearbeitungssymbole angezeigt (Abbildung 31.34).

Das Listenfeld KURSBEREICHE zeigt den aktuellen Bereich und macht es Ihnen möglich, andere Kursbereiche zur Anzeige auszuwählen.

Im ersten Block werden alle UNTERBEREICHE und im zweiten Block alle KURSE dieses Kursbereiches angezeigt. Mit einem Klick auf eine Unterkategorie wechseln Sie in diese.

Wenn Sie in der Spalte KURSE auf eine Kursbezeichnung klicken, öffnet sich dieser Kursraum. In der Spalte BEARBEITEN erreichen Sie über die Symbole diese Funktionen: EDITIEREN, ROLLEN, LÖSCHEN, ANZEIGEN/VERBERGEN, SICHERN, WIEDERHERSTELLEN und VERSCHIEBEN. Das Listenfeld AUSGEWÄHLTE KURSE VERSCHIEBEN NACH enthält alle im Lernportal vorhandenen Kursbereiche. Sie können damit alle in der Spalte AUSWÄHLEN markierten Kurse in einen anderen Kursbereich verschieben.

Über die vier Schaltflächen im unteren Formularbereich können Sie die KURSE NACH NAMEN SORTIEREN, einen NEUEN KURS ANLEGEN, den aktuellen Kursbereich UMBENENNEN oder KURSE SUCHEN.

Mit einem Klick auf den Link ROLLEN ZUWEISEN gelangen Sie zum Register ROLLEN, auf dem Sie für diesen Kursbereich ROLLEN ZUWEISEN und ROLLEN ÜBERSCHREIBEN können. Lesen Sie dazu bitte auch Abschnitt 31.2.7, *Globale Rollen zuweisen*.

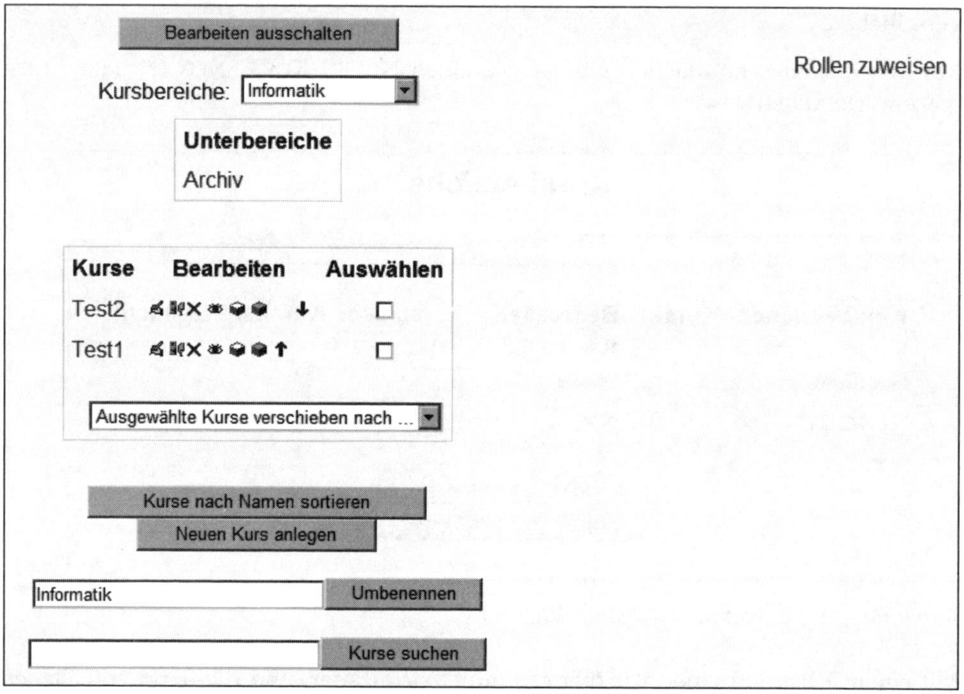

Abbildung 31.34: Formular Kursbereiche

31.3.2 Einschreibung

Mit einem Klick auf EINSCHREIBUNG im Block WEBSITE-ADMINISTRATION (Abbildung 31.32) werden die Kurs-Anmeldeverfahren angezeigt (Abbildung 31.35). Hier bestimmen Sie das Verfahren, mit dem die Teilnehmenden Zugang zu einem Kurs erhalten. Moodle verwendet standardmäßig die INTERNE ANMELDUNG, bei der sich die

Teilnehmenden selbst eintragen oder durch Kursverwalter und Trainer eingetragen werden. Mit einem Klick auf den Link BEARBEITEN können Sie die Einstellungen dieses Anmeldeverfahrens verändern.

In der abgebildeten Situation gilt die INTERNE ANMELDUNG als Grundeinstellung. Sie wird damit in neuen Kursen als Vorgabe übernommen. Für bestimmte Kurse kann in den EINSTELLUNGEN des Kurses aber auch das alternative Anmeldeverfahren PAYPAL verwendet werden.

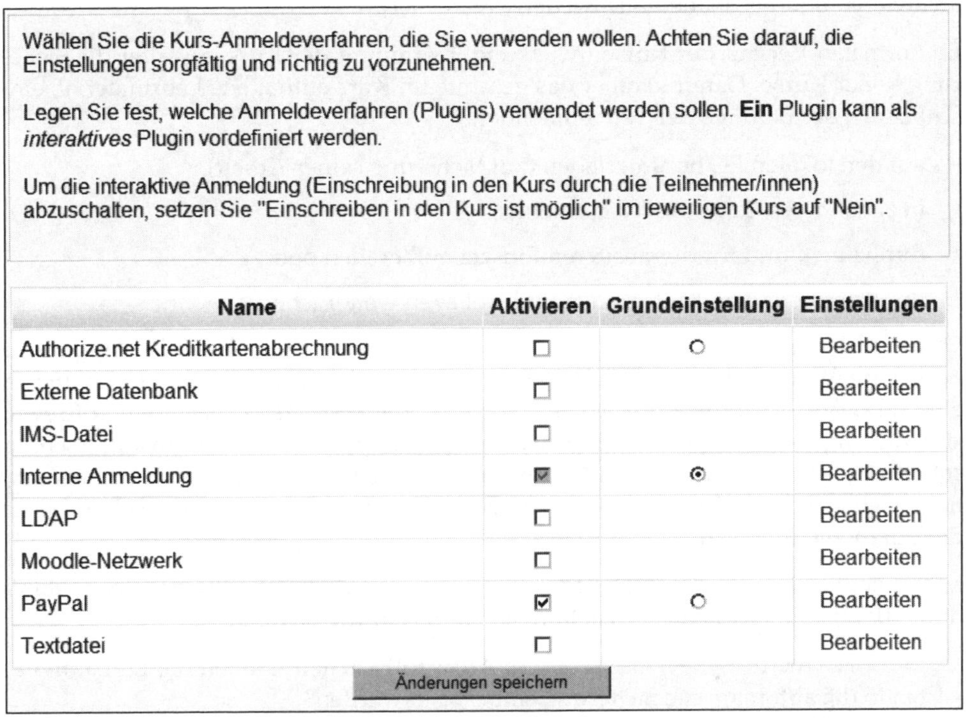

Wählen Sie die Kurs-Anmeldeverfahren, die Sie verwenden wollen. Achten Sie darauf, die Einstellungen sorgfältig und richtig zu zvorzunehmen.

Legen Sie fest, welche Anmeldeverfahren (Plugins) verwendet werden sollen. **Ein** Plugin kann als *interaktives* Plugin vordefiniert werden.

Um die interaktive Anmeldung (Einschreibung in den Kurs durch die Teilnehmer/innen) abzuschalten, setzen Sie "Einschreiben in den Kurs ist möglich" im jeweiligen Kurs auf "Nein".

Name	Aktivieren	Grundeinstellung	Einstellungen
Authorize.net Kreditkartenabrechnung	☐	○	Bearbeiten
Externe Datenbank	☐		Bearbeiten
IMS-Datei	☐		Bearbeiten
Interne Anmeldung	☑	⦿	Bearbeiten
LDAP	☐		Bearbeiten
Moodle-Netzwerk	☐		Bearbeiten
PayPal	☑	○	Bearbeiten
Textdatei	☐		Bearbeiten

Änderungen speichern

Abbildung 31.35: Kurs-Anmeldeverfahren

31.3.3 Beantragung

Mit einem Klick auf BEANTRAGUNG im Block WEBSITE-ADMINISTRATION (Abbildung 31.32) können Sie zwei Einstellungen zur Kurs-Beantragung bearbeiten:

- ▪ KURSANFRAGE ERLAUBEN: Wenn Sie dieses Auswahlkästchen aktivieren, können Nutzer Anfragen zur Einrichtung von Kursen stellen.

- ▪ KATEGORIE FÜR BEANTRAGTE KURSE: In diesem Listenfeld bestimmen Sie die Kategorie, in der diese Kurse abgelegt werden.

31.3.4 Sicherung

Kursverwalter können ihre Kurse selbst sichern, müssen aber jede Sicherung manuell auslösen. Als Administrator können Sie alle Kurse Ihres Lernportals zu einem festgelegten Zeitpunkt automatisch sichern. Bei dieser Sicherung werden alle Kurse je in eine ZIP-Datei, ins Verzeichnis /backup des entsprechenden Kurses oder alle Kurse in ein zentrales, anzugebendes Verzeichnis geschrieben. Mit dieser Sicherungsdatei ist es jedem Kursverwalter möglich, den aktuellen Stand ohne großen Aufwand zu archivieren und gegebenenfalls wiederherzustellen.

Im normalen Verlauf der Kursentwicklung übernimmt der Kursverwalter die Sicherung seiner Kurse. Damit kann er das gesamte im Kurs enthaltene Lehrmaterial, einschließlich der Beiträge der Teilnehmenden

- auf den lokalen PC herunterladen (zur Sicherung seiner Arbeit),

- in ein anderes Lernportal verschieben,

- duplizieren und für den weiteren Einsatz aufbereiten oder

- duplizieren und an Kolleginnen und Kollegen weitergeben.

Obschon der Administrator im Falle eines Server-Problems auf das Server-Backup zurückgreifen und die ganze Seite wiederherstellen kann, ist die Kurssicherung in eine ZIP-Datei auch für ihn wertvoll. Probleme, die bei Versionswechseln auftreten, sind oft auf jene Kurse begrenzt, die ein bestimmtes, betroffenes Modul einsetzen. In solchen Fällen ist es einfacher, mit Hilfe der Kurssicherungen nur diese Kurse wiederherzustellen. Die regelmäßige Sicherung der Kurse in ein zentrales Verzeichnis bildet die Voraussetzung dazu.

Mit einem Klick auf SICHERUNG im Block WEBSITE-ADMINISTRATION (Abbildung 31.32) können Sie die Einstellungen zur Sicherung bearbeiten:

- MODULE (AKTIVITÄTEN) EINBEZIEHEN: Auswahlkästchen – sollen die Lernaktivitäten in die automatische Sicherung einbezogen werden?

- NUTZERDATEN AUS MODULEN EINBEZIEHEN: Auswahlkästchen – sollen die Nutzerdaten in die automatische Sicherung einbezogen werden?

- METAKURS: Auswahlkästchen – sollen Metakursinformationen in die Sicherung einbezogen werden?

- NUTZER/INNEN: Mit ALLE werden alle registrierten Teilnehmenden des Lernportals – auch jene, die in keinem Kurs eingetragen sind – in die Sicherung mit einbezogen. Mit KURS werden nur jene mit einbezogen, die in einem Kurs eingetragen sind.

- LOGDATEN: Auswahlkästchen – sollen die Log-Daten (Statistik) der Kurse in die Sicherung einbezogen werden?

- NUTZERDATEIEN: Auswahlkästchen – sollen jene Dateien, die die Teilnehmenden hochgeladen haben, in die Sicherung einbezogen werden?

■ KURSDATEIEN: Mit JA werden die Dateien, die die Trainer in die Kurse hochgeladen haben, in die Sicherung mit einbezogen.

■ MITTEILUNGEN: Auswahlkästchen – sollen die Mitteilungen in die Sicherung einbezogen werden?

■ BEHALTEN: Listenfeld mit den Optionen 1–500. Bestimmen Sie hier die Anzahl der Sicherungsstufen, die Sie von jedem Kurs aufbewahren wollen. Die älteren ZIP-Dateien werden automatisch gelöscht.

■ AKTIV: Auswahlkästchen – ist dieses aktiviert, dann werden die im Formularbereich PLANUNG definierten Sicherungen automatisch durchgeführt.

Im Formularbereich PLANUNG legen Sie fest, wann die Sicherung aller Kurse ablaufen soll (Abbildung 31.36). Das Backup startet an den markierten Wochentagen zur in AUSFÜHREN UM eingestellten Tageszeit. Wenn Sie in SPEICHERN IN ein Verzeichnis auf Ihrem Server angeben, werden alle ZIP-Dateien in dieses Verzeichnis geschrieben. Bleibt das Textfeld leer, werden die Sicherungsdateien ins Verzeichnis *backup* eines jeden Kurses geschrieben.

Verwenden Sie in SPEICHERN IN in Windows-Systemen diese Schreibweise und in Linux-Systemen */usr/data/moodle*. Das angegebene Verzeichnis sollte bereits bestehen. Stellen Sie sicher, dass Moodle Schreibzugriff besitzt. Achten Sie darauf, dass die Groß- und Kleinschreibung stimmt, und setzen Sie keinen abschließenden Slash.

Planung backup_sche_weekdays	Sonntag ☑	Montag ☐	Dienstag ☑	Mittwoch ☐	Donnerstag ☑	Freitag ☐	Samstag ☐

Wählen Sie, an welchen Wochentagen die automatischen Sicherungen durchgeführt werden sollen.

Ausführen um [0 ▼] : [0 ▼]
backup_sche_hour

Wählen Sie, zu welcher Zeit die automatischen Sicherungen starten sollen.

Speichern in [   ]
backup_sche_destination

Vollständiger Pfad des Verzeichnisses, in dem die Sicherungsdateien abgelegt werden sollen
(leer lassen, um im Standardsicherungsverzeichnis des Kurses zu speichern)

Abbildung 31.36: Formular Sicherung, Bereich Planung

31.4 Lokales

Im Hauptbereich LOKALES befinden sich die lokalen Einstellungen mit den Bereichen EINSTELLUNGEN und ZEITZONEN AKTUALISIEREN (Abbildung 31.37).

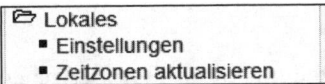
🗁 Lokales
 ▪ Einstellungen
 ▪ Zeitzonen aktualisieren

Abbildung 31.37: Block Website-Administration, Hauptbereich Lokales

31.4.1 Einstellungen

Mit einem Klick auf EINSTELLUNGEN im Block WEBSITE-ADMINISTRATION (Abbildung 31.37) können Sie die lokalen Einstellungen bearbeiten (Abbildung 31.38).

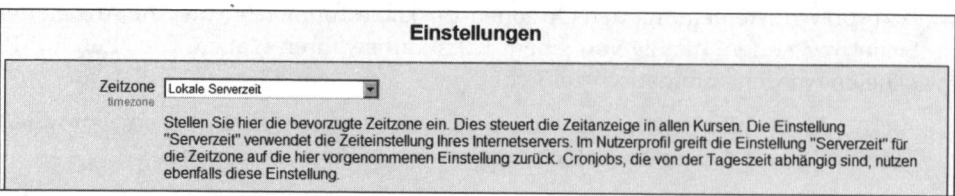

Abbildung 31.38: Lokales, Einstellungen

▪ ZEITZONE: Wählen Sie in diesem Listenfeld die bevorzugte Zeitzone. DIE LOKAL-ZEIT DES SERVERS übernimmt die Zeitangabe des Servers. Mit den anderen Werten können Sie diese entsprechend korrigieren. Das wird sicher nötig sein, wenn der gehostete Server in einer anderen Zeitzone betrieben wird. Der Teilnehmer kann in seinem Profil eine eigene Zeitzone einstellen, die auf die Zeiteinstellung des Lernportals zurückgreift. Cronjobs, die von der Tageszeit abhängig sind, nutzen ebenfalls diese Einstellung.

▪ VORGEGEBENE ZEITZONE: Sie können den Nutzern erlauben, eine eigene Zeitzone einzustellen, oder Sie können die Zeitzone für alle fest vorgeben.

▪ LAND: Dieses Land wird als Vorgabe im Profil verwendet, wenn sich ein neuer Teilnehmer registriert. Dieser kann den Eintrag anpassen oder übernehmen. Ohne Angabe zwingen Sie den Teilnehmer, ein Land aktiv aus dem Listenfeld auszuwählen.

▪ IP-ADRESSEN-SUCHE: Wenn Sie auf eine IP-Adresse in den Logdaten klicken, dann sollten Sie auf einer Übersicht den Ort gezeigt bekommen, von wo aus der Zugriff erfolgte. Es existieren für diese Aufgabe unterschiedliche Module, aber jedes hat spezifische Vor- und Nachteile.

31.4.2 Zeitzonen aktualisieren

Mit einem Klick auf ZEITZONEN AKTUALISIEREN im Block WEBSITE-ADMINISTRATION (Abbildung 31.37) können Sie die Zeitzonenliste updaten. Diese Funktion sucht nach Zeitzonen-Einstellungen (inkl. der Sommerzeit-Regelungen) und aktualisiert die Datenbank.

31.5 Sprache

Im Hauptbereich SPRACHE befinden sich die Spracheinstellungen mit den Bereichen EINSTELLUNGEN (lokale Spracheinstellungen bearbeiten), TEXTE BEARBEITEN (Sprachdateien bearbeiten) und SPRACHPAKETE (Sprachpakete installieren) (Abbildung 31.39).

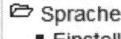

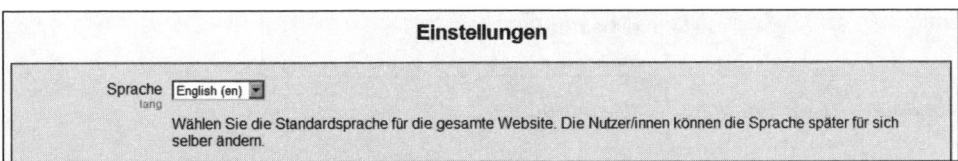

Abbildung 31.39: Block Website-Administration, Hauptbereich Sprache

31.5.1 Einstellungen

Mit einem Klick auf EINSTELLUNGEN im Block WEBSITE-ADMINISTRATION (Abbildung 31.39) können Sie die Spracheinstellungen bearbeiten (Abbildung 31.40).

Abbildung 31.40: Sprache, Einstellungen

- SPRACHE: Wählen Sie die Standardsprache für die gesamte Website. Die Nutzer können die Sprache später für sich selbst ändern. Das Listenfeld zeigt alle installierten Sprachen an.

- SPRACHMENÜ: Wählen Sie aus, ob Sie das Sprachmenü auf Ihrer Startseite oder auf der Anmeldungsseite angezeigt haben möchten. Dies betrifft nicht die Möglichkeit des Nutzers, seine bevorzugte Sprache im eigenen Nutzerprofil einzustellen.

- EINTRÄGE IM SPRACHMENÜ: Lassen Sie dieses Feld leer, um allen Nutzern die Auswahl innerhalb der installierten Sprachen zu erlauben. Sie können das Sprachmenü verkürzen, indem Sie eine durch Kommas getrennte Liste der Sprachcodes angeben, z.B. de, en, es_es, fr, it.

- SPRACHMENÜ SPEICHERN: Das Zwischenspeichern der Sprachmenüs spart eine Menge Speicher- und Prozessleistung. Nach Aktivierung dauert es immer ein paar Minuten, bevor Änderungen bei den Sprachpaketen wirklich angezeigt werden.

- »LOCALE« FÜR DIE WEBSITE: Wählen Sie eine Einstellung für »locale«, die für die gesamte Website gelten soll – dies wird die Anzeige der deutschen Umlaute und jedes Datums beeinflussen. Die für Ihre Einstellung notwendigen Daten müssen in Ihrem Betriebssystem installiert sein. Für ein deutschsprachiges Linux-System wird beispielsweise de_DE.UTF-8 eingetragen. In den meisten Fällen sollte das Feld aber auch leer bleiben können.

- EXCEL-KODIERUNG: Wählen Sie die Kodierung für die Excel-Exporte unter den Optionen UNICODE und LATIN.

31.5.2 Texte bearbeiten

Mit einem Klick auf TEXTE BEARBEITEN im Block WEBSITE-ADMINISTRATION (Abbildung 31.39) können Sie die Sprachen bearbeiten (Abbildung 31.41). Wählen Sie im Listenfeld EINGESTELLTE SPRACHE die zu bearbeitende Sprache, und klicken Sie auf die gewünschte Funktion.

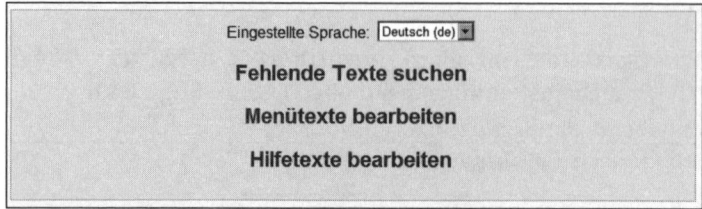

Abbildung 31.41: Sprache, Texte bearbeiten

Fehlende Texte suchen

Mit einem Klick auf den Link FEHLENDE TEXTE SUCHEN (Abbildung 31.41) wird eine Liste von Begriffen (Strings) aus der englischen Version angezeigt, die in der gewählten Sprache noch nicht übersetzt sind. Die fehlenden Texte werden geordnet nach Sprachdateien angezeigt. In Abbildung 31.42 ist beispielsweise die Datei *group.php* zu erkennen, die alle Texte der Gruppenfunktion enthält.

Mit einem Klick auf die String-Bezeichnung, beispielsweise auf errorpasswordupdate, wechselt Moodle in die Ansicht MENÜTEXTE BEARBEITEN (Abbildung 31.43) und springt auf das passende Eingabefeld, wo Sie die fehlende Textübersetzung erfassen können. Übrigens: Die Eingabefelder für fehlende Texte werden mit einem breiten roten Rahmen hervorgehoben.

```
auth.php  feedback.php  group.php  moodle.php  role.php  survey.php

Folgende Zeichenketten sind nicht in C:\moodledata\lang\de_utf8\auth.php definiert:

$string['auth_ldap_memberattribute_isdn'] = "Optional: Overrides handling of ...";
$string['auth_ldap_memberattribute_isdn_key'] = "Member attribute uses dn";
$string['auth_ldap_passtype'] = "Specify the format of new or changed ...";
$string['auth_ldap_passtype_key'] = "Password format";
$string['errorpasswordupdate'] = "Error updating password, password not changed";
```

Abbildung 31.42: Sprache, Fehlende Texte suchen

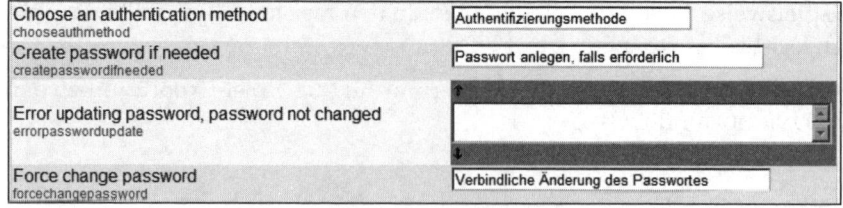

Abbildung 31.43: Sprache, Menütexte bearbeiten

596

Menütexte bearbeiten

Ein Klick auf den Link MENÜTEXTE BEARBEITEN (Abbildung 31.41) zeigt in einem Rahmen alle PHP-Sprachdateien der gewählten Sprache als Link an, außer der aktuellen Auswahl, die in schwarzer Schrift erkennbar ist (Abbildung 31.44).

Unterhalb des Rahmens werden alle Texte der gewählten Datei in Listenform angezeigt (Abbildung 31.43). Links erkennen Sie die Stringbezeichnung (chooseauthmethod) und den englischen Originaltext (CHOOSE AN AUTHENTICATION METHOD). Rechts gegenüber steht in einem Eingabefeld die deutsche Übersetzung (AUTHENTIFIZIERUNGSMETHODE), die Sie hier ergänzen oder ändern können.

Denken Sie daran, abschließend die Ergänzungen mit einem Klick auf die Schaltfläche ÄNDERUNGEN SPEICHERN nach *moodle.php* zu speichern.

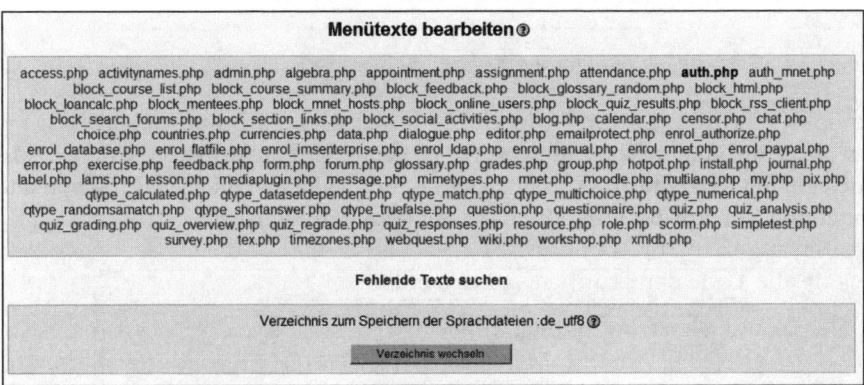

Abbildung 31.44: Sprache, Menütexte bearbeiten

Hilfetexte bearbeiten

Mit einem Klick auf den Link HILFEDATEIEN BEARBEITEN (Abbildung 31.41) öffnet sich das gleichnamige Formular (Abbildung 31.45). Wählen Sie im Listenfeld die Hilfedatei, die Sie bearbeiten wollen. Im oberen Textfeld wird die entsprechende Datei der englischen Sprachversion als Vorlage angezeigt. Im unteren Textfeld können Sie die Datei in der gewählten Sprache bearbeiten. Sichern Sie Ihre Arbeit mit einem Klick auf ÄNDERUNGEN SPEICHERN. Die Links VORSCHAU zeigen in einem Popup-Fenster den Hilfetext als Vorschau.

31.5.3 Sprachpakete

Mit einem Klick auf SPRACHPAKETE im Block WEBSITE-ADMINISTRATION (Abbildung 31.39) können Sie die Sprachpakete verwalten (Abbildung 31.46).

Die Liste rechts zeigt die auf *http://download.moodle.org* verfügbaren Sprachpakete, die Sie markieren und mit einem Klick auf die Schaltfläche INSTALLIEREN können.

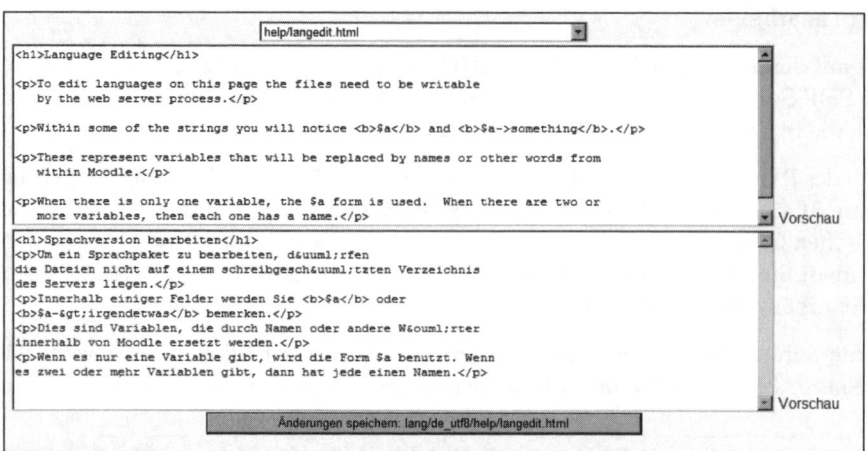

Abbildung 31.45: Sprache, Hilfetexte bearbeiten

Die Liste links zeigt die auf Ihrer Moodle-Seite installierten Sprachpakete, die Sie markieren und mit einem Klick auf die Schaltfläche DEINSTALLIEREN können. Mit einem Klick auf SPRACHPAKETE AKTUALISIEREN werden alle installierten Sprachpakete mit der neuesten Version auf *http://download.moodle.org* aktualisiert.

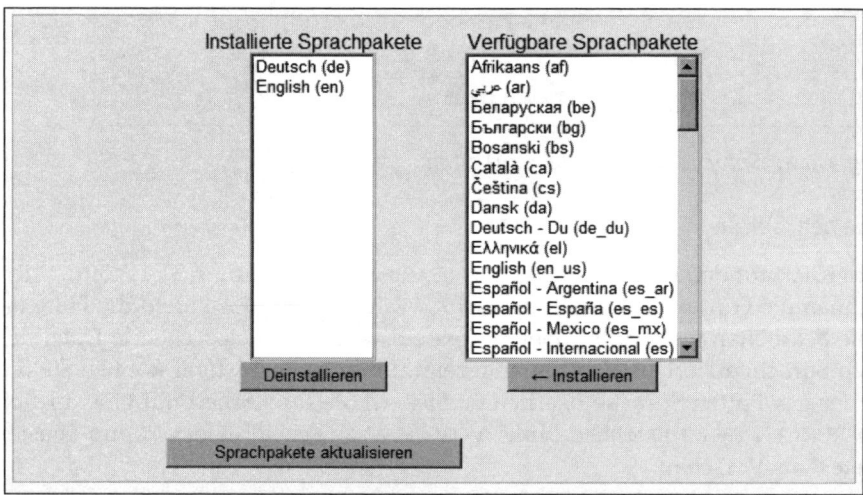

Abbildung 31.46: Sprache, Sprachpakete

31.6 Module

Im Hauptbereich MODULE verwalten Sie AKTIVITÄTEN, BLÖCKE und FILTER (Abbildung 31.47).

```
🗁 Module
   ▪ Aktivitäten
   ▪ Blöcke
   ▪ Filter
```

Abbildung 31.47: Block Website-Administration, Hauptbereich Module

31.6.1 Aktivitäten

Mit einem Klick auf AKTIVITÄTEN im Block WEBSITE-ADMINISTRATION (Abbildung 31.47) können Sie die Aktivitäten verwalten (Abbildung 31.48). Die verschiedenen Aktivitäten heißen auf der Programmierebene *Module*. Hier werden alle im Verzeichnis *../mod/* installierten Module aufgeführt. In der Spalte AKTIVITÄTEN-MODUL erkennen Sie das Symbol und die Bezeichnung der Aktivität, und in der Spalte AKTIVITÄTEN sehen Sie, wie oft das Modul in Kursen verwendet wird. In VERSION ist die Versionsnummer aufgeführt. Sie können in der Spalte VERBERGEN/ANZEIGEN einzelne Module aktivieren/deaktivieren, in der Spalte LÖSCHEN das Modul aus der Datenbank entfernen und in der Spalte EINSTELLUNGEN dessen Eigenschaften bearbeiten. Verborgene Lernaktivitäten sind in den Kursräumen nicht mehr verfügbar. Das Löschen einer Lernaktivität löscht alles in der Datenbank, das mit diesem Modul verknüpft ist. Das Modul-Verzeichnis mit den Programmdateien im Ordner *../mod/* wird nicht gelöscht. Löschen Sie unmittelbar anschließend das entsprechende Modul-Verzeichnis auf dem Server, sonst installiert Moodle das Modul beim nächsten Anmelden als Administrator neu.

Aktivitäten

Aktivitäten-Modul	Aktivitäten	Version	Verbergen/Anzeigen	Löschen	Einstellungen
❓ Abstimmung	1	2007020200	👁	Löschen	
📄 Arbeitsmaterial	0	2007020200	👁	Löschen	Einstellungen
📜 Aufgabe	5	2007020200	👁	Löschen	Einstellungen
💬 Chat	0	2007020200	👁	Löschen	Einstellungen
🗄 Datenbank	1	2007022601	👁	Löschen	Einstellungen
🗯 Forum	6	2007020202			Einstellungen
📖 Glossar	0	2007020200	👁	Löschen	Einstellungen
🖼 HotPot-Test	1	2007020200	👁	Löschen	Einstellungen
📓 Journal	0	2007020200	👁	Löschen	
📋 LAMS	0	2007020200	👁	Löschen	Einstellungen
📑 Lektion	1	2007020201	👁	Löschen	
💿 SCORM/AICC	1	2007031300	👁	Löschen	Einstellungen
📄 Test	3	2007020200	👁	Löschen	Einstellungen
📊 Umfrage	1	2007020200	👁	Löschen	
📚 Wiki	3	2007020200	👁	Löschen	
🖼 Workshop	2	2007020200	👁	Löschen	
🔤 Überschrift/Text	0	2007020200	👁	Löschen	

Abbildung 31.48: Module, Aktivitäten

Die Lernaktivität FORUM können Sie nicht deaktivieren, weil sie standardmäßig in Kursen eingetragen wird. Übrigens: Wenn Sie auf die Zahl in der Spalte AKTIVITÄTEN klicken, werden Ihnen die Kurse angezeigt, die diese Aktivitäten enthalten.

Bei Blöcken die über keine editierbaren Einstellungen verfügen fehlt der Link EIN-STELLUNGEN.

Arbeitsmaterial

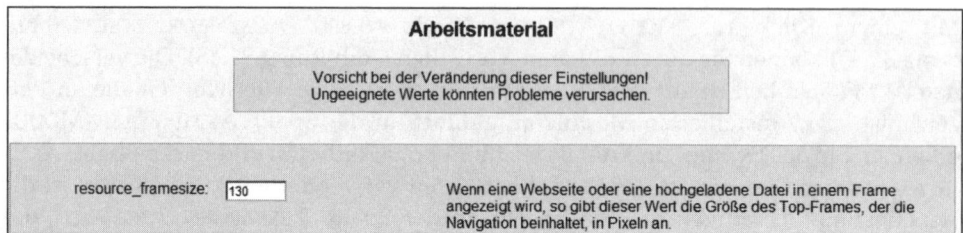

Abbildung 31.49: Einstellungen für das Arbeitsmaterial

- RESOURCE_FRAMESIZE: gibt die Größe des Top-Frames in Pixeln an, der für die Navigation reserviert wird, wenn Arbeitsmaterial in einem Frame angezeigt wird.

- RESOURCE_WEBSEARCH: URL jener Suchmaschine, die im Formular ARBEITSMATERIAL BEARBEITEN nach dem Klick auf SUCHE NACH EINER WEBSEITE aufgerufen wird.

- RESOURCE_DEFAULTURL: Vorgabewert für ein URL-Textfeld im Formular ARBEITSMATERIAL BEARBEITEN.

- RESOURCE_SECRETPHRASE: Mit diesem versteckten Wert wird die MD5-Verschlüsselung für die Datenbank vorgenommen.

- RESOURCE_ALLOWLOCALFILES: Mit JA ist es möglich, auf Arbeitsmaterial auf lokalen Dateisystemen, Festplatten oder CD-Laufwerken zu verlinken. Das ist in einem Intranet sinnvoll, wenn in einem Schulungsraum alle Teilnehmenden auf gemeinsame Datenträger zugreifen können.

- RESOURCE_FILTEREXTERNALPAGES: Mit JA werden die eingestellten Filter auch für alle externen Webseiten und HTML-Seiten angewendet. Seien Sie vorsichtig, Ihre Kursseiten werden wesentlich langsamer aufbauen.

Die nachfolgenden Einstellungen dienen als Voreinstellungen, die Sie in der aktuellen Anwendung immer auch ändern können. Setzen Sie hier also jene Werte ein, die mehrheitlich richtig sein werden.

- RESOURCE_POPUP: JA/NEIN. Soll neues Arbeitsmaterial in einem Popup-Fenster angezeigt werden, falls dies möglich ist?

- RESOURCE_POPUPRESIZABLE: JA/NEIN. Soll die Größe von Popup-Fenstern veränderbar sein?

- RESOURCE_POPUPSCROLLBARS: JA/NEIN. Sollen Popup-Fenster scrollbar sein?

- RESOURCE_POPUPDIRECTORIES: JA/NEIN. Sollen von Popup-Fenstern Verzeichnis-links angezeigt werden?

- RESOURCE_POPUPLOCATION: JA/NEIN. Sollen Popup-Fenster das Adressmenü zeigen?

- RESOURCE_POPUPMENUBAR: JA/NEIN. Sollen Popup-Fenster das Menü zeigen?

- RESOURCE_POPUPTOOLBAR: JA/NEIN. Sollen Popup-Fenster die Toolbar anzeigen?

- RESOURCE_POPUPSTATUS: JA/NEIN. Sollen Popup-Fenster eine Statusanzeige haben?

- RESOURCE_POPUPHEIGHT: Welche Höhe sollen Popup-Fenster haben?

- RESOURCE_POPUPWIDTH: Welche Breite sollen Popup-Fenster haben?

- RESOURCE_WINDOWSETTINGS: Mit EINSTELLUNGEN VERBERGEN ist bei den Fenster-Einstellungen nur die Schaltfläche EINSTELLUNGEN ANZEIGEN sichtbar. Die Fenster-Einstellungen sind mit EINSTELLUNGEN ANZEIGEN sichtbar.

- RESOURCE_PARAMETERSETTINGS: dito für die Parameter.

Aufgabe

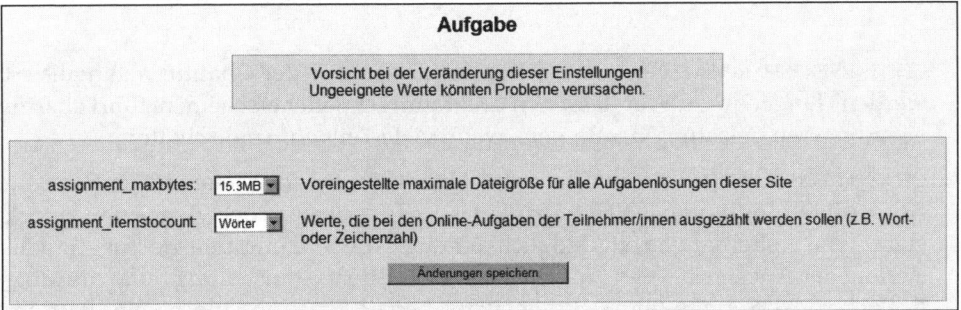

Abbildung 31.50: Einstellungen für die Aufgabe

- ASSIGNEMENT_MAXBYTES: Voreingestellte maximale Dateigröße für alle Aufgaben-lösungen dieser Site.

- ASSIGNEMENT_ITEMSTOCOUNT: Werte, die bei den Online-Aufgaben der Teilneh-mer/innen ausgezählt werden sollen (z.B. Wort- oder Zeichenzahl).

Chat

- CHAT_METHOD: Mit der Standardmethode funktioniert der Chat immer, es ist keine weitere Konfiguration nötig. Weil dabei die Clients auf dem Server dauernd nach Aktualisierungen fragen, entsteht eine sehr hohe Belastung des Servers. Mit der alternativen Methode CHAT SERVER DAEMON, die den Server weniger belastet, läuft der Chat flüssiger ab.

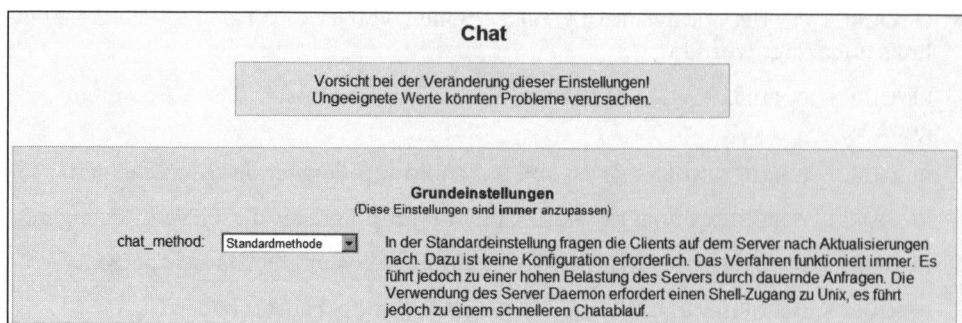

Abbildung 31.51: Einstellungen für den Chat

- CHAT_REFRESH_USERLIST: Nach wie vielen Sekunden soll die Teilnehmerliste aktualisiert werden?

- CHAT_OLD_PING: Wenn ein Teilnehmer während einer gewissen Zeit inaktiv ist, nimmt Moodle an, er habe den Chat verlassen. Tragen Sie hier ein, nach wie vielen Minuten dies geschehen soll.

Die nächste Einstellung ist nur erforderlich, wenn Sie die STANDARDMETHODE wählen:

- CHAT_REFRESH_ROOM: Nach wie vielen Sekunden soll der Chatraum aktualisiert werden? Ein niedriger Wert lässt den Chatraum schneller erscheinen, führt aber zu einer höheren Belastung des Servers, wenn viele Teilnehmende chatten.

- CHAT_NORMAL_UPDATEMOD: Chatroom-Aktualisierungen arbeiten in der Regel im Keep-Alive-Modus von HTTP 1.1 zuverlässig. Dies beansprucht den Server jedoch stark. Eine weiterentwickelte Möglichkeit nutzt die Stream-Strategie zur Aktualisierung der Anzeige bei den Nutzer/innen. Die Stream-Einstellung nutzt die Möglichkeiten des Servers (ähnlich wie chatd) besser. Es kann jedoch sein, dass Ihr Server dies nicht unterstützt.

Die folgenden Einstellungen sind nur nötig, wenn Sie die Methode CHAT SERVER DAEMON wählen:

- CHAT_SERVERHOST: Hostname des Computers mit dem Server-Daemon.

- CHAT_SERVERIP: Die numerische IP-Adresse für diesen Hostnamen.

- CHAT_SERVERPORT: Server-Port für die Nutzung von Daemons.

- CHAT_SERVERMAX: Maximal zulässige Teilnehmerzahl.

Datenbank

- DATA_ENABLERSSFEEDS: Mit JA ist die RSS-Feeds-Option grundsätzlich für die Datenbanken aktiviert. Diese Funktion ist nur verfügbar, wenn die Variable ENABLERSSFEEDS unter VERSCHIEDENES aktiviert ist.

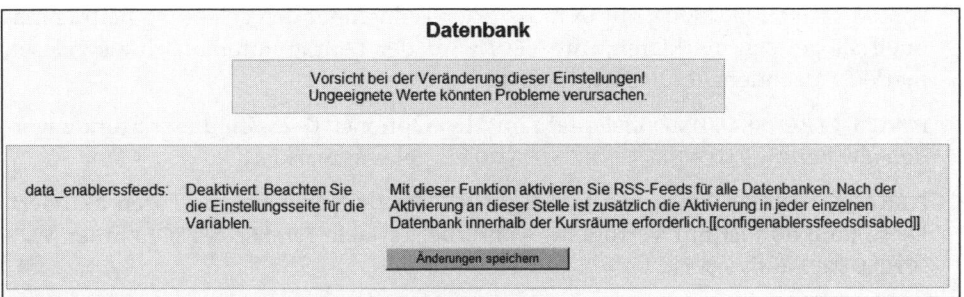

Abbildung 31.52: Einstellungen für die Datenbank

Forum

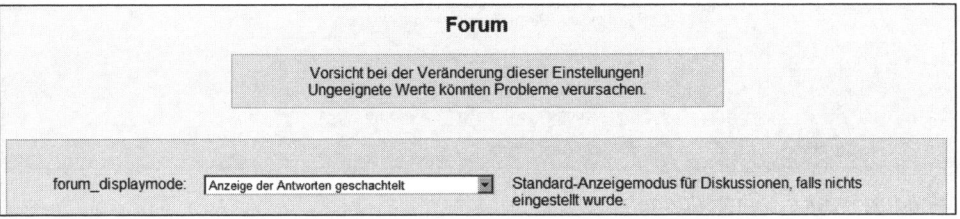

Abbildung 31.53: Einstellungen für das Forum

- FORUM_DISPLAYMODE: Voreinstellung für die Anzeige von Beiträgen.

- FORUM_REPLYTOUSER: Mit JA erhält man in den E-Mails aus den Forenbeiträgen die E-Mail-Adresse des Verfassers und kann ihm direkt per Mail antworten. Wenn der Verfasser in seinem Profil NIEMAND DARF MEINE E-MAIL-ADRESSE SEHEN auswählt, wird seine E-Mail-Adresse nicht angezeigt.

- FORUM_SHORTPOST und FORUM_LONGPOST: Jeder Beitrag (ohne HTML-Codierung), der kürzer (länger) ist, wird als kurz (lang) eingestuft. Diese Einstellungen sind für den Block NEUESTE NACHRICHTEN wichtig. Lange Beiträge werden mit einem Link unterbrochen, der auf eine weitere Seite verweist, die den ganzen Text anzeigt.

- FORUM_MANYDISCUSSIONS: Anzahl der Themen, die auf einer Seite maximal angezeigt werden.

- FORUM_MAXBYTES: Listenfeld mit den Optionen 10 KB–16 MB. Voreinstellung für die maximale Größe einer Datei, die in ein Forum hochgeladen werden kann. Bei den Einstellungen im Forum kann der Trainer einen niedrigeren Wert wählen.

- FORUM_TRACKREADPOSTS: Mit JA steht die Einstellung GELESEN/UNGELESEN für alle Teilnehmenden zur Verfügung.

- FORUM_OLDPOSTDAYS: Nach so vielen Tagen werden alte Beiträge im Forum nicht mehr als ungelesen gekennzeichnet.

603

- FORUM_USERMARKSREAD: Mit JA muss jeder Teilnehmer den gelesenen Beitrag manuell als gelesen markieren, mit NEIN wird der Beitrag automatisch als gelesen markiert, nachdem er angezeigt wurde.

- FORUM_CLEANREADTIME: Listenfeld mit den Optionen 0–23. Zu dieser Stunde werden alte Beiträge (FORUM_OLDPOSTDAYS) als gelesen markiert.

- FORUM_ENABLERSSFEEDS: Mit JA ist die RSS-Feed-Option für die Foren aktiviert. Diese Funktion ist nur verfügbar, wenn die Variable ENABLERSSFEEDS unter VERSCHIEDENES aktiviert ist.

Glossar

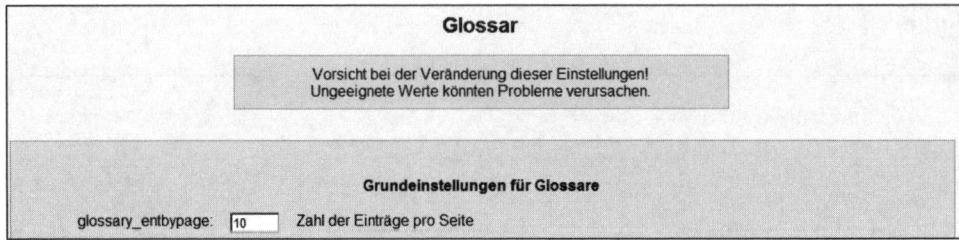

Abbildung 31.54: Einstellungen für das Glossar

Grundeinstellungen für das Glossar

- GLOSSARY_ENTBYPAGE: Anzahl der Beiträge je Seite.

- GLOSSARY_STUDENTSPOST: Mit JA können Teilnehmende Beiträge erstellen.

- GLOSSARY_DUPENTRIES: Mit JA sind doppelte Einträge möglich.

- GLOSSARY_ALLOWCOMMENTS: Mit JA sind Kommentare erlaubt.

- GLOSSARY_LINKBYDEFAULT: Mit JA wird das Glossar automatisch verlinkt.

- GLOSSARY_DEFAULTAPPROVAL: Mit JA sollen Teilnehmende Beiträge einfügen.

- GLOSSARY_ENABLERSSFEEDS: Mit JA ist die RSS-Feed-Option für die Glossare aktiviert. Diese Funktion ist nur verfügbar, wenn die Variable ENABLERSSFEEDS unter VERSCHIEDENES aktiviert ist.

Grundeinstellungen für Einträge

- GLOSSARY_LINKENTRIES: Mit JA werden Einträge automatisch verlinkt.

- GLOSSARY_CASESENSITIVE: Mit JA sind Links zu den Einträgen von der Schreibweise abhängig.

- GLOSSARY_FULLMATCH: Mit JA zeigt ein Eintrag, wenn er verlinkt ist, auch die alternative Schreibweise an.

Grundeinstellungen für Anzeigeformat

Hier können Sie über das Symbol ANZEIGEN/VERBERGEN festlegen, welche Anzeigeformate in Glossaren verfügbar sind (Abbildung 31.55). Mit einem Klick auf das Symbol EDITIEREN öffnet sich das Formular GLOSSAR: ANZEIGEFORMAT (Abbildung 31.56),
in dem Sie für jedes Format die Darstellungsart festlegen können.

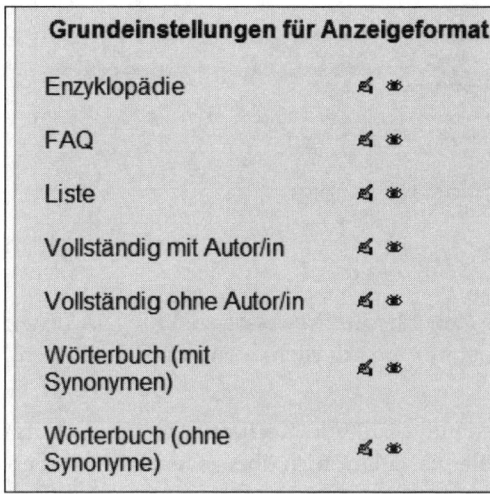

Abbildung 31.55: Glossar, Grundeinstellungen Anzeigeformat

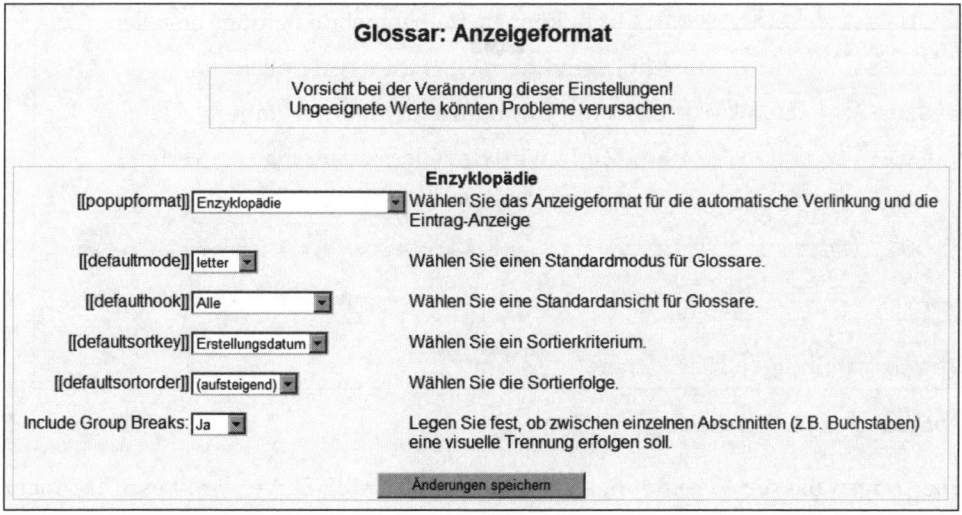

Abbildung 31.56: Glossar, Anzeigeformat Enzyklopädie

HotPot-Test

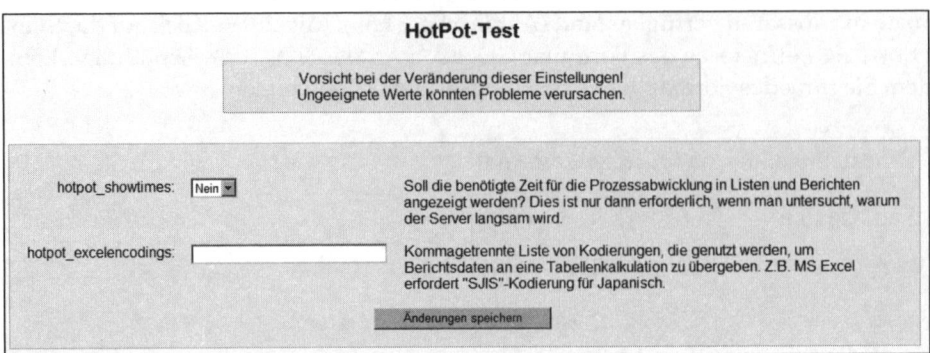

Abbildung 31.57: Einstellungen für den HotPot-Test

- HOTPOT_SHOWTIMES: Soll die benötigte Zeit für die Prozessabwicklung in Listen und Berichten angezeigt werden? Dies ist nur erforderlich, wenn man untersucht, warum der Server langsam wird.

- HOTPOT_EXCELENCODINGS: Kommagetrennte Liste von Kodierungen, die genutzt werden, um Berichtsdaten an eine Tabellenkalkulation zu übergeben, z.B. Excel erfordert »SJIS«-Kodierung für Japanisch.

LAMS

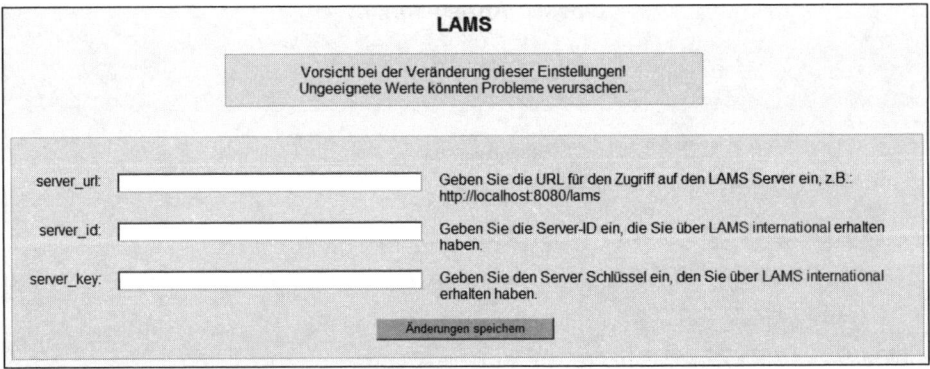

Abbildung 31.58: Einstellungen für LAMS

Hier tragen Sie die Verbindungsdaten zu Ihrem LAMS-Server ein. Lesen Sie mehr dazu in Kapitel 25, *LAMS*.

- SERVER_URL: URL des LAMS-Servers.

- SERVER_ID und SERVER_KEY: ID und Passwort erhalten Sie von LAMS INTERNATIONAL, nachdem Sie den Server registriert haben.

SCORM/AICC

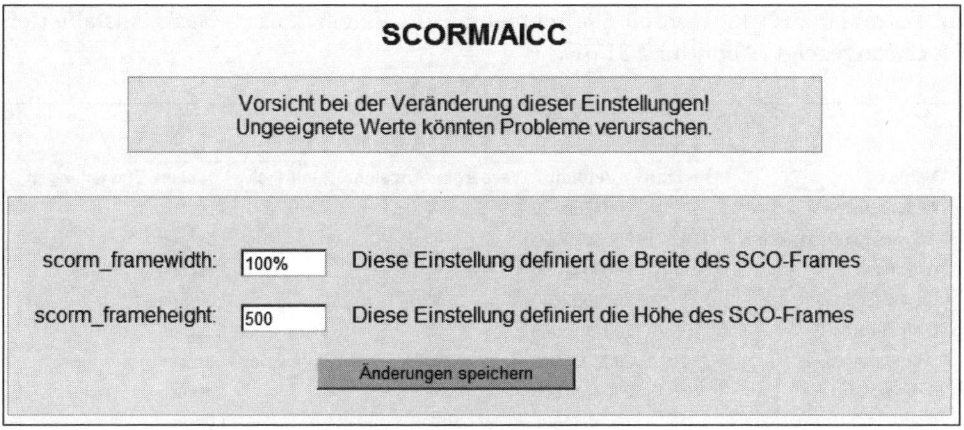

Abbildung 31.59: Einstellungen für SCORM/AICC

Test

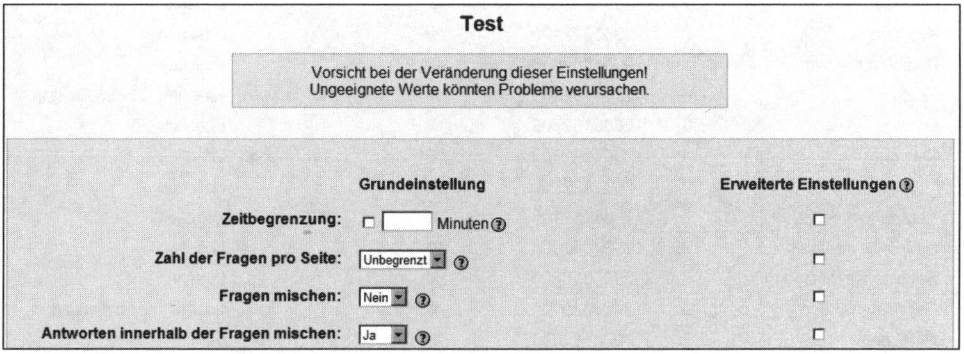

Abbildung 31.60: Einstellungen für den Test

Es werden die gleichen Einstellungen angezeigt, die Sie von der Lernaktivität TEST bereits kennen. Sie können hier für jede einzelne Einstellung eine Grundeinstellung wählen, die dem Trainer als hilfreiche Vorlage dient.

Wenn Sie WEITERE EINSTELLUNGEN markieren, wird die dazugehörende Einstellung für den Trainer verborgen. Mit einem Klick auf die Schaltfläche ERWEITERTE EINSTEL-LUNGEN im Formular BEARBEITE TEST kann er diese wieder sichtbar machen. Es ist Ihnen mit dieser Funktion möglich, den Trainern eine einfachere Oberfläche zur Verfügung zu stellen, indem Sie wenig verwendete Einstellungen ausblenden.

31.6.2 Blöcke

Im Formular BLÖCKE werden alle momentan im Verzeichnis …/*blocks/* installierten Blöcke angezeigt (Abbildung 31.61).

Blöcke

Name	Instanzen	Version	Verbergen/Anzeigen	Mehrfach	Löschen	Einstellungen
Administration	3	2004081200	👁		Löschen	
Administratorlesezeichen	0	2006090300	👁		Löschen	
Aktivitäten	3	2006011300	👁		Löschen	
Bald aktuell ...	3	2004052600	👁		Löschen	
Blog-Menü	0	2004112000	👁		Löschen	
Blog-Schlagworte	0	2006032000	👁	Ja (Ändern)	Löschen	
Gehe zu ...	0	2004052800	👁		Löschen	
Gemeinschaftsaktivitäten	0	2004041800	👁		Löschen	
Global Search	0	2006062500	👁		Löschen	Einstellungen
Glossarblock	0	2005040500	👁	Ja (Ändern)	Löschen	
HTML	0	2004123000	👁	Ja (Ändern)	Löschen	
Hauptmenu	1	2005061300	👁		Löschen	
Kalender	1	2004081200	👁		Löschen	
Kreditberechnung	0	2005022100	👁		Löschen	
Kursbeschreibung	1	2004052600	👁		Löschen	
Kurse	4	2004111600	👁		Löschen	Einstellungen
Login	0	2006102700	👁		Löschen	
Mentoren	0	2007030900	👁	Ja (Ändern)	Löschen	
Mitteilungen	0	2004122800	👁		Löschen	
Netzwerkserver	0	2006112100	👁		Löschen	
Neueste Aktivitäten	3	2004042900	👁		Löschen	
Neueste Nachrichten	3	2005030800	👁		Löschen	
Online-Aktivitäten	0	2006030100	👁		Löschen	Einstellungen
Personen	3	2004052600	👁		Löschen	
Suche in Foren	3	2005030900	👁		Löschen	
Testergebnisse	0	2005082300	👁	Ja (Ändern)	Löschen	
Website-Administration	2	2006090300	👁		Löschen	
Zugriff auf RSS-Feeds	1	2006100102	👁	Ja (Ändern)	Löschen	Einstellungen

Abbildung 31.61: Module, Blöcke

- NAME: zeigt die Bezeichnung an.
- INSTANZEN: zeigt, wie oft die Blöcke derzeit eingesetzt werden.
- VERSION: zeigt die Versionsnummer.
- VERBERGEN/ANZEIGEN: Hier können Sie die Blöcke aktivieren oder deaktivieren.

- MEHRFACH: Mit JA können Sie den Block im gleichen Kurs mehrfach einfügen. Mit einem Klick auf ÄNDERN wechselt der Eintrag von JA auf NEIN.

- LÖSCHEN: Mit einem Klick auf diesen Link wird der Block in der Datenbank gelöscht. Wenn Sie ihn endgültig entfernen wollen, müssen Sie das entsprechende Verzeichnis in .../blocks/ manuell löschen, sonst wird bei Ihrer nächsten Anmeldung als Administrator der Block neu installiert.

- EINSTELLUNGEN: Mit einem Klick auf diesen Link können Sie die Einstellungen für diesen Block bearbeiten. Dieser Link wird nur angezeigt, wenn der Block über editierbare Einstellungen verfügt.

Global Search

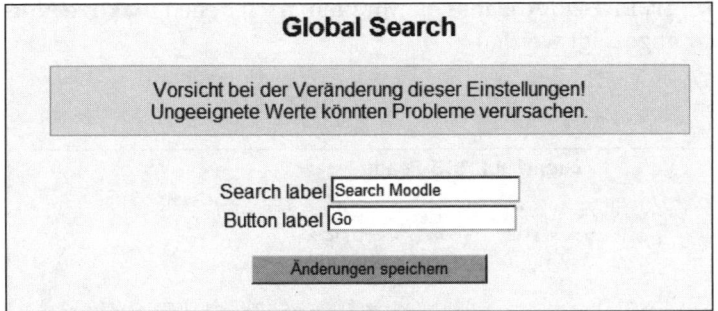

Abbildung 31.62: Einstellungen für den Global Search

Kurse

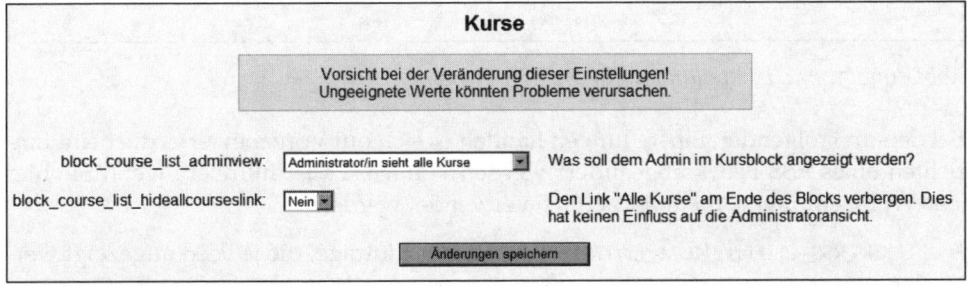

Abbildung 31.63: Einstellungen für die Kurse

- BLOCK_COURSE_LIST_ADMINVIEW: Was soll dem Admin im Kursblock angezeigt werden? Listenfeld mit den Optionen ADMINISTRATOR/IN SIEHT ALLE KURSE und ADMINISTRATOR/IN SIEHT NUR EIGENE KURSE.

- BLOCK_COURSE_LIST_HIDEALLCOURSESLINK: Den Link »Alle Kurse« am Ende des Blocks verbergen. Dies hat keinen Einfluss auf die Administratoransicht.

Online-Aktivitäten

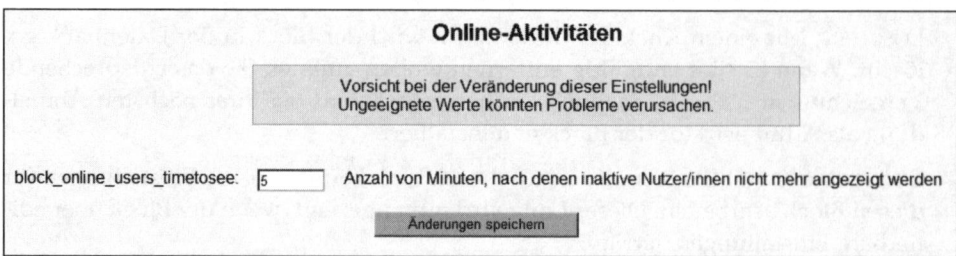

Abbildung 31.64: Einstellungen für die Online-Aktivitäten

■ BLOCK_ONLINE_USERS_TIMETOSEE: Anzahl von Minuten, nach denen inaktive Nutzer/innen nicht mehr angezeigt werden.

Zugriff auf RSS-Feeds

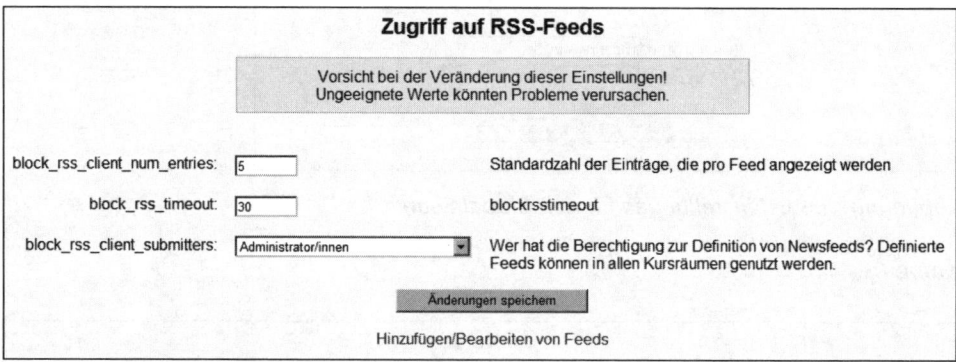

Abbildung 31.65: Einstellungen für die RSS-Feeds

Bei den drei folgenden Einstellungen handelt es sich um Vorgabewerte, die beim Einrichten eines RSS-Feeds abgeändert werden können. Es ist hilfreich, wenn Sie hier jene Werte eintragen, die mehrheitlich verwendet werden.

■ BLOCK_RSS_CLIENT_NUM_ENTRIES: Anzahl der Einträge, die je Feed angezeigt werden.

■ BLOCK_RSS_TIMEOUT: Zeitabstand in Sekunden, in dem die Daten aktualisiert werden.

■ BLOCK_RSS_CLIENT_SUBMITTERS: Listenfeld mit den Optionen ADMINISTRATOR/INNEN und ADMINISTRATOR/INNEN UND TRAINER/INNEN. Wer ist berechtigt, Newsfeeds zu definieren? Einmal definierte Feeds können in allen Kursräumen verwendet werden.

Mit einem Klick auf Hinzufügen/bearbeiten von Feeds öffnet sich das gleichnamige Formular (Abbildung 31.66), in dem Sie die Feeds verwalten. Die Liste Feed zeigt alle installierten Feeds an. In der Spalte Aktionen können Sie diese mit den Symbolen editieren oder löschen.

Einen neuen Feed definieren Sie, indem Sie die URL für Newsfeed hinzufügen und den Titel (wenn das Feld leer ist, wird der Titel der Quelle verwendet) eintragen und auf die Schaltfläche Hinzufügen klicken. Mit einem Klick auf den Link Feed prüfen wird die Verbindung zum Server geprüft.

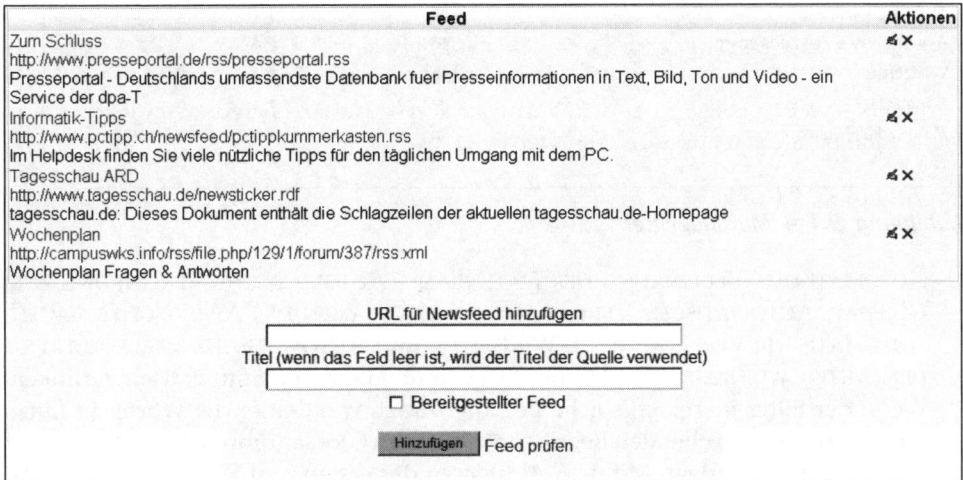

Abbildung 31.66: RSS-Feeds verwalten

31.6.3 Filter

Das Formular Filter zeigt alle im Ordner .../filter/ installierten Filter (Abbildung 31.67). Die Liste zeigt in Name die Bezeichnung des Filters. Sie können mit einem Klick auf Verbergen/Anzeigen den Filter aktivieren oder deaktivieren, die Filter in Aufwärts/Abwärts ordnen und mit einem Klick auf Einstellungen bearbeiten.

Aktivierte Filter bearbeiten die Moodle-Seite vor dem Abschicken an den Client entsprechend ihrer Aufgabe und in der in dieser Liste definierten Reihenfolge von oben nach unten. Die Filter fordern den Server bei jedem Seitenaufruf; je mehr Filter aktiviert sind, desto höher ist die Belastung. Wenn Sie alle Filter aktivieren und zusätzlich umfangreiche Glossare verlinken, kann das zu einer Verlangsamung Ihres Moodle-Lernportals führen.

Filter ⑦			
Name	**Verbergen/Anzeigen**	**Aufwärts/Abwärts**	**Einstellungen**
Automatische Verlinkung zur Datenbank	👁	↓	
Automatische Verlinkung zum Glossar	👁	↑ ↓	
Automatische Verlinkung zu den Namen der Arbeitsmaterialien	👁	↑ ↓	
Automatische Verlinkung zu Wiki-Seiten	👁	↑ ↓	
Automatische Verlinkung zu den Aktivitätsnamen	👁	↑ ↓	
Mehrsprachiger Inhalt	👁	↑ ↓	Einstellungen
TeX-Zeichensatz	👁	↑ ↓	Einstellungen
Algebraisches Zeichensystem	👁	↑ ↓	
Wortzensur	👁	↑ ↓	Einstellungen
Spamschutz	👁	↑ ↓	
Multimedia-Plugins	👁	↑ ↓	Einstellungen
Tidy	👁	↑	

Abbildung 31.67: Module, Filter

- AUTOMATISCHE VERLINKUNG DER DATENBANK, AUTOMATISCHE VERLINKUNG ZUM GLOSSAR, AUTOMATISCHE VERLINKUNG ZU DEN NAMEN DER ARBEITSUNTERLAGEN, AUTOMATISCHE VERLINKUNG ZU WIKISEITEN und AUTOMATISCHE VERLINKUNG ZU DEN AKTIVITÄTSNAMEN. Sie können Begriffe in Glossaren automatisch verlinken. Wenn der Filter in Texten solche Begriffe findet, wandelt er die Wörter in Links um, die zur entsprechenden Begriffserklärung im Glossar führen. Diese Links sind im Text grau hinterlegt. Mit dem Aktivieren der ersten fünf Filter bestimmen Sie, in welchen Bereichen die Verlinkung erfolgen soll.

- MEHRSPRACHIGER INHALT: Der Filter zeigt einen mehrsprachigen Inhalt entsprechend der aktuellen Sprachauswahl an. Dazu müssen Sie Texte mit dem HTML-Tag `<lang>` formatieren. `<lang lang="fr">Bonjour</lang>` `<lang lang="de">Guten Tag</lang>` `<lang lang="en">Good morning</lang>`

- TEX-ZEICHENSATZ: Der Filter wandelt TeX-Ausdrücke mit Hilfe des *mimetex.cgi*-Programms in GIF-Dateien um.

- ALGEBRAISCHES ZEICHENSYSTEM: Der Filter wandelt algebraische Ausdrücke in TeX-Ausdrücke um. Dazu muss der TeX-Zeichensatz-Filter ebenfalls aktiviert sein.

- WORTZENSUR: Dieser Filter findet unerwünschte Begriffe, beispielsweise Schimpfwörter oder Slangbegriffe, und ersetzt sie durch einen schwarzen Balken. In der Datei *…/lang/de/censor.php* finden Sie im String BADWORDS die Liste der zensierten Wörter in der deutschen Sprachversion (Abbildung 31.68). Diese wird verwendet, wenn Sie in den Einstellungen nicht eine eigene Liste erstellen.

- In der Grundeinstellung bearbeitet der Filter nur Texte. Sollen auch Überschriften bearbeitet werden (beispielsweise in Forenbeiträgen), muss in der Datei *config.php* `$CFG->filterall = true;` gesetzt werden.

```
<?PHP // $Id: censor.php,v 1.4 2005/05/23 14:10:05 ralf-bonn Exp $
       // censor.php - created with Moodle 1.5 ALPHA (2005051500)


$string['badwords'] = 'Pussy, Vagina, Scheiße, Arschloch, Fucker';
$string['filtername'] = 'Wortzensur';

?>
```

Abbildung 31.68: Die Datei censor.php

- SPAMSCHUTZ: Der Filter sucht E-Mail-Adressen und unterbindet deren Anzeige.

- MULTIMEDIA-PLUGINS: Der Filter ersetzt Links auf Multimedia-Dateien durch ein Symbol, mit dem diese im Browser gestartet und abgespielt werden können.

- TIDY: Der Filter prüft den Text auf HTML-Kompatibilität.

Mit einem Klick auf EINSTELLUNGEN können Sie einzelne Filter bearbeiten.

Mehrsprachiger Inhalt

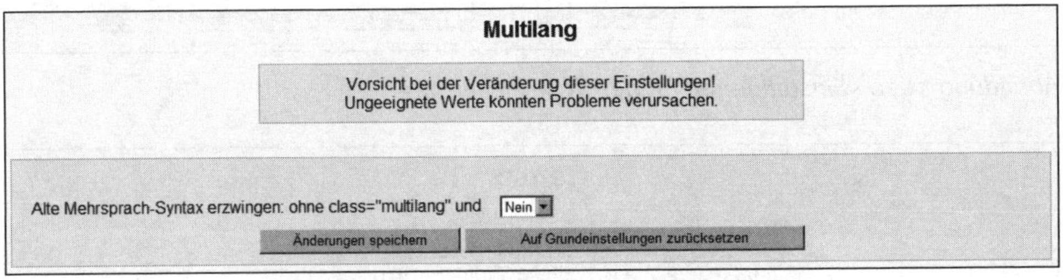

Abbildung 31.69: Einstellungen für die Mehrsprachiger Inhalt

TeX-Zeichensatz

In den Einstellungen des Filters TEX-ZEICHENSATZ können Sie die Rendereinstellungen bearbeiten (Abbildung 31.70).

Wortzensur

Tragen Sie in die WORTZENSURLISTE eigene Begriffe ein, die mit einem schwarzen Balken abgedeckt werden sollen (Abbildung 31.71). Wenn Sie diese Liste leer lassen, verwendet Moodle die Liste aus dem Sprachpaket in *censor.php*.

Multimedia-Plugins

In den Einstellungen des Filters MULTIMEDIA-PLUGINS können Sie die einzelnen Filter aktivieren bzw. deaktivieren (Abbildung 31.72). Haben Sie beispielsweise den MP3-Filter aktiviert, wird Moodle MP3-Dateien automatisch in einen in Flash programmierten Player einbinden.

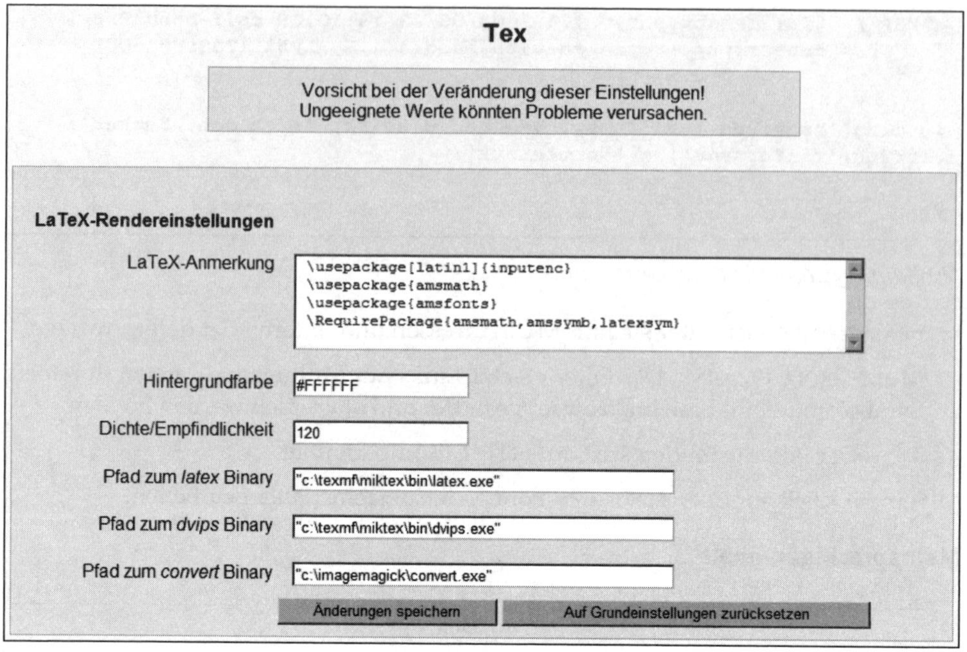

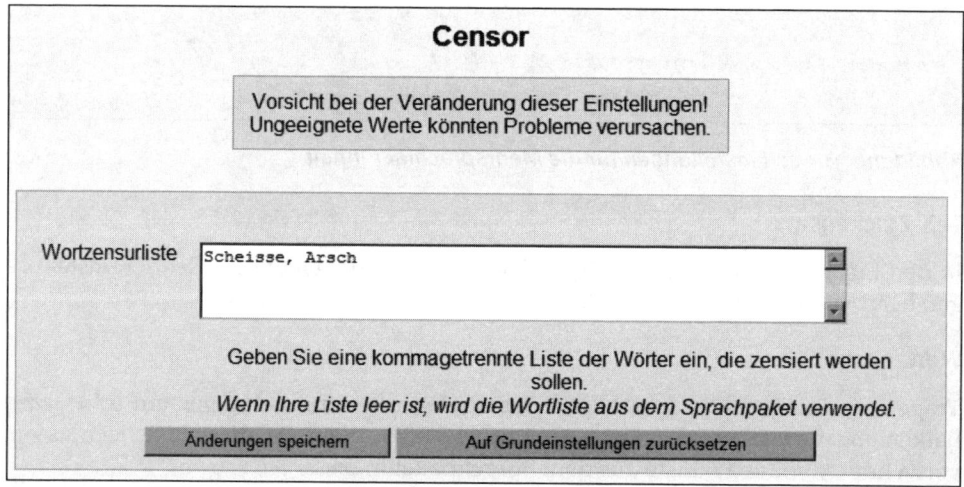

Abbildung 31.70: *Einstellungen für den Tex-Zeichensatz*

Abbildung 31.71: *Einstellungen für die Wortzensur*

Mediaplugin

Vorsicht bei der Veränderung dieser Einstellungen!
Ungeeignete Werte könnten Probleme verursachen.

.mp3 Filter aktivieren [Ja]

.swf Filter aktivieren [Nein]   Sicherheitswarnung: Standardmäßig dürfen normale Nutzer/innen keine SWF-Flashdateien einbetten.

.mov Filter aktivieren [Ja]

.wmv Filter aktivieren [Ja]

.mpg Filter aktivieren [Ja]

.avi Filter aktivieren [Ja]

.flv Filter aktivieren [Ja]

.ram Filter aktivieren [Ja]

.rpm Filter aktivieren [Ja]

.rm Filter aktivieren [Ja]

[Änderungen speichern]   [Auf Grundeinstellungen zurücksetzen]

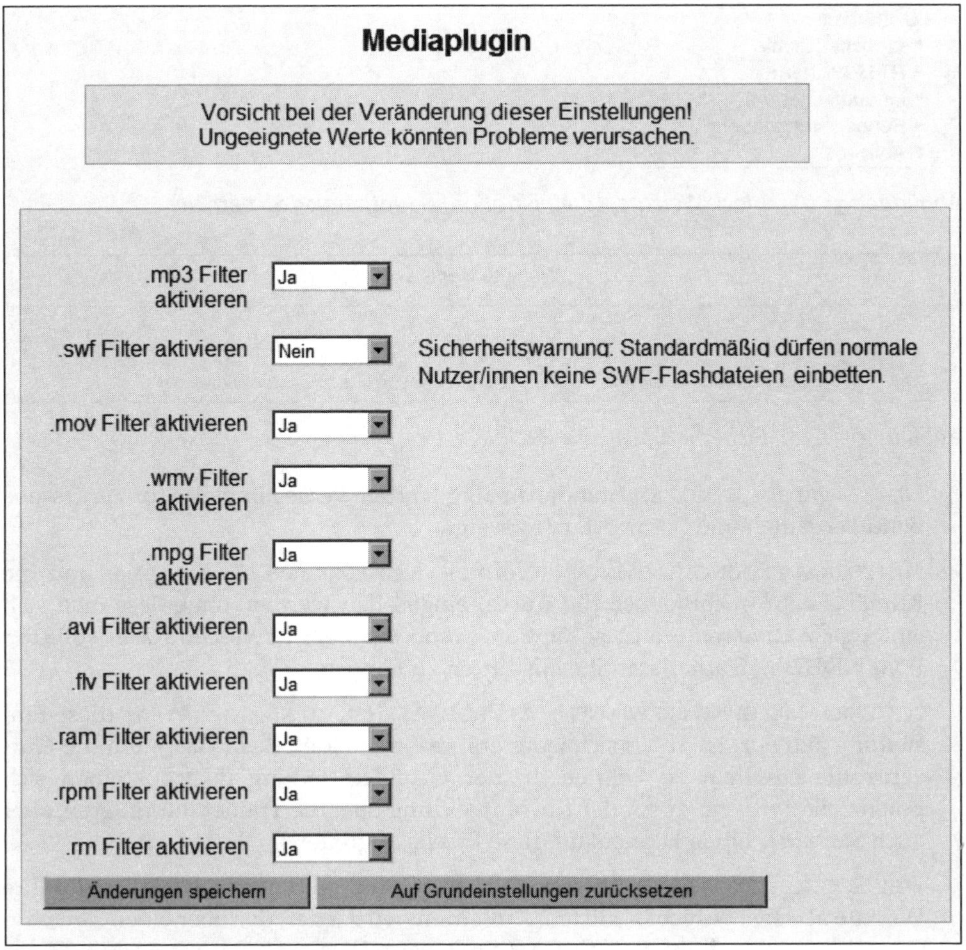

Abbildung 31.72: Einstellungen für Media-Plugin

31.7 Sicherheit

Im Hauptbereich MODULE verwalten Sie alle Sicherheitseinstellungen auf den Seiten WEBSITE-RECHTE, HTTP-SICHERHEIT, MODUL-SICHERHEIT, BENACHRICHTIGUNGEN und ANTIVIRUS (Abbildung 31.73).

31.7.1 Website-Rechte

Mit einem Klick auf WEBSITE-RECHTE im Block WEBSITE-ADMINISTRATION (Abbildung 31.73) können Sie Einstellungen verwalten, die für die ganze Website gültig sind (Abbildung 31.74).

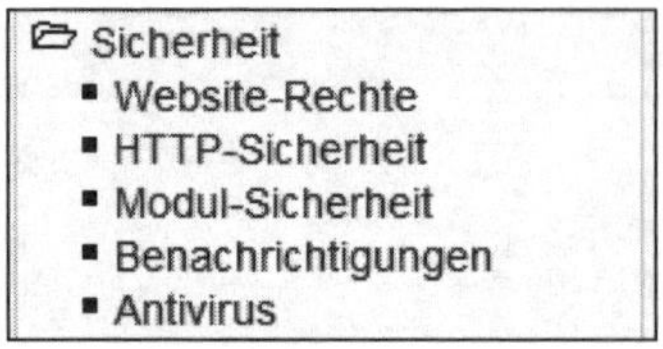

```
📁 Sicherheit
   ▪ Website-Rechte
   ▪ HTTP-Sicherheit
   ▪ Modul-Sicherheit
   ▪ Benachrichtigungen
   ▪ Antivirus
```

Abbildung 31.73: Block Website-Administration, Hauptbereich Sicherheit

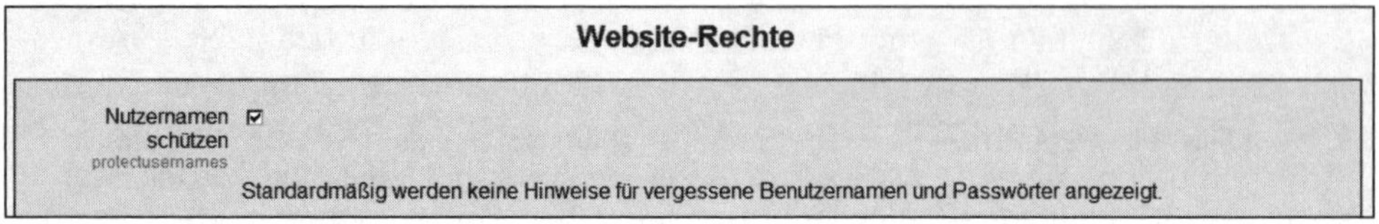

Website-Rechte
Nutzernamen ☑ schützen protectusernames Standardmäßig werden keine Hinweise für vergessene Benutzernamen und Passwörter angezeigt.

Abbildung 31.74: Sicherheit, Website-Rechte

- NUTZERNAMEN SCHÜTZEN: Standardmäßig werden keine Hinweise für vergessene Benutzernamen und Passwörter angezeigt.

- NUTZERANMELDUNG ERZWINGEN: Normalerweise können die Startseite und die Kursübersicht (nicht jedoch die Kurse) eingesehen werden, ohne dass man sich einloggt. Aktivieren Sie diese Option, wenn ein Login zwingend sein soll, um IRGENDETWAS auf dieser Site ausführen zu können.

- NUTZERANMELDUNG ERZWINGEN, UM PROFILE SEHEN ZU KÖNNEN: Wenn diese Einstellung aktiviert ist, muss sich jeder erst real anmelden (kein Gast), um die Nutzerprofile einsehen zu können. In der Grundeinstellung (NEIN) können sich potenzielle Teilnehmer vor der Kursanmeldung über die Trainer informieren, aber auch Suchmaschinen können auf diese Profile zugreifen.

- FÜR GOOGLE ZUGÄNGLICH: Wenn Sie diese Option aktivieren, wird Google Ihre Website als Gast besuchen dürfen. Außerdem wird jeder, der über einen Link von Google kommt, automatisch als Gast eingeloggt. Dies gilt natürlich nur für Kurse, die Gäste (ohne Schlüssel) zulassen.

- MAXIMALE DATEIGRÖSSE: Listenfeld mit den Optionen 10 KB–16 MB. Dieser Wert bestimmt für die ganze Website die maximale Größe für das Hochladen von Dateien. Diese Einstellung begrenzt zusätzlich die maximal wählbare Dateigröße auf Kurs- oder Modulebene, falls Sie nur kleinere Werte zulassen möchten. Dieser Wert kann für jeden Kursraum und für einzelne Lernaktivitäten tiefer eingestellt werden. Der hier angezeigte Maximalwert stammt aus der Datei *php.ini*. Der Maximalwert wird begrenzt durch die PHP-Einstellungen `upload_max_filesize` und `upload_max_size` sowie die Apache-Einstellung `LimitRequestBody`.

- MESSAGE-SYSTEM FREISCHALTEN: Soll das Message-System (Mitteilungen) systemweit für alle Nutzer aktiviert werden?

- OBJECT/EMBED: Aus Sicherheitsgründen dürfen normale Nutzer keine Multimedia-Objekte (wie Flash) über die HTML-Tags EMBED und OBJECT in ihren HTML-Code einbinden. Aktivieren Sie diese Option, wenn Sie die beiden Tags erlauben wollen.

- TRUSTED-CONTENT-SYSTEM AKTIVIEREN: Normalerweise bereinigt Moodle grundsätzlich alle Texte, die von Nutzern eingegeben werden, und entfernt damit mögliche Scripts und Media-Dateien, die ein Sicherheitsrisiko darstellen könnten. Das Trusted-Content-System ist ein Weg, bestimmten Nutzern die Möglichkeit zu geben, erweiterte Inhalte auch ohne Filterung in ihren Beiträgen zu benutzen. Um dieses System zu aktivieren, müssen Sie zuerst diese Option zulassen; danach gewähren Sie das Trusted-Content-Recht in der betreffenden Moodle-Rollenbeschreibung. Texte, die von den betreffenden Nutzern geschrieben oder hochgeladen werden, werden als vertrauenswürdig markiert und vor der Anzeige nicht gefiltert.

- MAXIMALE ZEIT ZUR BEITRAGSBEARBEITUNG: Listenfeld mit den Optionen 1–60 Minuten. Hiermit bestimmen Sie die Zeitdauer, in der Beiträge in Foren, Glossars usw. erneut bearbeitet werden dürfen. Normalerweise sind 30 Minuten ein guter Wert.

- VOLLSTÄNDIGER NAME: Listenfeld mit den Optionen VORNAME + NACHNAME, NACHNAME + VORNAME, VORNAME und NAME. Hier können Sie festlegen, wie die Langform der Namen angezeigt wird. In den meisten Fällen ist die Grundeinstellung VORNAME + NAME geeignet, wobei Sie auch die Vor- und Nachnamen ausblenden können.

- SONDERZEICHEN IN ANMELDENAMEN ERLAUBEN: Aktivieren Sie diese Einstellung, damit beliebige Zeichen im Nutzernamen zulässig werden (Anmerkung: Dies beeinflusst nicht bereits vorhandene Namen). In der Grundeinstellung (»Nein«) sind nur alphanumerische Zeichen erlaubt. Falls Sie JA auswählen, könnten bestimmte Sonderzeichen (z.B. deutsche Umlaute) Probleme verursachen!

- URL ZU DEN WEBSITE-RECHTEN: Wenn Sie eine Zustimmungserklärung verwenden, die alle Nutzer vor der Registrierung akzeptieren müssen, können Sie hier die URL für diese Seite festlegen. Dies kann z.B. das Verzeichnis der Startseite sein. (Beispiel: *http://domain.de/file.php/1/zustimmung.html*).

- BLOG-SICHTBARKEIT: Die Einstellung regelt den Grad der Öffentlichkeit für Blog-Einträge. Beachten Sie, dass die Einstellung den Wert für Leser/innen festlegt, nicht für Schreiber/innen und auch nicht den Blogtyp. Sie können Blogs auf Wunsch auch vollständig deaktivieren. Das Listenfeld bietet die Optionen NUTZER/INNEN KÖNNEN ALLE BLOGS SEHEN, NUTZER/INNEN KÖNNEN NUR BLOGS ANDERER KURSTEILNEHMER/INNEN SEHEN, NUTZER/INNEN KÖNNEN NUR BLOGS ANDERER GRUPPENMITGLIEDER SEHEN, NUTZER/INNEN KÖNNEN NUR IHREN EIGENEN BLOG SEHEN und BLOG-SYSTEM VOLLSTÄNDIG DEAKTIVIEREN.

- CRON-AUSFÜHRUNG NUR ÜBER DIE KOMMANDOZEILE: Wenn dies gesetzt ist, dann kann das cron-Script nur über die Kommandozeile aufgerufen werden, nicht über den Webbrowser. Die nachfolgende Kennwort-Einstellung wird damit überschrieben.

- ZUGRIFFSKENNWORT FÜR CRON: Dies bedeutet, dass das Script *cron.php* nicht im Webbrowser aufgerufen werden kann, ohne das Kennwort folgendermaßen an die URL anzuhängen: *http://www.beispiel.de/admin/cron.php?password=geheim*. Falls das Feld leer bleibt, wird kein Kennwort benötigt.

31.7.2 HTTP-Sicherheit

Mit einem Klick auf HTTP-SICHERHEIT im Block WEBSITE-ADMINISTRATION (Abbildung 31.73) können Sie Einstellungen verwalten, die für die ganze Website gültig sind (Abbildung 31.75).

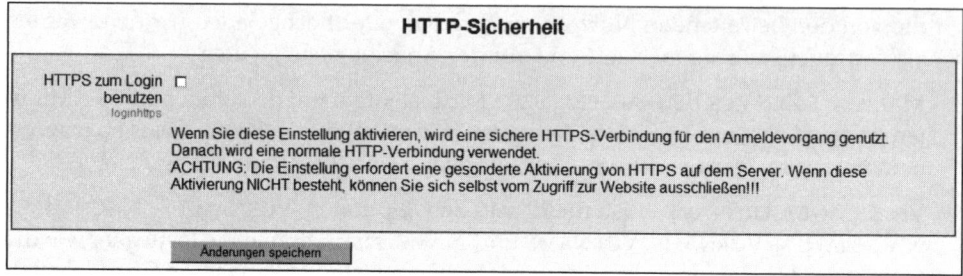

Abbildung 31.75: Sicherheit, HTTP-Sicherheit

- HTTPS ZUM LOGIN BENUTZEN: Wenn Sie diese Einstellung aktivieren, wird eine sichere HTTPS-Verbindung für den Anmeldevorgang genutzt. Danach wird eine normale HTTP-Verbindung verwendet. ACHTUNG: Die Einstellung erfordert eine gesonderte Aktivierung von HTTPS auf dem Server. Wenn diese Aktivierung NICHT besteht, können Sie sich selbst vom Zugriff zur Website ausschließen!

31.7.3 Modul-Sicherheit

Mit einem Klick auf MODUL-SICHERHEIT im Block WEBSITE-ADMINISTRATION (Abbildung 31.73) können Sie Einstellungen verwalten, die für die ganze Website gültig sind (Abbildung 31.76).

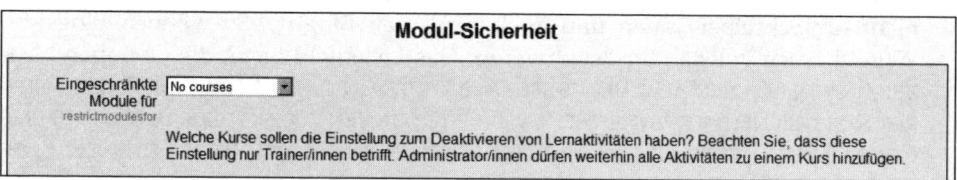

Abbildung 31.76: Sicherheit, Modul-Sicherheit

■ EINGESCHRÄNKTE MODULE FÜR: Welche Kurse sollen die Einstellung zum Deaktivieren von Aktivitäten haben? Beachten Sie, dass diese Einstellung nur Trainer betrifft. Administratoren dürfen weiterhin alle Aktivitäten zu einem Kurs hinzufügen. Listenfeld mit den Optionen NO COURSES, ALL COURSES und REQUESTED COURSES.

■ STANDARDMÄSSIG EINGESCHRÄNKTE MODULE: Soll bei neu angelegten Kursen dieser Kategorie die Nutzung der Module als Voreinstellung eingeschränkt werden?

■ STANDARDMÄSSIG ERLAUBTE MODULE: Listenfeld mit den installierten Modulen. Welche Module sollen in den Kursen der oben genannten Kategorie standardmäßig bei der Kurs-Einrichtung aktiviert sein?

31.7.4 Benachrichtigungen

Mit einem Klick auf BENACHRICHTIGUNGEN im Block WEBSITE-ADMINISTRATION (Abbildung 31.73) können Sie Einstellungen verwalten, die für die ganze Website gültig sind (Abbildung 31.77).

Abbildung 31.77: Sicherheit, Benachrichtigungen

■ LOGIN-FEHLER SICHTBAR: Anzeige von Informationen über frühere gescheiterte Logins der ausgewählten Nutzer. Listenfeld mit den Optionen NIEMAND, ADMINISTRATOR/INNEN, ADMINISTRATOR/INNEN UND TRAINER/INNEN und ALLE.

■ E-MAIL BEI LOGIN-FEHLER AN: E-Mail-Benachrichtigungen können versandt werden, wenn Login-Fehler aufgezeichnet wurden. Wer soll die Nachrichten sehen? Das Listenfeld bietet die Optionen NIEMAND, ADMINISTRATOR/IN und ALLE ADMINISTRATOR/INNEN.

■ SCHWELLE ZUR BENACHRICHTIGUNG: Nach wie vielen gescheiterten Anmeldeversuchen hintereinander von einer IP-Adresse aus soll eine E-Mail-Benachrichtigung erfolgen (nur wenn diese auch aufgezeichnet werden)? Listenfeld mit den Optionen 1–100.

31.7.5 Antivirus

Mit einem Klick auf ANTIVIRUS im Block WEBSITE-ADMINISTRATION (Abbildung 31.73) können Sie Einstellungen verwalten, die für die ganze Website gültig sind (Abbildung 31.78).

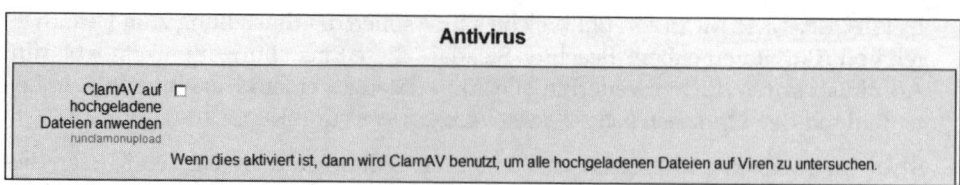

Antivirus

ClamAV auf
hochgeladene
Dateien anwenden
runclamonupload

☐

Wenn dies aktiviert ist, dann wird ClamAV benutzt, um alle hochgeladenen Dateien auf Viren zu untersuchen.

Abbildung 31.78: Sicherheit, Antivirus

■ CLAMAV AUF HOCHGELADENE DATEIEN ANWENDEN: Wenn dies aktiviert ist, dann wird ClamAV benutzt, um alle hochgeladenen Dateien auf Viren zu untersuchen.

■ PFAD ZU CLAMAV: Pfad für ClamAV, meistens *usr/bin/clamscan* oder *user/bin/clamd-scan*. Die Einstellung ist erforderlich, damit ClamAV starten kann.

■ QUARANTÄNE-VERZEICHNIS: Wenn ClamAV infizierte Dateien in ein Quarantäne-Verzeichnis verschieben soll, definieren Sie hier dieses Verzeichnis. Wenn Sie den Eintrag leer lassen, das Verzeichnis ungültig ist oder nicht beschrieben werden kann, werden infizierte Dateien gelöscht. Tragen Sie keinen Slash am Ende ein.

■ FEHLERMELDUNG BEI CLAMAV: Legen Sie die Reaktion fest, falls bei der Virenprüfung von hochgeladenen Dateien ein Fehler auftritt. Wenn Sie BEHANDLE DATEIEN WIE VIRENHALTIGE DATEIEN auswählen, werden diese in Quarantäne verschoben oder gelöscht. Wenn SIE BEHANDLE DIE DATEIEN ALS OK wählen, werden diese normal ohne Prüfung hochgeladen. In jedem Fall werden die Administratoren benachrichtigt, dass ein Problem aufgetreten ist. Seien Sie mit dieser Einstellung sehr vorsichtig.

31.8   Aussehen, Design

Im Hauptbereich AUSSEHEN verwalten Sie verschiedenste Aspekte der Website-Darstellung auf den Seiten DESIGN-EINSTELLUNGEN, DESIGN-AUSWAHL, KALENDER, TEXT-FILTER, HTML-EDITOR, DOKUMENTATION, MYMOODLE, BEWERTUNGEN, KURSVERWAL-TER und FESTE BLÖCKE (Abbildung 31.79).

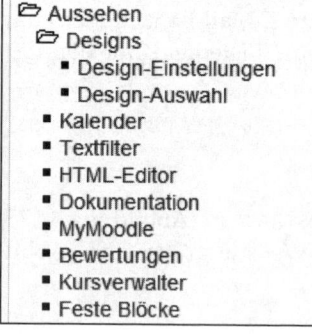

🖿 Aussehen
  🖿 Designs
    ▪ Design-Einstellungen
    ▪ Design-Auswahl
  ▪ Kalender
  ▪ Textfilter
  ▪ HTML-Editor
  ▪ Dokumentation
  ▪ MyMoodle
  ▪ Bewertungen
  ▪ Kursverwalter
  ▪ Feste Blöcke

Abbildung 31.79: Block Website-Administration, Hauptbereich Aussehen

31.8.1 Design-Einstellungen

Mit einem Klick auf DESIGN-EINSTELLUNGEN im Block WEBSITE-ADMINISTRATION (Abbildung 31.79) können Sie die Design-Einstellungen Ihres Lernportals verwalten (Abbildung 31.80).

Design-Einstellungen

Design-Liste
themelist

Wenn das Feld leer bleibt, kann jedes Design ausgewählt werden. Wenn das Auswahlmenü für Designs verkürzt werden soll, können Sie hier die auswählbaren Designs eintragen. Trennen Sie die Namen der Themes mit Kommas, z.B.: standard,orangewhite. Verzichten Sie auf Leerzeichen!

Abbildung 31.80: Aussehen, Design, Desing-Einstellungen

- DESIGN-LISTE: Wenn das Feld leer bleibt, kann jedes Design ausgewählt werden. Wenn das Auswahlmenü für Designs verkürzt werden soll, können Sie hier die auswählbaren Designs eintragen. Trennen Sie die Namen der Themes mit Kommas, z.B.: `standard,orangewhite`. Verzichten Sie auf Leerzeichen!

- NUTZERDESIGNS ZULASSEN: Die Einstellung erlaubt allen Nutzern, ein eigenes Design auszuwählen. Damit wird das Design der Website überschrieben, aber keine kursspezifische Design-Vorgabe.

- KURSDESIGNS ZULASSEN: Mit der Aktivierung erlauben Sie die Auswahl kursspezifischer Designs. Ein Kursdesign hat Vorrang vor allen anderen Designfestlegungen (Website, Nutzer/in, Session).

- NUTZER/INNEN DÜRFEN BLÖCKE VERBERGEN: Wollen Sie zulassen, dass Nutzer selbst Blöcke ein-/ausblenden können? Dieses Feature verwendet JavaScript und Cookies, um den Status zu speichern. Die Einstellung bezieht sich nur auf die eigene Nutzeransicht.

- BLOCKS AUF MODULSEITEN ANZEIGEN: Einige Lernaktivitäten erlauben die Nutzung von Blöcken innerhalb der Aktivität. Mit dieser Einstellung ermöglichen Sie den Trainern, auf der Kursseite diese Blöcke in die Aktivitäten einzufügen. Andernfalls steht diese Option nicht zur Verfügung.

31.8.2 Design-Auswahl

Mit einem Klick auf DESIGN-AUSWAHL im Block WEBSITE-ADMINISTRATION (Abbildung 31.79) können Sie das Design Ihres Lernportals verwalten (Abbildung 31.81).

Die visuelle Gestaltung der Oberfläche von Moodle wird als *Design* (früher *Theme*) bezeichnet. Alle im Ordner *../theme/* installierten Designs werden in einer Vorschau angezeigt. Über die drei Links bestimmen Sie die Anzeige: VORSCHAU zeigt, wie das Design mit der aktuellen Seite aussieht, BILDSCHIRMFOTO zeigt ein Bild einer Moodle-Seite mit diesem Design, und INFORMATION zeigt die Datei README.TXT an.

Mit einem Klick auf die Schaltfläche AUSWAHL wählen Sie dieses Design als Standard aus. Wenn weder Teilnehmende noch Trainer berechtigt sind, eigene Designs zu bestimmen, werden alle Kurse in Ihrem Lernportal diesem Design entsprechen.

Zusätzliche Designs finden Sie auf *www.moodle.org* in der Datenbank THEMES.

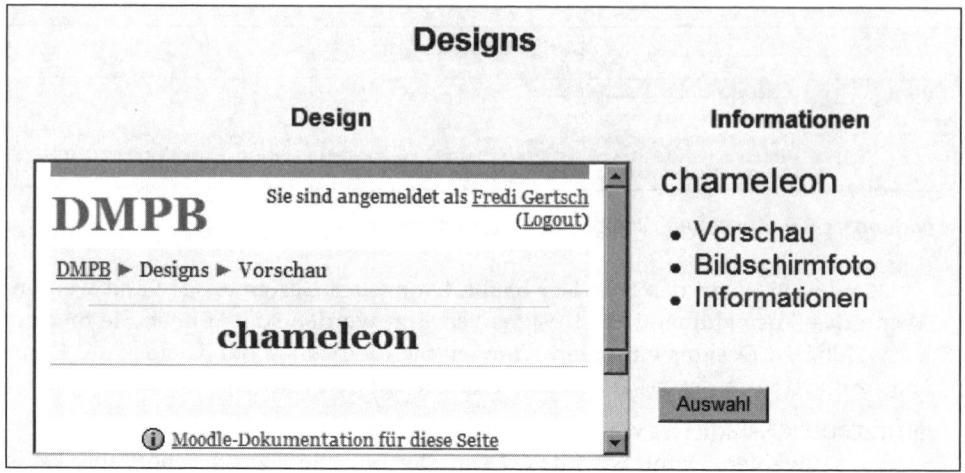

Abbildung 31.81: Aussehen, Design, Design-Auswahl

31.8.3 Kalender

Mit einem Klick auf KALENDER im Block WEBSITE-ADMINISTRATION (Abbildung 31.79) können Sie die Kalender Ihres Lernportals konfigurieren (Abbildung 31.82).

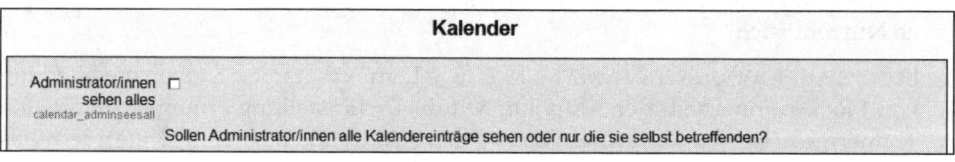

Abbildung 31.82: Aussehen, Kalender

- ADMINISTRATOR/INNEN SEHEN ALLES: Sollen Administratoren alle Kalendereinträge sehen oder nur die sie selbst betreffenden?

- FORMAT DER ZEITANZEIGE: Sie können die Zeitangaben der gesamten Website im 12- oder 24-Stunden-Format anzeigen lassen. Wenn Sie die GRUNDEINSTELLUNG auswählen, wird das Zeitformat automatisch passend zur eingestellten Sprache ausgewählt. Das Listenfeld bietet die Optionen GRUNDEINSTELLUNG, 12-STUNDEN-ANZEIGE und 24-STUNDEN-ANZEIGE.

- BEGINN DER WOCHE: An welchem Tag soll die Woche im Kalender beginnen? Listenfeld mit Wochentagen.

■ TAGE AM WOCHENENDE: Welche Tage der Woche sollen als Wochenende farbig hervorgehoben werden? (Abbildung 31.83).

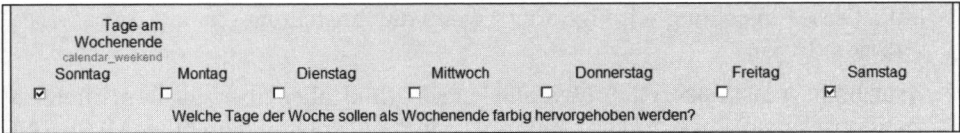

Abbildung 31.83: Tage am Wochenende

■ TAGE IN DER VORAUSSCHAU: Wie viele Tage im Voraus sollen künftig Termine gesucht werden?

■ EREIGNISSE IN DER VORAUSSCHAU: Wie viele Termine sollen maximal als künftige Termine angezeigt werden?

31.8.4 Textfilter

Mit einem Klick auf TEXTFILTER im Block WEBSITE-ADMINISTRATION (Abbildung 31.79) können Sie die Kalender Ihres Lernportals konfigurieren (Abbildung 31.84).

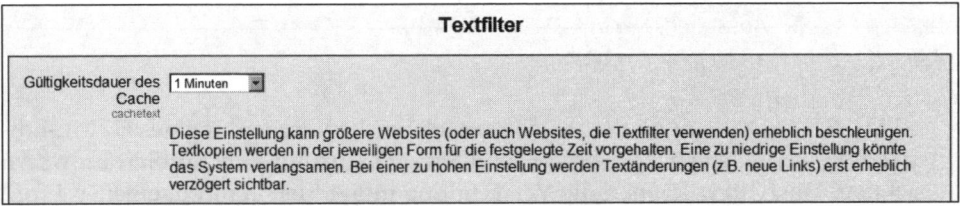

Abbildung 31.84: Aussehen, Textfilter

■ GÜLTIGKEITSDAUER DES CACHE: Diese Einstellung kann größere Websites (oder auch Websites, die Textfilter verwenden) erheblich beschleunigen. Textkopien werden in der jeweiligen Form für die festgelegte Zeit vorgehalten. Eine zu niedrige Einstellung könnte das System verlangsamen. Bei einer zu hohen Einstellung werden Textänderungen (z.B. neue Links) erst erheblich verzögert sichtbar. Das Listenfeld bietet die Optionen NEIN, 30 SEKUNDEN bis 7 TAGE.

■ FILTER FÜR HOCHGELADENE DATEIEN: Beim Aktivieren dieser Option werden alle hochgeladenen HTML- und Textdateien über den Filter bearbeitet, bevor sie angezeigt werden. Listenfeld mit den Optionen KEINE, ALLE DATEIEN und NUR HTML-DATEIEN.

■ FILTER EINMAL PRO SEITE ANWENDEN: Der Filter für die automatische Verlinkung soll nur das erste Vorkommen eines Begriffes auf einer Seite verlinken. Wiederholt auf einer Seite auftretende Begriffe werden nur einmal verlinkt.

■ FILTER EINMAL PRO TEXT ANWENDEN: Der Filter für die automatische Verlinkung soll nur das erste Vorkommen eines Begriffes in jedem Abschnitt auf einer Seite (z.B. Block) verlinken. Wiederholt auftretende Begriffe werden nur einmal verlinkt. Diese Einstellung wird ignoriert, wenn die Einstellung configfiltermatchoneperpage aktiv ist.

■ ALLE BEGRIFFE FILTERN: Filter über alle Begriffe (inkl. aller Überschriften, Titel, Navigationselemente usw.). Dies kann im Zusammenhang mit dem Filter MEHRSPRACHIGER INHALT nützlich sein. Es belastet den Server jedoch stark und kann zu einer Reduzierung der Arbeitsgeschwindigkeit führen.

31.8.5 HTML-Editor

Mit einem Klick auf HTML-EDITOR im Block WEBSITE-ADMINISTRATION (Abbildung 31.79) können Sie den Editor konfigurieren (Abbildung 31.85).

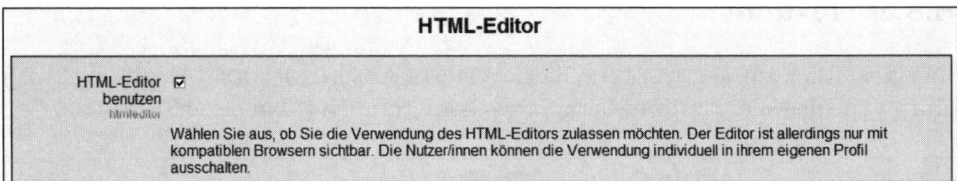

Abbildung 31.85: Aussehen, HTML-Editor

■ HTML-EDITOR BENUTZEN: Wählen Sie aus, ob Sie die Verwendung des HTML-Editors zulassen möchten. Der Editor ist allerdings nur mit kompatiblen Browsern sichtbar. Die Nutzer können die Verwendung individuell in ihrem eigenen Profil ausschalten.

■ HINTERGRUNDFARBE: Legen Sie die Hintergrundfarbe im Bearbeitungsfeld des Editors fest. Gültige Werte sind z.B. #ffffff oder white. Lesen Sie bitte mehr dazu unter *http://de.wikipedia.org/wiki/HTML-Farbcodes*

■ ZEICHENSATZART: Liste von Schriftarten und/oder allgemeinen Schriftfamilien, die im Editor zur Verfügung stehen sollen. Die einzelnen Schriftarten/-familien müssen durch Komma voneinander getrennt werden, beispielsweise so: Trebuchet MS,Verdana,Arial,Helvetica,sans-serif.

■ SCHRIFTGRÖSSE: Voreingestellte Schriftgröße für den Editor. Gültige Werte sind z.B.: medium, large, smaller, larger, 10pt, 11px.

■ ZEICHENSATZLISTE: Zeichensätze auswählen, die im Editormenü erscheinen sollen (Abbildung 31.86).

■ WORD-FORMAT-FILTER: Aktivierung/Deaktivierung des Filters für Word-formatierte Texte.

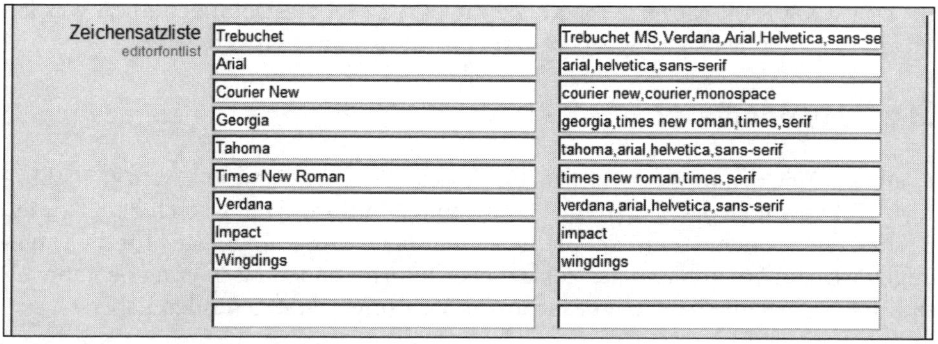
Zeichensatzliste
editorfontlist
Trebuchet
Trebuchet MS,Verdana,Arial,Helvetica,sans-se
Arial
arial,helvetica,sans-serif
Courier New
courier new,courier,monospace
Georgia
georgia,times new roman,times,serif
Tahoma
tahoma,arial,helvetica,sans-serif
Times New Roman
times new roman,times,serif
Verdana
verdana,arial,helvetica,sans-serif
Impact
impact
Wingdings
wingdings

Abbildung 31.86: Zeichensatzliste

- VERBORGENE TASTEN: Wählen Sie die Optionen, die im HTML-Editor verborgen sein sollen (Abbildung 31.87). Standardmässig werden alle Symbole angezeigt.

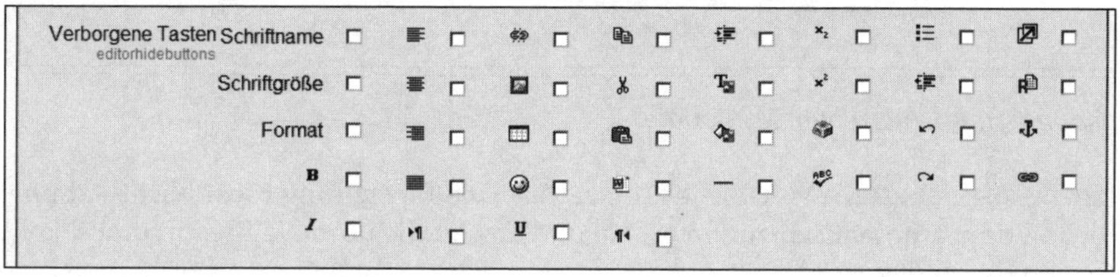
Verborgene Tasten
editorhidebuttons
Schriftname
Schriftgröße
Format

Abbildung 31.87: Verborgene Tasten

31.8.6 Dokumentation

Mit einem Klick auf DOKUMENTATION im Block WEBSITE-ADMINISTRATION (Abbildung 31.79) gelangen Sie zu den Einstellungen für die Dokumentation (Abbildung 31.88).

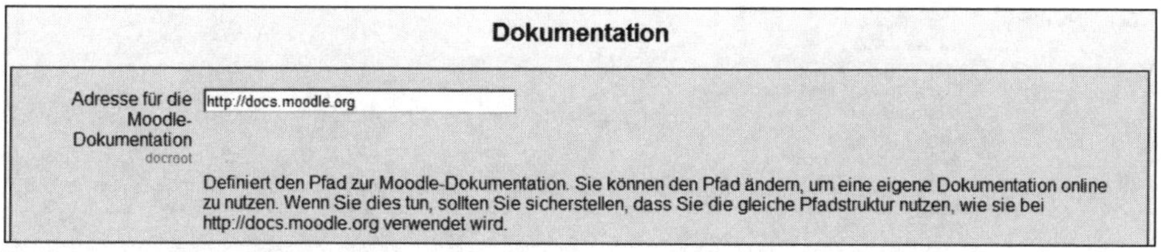
Dokumentation
Adresse für die Moodle-Dokumentation
docroot
http://docs.moodle.org
Definiert den Pfad zur Moodle-Dokumentation. Sie können den Pfad ändern, um eine eigene Dokumentation online zu nutzen. Wenn Sie dies tun, sollten Sie sicherstellen, dass Sie die gleiche Pfadstruktur nutzen, wie sie bei http://docs.moodle.org verwendet wird.

Abbildung 31.88: Aussehen, Dokumentation

- ADRESSE FÜR DIE MOODLE-DOKUMENTATION: Definiert den Pfad zur Moodle-Dokumentation. Sie können den Pfad ändern, um eine eigene Dokumentation online zu nutzen. Wenn Sie dies tun, sollten Sie sicherstellen, dass Sie die gleiche Pfadstruktur nutzen, wie sie bei *http://docs.moodle.org* verwendet wird.

■ IN EINEM NEUEN FENSTER ÖFFNEN: Die Links zur Moodle-Dokumentation werden in einem neuen Fenster angezeigt, wenn Sie diese Funktion aktivieren.

31.8.7 MyMoodle

Mit einem Klick auf MYMOODLE im Block WEBSITE-ADMINISTRATION (Abbildung 31.79) gelangen Sie zu den Einstellungen (Abbildung 31.89). Nach dem Anmelden erhält der Teilnehmer auf der Startseite sämtliche Kurse aufgelistet, für die er eingetragen ist, und er kann anhand zusätzlicher Informationen rasch erkennen, in welchen Kursen seit seinem letzten Besuche Veränderungen stattgefunden haben.

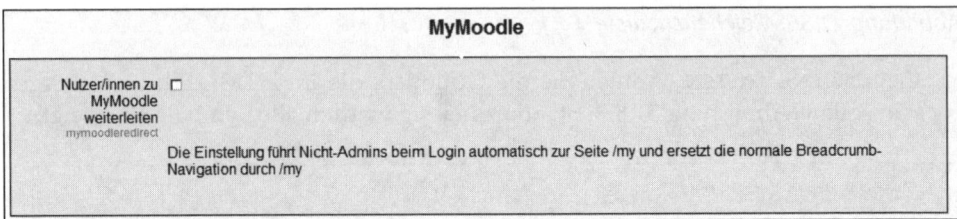

Abbildung 31.89: Aussehen, MyMoodle

■ NUTZERINNEN ZU MYMOODLE WEITERLEITEN: Die Einstellung führt Nicht-Admins beim Login automatisch zur Seite */my* und ersetzt die normale Breadcrumb-Navigation durch */my*.

31.8.8 Bewertungen

Mit einem Klick auf BEWERTUNGEN im Block WEBSITE-ADMINISTRATION (Abbildung 31.79) gelangen Sie zu den Einstellungen (Abbildung 31.90).

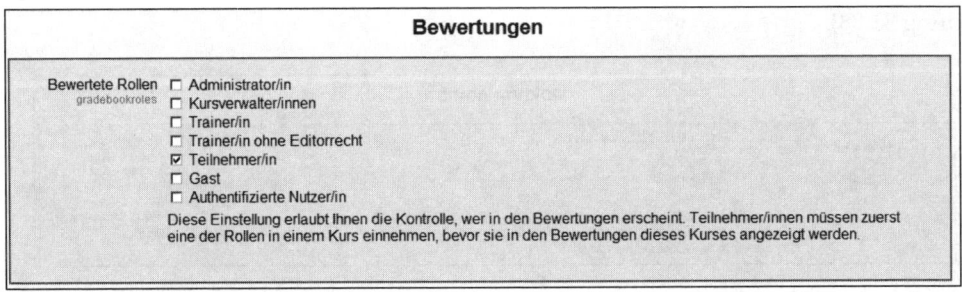

Abbildung 31.90: Aussehen, Bewertungen

■ BEWERTETE ROLLEN: Diese Einstellung erlaubt Ihnen die Kontrolle, wer in den Bewertungen erscheint. Teilnehmer müssen zuerst eine der Rollen in einem Kurs einnehmen, bevor sie in den Bewertungen dieses Kurses angezeigt werden.

31.8.9 Kursverwalter

Mit einem Klick auf KURSVERWALTER im Block WEBSITE-ADMINISTRATION (Abbildung 31.79) gelangen Sie zu den Einstellungen (Abbildung 31.91).

Kursverwalter

Kursverwalter
coursemanager

☐ Administrator/in
☐ Kursverwalter/innen
☑ Trainer/in
☐ Trainer/in ohne Editorrecht
☐ Teilnehmer/in
☐ Gast
☐ Authentifizierte Nutzer/in

Diese Einstellung erlaubt es Ihnen die Kontrolle, wer auf die Kursbeschreibungen zugreifen darf. Nutzer/innen müssen mindestens eine dieser Rollen haben, um die Kursbeschreibung für diesen Kurs sehen zu können.

Abbildung 31.91: Aussehen, Kursverwalter

- KURSVERWALTER: Mit dieser Einstellung können Sie kontrollieren, wer auf die Kursbeschreibungen zugreifen darf. Nutzer müssen mindestens eine dieser Rollen haben, um die Kursbeschreibung für diesen Kurs sehen zu können.

31.8.10 Feste Blöcke

Mit einem Klick auf FESTE BLÖCKE im Block WEBSITE-ADMINISTRATION (Abbildung 31.79) gelangen Sie zu den Einstellungen (Abbildung 31.92). Wenn Sie einen Block hier hinzufügen, so steht eine Kopie auf jeder einzelnen Seite zur Verfügung. Der feste Block ist nicht veränderbar. Veränderungen können Sie am Duplikat weiter vornehmen. Sie können im Listenfeld zwischen MYMOODLE und KURSSEITE wählen.

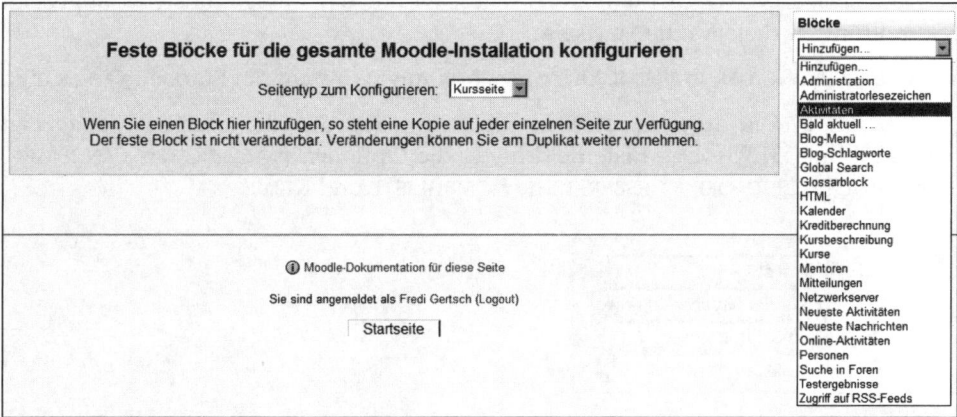

Abbildung 31.92: Aussehen, Feste Blöcke

31.9 Startseite

Im Hauptbereich STARTSEITE verwalten Sie jene Seite, die beim Aufruf Ihres Lernportals zuerst angezeigt wird. Dazu verwenden Sie diese Seiten: EINSTELLUNGEN, ROLLEN, SICHERUNG, WIEDERHERSTELLUNG und DATEIEN DER WEBSITE (Abbildung 31.93).

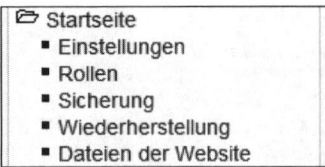

Abbildung 31.93: Block Website-Administration, Hauptbereich Startseite

31.9.1 Einstellungen

Mit einem Klick auf EINSTELLUNGEN im Block WEBSITE-ADMINISTRATION (Abbildung 31.93) gelangen Sie zu den Einstellungen (Abbildung 31.94).

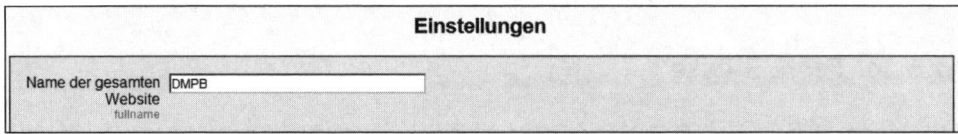

Abbildung 31.94: Startseite, Einstellungen

- ▒ NAME DER GESAMTEN WEBSITE: Dieser wird, je nach Design, im Kopf der Seite angezeigt.

- ▒ KURZBEZEICHNUNG FÜR DIE WEBSITE: Diese wird in der Navigationsleiste angezeigt und führt zurück auf die Startseite.

- ▒ BESCHREIBUNG DER WEBSITE: Diese Beschreibung wird auf der Startseite angezeigt.

- ▒ STARTSEITE: Die ausgewählten Elemente werden auf der Startseite angezeigt (Abbildung 31.95). Das Listenfeld bietet die Optionen NACHRICHTEN ANZEIGEN, KURSLISTE, LISTE DER KURSBEREICHE, KOMBI-LISTE und KEINE.

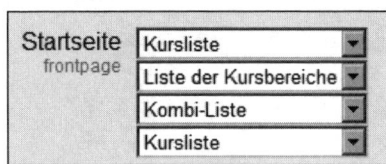

Abbildung 31.95: Startseite

▓ STARTSEITE NACH ANMELDUNG: Die ausgewählten Elemente werden auf der Startseite angezeigt, nachdem der Nutzer eingeloggt ist (Abbildung 31.96). Das Listenfeld bietet die Optionen NACHRICHTEN ANZEIGEN, KURSLISTE, LISTE DER KURSBEREICHE, KOMBI-LISTE und KEINE.

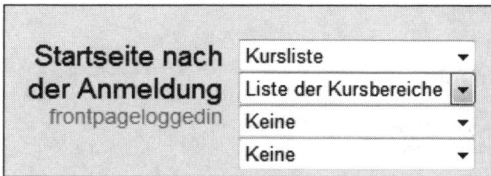

Abbildung 31.96: Startseite und Startseite nach Anmeldung

▓ THEMENBEREICH EINBEZIEHEN: Falls Sie dies wählen, wird ein Themenbereich auf der Startseite angezeigt.

▓ ANZAHL NEUER NACHRICHTEN: Hier bestimmen Sie, wie viele Nachrichten im Block NEUESTE NACHRICHTEN angezeigt werden. Das Listenfeld bietet die Optionen 0–10.

▓ KURSE PRO SEITE: Geben Sie die Kurszahl an, die pro Seite in einer Kursliste angezeigt werden soll.

▓ SICHTBARE KURSE IN VERBORGENEN KATEGORIEN ERLAUBEN: Kurse in verborgenen Kategorien normal anzeigen.

31.9.2 Rollen

Mit einem Klick auf ROLLEN im Block WEBSITE-ADMINISTRATION (Abbildung 31.93) gelangen Sie zum Register ROLLEN für die Startseite. Hier finden Sie die Links ROLLEN ZUWEISEN und ROLLEN ÜBERSCHREIBEN, die zu den entsprechenden Formularen führen. Mit einem Klick auf das Register ROLLEN wird standardmäßig das Formular ROLLEN ZUWEISEN angezeigt.

Rollen zuweisen

Auf dem Formular ROLLEN ZUWEISEN werden alle zur Verfügung stehenden Rollen mit einer Beschreibung angezeigt – hier die Basisrollen (Abbildung 31.97). Als ADMINISTRATOR sind Sie berechtigt, dem Kontext WEBSITE (STARTSEITE) Rollen zuzuweisen. Lesen Sie mehr dazu in Kapitel 11, *Rollen*.

Rollen		
Rollen zuweisen	Rollen überschreiben	

Rollen ⓘ

Rollen	Beschreibung	Nutzer/innen
Administrator/in	Administrator/innen haben normalerweise alle Rechte auf der Website und in allen Kursen.	0
Kursverwalter/innen	Kursersteller/innen dürfen neue Kurse anlegen und in ihnen unterrichten.	0
Trainer/in	Trainer/innen dürfen in einem Kurs alles tun, incl. der Veränderung von Aktivitäten und der Beurteilung von Teilnehmer/innen.	0
Trainer/in ohne Editorrecht	Trainer/innen ohne Bearbeitungsrecht dürfen in Kursen unterrichten und Teilnehmer/innen bewerten, aber sie können nichts verändern.	0
Teilnehmer/in	Teilnehmer/innen haben in einem Kurs grundsätzlich weniger Rechte.	0
Gast	Gäste haben minimale Rechte und können normalerweise nirgends Texte eingeben.	0

Abbildung 31.97: Register Rollen

Rollen überschreiben

Mit einem Klick auf den Link ROLLEN ÜBERSCHREIBEN wird das entsprechende Formular angezeigt, (Abbildung 31.98), mit dem Sie die Rollen im Kontext WEBSITE (STARTSEITE) überschreiben. Dieser Kontext ist vergleichbar mit dem Kontext KURS. Seine Rechte werden nur noch an die AKTIVITÄTEN vererbt. Der ADMINISTRATOR darf als einzige Basisrolle ROLLEN ÜBERSCHREIBEN. Lesen Sie mehr dazu in Kapitel 11, *Rollen*.

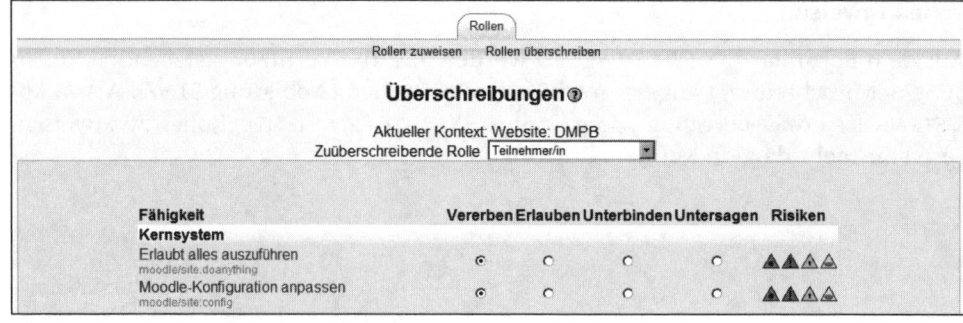

Abbildung 31.98: Rollen überschreiben, Kontext Website

31.9.3 Sicherung

Mit einem Klick auf SICHERUNG im Block WEBSITE-ADMINISTRATION (Abbildung 31.93) gelangen Sie zum Formular KURSSICHERUNG für die Startseite. Die Sicherung erfolgt wie in Kursen üblich.

31.9.4 Wiederherstellung

Mit einem Klick auf WIEDERHERSTELLUNG im Block WEBSITE-ADMINISTRATION (Abbildung 31.93) gelangen Sie zum Formular WIEDERHERSTELLUNG für die Startseite. Die Wiederherstellung erfolgt wie in Kursen üblich.

31.9.5 Dateien der Website

Mit einem Klick auf DATEIEN DER WEBSITE im Block WEBSITE-ADMINISTRATION (Abbildung 31.93) gelangen Sie zum Formular DATEIEN DER WEBSITE für die Startseite. Die Dateiverwaltung funktioniert wie in Kursen üblich.

31.10 Server

Im Hauptbereich SERVER verwalten Sie alle Server-Einstellungen. Dazu verwenden Sie die Seiten SYSTEMPROGRAMME, E-MAIL, SITZUNGSINFORMATION, RSS-FEEDS, DEBUGGING, STATISTIKEN, HTTP, WARTUNGSMODUS, AUFRÄUMARBEITEN, SERVERINFORMATIONEN, PHP-INFORMATIONEN und GESCHWINDIGKEIT (Abbildung 31.99).

Abbildung 31.99: Block Website-Administration, Hauptbereich Server

31.10.1 Systemprogramme

Mit einem Klick auf SYSTEMPROGRAMME im Block WEBSITE-ADMINISTRATION (Abbildung 31.99) gelangen Sie zu den Einstellungen (Abbildung 31.100).

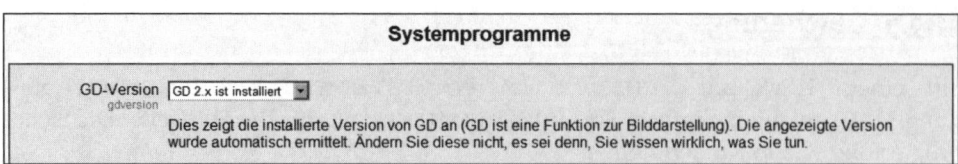

Abbildung 31.100: Server, Systemprogramme

- GD-VERSION: Dies zeigt die installierte Version von GD an (GD ist eine Funktion zur Bilddarstellung). Die angezeigte Version wurde automatisch ermittelt. Ändern Sie diese nicht, es sei denn, Sie wissen wirklich, was Sie tun.

- PFAD ZU ZIP: Geben Sie hier die Lage (Pfad und Dateiname) des Programms *zip* an (nur Unix). Das Programm wird für die Erstellung ZIP-Archiven auf dem Server benötigt. Wenn Sie dieses Feld leer lassen, benutzt Moodle interne Routinen.

- PFAD ZU UNZIP: Geben Sie hier die Lage (Pfad und Dateiname) des Programms *unzip* an (nur Unix). Das Programm wird für das Entpacken von ZIP-Archiven auf dem Server benötigt. Wenn Sie dieses Feld leer lassen, benutzt Moodle interne Routinen.

- PFAD ZU DU: Pfad für *du*, meistens */usr/bin/du*. Mit dieser Option werden Seiten mit Verzeichnissen und vielen Dateien schneller angezeigt.

- PFAD ZU ASPELL: Zur Nutzung der Rechtschreibprüfung muss *aspell* 0.50 (oder neuer) auf dem Server installiert und der richtige Pfad zu den aspell-Dateien eingerichtet sein. Auf Unix/Linux-Systemen ist dies meist */usr/bin/aspell*. Es kann aber auch ein anderer Pfad sein.

31.10.2 E-Mail

Mit einem Klick auf E-MAIL im Block WEBSITE-ADMINISTRATION (Abbildung 31.99) gelangen Sie zu den Einstellungen (Abbildung 31.101).

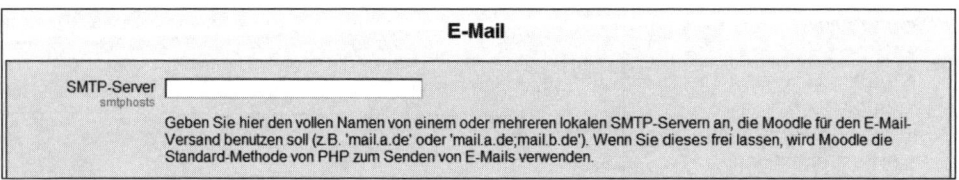

Abbildung 31.101: Server, E-Mail

- SMTP-SERVER: Geben Sie hier den vollen Namen von einem oder mehreren lokalen SMTP-Servern an, die Moodle für den E-Mail-Versand benutzen soll (z.B. `mail.a.de` oder `mail.a.de;mail.b.de`). Wenn Sie dieses Feld freilassen, wird Moodle die Standard-Methode von PHP zum Senden von E-Mails verwenden.

632

- SMTP-NUTZERNAME: Sofern Sie einen SMTP-Server angegeben haben und der Server Zugangsdaten erfordert, dann geben Sie hier NUTZERNAMEN und Passwort an.

- SMTP-PASSWORT: Sofern Sie einen SMTP-Server angegeben haben und der Server Zugangsdaten erfordert, dann geben Sie hier Nutzernamen und PASSWORT an.

- »NICHT ANTWORTEN« ADRESSE: Tragen Sie hier die E-Mail-Adresse ein, die als Absender beim Versand von Nachrichten (z.B. aus Foren) genutzt werden soll, wenn die E-Mail-Adresse des Absenders nicht für Rückantworten genutzt werden kann.

- ZUGELASSENE E-MAIL-DOMAINS: Wenn Sie die Nutzung bestimmter E-Mail-Adressen verbindlich vorgeben wollen, können Sie diese auf bestimmte Domains begrenzen. Tragen Sie dazu die zulässigen Domains ein, z.B. *unserefirma.de*.

- ZURÜCKWEISENDE E-MAIL-DOMAINS: Definieren Sie hier Domains, von denen keine E-Mail-Adressen akzeptiert werden, z.B. *hotmail.com yahoo.de*.

- TERMIN FÜR FOREN-ZUSAMMENFASSSUNG: Personen, die E-Mails als Zusammenfassung (Digest) eingerichtet haben, erhalten diese Zusammenfassung einmal täglich zu dem hier festgelegten Zeitpunkt zugesandt, und zwar beim nächsten auf diesen Zeitpunkt folgenden Cronjob. Listenfeld mit den Optionen 00 bis 23.

- E-MAIL-ZEICHENSATZ: Alle E-Mails aus diesem Moodle werden mit dem hier eingetragen Zeichensatz versandt. Wenn Sie die nächste Einstellung aktivieren, können alle Nutzer/innen diese Vorgabe für sich selbst ändern. Listenfeld mit den Optionen KEINE, EUC-JP, GB18030, GB2312, ISO-2022-JP, ISO-8859-1 und SHIFT-JIS.

- E-MAIL-ZEICHENSATZ WÄHLBAR: Mit der Aktivierung erlauben Sie allen Nutzern der Website, den Zeichensatz für E-Mails selbst festzulegen.

31.10.3 Sitzungsinformation

Mit einem Klick auf SITZUNGSINFORMATION im Block WEBSITE-ADMINISTRATION (Abbildung 31.99) gelangen Sie zu den Einstellungen für die Session (Abbildung 31.102).

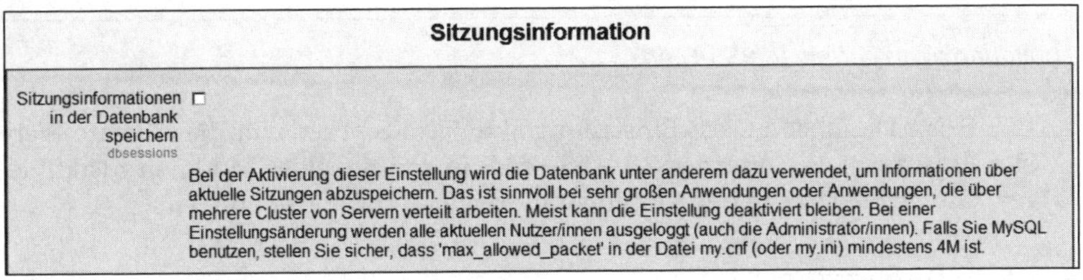

Abbildung 31.102: Server, Sitzungsinformation

- SITZUNGSINFORMATIONEN IN DER DATENBANK SPEICHERN: Bei der Aktivierung dieser Einstellung wird die Datenbank unter anderem dazu verwendet, um Informationen über aktuelle Sitzungen abzuspeichern. Das ist sinnvoll bei sehr großen Anwendungen oder Anwendungen, die über mehrere Cluster von Servern verteilt arbeiten. Meist kann die Einstellung deaktiviert bleiben. Bei einer Einstellungsänderung werden alle aktuellen Nutzer ausgeloggt (auch die Administratoren). Falls Sie MySQL benutzen, stellen Sie sicher, dass `max_allowed_packet` in der Datei *my.cnf* (oder *my.ini*) mindestens 4MB ist.

- ZEITÜBERSCHREITUNG: Wenn angemeldete Nutzer länger keine Aktionen ausführen (z.B. keine Seiten laden), werden sie automatisch abgemeldet. Diese Variable legt die betreffende Zeitspanne fest. Listenfeld mit den Optionen 5 MINUTEN bis 4 STUNDEN.

- COOKIE-PREFIX: Diese Einstellung legt den Namen des Cookies fest, das für Moodle-Zugriffe benutzt wird. Dieser Eintrag ist optional und nur sinnvoll, um die Überlagerung von Cookies zu verhindern, falls mehrere Moodle-Systeme auf der gleichen Website installiert sind.

- COOKIE-PFAD: Es könnte notwendig sein, ein Ziel für die Rücksendung von Moodle-Cookies anzugeben. Dafür können Sie hier ein Unterverzeichnis Ihrer Website definieren. Andernfalls sollte die Grundeinstellung »/« ausreichend sein.

31.10.4 RSS-Feeds

Mit einem Klick auf RSS-FEEDS im Block WEBSITE-ADMINISTRATION (Abbildung 31.99) gelangen Sie zu den Einstellungen (Abbildung 31.103).

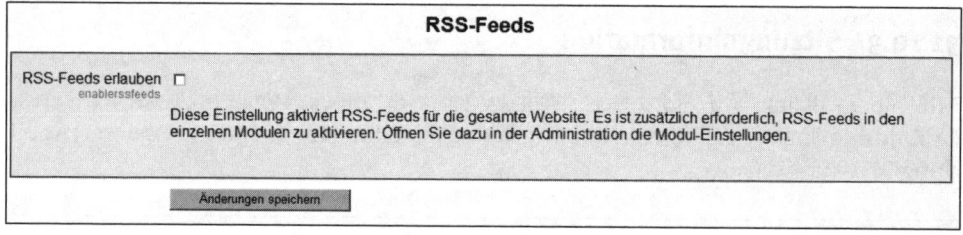

Abbildung 31.103: Server, RSS-Feeds

- RSS-FEEDS ERLAUBEN: Diese Einstellung aktiviert RSS-Feeds für die gesamte Website. Es ist zusätzlich erforderlich, RSS-Feeds in den einzelnen Modulen zu aktivieren. Öffnen Sie dazu in der Administration die Modul-Einstellungen.

31.10.5 Debugging

Mit einem Klick auf DEBUGGING im Block WEBSITE-ADMINISTRATION (Abbildung 31.99) gelangen Sie zu den Einstellungen (Abbildung 31.104).

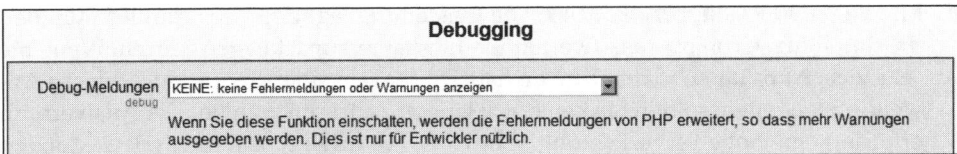

Abbildung 31.104: *Server, Debugging*

▨ DEBUG-MELDUNGEN: Wenn Sie diese Funktion einschalten, werden die Fehlermeldungen von PHP erweitert, sodass mehr Warnungen ausgegeben werden. Dies ist nur für Entwickler nützlich. Das Listenfeld bietet die Optionen KEINE: KEINE FEHLERMELDUNGEN ODER WARNUNGEN ANZEIGEN, MINIMAL: NUR SCHWERWIEGENDE FEHLER ANZEIGEN, NORMAL: FEHLER, WARNUNGEN UND BEMERKUNGEN ANZEIGEN, ALLE: ALLE NOTWENDIGEN PHP-DEBUG-MITTEILUNGEN ANZEIGEN und DEVELOPER: BESONDERE MOODLE-DEBUG-MITTEILUNGEN FÜR ENTWICKLER ANZEIGEN.

▨ DEBUG-MITTEILUNGEN ANZEIGEN: Wenn diese Einstellung aktiviert ist, werden Fehlermeldungen an die HTML-Seite weitergeleitet. Das ist praktisch, zerstört jedoch in der Regel XHTML, JS, Cookies und HTTP Header. Wenn diese Einstellung deaktiviert ist, werden Ausgaben an die Log-Dateien des Webservers weitergeleitet und ermöglichen ein besseres Debugging. Die PHP-Einstellung error_log gibt an, an welche Log-Datei die Ausgabe gesendet wird.

▨ DEBUG E-Mail versenden: Umfassende Debuginformation beim Versand von E-Mail-Nachrichten an SMTP Server erstellen.

▨ GESCHWINDIGKEITS-INFORMATIONEN: Nach der Aktivierung der Option wird eine Performance-Information in der Fußzeile des Standardthemes angezeigt.

31.10.6 Statistiken

Mit einem Klick auf STATISTIKEN im Block WEBSITE-ADMINISTRATION (Abbildung 31.99) gelangen Sie zu den Einstellungen (Abbildung 31.105).

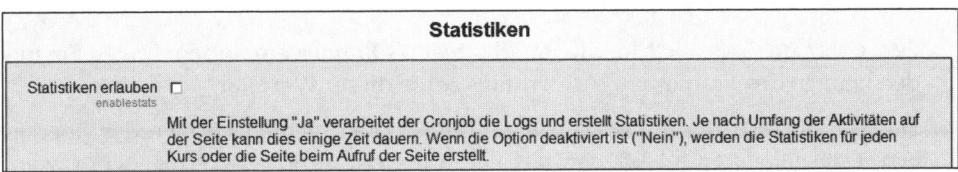

Abbildung 31.105: *Server, Statistiken*

▨ STATISTIKEN ERLAUBEN: Mit der Einstellung JA verarbeitet der Cronjob die Logs und erstellt Statistiken. Je nach Umfang der Aktivitäten auf der Seite kann dies einige Zeit dauern. Wenn die Option deaktiviert ist (NEIN), werden die Statistiken für jeden Kurs oder die Seite beim Aufruf der Seite erstellt.

■ MAXIMALE VERARBEITUNGSDAUER: Die Einstellung legt den Zeitraum fest, um den die durch den Cronjob auszuwertenden Logdaten zurückliegen dürfen. Wenn Sie sehr viele Aktivitäten in den Kursen haben oder sich einen Server mit anderen Anwendungen teilen, sollten Sie keinen zu langen Zeitraum wählen. Die Auswertung erfordert eine hohe Serverleistung. (Hinweis: Für diese Einstellung gilt: 1 Monat = 28 Tage. In der grafischen Auswertung und den Berichten ist 1 Monat = 1 Kalendermonat.) Listenfeld mit den Optionen KEINE, 1 WOCHE bis 6 MONATE und ALLE.

■ MAXIMALE LAUFZEIT: Die Berechnung der Statistiken kann sehr viel Rechenleistung erfordern. Verwenden Sie eine Kombination aus diesem Feld und dem nächsten, um festzulegen, zu welchem Zeitpunkt und für welchen Zeitraum die Berechnung erfolgen soll. Das Listenfeld bietet die Optionen BIS ZUM ABSCHLUSS DES PROZESSES, 1 STUNDE bis 8 STUNDEN.

■ AUSFÜHRUNG UM: Listenfelder für die Zeitangabe. Zu welchem Zeitpunkt soll der Cronjob die Berechnung der Statistiken durchführen?

■ SCHWELLE FÜR DIE NUTZERZAHL: Kurse mit einer geringeren Zahl von Nutzern als in diesem Wert angegeben, werden beim Erstellen des Kursrankings nicht berücksichtigt. Die Zahl der Nutzer setzt sich aus den Teilnehmenden und den Trainern des Kurses zusammen.

31.10.7 HTTP

Mit einem Klick auf HTTP im Block WEBSITE-ADMINISTRATION (Abbildung 31.99) gelangen Sie zu den Einstellungen (Abbildung 31.106).

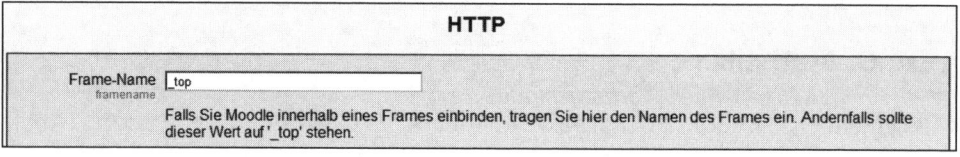

Abbildung 31.106: Server, HTTP

■ FRAME-NAME: Falls Sie Moodle innerhalb eines Frames einbinden, tragen Sie hier den Namen des Frames ein. Andernfalls sollte dieser Wert auf _top stehen.

■ SLASH-PARAMETER BENUTZEN: Dateien (Bilder, Dokumente usw.) werden über ein Script ausgeliefert und können mit der Aktivierung SLASH-ARGUMENTE (zweite Option) besser in Browsern, Proxy-Servern usw. zwischengespeichert werden. Leider erlauben nicht alle PHP-Server diese Methode. Sie müssen die erste Option einstellen, falls Probleme mit der Dateiauslieferung oder der Bildanzeige (z.B. bei den Nutzerfotos) auftreten.

■ PROXY-SERVER: Wenn dieser Moodle-Server einen Proxy für den Internetzugriff (z.B. eine Firewall) benötigt, dann tragen Sie hier den Namen und den Port des Proxys ein. Andernfalls lassen Sie das Feld leer.

▓ PROXY-PORT: Falls dieser Server einen Proxy benutzt, geben Sie hier bitte den Proxy-Port an.

31.10.8 Wartungsmodus

Mit einem Klick auf WARTUNGSMODUS im Block WEBSITE-ADMINISTRATION (Abbildung 31.99) gelangen Sie zu den Einstellungen (Abbildung 31.107). Während Wartungsarbeiten, beispielsweise während eines Versions-Upgrades, sollten die Teilnehmenden das Lernportal nicht benutzen. Aktivieren Sie dazu den Wartungsmodus, indem Sie auf die Schaltfläche AKTIVIEREN klicken. Dem Teilnehmer wird nach dem Anmelden die hier erfasste Meldung angezeigt. Als Administrator können Sie ohne Einschränkung arbeiten. Vergessen Sie nicht, nach dem Upgrade mit einem Klick auf die Schaltfläche ABSCHALTEN den Normalzustand wiederherzustellen.

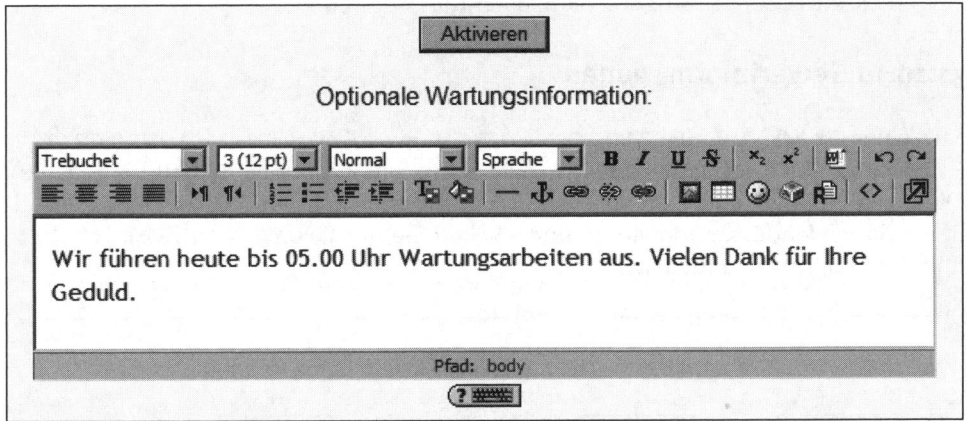

Abbildung 31.107: Server, Wartungsmodus

31.10.9 Aufräumarbeiten

Mit einem Klick auf AUFRÄUMARBEITEN im Block WEBSITE-ADMINISTRATION (Abbildung 31.99) gelangen Sie zu den Einstellungen (Abbildung 31.108).

Aufräumarbeiten	
Nutzer/innen aus Kursen abmelden nach *longtimenosee*	120 Tage ▾
	Wenn sich Teilnehmer/innen über einen sehr langen Zeitraum nicht mehr in einem Kurs angemeldet haben, werden sie nach der angegebenen Zeit automatisch aus dem Kurs ausgetragen.

Abbildung 31.108: Server, Aufräumarbeiten

- NUTZER/INNEN AUS KURSEN ABMELDEN NACH: Wenn sich Teilnehmer/innen über einen sehr langen Zeitraum nicht mehr in einem Kurs angemeldet haben, werden sie nach der angegebenen Zeit automatisch aus dem Kurs ausgetragen. Listenfeld mit den Optionen NIE, 7 TAGE bis 1000 TAGE.

- NUTZER/INNEN OHNE BESTÄTIGUNG LÖSCHEN NACH: Wenn Sie die Authentifikation per E-Mail verwenden, geben Sie hier den Zeitraum an, innerhalb dessen die Nutzer ihre Registrierung bestätigen müssen. Unbestätigte Zugänge verfallen und werden gelöscht. Listenfeld mit den Optionen NIE, 1 STUNDE bis 7 TAGE.

- LOGDATEN SPEICHERN FÜR: Die angegebene Zeitdauer gibt an, für welchen Zeitraum die Logdaten der Nutzeraktivitäten gespeichert werden. Ältere Logdaten werden automatisch gelöscht. Speichern Sie die Logdaten nur so lange, wie sie unbedingt benötigt werden. Wenn Sie bei Ihrem Server Geschwindigkeitseinbrüche feststellen, sollten Sie den Zeitraum reduzieren. Listenfeld mit den Optionen LOGDATEN NIE LÖSCHEN, 30 TAGE bis 1000 TAGE.

31.10.10 Serverinformationen

Mit einem Klick auf SERVERINFORMATIONEN im Block WEBSITE-ADMINISTRATION (Abbildung 31.99) gelangen Sie zu den Serverinformationen (Abbildung 31.109). Diese zeigen Ihnen eine Liste der benötigten Komponenten und deren Status. Installieren Sie fehlende Komponenten und klicken Sie auf UPDATE VON KOMPONENTEN, und der Status wird aktualisiert.

Update von Komponenten

Serverinformationen

Komponente installiert

Prüft, wie Ihr Server aktuelle und zukünftige Installationsanforderungen für Moodle erfüllt

Moodle-Version 1.8 aufwärts ▼

Name	Informationen	Bericht	Status
unicode		muss installiert und aktiviert sein.	OK
database	mysql	Version 4.1.16 ist erforderlich - aktuell ist 5.0.22 installiert.	OK
php		Version 4.3.0 ist erforderlich - aktuell ist 4.4.4 installiert.	OK
php_extension	iconv	sollte installiert und aktiviert sein.	Prüfen
php_extension	mbstring	sollte installiert und aktiviert sein.	Prüfen
php_extension	curl	sollte installiert und aktiviert sein.	Prüfen
php_extension	openssl	sollte installiert und aktiviert sein.	OK
php_extension	tokenizer	sollte installiert und aktiviert sein.	OK

- Die Installation der ICONV Bibliothek wird zur Leistungsverbesserung dringend empfohlen. Dies ist besonders wichtig, wenn Sie Sprachen mit anderen als lateinischen Zeichensätzen verwenden.
- Die Installation der Bibliothek MBSTRING wird zur Leistungsverbesserung dringend empfohlen. Dies ist besonders wichtig, wenn Sie Sprachen mit anderen als lateinischen Zeichensätzen verwenden.
- Die Installation der optionalen Bibliothek Curl wird empfohlen, um die Moodle-Netzwerk-Funktionalität einzuschalten.

Abbildung 31.109: Server, Serverinformationen

31.10.11 PHP-Informationen

Mit einem Klick auf PHP-INFORMATIONEN im Block WEBSITE-ADMINISTRATION (Abbildung 31.99) gelangen Sie zu den PHP-Informationen mit einer umfassenden Liste über die aktuelle Konfiguration (Abbildung 31.110).

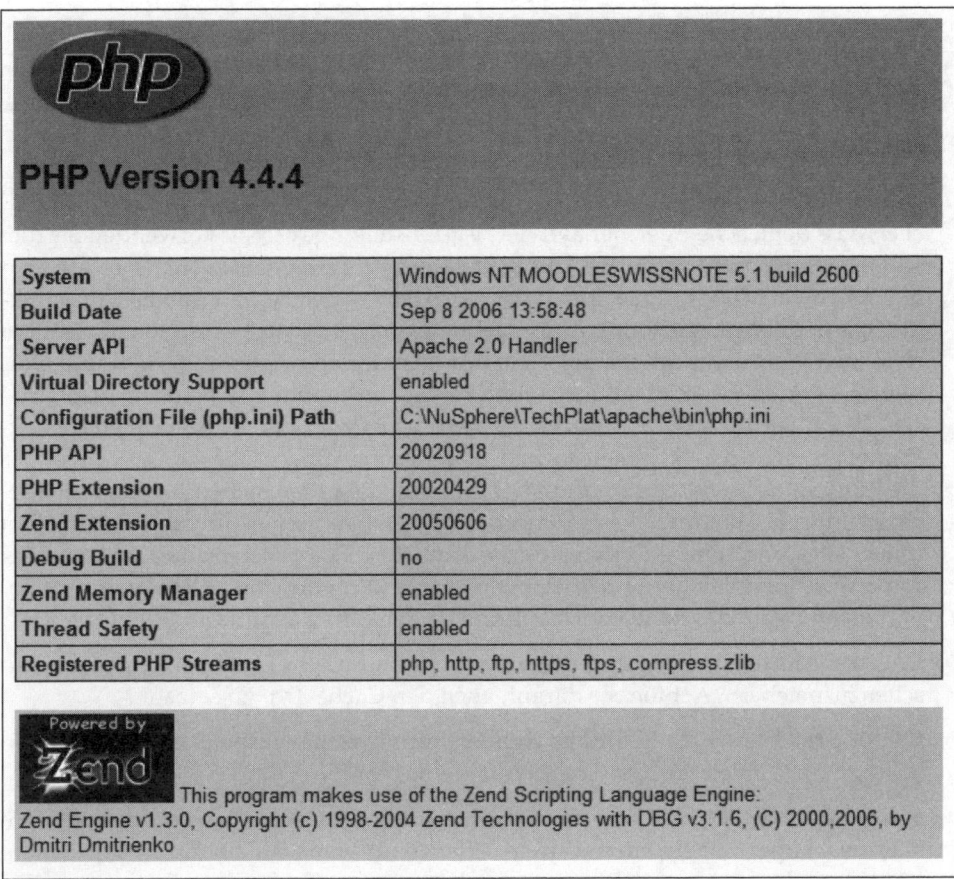

System	Windows NT MOODLESWISSNOTE 5.1 build 2600
Build Date	Sep 8 2006 13:58:48
Server API	Apache 2.0 Handler
Virtual Directory Support	enabled
Configuration File (php.ini) Path	C:\NuSphere\TechPlat\apache\bin\php.ini
PHP API	20020918
PHP Extension	20020429
Zend Extension	20050606
Debug Build	no
Zend Memory Manager	enabled
Thread Safety	enabled
Registered PHP Streams	php, http, ftp, https, ftps, compress.zlib

This program makes use of the Zend Scripting Language Engine:
Zend Engine v1.3.0, Copyright (c) 1998-2004 Zend Technologies with DBG v3.1.6, (C) 2000,2006, by Dmitri Dmitrienko

Abbildung 31.110: Server, PHP-Informationen

31.10.12 Geschwindigkeit

Mit einem Klick auf GESCHWINDIGKEIT im Block WEBSITE-ADMINISTRATION (Abbildung 31.99) gelangen Sie zu den Einstellungen (Abbildung 31.111).

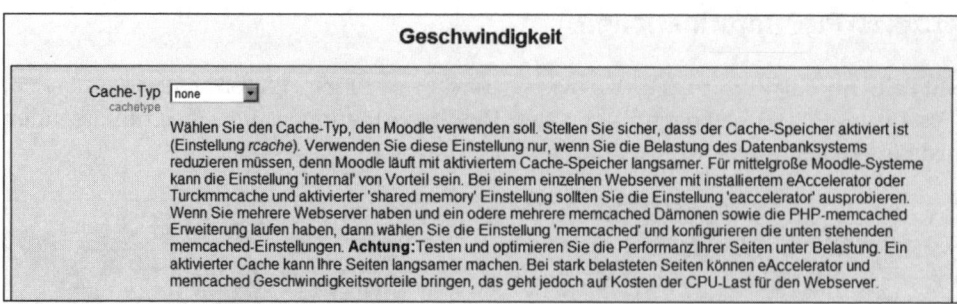

Abbildung 31.111:   Server, Geschwindigkeit

■ CACHE-TYP: Wählen Sie den Cache-Typ, den Moodle verwenden soll. Stellen Sie sicher, dass der Cache-Speicher aktiviert ist (Einstellung rcache). Verwenden Sie diese Einstellung nur, wenn Sie die Belastung des Datenbanksystems reduzieren müssen, denn Moodle läuft mit aktiviertem Cache-Speicher langsamer. Für mittelgroße Moodle-Systeme kann die Einstellung INTERNAL von Vorteil sein. Bei einem einzelnen Webserver mit installiertem eAccelerator oder Turckmmcache und aktivierter shared memory-Einstellung sollten Sie die Einstellung eaccelerator ausprobieren. Wenn Sie mehrere Webserver haben und einen oder mehrere memcached-Dämonen sowie die PHP-memcached-Erweiterung laufen haben, dann wählen Sie die Einstellung MEMCACHED und konfigurieren die unten stehenden memcached-Einstellungen. Achtung: Testen und optimieren Sie die Performance Ihrer Seiten unter Belastung. Ein aktivierter Cache kann Ihre Seiten langsamer machen. Bei stark belasteten Seiten können eAccelerator und memcached Geschwindigkeitsvorteile bringen, das geht jedoch auf Kosten der CPU-Last für den Webserver.

■ CACHE-SPEICHER: Der Cache-Speicher wird benutzt, um Datenbankeinträge zwischenzuspeichern. Achten Sie darauf, auch den Cache-Typ zu setzen!

■ CACHE-SPEICHER TTL: Gültigkeitsdauer für zwischengespeicherte Inhalte (in Sekunden). Wählen Sie hier einen Wert kleiner als 15.

■ MAX. CACHE-SPEICHER: Nur bei aktiviertem internem Cache: Maximalzahl der Blöcke, die im Speicher gehalten werden sollen (empfohlen 50). Benutzen Sie kleinere Werte, um die Speicherauslastung zu reduzieren.

■ MEMCACHED HOSTS: Für memcached: Kommagetrennte Liste der Hosts, auf denen der memcached-Dämon läuft. Verwenden Sie IP-Adressen, um DNS-Wartezeiten zu vermeiden. memcached verhält sich nicht korrekt, wenn Sie diese Einstellung im laufenden Betrieb vornehmen oder ändern.

■ MEMCACHED VERWENDET PERSISTENTE VERBINDUNGEN: Für memcached: Verwenden Sie feste Verbindungen. Vorsicht: Unsachgemäße Einstellungen können beim Neustart des memcached-Dämons zum Absturz von Apache/PHP führen.

31.11 Netzwerk

Im Hauptbereich NETZWERK verwalten Sie die Netzwerk-Einstellungen mit den Seiten EINSTELLUNGEN, PEERS, SSO-ACCESS-KONTROLLE, REGISTRIERUNGEN und XML-RPC-RECHNER (Abbildung 31.112).

Ab Version 1.8 bietet das Netzwerk die Möglichkeit, eine Moodle-Website mit anderen Moodle-Websites zu verbinden und Ressourcen mit den Benutzern dieser Moodle-Instanz zu teilen.

> 🗁 Netzwerk
> - Einstellungen
> - Peers
> - SSO-Access-Kontrolle
> - Registrierungen
> - XML-RPC-Rechner

Abbildung 31.112: Block Website-Administration, Hauptbereich Netzwerk

31.11.1 Einstellungen

Mit einem Klick auf EINSTELLUNGEN im Block WEBSITE-ADMINISTRATION (Abbildung 31.112) gelangen Sie zu den Einstellungen (Abbildung 31.113).

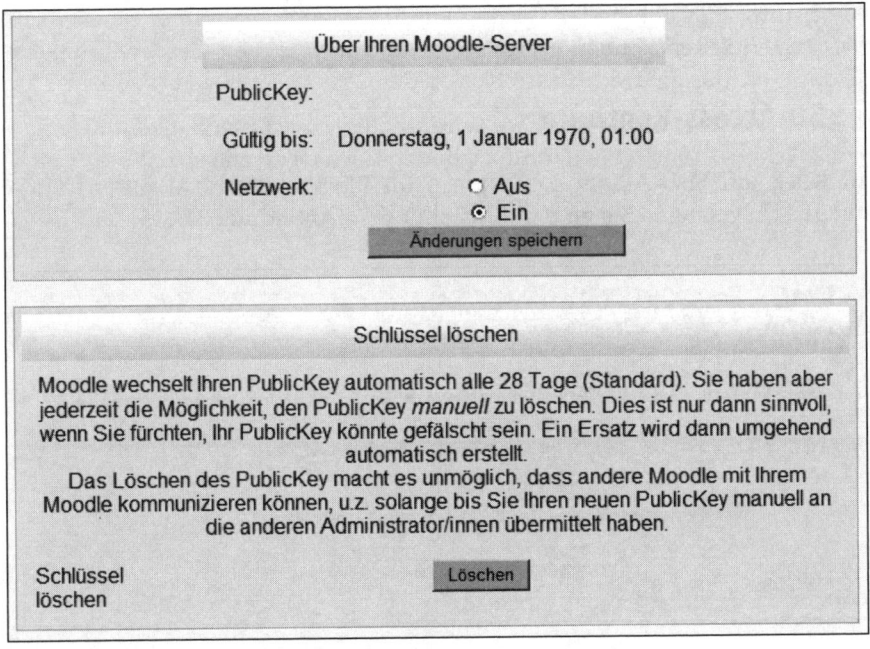

Abbildung 31.113: Netzwerk, Einstellungen

31.11.2 Peers

Mit einem Klick auf PEERS im Block WEBSITE-ADMINISTRATION (Abbildung 31.112) gelangen Sie zu den Einstellungen (Abbildung 31.114).

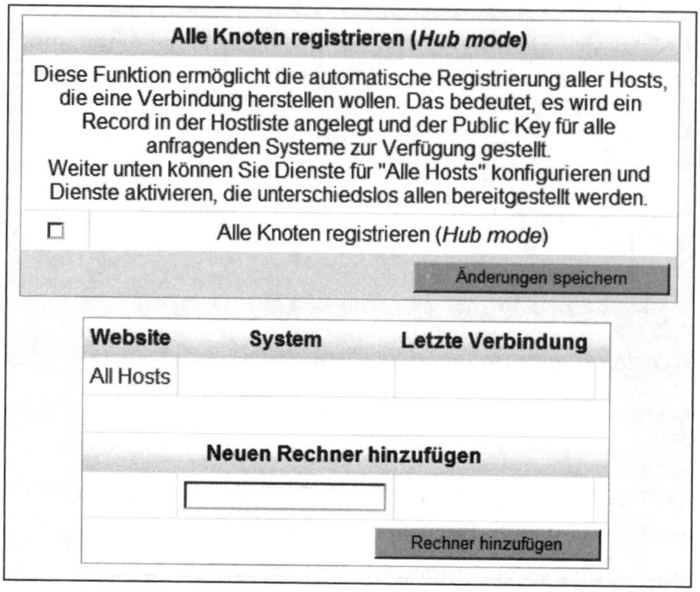

Alle Knoten registrieren (*Hub mode*)

Diese Funktion ermöglicht die automatische Registrierung aller Hosts, die eine Verbindung herstellen wollen. Das bedeutet, es wird ein Record in der Hostliste angelegt und der Public Key für alle anfragenden Systeme zur Verfügung gestellt. Weiter unten können Sie Dienste für "Alle Hosts" konfigurieren und Dienste aktivieren, die unterschiedslos allen bereitgestellt werden.

☐ Alle Knoten registrieren (*Hub mode*)

Änderungen speichern

Website	System	Letzte Verbindung
All Hosts		

Neuen Rechner hinzufügen

Rechner hinzufügen

Abbildung 31.114: Netzwerk, Peers

31.11.3 SSO-Access-Kontrolle

Mit einem Klick auf SSO-ACCESS-KONTROLLE im Block WEBSITE-ADMINISTRATION (Abbildung 31.112) gelangen Sie zu den Einstellungen (Abbildung 31.115).

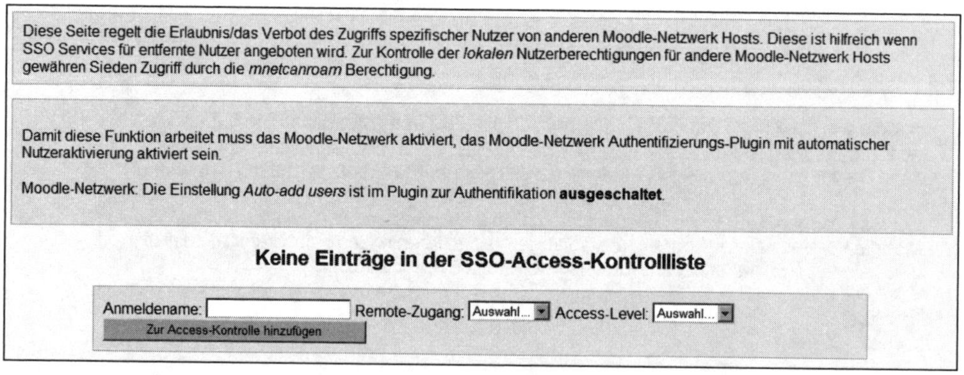

Diese Seite regelt die Erlaubnis/das Verbot des Zugriffs spezifischer Nutzer von anderen Moodle-Netzwerk Hosts. Diese ist hilfreich wenn SSO Services für entfernte Nutzer angeboten wird. Zur Kontrolle der *lokalen* Nutzerberechtigungen für andere Moodle-Netzwerk Hosts gewähren Sieden Zugriff durch die *mnetcanroam* Berechtigung.

Damit diese Funktion arbeitet muss das Moodle-Netzwerk aktiviert, das Moodle-Netzwerk Authentifizierungs-Plugin mit automatischer Nutzeraktivierung aktiviert sein.

Moodle-Netzwerk: Die Einstellung *Auto-add users* ist im Plugin zur Authentifikation **ausgeschaltet**.

Keine Einträge in der SSO-Access-Kontrollliste

Anmeldename: Remote-Zugang: Auswahl... ▾ Access-Level: Auswahl... ▾
Zur Access-Kontrolle hinzufügen

Abbildung 31.115: Netzwerk, SSO-Access-Kontrolle

31.11.4 Registrierungen

Mit einem Klick auf REGISTRIERUNGEN im Block WEBSITE-ADMINISTRATION (Abbildung 31.112) gelangen Sie zu den Einstellungen (Abbildung 31.116).

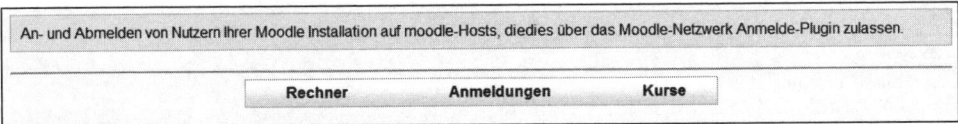

Abbildung 31.116: Netzwerk, Registrierungen

31.11.5 XML-RPC-Rechner

Mit einem Klick auf XML-RPC-RECHNER im Block WEBSITE-ADMINISTRATION (Abbildung 31.112) gelangen Sie zu den Einstellungen (Abbildung 31.117).

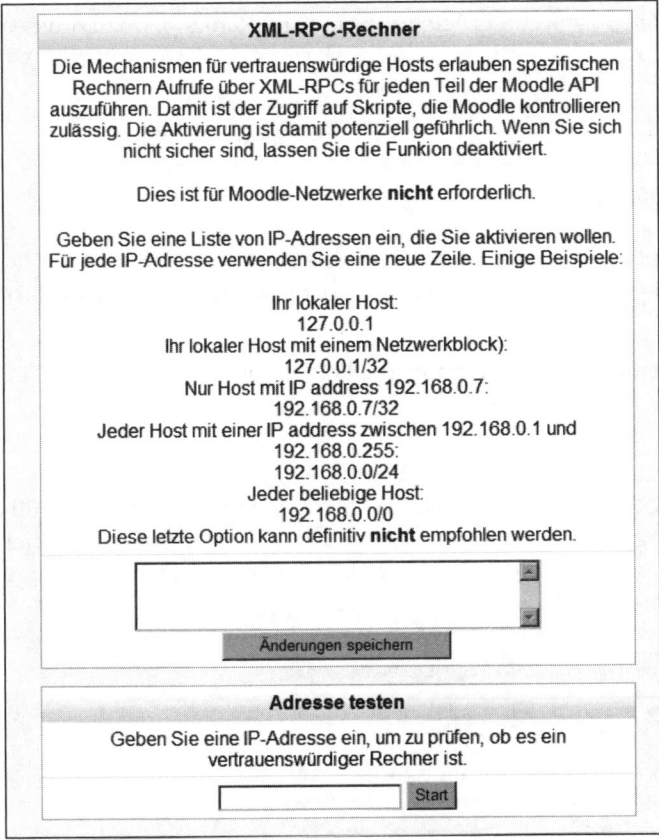

Abbildung 31.117: Netzwerk, XML-RPC-Rechner

31.12 Berichte

Im Hauptbereich BERICHTE verfügen Sie über systemweite Informationswerkzeuge mit den Seiten KURSÜBERSICHT, LOGDATEN, SYSTEMTESTS und STATISTIKEN (Abbildung 31.118).

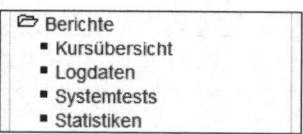

Abbildung 31.118: Block Website-Administration, Hauptbereich Berichte

31.12.1 Kursübersicht

Mit einem Klick auf KURSÜBERSICHT im Block WEBSITE-ADMINISTRATION (Abbildung 31.118) gelangen Sie zu dieser Funktion (Abbildung 31.119). Welche Kurse haben am meisten Zugriffe? Erstellen Sie mit dieser Funktion ein Kurs-Ranking. Dazu müssen Sie im Vorfeld STATISTIKEN ERLAUBEN aktivieren (siehe Abschnitt 31.12.4, *Statistiken*).

Abbildung 31.119: Berichte, Kursübersicht

- BERICHTSFORM: Listenfeld mit den Optionen AKTIVSTE KURSE, AKTIVSTE KURSE (GE-WICHTET), AKTIVSTE KURSE (HÖCHSTE TEILNEHMERZAHL), AKTIVSTE KURSE (MEISTE ZUGRIFFE UND BEITRÄGE).

- ZEITRAUM/-DAUER: Listenfeld mit den Optionen 1 WOCHE bis 4 WOCHEN.

31.12.2 Logdaten

Mit einem Klick auf LOGDATEN im Block WEBSITE-ADMINISTRATION (Abbildung 31.118) gelangen Sie zu dieser Funktion (Abbildung 31.120). Sie haben hier Zugriff auf die Logdaten der Website. Mit den Listenfeldern können Sie die Anzeige nach verschiedensten Kriterien filtern.

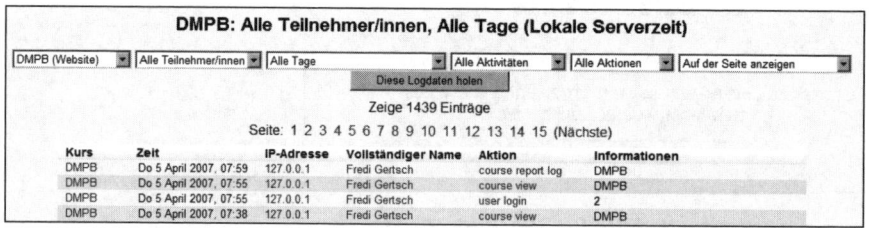

Abbildung 31.120: Berichte, Logdaten

31.12.3 Systemtest durchführen

Mit einem Klick auf SYSTEMTEST DURCHFÜHREN im Block WEBSITE-ADMINISTRATION (Abbildung 31.118) gelangen Sie zu diesem Formular (Abbildung 31.121), mit dem Sie den TEST DURCHFÜHREN können. Nach dem Start führt Moodle Testprogramme durch (*unit tests*), die für einzelne Programmteile, Funktionen oder Klassen bereitstehen. Dabei entsteht ein ausführlicher Testbericht (Abbildung 31.122).

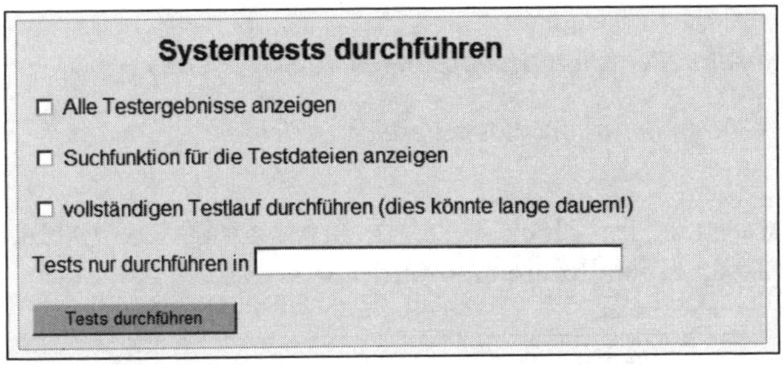

Systemtests durchführen

☐ Alle Testergebnisse anzeigen

☐ Suchfunktion für die Testdateien anzeigen

☐ vollständigen Testlauf durchführen (dies könnte lange dauern!)

Tests nur durchführen in [＿＿＿＿＿＿＿＿＿＿＿＿＿＿]

[Tests durchführen]

Abbildung 31.121: Berichte, Systemtests

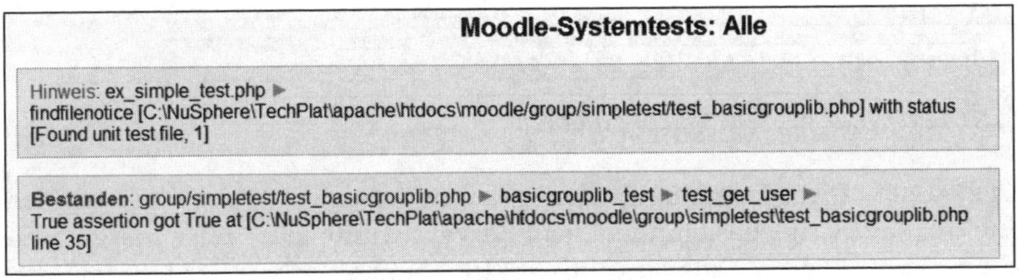

Moodle-Systemtests: Alle

Hinweis: ex_simple_test.php ▶
findfilenotice [C:\NuSphere\TechPlat\apache\htdocs\moodle/group/simpletest/test_basicgrouplib.php] with status [Found unit test file, 1]

Bestanden: group/simpletest/test_basicgrouplib.php ▶ basicgrouplib_test ▶ test_get_user ▶
True assertion got True at [C:\NuSphere\TechPlat\apache\htdocs\moodle\group\simpletest\test_basicgrouplib.php line 35]

Abbildung 31.122: Auszug aus dem Testbericht

31.12.4 Statistiken

Mit einem Klick auf STATISTIKEN im Block WEBSITE-ADMINISTRATION (Abbildung 31.118) gelangen Sie zu dieser Funktion (Abbildung 31.123).

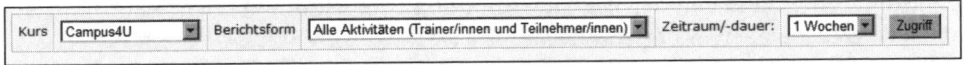

Kurs [Campus4U ▾] Berichtsform [Alle Aktivitäten (Trainer/innen und Teilnehmer/innen) ▾] Zeitraum/-dauer: [1 Wochen ▾] [Zugriff]

Abbildung 31.123: Berichte, Statistiken

▪ KURS: Das Listenfeld zeigt alle Kurse an.

▪ BERICHTSFORM: Listenfeld mit den Optionen ALLE AKTIVITÄTEN (TRAINER/INNEN UND TEILNEHMER/INNEN), ZUGRIFFE (TRAINER/INNEN UND TEILNEHMER/INNEN), BEITRÄGE (TRAINER/INNEN UND TEILNEHMER/INNEN) und LOGINS.

▪ ZEITRAUM/-DAUER: Listenfeld mit den Optionen 1 WOCHE bis 4 WOCHEN.

31.13 Verschiedenes

Im Hauptbereich VERSCHIEDENES verfügen Sie über die zwei Seiten EXPERIMENTELL und XMLDB-EDITOR (Abbildung 31.124).

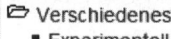

```
☞ Verschiedenes
  ▪ Experimentell
  ▪ XMLDB-Editor
```

Abbildung 31.124: Block Website-Administration, Hauptbereich Verschiedenes

31.13.1 Experimentell

Mit einem Klick auf EXPERIMENTELL im Block WEBSITE-ADMINISTRATION (Abbildung 31.124) gelangen Sie zu diesen Einstellungen (Abbildung 31.125).

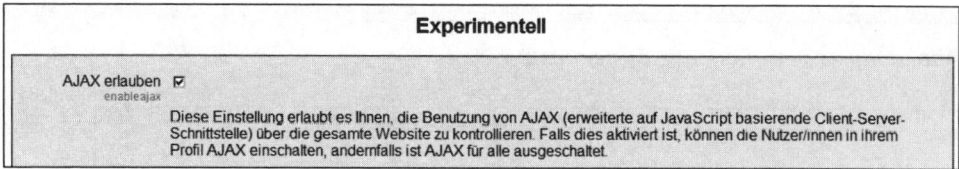

Abbildung 31.125: Verschiedenes, Experimentell

▪ AJAX ERLAUBEN: Diese Einstellung erlaubt es Ihnen, die Benutzung von AJAX (erweiterte auf JavaScript basierende Client-Server-Schnittstelle) über die gesamte Website zu kontrollieren. Falls dies aktiviert ist, können die Nutzer in ihrem Profil AJAX einschalten, andernfalls ist AJAX für alle ausgeschaltet.

▪ GLOBALE SUCHE ERLAUBEN: Diese Einstellung erlaubt die globale Textsuche in Ressourcen und Aktivitäten. Dies ist nicht kompatibel zu PHP4.

▪ SUCHEN IN DEN BILDERN: Wenn diese Einstellung aktiviert ist, werden Icons durch ein PHP-Script bereitgestellt, das das aktuelle Design, alle übergeordneten Designs (*parent themes*) und das */pix*-Verzeichnis im Moodle-Installationsverzeichnis durchsucht. Damit müssen Grafiken nicht unbedingt mehrfach in verschiedenen Designs bereitgestellt werden – zu Lasten geringfügiger Geschwindigkeitseinbußen.

31.13.2 XMLDB-Editor

Mit einem Klick auf XMLDB-EDIOTR im Block WEBSITE-ADMINISTRATION (Abbildung 31.124) gelangen Sie zum XML-Datenbank-Editor (Abbildung 31.126).

Hauptübersicht						
[Reservierte Wörter] [Test]						
backup/db	[Erstellen]	[Laden]	[Bearbeiten]	[Speichern]	[Rückgängig]	[Löschen] [Löschen]
blocks/activity_modules/db	[Erstellen]	[Laden]	[Bearbeiten]	[Speichern]	[Rückgängig]	[Löschen] [Löschen]
blocks/admin/db	[Erstellen]	[Laden]	[Bearbeiten]	[Speichern]	[Rückgängig]	[Löschen] [Löschen]

Abbildung 31.126: Verschiedenes, XMLDB-Editorb

Stichwortverzeichnis

open source library